M. DuMont Schauberg

Prof. Dr. Manfred Pohl ist einer der bekanntesten und renommiertesten deutschen Unternehmenshistoriker. Er leitete das Historische Institut der Deutschen Bank, führte 2002 die Kulturaktivitäten der Deutschen Bank weltweit zusammen und lehrt an der Universität Frankfurt am Main. Pohl ist Autor zahlreicher Unternehmensgeschichten, darunter *Die Geschichte der Südzucker AG, Von Stambul nach Bagdad: die Geschichte einer berühmten Eisenbahn* oder *Philipp Holzmann*. Darüber hinaus arbeitete er die Geschichte der Deutschen Bank auf und veröffentlichte hierzu zahlreiche Bücher.

1976 gründete er die Gesellschaft für Unternehmensgeschichte (GUG), 1990 die European Association for Banking and Financial History und 2003 das International Centre for Corporate Culture and History. 2008 gründete er den Frankfurter Zukunftsrat.

Manfred Pohl

M. DuMont Schauberg

Der Kampf um die Unabhängigkeit des Zeitungsverlags unter der NS-Diktatur

Campus Verlag
Frankfurt/New York

Bibliografische Information der Deutschen Nationalbibliothek:
Die Deutsche Nationalbibliothek verzeichnet diese Publikation in der Deutschen Nationalbibliografie. Detaillierte bibliografische Daten sind im Internet unter http://dnb.d-nb.de abrufbar.
ISBN 978-3-593-38919-6

Lektorat/Zeitungsanalyse Kölnische Zeitung: Jane Uhlig
Umschlaggestaltung: Guido Klütsch, Köln
Satz: Fotosatz L. Huhn, Linsengericht
Druck und Bindung: Druck Partner Rübelmann, Hemsbach
Gedruckt auf säurefreiem und chlorfrei gebleichtem Papier.
Printed in Germany

Besuchen Sie uns im Internet: www.campus.de

Inhalt

Vorwort 7

1. Prolog 15

2. Die Anfänge des Verlagshauses M. DuMont Schauberg 22
2.1 Napoleon, DuMont und die Erben Schauberg 22
2.2 Die Preußen 24
2.2.1 Eine neue Reformtätigkeit 24
2.2.2 Revolution und Reaktion 29
2.2.3 Bismarck und die *Kölnische Zeitung* 33
2.2.4 Die *Kölnische Zeitung* im Kaiserreich 35

3. Die Weimarer Republik 40
3.1 Die Ausrichtung des Verlages nach dem Ersten Weltkrieg . . . 40
3.2 Die Suche nach Stabilität und Freiheit 48
3.3 Der Hitler-Putsch 61
3.4 Trügerische Stabilität und vielseitige Aktivitäten 80

4. Am Vorabend des Dritten Reichs 89
4.1 Kurt Neven DuMont, ein liberaler Journalist? 89
4.2 Der Kampf um die inhaltliche Ausrichtung der Zeitung 97
4.2.1 Liberal-konservative Strategie 98
4.2.2 Neuer Kurs und Krise 115
4.2.3 Treu zur Weimarer Verfassung 123
4.2.4 Die Entscheidung 138
4.3 Das Versagen des Journalismus 162

5. Der Kampf um die *Kölnische Zeitung* nach der Machtergreifung . . . 167
5.1 Die Schuldfrage 167
5.2 Die Machtergreifung 170

5.2.1 Die NSDAP setzt sich durch 170
5.2.2 Die Kölner Medien am Vorabend der Machtergreifung 184
5.3 Das Schriftleitergesetz – Gleichschaltung der Presse 191
5.4 Die Hetzkampagne des *Westdeutschen Beobachters* gegen die *Kölnische Zeitung* 224
5.5 Die interne Auseinandersetzung mit dem Nationalsozialismus im Verlag 250
5.5.1 Repressalien der Partei 250
5.5.2 Jüdische Mitarbeiter 267
5.5.3 Das Feuilleton – die Kunst, zwischen gesagten Sätzen das Ungesagte zu schreiben 279
5.6 Die Unterordnung unter die Diktatur der Partei 300

6. Bis zum bitteren Ende 306
6.1 Die Zeitung als Reichszeitung an allen Fronten 306
6.2 Zensur und Abhängigkeit 315
6.2.1 Vorschriften für alles 315
6.2.2 Hilfe für Mitarbeiter 321
6.3 Grundstückskäufe 342
6.3.1 Die allgemeine wirtschaftliche Situation der jüdischen Bevölkerung im Nationalsozialismus 342
6.3.2 Zur Lage jüdischer Grundstückseigentümer im Gau Köln-Aachen 345
6.3.3 Der Erwerb der einzelnen Grundstücke 351
6.3.3.1 Luxemburger Straße 301 351
6.3.3.2. Breite Straße 82, 86 und 88 353
6.3.3.3 Leyboldstraße 19 356
6.4 Äußere und innere Angriffe 362
6.5 Das Ende als Anfang 384
6.5.1 Schuld und Sühne 384
6.5.2 Der beschwerliche Weg der Entnazifizierung 387

7. Freie Presse in der Demokratie 412
7.1 Der *Kölner Stadt-Anzeiger*: überparteilich und unabhängig . . 412
7.2 Ein neues Konzept: Alfred Neven DuMont 421

8. Anhang 428
8.1 Anmerkungen 428
8.2 Quellenverzeichnis 502
8.3 Literaturverzeichnis 532
Danksagung 542

Vorwort

Dieses Buch befasst sich erstmalig mit der Geschichte eines deutschen Verlagshauses und seinen Produkten, den Zeitungen, im Dritten Reich in seiner Gesamtheit.

Hierbei stand, wie bei allen Historikern, die sich mit der Aufarbeitung der Geschichte in der Zeit des Nationalsozialismus beschäftigen, die unumgängliche Frage, wer war Nazi und wer nicht, im Mittelpunkt. Für diese Arbeit konzentrierte sich die Frage auf Kurt Neven DuMont: War er ein Nazi oder war er es nicht? Das Buch wird auf diese Frage eine differenzierte Antwort geben.

Kurt Neven DuMont war der Sohn des Verlegers Alfred Neven DuMont (1868–1940), der in die Geschäftsleitung der elterlichen Verlagsgesellschaft und Großdruckerei M. DuMont Schauberg (MDS) am 1. Januar 1927 eintrat. Zum Inhaber des Familienunternehmens wurde er 1933 zu gleichen Teilen neben seinem Vetter August Neven DuMont, dem langjährigen Seniorchef. Dem liberalen und demokratischen Zeitungsverleger Kurt Neven DuMont gelang es, den Bestand seines Verlagshauses bis zum Kriegsende zu sichern, unter anderem auch deshalb, weil die international renommierte *Kölnische Zeitung* der Aufsicht des Reichspropagandaministeriums direkt unterstand und gegenüber dem Ausland den Anschein einer freien Presse im Dritten Reich aufrechterhalten sollte.

Aber die Beantwortung dieser zugegeben zentralen Frage ist nur ein Teil der Verlagsgeschichte von M. DuMont Schauberg im Dritten Reich. Viele und vorher kaum erahnte Themen tauchten während der Archiv- und Nachforschungsarbeit auf. Von vornherein war klar, dass die Geschichte eines Verlagshauses sich wesentlich von der Geschichte eines klassischen industriellen Wirtschafts- oder Dienstleistungsunternehmens, das als zentrale Produkte Fahrzeuge, Bauten, Anlagen, die Bereitstellung von Energie, Medikamenten oder Dienstleistungen von Banken und Versicherungen in bestimmten Intervallen und je nach Bedarf der Konsumenten anbietet, abhebt.

In der Zeitungsverlagsbranche entsteht in absolut kurzen periodischen Abständen ein neues Produkt, das zwar immer das gleiche Format in Gestalt einer Zeitung hat, aber dessen Inhalt einer ständigen journalistischen Veränderung unterliegt. Das heißt: Die inhaltliche Vielfalt einer Ausgabe wird jeden Tag neu erfunden. Hier vollbringen schreibende Journalisten meinungsaktuelle Glanzleistungen. Es gibt kein Wirtschaftsunternehmen, welches jeden Tag ein greifbares Produkt wie die Tageszeitung produziert und es auf dem Markt zugleich für zahlreiche unbekannte Konsumenten zugänglich macht.

Der Zeitungsverlag M. DuMont Schauberg produzierte damals mehrmals täglich ein Nachrichtenblatt, welches am Tag darauf mit der Herausgabe einer neuen Ausgabe schon wieder veraltet war. »Nichts ist so alt wie die Zeitung von gestern«, besagt ein von Journalisten geprägtes Sprichwort. Kurzfristig gesehen, mag das aus journalistischer Betrachtungsweise stimmen. Langfristig betrachtet, wird allerdings durch die Untersuchung der Inhalte Nachhaltigkeit deutlich, und es entsteht historische Kontinuität in der Gesamtheit.

Dabei ist aber zu berücksichtigen, dass die Fragilität und die Volatilität einer Zeitungsinformation wegen der direkten Verarbeitung, Analysen und Interpretation einer Nachricht und ihrer sofortigen Wiedergabe groß sind. Aber über einen längeren Zeitpunkt betrachtet, stabilisiert sich die Information und wird erst so zu einem zuverlässigen Instrumentarium der historischen Forschung. Manche Information ist kurzlebig sowie einmalig und entgeht der Geschichte, zumeist weil sie sich nicht bestätigt, falsch ist oder schnell an Bedeutung verloren hat. Hierin liegt eine wesentliche Gefahr für einen Historiker, der sich mit Zeitungsnachrichten befasst.

Eine weitere Gefahr – immer wieder zu beobachten – liegt deshalb auch darin, anhand eines einzelnen recherchierten Zeitungsbeitrages geschichtliche Einschätzungen in Bezug auf die Gesamtheit zu formulieren. Verantwortungsvoll mit geschichtlichen Erkenntnissen kann nur umgegangen werden, wenn Zeitungsinhalte nicht stichprobenartig analysiert werden. Denn nur die dauerhafte Untersuchung von Zeitungsinhalten gewährleistet eine klare und objektive Einschätzung der historischen Lage und lässt fundierte Rückschlüsse über die Linie eines Hauses zu.

Die Zeitung über einen langen Zeitraum in ihrer Gesamtheit betrachtet, beinhaltet eine auf den ersten Blick nicht sichtbare Dynamik, der sich niemand entziehen kann, da sie als Massenprodukt die Leser, aber auch politisch, wirtschaftlich, sozial und kulturell Agierende beeinflusst und nicht selten Entscheidungen von historischer Dimension erwirkt. Aus diesem Grunde haben die Machthaber zu allen Zeiten versucht, Einfluss auf den Inhalt der Zeitung zu nehmen, wie die nachfolgende Geschichte der *Kölnischen Zeitung* verdeutlicht.

Wenn ein Medium wie die Zeitung zwischen Sender (Informant) und Empfänger (Leser) geschaltet wird, dann wird von Massenkommunikation gesprochen. Jeder journalistische Beitrag enthält mit der Art und Weise der Verwendung von Worten eine Inhaltsebene sowie eine Beziehungsebene; das heißt: Wie steht der Verfasser des geschriebenen Wortes inhaltlich zu seiner Berichterstattung? Allein schon das Platzieren eines Beitrages, die Formulierung einer Schlagzeile und der Schreibstil lassen die Beziehung des Autors zu seinem journalistischen Artikel erkennen.

Zur Zeit dieser geschichtlichen Untersuchung gab es keine Zeitung, die nicht über den Nationalsozialismus berichtete. Ob negative, positive oder neutrale Berichterstattung aller damaligen Zeitungen, wie beispielsweise des *Berliner Tageblatts*, der *Frankfurter Zeitung*, der *Vossischen Zeitung*, der *Kölnischen Zeitung* oder des *Völkischen Beobachters*, vorliegt – alle haben eines gemeinsam: Sie haben den Nationalsozialismus kommuniziert und somit das Thema des Nationalsozialismus bekannt und vor allem präsent gemacht. Die Auswirkung dieser Kommunikation war eine entsprechende Meinungsbildung verbunden mit subjektiver Naivität bei den Lesern.

Zeitungsberichterstattung während des genannten Zeitraums ist mit der heutigen Schreibweise in Nachrichtenblättern nicht zu vergleichen. Boulevardeske Anteile und Merkmale fehlen. Ein Grund mag das damalige Fehlen des Fernsehens und anderer elektronischer Medien sein.

Während der erstmaligen geschichtlichen Aufarbeitung der *Kölnischen Zeitung* wird deutlich: Erst die absolute Unabhängigkeit einer Zeitung – wirtschaftlich wie überparteilich – schafft kreative Modernität, gleiches Recht für alle und Identität.

Die Zeitung ist ein wesentlicher Bestandteil unseres »kulturellen Gedächtnisses«. Spannung und Ergebnisoffenheit sind nur in einem demokratischen System möglich, sofern die Medien sich nicht selbst thematisieren und verantwortungsvoll schreiben.

Die *Kölnische Zeitung* trug nicht unwesentlich dazu bei, dass ihre Bürgerkultur in eine Untertanenkultur überging, ohne dass sie diese Entwicklung wollte. Mit der Diktatur des Nationalsozialismus verlor die *Kölnische Zeitung* ihre Widerstandsfähigkeit, ihre sinn- sowie friedensstiftende Wirkung, ihre journalistische Unabhängigkeit und wurde so automatisch zu einem unterstützenden Blatt in der Zeit des Nationalsozialismus auf der Basis des Schriftleitergesetzes, verabschiedet am 4. Oktober 1933 und in Kraft getreten am 1. Januar 1934. Die wichtigste Neuerung des Schriftleitergesetzes betraf die Reichskulturkammer, welche am 22. September 1933 vom Reichsminister für Volksaufklärung und Propaganda, Joseph Goebbels, gegründet wurde und die zuständig war für die Gleichschaltung aller Bereiche des Kulturlebens und zur Regelung der sozialen und wirtschaftlichen Belange der Kulturschaffenden. Für die Gleichschaltung der Medien war die Reichspressekammer, eine Unterorganisation der Reichskulturkammer, zuständig.

Die Lust, so zu schreiben, wie es in einem freiheitlichen System die Regel ist, blieb in Aufsätzen und dem Formulieren zwischen den Zeilen nur für eine bestimmte gebildete Leserschaft verstehbar und lediglich dem Feuilleton überlassen. Aber auch hier verstand es die Partei, Einfluss zu nehmen, und griff unnachgiebig durch, sodass dem Kreis liberal denkender Journalisten nur die Hoffnung und das Warten auf Veränderung in der Zukunft blieben.

Die politischen, wirtschaftlichen und kulturellen Spielräume wurden seit Beginn der Nazidiktatur immer enger, sodass bestimmte Themen nur noch unter vorgegebenen Aspekten behandelt werden konnten. Der freie, unabhängige Journalismus begab sich gezwungenermaßen in eine »versiegelte Zeit«, in der das diktierte Wort zum Maßstab des Aufschreibens wurde, in der die Respektlosigkeit des meinungsfreiheitlich formulierten geschriebenen Wortes alle menschlichen Werte mit Füßen trat.

Es zeichnete sich rasch ab, dass eine intensive Erforschung der Zeitungen der damaligen Zeit zu einem anderen Verständnis führt und der historischen Forschung viele neue Aspekte hinzufügen kann, die zur Klärung der Handlungen sowohl der Protagonisten des Dritten Reiches als auch der Mitläufer, die ganz einfach ihr Unternehmen und ihre Haut retten wollten, beitragen könnte.

Jeder weiß heute, dass Hitlers Lügen und sein geschickt aufgebauter Kontroll- und Manipulationsapparat eine auch nur annähernd freie Berichterstattung nicht möglich machten. Zwar gab es noch 1932 zuweilen eine Hoffnung in der allgemeinen Unsicherheit, die sich zunächst bis 1933 fortsetzte. Aber trotzdem gab es niemanden, der die Zukunft voraussehen konnte – niemand wusste, wie sich die Diktatur des Nationalsozialismus entwickeln würde. Auch diejenigen, die in den frühen dreißiger Jahren die Nationalsozialisten wählten beziehungsweise sich für deren Regierungsbeteiligung entschieden, taten dies nicht unbedingt mit der Absicht, die Juden zu vernichten.

Und wenn wir heute unseren Recherchen nachgehen, dann aus der Sicht eines Forschers, der bereits weiß, wie sich der Nationalsozialismus geschichtlich entwickelt hat. Das sollte jeder Voreilige erkennen! Gerade beim Lesen der Tageszeitungen, untermauert von Redaktionssitzungsprotokollen, Briefen und so weiter, wird die Entwicklung hin zum Nazisystem deutlich und hautnah, zeigen sich aber auch die alltäglichen Nöte, Sorgen und Überlegungen, die selten sofort zur Erkenntnis führten, sondern nur im Nachhinein klar und deutlich logisch erscheinen.

Die Zeitungen, aber auch die beginnenden Rundfunksendungen und die Filmpropaganda wurden massenpsychologisch in emotionalisierenden Mustern geschickt eingesetzt, nicht nur, um die Ideen Hitlers und des Nationalsozialismus zu verbreiten, sondern vor allem, um den Menschen während des Lesens von Zeitungen, während des Rundfunkhörens und während des Filmsehens das Weglesen, Weghören und Wegsehen beizubringen. Diese kommunikative Strategie der Massenbeeinflussung ist in einer erstaunlichen Perfektion gelungen.

Auch stellt sich hierbei die Frage: Wer war stärker: der Nationalsozialismus oder die Medien, die sich bewusst oder unbewusst benutzen ließen, um die Idee des Nationalsozialismus zu kommunizieren? Dabei spielt es keine Rolle, ob positiv oder negativ über den Nationalsozialismus berichtet wurde. Denn Tatsache ist: Die nationalsozialistische Weltanschauung wurde durch die Medien verbreitet.

Während meiner jahrelangen historischen Forschungen im Bereich Wirtschaft und Politik schrieb ich Unternehmensgeschichten, die in der Zeit der Weimarer Republik und im Nationalsozialismus national und international eine große Rolle spielten wie die Bauunternehmen Strabag AG, Philipp Holzmann AG, Hochtief AG, oder die Elektrounternehmen wie VIAG und Bayernwerk AG, aber auch Unternehmen anderer Branchen wie Südzucker AG oder Knorr-Bremse AG.

Vor diesem Hintergrund ist die Geschichte eines Verlagshauses anders zu betrachten und eben anders zu schreiben als die Geschichte eines produzierenden Unternehmens oder die Geschichte eines Dienstleistungsunternehmens, sei es nun die Geschichte von Bauunternehmen, der Reichsbahn, der Elektrounternehmen oder Banken. Bei allen diesen historischen Unternehmungen ergeben sich klare Muster, wer Nazi und Mitläufer war, wer Zwangsarbeiter beschäftigte, wer wann und wie arisierte oder wer Menschen die Würde ihres Daseins im Arbeitsleben nahm. Die Auswirkungen eines Produktes waren erforscht und bekannt.

Deshalb stellte sich während der gesamten Arbeit immer wieder auch die Frage: Welche kurzfristigen und langfristigen Auswirkungen in Bezug auf die Masse hat das geschriebene Wort einer Tageszeitung?

Der Ausgangspunkt zu dieser Arbeit waren drei Grundstücksgeschäfte, die die Gemüter bewegten. Diese Grundstücke kaufte M. DuMont Schauberg von jüdischen Mitbürgern, die Deutschland verlassen mussten. Insbesondere das Grundstück in der Breite Straße und das Grundstück in der Leyboldstraße 19, das Gabriele DuMont von Albert Ottenheimer erworben hatte, erregten die Stimmung sowohl in der Familie, dem Verlag als auch in der Öffentlichkeit. Lag hier eine Arisierung vor oder nicht? Im Gesamtgeschehen ist diese Handlung zwar nur ein punktuelles Ereignis, aber für das Verständnis historischer Abläufe in der damaligen Zeit ein bedeutender Vorgang. Wie kompliziert Schuldzuweisung ist, zeigt gerade der Erwerb dieser Grundstücke.

Das Archiv des Verlages M. DuMont Schauberg stand mit allen historisch relevanten Materialien uneingeschränkt zur Verfügung.

Darüber hinaus wurde ein Team gebildet, in dem Contessa Roberts und Jürgen Steinmetz für die Sichtung und Auswertung der Archivation im Verlagshaus, in regionalen und nationalen Archiven zuständig waren. Im Mittelpunkt der Forschungen stand jedoch das Hauptprodukt des Verlages, die *Kölnische Zeitung*. Jane Uhlig, Dozentin für Kommunikation, befasste sich mit der Analyse und Auswertung der *Kölnischen Zeitung*. Die jeweiligen Analysen und Untersuchungen der Zeitung wurden in einem von ihr gefertigten Analysebuch festgehalten. Um Objektivität zu gewährleisten, wurde jede Analyse strukturiert in Datum des Geschehens, Datum der Publikation, Autor, journalistische Stilform, Hauptthema, Ressort, Platzierung, Umfang des Beitrages, Ereignisort, Überschrift, Unterüberschriften, 1. Absatz, Meinungen/Zitate/Urheber, Handlung, Akteure (positive, negative, neutrale Darstellung), erwähnte Parteien, negativer/positiver Kontext, Aktualitätsbezug sowie Valenz der Berichterstattung. Um eine Vergleichsbasis zu erhalten, erstellte Carl Dietmar zusammenfassende Auszüge aus der *Vossischen Zeitung* und der *Frankfurter Zeitung* sowie des Naziblattes *Westdeutscher Beobachter.*

Allen Beteiligten, vor allem den Mitarbeitern der benutzten Archive, gebührt uneingeschränkter Dank.

Frankfurt am Main, im Januar 2009
Manfred Pohl

1. Prolog

Niemand kann so richtig nachvollziehen, warum im Jahr 1802 Nicolaus DuMont, der letzte frei gewählte Bürgermeister der freien Reichsstadt Köln, in das Zeitungsgeschäft einstieg[1] und die *Kölnische Zeitung* erwarb, zumal vordergründig nichts für eine erfolgreiche Zukunft sprach. Napoleon Bonaparte hatte in Köln, das das revolutionäre Frankreich seit 1794 besetzt hielt, nachhaltige Spuren hinterlassen. Es herrschte in Köln eine eigenartige Mischung aus Fortschritt und strenger französischer Administration, die vor allem auf der Basis der französischen Sprache agierte. So sorgte der von Napoleon 1807 eingeführte »Code de Commerce« für mehr Kreativität und Innovation. Er entsprach durchaus den Ansichten der rheinischen Kaufleute. Die französische Besatzung förderte Erfindungen und neue Produkte, aber stand dem »geschriebenen Wort« äußerst kritisch gegenüber. Aber das war nicht allein eine französische Eigenart. Überall in Europa standen die Regime der Presse äußerst kritisch und ablehnend gegenüber. Zensur prägte den Alltag einer Zeitungsredaktion. Diese Diskrepanz zwischen Kreativität und Innovation einerseits und der strengen Kontrolle andererseits beeinflusste nachhaltig alles Denken und Handeln.

Es bedurfte somit eines weit vorausschauenden Unternehmers, der das Risiko nicht scheute und auf die Zukunft setzte. Wusste er, dass das Zeitungswesen von einer kontrollierbaren kleinen Auflage für wenige sich zu einem Massenmedium entwickeln würde, das Gesellschaften steuern und beeinflussen konnte? Wusste er, dass Zeitungen zum begehrten Artikel vor allem politischer Herrscher aufsteigen würden? Vielleicht! Jedenfalls war in der ersten Hälfte des 19. Jahrhunderts alles in Bewegung geraten. Die Erfindung der Massenherstellung von Papier und der Bau von mit Dampfkraft getriebenen Schnellpressen führten das Zeitungswesen in eine neue Dimension. Beide Erfindungen nahmen ihren Anfang Ende des 18. und zu Beginn des 19. Jahrhunderts, ohne sich allerdings in Deutschland sofort durchzusetzen.

Zwar hatte bereits im Jahre 105 n.Ch. in China der kaiserliche Hofbeamte Cai Lun das erste Papier hergestellt, dessen technisches Verfahren aber erst tausend Jahre später über den Orient und Nordafrika nach Europa gelangte. Die Herstellung von Papier blieb schwierig und kompliziert, die Hadern (Lumpen) blieben bis Mitte des 19. Jahrhunderts zumeist die einzigen Rohstoffe zur Herstellung von Papier. So konnten auf der Basis von Gutenbergs Erfindung der Druckerpresse mit beweglichen Lettern (1436) Zeitungen in geringen Auflagen hergestellt werden. In Deutschland erschien seit 1609 die Zeitung *Aviso* in Wolfenbüttel als die erste periodische Wochenzeitung. Es war »die Geburtsstunde« der periodischen Presse.[2] Die Alphabetisierung der Bevölkerung führte zudem dazu, dass Zeitungen auch einen wirtschaftlichen Erfolg versprachen. Allerdings erschien die erste Tageszeitung erst 1750 in Leipzig.

Aber der Fortschritt war nicht aufzuhalten. Der Franzose Nicholas-Louis Robert (Patent 1799) entwickelte die Papierschüttelmaschine und somit die technische Voraussetzung zur Massenherstellung von Papier. Diese Erfindung und deren Fortentwicklung waren zur rechten Zeit entstanden und absolut notwendig, da die ersten dampfkraftbetriebenen Druckmaschinen natürlich Papier in gewaltigen Mengen benötigten. Die Dampfkraft bei Druckmaschinen nutzten die Pioniere Friedrich König (1774 bis 1833) und Andreas Friedrich Bauer (1783 bis 1860), die in Deutschland ihrer Zeit weit voraus waren. Um 1800 wanderten sie nach Großbritannien aus. Hier war die industrielle Revolution bereits voll im Gange, fünfzig Jahre früher als in Deutschland und Frankreich. In England konnten sie ihre Erfindungen technisch umsetzen. Am 29. November 1814 wurde die Londoner *Times* als erste Tageszeitung der Welt mit der von Koenig und Bauer konstruierten Zylinderdruckmaschine auf der Basis von Dampfkraft hergestellt. Im Jahr 1817 kehrten die Erfinder nach Deutschland zurück und gründeten im ehemaligen Kloster Oberzell bei Würzburg die Firma Koenig & Bauer. Sie prägte in den nachfolgenden Jahrzehnten das Druckwesen, auch bei der *Kölnischen Zeitung*.

Das Grundprinzip, das bei allen Informations- und Kommunikationsmedien gilt, nämlich das »Wissen der Welt« allen zu vermitteln, nahm bei Gutenberg seinen Anfang und führte über die Erfindung der Schnellpresse sowie des Rotationsdrucks zur modernen Presse. Die Massenkommunikation basiert auf einer großen Öffentlichkeit, da jeder grundsätzlich Zugang zu ihr hat, sofern er lesen kann. Es ist das Zusammenspiel von technischen Neuerungen, sprich Massenherstellung, und der schrittweisen Beseitigung des Analphabetismus, die für alle den Zugang zum »Wissen der Welt« ermöglichten: Das Publikum war nicht mehr »abgeschlossen«[3]. Eine »indirekte, einseitige und massenhafte Verbreitung von kommunikativen Angeboten an ein zahlenmäßig großes, verstreutes Publikum«[4] schufen erst die Basis für die Zeitung und alle anderen Medien. Sie wurden so zu einer Macht, die bis heute alle Bereiche des Alltags mitbestimmt.

Somit waren zu Beginn des 19. Jahrhunderts die grundlegenden Voraussetzungen zur Herstellung von Massenmedien geschaffen: Gutenbergs bewegliche Lettern, die Erfindung der Dampfmaschine durch James Watt (1769), die von Koenig und Bauer zur Herstellung ihrer Druckmaschinen genutzt wurde, und die massenhafte Herstellung von Papier durch Nicholas-Louis Robert. Mit Recht kann somit die erste Hälfe des 19. Jahrhunderts als jene Epoche bezeichnet werden, in der die Printmedien begannen, einen erheblichen Einfluss auf den politischen, ökonomischen, sozialen und kulturellen Diskurs zu nehmen,[5] obwohl Anfang des 19. Jahrhunderts schätzungsweise nur 10 Prozent der Bevölkerung lesen konnte.

Dennoch war der Einstieg in das Zeitungswesen zu Beginn des 19. Jahrhunderts eine zukunftsträchtige und vielversprechende Investition, wenn da nicht die Zensur gewesen wäre. Wer eine Zeitung herausgeben wollte, musste mit den Herrschenden paktieren, wollte er nicht die Schließung seines Unternehmens riskieren. Alle Zeitungsverleger mussten sich bis Ende des Dritten Reiches und nach 1945 einige Jahre unter den Besatzungsmächten mit diesem Problem auseinandersetzen. Erst zu Beginn der fünfziger Jahre des 20. Jahrhunderts konnte die Pressefreiheit in der Bundesrepublik Deutschland durchgesetzt werden. Die heutigen Inhaber des Verlags M. DuMont Schauberg sind Alfred Neven DuMont und Christian DuMont Schütte. Der Aufsichtsratsvorsitzende Alfred Neven DuMont, der als junger Mann noch die Folgen der nationalsozialistischen Diktatur und der Besatzungsmächte erfahren hatte, konnte erst mit seinem Einstieg 1953 in den Verlag M. DuMont Schauberg auf der Basis der Pressefreiheit das heutige Zeitungsimperium gemeinsam mit seinen Partnern aufbauen. Davor waren alle Zeitungen von den herrschenden

Systemen abhängig: von den Franzosen in Köln bis 1815, von den Preußen bis 1918, der Weimarer Republik mit einer eingeschränkten Pressefreiheit und der totalen Zensur und somit einer nie da gewesenen Unfreiheit im Dritten Reich und einer nach und nach freigegebenen Presse unter den Besatzungsmächten.

Die Geschichte prägte nicht unwesentlich die jeweiligen Inhaber des Verlages M. DuMont Schauberg, die ihre zentrale Aufgabe darin sahen, den Verlag, das heißt die Zeitung, als tragendes Produkt zu erhalten, trotz Einschränkungen und Zensur. Ein Unterfangen, das zwar gelang, aber von erheblichen Kompromissen bis hin zu einer Mitverantwortung der Medien am Aufbau und des Machterhalts der nationalsozialistischen Diktatur und deren grausamen Taten geprägt war. Die Medien hatten wesentlich zur Machtergreifung durch die Nationalsozialisten beigetragen, wie die Analyse der Zeitungen Ende der zwanziger und zu Beginn der dreißiger Jahre zeigen wird. Hierbei haben nicht alle uneingeschränkt Hitler unterstützt, aber letztlich mussten sie sich beugen oder aufgeben, weil die Medien in ihrer Gesamtheit wie andere politische, wirtschaftliche und kulturelle Institutionen auch nicht konsequent gegen die Nationalsozialisten vorgingen. Sie waren es gewohnt, mit den herrschenden politischen Kräften zu paktieren. So zieht sich ein roter Faden von Napoleon bis Hitler in der Medienlandschaft durch, der nur selten riss und freiheitliche Initiativen startete, die aber rasch im Keime erstickt wurden. Das Feuilleton blieb oft als einzige Instanz übrig, sprachlich und inhaltlich freiheitliche Ideen zwischen den Zeilen zu verbreiten.

Diese Grundhaltung der Zeitungsverleger, sich immer wieder mit den politischen Machthabern arrangieren zu müssen, prägte nicht unwesentlich ihr Taktieren am Vorabend der Machtergreifung Hitlers. Nach außen konform, nach innen frei war bisher die Devise, die alle politischen Schattierungen überdauert hatte. Aber die Nationalsozialisten erstickten konsequent jede innere Freiheit mit neuartigen Mitteln des Terrors, der Massensuggestion und -kommunikation, der Kontrolle und des Zwangs, um die unumschränkte Herrschaft des Diktators zu ermöglichen.[6] Die Zeitung wurde Mittel zum Zweck, zum Propagandainstrument der Diktatur. Jeder Text, der sich mit der NS-Diktatur auseinandersetzt, ist unweigerlich mit den Gräueltaten, die im Namen des Regimes von Menschen an anderen Menschen verübt wurden, eng verbunden.[7]

Die Medien unterliegen einer Kontinuitätsproblematik, mit der sich die Journalisten, Schriftsteller, Fotografen und Designer auseinandersetzen müssen.[8] Die Beschäftigung mit der deutschen Geschichte beginnt und endet zumeist mit Auschwitz. Eine »Entsorgung« der deutschen Vergangenheit ist und bleibt ein kontinuierliches, präsentes und immer wieder zu erforschendes Thema aller Historiker.[9] Bis heute wirken zahlreiche Strukturen, die ihre Basis im NS-Staat haben, in den Medien, der Propaganda und der visuellen Kommunikation fort.[10] Spätestens seit die Manipulation zur alltäglichen Praxis wurde, kann weder von Glaubwürdigkeit oder gar von Wahrheit des »geschriebenen Wortes« die Rede sein. Es ging in der NS-Medienlandschaft selten um das »geschriebene Wort«, sondern immer um seinen Gebrauch oder Missbrauch. Die Medien ermöglichten die einseitige Massenkommunikation der NS-Propaganda, sie verschleierten und waren nie die Botschaft, sondern immer nur effektive Hilfsmittel in der Vermittlung angeblich ästhetischer Inhalte und Programme.[11] Sie förderten letztendlich die Erziehung zum Wegsehen.[12] Die Protagonisten des NS-Staates verstanden es wie keine Regierung zuvor, alle Erinnerungen über längere Zeit in positive Eindrücke umzumünzen und gleichzeitig negative Elemente auszuschließen, um sich einen dauerhaften Platz in den Herzen des Volkes zu sichern. Die Medien und die über sie betriebene Propaganda waren im NS-Staat per definitionem »Erziehung zum Wegsehen«. Bereits in den zwanziger Jahren, der Weimarer Republik, sind pädagogische Elemente festzustellen, die nahtlos in die Propaganda des Dritten Reiches führten und sich dort ausweiteten, um das erwünschte positive Identifikationsraster für Bürger und Staat zu erzeugen. Nur so ist zu verstehen, dass letztlich der Einzelne hinter das Volksganze zurückzutreten hatte.[13] Die Medien waren der totalen Überwachung durch den NS-Staat unterworfen, und jeder, der sich weigerte, geriet in den Sog der Säuberung der deutschen Medienlandschaft von liberalen, jüdischen und oppositionellen Journalisten.

Kurt Neven DuMont, ein liberaler Geist, der 1927 in die Führung des Verlages eintrat, stellte teilweise auf der Basis linksliberaler Ideen junge tatkräftige gleichaltrige Mitarbeiter ein, um die Leser, die sich aus Kreisen des konservativen, national gesinnten Bürgertums zusammensetzten, schrittweise auf neue Inhalte der Zeitung vorzubereiten, aber auch um neue Leser zu gewinnen. Er musste seine Ideen bald zurücknehmen, da der Leserkreis seine jugendhaften liberalen Vorstöße nicht mittrug. Er kämpfte von Anfang an gegen das neue Regime der Nationalsozialisten, gegen die Übernahme der Zeitung durch den *Westdeutschen Beobachter* bis zu einem Punkt, an dem er sich dem Regime und dem Gauleiter von

Köln-Aachen, Josef Grohé, beugen musste, um die Zeitung zu erhalten. Die *Vossische Zeitung*, die konsequenter gegen Hitler opponiert hatte, musste 1934 resignieren und den Druck einstellen. Die *Frankfurter Zeitung* wurde arisiert, das heißt, die jüdische Verlegerfamilie musste ausscheiden. Verlag und Zeitung gingen in arische Hände.

Aus welchen Gründen wurde welcher Weg gegangen? Diese Frage zu beantworten ist ein wesentlicher Teil dieser Arbeit. Hierbei geht es nicht um Schuldzuweisungen und Schuldbekenntnisse, die zu oft deutschen Historikern nicht nur zu leicht aus der Feder (oder dem Computer) fließen, sondern häufig auch bereits die Grundeinstellung bilden, mit der sie an die geschichtliche Aufarbeitung der schrecklichen Zeit des Nationalsozialismus herangehen.

Wo Schuld ist, soll auch Schuld beschrieben und festgestellt werden. Aber oft könnte leicht verurteilt werden, wobei die Problematik viel tiefer liegt. In fast allen Interviews mit Unternehmen, Banken und Politikern, die ich seit 1970 führte, waren alle darauf aus, irgendwie ihre »Persilscheine« zu rechtfertigen. Es war oft äußerst schwierig, die Wahrheit herauszufinden, da es ein langwieriger, quellenintensiver Prozess, ein Puzzlespiel ist, ob das Verbleiben im Unternehmen aus Gründen des Überlebens, aus karitativen oder sozialen Überlegungen oder zumindest um die Arbeitsplätze zu erhalten oder aus Opportunismus, Profitgier, Machtkonservierung und nationalsozialistischer Überzeugung geschah.

Wer war Nationalsozialist und wer nicht? Oder waren alle Menschen, die in Deutschland lebten zum Zeitpunkt der nationalsozialistischen Diktatur, Nationalsozialisten? Mit Sicherheit nicht. Gerade bei Familienunternehmen mit langer Tradition sind diese Fragen oft nur unzulänglich zu beantworten. Die Entnazifizierungsakten geben oft nur wenig brauchbare Hinweise, da auch die Betroffenen zumeist einen Fürsprecher fanden, der sie entlastete, und die Alliierten zudem einsehen mussten, dass nicht jeder Deutsche, der im System lebte oder gar in der Partei war, Nationalsozialist und somit an allen Verbrechen direkt oder indirekt beteiligt war.

Briefe, Tagebücher, Aussagen von Mitarbeitern oder auch die Protokolle der Redaktionssitzungen und schließlich die Zeitung selbst geben in ihrer Gesamtheit ein klareres Bild. Aber in die Herzen schauen, wie die Protagonisten wirklich dachten, das ist nur begrenzt möglich. Geschichte wird hier zum Indizienprozess, und das Urteil, das zu fällen ist, richtet sich letztlich ausschließlich nach den Quellen, die jene Zeit produzierte. Jeder, der sich entschied, zu bleiben, gleichgültig aus welchen Motiven, musste sich schuldig machen in dem Sinne, dass er Handlungen vollbringen oder diese Texte verfassen musste, die anderen, aber vor allem Deutschland, Schaden zufügten. Die Balance zwischen Handlungen für das System und auf Anweisung des Systems oder Ausstieg, wenn dies überhaupt möglich war, musste jeder jeden Tag von neuem entscheiden.

Als Hitler die Macht übernahm, war es zu spät. Die Jahre 1928 bis Ende 1932 sind daher prägend; aber wesentliche historische Grundlagen wurden bereits 1923 gelegt. Geschichte ist kein punktueller Prozess, sondern ein fließender, manchmal leise gleitend, bisweilen stürmisch nach vorne preschend, oft aber unbemerkt und falsch eingeschätzt. Letzteres ist zumeist der Beginn einer Katastrophe.

Es gelang der bürgerlichen Mitte zwischen 1928 und 1932 nicht, die Angriffe von rechts und links abzuwehren. Zentrum, Deutsche Volkspartei (DVP) und die neu gegründete Deutsche Staatspartei (DStP) und die zeitweise zu Koalitionen bereiten Sozialdemokraten versagten. DVP und DStP wurden 1931/1932 bedeutungslos und somit auch diejenigen Zeitungen, die für eine bürgerliche Mitte standen, wie die *Kölnische Zeitung*, die *Frankfurter Zeitung* oder die *Vossische Zeitung*.

Aus heutiger Sicht sind Handlungen der Verleger und Redaktionen leicht zu beurteilen, weil wir die Ergebnisse kennen. Aber waren diese nicht bereits 1923 im Verlauf des Hitler-Putsches und des nachfolgenden Prozesses oder aber endgültig 1930 bis 1932 vorauszusehen? Eine schwierige Frage, die zu beantworten eine Hauptaufgabe dieser Arbeit ist.

2. Die Anfänge des Verlagshauses M. DuMont Schauberg

2.1 Napoleon, DuMont und die Erben Schauberg

Als Nicolaus DuMont am 9. Juni 1802 zusammen mit den Erben Schauberg die *Kölnische Zeitung* erwarb,[1] spielten Zeitungen eine nur geringe Rolle in der öffentlichen Meinungsbildung. Das Blatt war die Nachfolgerin der *Kaiserlichen Reichs-Ober-Post-Amts-Zeitung*, die seit 1763 in der Schaubergschen Druckerei im Lohndruck für die thurn-und-taxissche Postverwaltung hergestellt wurde. Nach dem Einmarsch der Franzosen im Jahre 1794 hatte ein neuer Besitzer der Zeitung, der Postbeamte Franz Köttgen, am 1. Dezember 1795 zunächst das Wort »Kaiserlich« aus dem Titel gestrichen, ehe das Blatt in *Postamtszeitung zu Cölln*, dann in *Kölner Zeitung*, und schließlich am 19. Juli 1798 in *Kölnische Zeitung* umbenannt wurde.[2]

Hinter dem juristischen Begriff »Erben Schauberg« standen Nachkommen des weit über Köln hinaus bekannten Druckers Gereon Arnold Schauberg (1692 bis 1751). Er war verheiratet mit Dorothea Hilden, der Tochter von Peter Theodor Hilden (1661–1709), dessen Großvater Bertram Hilden aus dem Bergischen (»ab Hilden«) stammte und erstmals 1620 in Köln als Drucker des Programms einer Theateraufführung durch Kölner Schüler erwähnt wird.

Zunächst hatte Dorothea, die Tochter von Gereon Arnold Schauberg, die in zweiter Ehe mit dem Universitätsprofessor Georg Menn verheiratet war, die Druckerei übernommen. Nach ihrem Tod im Revolutionsjahr 1789 war die Druckerei in den Besitz von Maria Katharina und Gertrud Schauberg übergegangen, Töchter des in Düsseldorf amtierenden Notars und Polizeirates Joseph Nicolaus Schauberg.

Aber die Erben Schauberg und der Mitbesitzer Nicolaus DuMont gaben die *Kölnische Zeitung* nur drei Jahre heraus. Am 10. Juni 1805 erwarb ein

Neffe des früheren Bürgermeisters, der Rechtsgelehrte Marcus DuMont, für 1400 Taler die in der Straße Unter Goldschmied gelegene Schaubergsche Druckerei samt *Kölnische Zeitung*.[3] Zwei Monate nach dem Kauf der *Kölnischen Zeitung* heiratete Marcus DuMont die fünf Jahre ältere Maria Katharina Schauberg und begründete so das Haus M. DuMont Schauberg. Allerdings wurde bis zum Jahre 1811 der Firmenname »Erben Schauberg« beibehalten.

Somit waren die rechtlichen und organisatorischen Voraussetzungen geschaffen, um einen erfolgreichen Zeitungsverlag zu führen. Wäre da nicht die Zensur und die hieraus entstandenen Konflikte mit den französischen Behörden gewesen. Am 24. August 1809 ließ der Präfekt des Roer-Departements verkünden, dass in Köln nur noch zwei französischsprachige Zeitungen erscheinen dürften. Die *Kölnische Zeitung* musste daher zum 31. August ihren Redaktionsbetrieb einstellen.[4] Die Auflage der Zeitung betrug damals 400 Exemplare, 150 mehr als bei der Übernahme durch Marcus DuMont. Immerhin erreichte der Verleger durch eine Eingabe am Kaiserhof, dass man ihm eine jährliche Entschädigung von 4000 Francs zugestand. Zudem durfte Marcus DuMont seit 1810 die französischsprachige Halbmonatsschrift *Mercure de la Roer*, ein den »Wissenschaften und Künsten, vornehmlich der Geschichte und den Althertümern dieses Landes gewidmetes Blatt« herausbringen – sowie zweimal wöchentlich ein Anzeigenblatt. Das Ausweichen auf eine feuilletonistisch geprägte Zeitung vermied die Einstellung aller Aktivitäten. Es ist bezeichnend, dass das Feuilleton in allen Diktaturen, von Napoleon bis Hitler, immer wieder die einzige Ausdrucksmöglichkeit blieb, um weiter zu schreiben und Gedanken zwischen den Zeilen zu äußern, die der geübte Leser leicht durchschauen konnte.

Am 14. Januar 1814 zogen die Alliierten in Köln ein, russische und preußische Truppen. Bereits an diesem Tag richtete DuMont eine Eingabe an den Maire de la Ville de Cologne und bat um die Genehmigung, die *Kölnische Zeitung* wiedererscheinen zu lassen.[5] Nach mehr als vierjähriger Unterbrechung wurde in der Brückenstraße, wohin DuMont sein »Offizin« verlegt hatte, das Blatt wieder gedruckt. An der Spitze der ersten Ausgabe vom 16. Januar 1814 stand eine nüchterne Meldung in eigener Sache: »Die *Kölnische Zeitung* erscheint Sonntags, Dienstags, Donnerstags und Samstags. Frühzeitige Mitteilung der politischen Tagesereignisse wird der Redaktion eifrigstes Bestreben sein.«[6] Marcus DuMont setzte in die neuen Machthaber, die Preußen, die nach den Beschlüssen des Wiener Kongresses ab 1815 die »Wacht am Rhein« übernommen hatten, große Hoffnungen. In einem Leitartikel schrieb er am 25. Februar 1815, »daß der Wiener Beschluß, der auf Rücksicht auf das Allgemeine erging, auch das Los verknüpft, einem größeren Staate anzugehören, der unsere Erwartung einer glücklichen Zukunft erfüllen kann und gewiß erfüllen wird. Die Verehrung, womit alle Untertanen Preußens ihrer Regierung anhängen, liefert die sicherste Gewähr, daß diese Regierung mild und gerecht sein wird«[7].

2.2 Die Preußen

2.2.1 Eine neue Reformtätigkeit

Aber seine Hoffnungen wurden bald enttäuscht. Mit der »gerechten, humanen und liberalen« preußischen Regierung bekam DuMont schnell Ärger. Die *Kölnische Zeitung* erschien gelegentlich mit weißen Flecken.[8] Der Grund lag auf der Hand. Die preußische Regierung als Zensor hatte die Artikel kurz vor dem Druck beanstandet. Vor allem die Leitartikel von Marcus DuMont, die er seit 1817 mit einem Stern kennzeichnete und in denen er sich beispielsweise für den Weiterbau des Domes aussprach, wurden von den Behörden mit Argusaugen beobachtet. Doch trotz dieser Hemmnisse schaffte es DuMont, die Auflage seiner Zeitung allmählich zu steigern – seit Beginn der 1820er Jahre lag sie bei mehr als 2 000 Exemplaren. Die *Kölnische Zeitung*, die seit 1829 sechsmal in der Woche (außer montags) erschien,[9] gehörte damit zu den bedeutendsten Blättern Preußens. Zeitungen begannen vor allem in den Städten, Meinungsbildner zu werden, auch weil gerade hier immer mehr Menschen lesen konnten.

Bereits 1816 war die Zeitungsexpedition und die Druckerei in das Haus Hohe Straße 133 umgezogen, nur wenige Minuten vom alten Standort entfernt. Zwei Jahre später folgten die übrigen Betriebe und auch die Wohnung des Inhabers.

Noch vor dem Umzug gründete Marcus DuMont in Vorsorge für die Mitglieder seiner Offizin in Krankheitsfällen eine Unterstützungskasse für Bedürftige und Invalide – eine unternehmerische Pioniertat. Marcus DuMont starb am 24. November 1831 im Alter von 47 Jahren. Seine Frau Katharina, die ihm zwölf Kinder geboren hatte, überlebte ihn um 14 Jahre.

Zeitungen gewannen im Laufe des 19. Jahrhunderts immer mehr an Bedeutung. Das lag vor allem daran, dass sich die politischen, ökonomischen, sozialen und kulturellen Bedingungen schrittweise völlig veränderten. Trotz ständiger Zensur beeinflussten Journalisten, Schriftsteller, Theatermacher und Kulturinteressierte aller Gattungen das Denken von immer mehr Menschen. Vor allem das Bürgertum der Städte, die Kaufleute und Handwerker wurden zu einer ernst zu nehmenden Kraft in der politischen Kultur Preußens. Nach und nach musste der preußische Staat den Bürgern immer mehr Rechte zugestehen, sodass in der ersten Hälfte des 19. Jahrhunderts eine bis zu diesem Zeitpunkt nie da gewesene Reformtätigkeit das Leben der Menschen sowohl auf dem Land als auch in den Städten entscheidend veränderte. Die industrielle Revolution gewann erst dadurch an Kraft und Nachhaltigkeit, weil sie flankiert wurde von der sozialen Revolution, der Agrarrevolution und der Bildungsrevolution. Hinzu kam in der zweiten Hälfte des 19. Jahrhunderts und zu Beginn des 20. Jahrhunderts ein kontinuierlicher Fortschritt in der Medizin, der die Lebensqualität der Menschen zu verbessern begann und Krankheiten wie Tuberkulose und viele Seuchen ausrottete. Aber erst die Erfindung der Sulfonamide und des Penicillins und die auf deren Basis entwickelten Antibiotika Mitte der zwanziger Jahre des 20. Jahrhunderts bedeuteten einen entscheidenden Durchbruch in der medizinischen Versorgung der Bevölkerung und somit einen sprunghaften Anstieg der Lebenserwartung.

Warum spielten die Zeitungen im Laufe des 19. Jahrhunderts trotz Zensur in Preußen eine entscheidende Rolle? Ihre Entwicklung und vor allem die Höhe der Auflage und die inhaltliche Strukturierung in politische, ökonomische, soziale und kulturelle Themen verliefen parallel zu dem rasanten Wachstum der Städte. Wie wir wissen, begann die industrielle Revolution mit der Erfindung der Dampfmaschine durch James Watt 1769 und damit die Technisierung aller industriellen Bereiche. Aber die Folgen dieser großartigen und einzigartigen Erfindung hätten die industrielle Revolution nicht derart rasant nach vorne getrieben, wenn nicht Preußen nach der Niederlage gegen Napoleon in der Schlacht bei Jena und Auerstedt (Thüringen) gezwungen worden wäre, tiefgreifende Reformen durchzuführen. Diese preußischen Reformen, auch Stein-Hardenbergsche Reformen genannt, führten zunächst zur Bauernbefreiung und zur Einführung der Gewerbefreiheit. Bis 1807 waren die Bauern durch die Erbuntertänigkeit leibeigen. Sie wurden durch Frondienste und Abgaben belastet. Das Oktoberedikt vom 9. Oktober 1807, das von Karl vom und zum Stein durchgesetzt wurde, hob die Erbuntertänigkeit in Preußen auf. Das Regulierungsedikt im Jahr 1811 schließlich machte alle Bauern zu Eigentümern der Höfe, wobei allerdings viele Bauern die Entschädigungssumme, die sie an die Großgrundbesitzer zu zahlen hatten, nicht aufbringen konnten. Viele Kleinbauern verloren ihre Existenzgrundlage und mussten sich als Landarbeiter auf den großen Höfen verdingen oder in die aufstrebenden Industriestädte abwandern, um in den neu geschaffenen Industriebetrieben im Ruhrgebiet, in Schlesien oder an der Saar neue Arbeit zu finden.[10] Durch die Bauernbefreiung und die Gewerbefreiheit von 1811 konnte jeder frei ein Gewerbe wählen, ohne dass Zünfte und Gilden ihn zur Übernahme des traditionell von Generation zu Generation vererbten Berufes zwingen konnten. Es entstand auf der einen Seite eine besitzlose ländliche Unterschicht, auf der anderen Seite aber auch ein Arbeitertum, das in die Industriezentren abwanderte und dort zunächst ein elendes Dasein führte.[11] Kinderarbeit war an der Tagesordnung und zwölf Stunden und mehr die Tagesarbeitszeit. Der Beginn eines neuen Zeitalters, des Industriezeitalters, war angebrochen.

Die Menschen, die in die Städte strebten, wären allerdings verhungert, hätte die Landwirtschaft weiterhin auf der Basis der Dreifelderwirtschaft agieren müssen. Erst durch die Erfindung der künstlichen Düngemittel, vor allem der Phosphate, konnte die Dreifelderwirtschaft aufgegeben werden und der Ertrag, vor allem des Getreides und der neu angepflanzten Kartoffel, deren großflächige Einführung in Preußen Friedrich der Große durch Circular-Ordre vom 24. März 1756 vornahm, um das Mehrfache gesteigert werden. Nur so war es möglich, die Menschen in den rasch wachsenden Industriezentren und Städten zu ernähren.

Auch in Köln setzte mit Beginn der Industrialisierung im 19. Jahrhundert ein starkes Bevölkerungswachstum ein. So lebten im Jahr 1807 rund 40 000 Bürger in dieser Stadt. 1825 aber waren es bereits 100 000 und Ende des 19. Jahrhunderts rund 290 000 Menschen. Diese Zahl verdoppelte sich bis 1917 auf 551 000. Damit war Köln nach Berlin mit 1,7 Millionen, Hamburg mit 812 000 und noch vor München mit 542 000 die drittgrößte Stadt im Deutschen Reich. Ein ähnliches Wachstum vollzog sich in den übrigen Städten des Ruhrgebietes, wie in Essen, Duisburg, Düsseldorf, Solingen, Wuppertal und so weiter, dem Verbreitungsgebiet der *Kölnischen Zeitung*. Die Auflage der Zeitung stieg Anfang der dreißiger Jahre des 19. Jahrhunderts auf über 3 000 Exemplare. Dafür spielte die Anzahl der Menschen, die lesen konnten, eine entscheidende Rolle. Als die *Kölnische Zeitung* 1802 startete, konnten lediglich etwa 10 Prozent der Bevölkerung lesen.

Seit 1808 wurde die städtische Selbstverwaltung durch die Wahl der Stadtämter (Stadtverordnete) eingeführt. Diese Neuregelung hatte zur Folge, dass nun alle Bürger mit Besitz von Grund und Boden und einem Einkommen von mindestens 50 Talern oder gegen eine entsprechende Gebühr die Stadtverordneten wählen konnten. Diese Stadtverordneten wählten dann wiederum den Magistrat, was zur Folge hatte, dass in den Städten mehr Selbstverantwortung und Verantwortung für das Gesamtwohl geweckt wurden. Die Zeitung wurde nun zum Gradmesser der Politik, auch in den Kommunen.

Schließlich wurde in Preußen 1809 der Bildungsreformer Wilhelm von Humboldt als Verantwortlicher für das preußische Bildungswesen berufen. In seiner kurzen Amtszeit von einem Jahr gelang es ihm, die Grundprinzipien der Bildungsreform aufzustellen, die in den nachfolgenden Jahren Allgemeingut wurden. Humboldt verfolgte den Ansatz des Humanismus und sah in einer guten Allgemeinbildung den obersten Wert. Er wollte die Menschen zu mündigen Bürgern erziehen. Erst an zweiter Stelle stand die Vermittlung beruflich benötigter Fachkenntnisse. Volksschule, Gymnasium und Universität wurden als einheitliches staatliches Bildungssystem etabliert, und der Beruf des Lehrers erfuhr durch eine systematische Ausbildung eine erhebliche Wertsteigerung, die allerdings in der zweiten Hälfte des 20. Jahrhunderts und zu Beginn des 21. Jahrhunderts mehr und mehr verloren ging.

Somit hatte sich in der ersten Hälfte des 19. Jahrhunderts die politische, ökonomische, soziale und kulturelle Ausgangsbasis entscheidend verändert. Nur so ist es zu verstehen, dass die Zeitung, insbesondere in den rasant wachsenden Städten, vor allem bei der neu gestärkten Schicht des Bürgertums, immer mehr an Bedeutung gewann. Sie wurde zum entscheidenden Meinungsbildner trotz der weiter praktizierten Zensur durch die preußischen Regierungsbeamten. Die Ergebnisse der Aufklärung, die zwangsweise erzwungenen Reformen, die Bauernbefreiung, Gewerbefreiheit, Reform des Bildungssystems, Agrarreform und so weiter weckten in der geistigen Elite Preußens ein bis dahin nie da gewesenes Freiheitsdenken. Die Maximen der Französischen Revolution mit »Fraternité, Liberté, Égalité« fielen gerade auch in Köln auf fruchtbaren Boden, wie sehr auch sonst die französische Besatzung verhasst war.

Gerade die ersten Jahrzehnte des 19. Jahrhunderts waren von einer gewaltigen kulturellen Stoßkraft geprägt. In der Literatur setzten Wolfgang von Goethe, Friedrich Schiller, Friedrich Hölderlin und viele andere neue

Maßstäbe. In der Musik waren es Wolfgang Amadeus Mozart, Johann Sebastian Bach, Friedrich Händel, Ludwig van Beethoven und viele andere, die ein neues Musikgefühl prägten. Die jungen Wilden des »Jungen Deutschlands« wie Heinrich Heine, Ludwig Börne und viele andere nahmen das Gedankengut der Französischen Revolution auf und versuchten, in das starre preußische Staatsgefüge liberales Denken einzuführen.

Gerade das Rheinland war liberalen Ideen gegenüber aufgeschlossen, und diese Haltung führte dazu, dass die *Kölnische Zeitung* in der ersten Hälfte des 19. Jahrhunderts zum führenden Organ des rheinischen Liberalismus wurde, obwohl Joseph DuMont, geboren am 11. Juli 1811, der älteste Sohn von Marcus und Katharina DuMont, die Druckerei und die Zeitung mehr unter kaufmännischen als literarischen Gesichtspunkten führte.[12] Als er 1831 Druckerei und Verlag übernahm, organisierte er zunächst die Druckerei und die Nachrichtentechnik neu. Trotz des Widerstandes seiner Mitarbeiter und vor allem nicht zuletzt seiner Mutter kaufte er Druckmaschinen von der Druckmaschinenfabrik Koenig und Bauer; eine Schnellpresse, die in der Lage war, die zehn vorhandenen Handpressen zu ersetzen.[13] Die Folgen waren gravierend. Hatte man vorher zwölf Stunden zum Druck der 3300 Exemplare der *Kölnischen Zeitung* gebraucht, so dauerte es nun nur noch vier Stunden. Das Format der Zeitung wurde wesentlich vergrößert. Gleichzeitig führte er 1838 als erste deutsche Zeitung das Feuilleton ein. Es löste das bisherige literarische Beiblatt ab. Darüber hinaus war er bestrebt, den Aktualitätsvorsprung der *Kölnischen Zeitung* so zu erweitern, dass er schneller als jede andere Zeitung in Deutschland politische, ökonomische, soziale und kulturelle Daten den Lesern präsentieren konnte. Hierzu baute Joseph DuMont eine Art Stafettennetz zwischen Köln und London auf und schaffte es, die *Times* zu beziehen, die damals bedeutendste Zeitung überhaupt, die mit Nachrichten aus aller Welt aufwarten konnte. Die Artikel der *Times* wurden in Köln übersetzt und abgedruckt, die Nachrichten von der Pariser Börse ließ er bis zur Einführung der optischen und elektrischen Telegrafie gelegentlich auch mit Brieftauben einfliegen.[14] Diese ersten Jahrzehnte des 19. Jahrhunderts veränderten Deutschland mehr als alle Jahrhunderte zuvor. Vor allem das immer breiter angelegte Vermitteln von Wissen über einheitlich gedruckte Bücher, Magazine und Zeitungen nährte freiheitliche, demokratische Ideen. In diesen Jahrzehnten wurde der Grundstein zur Demokratie im 20. Jahrhundert gelegt, trotz so mancher Schwierigkeiten, die aber letztlich Zwischenstationen bildeten.

2.2.2 Revolution und Reaktion

Die geistig-freiheitliche Grundhaltung der *Kölnischen Zeitung* zeichnete sich vor allem dadurch aus, dass es Joseph DuMont gelang, herausragende Publizisten, wie Levin Schücking, Karl Andree und Karl Heinrich Brüggemann für die Redaktion zu gewinnen.[15] Levin Schücking, Schriftleiter der Augsburger *Allgemeinen Zeitung*, war einer der meistgelesenen Autoren seiner Zeit. Für sein 1842 erschienenes Buch *Der Dom zu Köln und seine Vollendung* erhielt er die Ehrenmitgliedschaft im Dombau-Verein. Joseph DuMont bevorzugte Schücking und stellte ihn Ende des Jahres 1845 als Redakteur ein, obwohl der Schweizer Kulturhistoriker Jakob Burckhardt sich ebenfalls für diese Position beworben hatte. Schücking war eng befreundet mit Anette von Droste-Hülshoff und gehörte dem Rheinisch-Westfälischen Dichterkreis an. Über ihn fand die *Kölnische Zeitung* nun den Zugang zu literarischen Kreisen. Sie wurde Fundgrube für die deutsche Literaturlandschaft. Mundt, Hackländer, Auerbach, Hoffmann von Fallersleben gehörten zu den Autoren, die im Feuilleton der Zeitung publizierten. Schücking nahm aber auch Stellung zu den aktuellen Problemen der deutschen Politik. So wagte er zum Beispiel bereits Ende der 1840er Jahre, einen »preußischen Kaiser für Deutschland« vorzuschlagen, da »Österreich sich alle Aussichten verdorben« habe.[16] Obwohl die Gesinnung von Joseph DuMont eher preußisch-monarchisch geprägt war, riskierte er mit der Einstellung von Karl Heinrich Brüggemann größeren Ärger mit den Zensurbehörden. Brüggemann hatte nämlich wegen angeblichen Hochverrats sieben Jahre Festungshaft abgesessen, bevor er nach Köln kam. Das preußische Innenministerium warnte die *Kölnische Zeitung*, dass eine etwaige »communistisch-subversive Tendenz« der Artikel Brüggemanns zum Verbot der *Kölnischen Zeitung* führen könnte. Die Konsequenz war, dass die Redaktion bereits Anfang der fünfziger Jahre infolge der Serie von Leitartikeln aus der Feder Brüggemanns tatsächlich in große Schwierigkeiten geriet, und DuMont musste seinen Weggefährten, den ersten Chefredakteur der *Kölnischen Zeitung*, ablösen. Hinter den Kulissen aber beschäftigte er ihn weiter.[17] Karl Andree wiederum widmete sich in seinen Beiträgen besonders der sozialen Frage, die damals mit dem Begriff »Pauperismus« umschrieben wurde. Die erste Phase der Industrialisierung hatte in Deutschland zu Massenarbeitslosigkeit und Massenelend geführt. Andree veröffentlichte im April 1844 eine Reihe von sozialreformerischen Aufsätzen, die weit über das Rheinland hinaus Beachtung fanden. Als schließlich in Schlesien der Weberaufstand ausbrach, berichtete die *Kölnische Zeitung* mit kaum verhohlener Sympathie über den vergeblichen Kampf der ausgebeuteten Weberfamilien.[18] Die liberale Haltung der *Kölnischen Zeitung* fand natürlich bei den preußischen Behörden keine Zustimmung; sie führte in diesen Jahren aber zu einer herausragenden Stellung der *Kölnischen Zeitung* in der deutschen Presselandschaft, sodass der Zustrom der Leser ständig anhielt. Bis zum Beginn des Jahres 1848 steigerte sich die Zahl der Abonnenten auf 9 500. Dieser Erfolg hatte aber auch zur Folge, dass Druckerei und Redaktion immer mehr Platz brauchten. Joseph DuMont nahm daher eine entscheidende räumliche Veränderung vor. Das Haus in der Hohen Straße wurde aufgegeben, und im September 1847 zog der Verlag in die Breite Straße um. Hier hatte Joseph DuMont im März 1846 das Grundstück Nr. 76/78 mit einer Gesamtfläche von 2 584 Quadratmetern gekauft.[19] Der Umzug der *Kölnischen Zeitung* gestaltete sich als logistische Meisterleistung. Das Erscheinen des Blattes wurde an keinem Tag ausgesetzt. Mehr als 100 000 Taler kostete der Bau des neuen Gebäudes, in dem nun Redaktion, Expedition und Druckerei unter einem Dach Platz fanden. Allein in der Druckerei arbeiteten nun 28 Setzer, 11 Drucker, 8 »Nebenarbeiter« und 15 Lehrlinge.[20] Im Oktober 1847 wurde zudem die neu entwickelte »Vierfache Schnelldruckpresse« von Koenig und Bauer angeschafft, die mit bis zu 6 000 Drucken in der Stunde alle vergleichbaren Typen weit übertraf.

Der Umzug erfolgte zur rechten Zeit. Als im Frühjahr des Revolutionsjahres 1848 die Pressefreiheit verkündet wurde, stieg die Abonnentenzahl der *Kölnischen Zeitung* auf fast 18 000 an,[21] trotz starker Konkurrenz, denn aufgrund der neuen Gesetzeslage wurden in Köln etwa zehn neue Zeitungen auf den Markt geworfen. Erstmals in der Geschichte spielten Zeitungen bei der Gestaltung und der Durchführung einer Revolution eine entscheidende Rolle. Während in Frankfurt am Main die Nationalversammlung tagte und über die Einführung demokratischer Grundstrukturen diskutiert wurde, kristallisierte sich in Köln eine eigenartige Situation heraus. Karl Marx und Friedrich Engels gelangten Anfang April von Paris kommend über Mainz nach Köln. Nach ihrer Ankunft in Köln betrieben sie sofort die Herausgabe einer großen Tageszeitung unter dem Namen *Neue Rheinische Zeitung*. Marx und Engels wohnten in der Cäcilienstraße 7, nahe der Redaktion in der Straße Sankt Agatha Nr. 12, später unter Hutmacher Nr. 17. Nur ein paar Gassen und Straßen weiter im Hause Trankgasse Nr. 22 agierte eine andere Gruppe, um die Welt zu verändern.

Die Zahlungsunfähigkeit des Kölner Bankhauses Abraham Schaaffhausen veranlasste rheinische Großkaufleute, Unternehmer und Bankiers wie Gustav Mevissen, David Hansemann, Ludolf Camphausen, Abraham Oppenheim und Wilhelm Deichmann, durch die Umwandlung des Privatbankhauses Abraham Schaaffhausen in eine Aktienbank, die erste Aktienbank in Deutschland überhaupt zu gründen.[22]

Die einen wollten die Herrschaft des Proletariats, die anderen die Aktienbank, das Symbol des Kapitalismus. Marx war fast allen diesen großen Kaufleuten und Bankiers bereits 1841 in Köln begegnet, als er Herausgeber der *Rheinischen Zeitung* war. Junge enthusiastische Bürger wie der Assessor Dagobert Oppenheim und der Referendar Georg Jung arbeiteten damals mit den führenden Persönlichkeiten des »Kölner Kreises« Rudolf Camphausen und David Hansemann zusammen. Aber im Revolutionsjahr 1848, dem »tollen« Jahr in Köln, war alles anders. Die Unruhen in Frankfurt am Main, die von der *Neuen Rheinischen Zeitung* unterstützt wurden, griffen auf Köln über, sodass am 26. September 1848 mittags der Belagerungszustand über Köln verhängt und der schon begonnene Druck der *Neuen Rheinischen Zeitung* nachmittags gestoppt wurde. Engels und sechs Mitstreiter wurden verhaftet. Lediglich Karl Marx blieb in Freiheit und konnte über Vorträge und Artikel in anderen Zeitungen seine Ideen weiter verbreiten. Aber Karl Marx erkannte in dieser Zeit auch, dass die Unzufriedenheit der Bürger und nicht zuletzt die Präsenz der preußischen Garnison alle revolutionären Bestrebungen in Köln im Keime ersticken würden. So forderte er in der letzten Nummer der *Neuen Rheinischen Zeitung* die Kölner Arbeiter auf, keinen Putschversuch in Köln zuzulassen, da nach militärischer Lage keine Chance auf Erfolg bestehe.

Aber auch Joseph DuMont und die Redaktion der *Kölnischen Zeitung* waren im Revolutionsjahr 1848 vor allem von konservativer Seite her Anfeindungen ausgesetzt. Diese eskalierten, als der Verlag am 1. April 1848 den Kopf der Zeitung änderte und das Wappen mit dem preußischen Adler wegfallen ließ. Schon diese formale Umgestaltung wurde als Provokation gegen den Staat aufgefasst. Die monarchistische *Kreuzzeitung* schrieb, DuMont und Brüggemann hätten »den Adler fliegen lassen«, um damit »Preußen abzusagen«.[23]

Der Zeitgeist war liberal-demokratisch und auf eine freie Zukunft ausgerichtet. Die Bürger waren auf dem Weg, mündig zu werden, und hierzu hatten nicht unwesentlich die Zeitungen, Zeitschriften, aber auch die Literatur der Aufklärung und liberaler Geister beigetragen. Als die *Kölnische Zeitung* noch für das allgemeine Wahlrecht eintrat, zog sich DuMont auch noch den Zorn des Innenministers zu. Zu Beginn des Jahres 1849 wurde in einem Artikel der *Kölnischen Zeitung* die Regierung des Grafen Friedrich Wilhelm von Brandenburg unverblümt als »Kabinett des Staatsstreichs und der unkonstitutionellen Willkür«[24] bezeichnet. Als diese Regierung im April 1849 den Landtag auflöste, schrieb Brüggemann, mit »namenloser Angst« habe er schon lange Preußen, »den Staat unserer innigsten Hoffnungen und deshalb unserer herzlichsten Liebe«, in einen Gegensatz zum deutschen Volk und in ein Vasallenverhältnis zu Russland geraten sehen – »und zwar infolge der Unfähigkeit feiger und unverständiger oder konterrevolutionärer und machiavellistischer Minister«.[25] Offensichtlich war die *Kölnische Zeitung* in jenen Tagen der preußischen Regierung und dem Königshaus nicht besonders gut gesonnen. Als nämlich die preußische Regierung im Herbst 1850 jedem mit Krieg drohte, der sich in den kurhessischen Verfassungskonflikt einmischen werde, aber als der Ernstfall eintrat, nichts unternahm, außer ein Bundesheer unter bayerischer Führung in Hessen einmarschieren zu lassen, war in der *Kölnischen Zeitung* zu lesen, dass Minister und Angehörige des Königshauses sich würdelos benommen hätten. Zuerst hätten sie hochfahrend vom Krieg gesprochen, wären dann aber zu Kreuze gekrochen. »Diese Individuen und Maulhelden sind offensichtlich nur untergeordnete Werkzeuge eines fremden Willens.«[26] Wegen dieser und anderer Äußerungen wurde Anklage wegen Majestätsbeleidigung gegen DuMont erhoben. Joseph DuMont musste am 10. Januar 1851 vor Gericht erscheinen, das die Anklage damit begründete, dass er die »Herren Minister beleidigt und verleumdet und überdies die Ehrfurcht gegen seine Majestät den König verletzt« habe. Als das Gericht den Angeklagten nach vier Stunden Beratung freisprach, brach im Publikum Jubel aus. Dieser Jubel galt einem Sieg der Pressefreiheit. Auch dies war im Trend der Zeit. Er selbst, so schrieb er seiner Tochter, hätte sich nicht besonders aufgeregt, denn wäre er verurteilt worden, auf Majestätsbeleidigung standen bis zu 18 Monate Gefängnis, so wäre das ja keine Schande gewesen.[27] Joseph DuMont starb am 3. März 1861, gerade 50 Jahre alt. An seinem Todestag belief sich die Auflage der *Kölnischen Zeitung* auf exakt 15 650 Exemplare (also knapp 3 000 weniger als 1848, dem Revolutionsjahr). Dennoch hatte sich die *Kölnische Zeitung* über die Grenzen des Deutschen Bundes hinaus zum wichtigsten deutschsprachigen Blatt entwickelt.[28]

2.2.3 Bismarck und die *Kölnische Zeitung*

Der Tod Joseph DuMonts stellte die Familie vor große Probleme.[29] Ludwig, sein ältester Sohn, war noch nicht volljährig. So wurde vor allem auf Drängen der Verlegertochter Christine, die seit 1856 mit dem Kaufmann August Libert Neven verheiratet war,[30] eine Zwischenlösung gefunden: Ferdinand Wilhelm Schultze, ein Jugendfreund von Joseph DuMont, wurde zum Mitbesitzer eingesetzt und übernahm treuhänderisch die Leitung des Verlages. Schultze war bereits 1844 in die Firma eingetreten, war Prokurist geworden und schließlich zum Stellvertreter des Verlegers aufgestiegen. Mit ihm kam ein innovationsfreudiger Mann mit vielen Ideen in den Verlag. Sein großes Engagement und sein lebhaftes Temperament waren ein großer Gewinn für die *Kölnische Zeitung* in der damaligen Zeit.[31]

»Die wirtschaftliche Entwicklung Deutschlands in den Jahren 1835 bis 1850 war geprägt durch eine »Take-off«-Phase – Handwerk, Industrie und Landwirtschaft erlebten tief greifende Umwälzungen durch die Frühindustrialisierung, die von England über Belgien kommend durch innovative Unternehmer in der preußischen Rheinprovinz initiiert wurde.[32] Nach der Entstehung des Zollvereins 1834, den ersten Eisenbahnbauten in den deutschen Staaten, der Technisierung in der Stahlherstellung und vor allem der erfolgreichen Durchstoßung der Mergeldeckschicht und damit die Möglichkeit, qualitativ bessere Kohle abzubauen, wuchs die Wirtschaft um ein Vielfaches. Hinzu kam nach der Revolution von 1848 das Arrangement des Bürgertums mit der konservativen Regierung in Preußen. Diese Verbindung von politischem Stillhalteabkommen und liberalerer Wirtschaftsordnung als in der absoluten Monarchie setzte Kräfte frei, die der Wirtschaft wieder neue Impulse gaben, so etwa die Gründung neuer Aktienbanken, eine erhöhte Vergabe von Krediten, technische Verbesserungen und der Ausbau des Verkehrsnetzes zu Wasser und zu Land. Die Industriestädte im Ruhrgebiet wuchsen unaufhaltsam. Die Menschen hatten ein immer höheres Bedürfnis nach Informationen, zumal ein immer größerer Anteil der Bevölkerung nun lesen konnte.«

Betrug die Auflage 1861 mit 15 600, gemessen am Anteil der Bevölkerung von Köln von 113 000, knapp mehr als 10 Prozent, so stieg die Auflage bis 1871, also innerhalb von zehn Jahren, auf 40 000, während die Bevölkerung in Köln zu diesem Zeitpunkt knapp über 129 000 betrug.[33] Natürlich wurde die Auflage von 40 000 nicht ausschließlich in Köln vertrieben. Aber immerhin hatte die *Kölnische Zeitung* mit dieser Auflage eine Steigerung von über 30 Prozent erreicht; gemessen an der Anzahl der Einwohner Kölns ein gewaltiger Erfolg.

Im Oktober 1866 brachte der Verlag zusätzlich eine »Wochen-Ausgabe« heraus, die immer freitags erschien und in erster Linie für im Ausland lebende Deutsche bestimmt war. Diese neue Zeitung brachte einen Überblick über die politischen, wirtschaftlichen und kulturellen Ereignisse der vergangenen Woche. In den Nachbarländern Deutschlands, aber auch in Amerika, Asien und Afrika, erfreute sich diese neue Zeitung großer Beliebtheit. Eine Aufstellung aus dem Jahre 1880 verdeutlicht die breite Streuung dieses neuen Blattes. Weltweit wurden tausend größere und kleinere Ortschaften genannt, in die die *Kölnische Zeitung* verschickt wurde.[34]

Aber auch im Deutsch-Französischen Krieg von 1870/71 wusste das Verlagshaus die *Kölnische Zeitung* an die Front zu bringen. Sie druckte eine spezielle »Feldzeitung«[35], die in einer Auflage von immerhin 7 000 Exemplaren an die verschiedenen Standorte verschickt wurde, um Offiziere und Soldaten über die aktuelle Gesamtlage zu informieren. Die erste Ausgabe erschien am 9. August 1870, die letzte Nummer kam am 3. Februar 1871 heraus, nachdem die Pariser Konvention beschlossen war und die Soldaten nach Hause zurückkehren konnten.

Die Redaktion der *Kölnischen Zeitung* stand Bismarck und seinem Ministerium von Anfang an sehr kritisch gegenüber. Als im September 1862 erste Gerüchte aufkamen, Bismarck werde zum preußischen Ministerpräsidenten ernannt, reagierte die *Kölnische Zeitung* noch äußerst misstrauisch: »Falls ein Ministerium Bismarck zustande kommen sollte, dann muß die liberale Partei dieses Ministerium mit größter Vorsicht und Zurückhaltung beobachten«[36]. Und einige Tage später: »Der zwar geistreiche, aber phantastische Herr von Bismarck ist im Grunde seines Herzens, auch wenn er im Verkehr mit den Großen dieser Welt den Junker abgestreift haben sollte, ein absoluter Absolutist.«[37] Auch als Bismarck schließlich einige Wochen im Amt war, konnte sich die *Kölnische Zeitung* noch nicht für ihn erwärmen und brachte Hinweise auf seine ostelbische Herkunft: »Es hat wohl noch keinen preußischen Minister gegeben, der Preußen weniger gekannt hat, als Bismarck.«[38] Aber die außenpolitischen Erfolge im Deutsch-Dänischen Krieg 1864 und in der Auseinandersetzung zwischen Preußen und Österreich im Jahre 1866 führten dazu, dass die Stimmung auch im Rheinland umschlug. Die Mitarbeiter der Redaktion der *Kölnischen Zeitung* begannen, langsam Sympathien für die Berliner Politik zu entwickeln, und nach der Spaltung der Liberalen schwenkte die Zeitung in eher nationalliberales Fahrwasser[39] – sehr zur Freude Bismarcks übrigens. Seit 1866 sprach Bismarck von »der Kölnischen und anderen uns wohlgesonnenen Zeitungen«, nach 1870/71 soll er sogar gesagt haben: »Die *Kölnische Zeitung* ist uns im Westen mehr wert als ein ganzes Armeekorps.«[40]

Hintergrund war sicher ein hochpatriotisch geschriebener Artikel des Chefredakteurs Heinrich Kruse, der nach der französischen Kriegserklärung am 16. Juli 1870 schrieb: »Auf für den deutschen Rhein!«, der als Sonderdruck in vielen tausend Exemplaren in ganz Deutschland verteilt wurde.[41] Es war wie bei der Rückkehr Napoleons aus der Verbannung, je näher er Paris kam und je erfolgreicher er wurde, umso patriotischer und enthusiastischer wurden die Leitartikel der Zeitungen. Der Chefredakteur Heinrich Kruse spielte bei dem Gesinnungswandel der *Kölnischen Zeitung* eine entscheidende Rolle, da er stolz darauf war, dass »sein« Blatt geheime Mitteilungen zuerst veröffentlichen durfte, Mitteilungen, die der Zeitung auf Veranlassung Bismarcks zugespielt wurden. In den 1880er Jahren wurde die *Kölnische Zeitung* dann allgemein als offiziöses Blatt angesehen, als Sprachrohr des Auswärtigen Amtes.[42] Der Einfluss der *Kölnischen Zeitung* war in der Tat erheblich gewachsen. Das war zu großen Teilen dem Geheimen Justizrat Franz Fischer zu verdanken, dem Korrespondenten der Zeitung in Berlin. In zahlreichen Memoiren hochgestellter Persönlichkeiten der Bismarck-Ära wird Fischer als »der bekannte Redakteur der *Kölnischen Zeitung*« erwähnt. Man kannte ihn in den Ministerien, beim Generalstab, in Bank- und Börsenkreisen. Er frühstückte häufig mit Bismarck und war nach Einschätzung von Ernst Posse, dem Chefredakteur der *Kölnischen Zeitung* von 1902 bis 1923, mit so hohem Ansehen ausgestattet, dass, »als Fischer auf der Höhe seines Wirkens stand, kaum eine Staatsaktion vollzogen [wurde], ohne dass vorher seine Ansicht eingeholt worden wäre«[43].

2.2.4 Die *Kölnische Zeitung* im Kaiserreich

Otto von Bismarcks historische Leistung bestand darin, die nationalstaatliche Einheit der Deutschen so zu gestalten, dass sie für die mächtigen umliegenden Staaten Frankreich, Russland, Österreich und England gerade noch verträglich war.[44] Das vereinte Deutsche Reich war zunächst bemüht, seine Position im europäischen Staatensystem zu finden und zu festigen. Vor allem England ging davon aus, dass das Deutsche Reich nach dem gewonnenen Deutsch-Französischen Krieg jede Art von imperialistischen Aktivitäten unterlassen werde. Das hieß konkret, keine Flotte aufzubauen und sich nicht in die Kolonialpolitik einzumischen. Seit den Tagen der Frankfurter Paulskirche war den umliegenden Mächten klar, dass ein aggressiver Nationalismus viel stärker von den Kräften des deutschen Liberalismus ausging als von jenem »eisernen Kanzler«, dem sie in der Behandlung innenpolitischer Fragen mit tiefem Misstrauen begegneten, dessen außenpolitische Zurückhaltung sie aber schätzen lernten. Aber das unaufhaltsame Wachsen der deutschen Industrie, gestützt von einem ständig wachsenden Einfluss der Berliner Großbanken weltweit, verstärkte das Spannungsverhältnis von »alter Gesellschaft und neuen Massen«[45]. Dieses neu heraufziehende Zeitalter der Massen[46] stand vor dem fast unlösbaren Konflikt zwischen dem Zwang zur Bewegungslosigkeit und der Sprengkraft des Ökonomischen. Frankreich musste die Demütigung des Verlustes von Elsass-Lothringen hinnehmen. Die Nation, die für sich in Anspruch nahm, das Zentrum Europas zu sein, konnte es nie überwinden, dass der deutsche Friede, »la paix allemande«[47], von großer Dauer sein würde. Die Stagnation nach einem kurzzeitigen wirtschaftlichen Boom infolge der 5 Milliarden Francs Kriegskontributionen war nur oberflächlich. Die deutsche Wirtschaft und vor allem das deutsche Bankenwesen entwickelten sich kontinuierlich weiter. Nach 1885 erreichte der ökonomische Boom ein bis zu diesem Zeitpunkt nicht gekanntes Ausmaß.[48]

Die *Kölnische Zeitung* trug dieser Entwicklung Rechnung und nahm in der Ära Bismarck und im Kaiserreich in der Zeitungslandschaft, gestützt auf ihre internationale Reputation, einen der vorderen Plätze ein. Sie bot ihren Lesern ein breites Themenspektrum in Politik, Wirtschaft, Sozialem und Kultur.

Die Verlagsleitung erkannte jedoch rasch, dass der lokale Aspekt durch die internationale Ausrichtung der Zeitung zu kurz kam. Um speziell den Informationsbedürfnissen der Kölner Leserschaft gerecht zu werden, gründete die Verlagsleitung im November 1876 den *Stadt-Anzeiger der Kölnischen Zeitung*[49]. Ferdinand Wilhelm Schultze kümmerte sich höchstpersönlich um den Probeentwurf. Beim *Stadt-Anzeiger* handelte es sich um eine Beilage, die den Abonnenten gratis mitgeliefert wurde. In einem Rundschreiben, das auch in der *Kölnischen Zeitung* abgedruckt war,[50] wurde die erste Ausgabe des *Stadt-Anzeigers* wie folgt angekündigt: »Wir haben uns entschlossen, täglich unserer Zeitung ein Blatt unentgeltlich beizugeben, welches hauptsächlich den kommunalen Interessen gewidmet sein soll. Zugleich wollen wir damit für den geschäftlichen Verkehr und für den kleinen Arbeitsmarkt ein wirksames Organ zu billiger Veröffentlichung von Anzeigen schaffen. Deren Wirksamkeit ist schon unzweifelhaft, weil die *Kölnische Zeitung* fast in jedem Haushalt gehalten und von den meisten Familien gelesen wird.« Bald zeigte sich, dass das Anzeigenblatt ein großer finanzieller und redaktioneller Erfolg war, sodass die Verlagsleitung schließlich genaue Regelungen aufstellte, was in welcher Zeitung zu erscheinen hatte. Die großen Themen blieben weiterhin dem großen Blatt, der *Kölnischen Zeitung*, vorbehalten, so etwa das Dombaufest im Oktober 1880, mit dem die Fertigstellung des Kölner Doms gefeiert wurde und zu dem der Kaiser und die deutschen Fürsten erschienen. Über derartige Themen von nationalem Interesse durfte der *Stadt-Anzeiger* trotz kölnischen Hintergrunds nicht berichten.[51]

Der Übergang in die achtziger Jahre des 19. Jahrhunderts gestaltete sich von der personellen Seite für das Unternehmen äußerst schwierig. Am 16. Oktober 1880 starb Ludwig DuMont im Alter von erst 32 Jahren. Er hatte seit 1872 neben Schultze das Unternehmen geführt. Aber noch bevor die Verlegerfamilie die Nachfolgerfrage regeln konnte, verstarb wenig später auch Ferdinand Wilhelm Schultze. In dieser Situation sollen die Mitglieder der Verlegerfamilie sogar überlegt haben, das Unternehmen zu verkaufen. Aber Christine Neven, geb. DuMont, war auch hier bereit, neue Wege zu gehen. Sie ermunterte ihren Mann, August Libert Neven, Inhaber der Firma Mathieu Neven, Bergwerkserzeugnisse, den Beruf zu wechseln und Verleger zu werden. Noch im Oktober 1880 trat August Libert Neven, fast fünfzigjährig, an die Spitze des Verlages.[52] Er entstammte einer Familie, die seit 1820 in Köln ansässig war. Wie die Schaubergs und DuMonts kamen die Nevens aus dem Beneluxraum.

Auch unter dem neuen Verlagsleiter gestaltete sich das Verhältnis zu Reichskanzler Bismarck weiterhin positiv. Auf seine Anregung hin gründete Neven schon 1882 ein drittes Blatt, das im neuen Reichsland Elsass erscheinen sollte. Bismarck hatte natürlich ein großes Interesse daran, gerade in Elsass-Lothringen wieder eine deutsche Identität zu installieren. So gründete der Verlag DuMont Schauberg im Jahre 1882 in Straßburg die *Straßburger Post*[53]. Gerüchte, die *Straßburger Post* sei mit Regierungsgeldern gegründet und geführt worden, konnten weder bewiesen noch dementiert werden. August Libert Neven, der sich nach einem königlichen Erlass aus dem Jahre 1882 Neven DuMont nannte, erweiterte die Sozialleistungen des Verlages großzügig. So wurde für die Redakteure und

Angestellten im Jahre 1889 die »Versorgungskasse« gegründet. Der Verlag erhöhte das Kapital mehrfach durch Spenden und Mitgliedsbeiträge, sodass die Altersversorgung für die Betroffenen sichergestellt war.

Diese Gründung passte genau zu den Bestrebungen Bismarcks, der als Erster Sozialleistungen in größerem Maße zur Pflicht einsetzte und zur Pflicht machte.

Als August Libert Neven 1896 auf einer Bergwanderung in den Vogesen ums Leben kam, übernahmen seine beiden Söhne, Josef und Alfred Neven DuMont, die Leitung des Verlages. Im Jahr 1902, dem Jahr des hundertjährigen Bestehens des Verlages, übernahm Ernst Posse die Chefredaktion und leitete diese bis 1923. Er wird als ein »liberaler Monarchist« bezeichnet, was ihm natürlich nach dem Ersten Weltkrieg und der Auflösung der Monarchie erhebliche Schwierigkeiten brachte.

Zu dieser Zeit nannte man die *Kölnische Zeitung* oft auch die »deutsche Times«, da sie zumeist einen erheblichen Informationsvorsprung vor den anderen Zeitungen hatte. Aber das Ende dieser Legende kam schon im Frühjahr 1914, als die *Kölnische Zeitung* in einem Beitrag des Petersburger Korrespondenten das deutsch-russische Verhältnis äußerst negativ einschätzte und damit internationale Verwicklungen hervorrief.[54] Verleger und Chefredakteur mussten sich im Auswärtigen Amt entschuldigen. Diese unerfreulichen Ereignisse führten allerdings dazu, dass von diesem Zeitpunkt an der Berliner Redaktion der *Kölnischen Zeitung* keinerlei Indiskretionen seitens Regierungsstellen mehr zugespielt wurden.

Am 1. August 1914 kam es zu großen Menschenansammlungen vor den Schaukästen des Verlages. Extrablätter der *Kölnischen Zeitung* verkündeten die deutsche Mobilmachung.[55] Die Auflage der Zeitung lag wenige Tage nach Ausbruch des Ersten Weltkrieges bei 200 000 Exemplaren. Die Einwohnerzahl Kölns war zu diesem Zeitpunkt auf über eine halbe Million angestiegen. Mit der Auflage von 200 000 Exemplaren produzierte die *Kölnische Zeitung* die höchste Auflage, die bis zu diesem Zeitpunkt von einer deutschen Zeitung erreicht worden war.[56]

Wie bereits im Deutsch-Französischen Krieg von 1870/1871 gab die *Kölnische Zeitung* auch eine »Frontausgabe« heraus, die eine Auflage von 225 000 Exemplaren erreichte. Zusammen mit der normalen Ausgabe wurde eine Auflage von fast 300 000 erreicht. Aber der Ausbruch des Krieges hatte auch erhebliche Nachteile für die Berichterstattung. Vor allem die Auflage im Ausland ging zurück, sodass eine Steigerung der Auflage und eine weltweite Verbreitung der Zeitung stagnierten. Zudem wurden die Zeitungen unter die Kontrolle des Militärs gestellt. Das Nachrichtenmonopol lag bei der obersten Heeresleitung.[57] Darüber hinaus zwang Papiermangel den Verlag, der seit dem Tod von Josef Neven DuMont im Jahre 1915 von seinem Bruder Alfred zunächst allein geleitet wurde, den Anzeigenteil ab 1917 systematisch einzuschränken und so auf eine wichtige Einnahmequelle zu verzichten.

Die Finanzierung des Krieges von ungefähr 165 Milliarden Mark war über Kriegsanleihen erfolgt. Die Deutsche Reichsbank rief die Menschen in Deutschland mit gezielten Propagandasprüchen auf, Kriegsanleihen zu zeichnen: »Das Gold dem Vaterland« oder »Bringt Euren Goldschmuck den Goldankaufstellen.«[58] Hier wurde systematisch die Verarmung der Bevölkerung eingeläutet und die Inflation geschürt. Alles wurde knapp, und jeder musste zurückstecken.

Der Zusammenbruch des Kaiserreichs hatte für den Verlag und die Redaktion erhebliche Folgen. Oberste Priorität war nun, inhaltlich das Niveau der Vorkriegszeit wieder zu erreichen, den Verlust der weltweiten Anerkennung der Zeitung wettzumachen und die wirtschaftlichen Verluste so gering wie möglich zu halten. Die politische Linie der *Kölnischen Zeitung* war weiterhin nationalliberal und bürgerlich-konservativ. Der Wechsel von der konstitutionellen Monarchie zur parlamentarischen Demokratie wurde in der Redaktion der *Kölnischen Zeitung* nicht gerade begrüßt. Der Chefredakteur, Ernst Posse, der sich mit den demokratischen Parteien der sich etablierenden Weimarer Republik nicht anfreunden konnte, führte die *Kölnische Zeitung* aber keineswegs »in das Lager der Republikgegner«[59].

3. Die Weimarer Republik

3.1 Die Ausrichtung des Verlages nach dem Ersten Weltkrieg

Nicht in Berlin, sondern in Weimar tagte vom 6. Februar 1919 bis 21. Mai 1920 die Nationalversammlung, die seit Beginn ihres Bestehens bis zum Ende der Weimarer Republik damit beschäftigt war, die Existenz bedrohender, kriegsbedingter Hypotheken zu bewältigen: die Ratifizierung des von den Siegermächten aufgezwungenen Friedensvertrages von Versailles, die Beratung und Beschlussfassung einer neuen Verfassung, Inflation und Hyperinflation, Dawes- und Young-Plan und schließlich die Weltwirtschafts- und Bankenkrise mit einer rasch bis auf sechs Millionen wachsenden Arbeitslosenzahl.[1]

Das Ende der Monarchie und die bittere Niederlage mit wichtigen Gebietsverlusten wollten viele Deutsche nicht wahrhaben. Alles hatte sich verändert. Deutschland war von einem reichen Gläubigerland zu einem Schuldnerland geworden. Die Finanzierung des Krieges über Anleihen hatte dazu geführt, dass Deutschland verarmt war. Der Verfall der Mark führte im Inland zu einer fieberhaften Flucht in die Sachwerte.[2]

Das »politische Flickwerk«[3] als Ergebnis der Pariser Konferenz, das heißt die notdürftig errungenen Kompromisse zwischen den Ideen von nationaler Selbstbestimmung (Völkerbundfamilie) und kollektiver Sicherheit (Militärgrenze) auf der einen und dem traditionellen Machtdenken auf der anderen Seite, stellten die Nachhaltigkeit des Friedens infrage. Vor allem auch deswegen, weil das revolutionäre Russland eigene Wege ging und sich vom Westen abkapselte. Die »Neue Welt« musste sich zuerst finden.

Aber bevor dies geschah, vereitelte Hitler mit seinem nationalsozialistischen System jede Hoffnung auf eine friedliche Zukunft. In einem

Rückblick schreibt die *Kölnische Zeitung* am 21. März 1933 in der Morgen-Ausgabe über das Parlament seit Weimar: »Der Nachkriegsparlamentarismus ist von uns Deutschen in wachsendem Maße verurteilt worden, weil er außerstande war, seine politischen Aufgaben zu erfüllen, und weil die Parteien nicht die Kraft zu einer Reform aufbrachten. Jedes Mal, wenn es galt, ihn zu reinigen, versagte der Gesetzgebungsapparat. Dies lag daran, daß es auf diesem Gebiet wie auch sonst fast allerwärts, je länger je mehr, nur eine Mehrheit **gegen** etwas, nie eine Mehrheit **für** etwas gab. Die Weimarer Verfassung vom August 1919, deren doktrine Anwendung und mangelhafte Ausgestaltung diese Zustände erst ermöglicht hatte, wurde durch die Bestimmung, daß sie nur durch Zweidrittelmehrheit abgeändert werden könne, nahezu unabänderlich. Eine Ordnung, die nicht funktionierte und doch nicht abgeändert werden konnte, mußte schließlich völlig in Mißkredit geraten. So ist es denn auch geschehen. Das Selbstgefühl der deutschen Parlamente und ihre praktische Bedeutung für die Gestaltung des nationalen und staatlichen Lebens gerieten in ein immer schärferes Mißverhältnis zueinander. Die Arbeitsunfähigkeit des Deutschen Reichstags beruhte nicht zuletzt auf der Vielzahl von Parteien und der Unmöglichkeit, einheitliche Mehrheiten und gefestigte Regierungsverhältnisse zu finden. Die deutsche Nationalversammlung vom Jahre 1919 sah sechs größere Parteien, der Reichstag von 1920 deren sieben, der Reichstag von 1927 deren 9 und der Reichstag von 1930 deren elf. Es gab in all diesen Jahren keine klare Scheidung zwischen einer regierenden Mehrheit, die sich in ihrer Rolle und damit in ihrer Verantwortlichkeit für die Führung der politischen Geschäfte hätten ablösen können. Stürzte eine Regierung – und das geschah nicht gerade selten – so gab es einen die praktische Arbeit empfindlich belastenden Kuhhandel zwischen Parteien und Gruppen, die zusammen die Mehrheit zu bilden versuchten. (...) Das System der Weimarer Verfassung zwang die Regierungen unter das Joch der Parteien. Die Rücksichtnahme der Parteien hinderte sie, aus einer unhaltbar gewordenen Lage auch einmal rücksichtslos die Folgerungen zu ziehen und dadurch manchem blinden Zeitgenossen die Augen zu öffnen. In einigen deutschen Ländern, insbesondere in Preußen, gab es zwischen den herrschenden Parteien der Weimarer Koalition eine Art Stellenvermittlung und Stellenversicherung auf Gegenseitigkeit. (...) Aus dem immer stärker werdenden Widerspruch gegen all diese Zustände sog die Bewegung ihre Kräfte, die nie an den Regierungskoalitionen in Reich und Preußen beteiligt war, der **Nationalsozialismus**. Er teilte mit den nationalen Nachbargruppen den Abscheu gegen den parlamentarischen Negativismus, gegen die innerpolitische Kompromißpolitik, gegen außenpolitische Duckmäuserei und Leisetreterei und gegen den Abstieg echten deutschen Gemeinschaftsgeistes. Er war bisher an allen Versuchen, durch Parteienzusammenfassung Wandel zu schaffen, unbeteiligt gewesen und erschien daher weitesten Volksschichten geeigneter für den Aufbau einer neuen nationalen Staatsmoral als andre nationale Parteien und Gruppen. So errang der Nationalsozialismus am 5. März 1933 das starke Übergewicht im Deutschen Reichstag. Jetzt gilt es, mit den Fehlern der Vergangenheit aufzuräumen und an die Stelle von Parteiherrschaft einen **Mehrheitswillen nationaler Selbstbehauptung** zu setzen.«[4]

Weimar blieb so lediglich ein Versuch, der letztlich kläglich scheiterte, weil die alliierten Mächte und die neu geschaffene Konstellation politisch, wirtschaftlich, sozial und kulturell die falschen Signale gesetzt hatten.

Jedes Land hat seine einzigartige Geschichte und politische Kultur, aber es ist äußerst schwierig, die entscheidenden Linien der Kontinuität in Deutschlands Geschichte nachzuziehen, um so dem philosophischen Grundprinzip Ursache-Wirkung gerecht zu werden. Sicher ist, dass der Erste Weltkrieg nicht nur das europäische politische, ökonomische, soziale und kulturelle System total verändert hat, sondern auch Auswirkungen in anderen Teilen der Welt zur Folge hatte. »The war was a historical turning point precisely because the domestic politics and foreign relations of the nations involved were irreversibly changed.«[5]

Der Krieg war zwar am 11. November 1918 beendet, aber zunächst herrschte totale Unordnung. Es war eine verwirrende Zeit der Neuorientierung, der sich der Verlag und dessen Zeitungen stellen mussten. Die Mitarbeiter des Verlages, einschließlich des Chefredakteurs Ernst Posse, waren liberal-monarchistisch gesinnt. Nun gab es keine Monarchie mehr, und die Verlagsleitung und die Redakteure mussten genauso wie alle deutschen Bürger eine neue politische Heimat suchen. Sie entschieden sich schließlich für die Deutsche Volkspartei (DVP), das heißt nichts anderes, als dass sie in Zukunft eine national-liberale Haltung einnahmen.[6]

In einem Artikel vom 3. Januar 1919 bekannten sie sich klar zur Deutschen Volkspartei: »Mit dem Verdacht aber, daß sie unter ›national‹ die Restauration der Monarchie verstünde, darf sich die liberale Volkspartei (...) nicht belasten. Auch wir sind zwar der Meinung, daß die parlamentarische Monarchie die beste Regierungsform ist, aber wir sind überzeugt, daß sie nach dem spurlosen Verschwinden der alten Formen in unserem partikularistisch zerrissenen Lande eine Unmöglichkeit und somit der Versuch, sie jetzt auf ganz neuen Grundlagen aufzurichten, ein nationales Verbrechen ist.«[7] Am 4. Januar 1920 publizierte die *Kölnische Zeitung* das gesamte Manifest zu den Grundsätzen der Deutschen Volkspartei. Hier zeigt sich, dass die Zeitung der DVP weiterhin wohlgesonnen war und hinter den Grundsätzen der DVP stand.[8] Die Veröffentlichung des »Appells an das deutsche Volk« unterstreicht die positive Haltung:

»Die vergangenen Monate haben uns an den Rand des Abgrundes geführt. Hunderttausende unserer Volksgenossen hatten den Revolutionären des 9. Novembers 1918 geglaubt, daß sie ihnen eine neue Zeit der politischen Freiheit, der friedlichen Arbeit, des wirtschaftlichen Wohlstandes bringen würden. Vergeblich harren sie noch heute. Statt der Freiheit kam die Zügellosigkeit, statt der Arbeitsfreudigkeit die Arbeitsscheu, statt des wirtschaftlichen Wohlstandes größere Not als je zuvor. Eine tiefe Sehnsucht zieht daher durch unser Volk.

Deutsche Männer und Frauen! Deutsche Jugend! Die Deutsche Volkspartei nennt euch die Wege, die aus der Tiefe wieder zur Höhe führen.«[9]

Die Deutsche Volkspartei, so die *Kölnische Zeitung*, setze sich für jene Staatsform und starke Zentralgewalten ein, die dem Mehrheitswillen des Volkes entsprach. Die Sympathien, die von der *Kölnischen Zeitung* in jenen schwierigen Tagen der DVP entgegengebracht wurden, basierten auf den klaren Äußerungen Gustav Stresemanns. Die DVP forderte einen deutschen Einheitsstaat mit kräftiger Reichswehr. Darüber hinaus wünschte die Partei eine verantwortliche Mitarbeit der Volksvertretung in der Regierung. Ferner war Stresemann der Ansicht, dass eine starke Staatsgewalt sich auf staatsbürgerliches Pflichtbewusstsein, äußere Macht, Manneszucht und Kameradschaftlichkeit gründete. Hierbei sollte als Grundpfeiler die Aufopferung im Dienste des Vaterlandes gelten. Auf diesen Pfeilern sollten sich das Staatswesen und die Wehrmacht aufbauen. Und schließlich verlangte die DVP für das deutsche Volk Freiheit der nationalen und wirtschaftlichen Entwicklung und eine sachkundige Leitung der auswärtigen Politik.[10]

Dass die DVP national ausgerichtet war, um nicht den Begriff nationalistisch zu gebrauchen, geht allein schon aus der Tatsache hervor, dass die Partei das deutsche Volk aufforderte, an der geistigen und sittlichen Haltung »der auf niedriger Kulturstufe stehenden Völker« [11] mitzuarbeiten und das gesamte Deutschtum der Welt zu einer großen Kulturgemeinschaft zu organisieren. Sie setzte sich für die Erhaltung des deutschen

Volkstums und der deutschen Familie ein, befürwortete den Ausbau der nationalen Schule und die Pflege der geistigen und sittlichen Güter. Liebelei mit dem Ausland und ein Internationalismus, der das Vaterland verrät, sollte ebenso wenig geduldet werden, wie ein landesverräterisches Bekenntnis am Weltkrieg, das der Wahrheit nicht entsprach. Der Artikel auf der Titelseite der *Kölnischen Zeitung* gipfelte in dem Aufruf: »Wir müssen lernen, uns als Deutsche zu fühlen.« [12]

Bei dieser national orientierten Grundhaltung, deren Inhalt und Gehalt auf ein neues Nationalbewusstsein abzielten und die sprachlich durchaus dem gängigen Vokabular angepasst war, stellte sich rasch die Frage nach dem Verhältnis der DVP zu den jüdischen Mitbürger/innen und der Aufnahme von Juden in die Partei.

Auf dem »Vertretertag« der Deutschen Volkspartei Bayerns, Anfang Januar 1920, fand ein Antrag, keine Juden mehr in die Partei aufzunehmen, keine Mehrheit.[13] Der oben rechts auf der Titelseite platzierte einspaltige Artikel nahm klar Stellung zu diesem Ansinnen der DVP Bayerns:

»Wir freuen uns dieses Abstimmungsergebnisses, bedauern aber, daß ein solcher Antrag überhaupt gestellt wurde, da er alten liberalen Grundsätzen ins Gesicht schlägt. Es ist zwar nicht zu leugnen, daß nach der Revolution Erscheinungen eingetreten sind, die manchen deutschen Staatsbürger gegen die Juden kritischer gestimmt haben, als es seinen frühern Anschauungen entsprach, aber man muß sich hier wie stets vor ungerechten Verallgemeinerungen hüten. Wir hoffen, daß die ›Judenfrage‹ nicht gegen die Gesamtheit der Juden, sondern gerade im Verein mit den zahlreichen Juden, die sich durchaus und in erster Linie als deutsche Staatsbürger fühlen, gelöst werden wird, denn das mit Recht gerügte Auftreten zahlreicher Juden findet nirgendwo härtere Beurteilung als in den Kreisen ihrer aufrichtig deutsch denkenden Glaubensgenossen.«[14]

Allerdings ermahnte die *Kölnische Zeitung* sechs Wochen später die Redakteure der *Jüdischen Rundschau* zur Mäßigung und verurteilte einen Bericht dieser Zeitung, in dem die »Judenmetzeleien« in der Ukraine so dargestellt worden waren, als hätte Deutschland die alleinige Schuld an diesen Pogromen. [15] Der Artikel in der *Jüdischen Rundschau*, dem Organ der Zionisten, war eine polemische Reaktion auf einen Artikel von Paul Nathan im *Berliner Tageblatt*, der reichsweiten und einflussreichsten Hauptstadtzeitung neben der *Vossischen Zeitung*. Bis 1933 war Theodor Wolff der Chefredakteur und Kurt Tucholsky bis 1920 Chefredakteur der humoristischen Beilage. Wolff kam nach seiner heftigen Kritik am Regime anlässlich des Reichstagsbrandes ins KZ Sachsenhausen, und Kurt Tucholsky, der wiederholt vor antidemokratischen Tendenzen gewarnt hatte, starb durch Suizid 1935. Für die *Jüdische Rundschau* war das *Berliner Tageblatt* zu wenig jüdisch und zu sehr deutsch. Die Meinung der *Kölnischen Zeitung* war deutlich:

»Wir führen die Auslassungen nur als Beispiel für den Geist an, der durch die *Jüdische Rundschau* weht. Kein Antisemitenblatt liefert den Judengegnern so scharfe Waffen in die Hände wie dieses von sehr vielen Deutschen jüdischen Glaubens mit starkem Mißtrauen betrachtete Organ, das mit größter Schroffheit und manchmal mit empörender Anmaßung die Judenschaft als Fremdkörper im Staate darstellt und für diesen Fremdkörper ausgedehnte Rechte verlangt.«[16]

Die *Jüdische Rundschau* wurde 1938 verboten, relativ spät, wenn man bedenkt, dass die *Vossische Zeitung* bereits 1934 schließen musste. Im Jahre 1938, das zeigt sich auch in der Medienlandschaft, setzte die NSDAP neue grausame Maßstäbe in der Judenverfolgung. Der entscheidende Unterschied zwischen der Einstellung der DVP zur »Judenfrage« und der NSDAP lag eindeutig darin, dass die DVP jene jüdischen Mitbürger/innen als Parteimitglieder akzeptierte, die sich ihrer »völkischen Eigenart« als Deutsche bewusst waren und alle geistigen und sittlichen Werte, die im deutschen Volk verankert waren, mittrugen. Sie bekämpfte alle Zersetzungsbestrebungen, die das Deutschtum zurückdrängten, und trat für die Grundsätze Treue, Glauben, Ehrlichkeit und Unbestechlichkeit im öffentlichen Dienst, in Handel und Wandel ein.[17] Dabei waren die Religionen, das heißt Christ oder Jude, nicht entscheidend.

Während die *Kölnische Zeitung* konsequent die Kommunisten und die Gewerkschaftskommission ablehnte,[18] war sie durchaus anderen Parteien und parteiähnlichen Institutionen gegenüber offen.

Sie bezog auch die sozialdemokratischen Parteien ein, da diese dazu gebracht werden sollten, das parlamentarische System zu unterstützen. Dies geschah beispielsweise im Fall der Mehrheitssozialdemokratischen Partei Deutschlands (MSPD).[19] Zu Beginn des Jahres 1921 setzte sich die *Kölnische Zeitung* schließlich konsequenterweise für eine Große Koalition ein, die Friedrich Ebert (1871 – 1921) als Reichspräsident leiten sollte: »Die zur nationalen Arbeitsgemeinschaft vereinigten Parteien der Mitte möchten der Sozialdemokratie als Beweis ihres Willens, durch Überzeugungsopfer eine solche Arbeitsgemeinschaft zu festigen und zu verkitten, Herrn Ebert wiederum als Kandidaten für die nächste Amtszeit des Reichspräsidenten empfehlen.«[20]

Die Haltung der *Kölnischen Zeitung* zur Kommunistischen Partei Deutschlands (KPD), die von Karl Liebknecht (1871–1919) und Rosa Luxemburg (1871–1919) gegründet worden war, gestaltete sich von Anfang an äußerst negativ. Der sogenannte Spartakusaufstand am 8. Januar 1919 wurde mit Unverständnis kommentiert. Dieser Aufstand war von den unabhängigen Arbeiterräten, deren Mitglieder Arbeiter und Soldaten waren, initiiert worden, und die KPD hatte sich unter der Führung von Karl Liebknecht an diesem Aufstand beteiligt. Ziel dieser Aktion war es, die Übergangsregierung unter Friedrich Ebert mithilfe eines Generalstreiks zu stürzen und eine sozialistische Republik zu gründen. Liebknecht rief als Mitglied der Streikleitung gemeinsam mit der Unabhängigen Sozialdemokratischen Partei Deutschlands (USPD) und gegen den Ratschlag seiner Mitstreiterin Rosa Luxemburg zur Volksbewaffnung auf.

Anlässlich der Ermordung von Karl Liebknecht und Rosa Luxemburg am 15. Januar reagierte die *Kölnische Zeitung* mit wenig Mitgefühl: »Das Schicksal der beiden geistigen Urheber und Führer der Spartakus Bewegung hat sich erfüllt. Sie haben bei ihrem Tode den Haß des Volkes geerntet, den sie ihr Leben lang gesät haben.«[21] Allerdings hielten die Redakteure der *Kölnischen Zeitung* Mord als politisches Mittel für ungeeignet: »... denn eine Gerechtigkeit auf der Straße auszuüben, nimmt der Themis die Binde ab. Sie urteilt meistens falsch und ihr Urteil hat immer üble Folgen.«[22]

Die Kommunisten entfalteten zu Beginn des Jahres 1920 neue Aktivitäten, vor allem in Sachsen, mit Schwerpunkt in Dresden. Sie beabsichtigten den Umsturz mithilfe revolutionärer Betriebsorganisationen, die anstelle der Betriebsräte treten sollten. Dabei beabsichtigten die Kommunisten, alle großen Städte in Bezirke einzuteilen, an deren Spitze besonders ausgewählte Betriebsführer stehen sollten. Ihre Aufgabe war es, die Revolution in ihrem Bezirk zu organisieren und an dem Tage, an dem die Diktatur des Proletariats erklärt werden sollte, die Durchführung aller Maßnahmen zu überwachen.[23]

Wer die Artikel der *Kölnischen Zeitung* in den Jahren 1918 bis Ende 1920 liest, erkennt rasch die Diskrepanz, die zwischen den offiziellen Darstellungen zu Beginn der Weimarer Republik und den Problemen des Alltags auf der Straße liegt. In Berlin tagte die Weimarer Nationalversammlung, um die Probleme der jüngsten deutschen Vergangenheit zu lösen.[24] Auf der Straße und in den Hinterzimmern von Berliner, Kölner, Dresdner oder Frankfurter Wohnungen und in den Parteiversammlungen wurde längst über die Zukunft diskutiert: national/konservativ/nationalistisch oder kommunistisch/sozialistisch.

Von 1919 bis 1923 wurden aber auch die Grundlagen für den Nationalsozialismus gelegt als Alternative für einen sozialistischen/kommunistischen Staat. Alle Intermezzi, alliierte Politik, freiheitlich/liberale Bestrebungen wurden in diesen vier Jahren zur Entscheidung geführt. Und wer glaubt, die eigentliche Entscheidung sei als Folge der Weltwirtschafts- und Bankenkrise oder der die Existenz bedrohenden kriegsbedingten Hypotheken der Weimarer Republik gefallen, irrt, da alle Vorbelastungen und Schwächen lediglich zwei Alternativen offen ließen: kommunistisches oder nationalistisches System.

Die Kernzeit der Weimarer Republik von 1919 bis 1930 und ihre Auflösung von 1930 bis 1933[25] hatte ihre Fixpunkte im Jahre 1919/1920 und dem Hitler-Putsch im Jahre 1923. Hinzu kam das Identitätsproblem der Deutschen in diesen Jahren: kommunistisch/sozialistisch oder nationalistisch.

Dass Hitler den Begriff »nationalsozialistisch« für seine Partei wählte, lässt sich aus der Zeit zwischen den Jahren von 1919 bis 1923 erklären. Im Jahre 1923 fiel die Entscheidung für »nationalsozialistisch« und nicht zwischen den Jahren 1930 bis 1933. Die Medien, auch die *Kölnische Zeitung*, haben dies unterschwellig in ihrer Berichterstattung berücksichtigt, ohne vorherzusehen, dass ihr Versagen nicht allein in ihrem Journalismus von 1930 bis 1933 lag, sondern bereits in den Analysen der Auseinandersetzungen von 1919 bis 1923. Das Intermezzo von 1923 bis 1930 war trügerisch, und die »Goldenen Zwanziger« nach der Inflation verbreiteten ein Gefühl falscher Sicherheit, vor allem deswegen, weil der nationale beziehungsweise nationalistische Grundgedanke weite Kreise der Bevölkerung prägte. Die Menschen waren längst nationalistisch gestimmt, nicht erst seit 1930, sondern bereits seit 1919 bis 1923. Es ist vielleicht vermessen, die DVP als Beispiel nationalistischen Gedankengutes als Prototyp anzuführen, aber gerade dieses Beispiel und das Grundsatzprogramm der DVP verdeutlichen, dass der Beginn der Weimarer Republik bereits im Kern nationalistisch war. Die Hinzufügung des Begriffs »sozialistisch« diente lediglich zur Gleichschaltung von allem, wie der Menschen, der Institutionen, der großen Politik und des Alltags.

Der Verlag und sein Medium, die *Kölnische Zeitung*, trugen unbewusst diese Entwicklung mit und erkannten wie die übrigen Medien zu spät, dass der Boden der Demokratie längst unter ihren Füßen weggebrochen war. Das Bürgertum, die Leserschaft der *Kölnischen Zeitung*, hielt zu lange an revolutionär-parlamentarischen Prinzipien fest, aber in seinem Herzen fühlte es längst national/nationalistisch. Dieser Dissens verschärfte sich ab 1927 und führte nahtlos in die Diktatur Hitlers. Alles andere, wie Reparationen, Dawes- und Young-Plan, die hohe Arbeitslosigkeit und nicht zuletzt die »Aufhebung der Klassengegensätze« waren Nebenfelder, die lediglich beschleunigend wirkten.

Die Weimarer Republik blieb konturenlos, und nicht der Krieg mit seinen Folgen, sondern der brüchige Frieden, der die Weimarer Republik prägte, führte in den Nationalsozialismus. Insofern sind alle Überlegungen über ein »deutsches Phänomen«, über eine ausschließlich den Deutschen vorbehaltene Kontinuität ihrer geschichtlichen Entwicklung von 1848 bis 1933 doch äußerst waghalsig und zweifelhaft. Von 1919 bis 1923 wurde die Geschichte neu aufgelegt.

3.2 Die Suche nach Stabilität und Freiheit

Weder der Staat noch die Wirtschaft und schon gar nicht die Zeitungen konnten sich mit der fortbestehenden Tradition herkömmlicher Rechtspolitik identifizieren. »Altes und Neues, Kontinuität und Diskontinuität, Überlieferung und Neuorientierung standen nebeneinander, arbeiteten zwar teilweise gegeneinander und gingen doch alles in allem miteinander eine spezifische Legierung ein.«[26] Diese Situation kennzeichnete die Innenpolitik, die Ökonomie, die Außenpolitik und nicht zuletzt die Situation der Medien. Im Rahmen der Diskussionen zum »Betriebsrätegesetz« von 1919 heißt es in einem Artikel der *Kölnischen Zeitung* zum neuen Gesetz: Es »müsse wieder gearbeitet, gesorgt und gekämpft werden, aber nicht plan- und ziellos oder nach Anweisungen einer zufälligen urteilslosen Mehrheit, sondern unter der Führung bewährter und sich bewährender Persönlichkeiten«.[27]

In dieser Diskussion standen sich national zwei Parteien gegenüber, der »Reichsverband der deutschen Presse« (RDP) als Interessenvertretung der Journalisten einerseits und andererseits, als Sprachrohr der Verleger, der »Verein Deutscher Zeitungsverleger« (VDZV). Beide Verbände existierten bereits vor dem Ersten Weltkrieg, der VDZV seit 1894, der RDP seit 1910.

Trotz unterschiedlicher Positionen gründeten 1922 beide Organisationen gemeinsam die paritätisch besetzte »Reichsarbeitsgemeinschaft Deutsche Presse«, die zum einen die Interessen der Presse dem Staat gegenüber vertrat und sich zum anderen mit der redaktionellen Mitbestimmung, dem Presserecht und den Tarifverhandlungen zwischen beiden Gruppierungen befasste.[28]

Von besonderer Bedeutung im angesprochenen »Betriebsrätegesetz« war die sogenannte »Tendenzschutz-Regelung«. Diese Vorschrift schränkte die Mitsprache- und Anhörungsrechte des Betriebsrates in Presseunternehmen ein. Sie war Teil der gesetzlichen Bestimmungen der Betriebsrats-Rechte in § 67 des Pressebetriebsrätegesetzes von 1920. Erreicht werden sollte ein Schutz der Pressefreiheit, unabhängig von der politischen Einstellung der Mitarbeiter:

»Es sei nicht zu erwarten«, hieß es bei der Beratung des Gesetzes, »daß politisch anders eingestellte Arbeitnehmer sich für das wirtschaftliche Gedeihen eines Presseunternehmens, dessen Tendenz sie politisch bekämpften, mit dem notwendigen Nachdruck einzusetzen vermöchten.«[29]

In diesem Fall sprachen sich allerdings auch die Journalisten selbst im RDP gegen eine Mitbestimmung des Betriebsrates und für die Einführung der Tendenzschutz-Regelung aus. Bernhard Fritsch macht in seiner Arbeit über das »Problem der inneren Pressefreiheit aus der Sicht der Berufsverbände« drei Ursachen für die Ablehnung der Journalisten verantwortlich:

Die Redakteure fürchteten, in den Vertretungsorganen nicht entsprechend repräsentiert zu sein, sie gingen von Gegensätzen zwischen den Interessen der Journalisten und den übrigen Mitarbeitern aus und sie zweifelten den Sachverstand des Betriebsrats in redaktionellen Fragen an.[30] Die Ablehnung und das Nichtzustandekommen eines allgemeinen Betriebsrates waren also mitnichten nur auf den Widerstand der Verleger zurückzuführen.

In wirtschaftlicher Hinsicht litt das Zeitungswesen im Deutschen Reich und damit auch die *Kölnische Zeitung* zwei Jahre nach Beendigung des Ersten Weltkrieges noch immer unter dessen Folgen. 1920 erfolgte eine staatliche »Bekanntmachung über Druckpapier« mit genauen Bestimmungen zur Verteilung des vorhandenen Papiers an die einzelnen Verleger und Drucker:

»Verleger und Drucker von Zeitungen, Druckwerken (Bücher, Sammelwerke, Einzelwerke, Jugendschriften usw.), Musikalien, Zeitschriften und sonstigen periodisch erscheinenden Druckschriften dürfen in der Zeit vom 1. April 1920 bis zum 30. Juni 1920 Druckpapier nur in den Mengen beziehen und verbrauchen, die für sie von der Wirtschaftsstelle für das Deutsche Zeitungsgewerbe festgesetzt werden. Dies gilt auch, soweit es sich um die Erfüllung bereits abgeschlossener Lieferverträge handelt.«[31]

Die Festlegung des Bedarfs beziehungsweise Bezugsrechts erfolgte nach der Quadratmeterfläche, das heißt durch Feststellung der Papierseitengröße und der Gesamtzahl der Seiten (Umfang), die die jeweilige Zeitung im Jahr 1915 besaßen. Minderungen beziehungsweise Erweiterungen des errechneten Bedarfs wurden fällig, falls sich die Zeitung gegenüber 1913 verkleinert beziehungsweise vergrößert hatte. Für 1915 noch nicht erschienene Druckwerke konnte die Wirtschaftsstelle ein Bezugsrecht festsetzen.[32]

Am 17. Mai 1920 wandte sich der Verein Deutscher Zeitungs-Verleger, in dem sich auch Alfred Neven DuMont persönlich engagierte,[33] nach einem Gespräch in der Reichskanzlei in einem Brief nochmals persönlich an den Reichskanzler, um auf die besondere Notlage der Zeitungen aufmerksam zu machen und um eindringlich um die finanzielle Unterstützung des Reichs zu bitten:

»(...) möchten wir hierdurch nochmals, durch den sich ständig verschärfenden Ernst der wirtschaftlichen Lage der Zeitungen gezwungen, darauf hinweisen, daß, falls in der politisch bewegten Zeit, die uns jetzt bevorsteht, auf eine Mitwirkung der Zeitungen aller Parteien, welche die Erhaltung und das Wiederaufblühen unserer Nation ernstlich wollen, in vollem Umfange noch gerechnet werden soll, eine sofortige Hilfsaktion des Reiches erforderlich ist.

Hierfür schlagen wir wiederholt vor, die sofortige Zurverfügungstellung der vom Reich bereits bewilligten Mittel von je zehn Millionen Mark für die Monate März, April, Mai und Juni, sowie eine außerordentliche, einmalige, sofortige Bereitstellung von weiteren zwanzig Millionen Mark, die mit vorerwähnten Summen zur Verbilligung des Zeitungsdruckpapierpreises verwandt werden sollen. Hierdurch würde die Mehrheit der deutschen Zeitungen bis Ende Juni das Erscheinen ermöglichen können.«[34]

Trotz der wirtschaftlichen Bedrohung bemühten sich die Redakteure in den Zeitungen des Verlags, ein inhaltlich anspruchsvolles Niveau zu halten und dieses durch Erweiterungen des Angebots noch zu steigern.

Seit dem 29. Februar 1920 erschien in der *Kölnischen Zeitung* das Literatur- und Unterhaltungsblatt, das vom 10. Juni 1928 an als Beilage *Die Literatur* unter Dettmar Heinrich Sarnetzki gestaltet wurde.

In einem Artikel vom 19. April 1920 kündigte die *Kölnische Zeitung* unter der Rubrik »An unsere Leser« die Zusammenlegung der Mittags- mit der zweiten Morgenausgabe an, da es nicht mehr möglich war, vier Ausgaben gesondert an die Bezieher ausliefern zu lassen. Da abends und nachts immer sehr viele Meldungen eintrafen, musste man viele Nachrichten auf die Mittagsausgabe des folgenden Tages verschieben. Die Mittagsausgabe enthielt nun den doppelten Umfang und außerdem die aktuelleren Meldungen.[35]

Sowohl in wirtschaftlicher als auch politischer Hinsicht sollte sich die angespannte Situation im Deutschen Reich auch 1921 nicht verbessern. Am 1. Februar 1921 kündigte die Reichsregierung die Unerfüllbarkeit der Reparationsforderungen an. Als dann die deutsche Regierung bei der Einlösung dieser Forderungen in Rückstand geriet, besetzten französische und belgische Truppen am 8. März 1921 zunächst Duisburg und Düsseldorf, knapp zwei Jahre später, am 9. Januar 1923, auch das übrige Ruhrgebiet.

Der Reichstag unter Reichskanzler Wilhelm Cuno (1876–1933) reagierte auf den Einmarsch von Besatzungstruppen am 13. Januar 1923[36] mit der Verkündigung des »passiven Widerstands«, das heißt der Weigerung, den Anweisungen der Besatzer zu folgen.[37] Die Verkündigung des Abbruchs des passiven Widerstands durch Reichspräsident und Reichsregierung erfolgte erst am 26. September 1923.[38]

Für den Verlag ergaben sich dadurch neue Einschränkungen und Probleme, die sich sowohl auf das Erscheinungsgebiet (französisch/belgische beziehungsweise britische Zone) als auch auf die inhaltliche Gestaltung der Zeitungen (Zensur) auswirkten. Darüber hinaus hatte die katastrophale Entwicklung der wirtschaftlichen Verhältnisse, und hier insbesondere die Steigerung der Druckpapierpreise, die rheinische Presse in große Schwierigkeiten gebracht.[39]

Die fortschreitende Verteuerung seit 1921 zwang die Zeitungen zu Anfragen an den Reichstag. Dieser beschloss in seiner Sitzung vom 7. April 1922 einstimmig, dass ein Gesetzentwurf vorzulegen sei, mit dem der Not der Zeitungen und Zeitschriften entgegengesteuert werden sollte.[40] Für Löhne und Gehälter war das etwa 35fache (gegenüber dem Stand vor dem Ersten Weltkrieg), für Betriebsmaterialien wie Farbe, Blei und Kohle das

100- bis 110fache, für Papier das 100fache aufzuwenden. Somit stiegen auch die Abonnementpreise um das 30- bis 35fache.[41]

Bereits am 4. Januar 1921 schrieb Alfred Neven DuMont über die Zuweisung von Druckpapierkontingenten einen vier Seiten langen Brief an die Mitglieder des Vorstandes des Deutschen Zeitungsverlegervereins, soweit sie Mitglied des Beirats der Wirtschaftsstelle waren, sowie an Herrn Direktor Reiss, Vorsteher der Wirtschaftsstelle für das Deutsche Zeitungsgewerbe. Es heißt darin: »Wie Sie wissen, geht der Schlüssel, nach dem die Kontingentierung gemacht worden ist, von mir aus. Auch für die Kontingentierung selbst habe ich mich stets eingesetzt und bin auch jetzt gewillt, allen Bestrebungen entgegenzuarbeiten, die eine plötzliche Aufhebung wünschen, ohne daß die nötigen Garantien für die Beschaffung des Papiers und die Preishaltung geschaffen sind. M.E. muß dies zur Erhaltung der mittleren und kleineren Presse geschehen, zu welchem Zwecke ja die Kontingentierung geschaffen worden ist. (...) Ich verstehe sehr wohl, daß die W.St. [Wirtschaftsstelle, Anm. des Verf.] bei diesen Sonderbewilligungen nicht nur die Verhältnisse meiner Firma, sondern auch die der übrigen der Kontingentierung unterworfenen Zeitungen im Auge behalten mußte. (...)

Trotz Anerkennung dieser Verhältnisse ist aber doch andererseits [sic] die Tatsache nicht zu leugnen, daß für die in meinem Verlage erscheinenden Blätter in Sonderheit für die *Kölnische Zeitung*, eigenartige Verhältnisse vorliegen. Diese bestehen erstens darin, daß mein Verlag sich aus freien Stücken im Vergleichsjahr 1915 in seinem Verbrauch an Druckpapier in weit erheblicherem Maße eingeschränkt hat, als das irgendeine andre Zeitung getan hat. (...) In der Hauptsache aber bestehen für die *Kölnische Zeitung* ganz besondere politische Verhältnisse, die zweifelsohne auch eine besondere Berücksichtigung bedingen. Wie ich Ihnen schon mündlich mitteilte, hat sich daher meine Redaktion mit den verantwortlichen Leitern der deutschen Reichsregierung in Verbindung gesetzt,[42] um dieser zu erklären, aus welchen Gründen die *Kölnische Zeitung* besser mit Papier versehen werden müsse, als dies bisher trotz des Entgegenkommens der Wirtschaftsstelle möglich war. (...) Das mehr bewilligte Papier soll in der Hauptsache zur Vermehrung des Textes der K.Z. verwendet werden. (...) Indem ich Ihnen für alle Ihre vielfachen freundlichen Bemühungen zur Linderung der schweren Papiersorgen, an denen meine Firma nunmehr fast 5 Jahre krankt, und die mir persönlich manche sorgenvolle Stunde bereitet haben, danke (...)«.[43]

Der damalige Chefredakteur Ernst Posse (1860–1943) – er war von 1886 bis 1923 in verschiedenen Positionen für die Zeitung tätig und gehörte der Redaktion fast vierzig Jahre an – setzte mit einem fünfseitigen Brief am 10. Januar 1921 nach, der die Seite der Redaktion darlegte. Der Brief war an Dr. Walter Simons, Reichsminister des Auswärtigen, gerichtet. Posses Haltung wird im Schreiben sehr deutlich: »Seit dem Kriegsende und der ihm folgenden Besatzungszeit mit ihren separatistischen Strömungen hat die *Kölnische Zeitung* am Rhein unter den schwierigsten Bedingungen den Kampf um die deutsche Sache geführt. Den Druck, der durch die Zensur der Besatzungsbehörden auf die Presse des besetzten Gebietes ausgeübt wurde, hat die *Kölnische Zeitung* am schwersten gefühlt. Weil ihrem Inhalt, als dem Inhalt des einflußreichsten Blattes des besetzten Gebietes, mit einer starken Verbreitung im Auslande von den Zensurbehörden besondere Aufmerksamkeit zugewandt wurde. Zweimal wurde die *Kölnische Zeitung* verboten, wiederholt wurden ihr weitere und weitreichendere Verbote angedroht. Das hat die *Kölnische Zeitung* aber nicht abgehalten, der deutschen Sache am Rhein unentwegt derart zu dienen (…).

Die heftige Fehde, die aus den Kreisen der rheinischen Separatisten gegen die *Kölnische Zeitung* geführt worden ist, läßt denn auch erkennen, daß ihnen das Eintreten unseres Blattes für die deutsche Sache am Rhein ein Dorn im Auge ist, und diese Erkenntnis gibt der Redaktion der *Kölnischen Zeitung* das Recht, darauf hinzuweisen, daß es eben diese deutsche Sache schädigt, wenn man die *Kölnische Zeitung* in ihrer redaktionellen Arbeit hemmt und von dieser Hemmung alle die mittleren und kleineren Blätter des deutschen Westens in Mitleidenschaft gezogen werden, die sich in ihrer Haltung mehr oder minder stark nach der *Kölnischen Zeitung* richten, besonders in der Frage der Loslösung der Rheinlande von Preußen und dem Reiche (…).

Mit verhältnismäßig geringen, dem wachsenden Bedürfnis nicht entsprechenden Zuwendungen an Papier kann die *Kölnische Zeitung* ihre nationale Arbeit am Rhein nicht weiter erfüllen. Die Redaktion sieht sich deshalb nunmehr gezwungen, in Berlin Vorstellungen zu erheben, wegen dieser durchaus unzulänglichen und schematischen Papierzuweisung.«[44]

Inwiefern die Besetzung des Rheinlandes durch französische und britische Truppen weitere Auswirkungen auf den Verlag hatte, wird weiter unten ausführlich dargestellt.

Die Wirtschaftsstelle für das Deutsche Zeitungsgewerbe reagierte in einem Brief vom 18. Januar 1921 ausgesprochen ungehalten und unterstellte Neven DuMont rein eigennützige Motive für seine Anfrage:

»Der Inhaber des Verlages, Herr Kommerzienrat Neven DuMont, hat wiederholt mündlich und schriftlich Anträge auf Ausnahmebewilligungen gestellt, denen im Rahmen des Möglichen fast stets entsprochen wurde. Ganz besonders ist nach Besserung der Lage des Druckpapiermarktes den letzten Anträgen so gut wie in voller Höhe stattgegeben worden (...).

Herr Kommerzienrat Neven DuMont ist bekannt dafür, daß er sich bei allen seinen Handlungen lediglich von dem Interesse seiner Firma treiben läßt und auf die allgemeinen Interessen keine Rücksicht nimmt.

(...) denn es ist uns bekannt, daß Herr Kommerzienrat Neven DuMont sich immer aufs Schärfste mit dagegen ausgesprochen hat, daß die Redakteure sich in wirtschaftliche Angelegenheiten des Verlegers mischen. Das Vorgehen des Redakteurs wird also zweifellos von ihm gebilligt.«[45]

Letztendlich befürchtete die Wirtschaftsstelle eine Nutzung des zugebilligten Papierkontingents zugunsten des Anzeigenteils des *Stadt-Anzeigers*. Zu dieser Einschätzung trug auch ein lediglich als Zitat erhaltenes Schreiben bei, das der Verleger als Begründung verfasst hatte.[46]

Das Antwortschreiben Neven DuMonts bestätigte die Vermutung der Wirtschaftsstelle bezüglich einer gewünschten Erweiterung des Anzeigenteils im *Stadt-Anzeiger*:

»1. Die Auflagen meiner beiden Blätter sind in dauerndem Aufsteigen begriffen. (...)

2. Im vorigen Quartal habe ich mich gezwungen gesehen, dauernd eine große Zahl von Anzeigen für die *Kölnische Zeitung* als auch für meinen *Stadt-Anzeiger* zurückzuweisen, weil mir das notwendige Papier nicht zur Verfügung stand. (...)

3. (...) Gerade in diesem Quartal muß die K.Z. ihren Einfluß dafür einsetzen, daß die Wahlen nicht nur im staatserhaltenden Sinne ausfallen, sondern sie muß vor allen Dingen in der Lage sein, den Bestrebungen aufs kräftigste entgegenzutreten, die darauf ausgehen, Preußen zu zerschlagen und eine Rheinische Republik zu gründen (...).«[47]

In einem Schreiben, gezeichnet ebenfalls von A. Neven DuMont,[48] vom 14. Januar 1923 an den Reichsminister der Finanzen, Dr. Hermes, wurde um langfristige Kredite zur Erhaltung der Tagespresse gebeten. Vom Finanzministerium wurde dieses Schreiben an den Staatssekretär für die besetzten Gebiete im Reichsministerium des Innern weitergeleitet. Verfasser des Schreibens war die Papier-Ein- und Verkaufsgesellschaft m.b.H. in Köln, welche den Brief ursprünglich als Eingabe an den Reichskanzler gerichtet hatte:

»Hochgeehrter Herr Reichskanzler!

Die Reichsregierung hat bereits im September 1922 sich der Überzeugung nicht verschließen können, daß die Presse im besetzten Rheinland nur dann weiterhin bestehen könne, wenn ihr Betriebskapital im Wege langfristigen Kredits zur Verfügung gestellt werde. Da die hierzu erforderlichen Mittel von privater Seite nicht zu beschaffen waren, andererseits die schweren Folgen eines Untergangs der Presse im besetzten Rheinland für die Staatsinteressen offenkundig sind, hat die Reichsregierung damals einen Betrag von 600 Millionen Mark zwecks Gewährung von Krediten im oben gedachten Sinne zur Verfügung gestellt. (...) Die Durchführung der Aktion hat erst recht den überzeugenden Beweis erbracht, daß die Presse des besetzten Rheinlandes katastrophale Geldentwertung und hierdurch bedingten Preis- und Lohnsteigerungen Ende des Jahres 1922 nur mit Hilfe der gewährten Unterstützung hat überstehen können. Wäre die staatliche Hilfe nicht gewährt worden, so hätte die Reichsregierung in den politischen Wirren der jetzigen Zeit im besetzten Rheinland nicht diejenige Presse zur Verfügung, deren sie im Staatsinteresse dringend bedarf. Da die Gründe, welche im September v. J. für die Reichsregierung maßgebend waren, auch heute noch, leider in verschärftem Maße, fortbestehen – der hauptsächlich ausschlaggebende Papierpreis ist inzwischen um das Siebenfache gestiegen – sehen die unterzeichneten Vertreter der rheinischen Verlegerschaft sich erneut gezwungen, bei der hohen Reichsregierung eine nochmalige Kredithilfe in einem der heutigen Geldentwertung entsprechendem Ausmaß dringlichst zu beantragen, um den weiteren Bestand des besetzten Rheinlandes im allgemeinen Interesse zu sichern.«[49]

Der Druck auf die Reichsregierung wurde auch seitens der Verleger stark erhöht. In einem Telegramm an den Reichskanzler, inzwischen Gustav Stresemann, vom 28. August 1923 drohte die Bezirksgruppe Niederrhein des Vereins Rheinischer Zeitungsverleger mit der Einstellung der Zeitungsproduktion: Der Verein »beschloß heute einstimmig die Stilllegung der Zeitungsbetriebe, wenn nicht die durch Buchdruckerverein gewährte Beihilfe für Zeitungsverlage im besetzten Gebiet ausreichend erhöht wird. Als Vorbedingungen für Aufrechterhaltung sind unerläßlich außer höherer wertbeständiger Beihilfe für Löhne, auch solche für die Löhne beeinflußte Gehälter und für die Papierbeschaffung. Ferner gewährleistete Bevorzugung des 3:36,53 [= besetzten, Anm. d. Verf.] Gebietes in Belieferung mit Zeitungspapier (...).«[50]

Die in den oben angeführten Quellen bereits mehrfach angesprochene Besetzung des Rheinlands durch Briten und Franzosen brachte dem Verlag demnach sowohl organisatorische als auch erhebliche politische und finanzielle Einschränkungen. Die *Kölnische Zeitung* war nach Angaben einer 1939 dort publizierten Artikelserie mit dem Titel »Die *Kölnische Zeitung* in der Besetzungszeit 1918–1926«[51] den Franzosen besonders verhasst, da sie der Separationsbewegung des Rheinlandes von Preußen ablehnend gegenüberstand. Sie trat seit Beginn ihres Bestehens gegen eine Abtrennung des Rheinlandes und für ein vereintes Deutschland ein. Insbesondere die Franzosen, die eine Ablösung des Rheinlandes begrüßten, reagierten mit Verboten, Überwachungen und Angriffen. Die britischen Behörden, die Köln verwalteten, wurden hier als großzügiger, wenn auch nicht immer konsequent gegenüber den Franzosen, beschrieben.

Einen rigiden Ruf hatte allerdings die britische Vorzensur, die die Arbeit der Schriftleitungen der *Kölnischen Zeitung* und des *Kölner Stadt-Anzeigers* erschwerte. Ein erstes Verbot erfolgte am 1. Februar 1919 für zehn Tage, als die *Kölnische Zeitung* in einem Artikel über die »Einwirkungen des Hungerkrieges« schrieb, ein Bericht über die deutliche Zunahme von Erkrankungen und Sterbefällen in Köln, wobei sie als Grund den dauernden Nahrungsmangel angab. Ein weiteres Verbot folgte vom 29. bis 30. Mai 1919 wegen des Zuwiderhandelns gegen britische Zensurbestimmungen und aufgrund der Nichtvorlage von genehmigungspflichtigen Nachrichten. Weitere Verbote schlossen sich in den Jahre 1919, 1920[52] und 1923[53] an. Am 19. März 1923 wurde auch der *Kölner Stadt-Anzeiger* im französisch-belgischen Gebiet für zwei Monate verboten. Als Ersatz wurde ab dem 23. März 1923 das *Kölner Wirtschafts- und Börsenblatt* herausgegeben, was lediglich eine Tarnbezeichnung darstellte.[54]

Der damalige Archivar des Verlags, Kurt Weinhold, gab an, dass die *Kölnische Zeitung* im französisch-belgischen Bereich der besetzten Zone vollständig verboten war. Sie habe allerdings in der britischen Zone in Köln mit dem dortigen Presseoffizier gut zusammengearbeitet.[55] Diese Einschätzung bestätigte auch Ernst Posse in einer Artikelserie mit dem Titel »38 Jahre K.Z.«, die Anfang 1934 erschien:

»(...) der letzte englische Kommissar für die Kölner Zone, den ich erlebt habe (Pigot), war ein rechtlich denkender und urteilender Mann, dem ich in rückhaltloser Offenheit meine Ansicht sagen konnte. Oft hat er mich ermahnt, recht vorsichtig zu sein, er werde fortwährend von den Franzosen und Belgiern, in deren Gebiet die *Kölnische Zeitung* während der ganzen Dauer der Besetzung verboten war, gedrängt, gegen die Zeitung einzuschreiten. Er werde das aber nicht tun, solange er es eben vermeiden könne und nicht aus London den Befehl erhalte, die *Kölnische Zeitung* zu unterdrücken.«[56]

Die *Kölnische Zeitung* war nach Kommerzienrat Alfred Neven DuMont von allen Zeitungen, die die Franzosen während der Besatzungszeit verboten hatten, diejenige Zeitung, die am längsten gesperrt war, nämlich über einen Zeitraum von neun Monaten.[57]

Die *Kölnische Zeitung* wandte sich eindeutig gegen Abspaltungsbewegungen des Rheinlandes vom Reich,[58] die zum Teil auch durch den damaligen Bürgermeister Kölns, Konrad Adenauer, unterstützt worden waren.

Die aus ihrer separationsfeindlichen Haltung resultierende Isolation der *Kölnischen Zeitung* endete erst, als sich auch die rheinische Zentrumspartei eindeutig für einen Verbleib im Reich aussprach.[59]

Noch 1933 erinnerte sich Alfred Neven DuMont in einem historischen Überblick über die Geschichte des Verlags anlässlich der Feierlichkeiten zur Fahnenweihe der Nationalsozialistischen Betriebszellenorganisation (NSBO) mit einigem Stolz an die eindeutige Ablehnung der separatistischen Bewegungen durch die *Kölnische Zeitung* und wies dem damaligen Chefredakteur Ernst Posse einen nicht geringen Anteil an der Erhaltung des Rheinlands für den Reichsverband zu: »Vergessen möchte ich auch nicht hinzuweisen auf einen Mann, wie Herrn Dr. h. c. Ernst Posse, der in der ganzen schweren Kriegs- und Nachkriegszeit die Redaktion der *Kölnischen Zeitung* geleitet hat und dem es nicht zum mindesten zu verdanken ist, daß das Rheinland Deutschland erhalten geblieben ist, weil er die Schärfe seines Verstandes und seiner Feder in hohem Maße der Bekämpfung der Sonderbündelei gewidmet hat.«[60]

Die zweite Tageszeitung des Verlags, der *Kölner Stadt-Anzeiger*, ging so weit, sich selbst in einem Prozess gegen Dr. Limbourg, einen Anführer der Separatistenbewegung, an der Zerschlagung der Ablösungsbewegungen zu beteiligen, und setzte dafür erhebliche finanzielle Mittel ein: »In Posses Arbeitszeit fällt auch der Prozeß, den der heute so viel bekrittelte *Stadt-Anzeiger* gegen den Separatistenführer Dr. Limbourg aus eigenen Mitteln geführt hat, der der Firma 60 000 Mark an Kosten brachte und mit der Hilfe des bekannten Rechtsanwalts Professor Grimm mit der Verurteilung und Unschädlichmachung der Gebrüder Limbourg führte.«[61]

Für die öffentliche Anerkennung der *Kölnischen Zeitung* nach Beendigung der Abspaltungsbewegungen spricht auch ihre Teilnahme an den Pressesitzungen beim Reichskanzler. In einer Auflistung der teilnehmenden Journalisten, die einem Brief an den Ministerialdirektor Heilbron vom 29. März 1923 beiliegt, wird Dr. Feihl[62] als Vertreter der *Kölnischen Zeitung* genannt.[63]

Der bereits oben erwähnte Chefredakteur Ernst Posse hatte sich am 1. April 1923 aus persönlichen Gründen in den Ruhestand begeben, was ihm etliche Kollegen übel genommen haben sollen, da sein Rücktritt in eine sehr unruhige Zeit fiel.[64] In einer Erinnerungsschrift des Verlags anlässlich des 60. Geburtstages von Kurt Neven DuMont wird allerdings beschrieben, dass Posse bereits 1918 in den Ruhestand gehen wollte, er jedoch damals wegen der schwierigen Nachkriegsjahre seine Pensionierung nochmals aus Pflichtgefühl der *Kölnischen Zeitung* gegenüber verschoben hatte.[65] Von einem Verlassen des Verlagsschiffes in schwierigen Zeiten konnte also nicht die Rede sein. Anton Haßmüller (1876–1941), der seit dem 1. September 1919 für die *Kölnische Zeitung* als politischer Redakteur tätig war,[66] folgte ihm als Chefredakteur. Am 1. April 1928 musste Haßmüller den Posten des Chefredakteurs zugunsten einer Kollegialleitung abgeben und seinen Wirkungsbereich auf die Leitung der Münchner Vertretung der *Kölnischen Zeitung* beschränken.[67]

Am 19. Februar 1923 wurde der *Stadt-Anzeiger*, der bislang eine Beilage zur *Kölnischen Zeitung* darstellte, unter dem Namen *Stadt-Anzeiger für Köln und Umgebung* als eigenständige Zeitung geführt. Die Änderung des »Kopfes war in den ersten Wochen des Ruhrkampfes vorgenommen worden, um den *Stadt-Anzeiger* bei einem etwaigen Verbot der *Kölnischen Zeitung* durch die Besatzungsbehörden davor zu bewahren, durch eine (...) ungünstige Auslegung seines bisherigen Namens als Teil der *Kölnische Zeitung* mit verboten zu werden«.[68] Damit wurde der Mehrheit der Bezieher Rechnung getragen, die nicht aus dem Regierungsbezirk Köln stammten. Ab 1925 erschien zudem eine Sonntags-Ausgabe des *Kölner Stadt-Anzeigers*. Vergleicht man die Auflagenhöhe der Jahre 1913–1925, so fällt auf, dass allein die Inflation zu einem steten Rückgang des Bezugs bis etwa auf die Hälfte der verkauften Exemplare geführt hatte.[69]

So wurde 1923 ein Wochenbezugspreis eingeführt, um die Kosten decken zu können: »Die Zeitungen sind außerstande, angesichts dieser ganz außerordentlichen Verhältnisse ihren Bezugspreis in Zukunft für einen ganzen oder einen halben Monat festzulegen und sehen sich, um die Betriebe aufrecht erhalten zu können, gezwungen, künftig an solchen Plätzen, wo die Zustellung durch eigenes Botenpersonal erfolgt, nur noch Wochen-Abonnements einzugehen. (...)

Der Bezugspreis wird künftig wöchentlich, freitags, samstags und nötigenfalls auch montags vormittags erhoben. Wenn er bis dahin nicht bezahlt ist, können die Zeitungen nicht weitergeleitet werden.«[70]

Die Preisentwicklung des Wochen-Abonnements schraubte sich von 1918 bis zum Dezember 1923 inflationsbedingt in astronomische Höhen[71]:

Januar 1919	3,30 Mark
Januar 1920	4,24 Mark
Dezember 1921	18,00 Mark
Mai 1922	42,00 Mark
Juni 1923	38 000,00 Mark
September 1923	100 000 000,00 Mark
November 1923 (f. d. Woche)	50 000 000 000,00 Mark
Dezember 1923 (1. Woche)	3 300 000 000 000,00 Mark
Dezember 1923 (2. Woche)	2 800 000 000 000,00 Mark

Die »Senkung« des Bezugspreises im Dezember 1923 erklärt sich dadurch, dass eine Billion der Papiermark einer neuen Gold- beziehungsweise Rentenmark gleichgesetzt worden war.[72]

1923 wurde der Verlag quasi als erste Druckerei mit der Produktion von Papiergeld betraut. Es wurde in der Druckerei an der Breite Straße unter Polizeischutz hergestellt.[73] Ein langjähriger Mitarbeiter und späterer Leiter der Druckerei, Friedrich Bartels (1884–1970), führt in seinen Erinnerungen den offiziellen Auftrag der Reichsbank auf den guten Ruf des Verlags als Wertpapierdrucker zurück: »Unser guter Ruf als Wertpapierdrucker war auch wohl der Anlaß, daß wir als erster Drucker in der Inflationszeit von der Reichsbank mit dem Druck von Banknoten beauftragt wurden.«[74]

Der Druck in Köln als britisch besetzter Zone hatte nun zur Folge, wie Bartels anschließend erläutert, dass es den Franzosen nicht nur nicht möglich war, die Geldnoten zu beschlagnahmen – was sie mit den Papiergeldlieferungen aus Berlin in ihren Gebieten taten –, sondern Köln wurde darüber hinaus zu einem heimlichen Verteiler von Banknoten: »Infolge der französischen Besetzung des Gebietes rund um Köln war die Belieferung mit Reichsgeld aus Berlin unterbunden, die Franzosen beschlagnahmten alle Geldtransporte, dagegen konnte in Köln, das englische Besatzung hatte, ungehindert Geld gedruckt werden, ohne Gefahr einer Beschlagnahmung. Von hier aus wurden dann weitere Bezirke, natürlich nur auf Schmugglerpfaden, mit Geld versorgt.«[75]

Die Lieferung der offiziellen Druckplatten aus Köln gestaltete sich dementsprechend abenteuerlich: »Die Druckplatten, in Berlin hergestellt, mußten ebenfalls durch die Bahnsperre geschmuggelt werden. Sie gingen ungehindert bis Dortmund und wurden dort von einigen Vertrauensleuten unserer Firma in Empfang genommen und nach hier geschmuggelt.«[76]

Dieser Auftrag verschaffte dem Verlag allerdings auch regelmäßige Einnahmequellen:

»Die Berechnung der Geldherstellung erfolgte auf der Grundlage des so genannten Goldpfennigs, so daß der Firma eigentlich kein Inflationsverlust entstand. Die Ablieferung einer Tagesproduktion an die hiesige Reichsbank erfolgte täglich, und ebenso die Bezahlung. Den Gegenwert unserer Rechnung behielten wir der Einfachheit wegen gleich im Hause zurück. Anstelle der entsprechenden Zahl Scheine ging eine Quittung bei der täglichen Ablieferung mit zur Reichsbank. Geldmangel hatten wir also nicht. Außer den Reichsbanknoten druckten wir in der Offset- und Steindruckerei noch in großem Umfang Notgeld für Städte und große Firmen.«[77]

Wie sehr die Inflation das tägliche Leben überall in Deutschland beeinflusste, geht allein daraus hervor, dass im Laufe der Jahre 1922 und 1923 über 135 Druckereien und 35 Papierfabriken Tag für Tag an der Herstellung neuer Banknoten arbeiteten.

Dass die Inflation nicht nur wirtschaftliche Folgen hatte, stellte die *Kölnische Zeitung* bereits 1922 anschaulich in einem Artikel dar, der sich mit den psychischen Folgen der Geldentwertung befasste. Menschen gingen vor allem in der Hauptstadt Berlin in Scharen zu den Veranstaltungen von vermeintlichen Propheten und Heilsbringern, die behaupteten, einen Weg aus der Krise weisen zu können, und mit den Ängsten ihrer Zuhörer spielten: »Die Berliner Anschlagsäulen sind schon seit ein bis zwei Jahren regelmäßig bedeckt mit den Ankündigungen von Zukunftsjüngern und Propheten, die ihre Vorträge (oft zu beträchtlichen Eintrittspreisen) ankündigen. Immer spielen Schlagworte und Zitate aus der Bibel eine Rolle. Der alte Vorstellungskreis der Apokalypse hat, wie einst in früheren Krisenzeiten, neues Lebensblut gewonnen und prägt sich im Munde gewandter Redner den geängstigten Hirnen neu ein. Die Hauptsache ist starker Bartwuchs, Verzicht auf Kragen und Krawatte und ein unerschütterliches Selbstbewußtsein. (...) Das Publikum läuft eben heute in die Hörsäle dieser Phantasten, weil es in der ungeheuren Ratlosigkeit seines Inneren nach irgendeiner Stütze, nach einem Trost sucht.«

Schon kurz nach dem Kriege, als man die Fruchtlosigkeit aller Anstrengungen eingesehen hatte, setzte diese Stimmung einer grenzenlosen Enttäuschung ein: »Kommt nun, wie in den letzten Monaten, die immer steigende materielle Not, der aussichtslose Kampf gegen die Teuerung hinzu, so verwirren sich vollends die Gehirne.«[78]

Die *Kölnische Zeitung* fuhr an dieser Stelle damit fort, eindringlich vor falschen Propheten zu warnen, und bewies damit erstaunliche, wenn auch vergebliche Weitsicht: »Den neuzeitlichen Erlösern mit dem langen Haarwuchs und den dreisten Phantasien läuft alles zu, die schwachen Nerven besonders, die nicht ohne Stütze sein können. Für den Geisteszustand im heutigen Deutschland ist dies Prophetentum ein gefährliches Symptom. Man soll es nicht unterschätzen; es wird sich in Krisen, die noch kommen werden, noch mehr ausbreiten. ›Die Zeit ist aus den Fugen!‹ wie Hamlet sagt.«[79]

3.3 Der Hitler-Putsch

Einer der »falschen Propheten« mit auf eine kleine, aber markante Stelle begrenztem Bartwuchs entwickelte sich zu einem Heilsbringer, der mit »dreisten Phantasien« den Geisteszustand der Deutschen ausnutzte, zwar zunächst scheiterte, um dann aber mit aller Macht wiederzukommen und Deutschland und die Welt in ein Chaos zu stürzen.

Erstmals widmete sich die *Kölnische Zeitung* am 8. November 1922 in einer ausführlichen Berichterstattung Adolf Hitler und seiner Bewegung »Nationalsozialismus«. Es war einer der ersten Aufsätze in einer der bedeutenden Zeitungen der damaligen Zeit, wenn nicht der erste überhaupt, der Hitler und dem Nationalsozialismus eine derartige Aufmerksamkeit schenkte.[80] Dass gerade die *Kölnische Zeitung* hier zum Vorreiter wurde, hat nichts mit der Einstellung der Leitung der Zeitung oder der Redakteure in Köln zu tun, sondern ging von dem bewährten und bekannten Münchner Berichterstatter Hugo Zöller aus, der über fünfzig Jahre für die

Zeitung tätig war und durch seine zahlreichen Weltreisen und Berichte aus allen Teilen der Welt einer der anerkanntesten Journalisten der damaligen Zeit war. Besonders in der bayerischen Hauptstadt genoss Zöller hohes Ansehen und galt als exzellenter Kenner der Münchner politischen Szene. Die Begeisterung, mit der Zöller selbst »Ein Abend bei Adolf Hitler«, so der Titel seines Berichtes, erlebte, sollte nicht zu dem Schlusse führen, Zöller habe dieser Bewegung besonders nahe gestanden oder ihr gar angehört. Das war sicherlich nicht der Fall. Aber die Art und Weise, wie der damals siebzigjährige Zöller diesen Abend beschreibt, veranlasste die Kölner Redaktion zu einem Vorspann:

»Wir geben den Aufsatz unseres Münchner Berichterstatters wieder, weil er in einem politischen Stimmungsgebilde eine Bewegung schildert, deren Wachsen und Bedeutung auch dann nicht verkannt werden darf, wenn man bedauert, daß der Nationalsozialismus das Volk spaltet, statt es zu einen, und politische Gefahren heraufbeschwört, deren Tragweite heute noch gar nicht zu ermessen ist.«

Die Zeilen muten hellseherisch an, und es hat den Anschein, dass Zöllers Bericht über die etwa zweistündige Rede Hitlers am 5. November 1922 in München, die übrigens von sonst keiner bedeutenden Zeitung auch nur erwähnt wurde, in der Redaktion in Köln doch ziemlich umstritten war. Sieht man aber einmal von dem Enthusiasmus ab, dem Zöller wie seine Mitzuhörer unterlagen, negiert man auch, dass Zöller ziemlich kritiklos alles hinnimmt und überhaupt nicht auf den Inhalt der Rede eingeht. So ist seine Darstellung der Persönlichkeit Adolf Hitlers, die Reaktion der Zuhörer aus den unterschiedlichsten Schichten, seine scharfe Beobachtung und nicht zuletzt die Emotionalisierung des Lesers eine journalistische Glanzleistung, die allerdings bei genauem Hinsehen schon damals zum Nachdenken hätte anregen müssen. Die rhetorischen, dämonischen und demagogischen Elemente, die Zöller beschreibt, hätten alle Alarmzeichen nicht nur für den Politiker, sondern den Journalisten aller Zeitungen aufleuchten lassen müssen. Deshalb ist der Bericht Zöllers von historischer Bedeutung:[81]

»Es mögen zweieinhalb Jahre her sein, seit an den Anschlagsäulen und Mauerwänden Münchens etwa wöchentlich einmal blutrote Riesenplakate aufzutauchen begannen, vor denen sich die Leute emsig lesend und kopfschüttelnd zusammenzuballen pflegten. Denn es war jedes Mal eine wahre Sturmflut packender und die Schäden unserer Zeit unbarmherzig geißelnder Schlagworte, die auf sie hernieder prasselten. Mochte man den Inhalt billigen oder mißbilligen, so konnte doch kein berufsmäßiger Zeitungsschreiber leugnen, daß trotz der gelegentlichen Derbheit ihrer Ausdrucksweise die Ergüsse journalistische Meisterwerke waren. Was ihnen die Überzeugungskraft gab, war im Grunde genommen nichts weiter als der wilde Aufschrei eines gequälten Volkes. Mit so etwas wie hochmütiger Gleichgültigkeit glaubten sowohl unsere Sozialdemokraten der verschiedenen Schattierungen, als auch die herrschende Bayerische Volkspartei die **›Nationalsozialismus‹** benannte Bewegung unbeachtet lassen zu können, von der nur soviel allgemein bekannt war, daß ein Österreicher Namens Adolf Hitler – nur wußte man nicht recht, ob ein Maler oder Arbeiter – dahinter steckte. Heute, da in Bayern Tausende zu Adolf Hitler als zum Apostel einer kommenden Zeit der Genesung schwören, da nicht bloß die jeweilige Regierung, sondern auch trotz seines Machtgefühls unser Parlament mit dem bayerischen Faschismus als mit einer starken politischen Macht rechnen muß, machen sowohl Sozialdemokratie als Bayerische Volkspartei aus ihrem Ärger darüber, daß sie sich die Sache über den Kopf wachsen ließen, keinen Hehl mehr.

Daß, wenn Hitler spricht, von den größten Sälen Münchens kein einziger, ja nicht einmal der Zirkus, dem Andrang zu genügen vermag, daß jedes Mal Tausende, die keinen Einlaß mehr fanden, abziehen müssen, gilt heute schon als selbstverständlich. Möge man mich nun zum Besuch eines derartigen Vortrags Hitlers begleiten. Das Zauberwort ›Presse‹ öffnet mit Hilfe der durch Armbinden kenntlichen jungen Leute, welche als Ordner amtieren, den Weg durch die dicht gedrängten Menschenmassen. Keine Stecknadel, meint man, könne in dem voll gepfropften Riesensaal zu Boden fallen. Aber für die Presse wird doch noch ein Stuhl über die Köpfe hinweg gehoben und nicht ohne Schwierigkeiten zwischen zwei andere Stühle eingeschoben. Ich schaue mir meine Nachbarn an. Links die scharf geschnittenen feinen Gesichtszüge eines alten Aristokraten. Er ist ein General aus dem Weltkrieg, welcher der gegenseitigen Vorstellung die Worte: ›Na, wollte mir den Rummel auch mal ansehen‹, folgen läßt. Rechts im Arbeitergewand der östlichen Münchner Vorstädte ein Mann, der, wären nicht die treuherzigen Augen, mit seinem verwegenen Antlitz keineswegs vertrauenserweckend aussehen würde. Erst als die Stimmung wärmer wird, vertraut dieser Nachbar mir an, daß er bis vor kurzem ein überzeugter Kommunist gewesen, erst durch Hitler deutsch fühlen gelernt habe, und daß er noch heute zu den eingeschriebenen Mitgliedern der Nationalsozialistischen Partei zählen werde.

Urplötzlich springt alles auf und tosender Beifall durchhallt den mächtigen Saal. Auf die Rednertribüne tritt ein ganz einfach und bescheiden, stark unterernährt und überarbeitet aussehender schlanker Mann mittlerer Größe, der so etwa Ende der dreißiger Jahre stehen mag. Sein Organ ist gewiß nicht unschön, aber auch nicht gerade berückend, und bei der fast sanften Einleitung des Vortrags denke ich mir: Das sind doch Ansichten, die Ebert und Wirth genau ebenso gut wie Stresemann oder Hergt unterschreiben könnten. Aber allmählich fesselt ebenso sehr der streng logische Aufbau, wie die, fast kann man sagen, überwältigende Überzeugungskraft. Obwohl an dem Mann in seiner Begeisterung alles zu fiebern scheint, verbleibt er äußerlich in seiner ruhigen Bescheidenheit und hat nicht das allermindeste von jenen theatralischen Mätzchen, mit denen zur Rätezeit Levien, Leviné, Eisner und alle Volksredner vor ihrem Publikum umherzutanzen beliebten. Erstaunt beobachte ich, wie die herablassende Gönnermiene des alten Generals zu meiner Linken allmählich der gespanntesten Aufmerksamkeit Platz zu machen beginnt. ›Welch verblüffende Belesenheit und Sachkenntnis‹, raunt er mir ins Ohr und dann wieder, als mit fast monumentaler Gewalt die Anklage wider die Mitschuld an Deutschlands Not und Elend dahinrollt: ›Wie furchtbar erregt doch trotz seiner äußeren Ruhe der Mann ist; er muß keinen trockenen Faden mehr am Leibe haben‹. Mein Nachbar zur Rechten, der Kommunist, klatscht nicht mehr bloß Beifall. In seinen Augen glaube ich es feucht schimmern zu sehen und nach jeder kleinsten Pause des Redners brüllt er seine Zustimmung aus Leibeskräften in den Saal hinaus. Tatsächlich klingt es trotz der bescheidenen Stimmittel wie ein Orkan gewaltigster Leidenschaft, der da auf die Zuhörer hernieder braust.«

Hitler wird von Zöller als Redner mit logischer, überwältigender Überzeugungskraft dargestellt, bar aller theatralischen Mätzchen, aller landläufigen inhaltsleeren Phrasen. Hitler und die Partei als autoritäre Führungspartei waren eng miteinander verbunden. Er entschied, wenn auch oft zögerlich-passiv, die grundsätzlichen und ausschlaggebenden Streitfragen immer für sich.

Die Anfänge der Partei lagen zunächst in der Gründung der Deutschen Arbeiterpartei (DAP), die am 5. Januar 1919 von Anton Drexler, einem Eisenbahnschlosser, und Karl Harrer, dem Sportjournalisten des *Münchner Beobachters*, ins Leben gerufen worden war. Sie bestand zunächst nur aus circa 30 Mitgliedern und stellte lediglich eine der vielen Gruppen dar, die sich national-antisemitisch, antimarxistisch und antiliberal ausgerichtet hatten. Man orientierte sich zum Teil an sogenannten »völkischen« Vorläufern der Vorkriegszeit.

Am 1. und 2. Mai 1919 warf die Reichswehr unter Oberst Franz von Epp die Mitte April ausgerufene Räterepublik Bayern mithilfe des Bayerischen Schützenkorps nieder. »Flammenwerfer, schwere Artillerie, gepanzerte Fahrzeuge, sogar Flugzeuge kamen in dem kurzen Bürgerkrieg zum Einsatz«.[82] Damit war die letzte Bedrohung des Linkssozialismus in Bayern niedergeschlagen. Hitler war persönlich nicht daran beteiligt, nahm aber im Auftrag des Reichswehrgruppenkommandos an Propagandakursen teil und wurde im Anschluss daran als Agitator bei den auf Entlassung wartenden Soldaten eingesetzt. Am 12. September 1919 besuchte er im Auftrag seiner Dienststelle eine Versammlung der DAP, wurde von ihr nach einigem Zögern aufgenommen und als ihr »Werbeobmann« eingesetzt.[83]

Er selbst, aber auch viele andere erkannten seine wohl wichtigste Fähigkeit: Reden zu halten. Hitler war mehr ein Propagandist als ein Ideologe oder ein Stratege.

Am 24. Februar 1920 gab es im Hofbräuhaus in München eine erste Großversammlung der in NSDAP umbenannten Partei mit 2000 Besuchern. Auf dieser wurde das 25-Punkte-Programm von Hitler bekannt gegeben, das von ihm und Drexler ausgearbeitet worden war. Von Anfang an war Hitler die zentrale Gestalt der Parteibewegung. Der Akzent lag zunächst bei den Interessen des unteren Mittelstandes. Die anachronistisch anmutenden Forderungen waren auf Kolonien gerichtet, ein den Volkstumsgrenzen entsprechendes Großdeutschland, eine starke zentrale Reichsgewalt, Verweigerung der Staatsbürgerrechte für Juden, Gesetzgebung und Kulturpolitik nach Rassekriterien. Hitlers persönliches politisches Programm sollte sich weit bedeutungsvoller erweisen als das 25-Punkte-Programm. Die Berichterstattung zur ersten großen Rede im Hofbräuhaus wurde vom *Völkischen Beobachter* nur verhalten kommentiert; die Zeitung war noch nicht im Besitz der Partei, und erst vier Tage später erschien im Innenteil ein einspaltiger Bericht, der zudem das Augenmerk auf die Rede von Dingfelder und nicht auf diejenige Hitlers richtete.

Am 31. März 1920 wurde Hitler aus der Reichswehr entlassen; er war nunmehr darauf angewiesen, Reden zu halten oder Beiträge für den *Völkischen Beobachter* zu verfassen. Auch wenn er einige Reisen als Gastredner unternahm und seine nächste große Ansprache am 3. Februar 1921 vor über 6 000 Menschen im Zirkus Krone hielt, verlangte er keine Honorare dafür. Er blieb auf Gönner angewiesen.

Im Sommer 1920 entwarf Hitler persönlich die Parteifahne mit Hakenkreuz in weißem Kreis auf rotem Grund. In diese Zeit fiel auch die Entstehung des »Saalschutzes«, der ab November 1920 zunächst als Turn- und Sportabteilung bezeichnet wurde, im Oktober 1921 dann zur Sturmabteilung (SA) wurde. Die paramilitärische Organisation behielt bis 1924 organisatorisch weitestgehend Eigenständigkeit. Nach einer Tagung mehrerer nationalsozialistischer Parteien in Salzburg mit den Parteien DNS-AP des Sudetenlandes, Österreichs und Stadtverbänden der NSDAP, erwarb die Partei am 17. Dezember 1920 mithilfe privater Geldgeber und durch Reichswehrmittel von Epps den *Völkischen Beobachter*, der im August 1919 aus dem *Münchner Beobachter* hervorgegangen war. Es war eine Nacht- und Nebelaktion. Drexler wurde der Inhaber der Zeitung, die für 113 000 Mark erworben wurde. Ab 8. Februar 1923 erschien sie als Tageszeitung. Zum Chefredakteur wurde Dietrich Eckart, ein völkischer Dichter und Förderer Hitlers mit vielen gesellschaftlichen Beziehungen, ernannt.

Am 29. Juli 1921 wurde Hitler zum Vorsitzenden der NSDAP gewählt und das 25-Punkte-Programm für unabänderlich erklärt. Dies machte Hitler von diesem Zeitpunkt an unabhängig von Mehrheitsbeschlüssen des Vorstands. Das »Führerprinzip« hatte begonnen.

Vom 24. Juni bis 27. Juli 1922 saß Hitler wegen Sprengung einer gegnerischen Versammlung im Gefängnis Stadelheim in München. Die anderen beiden Monate waren auf Bewährung ausgesetzt.

Am 10. Oktober 1922 schloss Julius Streicher seine Nürnberger Deutsche Werkgemeinschaft der NSDAP an.[84] Auch die Zeitschrift *Deutscher Volkswille* ging in die Partei mit ein. 1923 wurde die Zeitung *Der Stürmer* gegründet.[85]

Mussolinis »Marsch auf Rom« am 28. Oktober 1922, der chaotisch verlief und ohne jede Erfolgschance gewesen wäre, hätte nicht Viktor Emanuel III. die Regierungsgewalt freiwillig abgegeben, stimulierte in der »Ordnungszelle Bayern« die Hoffnung auf einen Marsch auf Berlin und wurde zugleich zu einem Ereignis stilisiert, das den Führerkult noch stärker in den Vordergrund rückte.

Hitler hatte die Grundstruktur seiner Partei herausgebildet und Ende 1922 auch die medienwirksame Verankerung im *Völkischen Beobachter* gefunden, der zusammen mit dem *Stürmer* die Ziele der Partei bedingungslos verbreitete.

Doch 1923 änderten sich die politischen Rahmenbedingungen erneut. Als belgische und französische Truppen zur Sicherung der Reparationen das Ruhrgebiet besetzten, rief die Reichsregierung zwei Tage später, am 13. Januar 1923, zum passiven Widerstand (dem sogenannten Ruhrkampf) auf.[86] Die Inflation und Arbeitslosigkeit heizten zusätzlich die Stimmung an, sodass bei fast allen Menschen Aggression und Wut den Alltag bestimmten.

Wie sehr sich in München diese Stimmung zugunsten Hitlers und seiner Bewegung entwickelt hatte, verdeutlicht der Ablauf des Reichsparteitags der NSDAP vom 27. bis 29. Januar 1923. Die Partei verfügte zu diesem Zeitpunkt über circa 20000 Mitglieder. Die Zahl der Sympathisanten jedoch, gerade in Bayern und Teilen Österreichs, muss sehr hoch gewesen sein, wie aus den Berichten der Zeitungen hervorgeht. Die *Vossische Zeitung*, die zum Ullstein Verlag gehörte und als älteste Zeitung Berlins 1704 gegründet worden war,[87] kommentierte für ihr Leserpublikum aus dem liberalen Bürgertum im Vorfeld des Reichsparteitages: »Es bedarf keiner besonderen Ausführungen, wie verhängnisvoll es gerade in diesen Tagen für das Deutsche Reich werden könnte, wenn es der bayerischen Regierung nicht gelingen sollte, die Staatsautorität gegenüber dem verbrecherischen nationalsozialistischen Treiben zur Geltung zu bringen.«[88] Gleichzeitig stellte sie die Frage, ob ein »Hitler-Putsch« bevorstünde.[89] Die *Vossische Zeitung* stellte sich klar gegen Hitler und den Nationalsozialismus und begründete die Haltung auch deutlich.

Um die »nationalsozialistische Gefahr« richtig einzuschätzen, so hieß es in einem Kommentar am 28. Januar 1923, müsse man die Ziele der Bewegung kennen – »die Nationalsozialisten sind Extremisten, wie auf der anderen Seite die Kommunisten« – (...) »sie wollen ›Rache‹, nicht etwa bloß an den Franzosen, auch den ›Novemberverbrechern‹, Rache unter der Parole: keine Barmherzigkeit« (...) »›Heute muß man abrechnen mit denen, die Deutschland nicht zu seinem Glück kommen lassen‹, sagte Hitler vor einigen Tagen und er meinte die Kommunisten, Sozialdemokraten und Juden! Er proklamierte den Terror, wie seine Leute ihn jetzt schon üben.«[90]

Wie die *Vossische Zeitung* stand die *Frankfurter Zeitung*[91] den Zielen Hitlers und der NSDAP mit äußerster Ablehnung gegenüber. Die Berichterstattung über die Versammlungen, die die Partei am letzten Januarwochenende 1923 in München durchführte, war äußerst negativ. Dass die bayerische Regierung den Ausnahmezustand verhängte, die Veranstaltungen erst verbot, dann aber zuließ, wurde in der *Frankfurter Zeitung* scharf kritisiert, als »Kapitulation« bezeichnet.[92] Schon vor dem Wochenende hatte die *Frankfurter Zeitung* ihre Leser über die Ziele der NSDAP aufgeklärt, auch auf den Antisemitismus als »Kernpunkt« ihres Programms hingewiesen. Hitler wurde als »ein beachtenswerter Fall von Kriegsneurotik« hingestellt, und abschließend hieß es über die Partei: »Im Grunde ist die Bewegung nichts anderes als eine in gewaltsame gedankliche Formen gepreßte Art der Unbeherrschtheit. Man muß in einer nationalsozialistischen Versammlung gewesen sein, um das zu begreifen. Hitler und seine Unterführer, die ihn noch übertrumpfen wollen, schreien dort alles, was uns bedrückt, in den Saal und wissen einen Schuldigen dafür.«[93]

Die *Kölnische Zeitung* kommentierte erstmals in der zweiten Morgen-Ausgabe vom 27. Januar 1923 das Verhalten des Bayerischen Innenministers Franz Schweyer nach dem einstimmigen Beschluss des Ministerrats, den Ausnahmezustand zu verhängen. Über ein Gespräch Schweyers mit der Presse schrieb die *Kölnische Zeitung* Folgendes:

»Während das deutsche Volk im Ruhrgebiet um seine Existenz ringe, so führte Schweyer aus, müsse **alles unterlassen** werden, was irgendwie einen **Keil in die Einheitsfront** treiben könnte. Alles hänge davon ab, daß das ganze Volk mit der Reichsregierung gehe. So sei die **Hitlerbewegung** schon seit längerer Zeit ein **Stein** des Anstoßes gewesen und neuerdings sehr stark angewachsen. Namentlich jener erste Punkt des Programms, der von der Bekämpfung des Marxismus handle, übe eine starke Anziehungskraft aus. Aber die Einstellung gegen links sei von einer politischen Erwägung diktiert und Hitler sei **ohne genügende Rücksichtnahme auf die gegenwärtige politische Lage vorgegangen**. (...) Mit Rücksicht auf diese Lage habe sich die Regierung zwar nicht entschlossen, den nationalsozialistischen Parteitag zu verbieten, wohl aber alles, was mit dem Parteitag in engerem Sinne nichts zu tun habe, als Umzüge und Versammlungen unter freiem Himmel. (...) **Hitler** sei sehr ungehalten gewesen und habe erklärt, daß er sich **unter keinen Umständen fügen werde**. (...) Auch diese Männer hätten sich **in Drohungen ergangen** und darzulegen versucht, daß die bisher von ihnen getroffenen Anordnungen sie zwängen, an ihren Veranstaltungen festzuhalten. Daraufhin sei der **Ministerrat einstimmig** zu dem Beschluß gekommen, keine halben Maßnahmen zu treffen, sondern gleich alles, auch die für morgen angesagten **zwölf Versammlungen** der Nationalsozialisten **zu verbieten**. (...)

Die Rücksicht auf die allgemeine politische Lage, die wir in der ersten

Morgenausgabe schon unterstrichen haben, findet sich erfreulicherweise in den Auslassungen des bayrischen Ministers des Innern wieder, und man muß im Interesse unserer Abwehrfront dringend hoffen, daß der angesagte nationalsozialistische Sturm ohne Schaden vorüber geht, an der Mauer der staatlichen Gewalt, soweit wie nötig, sich bricht.«[94]

Allerdings konnte die bayerische Regierung ihre konsequente Haltung nicht verwirklichen. Bereits einen Tag später musste sie, vor allem unter dem Druck der Medien, das heißt der *Münchner Neuesten Nachrichten* und der *Münchner Zeitung* die ausgesprochenen Verbote in allen wesentlichen Punkten zurücknehmen.[95] Die *Kölnische Zeitung* zitierte die Auffassung der beiden Münchner Zeitungen, die sich entschieden für die Versammlungen der NSDAP ausgesprochen hatten: »Die Führung der Nationalsozialisten hat unserer Kenntnis nach nicht die Absicht, bei dem Parteitag zu Gewaltaktionen gegen Staatsregierung und Staatsautorität zu schreiten.« *(Münchner Neueste Nachrichten)* oder » ...daß dieser Mann kein Patriot sei, wird man nicht behaupten dürfen, und daß er den nationalen Sinn in Hunderttausenden wieder zum Leben erweckt hat, ...« *(Münchner Zeitung).*

Die Verbote, die übrig blieben, waren lächerlich und zeigten, dass die bayerische Staatsregierung längst resigniert hatte: »Verboten bleiben öffentliche Umzüge und Versammlungen unter freiem Himmel, die allerdings von den Nationalsozialisten niemals angekündigt oder in Aussicht genommen waren. Dagegen gestattete der Generalstaatskommissar, abgesehen von den geschlossenen Versammlungen der aus Norddeutschland und Österreich Eingetroffenen, sechs öffentliche Versammlungen sowie morgen Vormittag die Fahnenweihe der nationalsozialistischen Sturmtrupps, die im Zirkus Krone stattfinden soll. Veranlaßt wurde dieser **Umschwung** augenscheinlich durch die **Kritik**, welche die gestrigen Beschlüsse der bayerischen Regierung sowohl in einem großen Teil des Publikums wie in der bürgerlichen Presse Bayerns gefunden haben.«[96]

Die *Kölnische Zeitung* zeigte zwar eine eindeutig negative Einstellung gegenüber den Nationalsozialisten, aber bei weitem nicht in der gleichen Strenge, Härte und Konsequenz wie die *Vossische Zeitung* oder die *Frankfurter Zeitung*. Dass sie Münchner Blätter zitierte, untermauerte ihre Vermutung, dass der bayerische Staat viel an Ansehen und Macht verloren hatte; dies gibt der ganzen Entwicklung aber einen hohen Stellenwert.

Von Februar bis November 1923 wuchs die Zahl der Parteimitglieder auf 35 000, und Hitler vervollständigte die Strukturen der Partei. Anfang

Februar 1923 veranlasste Röhm den Zusammenschluss der SA, und am 1. März wurde der Fliegerhauptmann a. O. Dr. Hermann Göring SA-Kommandant.[97] Am 2. September erfolgte der Zusammenschluss der aktivsten bayerischen Wehrverbände zum »Deutschen Kampfbund«, dessen politischer Leiter Adolf Hitler wurde.

Am 8. November 1923 putschte Hitler in München und drang mit einem Sturmtrupp in eine Versammlung im Bürgerbräukeller mit Generalstaatskommissar Gustav Ritter von Kahr und General Otto von Lossow, dem Bayerischen Wehrkreiskommandanten, ein und rief die »nationale Revolution« aus. Er erklärte die Regierungen des Reichs und Bayerns für abgesetzt. Ludendorff sollte als Leiter der deutschen Armee, von Lossow Reichswehrminister und Oberst von Seißer als Reichspolizeiminister die Nationalregierung übernehmen. Lossow und Kahr erklärten aber am darauffolgenden Tag den mit vorgehaltener Pistole erwirkten Putschversuch und die »abgepressten Erklärungen für null und nichtig«.[98]

Die *Kölnische Zeitung* berichtete in ihrer 2. Morgen-Ausgabe am 9. November 1923 auf der Titelseite, als wäre die Diktatur Hitlers bereits Realität, mit sensationeller Aufmachung »Hitler als Diktator« über den Putsch:

»Heute Abend, am Jahrestag der Revolution, wurde hier die nationale Diktatur ausgerufen. Die Regierung ist gestürzt. Knilling, Schweyer und Mußlhofer sind in Schutzhaft. Hitler ist Diktator. Kahr ist Stadthalter (...), Ludendorff ist Führer der Reichstruppen und Lossow Wehrminister, der Polizeioberst Seißer wurde Polizeiminister. Gegen 10 Uhr 30 Min. abends hörten wir einige Schüsse krachen, und gleich darauf kam beim Regierungsgebäude, wo Kahr wohnt, Reichswehr anmarschiert. Auf telefonischen Anruf bei Polizei- und Militärbehörden war nichts Näheres zu erfahren.«[99]

Der Münchner Redakteur der *Kölnischen Zeitung* war vom Putsch nicht überrascht:

»Was die jetzt gestürzte bayrische Regierung seit etwa acht Tagen erwartete, hat sich also bestätigt. Die Verbrüderung von Reichswehr, vaterländischen Verbänden und Hitler-Leuten, die bei der Feier am vorigen Sonntag zu bemerken war, scheint ein Vorspiel gewesen zu sein.«[100]

Die *Kölnische Zeitung* verfolgte die Münchner Vorgänge sehr intensiv. Sie publizierte am 9. November in der Abend-Ausgabe einen Teil des Wortlauts der republikfeindlichen Rede Kahrs. In der Rede Kahrs, die in einem positiven Kontext zur nationalsozialistischen Geisteshaltung stand, hieß es unter anderem: »In München sei erstmals der Kampf gegen den Marxismus als wesentlicher Punkt eines Programms abgestellt worden. Der Zweck des Kampfes gegen den Marxismus um die breiten Massen für die nationale Staatsgemeinschaft wieder zu gewinnen und die Ausstrahlung des Marxismus in den bürgerlichen Schichten zu vernichten. Nur so sei die Einheit der Nation zu erreichen. Diese Aufgabe gliedere sich in zwei Teile, deren erster die **Loslösung der Massen aus der geistigen Herrschaft des Marxismus**, und deren zweiter ihre **geistige Fesselung an die nationale Staatsgemeinschaft** sei. (...) In dieser Zeitaufgabe der Schaffung des neuen deutschen Menschen, liegt die **sittliche Berechtigung der Diktatur in staatlicher Würde** in der durch die sozialistische Gesetzgebung beschriebenen Art. (...) Mit den parlamentarischen Auswüchsen der Vergangenheit und Gegenwart muß aus allen Gegengründen gebrochen werden. (...) Die **Parlamentarier** und **Volksführer** tragen zumeist den Keim der Korruption in sich. Heute vor fünf Jahren ist Deutschland zusammengebrochen. Aus diesem Grabe der nationalen Freiheit soll Deutschland wieder auferstehen.« Kahr spekulierte mit dem Erfolg des Hitler-Putsches, indem er eine 45-minütige Rede hielt, und schwenkte dann um, als er feststellte, dass Hitler keine Mehrheit erhalten würde. Kahr sollte wohl durch seine Rede die Anwesenden auf den Sturz der Republik vorbereiten und sie dafür emotionalisieren. Der Inhalt dieser gegen die Weimarer Republik gerichteten Rede fand in der *Vossischen Zeitung* und in der *Frankfurter Zeitung* keine Erwähnung.

In der gleichen Abend-Ausgabe schilderte die *Kölnische Zeitung* den Ablauf der Vorgänge im Bürgerbräukeller:

»Der Staatskommissar v. Kahr hatte ungefähr dreiviertel Stunden gesprochen. Um 8 ¾ entstand am Eingang des Saales eine große Unruhe. Aus dem Menschengewühl heraus sah man **Hitler**, eskortiert von zwei schwer bewaffneten Nationalsozialisten, in den Saal eindringen, die mit hocherhobenen Revolvern Ruhe verlangten. Als sich die Ruhe nicht einstellte, gaben die beiden Nationalsozialisten **Revolverschüsse** gegen die Decke ab. Hitler rief sodann mit starker Stimme in den Saal: ›Die Sache geht nicht gegen Kahr.‹ Darauf wollte sich die Unruhe immer noch nicht legen. Dann trat der frühere Polizeipräsident Boehner hervor und erklärte: ›Bleiben Sie doch ruhig sitzen. Hitler und Kahr sind zwei deutsche Männer.‹ Sodann verschaffte sich Hitler selbst Ruhe. Nunmehr trat ein **Stabsoffizier der Hitlertruppen** vor die Versammelten und machte folgende Erklärungen: ›Heute beginnt die nationale Revolution. Sie richtet sich in keiner

Form gegen den von uns allen hoch verehrten Generalstaatskommissar von Kahr, sie richtet sich ausschließlich und allein **gegen die Berliner Judenregierung**. (Stürmischer Jubel.) Wir haben diesen Schritt gemacht, weil wir der Überzeugung sind, dass Männer an der Spitze stehen, von denen uns ein starker Trennungsstrich scheiden muß. – **Die neue Regierung: Hitler – Ludendorff – Boehner –** sie lebe hoch!‹ Im Saal folgte den Ausführungen stürmischer Beifall. Die Versammlung sang hierauf das Deutschlandlied. Sodann erschien Hitler vor den Versammelten, nachdem er sich durch einen Revolverschuß Ruhe verschafft hatte, führte er aus: ›Heute nach fünf Jahren hat die größte Schandtat begonnen, die unser Volk in maßloses Elend gestürzt hat. Heute nach fünf Jahren muß der Tag sein, da sich die Geschichte wenden wird. (Stürmisches Bravo.) Ich schlage folgendes vor: Das Kabinett Knilling ist abgesetzt. (Bravo.) (...) Ich frage Sie nun, ob Sie mit dieser Lösung einverstanden sind.‹ (Den Ausführungen Hitlers folgte unbeschreiblicher Jubel.)«[101]

Am 10. November 1923 publizierte die *Kölnische Zeitung* einen Hintergrundkommentar zum Putsch und zur politischen Lage des Landes: »In München haben Leute, die tagtäglich von dem Novemberverbrechen zu sprechen pflegten, ihrerseits einen Anschlag gegen die innen- und außenpolitische Ruhe und Sicherheit Deutschlands versucht, das dem ersten Novemberverbrechen an Schwere und Verantwortungslosigkeit nur insofern nachsteht, als es nicht zum Erfolg geführt hat. In ihrem Aufruf gegen den Münchener Putsch spricht die Reichsregierung von einer bewaffneten Horde. Der Vorwurf, der in diesem Ausdruck liegt, ist sicherlich an die falsche Adresse gerichtet; denn unter den jungen Leuten, die sich der von Hitler und Ludendorff geführten Bewegung angeschlossen haben, steckt zweifellos eine starke Dosis deutschen Idealismus, dem die sozialistische Mißwirtschaft die Freude am Vaterland verekelt hat und dem die Bedrückung des Reiches durch den äußern Feind als eine unerträgliche Schwäche und Duldung der Reichsregierung erschien. Der Vorwurf wäre besser gegen die Führer selbst gerichtet worden, die in diesem Augenblick diesen Idealismus zum Zwecke bestimmter politischer Interessen benutzten. (...) **Die schnelle Entschlossenheit der Reichsregierung** zu tatkräftigem Handeln hat in der politischen Öffentlichkeit einen guten Eindruck gemacht und verhindert, daß der Münchener Staatsstreich Rückwirkungen bei der politischen Gegenseite, bei den Sozialdemokraten und Kommunisten, auslöste. Im ganzen darf man sagen, daß die Eintagsrevolution von Hitler und Ludendorff in ihrer Erfolglosigkeit und schnellen Unterdrückung eher eine Entlastung und **Entspannung der innerpolitischen Lage** als eine Beunruhigung herbeigeführt hat. Sie hat gezeigt, welche Kräfte am Werk sind, um eine Gesundung des deutschen Volkes zu hintertreiben, und sie hat denen hoffentlich die Augen geöffnet, die bisher diese Kräfte ungestört walten ließen. (...)

Die schnelle Erledigung der nationalsozialistischen Bestrebungen wird eine Warnung für diejenigen Politiker in den verschiedenen Teilen des Reiches, namentlich in Pommern und Ostpreußen sein, die glauben, mit bewaffneten Banden die politische Entwicklung um zehn Jahre zurückschrauben und ihre damalige politische Machtstellung zurückerobern zu können.«[102]

Aus diesem Beitrag geht klar hervor, dass die *Kölnische Zeitung* den Putsch missbilligt und eine deutliche Warnung an alle ausspricht, die Ähnliches vorhatten. Allerdings ist ihre Haltung national und antimarxistisch. Sie setzt sich zudem intensiv für Erich Ludendorff, den »verdienten General« im Ersten Weltkrieg ein. »Wer ihn als gewissenlosen eigensüchtigen Streber beschimpft, hat erst den Beweis dafür zu bringen, (...). Bis dieser Beweis erbracht ist, muß man dem formell des Hochverrats Schuldigen die Reinheit seiner Worte zugute halten. Es laufen heute in Deutschland soviel Schufte herum – im Rheinland können wir mit einem ganzen Haufen der räudigsten Exemplare aufwarten –, daß man ein ideales Streben auch wenigstens achten soll, wo es sich in den Mitteln gefährlich vergreift. Jedenfalls wäre es uns zu wünschen, daß uns das schmähliche Ergebnis erspart bliebe, daß ein deutscher Heerführer vor den Augen des schadenfrohen Auslands, das jahrelang bei der Erwähnung seines Namens gezittert hat, als gemeiner Verbrecher von einem deutschen Gericht abgeurteilt würde.«[103]

Ludendorff war nach dem Ersten Weltkrieg Reichstagsabgeordneter der NS-Freiheitspartei und Begründer einer deutsch-völkischen Bewegung. Die Münchner Bevölkerung stand hinter Ludendorff, der in den *Münchner Neuesten Nachrichten* direkt nach dem Scheitern des Putsches erklärte: »Er halte die **völkische Bewegung** allein für befähigt, eine **wirkliche Genesung** Deutschlands und des deutschen Volkes herbeizuführen. Er werde sich ihr **weiter widmen**.«[104] Überhaupt standen wohl die meisten Münchner dem Putsch wohlwollend gegenüber und betrachteten Gustav Ritter von Kahr, Otto von Lossow (Bayerischer Landeskommandant) und Hans Ritter von Seißer (Generaloberst, Chef der Bayerischen Landespolizei) als Verräter.[105] Auch Kardinal Faulhaber geriet in die Kritik vieler

Münchner, da er angeblich Kahr zu dessen Handeln angespornt habe. Es kam zu Kundgebungen vor dem erzbischöflichen Palais und in der Expedition der *Münchner Neuesten Nachrichten*, die diese Politik des Kardinals verteidigten, »wurden die **Fensterscheiben zerschlagen** und die Plakattafeln zertrümmert«[106].

Den Putschversuch Hitlers am 9. November bezeichnete die *Vossische Zeitung* schon in ihrer Morgen-Ausgabe als »neues November-Verbrechen«.[107] Den »Zusammenbruch des Ludendorff-Putsches« kommentierte die *Vossische Zeitung* in der Abend-Ausgabe unter dem Titel »Die Masken herunter«: »Dieser gestrige Abend war ein Gewinn für das Reich, so traurig auch seine Wirkungen nach innen und außen noch sein können. Denn endlich hat sich Ludendorff demaskiert und sich jetzt offen zum Hochverrat bekannt und damit die Gemeingefährlichkeit seines Treibens, das schon vom Kapp-Putsch her datiert, vor aller Welt enthüllt.« Bei Ludendorffs Absichten handele es sich um »echten und rechten Hochverrat« – Ludendorff war nach Ansicht der VZ-Redaktion der führende Kopf des Putsches, Hitler, der »Charlatan«, nur sein Helfer.[108] Als der Generalfeldmarschall von Hindenburg wenige Tage später beklagte, »daß deutsche, von gleicher Vaterlandsliebe beseelte Brüder sich in München feindlich gegenübergetreten sind«, stellte die *Vossische Zeitung* unter der Überschrift »Hindenburg für Ludendorff« klar: »Diese Stellungnahme ist nur scheinbar überparteilich. In Wahrheit stellt sie eine Parteinahme für die Putschisten dar. Denn die Gleichstellung der Elemente, die das bayerische Staatsministerium als Hochverräter bezeichnet hat, mit den Organen des Staats ist nichts anderes als eine Zustimmung zu der vollkommenen Begriffsverwirrung, die im nationalistischen Lager gepflegt wird.«[109]

Bereits im zweiten Morgenblatt des 9. Novembers 1923, in dem der »Putsch in München« (so die Überschrift) gemeldet wurde, nahm die *Frankfurter Zeitung* zu den Vorgängen in München Stellung: »Nun steht Deutschland vor der Entscheidung (...) Worum geht es? Nicht nur um die gültige Reichsverfassung, die Münchner Putschisten gefährden durch die Bedrohung der legitimen Reichsgewalt vor allem das Rhein- und Ruhrgebiet in denselben Tagen, in denen diese Lande vor den französischen Bajonetten für ihr Deutschtum ihr Leben aufs Spiel setzen.« Weiter heißt es: »Sie gefährden den Rest der deutschen Selbstbestimmung, sie bedrohen das Reich mit Zerstückelung, innerer Zerreißung, Vernichtung von außen.«[110] Im Abendblatt wurde diese Auffassung noch einmal wiederholt: »Der Hitler-Putsch setzt Deutschland einer großen außenpolitischen Gefahr aus. Hitler und Ludendorff arbeiten Poincaré in die Hände.«[111] Im Kommentar wurde gefordert: »Mit dieser Revolte in München, mit den Hochverrätern, die in Deutschlands schwerster Bedrängnis gewissenlos und verbrecherisch den Bürgerkrieg entfesseln, darf es kein Paktieren mehr geben. Mit der Politik des ›Auffangens‹ muß es hier zu Ende sein.«[112] Nach dem »Zusammenbruch des Putsches« – so die Schlagzeile vom 10. November 1923 – bezweifelte die *Frankfurter Zeitung* die amtlich verlautbarte Version des Putschgeschehens: »Welches Spiel ist in München gespielt worden? Welches Spiel am Donnerstagabend im Bürgerbräukeller, welches am Freitagmorgen, da Kahr und Lossow wieder umschwenkten, welches am Freitagabend, da sie Ludendorff ›in eine Art Ehrenhaft‹ setzten und Hitler entkommen ließen?«[113] Der Kommentator stellte die Frage, »ob Hitler und Ludendorff Gründe hatten, die Unterstützung der in Bayern stehenden Reichswehr zu erwarten«, ohne solche Sicherung müsste »der Putsch nicht bloß als Staatsstreich, sondern wirklich als ein dummer Streich politischer Abenteurer erscheinen«. Die *Frankfurter Zeitung* kam zu dem Schluss: »Über die Illusionsfähigkeit eines Hitlers würde sich niemand wundern, und die politische Urteilslosigkeit eines Ludendorff ist oft genug gekennzeichnet worden. Dennoch sträubt man sich gegen die Annahme der besonderen Leichtfertigkeit und Gewissenlosigkeit, die in einer so ungenügend vorbereiteten Revolte liegen würde. Jedenfalls haben die Führer des Aufruhrs auf die Reichswehr gehofft, und das Nichteintreffen dieser Hoffnung hat ihren Anschlag zu Schanden gemacht.«[114] In der Abend-Ausgabe wurde das »Versagen« des Nationalsozialismus verkündet: »Der ›Nationalsozialismus‹ hat – das richtet ihn für alle Zeiten – beim ersten Schritt aus der Volksversammlung mit ihren billigen Triumphen in die Wirklichkeit und zur Tat versagt. Aber wir gestehen gerne ein: so sehr wir von der rein negativen Stärke des Nationalsozialismus jederzeit überzeugt waren und ihn deshalb bekämpften, wir waren doch überrascht, daß sich in ihm an diesem 9. November nicht einmal da und dort eine Spur von innerer Kraft offenbarte.«[115]

Der Hitler-Putsch war gescheitert. Und die großen Tageszeitungen hatten ihn verurteilt. Aber dennoch fällt auf, dass trotz der Ablehnung Hitlers und seiner Bewegung keine Zeitung damit rechnete, dass er wiederkommen könnte.

Der Prozess, der am 26. Februar 1924 begann, hätte allen verdeutlichen müssen, dass Hitler niemals aufgeben würde. Wie die *Kölnische Zeitung*, die *Vossische Zeitung* und die *Frankfurter Zeitung* ihn während der Prozessdauer skizzierten, hätte in allen Schichten der Bevölkerung viele aufhorchen lassen müssen. Die Zeitungen verurteilten seine Handlungen, bezeichneten ihn aber als exzellenten Redner und Führungspersönlichkeit. Sie beurteilten das Hochverratsverfahren als Hohn und unterstellten, dass die Verurteilten bald von neuem ihr Werk beginnen könnten. Aber sie verkannten die Tragweite. Und eine weitere Tatsache wird hier sichtbar. Der Stellenwert, den die Zeitungen dem Hochverratsprozess gaben, führte eindeutig dazu, dass Hitler sich ausführlich präsentieren und seine Ziele darlegen konnte. Jeder, der Zeitung las, kannte nach dem Hochverratsprozess Hitler und seine Ziele, die er in der kurzen Festungshaft in seinem Buch *Mein Kampf* zusammenfasste. Offensichtlich hatten es die Zeitungsmacher nicht gelesen, oder sie glaubten nicht an eine Verwirklichung seiner Pläne, die er 1923/1924 in seinen Reden, vor allem vor Gericht, verdeutlichte.

Am 27. Februar 1924 beschrieb die *Kölnische Zeitung* (Münchner Berichterstatter) in der zweiten Morgen-Ausgabe die vierstündige Rede Hitlers über den Hergang des Putsches. Die Rede wird als »meisterhaft« beschrieben. Es ist von »wahrhaft hinreißender Überredungskunst« Hitlers die Rede. Hitler wird als ein Mann mit Emotionen beschrieben: »aufs tiefste erschüttert« und »selbst mit Tränen ringend«. Indem die *Kölnische Zeitung* diese Rede ausführlich schildert, wird Hitler Raum gegeben, seine Ziele, die Ziele der nationalsozialistischen Bewegung, dem Volk mitzuteilen. Letztlich wird Hitler als emotionale und äußert redebegabte Persönlichkeit beschrieben, die im Sinne Deutschlands und der Deutschen handelte: Das Hitlerlied wurde gesungen, und Ludendorff wurde stürmisch begrüßt. Hier wird klar, dass die Taten von Hitler und Ludendorff von der Münchner Bevölkerung begrüßt wurden.

Kahr, Lossow und Seißer, die nicht hinter dem Putsch standen, wurden folgendermaßen beschrieben: »Kamen dabei arg unter die Räder.«[116]

Auch die Vernehmung Hitlers in der Nachmittagssitzung des ersten Verhandlungstages wurde ausführlich publiziert. Hitler wurde als ein Mann, der schon mit 16 Jahren auf eigenen Füßen stand und das Elend der breiten Massen damals schon erkannte, beschrieben. Er wurde als ein Mann, der aus dem Volk kommt und die Probleme des Volkes kennt, geschildert.

Auch die *Frankfurter Zeitung* widmete sich – zumeist auf der Titelseite – dem Hochverratsprozess in München. Ausführlich wurde Hitlers erste Verteidigungsrede charakterisiert: »Seine Rede war eine einzige Anklage gegen Kahr und Lossow, eine Anklage, die er mit allen Mitteln der demagogischen Rhetorik unterstützte. Seinem belegten, manchmal fast rau klingenden Organ sucht er alle Modulationen zu geben. Bald sänftigt er seine Stimme, bald schluchzt er wie von Schmerz überwältigt über den Verlust seiner Kameraden, bald höhnt er über das Zaudern und Zögern seiner Gegner, und seine Worte formt und belebt er mit dem lebhaften Spiel seiner Hände. Da rundet er auch mit diesen die Periode, da stößt er ein ironisches oder offensives Wort mit dem Zeigefinger der linken Hand gegen den Staatsanwalt (...) Der rhetorische Eindruck ist daher auch anfangs stark und vieles, was Hitler über die Vorgeschichte seines Putsches erzählt und über die Schuld, die Kahr, Lossow und Seißer an ihm haben, klingt zum mindestens subjektiv überzeugt.«[117]

Nach den Schlussworten des Angeklagten urteilte die *Frankfurter Zeitung* über Hitler: »Er ist der selbstsicherste der Angeklagten, von seiner geschichtlichen Bedeutung felsenfest überzeugt. Aus seinem leidenschaftlichen Pathos spricht der Rausch der eigenen Worte (...) Hitler ist der Virtuos der Rhetorik, und diese Virtuosität rührt Tausende zu Tränen. Wie schwillt der raue, heisere Ton seines Organs an, um plötzlich in ruhig dahin fließende Wellen abzuebben, und wie wälzen sich die brüllenden Wogen wieder an dem Ohre der Hörer vorbei! Hitler zieht alle Register, die Eindruck machen: Empörung, Schmerz, Entrüstung, Begeisterung; kein Gefühl, das nur leise angeschlagen wird; nein, alles muß lärmen – er ist der ›Trommler‹.«[118] Das Münchner Urteil, das die *Frankfurter Zeitung* in ihrer Abend-Ausgabe vom 1. April 1923 lediglich vermeldete, wurde am folgenden Tag ausführlich kommentiert: »Das Urteil im Münchner Hochverratsprozeß ist eine Farce und ein Hohn (...) Dieses Urteil bedeutet eine Verhöhnung des deutschen Volkes. Die Angeklagten können in Kürze ihr Werk von neuem beginnen.«[119]

Am intensivsten von den drei großen hier behandelten Tageszeitungen setzte sich die *Vossische Zeitung* mit dem Hochverratsprozess auseinander.

Wenige Tage vor Beginn des Prozesses gegen Hitler und seine Mitangeklagten berichtete die *Vossische Zeitung* unter der Überschrift »Sicherungen für die Hitlertage« über die Prozessvorbereitungen, zugleich wurde konstatiert, dass immer mehr Angeklagte auf freien Fuß gesetzt worden waren – nur die vier Führer der Kampfverbände, Hitler, Röhm, Weber und Brückner, waren damals noch in Haft. Im Kommentar wurde der bayerischen Justiz »diese Zartheit in der Behandlung von Männern, die Hochverrat begangen haben und es nicht leugnen« vorgeworfen.[120] Am Tag des Prozessbeginns veröffentlichte die *Vossische Zeitung* in einer Beilage eine Zusammenfassung der »Anklage gegen Hitler-Ludendorff«[121]. Der Prozessverlauf wurde an den folgenden Verhandlungstagen in der Regel auf der Titelseite vermeldet, an manchen Tagen darüber hinaus in Beilagen ausführlich dokumentiert.[122] In einem Kommentar wurde am 2. März 1924 die Verteidigungsstrategie der Putschisten beschrieben: »Den Hochverrat gegen das Deutsche Reich geben die Angeklagten zu. Aber das wäre kein Hochverrat. Denn an der Spitze des Reichs stünden ›nur Verbrecher‹ und keine rechtmäßig zur Regierung Befugten. Die Idee von der ›Regierungsunwürdigkeit‹ der ›Novemberverbrecher‹ glauben die Angeschuldigten durch die Agitation von Hitler, Kahr und der allzu willfährigen bayerischen Presse so tief in die Münchener Herzen und Köpfe eingegraben, daß sie sich schon irgendwie mindestens als mildernder Umstand bei der Verurteilung auswirken werde.«[123]

Mit beißendem Spott berichtete die *Vossische Zeitung* über das Kreuzverhör Ludendorffs – der General glänzte vor Gericht mit Ausflüchten: »Er wußte von nichts«[124], »er hat nichts gewußt, nichts gedacht, nichts gewollt (...) Kurz, das meiste war zufällig, überraschend, auch für Ludendorff selbst, noch nicht endgültig oder ihm selbst nicht recht klar. Der Mensch geht gelegentlich am Brandenburger Tor spazieren, und nichts zu machen war sein Sinn.«[125]

Die Strafanträge gegen die Putschisten kommentierte die *Vossische Zeitung* so: »Vor Hitler und Ludendorff macht der Staatsanwalt eine tiefe Verbeugung. Hitler ist ›der tapfere Soldat‹, der ›glühende Patriot‹, der ›hochbegabte Mann‹, ›weder Demagoge‹, noch ›von unlauteren Motiven getrieben‹. Ludendorff hat sich auch da, wo er gegen das Gesetz verstieß, als ›ganzer Mann‹ und als ›tapferer Soldat‹ gezeigt, sein ›Feldherrnruf‹ ist unberührt geblieben.«[126]

Den Urteilsspruch vermeldete die *Vossische Zeitung* unter der Überschrift: »Ludendorff freigesprochen«, im Kommentar hieß es, dass dieser Freispruch schon vor Prozessbeginn festgestanden hätte; dass vier der Angeklagten, darunter Hitler, nur zu fünf Jahren Festungshaft, der Mindeststrafe für Hochverrat, verurteilt wurden, wurde scharf kritisiert: »Diese Mindeststrafe selbst wird aber gar nicht wirksam. Die Angeklagten erhalten – Bewährungsfrist. Alle Angeklagten erhalten Bewährungsfrist. Man faßt sich an den Kopf.«[127] In einer nachträglichen

Betrachtung des Prozesses hieß es: »Das Urteil ist eine politische, keine juristische Tat.« Und weiter: »Was dazwischen lag, diese wochenlangen Agitationsreden, die nur ganz notdürftig in die Formen eines Strafprozeßes gekleidet waren, diese beleidigenden Ausfälle gegen Andersdenkende, die von jedem anderen Gericht sofort und energisch unterdrückt und geahndet worden wären, hat auch mit dem Recht sehr wenig zu tun.« Die Bewährungsfrist »für den Agitator, der in seiner Schlußrede wieder mit gewaltigem Schlag die Trommel rührt, um einem neuen Putsch voranzugehen – das bedeutet, daß die Justiz ihr Schwert aus der Hand legt und es denen überläßt, die darauf sinnen, sie vom Thron zu stürzen.«[128] Zugleich bedauerte die *Vossische Zeitung* die außenpolitischen Folgen: »Das Urteil des Münchener Volksgerichts hat nicht nur in den besseren Lokalen, in denen gewisse Patentpatrioten beim Becherklang die Not des Vaterlandes betrauern, laute Begeisterung ausgelöst, sondern auch bei den französischen Gewaltpolitikern, die wieder einmal im ›richtigen‹ Augenblick das Stichwort erhalten haben, um den Bestrebungen entgegenzutreten, endlich einmal Frieden in Europa zu schaffen.«[129]

Im Gerichtsverfahren vor dem Volksgericht in München blieben die Hintergründe des Putsches unausgeleuchtet. »Die Verstrickung von Reichswehr und Verschwörern in höchsten Staatsämtern«[130] wurde dadurch absichtlich im Unklaren gelassen. Hitler stilisierte sich vor der Öffentlichkeit zum allein verantwortlichen politischen Führer einer »nationalen Bewegung«.[131] »Seine Rolle als Vermittler zwischen rivalisierenden Zielvorstellungen und als Interpret der wahren Lehre begründete Hitlers absolute Führungsstellung in der Partei.«[132]

Das Gerichtsverfahren endete am 1. April mit einem Freispruch für Ludendorff und je fünf Jahren Festungshaft für Hitler sowie drei weitere Angeklagte. Röhm, Frick und andere wurden zu je 15 Monaten Gefängnis auf Bewährung verurteilt.

Bereits am 20. Dezember 1924 wurde Hitler aus der Festungshaftanstalt Landsberg wieder entlassen. *Mein Kampf* erschien in München im Juli 1925, der zweite Band 1927; bis Anfang 1933 betrug die Auflage 300 000 Exemplare.

Im *Völkischen Beobachter* gab Hitler am 26. Februar 1925 die Neugründung der NSDAP bekannt. Die Gauleiter wurden zu diesem Zeitpunkt eingeteilt. Diesen kam eine Schlüsselrolle für die Ausbreitung des Nationalsozialismus im Reich zu, da sie Hitler unmittelbar unterstanden.

3.4 Trügerische Stabilität und vielseitige Aktivitäten

Während Hitler am 9. November 1923 in München putschte, hatten Gustav Stresemann (DVP), seit dem 14. August 1923 Reichskanzler einer Großen Koalition und Nachfolger des durch die SPD-Fraktion gestürzten ehemaligen parteilosen Generaldirektors der Hamburg-Amerika-Linie, Wilhelm Cuno, sein neuer Finanzminister, Hans Luther und der auf dessen Betreiben eingesetzte Reichswährungskommissar Hjalmar Schacht ganz andere Probleme, nämlich die Währung endlich zu stabilisieren.[133] Gerade der Putsch in München hatte allen nochmals deutlich vor Augen geführt, dass die Stabilisierung der Währung und die Beendigung des Ruhrkampfes entscheidende Faktoren auf dem Weg zu einer innen- und außenpolitischen Normalisierung waren. Die Inflation hatte die Vermögen in Deutschland völlig umgeschichtet und so die Gesellschaftsstruktur wesentlich verändert. Vor allem der Mittelstand litt unter der Inflation, und breite bürgerliche Mittelschichten wurden proletarisiert. Aber auch der kleine Sparer verlor seine mühsam angesammelten Guthaben. Andererseits profitierten die hoch Verschuldeten und die Spekulanten sowie der agrarische Grundbesitz von der Inflation.

Viele haben im Laufe der Jahre für sich in Anspruch genommen, die Mark stabilisiert zu haben. Heute steht fest, dass der eigentliche Initiator eines nicht auf Gold basierenden Geldes der Reichstagsabgeordnete der DNVP und ehemaliges Vorstandsmitglied der Deutschen Bank, Karl Helfferich war. Hans Luther favorisierte den Plan der »Roggenmark«, der davon ausging, dass zur Sicherung der Ernte und der Lebensmittelversorgung ein wertbeständiges Geld kreiert werden müsse, dessen festgesetzter Preis auf einer bestimmten Menge Roggen oder Weizen basieren sollte.[134] Er wandte sich damit gegen den Plan seines Vorgängers im Finanzministerium, Rudolf Hilferding, der damit seinen Plan einer »Neumark« aufgeben musste. Luther griff den Plan Helfferichs geschickt auf, veränderte ihn in einigen Punkten, überzeugte Reichsbankpräsident Rudolf von Havenstein und setzte durch, dass der Reichstag am 13. Oktober 1923 die »Verordnung über die Errichtung der Deutschen Rentenbank« (Ermächtigungsgesetz vom 13. Oktober 1923) beschloss. Luther selbst hatte die Bezeichnung »Rentenbank« und »Rentenmark« geprägt.[135]

Die Einführung der Rentenmark war für den 15. November 1923 vorgesehen. Da der Dollarkurs an der Berliner Börse nicht der Realität entsprach und im Ausland höher gehandelt wurde, musste der Berliner Dollarkurs in den Tagen nach dem 12. November heraufgesetzt werden. Er erreichte am 15. November 4200 Mrd. Mark. Damit war die Relation ein Dollar = 4,2 Billionen Papiermark = 4,20 Rentenmark oder 1 Billion Papiermark = 1 Rentenmark, festgelegt. Am 12. Dezember 1923 stand der New Yorker Kurs auf 4,20 RM.[136]

Es begann nun ein Scheinaufschwung, von dem vor allem die Unternehmen[137] profitierten. Sie bildeten große Konzerne, wie zum Beispiel die IG-Farbenindustrie oder die Vereinigte Industrie Aktiengesellschaft (VIAG). Auch die *Kölnische Zeitung* konnte sich weiter hervorragend entwickeln.

Der Kölner Oberbürgermeister, Konrad Adenauer, hob nach einem Vortrag des Pekinger Korrespondenten der *Kölnischen Zeitung*, Erich von Salzmann, den dieser vor der Kölner Industrie- und Handelskammer am 24. November 1924 hielt, die besondere Bedeutung der *Kölnischen Zeitung* hervor: »Drei Dinge, sagte er, machten Köln in der ganzen Welt bekannt: Der Kölner Dom, das Kölnische Wasser und die *Kölnische Zeitung*. Durch die *Kölnische Zeitung* habe der Westen Deutschlands eine eigene, in der ganzen Welt gehörte publizistische Vertretung.«[138]

Verlag und Zeitung sahen ihren Aktionsradius keineswegs auf Köln beschränkt. Ihr wiederholtes politisches Engagement betraf einerseits alle pressetechnischen Belange; es äußerte sich andererseits aber auch in allgemein politischen Aussagen.

Als Reichskanzler Hans Luther im Februar 1925 Köln besuchte, diskutierte er mit dem Verleger Alfred Neven DuMont und dessen Chefredakteur, Anton Haßmüller, über die Notwendigkeit eines neuen Journalisten-Gesetzes, das ihm bereits als Referentenentwurf vorlag. Dieser Entwurf war vom Reichsministerium des Innern – vor allem unter Miteinbeziehung von Vorschlägen der Journalistenvereinigung Reichsverband der deutschen Presse (RDP) – verfasst worden.[139] Dementsprechend weitgehend wurde dort auch der Anspruch der Redakteure auf ihr alleiniges Recht auf Gestaltung der Inhalte ausgeführt: »Im Rahmen der festgelegten allgemeinen politischen, wirtschaftlichen und kulturellen Richtung der Druckschrift ist die Gestaltung und Vertretung ihres geistigen Inhalts Aufgabe des Schriftleiters.«[140]

Alfred Neven DuMont wandte sich im Anschluss an diese Unterredung am 17. Februar 1925 nochmals schriftlich an den Reichskanzler, um die Position des Vereins Deutscher Zeitungsverleger (VDZV) zum Referentenentwurf darzulegen. Der VDZV hielt ein neues Gesetz für unnötig, gleichzeitig bat er den Kanzler um ein persönliches Gespräch: »Unter diesen Umständen wende ich mich hiermit schriftlich an Sie mit der höflichen Bitte und Frage, ob Sie mir in der zweiten Märzwoche die Gelegenheit geben wollen, Ihnen die fragliche Angelegenheit vorzutragen. Es handelt sich um meine Stellung zu dem vom Reichsministerium des Innern verfassten Referentenentwurf für ein Journalisten-Gesetz. Anfang dieser Woche war ich in Berlin und habe dort mit meinen Kollegen vom Vorstand des Vereins Deutscher Zeitungsverleger diese Frage besprochen. Dabei erfuhr ich, daß einige Herren unseres Vorstandes Ihnen, sehr verehrter Herr Reichskanzler, und dem Herrn Minister des Innern, sowie einigen Herren aus den Ministerien ihre Wünsche vorgetragen haben. Sie, Herr Reichskanzler, hätten dabei die Ansicht ausgesprochen, daß ein solches Gesetz aus verschiedenen Gründen von Seiten der Reichsregierung zustande gebracht werden müsse; es solle aber nach Ihren Wünschen nichts Endgültiges entschieden werden, bis die Verleger Ihnen ihre Absichten vorgetragen hätten, die nach Ansicht der Verleger das Gesetz unnötig machen.«[141]

Alfred Neven DuMont erhielt vom Vorstand des VDZV den Auftrag, die Position des Vereins beim Reichskanzler vorzutragen und sandte diesem im Vorfeld des Gesprächs einen eigenen Aufsatz zum geplanten Journalisten-Gesetz zu.[142]

Im Verbandsorgan des VDZV, *Der Zeitungs-Verlag*, forderte der Verleger seine Kollegen 1925 mit deutlichen Worten zum verantwortlichen Umgang mit den Inhalten ihrer Blätter auf und wies – trotz seiner Ablehnung weitreichender Schutzbestimmungen von Redakteuren gegenüber den Verlegern im Referentenentwurf – darauf hin, dass es durchaus Anlass für solche Bestimmungen gäbe: »Ebenso muß den Kollegen vor Augen gehalten werden, daß sie sich dessentwegen, was im Textteil ihrer Blätter steht, nicht hinter ihre Redakteure verkriechen dürfen. Wer als Verleger zuläßt oder gar veranlaßt, daß der Textteil, wenn auch noch so versteckt, zur Förderung rein privater Interessen, oder daß der Text- oder Anzeigenteil für unmoralische oder unsaubere Zwecke mißbraucht wird, der ist ein Schädling im Gewerbe. (...) Kann der Zeitungsverleger mit gutem Gewissen dagegen eintreten, daß in dem Referentenentwurf zum Journalistengesetz in erster Linie der Redakteur vor dem Verleger geschützt werden soll, wenn es noch so genannte Kollegen gibt, die durch ihr Verhalten den Redakteuren die Berechtigung zu solchem Verlangen geben?«[143]

Reichskanzler Luther begrüßte einen Gesprächstermin. In einem erhaltenen Vermerk zu seiner brieflichen Antwort teilte er mit, den Verleger persönlich empfangen zu wollen, da »voraussichtlich bei der Unterredung nicht nur Fragen des Journalistengesetzes, sondern allgemein politische Fragen erörtert werden« sollten![144]

Die Diskussion um ein neues Journalisten-Gesetz wurde schließlich nach einem gemeinsamen Protokoll von RDP und VDZV vom Mai 1925 durch eine tarifliche Regelung zwischen Verlegern und Redakteuren beendet. Ausführungen über die innere, redaktionelle Pressefreiheit wurden in Art. 1 des Tarifvertrages vom Januar 1926 festgelegt: »Die Zusammenarbeit zwischen Verleger und Redakteur ist bedingt durch die Pflicht zur Wahrnehmung öffentlicher Interessen der Zeitung. Es darf vom Verleger auf den Redakteur kein Gewissenszwang ausgeübt werden. Dem Redakteur wird im Rahmen der mit dem Verleger vereinbarten politischen oder wirtschaftlichen und kulturellen Richtlinien für die Redaktionsführung die geistige Bewegungsfreiheit auch bei der Gestaltung des Textteils im Einzelnen gewährleistet. Der Redakteur ist verpflichtet, das Gesamtinteresse und die Überlieferung der Zeitung im Auge zu behalten. Die vertrauensvolle Zusammenarbeit von Verleger und Redakteur bedingt rechtzeitige Fühlungnahme, insbesondere in allen Zweifelsfällen. Über die Form dieser Fühlungnahme sind vertragliche Abmachungen zulässig.«[145]

Der Verzicht auf weitergehende Forderung nach redaktioneller Unabhängigkeit seitens der RDP ebnete den Weg zu sozialen Zugeständnissen durch die Verleger. Sowohl ein Normaldienstvertrag als auch ein Zusatzvertrag mit Bestimmungen zur Altersversorgung von Redakteuren mittels Einrichtung einer Versicherung wurden Bestandteil des Tarifvertrags.[146] Dieser Tarifvertrag erhielt durch die Tatsache, dass er von der Reichsarbeitsverwaltung im Juni 1926 für allgemeingültig erklärt wurde, den Rang einer gesetzlichen Regelung.[147]

Zu allgemeinen politischen Fragestellungen war die Position der *Kölnischen Zeitung* nicht immer so eindeutig. Dies bezog sich beispielsweise auf die Person und die Amtsführung des Reichspräsidenten Friedrich Ebert, die eher »zwiespältiger« Natur war. Im Jahr 1922 hatte die *Kölnische Zeitung* darauf aufmerksam gemacht, dass Ebert nicht als gewählter, sondern bereits seit zwei Jahren als vorläufiger Reichspräsident im Amt war und eine reguläre Wahl des Präsidenten dringend notwendig wäre, lobte jedoch andererseits auch seine bescheidene Amtsführung.[148]

In einer Reaktion auf den Vorwurf des Landesverrats an Ebert im Rothardt-Prozess (Erwin Rothardt war Redakteur bei der *Mitteldeutschen Presse* in Staßfurt) in Magdeburg vom 9. bis 23. Dezember 1924, lobte die

Kölnische Zeitung am 24. Dezember 1924 Eberts nationale Einstellung und seinen positiven Einfluss auf die Sozialdemokratie, die sich durch ihn im Ersten Weltkrieg weitestgehend dem Vaterland gegenüber treu verhalten habe: »Uns bürgt die ganze politische Vergangenheit des jetzigen Reichspräsidenten für seine nationale Gesinnung. Daß sich die deutsche Sozialdemokratie während des Weltkrieges im Großen und Ganzen treu und tapfer für ihr Vaterland eingesetzt hat, ist nicht zum wenigsten sein Verdienst.«[149]

Als Friedrich Ebert im Februar 1925 an den Folgen einer Blinddarmentzündung, deren Operation er wegen des Prozesses aufgeschoben hatte, starb, würdigte die Zeitung im Nachruf vom 28. Februar 1925 seine Qualifikationen, Gesinnung, Willen und Gewandtheit und forderte dies ebenfalls für den möglichen Nachfolger. Ebert wurde nun als Retter der Einheit des Deutschen Reiches dargestellt: »Wer kann heute sagen, was aus der Einheit des Deutschen Reiches geworden wäre, wenn nicht seine Zügel in den Tagen des Zerfalls von der ruhigen und starken Hand des Führers der Volksbeauftragten gelenkt worden wären, dessen ernstes Bestreben darauf hinausging, die radikalen Elemente, die von der Revolution nach oben geworfen waren, wieder zu beseitigen und so schnell wie möglich an die Stelle des Chaos, in dem Arbeiter- und Soldatenräte Hand in Hand mit Matrosen und Dachschützen ihre spartakidische Willkür trieben, durch die Selbstbestimmung des Volkes zu ordnen und durch die Nationalversammlung wieder Gesetz und Recht die ihnen obliegenden Aufgaben regeln zu lassen.«[150]

Die *Kölnische Zeitung* nahm hier Ebert auch gegenüber Teilen der Bevölkerung in Schutz, die ihn lediglich als Repräsentanten der Revolution und Zerstörer des alten Systems betrachteten: »Für einen Teil unseres Volkes bedeutete Ebert den Repräsentanten der Revolution, und wie dieser Teil die Revolution aus politischen und moralischen Gründen verwarf, so lehnte er es auch ab, dem ›Führer der Revolution‹, Ebert, dasjenige Maß von Gerechtigkeit zuteil werden zu lassen, das seine Persönlichkeit und seine Leistungen ohne weiteres beanspruchen können.«[151]

Ein genauerer Blick auf die Redaktion zeigte, dass für das Ressort Politik 1925 der Chefredakteur und zwei weitere Redakteure für Parteipolitik zuständig waren. Ein weiterer Redakteur befasste sich mit den besetzten Gebieten sowie mit der Kommunalpolitik. Insgesamt hatte die *Kölnische Zeitung* – ohne Auslandsposten – 55 Redakteure, der *Kölner Stadt-Anzeiger* sechs. Von den Redakteuren saßen 23 in Köln, zwölf arbeiteten in der

Berliner Vertretung, sechs weitere in anderen deutschen Städten, fünf im Ausland (London, Moskau, Paris, Rom, Washington).[152]

Die Berichterstattung aus dem Ausland erfuhr einen erheblichen Auftrieb, insbesondere als Gustav Stresemann mit den Verhandlungen für die Locarno-Verträge vom 5. bis 16. Oktober 1925 und deren Unterzeichnung am 1. Dezember 1925 die Wiederaufnahme in den Kreis der europäischen Großmächte erreichte. In diesem Vertrag waren nun die deutschen Westgrenzen festgesetzt, da Deutschland, Frankreich und Belgien dort von kriegerischen Grenzveränderungen absahen. Zur Garantie der Grenzen erklärten sich England und Italien bereit. Mit Polen und der Tschechoslowakei wurden Schiedsverträge abgeschlossen. Frankreich wiederum erklärte sich bereit, Polen und die Tschechoslowakei im Falle eines Angriffs der Deutschen zu unterstützen.[153]

Die Beiträge der *Kölnischen Zeitung*[154] entwickelten sich von einer rein berichtenden am 20. Oktober 1925[155] über eine abwägende, eher kritische Haltung am 21. Oktober 1925[156] zu einer ausnehmend positiven Meinung den Verträgen gegenüber, nachdem Gustav Stresemann am 24. Oktober 1925 selbst zu Wort kam und in der *Kölnischen Zeitung* ausführlich den Vertrag und dessen Vorteile darstellen konnte.[157]

1926 entschloss sich der Verlag, neue inhaltliche und journalistische Wege zu gehen, und erweiterte die Palette der Verlagsblätter um eine Wochenschrift, die *Kölnische Illustrierte Zeitung*. Sie wurde am 4. September 1926 erstmalig herausgegeben, zunächst unter dem Titel *Illustrierte Kölnische Zeitung*. Am 26. Februar 1927 erhielt sie schließlich ihren bis Ende August 1944 – dem Datum ihrer Einstellung – gültigen Namen *Kölnische Illustrierte Zeitung*. Sie markierte mit ihrem hohen Qualitätsanspruch – sie wurde auf neuesten Maschinen im Tiefdruckverfahren in einem eigens errichteten Gebäude hergestellt – einen neuen Schritt in Richtung Exklusivität des »Besonderen im Populären«[158]. Diese Zeitung unterschied sich deutlich von Massenblättern wie zum Beispiel der *Berliner Illustrierten*. Das Themenspektrum war breit gefächert und erreichte eine Bandbreite von Inhalten, die von einem Artikel über die Relativitätstheorie[159] bis zum Versuch einer »Geschichte des 19. Jahrhunderts in Bildern« (in 40 Folgen) reichte.[160] Bilder dienten dabei nicht dem Zweck der Veranschaulichung, sondern waren selbst kritisches Informationsmedium.«[161]

Um den Abonnenten der *Kölnischen Zeitung* das Blatt schmackhaft zu machen, wurde die Illustrierte samstags der *Kölnischen Zeitung* beigelegt. »Allwöchentlich freitags erscheint seit dem 3. September die neue, in Kupfertiefdruck hergestellte Bilderzeitschrift des Verlags M. DuMont Schauberg unter dem Titel *Illustrierte Kölnische Zeitung*.«[162]

Durch einen Brand im Tiefdruckmaschinensaal am 3. September konnte den Abonnenten allerdings erst zwei Tage später, nämlich am 5. September, das erste Exemplar geliefert werden.[163] Die Illustrierte kostete im regulären Verkauf 20 Pfennig pro Exemplar und sollte sich als ein ausgesprochen erfolgreiches Produkt des Verlags erweisen. Von einer anfänglichen Auflage von 150 000 Exemplaren 1926 entwickelte sich die Auflage bis 1932 folgendermaßen: 1927 stieg sie auf 220 000, 1928–1930 auf 300 000 und sank 1932 auf 265 000 Exemplare.[164]

Mit dieser neuen Zeitschrift wollte der Verlag ein Stück Zeitgeschichte begleiten. Die *Kölnische Illustrierte Zeitung* beinhaltete sowohl Themen mit historischem Inhalt, berücksichtigte aber auch moderne Entwicklungen. Dabei sollte der Schwerpunkt nicht ausschließlich auf regionalen Themen liegen, sondern auch internationale Ereignisse und Fragestellungen kommentieren: »Der Grundsatz des neuen Blattes, das in Zeitläufen zu erscheinen beginnt, in denen ein werdendes Geschlecht mit starkem Willen an neuer Zukunft baut, lautet: Mit der Zeit für die Zeit. In Köln herausgegeben, will das Blatt besondere Liebe seiner rheinischen Heimat zuwenden. (…) Aber die *Illustrierte Kölnische Zeitung* wird den Blick nicht nur auf das Rheinland, den deutschen Westen, und das Deutsche Reich richten. Sie will ein Blatt sein, das in Bild und Wort immer wieder ein schönes und bemerkenswertes Stück Welt und Abglanz des Weltgeschehens zeigt. Altüberkommenes soll dem Leser ebenso nahe gebracht werden wie der Fortschritt unserer Tage, möge er nun technischer, wirtschaftlicher oder künstlerischer Art sein, (…) Sie wird die Hand an den Puls der Zeit legen, aber sich gleichzeitig bestreben, frei zu bleiben von allen minder wertvollen Nebenerscheinungen einer Bilderpresse, die sich lediglich die Befriedigung der Ansprüche einer ebenso kritiklosen wie sensationsbedürftigen Leserschaft zu eigen gemacht hat.«[165]

Es ging der *Kölnischen Illustrierten Zeitung* demnach um eine deutliche Distanzierung von reißerisch aufgemachten Boulevardblättern. Vielmehr sollte eine niveauvolle und unterhaltsame Mischung von Artikeln erreicht werden, unter anderem durch die Publikation von Romanen »erster deutscher Schriftsteller und Schriftstellerinnen«[166] oder auch von verständlich aufgemachten Artikeln zu wissenschaftlichen Beiträgen, für die die Illustrierte manchmal Forscher als Gastautoren gewinnen konnte.[167] Sie war sich aber auch keineswegs zu schade, die Mickey-Mouse-Geschichte

»Lost on a Desert Island: Mickey auf der geheimnisvollen Insel« 1930 und 1931 als Comic-Strip zu veröffentlichen, und erwies sich auch damit als eine Art Pionier in Deutschland.[168] So wurde erst 1937 in der Schweiz die erste deutschsprachige Zeitschrift mit Mickey, die *Micky-Maus-Zeitung* herausgebracht, die jedoch nach 18 Ausgaben und einer Probenummer wieder eingestellt wurde. Natürlich kamen auch die realen Stars und Lieblinge des Films nicht zu kurz, wie der Schauspieler Heinz Rühmann, der 1938 das Titelblatt zierte.[169]

Verantwortlich für die Gestaltung des Blattes war Josef Platen (1880–1934),[170] den nacheinander die Bildredakteure Friedrich Zollhoefer, Karl Eckert, Wolfgang Schade und Dr. Hans Berenbrok unterstützten.[171] Als Platen am 2. Oktober 1930 die Chefredaktion des *Kölner Stadt-Anzeigers* übernahm, wurde Paul Feinhals, ehemals *Münchner Illustrierte Presse,* sein Nachfolger bei der *Kölnischen Illustrierten Zeitung*. Feinhals arbeitete als verantwortlicher Redakteur mit dem neuen Redaktionsleiter Erwin Berghaus zusammen. Ziel war es weiterhin, ein Gesamtkonzept zu gestalten, das ein gebildetes Publikum ansprach. Hierzu sollte eine übersichtliche Aufteilung der Seiten mit gezielt gesetzten Fotografien und anspruchsvollen Beiträgen ausgearbeitet werden.[172] Bei aller Seriosität erlaubte man sich auch hin und wieder augenzwinkernd einen kleinen Scherz, wie der Bericht über die Entdeckung der Arche Noah in der Ausgabe vom 1. April 1933 zeigt.[173] Dieser Artikel kursiert noch heute unter den amerikanischen Kreationisten – Menschen, die an die Schaffung der Welt nach der wörtlichen, biblischen Überlieferung glauben – und wird in deren Schriften als Beleg für die tatsächliche Ausgrabung der Arche zitiert!

Die Zeitschrift befand sich, wie bereits erwähnt, nicht nur technisch auf dem neuesten Stand, sondern setzte auch für ihr Marketing modernste Mittel ein, so zum Beispiel den Kurzfilm *Der Zweigroschen-Zauber* – die Illustrierte kostete bekanntlich zwanzig Pfennige, also zwei Groschen – der Werbekunst Epoche GmbH von 1929. Der Untertitel lautete *Ein Werbefilm in Bildgedichten*. Regisseur war der avantgardistische Filmemacher Hans Richter (1888–1976). Als Eingangsbild ist ein Magier sichtbar, der ein Teleskop verzaubert. Wie bei den Geräten auf Aussichtsplattformen müssen 20 Pfennige eingeworfen werden, um das Fernrohr zu aktivieren. Dem Betrachter wurde nun eine atemlose Montage von Meldungen und Ereignissen präsentiert, die sich am Ende schließlich zu einem Titelbild der *Kölnischen Illustrierten Zeitung* verdichteten.

Neben der Gründung der neuen Wochenschrift erfuhr aber auch die

Kölnische Zeitung selbst 1927 eine Erweiterung ihrer Themenpalette. Es wurden sechs neue Beilagen eingeführt, die sich mit den folgenden Themen befassten: »Kraftquellen des Lebens« »Kulturspiegel«, »Die Frau in Haus, Beruf und Staat«, »Technische Rundschau«, »Juristische Rundschau« und »Modenschau«.[174]

4. Am Vorabend des Dritten Reichs

4.1 Kurt Neven DuMont, ein liberaler Journalist?

In einem Brief an seine Frau Gabriele, geb. von Lenbach, vom 14. Juli 1926 beschreibt Kurt Neven DuMont seine Tätigkeit im Verlag:

»Langsam gelingt es mir, in der Fülle des journalistisch-redaktionellen Wassers Boden unter den Füßen zu finden, das heißt das Wesentliche zu sehen. Es macht mir große Freude. In der Arbeit bin ich doch immer stark dem Eindruck des gerade vorliegenden unterworfen. Das Geschichtsstudium mit Hiltebrandt kommt mir jetzt schon irgendwie merkwürdig vor. Was ich jetzt sehe, ist so unglaublich lebendig und daher enorm anregend. Der Journalismus ›ist‹ ja seinem Wesen nach nur in der Gegenwart, da sein Produkt, die Zeitung, im Augenblick geboren, nach einigen Stunden schon wieder sein eigentliches Wesen verloren hat – jedenfalls doch keine Zeitung mehr ist.«[1]

Kurt Neven DuMont, Sohn des Kommerzienrats Alfred Neven DuMont und dessen Frau Alice, geb. Minderop, wurde am 15. April 1902 in Köln geboren. Nach dem Besuch des Realgymnasiums Köln-Lindenthal studierte er Volkswirtschaft in Köln und München und promovierte im Wintersemester 1925/26 mit einer Arbeit über die »Reparationsleistungen in Markwährung nach dem Dawes-Plan«.[2] Am 1. Juli 1926 begann er ein Volontariat im Verlag und durchlief alle Abteilungen. Bereits Anfang 1927 trat er in die Geschäftsleitung ein. Am 29. März 1927 wurde Alfred Neven DuMont geboren, der seit 1953 im Verlag tätig ist.

Wer war nun dieser Kurt Neven DuMont, der mit jugendlichem Elan liberale Ideen, einige sagen sogar linke Ideen, in Verlag und Redaktion 1927 einbrachte und der junge dynamische, gleich gesinnte Mitstreiter einstellte, um die Zeitung auf eine breitere Basis zu stellen? War er einfach ein

Verleger, der wie fast alle seine Vorfahren mit den jeweiligen politischen Machthabern paktierte, um die Zeitung zu erhalten, und der schließlich 1937 in die NSDAP eintrat und linientreu auf das Ende des Kriegs wartete? War er gar ein Nazi? Die einen versuchen, ihn in die Nähe des Widerstandes zu bringen,[3] die anderen sehen in ihm einen Verleger, »der seit Herbst 1931 für eine Regierungsbeteiligung der NSDAP eintrat und 1937 selbst Parteimitglied wurde und der seine Blätter NS-Propaganda verbreiten ließ«[4].

Jeder Historiker, der sich mit Persönlichkeiten der damaligen Zeit auseinandersetzt, die nicht eindeutig bekennende Nationalsozialisten waren, wird immer vor der Frage stehen: Wie war seine Gesinnung in Wirklichkeit? Vor allem, wenn sie in der Nachkriegszeit in den Entnazifizierungsprozessen von ihrer beruflichen Stellung her als Täter eingestuft wurden, dann Zeugen herbeibrachten, die ihnen einen »Persilschein« ausstellten, und sie so als Mitläufer oder gar als Gegner des Nationalsozialismus eine neue Karriere in der Bundesrepublik Deutschland beginnen konnten. Gerade bei Unternehmern war die Standardantwort über ihr Verhalten und ihre Handlungen von 1933 bis 1945: »Wir hatten nur ein Ziel vor Augen, nämlich das Unternehmen zu retten.« Andere argumentierten, sie hätten die Familie vor Schaden schützen müssen oder sie hätten nur, wenn sie in ihrer Position verharrten, verfolgten Mitarbeitern oder Bekannten helfen können.

Wilhelm Unger, der selbst »verfolgt und unerwünscht« in jener Zeit wegen seiner jüdischen Herkunft fast alle seine Freunde verloren hatte, war bis 1939, dem Jahr seiner Emigration nach England, wohl der einzige Mensch, der außerhalb der Familie Kurt Neven DuMont nahe stand. Unger war freier Schriftsteller, schrieb regelmäßig für das Feuilleton der *Kölnischen Zeitung* und galt als hervorragender Kulturredakteur und Theaterkritiker. Beide verband die Liebe zur Astrologie und das Interesse an den Religionen und den fremden Völkern. Sie trafen sich jeden Samstag im Hause Neven DuMont in der Goethestraße, das Unger ein »Haus der Freiheit« nannte, und diskutierten. Sie sprachen aber auch über die politischen Entwicklungen und über die Sorgen, die einmal die Familie und zum anderen die Gefährdung des Verlagshauses betraf.[5]

Kurt Neven DuMont war ein sensibler Denker, der Buddha bewunderte, vielleicht sogar verehrte, las fasziniert Ortega Y Gasset[6] oder eine Biografie über Freiherrn von Stein.[7] Diese geistige Haltung erklärt aber noch lange nicht, ob er dem Nationalsozialismus zugeneigt war oder ihn zumindest duldete. Es gibt vier entscheidende Quellen, die Aufschluss über Charakter, Gesinnung, Persönlichkeit, moralisches und ethisches Verhalten sowie seine Handlungen geben: Das Tagebuch von 1930 bis 1935, Briefe an seine Frau Gabriele, davon gibt es über tausend, die Zeitung und das Verlagsarchiv sowie die Beurteilung seiner Freunde, Bekannten und Mitarbeiter.

Bei der Auswertung dieser Unterlagen ergeben sich drei Phasen in der Entwicklung von Kurt Neven DuMont:

1. Phase von 1927 bis März 1933: ein liberaler Geist.
2. Phase von März 1933 bis Mitte 1937: Der Kampf um die Zeitung – ein verzweifelter und zerrissener Charakter.
3. Phase von 1937 bis 1945: Resignation und Mitläufer.

In der ersten Phase begann Kurt Neven DuMont 1927 während seines Eintritts in die Geschäftsführung, mit großem Elan seine Verantwortung wahrzunehmen. Er war geprägt vom liberalen Geist, den er aus seiner Studienzeit in Köln und München mitgebracht hatte, trotz der Schwierigkeiten, die sich bereits im Juli 1928 abzeichneten: »Etwas deprimierend ist, daß wir immer wieder nach Sparmöglichkeiten suchen müssen, was die journalistische Qualität der Zeitung auch beeinträchtigen muß.«[8] Obwohl er die finanziellen Sorgen fühlte und sich auch um Steuer- und Bankangelegenheiten Gedanken machte,[9] versuchte er seine liberalen Ideen mit jungen neuen Mitarbeitern umzusetzen und genoss dabei dennoch sein Leben. Er reiste viel, nach England, nach Genf, nach Italien und Capri und war oft in Berlin. Aus Genf schrieb er: »Es ist hier sehr interessant. Ich habe eine Unmenge Menschen kennen gelernt und zum ersten Mal in meinem Leben gesehen, wie Politik gemacht wird. Boer ist in seiner Art ein politischer Kopf, daher auch seine außerordentliche Stellung. Vor allen Dingen habe ich gesehen, wie außerordentlich wichtig es ist, wenigstens englisch oder französisch zu beherrschen. Daher freue ich mich sehr, daß ich lange nach England gehe. Frankreich muß dann im nächsten Jahr drankommen.«[10] Den Juni und Juli verbrachte er dann in London.

»Ich hoffe von Vater am Samstag zu hören, wie es zum Bruch gekommen ist und wie er sich die Neubesetzung denkt. (...) Ich brauche dann etwa 4 Tage, um Steuer- und Bankangelegenheiten zu ordnen und mir die Angelegenheit G. noch einmal an Ort und Stelle zu überlegen. Wenn möglich, will ich auch mit Haßmüller selbst die Situation besprechen. Dann ist es unbedingt erforderlich, daß ich nach W [vermutlich Wiebelsheim, Anm. des Verf.] fahre, weil ich diese wichtige Angelegenheit nur dort mit Vater wirklich ernsthaft und ruhig besprechen kann. Du weißt, wie es zwischen der Arbeit in Köln ist. Gerade jetzt scheint er sehr nervös zu sein. Ich hoffe also, daß Du Sonntag nach Köln kommst. Wenn Du da bist, kann ich alles in viel größerer Ruhe erledigen, denn die Sehnsucht nach Dir ist zu groß und ich brauche in dieser Frage einen ganz klaren Kopf und eine sichere Hand. Die notwendige Entscheidung, auf die ich jedenfalls einen großen Einfluß haben werde – ob ich will, oder nicht – ist meines Erachtens von einer Bedeutung, die schwer überschätzt werden kann. Das sage ich hier in England, wo ich mich wirklich von aller übertrieben-nervösen Betrachtung der Dinge in Köln frei gemacht habe.«[11]

Es ging hier um die neue Ausrichtung des Verlages und die Einstellung junger Journalisten sowie die Position von Anton Haßmüller als Chefredakteur, den Kurt Neven DuMont sehr schätzte. Sein Cousin Marcus Neven DuMont, der das Berliner Büro leitete, hielt Kurt Neven DuMont für einen »Gedankenmensch«.

»(...) Mark [Kurts Cousin und der Leiter des Berliner Büros Marcus Neven DuMont, Anm. d. Verf.] wirft mir vor, zu sehr Gedankenmensch und zu wenig intuitiv zu sein. Er ist letzteres in großem Maße und hat damit auf einem bestimmten Gebiet seines Lebens eine sehr große Harmonie erreicht, während er auf der anderen Seite nicht weiter kommt. Immerhin ist er als Gegensatz ein guter Spiegel für mich, in dem ich mich selbst, eben in Spiegelschrift, wieder erkenne. Er glaubt, ich habe meine gedanklichen Fähigkeiten für mein Alter überentwickelt und daher den vorzüglich gedanklich faßlichen Dingen im Leben einen zu großen Platz eingeräumt (K.Z. zum Beisp.) Das stimmt. Gleichzeitig bin ich mir aber auch bewußt, daß auch dort alleine mit dem Denken nicht durchzukommen ist, was wieder die Zwangs- und Angstvorstellungen hervorruft, von denen ich Dir erzählt habe.«[12]

Im November 1929 fuhr Kurt Neven DuMont über Genua nach Capri:

»Wichtig sind eigentlich nur ganz wenige Dinge auf dieser Welt und dazu gehören ein gesunder Körper und eine ausgeglichene Seele. Vielleicht hängt beides auf das innigste zusammen. – Italien ist doch schöner, als alle anderen fremden Länder, die ich bisher gesehen habe.«[13] Er las auf Capri keine Zeitung, fand allerdings die *Kölnische Zeitung* in einem Laden auf Capri und blätterte sie aber lediglich durch.

Ab 1930 verschlimmerte sich die finanzielle Situation des Verlages, und zudem gab es ernsthafte Probleme mit Eugen Foehr, dem Kurt Neven DuMont seit seinem Eintritt in die Geschäftsführung zunächst für die Kulturpolitik und dann für die innere Politik geholt hatte. Die liberale Einstellung Foehrs und seine Artikel, aber auch der Umgang mit den Kollegen führten zu einem Rückgang der Abonnenten und zum Bruch mit Alfred Neven DuMont, dem Vater von Kurt: Am 11. Juli 1930 musste Kurt Neven DuMont einen Aufenthalt mit seiner Familie in Nürnberg abbrechen, da ein ernster Konflikt zwischen seinem Vater und Foehr entstanden war. Alfred Neven DuMont wollte auf keinen Fall mehr mit Foehr zusammenarbeiten:

»Ich habe mich bisher immer restlos für ihn eingesetzt, kann das aber jetzt auch nicht mehr und zwar aus folgenden Gründen: Ich bin wohl der Meinung, daß die Diagnose, die Dr. Foehr dem innenpolitisch kranken Deutschland stellt, die einzig richtige ist. Ich verkenne nicht, daß er über ein starkes politisches Temperament verfügt, durch das auch die K.Z. verstärkte Beachtung gefunden hat. Die Therapie aber, die er anwendet, ist nicht die richtige. Seine Dosen sind zu stark – ihm fehlt das psychologische Empfinden dafür, wie viel von seiner an sich richtigen Medizin dem Leser, den Parteien und der Zeitung zuträglich ist. Leider läßt er sich auch nicht darin beeinflussen, hat er nicht das Gefühl dafür, daß andere für die Feinheiten mehr Gefühl haben, als er, sondern empfindet solche Ratschläge als subalterne Kleinlichkeiten und Quengeleien (wie er sich Vater gegenüber ausgedrückt hat). Wenn es mir persönlich auch möglich ist, mit ihm einigermaßen auszukommen und auf ihn einen gewissen Einfluß auszuüben, so kann ich doch nie sicher sein, ob nicht in meiner Abwesenheit wie jetzt, die größten Konflikte auftreten. Wie soll das aber gehen, wenn ich mich einmal im Laufe der Zeit weniger um die redaktionellen Einzelheiten bekümmern kann, sondern mich mehr den verlegerischen Fragen zuwenden muß, wie das heute schon in stärkerem Maße der Fall ist, seit die Arbeitskraft Vaters durch seine Krankheit gemindert ist? Aber andererseits: Wie schwer wird es sein, nicht nur einen Mann zu finden, der über die notwendigen geistigen-politischen und journalistischen Fähigkeiten verfügt, sondern auch die starke vitale motorische Kraft zu ersetzen, die Foehr darstellt.«[14]

Foehr musste am 1. Oktober den Verlag verlassen. Kurt Neven DuMont bedauerte dies sehr: »Auch ich war dafür, ihn abzuberufen. Das könnte leicht den Eindruck der Inkonsequenz erwecken, da ich ihn bisher immer gedeckt hatte, ja mich mit Energie auf seine Seite stellte. Der Widerspruch ist aber nur scheinbar. Ich hatte den Standpunkt vertreten, daß man mit Foehr nur ein ganzes Spiel spielen könne.«[15] Kurt Neven DuMont und Foehr vertraten die Ansicht, die *Kölnische Zeitung* müsste in der »Mitte« bleiben, so Foehr: »Wenn die Volkspartei nach rechts geht, die Staatspartei nach links geht, die *Kölnische Zeitung* bleibt in der Mitte.«[16] Alfred Neven DuMont, der Vater, kommentierte die Auseinandersetzung um die Richtung der Zeitung in der Redaktionssitzung vom 15. August 1930 wie folgt: »Die augenblickliche Politik Kurt Nevens und Dr. Foehrs möge fortgeführt werden, aber ohne einseitig zu werden und auch ohne einseitig zu erscheinen.«[17] Vater und Sohn waren offensichtlich entgegengesetzter Meinung: Konservativ-national oder liberal in der Mitte. Kurt Neven DuMont sah in dieser Diskussion eine entscheidende Weichenstellung für die zukünftige Ausrichtung der Zeitung:

»Wir stehen an einem Wendepunkt des Schicksals der K.Z. Wenn es sich darum handelt, einen Nachfolger für Foehr zu finden, wird man sich zwischen einem Politiker und einem Journalisten zu entscheiden haben, d.h. zwischen der Frage, ob man glaubt, die Zeitung als politisch-meinungsbildendes Blatt oder mehr als anpassungsfähiges [im Original schwer lesbar] Nachrichten- und als Berichterstattungsblatt eine breitere Basis in einem [im Original nicht lesbar] geben zu können, in der die Kreise, die uns bisher politisch nahegestanden haben, in einen hysterischen Zustand verfallen sind: Es muß anders werden.«[18]

Längst waren die Heiterkeit sowie der ungezwungene liberale Elan vorbei. In den Vordergrund traten eine tiefe Ernsthaftigkeit verbunden mit der Sorge um das finanzielle Überleben und die inhaltliche Ausrichtung der Zeitung. Die Lösung dieser Fragen beschäftigte Kurt Neven DuMont auch 1932:

»Ich habe keine Hoffnung, daß die wirtschaftlichen Verhältnisse sich in absehbarer Zeit bessern, im Gegenteil, sie werden noch schlimmer werden – und die politischen. Ich befürchte, daß die Wahl am nächsten Sonntag keine Entscheidung, vielleicht aber für Hitler mehr Stimmen als für Hindenburg bringen wird. Und selbst wenn Hindenburg Präsident bleibt, wie lange kann der alte Mann es halten. Alles ist ungewiß. Gott bewahre uns vor einem Bürgerkrieg!«[19]

»Das Schicksal der K.Z. hat mich in diesen Tagen fast um den Verstand gebracht. Wird sie zu retten sein? Weitere Kürzung von Gehältern und Löhnen (40-Stunden-Woche). Ist es eine Krise oder der Untergang? Vor dem Ende des Monats muß ich handeln! Werde ich das richtige treffen? Ende mit Schrecken oder Schrecken ohne Ende – Gott stehe mir bei!«[20]

Die Sorgen um den Weiterbestand der Zeitung wurden immer größer. Ohnmacht machte sich breit. Er wusste nicht mehr, welche Richtung er einschlagen sollte:

»Politisch habe ich Sorgen. Die K.Z. muß auf der Seite Papens kämpfen, wenn sie sich nicht in Gegensatz zu ihren Lesern stellen will. Wie wird das enden? Gehöre ich zu diesem reaktionären, industriellen Besitzbürgertum? Weiß ich nicht, daß Europa sich von Grund auf ändern muß, ändern wird? Vielleicht ist es heute auch wichtig zu bremsen, klug zu bremsen? Vielleicht!«[21]

Am 18. Januar 1933 schrieb er in sein Tagebuch: »Der Mensch hat nur insoweit Freiheit seines Willens, als er sich von den Bindungen an Besitz und Eitelkeit frei machen kann, – also gemeinhin keinen. Ich schrieb an Ralf: ›Was mich bei dem Kampf für und mit der K.Z. am traurigsten stimmt, das ist das Gefühl, mit dem Blatt an ein Besitzbürgertum gekettet zu sein, von dem sich die K.Z. nicht trennen kann, das aber kurzsichtig auf seinem Urteil bestehend, immer mehr verschwinden wird und muß.‹«[22]

Kurt Neven DuMont war an einem Punkt angelangt, wo er sich entscheiden mußte: Entweder zog er sich aus dem Verlag zurück und überlies die Zeitung den Nazis, oder er versuchte sich mit den Nazis zu arrangieren. Dabei schätzte er die Politik der Nazis zunächst falsch ein. Er hoffte immer noch, die *Kölnische Zeitung* sei nicht gefährdet, wenn sie die richtige Verhandlungstaktik einsetzt: »Ergebnis: Wir erleben eine Revolution. Die Zukunft ist vollkommen dunkel. Was macht der Faschismus aus der Presse? Verbote, Verbote jetzt schon Zug um Zug. Wird der Druck immer stärker, oder ist das nur der Wahlkampf? Die Nazis haben alle Machtpositionen in Preußen bezogen. Offenen, organisierten Widerstand, der sich auf eine Macht stützt, gibt es nicht. Das Bürgertum ist von Schrecken gelähmt oder sieht in Hitler den ›Retter‹. Nur die allergrößten Kälber ...! Die K.Z. erscheint mir noch nicht so sehr gefährdet, wenn sie keine Dummheiten macht und solange Hitler seine Regierungspartner noch nicht verdrängt hat. Wenn der will, kann er es aber jeden Tag tun. Er ist dann – für wie lange – der Diktator Deutschlands!«[23]

Er hasste die Nationalsozialisten, sah sich aber gezwungen, mit ihnen zu verhandeln, wollte er die Zeitung retten.

Die Jahre 1933 bis 1936 sind vom Kampf um die Zeitung geprägt.

»Es ist eine sorgenvolle Zeit, die schwerste in meinem Leben bisher. Das Schicksal der K.Z., über das ich so oft in diesem Buch geschrieben habe, ist nun in eine Krise getreten, deren Verlauf nicht nur das Schicksal der Zeitung, sondern das der ganzen Firma und das von uns Teilhabern beeinflussen muß. – Die NSDAP hat jetzt die Hand an unserer Gurgel. Welchen Frieden werden wir mit ihnen schließen können oder müssen? Diese

Frage muß in den nächsten Wochen beantwortet werden. Unsere Selbständigkeit ist vorbei. In einem faschistischen Staat hat ein Selbständiger keinen Raum mehr. Jetzt geht der Kampf um die Größe des Einflusses der Firma beziehungsweise von uns Teilhabern. Ich bin darauf gefaßt, daß wir große Opfer werden bringen müssen, (...) tüchtig genug zu sein, um auch unter veränderten Umständen meinen Mann zu stellen, wenn man mir eine Chance gibt [sic!]. – Gott gebe mir Kraft und Klugheit in den nächsten Wochen. Die Übergangszeit wird schwer werden, sehr schwer!«[24]

Die Aufzeichnungen zeigen deutlich die Verzweiflung, die aussichtslose Situation, in der sich die Zeitung und er selbst sich befanden. Er musste sich entscheiden und er entschied sich: »Nach langen inneren Kämpfen bin ich zu der Überzeugung gekommen, daß wir mit den Nazis ein Übereinkommen anstreben müssen, solange es noch Zeit dazu ist. Damit ist es zu Ende mit der Selbständigkeit von MDS – sei's drum!«[25] Die Verhandlungen mit dem *Westdeutschen Beobachter* zogen sich hin. Die Resignation wurde größer und größer. In dieser Aussichtslosigkeit befasste sich Kurt Neven DuMont verstärkt mit Astrologie. Es war eine Flucht vor der Wirklichkeit.

»Die Astrologie hat mich gelehrt, der Entwicklung der Dinge mit einer großen Gelassenheit entgegenzusehen. Daß das Schicksal zudem Menschen bestimmt ist, ist ein beruhigendes Bewußtsein und braucht keineswegs den Willen auszuschließen, so zu handeln, ›als ob‹ wir frei wären. Man muß sein Schicksal annehmen und so leben, wie es einem gegeben wird – so ist es! Es ist wohl auch nicht möglich, sein Schicksal ändern zu können, wenn man auf Grund der astrologischen Kenntnisse die Zusammenhänge besser verstehen kann – man kann sie nur klarer lesen. Auch das ist wichtig.

Der Kampf um MDS geht weiter. Niemand kann seinen Ausgang voraussagen. Noch immer sind Verluste vorhanden. Wie sollen sie verschwinden? Eines ist sicher ein Fortschritt: Während sie noch vor einem Jahr kein [sic!] Finger gerührt haben würde, wenn MDS umgefallen wäre, so haben sich die politischen Verhältnisse jetzt doch so weit geändert, daß der Betrieb in irgendeiner Form erhalten bleiben würde. Das ist schon viel. Etwas anders ist natürlich die Frage, was aus der Familie Neven werden würde. Ich persönlich werde schon etwas finden.«[26]

Schritt für Schritt musste Kurt Neven DuMont nachgeben, bis er schließlich den Entschluss fasste, 1937 in die Partei einzutreten, die er in seinem Innern verabscheute, der er aber völlig ausgeliefert war, wollte er die Zeitung der Familie erhalten. Kurt Neven DuMont wurde so zu einer tragischen Figur, die nach und nach seine Überzeugung aufgeben musste, wenigstens nach außen hin. Innerlich blieb er seinen liberalen Grundsätzen treu, wie die Briefe an seine Frau Gabriele zeigen. Aber wie soll man innerliche und äußerliche Haltung voneinander trennen? Wilhelm Unger, der ihn bis zu seinem Exil 1939 begleitete, fasste die Zeit im Nachhinein zusammen: »Heute will es wie eine Sage erscheinen, daß es möglich war, zu bestehen. Wer sie nicht miterlebt hat, jene Zeit, wird nie begreifen, welches Ausmaß an Kraft und Glauben nötig war, um auch nur einen Tag der gräßlichsten aller Diktaturen durchzustehen. Wer sie aber überlebt hat, der wird nicht zögern, die Rückkehr solcher Zustände (aus welcher Ecke sie immer kommen mögen) schon beim leisesten Anhauch mit einem eisernen ›Wehret den Anfängen!‹ zu begegnen.«[27]

Die Zeitung selbst war längst in ihrer inhaltlichen Gestaltung ein nationalsozialistisch geprägtes Blatt, durch die Pressegesetzgebung der Nationalsozialisten, aber auch durch die Trennung von Verlag und Redaktion. Die Redakteure und Mitarbeiter waren längst von Nationalsozialisten durchsetzt. Nur so konnte die Zeitung überleben. Aber es gab auch eine kleine Gruppe von Redakteuren, die ihre innere Haltung zu wahren wusste.

4.2 Der Kampf um die inhaltliche Ausrichtung der Zeitung

Wilhelm Unger hatte Recht: Wehret den Anfängen!

Aber gerade diese Maxime wurde nicht konsequent befolgt, weder in der Politik, noch in der Wirtschaft, noch in der Kultur, noch in den Medien. Der Kampf um die innerpolitische Ausrichtung der *Kölnischen Zeitung* von 1928 bis April 1933 stellte ein warnendes Exempel dar, wie eine Zeitung von den innenpolitischen und finanziellen Ereignissen getrieben wird, das heißt von parteipolitischen Richtungskämpfen und der Leserschaft, die letztlich gnadenlos mitentscheidet, wohin die Reise geht.

Diese beiden Aspekte prägten den Zeitraum von 1928 bis April 1933, eine kurze Zeitspanne, in der sich nicht nur das politische Schicksal Deutschlands entschied, sondern auch das Schicksal der *Kölnischen Zeitung*. Hierbei sind drei Phasen zu unterscheiden:

1. Phase von Anfang 1928 bis Ende 1930: Kurt Neven DuMont und Eugen Foehr definieren die innenpolitische Ausrichtung der *Kölnischen Zeitung* neu: liberal-demokratisch in der Mitte. Ziel: Sammlung der demokratischen Kräfte in einer »Staatspartei«. Sammlung des Bürgertums und straffere Zusammenfassung des Reichs ohne Zerschlagung Preußens.[28]

2. Phase von Januar 1931 bis April 1932: Charaktervolle Politik: Unterstützung der Entwicklung der Weimarer Verfassung, »die ein Anfang und kein Ende ist, die Stärkung der Regierungsgewalt und die Schaffung des Einheitsstaates«[29].

3. Phase von Mai 1932 bis April 1933: »Kurt Neven meint, der Entschluß, daß die K.Z. für eine Rechtskoalition eintreten sollte, könne heute schon weniger gefährlich erscheinen als noch vor einigen Tagen.«[30] Das heißt ein Eintreten für die Regierungsbeteiligung der Nationalsozialisten, um Adolf Hitler als Regierungschef zu verhindern.

In den Redaktionsprotokollen und im Tagebuch Kurt Neven DuMonts, in den Unterlagen des Verlagsarchivs finden sich klare Hinweise auf diese Dreiteilung einer doch kurzen Periode. Dabei ist die genannte Entwicklung stark geprägt vom Rückgang der Abonnentenzahl, den finanziellen Schwierigkeiten nicht nur infolge der Weltwirtschafts- und Bankenkrise (1929 bis 1931), sondern auch wegen internen Auseinandersetzungen über die innere Gestaltung und die politische Ausrichtung des Verlages. Hierbei gibt es natürlich – wie bei Zeitungen üblich – Artikel, die von der Verlags- und Redaktionslinie abweichen. So ist zum Beispiel die Diskussion, wer mit wem eine Koalition eingehen soll, seit 1928 ein ständiges Thema: Sozialisten in die Regierung, Sozialisten raus, NSDAP in die Regierung oder doch besser nicht.[31] Entscheidend sind die Gründe, die Ende April/Anfang Mai 1932 zu Überlegungen führten, eine Rechtskoalition mit den Nationalsozialisten zu unterstützen. Trotz dieser Entscheidung geht aus den Redaktionskonferenzprotokollen und den Tagebuchaufzeichnungen klar hervor, dass die Verlagsleitung und die Chefredaktion die NSDAP und Adolf Hitler ablehnten und strategische Überlegungen anstellten, wie Partei und Führer in die Regierungsverantwortung eingebunden werden könnten, um einen Bürgerkrieg oder eine Diktatur zu vermeiden. Diese Haltung, die damals viele in Politik, Wirtschaft und Kultur vertraten, mag im Nachhinein nur Kopfschütteln hervorrufen, ist aber ebenso eine historische Tatsache wie das Versagen der Parteien, der Unternehmer und Medien gerade in den vier Jahren vor der Machtergreifung.

4.2.1 Liberal-konservative Strategie

Mit dem Eintritt Kurt Neven DuMonts in die Geschäftsführung begann eine neue Epoche. Allerdings wusste er zu diesem Zeitpunkt noch nicht, dass die von ihm angestrebte Neuausrichtung in eine schwierige Zeit fiel. Zunächst gab es einen Leseraufstand, und schließlich musste der Verlag der Weltwirtschafts- und Bankenkrise seinen Tribut zollen. Die erste entscheidende Maßnahme war, Anton Haßmüller, seit 1923 Chefredakteur, abzulösen und ihn nach München zu schicken, wo er einen ruhigeren Posten verwalten sollte. Haßmüller war hoch angesehen, sowohl bei Alfred Neven DuMont als auch bei den Redakteuren. Kurt Neven DuMont hatte viel von ihm gelernt und schätzte seine journalistischen Fähigkeiten. Aber wenn er die Linie der Zeitung verändern wollte, musste Haßmüller, der wie Alfred Neven DuMont die streng konservative nationale Linie vertrat, den Chefposten in der Redaktion in Köln abgeben. Aber wer sollte der Nachfolger werden? Zu den neuen Ideen passte es, keinen neuen Chefredakteur zu ernennen. Zudem war Kurt Neven DuMont noch nicht erfahren genug im journalistischen Geschäft, um selbst diesen Posten zu bekleiden. Und schließlich entsprach dies nicht der Geschäftsphilosophie, Verleger und Chefredakteur zu sein, obwohl seine Vorfahren ein Jahrhundert lang beides waren. Mit der Würdigung Haßmüllers Ende Januar 1928 und seiner »Verabschiedung« nach München, wurde auch gleichzeitig die neue Redaktionsstruktur bekanntgegeben:

»Der Posten des Chefredakteurs wird vorläufig nicht wieder besetzt. Die Redaktion ist zu einer Kollegialverfassung übergegangen. Ziel und Richtung bleiben bestehen, wie sie zum ersten Mal am 14. Dezember 1843 verkündet wurden: ›Die Tendenz des Blattes ist die des Fortschritts, der nationalen Entwicklung, des deutschen Bürgertums.‹«[32]

Im Laufe des Jahres 1928 änderte sich dann die Zusammensetzung des Personals. Kurt Neven DuMont, der offensichtlich dem Kollegium/der Kollegialverfassung vorstand, arbeitete eng mit Eugen Foehr zusammen, der am 1. Januar 1927 zur *Kölnischen Zeitung* gekommen und zunächst in dem Bereich Kulturpolitik tätig war und dann, auf Veranlassung Kurt Neven DuMonts, die Leitung Innenpolitik übernahm, sicher das wichtigste Ressort der Zeitung. Foehr war in den nachfolgenden zwei Jahren wesentlich für die innenpolitische Ausrichtung der Zeitung verantwortlich. Darüber hinaus arbeitete Kurt Neven DuMont eng mit dem kaufmännischen Leiter des Verlages, Dr. Schott, zusammen, mit dem er die schwierige finanzielle Situation zu meistern suchte.[33] Als Schott im November 1931 plötzlich verstarb, musste er sich selbst verstärkt um die geschäftlichen Angelegenheiten kümmern, was ihm offensichtlich nicht lag: »Kurz vor Schotts Tod war mir einmal der Gedanke gekommen, daß ich mit ihm ebenso eng zusammenarbeite, wie vor etwa zwei Jahren mit Foehr. Ebenso wie ich nach dem Fortgang von F. ein selbständiges Urteil in den redaktionellen Dingen bekommen habe, so müßte ich auch in den verlegerischen Fragen zu größerer Selbständigkeit kommen.«[34]

Schott und Foehr waren die zentralen Persönlichkeiten. Kurt Neven DuMont hat ihren Verlust nie so ganz überwunden: »Was Dr. Schott und Dr. Foehr für mich bedeuteten, das lag wohl weniger in ihrem Fachwissen, als in dem Gefühl, daß sie erwarteten, infolge ihrer robusten Natur, für mich eine Stütze sein zu können. An Robustheit fehlt es mir und darin werde ich wohl immer eines Ausgleichs bedürfen. Übrigens sind weder Vater noch August robust, eine Eigenschaft, die dafür der neue Verlagsleiter unbedingt haben muß.«[35]

Der seit 1922 als Redakteur im Feuilleton des *Kölner Stadt-Anzeigers* tätige Redakteur Otto Brües (1897–1967) erinnerte sich an die Redaktionssitzungen der späteren zwanziger Jahre folgendermaßen:

»Wenn sich Redakteure der *Kölnischen Zeitung* und des *Stadt-Anzeigers* morgens um zehn zur Konferenz einfanden, war es dort durch Jahre hindurch ruhig hergegangen. Man tauschte seine Meinungen mit Respekt aus; ihn konnten die oft weitgereisten Redakteure des Hauptblattes, die oft jahrelang im Ausland gewohnt hatten, mit gutem Recht erwarten. In der Epoche der Arbeitslosigkeit und der inneren Spannungen wurden die Debatten hitziger. (...)

In der Redaktion der *Kölnischen Zeitung* und auch des *Stadt-Anzeigers* arbeiteten immer mehr jüngere und junge Männer, denen das Zaudern der älteren Kollegen, der Anhänger Stresemanns und seiner Partei, gründlich mißfiel; und zumal nach dem Tode des Außenministers sahen sie keinen Kopf in dessen Gefolgschaft, dem sie noch folgen wollten.«[36]

Laut Brües wurde ein Teil der Kollegen und der Verlagsleitung zu den späteren Mitbegründern der Staatspartei (1930). Die neuen politischen Ansichten wurden auch in der *Kölnischen Zeitung* publiziert, was zu aufgebrachten Reaktionen bei den Lesern führte: »Auch der Sohn des Verlegers, Dr. Kurt Neven DuMont, war daran beteiligt, er hatte die Verantwortung mit übernommen und die Gefährten seiner Generation geholt, wie das nur natürlich ist. Und so wehte denn ein frischer Wind in die Redaktionsstuben, und es konnte nicht lange dauern, bis er auch wieder hinauswehte.

Als die meisten jungen Männer der neuen Richtung – doch waren auch ältere darunter – sich nun in der alten *Kölnischen Zeitung* zu Wort meldeten, da verursachten sie einen Bergsturz. Ein großer Teil der Leser protestierte.

(...) und was jetzt in den Bürgergesellschaften vorging, ob sie nun ›Kasino‹ hießen, ›Verein‹, ›Erholung‹ oder ›Harmonie‹ war schon die Wirkung eines erneuerten Nationalgefühls, aufgepeitscht durch den Unwillen über die Niederlage von 1918 und die Torheiten des Versailler Vertrages. (...) Die Hauptmasse der Leser war unversehens immer mehr nach ›rechts‹ geraten und die Zeitung sich treu geblieben; als nun aber junge Kräfte sich regten und auf die ältere, die schwarz-rot-goldene Tradition zurückloteten, schienen sie, wo alles dem Rechtsdrall erlag, nach links zu gehen. Empörte Zuschriften hagelten ins Haus, drohend und beleidigend, und die Leser bestellten in Scharen das Blatt ab.

(...) So geschah denn das, was immer unerfreulich ist: der alte Verleger und auch die alten Redakteure bliesen zum Rückzug.[37]

(...) Was ich im Bereich meiner Tagesarbeit am Zeitungsfeuilleton mit angesehen hatte, das Scheitern des Aufstandes der bürgerlichen Jugend im Haus der *Kölnischen Zeitung*, war nun ein Zeichen für eine Zersplitterung der besonnenen Kreise, die nicht aufzuhalten war.«[38]

»Was den Leserkreis anbelangt, so basierte er auf der politischen Haltung des Blattes, auf der wirtschaftlichen Bedeutung Westdeutschlands, insbesondere des rheinisch-westfälischen Industriegebiets. Der Industrielle, der Bankherr, der Handels- und Wirtschaftsführer, der höhere und mittlere Beamte, der leitende Angestellte und die Angehörigen der freien Berufe, der Intellektuelle sind Leser der *Kölnischen Zeitung*. Dazu kommt eine besonders ausgedehnte Verbreitung im In- und Ausland in ersten Hotels und Gaststätten.«[39]

Der Leserkreis setzte sich wie folgt zusammen:

42,5 Prozent	Großhandel und Großindustrie (Fabriken, Bergbau, Großhandel, Banken, Sparkassen, Versicherungen, usw.)
14,3 Prozent	Akademiker, freie Berufe (Geistliche, Ärzte, Professoren, Ingenieure, Rechtsanwälte, Künstler, Schriftsteller usw.)
9 Prozent	Behörden und höhere Beamte
7,3 Prozent	Kleinhandel und Kleingewerbe
6,8 Prozent	Leitende Angestellte (Direktoren, Betriebsleiter usw.)
6,8 Prozent	Mittlere Beamte und Angestellte
6,2 Prozent	Hotels, Kurhäuser, Restaurants usw.
4,5 Prozent	Rentner, Landwirte

2,6 Prozent	Vereine und Verbände (Handels- und Handwerkskammern, Parteibüros, Klubs und Gesellschaften).

»Das sind die Kreise, deren kultivierter Lebensstandard sie als die Abnehmer von Erzeugnissen aller Art ohne weiteres kennzeichnet, das heißt schon hieraus allein erklärt sich das Ansehen der *Kölnischen Zeitung* in den Kreisen der Reklameverbraucher.«[40]

Verbreitung der *Kölnischen Zeitung*:

Regierungsbezirk Köln	29,6 Prozent
Rheinisch-westfälisches Industriegebiet	39,3 Prozent
Mitteldeutschland (Hannover, Thüringen, Provinz Sachsen usw.)	14,9 Prozent
Süddeutschland (Hessen, Bayern, Pfalz, Württemberg und Baden)	12,8 Prozent
Nordostdeutschland (Berlin, Sachsen, Schlesien, Pommern, usw.)	3,4 Prozent

Die *Kölnische Zeitung* brachte 1928 wöchentlich 14 Auflagen heraus, darunter acht regelmäßige Beilagen und Kupfertiefdruckbeilagen.[41]

Auch die Mitarbeiterzahl war erheblich gewachsen. Hundert Jahre zuvor, also um 1830, bestand das Druckereipersonal aus 20 Personen. Als Alfred Neven DuMont und sein Bruder Josef Neven DuMont 1896 den Verlag übernahmen, war die Zahl der Beschäftigten auf etwa 800 Personen angewachsen. In den zwanziger Jahren wuchs die Anzahl der Mitarbeiter gewaltig an und erreichte Ende der zwanziger Jahre einen Höchststand von 1500 fest angestellten Personen. Zählt man die nicht fest angestellten Mitarbeiter dazu, also die kontinuierlich in den Redaktionen mitarbeitenden Personen, die kaufmännischen Agenten und die Zeitungsträger, so arbeiteten rund 3100 Personen für das Verlagshaus.[42]

Bis Mitte 1929 ist eine positive Entwicklung festzustellen, die sich auch im Einsatz technischer Neuerungen und Investitionen bemerkbar macht. 1928 wurde anlässlich der PRESSA-Ausstellung in Köln der »Schnellläufer«, eine Reihenrotationsmaschine mit hoher Geschwindigkeit, installiert. 1929 waren 14 Rotationsmaschinen sowie 71 Setz- und Gießmaschinen im Einsatz.

Die PRESSA-Ausstellung war eine wichtige Möglichkeit für die Vorstellung von Sparten und Neuerungen der Presse und wurde als Ereignis mit Gebühr gefeiert. Für die Ausstellung wurde auch das Messegelände in

Köln in backsteinexpressionistischer Manier neu errichtet. Wie wichtig die Eröffnung genommen wurde, ist aus einem Telegramm zu ersehen, das sich nicht ganz ohne Erstaunen liest. Der Oberbürgermeister der Stadt Köln, Konrad Adenauer, sandte am 16. Februar 1928 im Vorfeld ein Telegramm an den Reichskanzler Wilhelm Marx in Berlin, in dem er seine Voraussicht auf etwaige politische Wechselfälle bewies: »eroeffnungstermin der internationalen presseausstellung in koeln ist im einvernehmen mit den vertretungen der auslaendischen staaten auf den 12. mai festgelegt. Da zur eroeffnung wichtige mitglieder der fremden regierungen erwartet werden, bitte dringendst, falls aufloesung des reichstages in aussicht genommen wird, den wahltermin vor dem 12. mai also spaetestens auf 6. mai zu legen.«[43]

Die Wahl fand dann bekanntlich am 20. Mai 1928 statt.

Es erschien ein Sonderheft der *Kölnischen Zeitung* 1928, das in einem kurzen Artikel auch einen Hinweis auf die Haltung der Zeitung enthielt. Über die jüdische Sonderschau in einem im Synagogenstil gehaltenen Pavillon hieß es, dass Tora, Talmud und Hagadah stellvertretend für die ältere Literatur stehe, aber auch Religionsphilosophie und Dichtkunst zu sehen sei. Das moderne jüdische Pressewesen war mit drei Komponenten vertreten:

1. der jüdischen Presse deutscher und anderer Sprachen,
2. der hebräischen Presse und der
3. Presse jiddischer Sprache.

   »Alles was das Judentum unserer Zeit bewegt, ist in dieser Ausstellung Gestalt gegeben.«[44]

1929 setzten Kurt Neven DuMont und Foehr ihre Ideen zur Neuausrichtung der Zeitung weiter fort. In einem Vortrag vor dem Februar-Klub, einer der Deutschen Volkspartei nahestehenden Vereinigung junger Liberaler, sagte der Jungverleger Kurt Neven DuMont 1929, dass »Forderungen, die Überbleibsel aus einer vergangenen patriarchalischen Welt seien, ausgemerzt« werden müssten. Die Alternative, die er zum Patriarchat anbot, war die »rechtliche Gleichstellung der Bürger«. Dieses war für ihn durch die soziale Gesetzgebung und das Massenzeitalter bereits Wirklichkeit, während das patriarchalische System im Verlag M. DuMont Schauberg bis in die zwanziger Jahre hinein noch Spuren zog.[45] Meinte er damit seinen Vater und Haßmüller?

Um die Zeitung attraktiver und übersichtlicher zu gestalten, wurden

»Rubriken« eingeführt. Diese sollten bis zum Jahresende 1929 weiter ausgebaut werden. Hierbei galt es vor allem, die »Randnoten«, die vernachlässigt wurden, zu intensivieren. Dettmar Heinrich Sarnetzki, der mit einer Jüdin verheiratet war, seit 1913 im Feuilleton arbeitete und dort das Literaturblatt leitete, schlug vor, die Randnoten in etwas veränderter Form auf das Literaturblatt auszudehnen.[46] Ferner wurde eine Rubrik »Kurze Nachrichten« eingeführt, vor allem, um den Stoff in der *Kölnischen Zeitung* übersichtlicher zu gestalten, auch um Platz zu sparen. Hierbei sollte es sich um wirklich kurze Nachrichten von fünf Zeilen handeln. Schließlich wurde noch die Rubrik »Buntes aus aller Welt« unter dem Titel »Zwischen Wahrheit und Dichtung« eingeführt. Auch Foehr plädierte für kurze Artikel, da viele Leser vor den langen Artikeln zurückschreckten.[47]

Entschieden wies die *Kölnische Zeitung* das vom »Reichsausschuß für das deutsche Volksbegehren« vorgelegte »Gesetz gegen die Versklavung des deutschen Volkes« ab. Eine Kundgebung im Plenarsitzungssaal des ehemaligen Herrenhauses, wo Vertreter des Stahlhelms, des Reichslandbundes, der Vaterländischen Verbände, der Deutschnationalen Volkspartei, der christlich nationalen Bauernpartei, der Bauernpartei und der Nationalsozialisten zusammengekommen waren, ermöglichte, dass die Rechtsgruppierungen klare Entscheidungen formulieren konnten:

Der Reichsausschuss für das deutsche Volksbegehren übernahm das vom Stahlhelm angeregte Verfassungsvolksbegehren als seine Aufgabe und wollte seine Durchführung weiter betreiben. Der Reichsausschuss verdeutlichte, dass er mit allen gesetzlichen Mitteln des Volksbegehrens gegen den Young-Plan kämpfen werde. Alfred Hugenberg kündigte an, dass die DNVP im Reichstag aufgrund des Artikels 72 der Verfassung den Antrag auf Aussetzung der Gesetzesverkündung über den Pariser Vertrag um zwei Monate stellen werde.[48]

Der Führer des Stahlhelms, Franz Seldte, kennzeichnete den leitenden Gedanken für die Berufung des Reichsausschusses dahingehend, dass ein überparteilicher Zusammenschluss der nationalen Front und insbesondere die Zusammenziehung ihrer parlamentarischen Kampfräte erforderlich sei für die Aufgaben, die durch das Kampfmittel der Volksabstimmung gestellt seien. Nun sei der Kampf gegen den Youngschen Plan zur aktuellen und damit vordringlichen Aufgabe geworden.[49] Im anschließenden Kommentar der *Kölnischen Zeitung* wird deutlich, dass sie gegen das Stahlhelm-Volksbegehren war. Das überregionale Blatt vertrat die Meinung, dass laut Reichsverfassung nur der Reichspräsident einen

Volksentscheid veranlassen könne. Niemand könne erwarten, dass der Reichspräsident eine derartige verantwortungslose Entscheidung fälle und dies der parteipolitischen Agitation überlasse. Hugenbergs Initiative wurde im Ausland zwar beachtet, doch verlor diese mehr und mehr an Ansehen und Bedeutung, in Paris und London nahm man die Opposition Hugenbergs nicht mehr ernst.[50]

Am 14. September gingen die Verhandlungen in Paris und in Den Haag zu Ende. Es war Gustav Stresemanns letzte große außenpolitische Leistung. Am 3. Oktober verstarb er und hinterließ eine kaum auszufüllende Lücke. Die *Kölnische Zeitung* kommentierte den Ausgang der Verhandlungen äußerst positiv:

»Die Verhandlungen in Paris und im Haag sind beendet; sie haben eine Entspannung der außenpolitischen Lage gebracht. Sowie einen weltwirtschaftlichen Kompromiß über die deutschen Reparationszahlungen, den Youngschen Plan. (...) **Deutschland muß**, wenn überhaupt die Möglichkeit bestehen soll, den Reparationsverpflichtungen nachzukommen und die außenpolitischen Gewinne zu verarbeiten, **sein Haus im Innern bestellen**; schnell gründlich und mit nüchternster Sachlichkeit. Die Innenpolitik hat nunmehr das Wort. (...) Der Innenpolitik fällt nunmehr die Aufgabe zu, die Außenpolitik tragfähig zu untermauern, Ideelles mit Wirtschaftlichem in Einklang zu bringen, unterirdische Störungen im Gefüge des Staates zu beseitigen. Was wir dazu brauchen, ist ein **innenpolitisches Locarno** im besten Sinne des Wortes – eine feste Notgemeinschaft aller staatsbejahenden Elemente. Gelingt das nicht, dann führt die Etappe Haag, möge die weltpolitische Entwicklung sein, wie sie wolle, nicht auf den Gipfel einer besseren Zukunft, sondern unweigerlich in den Abgrund.«[51]

Äußerst negativ beurteilte die *Kölnische Zeitung* das Verhalten Hugenbergs: »... Aufgabe, das politische Leben in Fluß zu halten, es zu überwachen; in schwierigen Zeiten kann sie zum Gewissen der Nation werden. (...) Anders in Deutschland. Hier führt Herr Hugenberg die ›nationale‹ Opposition. (...) Was hat sich nun geändert in der Haltung jener Kreise, die an die Stelle der Republik die Diktatur setzen möchten?«

Am 10. Juli 1929 aber gab der *Berliner Lokalanzeiger* aus der Rede Hugenbergs in Münster folgende Sätze wieder: »Es muß in Deutschland eine Schar leben, die nichts anerkennt, was Schwachheit und Volksverrat über uns verhängen. Die Pariser Abmachungen sind das Zeugnis höchster ruhebedürftiger Feigheit (...).«[52]

Auch die *Frankfurter Zeitung* lehnte das Volksbegehren ab: Ihre Haltung, die die Redaktion seit 1923 gegenüber Hitler und der NSDAP an den Tag legte, zieht sich wie ein roter Faden durch die Berichterstattung. Sie kommentierte dieses Vorhaben unter der Headline »Eine aussichtslose Aktion«: »Die Überschrift ›Gesetz gegen die Versklavung des deutschen Volkes‹ ist wohl eine Konzession an den Sprachgebrauch der Nationalsozialisten«, hieß es da, und mit einer Portion Ironie: »Ob einer Reichsregierung auf Grund des Gesetzes die Änderung des Versailler Vertrages, die sofortige Räumung des Rheinlandes und eine neue Reparationslösung nach den Vorschriften Hugenbergs gelingen würde, hinge ja nicht von ihr allein, sondern mindestens auch von den Verhandlungsgegnern ab.«[53]

Auch im Dezember 1929 war das Volksbegehren gegen den Young-Plan das Thema, das die *Frankfurter Zeitung* in ihren Kommentaren mehrfach aufgriff: »Dem Volksentscheid fernbleiben!« lautete eine Überschrift wenige Tage vor der Abstimmung: »Jedem, der nichts wissen will von jener Katastrophenpolitik, kann man deshalb nur ermahnen: lasse Hitler und Hugenberg und ihre blinde Gefolgschaft allein zur Urne gehen. Bleibe zu Hause!«[54] Das Scheitern des Volksbegehrens kommentierte die *Frankfurter Zeitung* mit sichtlicher Genugtuung. Unter der Überschrift »Kein Begehren des Volkes!« wurde darauf hingewiesen, dass Hugenberg & Co. sich »scheußlicher Methoden der Volksverhetzung« bedient hätten, um die Deutschen an die Urne zu locken: »Man kann wirklich nur das deutsche Volk dazu beglückwünschen, daß sich trotz dieser Methoden sieben Achtel oder jedenfalls vier Fünftel seiner stimmberechtigten Männer und Frauen den aufpeitschenden Rufen dieser Hugenberg, Hitler und Seldte versagt haben. Das Volksbegehren ist erledigt.«[55]

Darüber hinaus machte sie ihre Leser darauf aufmerksam, dass Beschimpfungen des Reichspräsidenten Hindenburg in nationalsozialistischen Versammlungen »sich allmählich zu einer regelmäßigen Gewohnheit zu verdichten« schienen.[56] Am 22. Dezember stimmten dann nur 13,89 Prozent (5,8 Millionen) der Stimmberechtigten für das vom »Reichsausschuss zum Volksentscheid« vorgelegte »Gesetz gegen die Versklavung des deutschen Volkes«.

Mitte September 1929 verdeutlichte vor allem Foehr, wie eine zukünftige Regierung aussehen könnte, und hob hervor, dass ohne Gustav Stresemann die DVP nicht so konsequent gegen das Gesetz vorgegangen wäre.[57] Er sinniert auch über eine Rechtskoalition: »Es trägt zweifellos zur

Gesundung unseres politischen Lebens bei, wenn jede parlamentarische Richtung einmal gezwungen ist, auch die Regierung zu übernehmen.«[58]

Aber er verwarf diesen Gedanken gleich wieder, da er Chaos befürchtet. Der Sozialdemokratischen Partei mangele es an großen Persönlichkeiten. Hermann Müller sei »ein ausgezeichneter Mensch, aber es fehle ihm doch die eigentliche Fähigkeit, wirklich zu führen«.[59] Kurt Neven DuMont und Foehr ging es darum, »daß der liberale Gedanke in einer großen Partei gesammelt werde«.[60] Die *Kölnische Zeitung*, so Foehr, unterstütze diesen Gedanken, aber es sei schwierig, Deutsche Volkspartei (DVP) und Deutsche Demokratische Partei (DDP) zusammenzubringen. Foehr war überzeugt, »daß eine Zeit kommen wird, wo wir in ganz verstärktem Maße von dem Gedanken erfüllt sind, daß für den Deutschen nichts anderes übrig bleibt, als in großem Maße Kulturpolitik zu betreiben. Keine Auseinandersetzung zwischen Staat und Kirche, sondern Kulturpolitik im weitesten Sinne des Wortes.«[61] Diese Richtlinien Foehrs sollten in den nächsten Monaten Programm werden. Getrübt wurden die Bemühungen der *Kölnischen Zeitung* durch den Tod Gustav Stresemanns am 3. Oktober 1929. Sie traute Julius Curtius, Stresemanns Nachfolger im Amt des Äußeren nicht zu, dessen Politik weiterzuführen. Foehr verfolgte dennoch die vorgegebenen Ziele weiter: »Wenn nicht alle Zeichen trügen, ist die Zeit angebrochen, wo sich entscheiden muß, ob in Deutschland in absehbarer Zeit eine grundlegende Änderung unseres Parteiwesens, besonders in der Mitte, möglich sein wird.«[62]

Wolfgang Mansfeld, der mehr und mehr in die Rolle geriet, sich um den Zusammenschluss der Parteien der Mitte zu bemühen, berichtete vom Demokratischen Parteitag in Mannheim, Anfang Oktober 1929, wo die meisten Mitglieder für eine liberale Einigung, einen Zusammenschluss der Mitte, eingetreten seien. Vor allem die Rede Gustav Stolpers, des bedeutendsten Nationalökonoms der Wiener Schule, habe klar gezeigt, dass man das Wirtschaftsprogramm als Plattform betrachten könne, auf der beide liberalen Parteien DDP und DVP fruchtbar zusammenarbeiten könnten.[63]

Viele Leser nahmen es der *Kölnischen Zeitung* übel, dass sie Wahlaufrufe für die Stresemann-Partei veröffentlicht hatte, die dann auch zur Stärkung der DVP geführt hätten, nun aber eigene Wege gehe und die Gründung einer Staatspartei fordere, die das nationale Element vernachlässige, und sich einer Partei zuwende, die eine privatwirtschaftliche Interessenpolitik für die Großindustrie und nicht für das gesamte Volk betreibe.[64]

Dass die Ausrichtung der *Kölnischen Zeitung* und ihre Bemühungen um einen Zusammenschluss der Mitte nicht ungeteilte Zustimmung erfuhr, geht allein aus der Tatsache hervor, dass Johann Schäfer, der Leiter des Handelsteils und ab Oktober 1933 Chefredakteur und Hauptschriftleiter, nichts vom Wirtschaftsprogramm der DDP hielt: »Auch politisch scheine ihm das nicht gut zu sein, insofern als das Stolpersche Wirtschaftsprogramm, wenn es zu einer Vereinigung der demokratischen Partei und der Deutschen Volkspartei in irgend einer Form kommen sollte, es weiten Kreisen der Volkspartei unmöglich mache, mitzugehen.«[65]

Gleichzeitig warnte er vor Schlagworten wie »Liberalismus«, »starke Persönlichkeit«, »individuelles Verantwortungsgefühl«, da diese Begriffe sich schön anhörten, aber gerade in letzter Zeit in Deutschland sehr in Verruf gekommen seien. Hier zeigte sich bereits die geistige Haltung von Schäfer, der sicherlich dem rechten Spektrum zuzurechnen ist.

Der Parteitag der DVP in Mannheim, den Mansfeld ebenfalls besuchte, brachte einige Überraschungen: »Der Parteitag war im Ganzen eine Rechtfertigung und ein großer Erfolg der Innenpolitik der *Kölnischen Zeitung*. Was wir bisher, ganz im Sinne Stresemanns, gefordert haben: Besonnenheit, Staatsverantwortungsbewußtsein und Sammlung des Staatsbürgertums, ist jetzt sogar vor einem Parteitag ausgesprochen worden, und zwar gerade von denjenigen, die die *Kölnische Zeitung* früher wegen ihrer Haltung scharf angegriffen haben, nämlich besonders von Scholz und Moldenhauer.«[66] Offensichtlich hatte Hans Luther mäßigend auf Scholz eingewirkt. Es bestand wieder berechtigte Hoffnung, dass die DVP und die DDP doch noch zusammenfinden würden.

Der achte Parteitag der Deutschen Volkspartei übte eine außerordentliche Anziehungskraft nicht nur auf die Angehörigen und Freunde der Partei, sondern auch auf die gesamte politisch interessierte Öffentlichkeit aus.

Scholz arbeitete damals die Stellung der Deutschen Volkspartei zu den anderen Parteien, nämlich zu den Deutschnationalen und zur Sozialdemokratie, heraus. Er äußerte sich folgendermaßen:

»Die von uns erstrebte Zusammenarbeit mit den großen Gruppen rechts und links von uns ist, obwohl es der Angelpunkt aller unserer innenpolitischen Schwierigkeiten ist, dadurch außerordentlich erschwert worden, daß beide Gruppen ein ganz anderes **Staatsideal** hatten und haben, als es der Staat von Weimar darstellt. Gewiß finden wir auch in ihm nicht unser Ideal, ja, weite Kreise bei uns halten seine staatsrechtlichen Grundlagen auch heute noch für verfehlt, aber wir dürfen mit Stolz bekennen, daß bei uns die Liebe zu Vaterland und Volk, der Drang zur Mitarbeit am Ganzen aufgrund der nun einmal gewordenen Verhältnisse noch immer die Kritik im Einzelnen überwunden hat. Nicht so bei den großen Parteien rechts und links von uns, wobei wir dankbar feststellen, daß die **Gruppe der Mitte**, Zentrum, Demokraten, Bayerische Volkspartei, mit uns in dieser Bejahung des Staates, wie er ist, übereinstimmt.

Die Deutschnationale Volkspartei lebt allzu stark in der Vergangenheit und jagt Utopien nach, die nun einmal, wie die Dinge liegen, auf absehbare Zeit in Deutschland sich nicht verwirklichen lassen. Der Haß gegen die Republik überwuchert die Liebe zu Staat und Volk. Ausfluß solcher Gesinnung ist gerade in letzter Zeit wieder die Agitation für das **Volksbegehren** und den Volksentscheid über den neuen Plan gewesen, der eine kaum überbrückbare Kluft in das deutsche Bürgertum gerissen hat. Ausfluß derselben Gesinnung ist auch die Hineinziehung unseres hoch verehrten **Reichspräsidenten** in die **Tageskritik**. Was in dieser Beziehung einzelne Organe der Rechtspresse geleistet haben, das treibt einem wahrhaft national empfindenden Menschen die Schamröte ins Gesicht (Starker Beifall.) Die größte Sünde wider den nationalen Geist ist es, dem Volk den Glauben an seine wahrhaft großen Männer zu nehmen. (...) Es gibt keine Partei, die treuer zum Reichspräsidenten steht als die Deutsche Volkspartei. (Stürmische Zustimmung.) Auch **die Sozialdemokratie** steht durchaus nicht in ihrer Gesamtheit auf dem Boden der Verfassung von Weimar. Zwar war die Republik Ziel ihrer Sehnsucht seit Beginn unseres Parteilebens, aber diese gewordene Republik ist nicht sozialistisch, sie ist nach ihrer Verfassung durchaus aufgebaut auf der privatkapitalistischen Wirtschaft. Das führt dazu, daß auch die größte republikanische Partei gegen die deutsche Republik eingestellt ist. (...) Sie ist, (...) im Herzen aber für die rote Fahne. Zwischen diesen Extremen, wenn man von gänzlich Unbelehrbaren rechts und links absieht, stand und steht die **Deutsche Volkspartei**. Ihre historische Aufgabe ist, gemeinsam mit den übrigen Parteien der verantwortungsbewußten Mitte, die **beiden großen Flügelparteien zur restlosen Hingabe an den Staat**, wie er ist, zu veranlassen, ja **zu erziehen**. (...) Wer mit den Verhältnissen rechnet, wie sie nun einmal sind, wer Realpolitik treibt, muß mindestens zurzeit feststellen, **daß ein Regieren gegen oder auch ohne die Sozialdemokratie auf Dauer kaum möglich ist**.«[67]

Doch die Hoffnung einer gemeinsamen Partei verflog bald. Im Sommer

1930 gründete die DDP mit dem »Jungdeutschen Orden« eine neue Partei mit dem Namen »Deutsche Staatspartei«. Trotz intensiver Intervention der *Kölnischen Zeitung* war es nicht gelungen, Scholz zu überzeugen. Nun musste die *Kölnische Zeitung* ihr Verhältnis zur DVP neu überdenken. Wie sollte sie sich im Wahlkampf verhalten? Das Verhältnis war äußerst gespannt, zumal die *Kölnische Zeitung* mit der Gründung der Staatspartei in engen Zusammenhang gebracht wurde. Diese Auffassung basierte vor allem auf einer Falschmeldung, dass Alfred Neven DuMont der Staatspartei bereits beigetreten sei.[68] Darüber hinaus hatte die *Kölnische Zeitung* durch zahlreiche Überschriften, Aufmachungen und kleine Meldungen den Eindruck erweckt, sie fördere die neue Partei. In der DVP bestand eine ziemlich starke Opposition gegen die *Kölnische Zeitung*. Kurt Neven DuMont musste sich eingestehen, dass die DVP wegen der Abonnenten der *Kölnischen Zeitung* besonders wichtig war, da insbesondere deren »arrivierte« Mitglieder in der Lage waren, sich ein solches Blatt zu halten.[69] Trotz der Schwächen der DVP solle daher die »Weggenossenschaft« mit dieser Partei nicht aufgegeben werden, resümierte Alfred Neven DuMont in der Redaktionssitzung vom 15. August 1930. Er forderte, »Ideenpolitik« zu betreiben, aber keine ideologische Politik, denn das sei unmöglich. »Wir verärgerten sonst unsere Leser. Die augenblickliche Politik Dr. Kurt Nevens und Dr. Foehrs möge fortgeführt werden, aber ohne einseitig zu werden und auch ohne einseitig zu erscheinen.«[70] Das waren klare Worte. Die ganze Diskussion um die neue Richtung zeigte, dass Alfred Neven DuMont und viele der »gestandenen« Redakteure gerne das Ruder gleich herumgerissen hätten.

Alfred Neven DuMont übernahm nun wieder die Führung und begann, an einer Neuausrichtung der Zeitung zu arbeiten. Bereits am 10. Juli 1930 erklärte er, er wolle nicht mehr mit Foehr zusammenarbeiten.[71]

Unterdessen lief der Wahlkampf für die Reichstagswahl am 14. September 1930. Am 7. August trafen sich Scholz (DVP), Höpker-Aschoff (Deutsche Staatspartei) und Vertreter der Wirtschaftspartei sowie Parteien der gemäßigten Rechten, um wenigstens in Form eines gemeinsamen Wahlkampfs Geschlossenheit zu demonstrieren.[72]

Die *Kölnische Zeitung* gab hierzu folgende Mitteilung heraus: »Heute Nachmittag traten im Reichstag die Vertreter der Deutschen Volkspartei, der Konservativen Volkspartei, der Wirtschaftspartei und der Landvolkspartei zu der angekündigten Sitzung zusammen, um die Verhandlungen über einen gemeinsamen Wahlaufruf fortzuführen. Die Verhandlungen führten jedoch, wie wir hören, nicht zu dem Ziel, das seinen Ausdruck in einem gemeinsamen Wahlaufruf erhalten sollte. Die Parteien kamen allerdings überein, im Wahlkampf gegenseitig eine Art Burgfrieden zu halten. Weitere Verhandlungen sind nicht in Aussicht genommen.«

Dabei betonte Scholz, wie die *Nationalliberale Korrespondenz* hervorhebt, dass die grundsätzliche Verschiedenheit in der Auffassung der Deutschen Volkspartei und der Deutschen Staatspartei darin bestünde, dass die Deutsche Volkspartei, auch wenn sich zurzeit noch unüberwindbare Schwierigkeiten in den Weg stellten, beharrlich an einer Sammlung von links und rechts festhalte, während die Staatspartei, insbesondere Herr Höpker-Aschoff selbst in seinem bekannten Aufsatz in der *Kölnischen Zeitung* ausdrücklich die Bindung an ein solches Programm abgelehnt habe, zugunsten der Bildung einer neuen liberalen Partei. Die Deutsche Volkspartei habe niemals grundsätzlich ein Zusammengehen mit der Sozialdemokratie abgelehnt. Wohl aber halte sie es jetzt für unerlässlich, der sozialdemokratischen Vorherrschaft im Interesse einer Gesundung von Staat und Wirtschaft einen verstärkten bürgerlichen Einfluss zur Durchführung des Hindenburg-Programms entgegenzustellen. Jeden Schritt, der diese Entwicklung fördere, werde die Deutsche Volkspartei mitmachen. Jeder Schritt, der davon wegführe, sei für sie unannehmbar. Würde die Deutsche Volkspartei der Staatspartei sich anschließen, so wären damit infolge der erfolgten Festlegungen der Staatspartei die Brücken nach rechts abgebrochen.

Gegenüber diesen Ausführungen von Scholz brachte Höpker-Aschoff zum Ausdruck, die Staatspartei könne nicht einseitig nach rechts optieren. Es sei die große Aufgabe der neuen gemeinsamen Partei, die Mittlerstellung zwischen der Rechten und der Sozialdemokratie deutlich zum Ausdruck zu bringen.[73]

Am 14. September rief die *Kölnische Zeitung* das Volk auf, bei seiner Wahl die liberale Mitte zu stärken. Hierzu zählte sie die Deutsche Volkspartei und die Deutsche Staatspartei.

Die Wahlen am 14. September 1930 brachten den Nationalsozialisten 6,41 Millionen Stimmen, das waren 18,3 Prozent und 107 Mandate, während die Deutsche Staatspartei lediglich 1,3 Millionen Stimmen, das waren 3,8 Prozent und 20 Mandate erhielt. Der DVP ging es nicht besser: 1,57 Millionen Stimmen, 4,5 Prozent und 30 Mandate.

Bereits am Montagmorgen, dem 15. September 1930, brachte die *Kölnische Zeitung* ihren ersten Bericht:

»Zusammenfassend muß die Befürchtung ausgesprochen werden, daß die **liberale Mitte**, als Ganzes genommen, **sehr geschwächt** in das Parlament zurückkehren wird. Jetzt zeigt sich, wie verhängnisvoll es gewesen ist, daß die liberalen Parteien die Stunde der Einigung verpaßt haben. Der Bruderkampf der letzten Tage hat ihre Lage noch verschlechtert: Sogar in Baden, wo Staatspartei und Volkspartei eine gemeinsame Liste hatten, ist ein bedauerlicher Rückgang zu verzeichnen. Angesichts solcher Entwicklung muß die **Auflösung des Reichstags** als ein **Fehler von geradezu tragischem Ausmaße** betrachtet werden. Die *Kölnische Zeitung* hat die Parteien seinerzeit eindringlich gewarnt, diesen Schritt herbeizuführen. Jetzt haben wirtschaftliche Not und die skrupellose Verhetzung der Radikalen einen parlamentarischen Zustand geschaffen, von dem kein Mensch sagen kann, wie er sich auswirken wird. Eines ist jedoch sicher: An diesem 14. September 1930 wird wirklich ein neues Blatt in der Innenpolitik umgeschlagen. Für Zweck- und Sinnlosigkeiten ist jetzt kein Raum mehr. Das deutsche Staatsbürgertum, **alle Besonnenen** im Reichstag und im Lande draußen werden eng, **sehr eng zusammenarbeiten müssen** – das ist der erste Eindruck, den man von diesen Reichstagswahlen empfing, als der Draht meldete, daß über 100 Nationalsozialisten und 75 Kommunisten gewählt seien!«[74]

Und in der Abend-Ausgabe schrieb die Zeitung (Wolfgang Mansfeld):

»Das Ergebnis der Reichstagswahl beweist wohl am stärksten, wie **notwendig der Zusammenschluß der Mitte** war, den ich seit Monaten angestrebt habe. Es bestätigt die ernsten Befürchtungen, denen ich bereits auf dem Mannheimer Parteitag Ausdruck gab, als ich voraussagte, daß die staatserhaltenden Parteien der Mitte bei Reichstagswahlen ein schlimmeres Ergebnis zu erwarten haben würden, als bei der großen Enttäuschung der letzten Berliner Stadtverordnetenwahlen. Im Wahlkampf habe ich auch bereits erklärt, daß **die Sammlungsaktion nach dem 14. September fortgesetzt** werden müße. Das muß mit aller Entschiedenheit geschehen. Die Frage nach der **Koalitionsbildung** unter den verschobenen Mehrheitsverhältnissen ist nicht ohne weiteres zu beantworten, weil ich es natürlich vermeiden möchte, der Entscheidung des Reichspräsidenten irgendwie vorzugreifen.

Ich möchte aber die Öffentlichkeit vor einem Gedanken warnen, den man gerade in den Kreisen der Mitte schon jetzt hören kann: daß nun die Nationalsozialisten an die Regierung müßten, damit man erkenne, welchen politischen Wert ihr Agitationsprogramm habe. Die Durch-

führung eines solchen Experiments wäre die Begünstigung einer Katastrophenpolitik, die wir uns gerade jetzt unter gar keinen Umständen leisten können.

Der Vorsitzende der Sozialdemokratischen Partei, Otto Wels, äußerte sich dahin:

Niemand wird leugnen, daß sich die **Sozialdemokratie gut geschlagen** hat. Wir haben in Anbetracht unserer vorzüglichen Organisation niemals daran gezweifelt. Auch der plötzliche Aufstieg der Nationalsozialisten beunruhigt mich nicht. **Diese Partei ohne jedes Programm und ohne jeden Grundsatz** dürfte **ebenso schnell wieder vergehen**, wie sie aufgeschwemmt worden ist. Wenn sich das Zentrum diesmal zum ersten Mal als Regierungspartei berufen kann, so muß demgegenüber darauf hingewiesen werden, daß es lediglich aufgeholt hat, was es bei den letzten Wahlen einbüßte. Die Verantwortung für das, was kommen wird, liegt **in erster Linie bei den bürgerlichen Parteien** der Mitte und nicht bei der Sozialdemokratie.«[75]

In der Redaktionssitzung vom 18. September 1930 analysierte Alfred Neven DuMont den Ausgang der Wahlen. Wichtig hierbei zu wissen ist, daß Vater und Sohn sich bereits vorher auf eine Entlassung Foehrs geeinigt hatten.[76]

»Des Weiteren freue ich mich, daß es meinem Sohn gelungen ist, sich weiter in die redaktionellen Aufgaben einzuarbeiten und sich mit den politischen Fragen vertraut zu machen. Er hat dabei sehr viel gelernt, was ihm im späteren Leben als Verleger sicher von großem Vorteil sein wird, und ich glaube auch, daß dieses enge Verhältnis zur Redaktion auch für diese von Nutzen gewesen ist.

Was die Stellungnahme der Redaktion zu dem Wahlergebnis anbelangt, so braucht erfreulicherweise eine Änderung daran nicht vorgenommen zu werden. Es bleibt allerdings die Tatsache bestehen, daß wir eine Menge Zuschriften erhalten haben, deren Schreiber mit der Richtung der *Kölnischen Zeitung* nicht einverstanden sind, und in denen besonders unsre zu starke Betonung der Vereinigung der Mittelparteien abfällig beurteilt wird. Aus den Briefen geht auch hervor, daß viele unserer Leser nach rechts abgeglitten sind.

Das bringt mich auf unsre bisherige Einstellung zur Hitlerbewegung. Wir haben hier fast nur über nationalsozialistische Radauversammlungen berichtet, aber selten versucht, uns sachlich mit den Plänen Hitlers auseinanderzusetzen. Das sollte in stärkerem Maße geschehen, denn nur durch eine ruhig abwägende, sachliche Auseinandersetzung mit dem Hitlertum können wir zeigen, wohin die Reise geht, und die Hoffnung haben, die verirrten Schäflein zurückzuholen.

In der Frage der Sammlung scheint mir, nach dem Protokoll der letzten Redaktionskonferenz zu urteilen, in der Redaktion weitgehende Einigung zu bestehen. Durch die Zänkereien der DVP und der StP haben nicht nur diese, sondern auch wir Einbußen erlitten. Die Staatspartei hat fast nur in Köln zugenommen, was uns nun wieder von der DVP aufs Schuldkonto gesetzt wird, während Moldenhauer zweifellos sehr viel mehr Schuld daran hat. Durch das zu starke Eintreten für die StP haben wir Abonnenten verloren. Wen aber wollen wir dafür gewinnen? Wir dürfen nicht vergessen, daß innerhalb der Presse links von der *Kölnischen Zeitung*, die *Frankfurter Zeitung*, die *Vossische Zeitung* und das *Berliner Tageblatt* stehen, daß wir also schon aus Konkurrenzgründen dort nicht viel neuen Boden gewinnen können, zumal das alles Blätter mit großen journalistischen Qualitäten sind. Auch die Konkurrenz rechts von uns ist durch die Neufundierung der RWZ stärker geworden, die mit einem billigen Bezugspreis von 3 Mark Leser zu gewinnen trachtet und auch eine Menge Lesestoff bietet.«[77]

Kurt Neven DuMont glaubte, dass die Nationalsozialisten die richtigen Themen angesprochen hatten: hohe Beamtengehälter, Korruption in den Kommunen, Arbeitslosigkeit, und so weiter. Er ging allerdings davon aus, dass die meisten Wähler die nationalsozialistische Maxime gar nicht kannten. Dann ging er auf die Koalitionsfrage ein: »Die Tatsache, daß nun doch wieder mit der Sozialdemokratie regiert werden muß, ist für unsre Leser, nachdem ihnen monatelang vorgeredet worden ist ›Nie wieder Zusammenarbeit mit den Sozialdemokraten‹ eine bittere Pille, die wir ihnen nur in kleinen, homöopathischen Dosen verabreichen können. Wir müßen versuchen, den Lesern die Überzeugung beizubringen, daß die nationalsozialistischen Pillen noch erheblich bitterer zu schlucken sein würden.«[78]

Der Korrespondent des Berliner Büros, Dr. Klein, vertrat die Ansicht, Brüning müsse Hitler wegen einer Regierungsbeteiligung fragen. Hitler werde aber sicherlich das Reichsministerium des Innern und das Reichswehrministerium beanspruchen. Das aber könne Brüning nicht zulassen. Es bleibe also nur die Koalition mit den Sozialdemokraten.

Brüning wurde von der *Kölnischen Zeitung* nicht besonders gut behandelt, vor allem wegen der April-Gesetzgebung mit der unmöglichen Regelung der Verbrauchsbesteuerung. August Dresbach, der für den Bereich

Steuerpolitik zuständige Redakteur, schlug daher vor, das Sanierungsprogramm Brünings wohlwollender zu behandeln.

Die Auseinandersetzungen mit Eugen Foehr über die innenpolitische Ausrichtung der Zeitung begannen im Juli 1930 und wurden immer heftiger. Kurt Neven DuMont wollte ihn unbedingt halten, während sein Vater strikt dagegen war. Der Sohn, der für die neue Strategie des Verlages zusammen mit Foehr verantwortlich war, musste nach vielen Gesprächen mit seinem Vater zugeben, dass die Strategie falsch war. Vor allem die liberalen Ideen und die unerfreulichen Entwicklungen durch die Unterstützung der Staatspartei, aber auch die Auseinandersetzungen mit Scholz von der DVP, die bei den Lesern den Eindruck hinterließen, die *Kölnische Zeitung* entferne sich von der Stresemann-Partei und werde mehr und mehr eine liberale Wirtschaftszeitung, waren überzeugende Argumente. Noch nie zuvor in der Geschichte der Zeitung hatte es derartige Auseinandersetzungen über die Ausrichtung der Zeitung gegeben, die alle Mitglieder der Redaktionen mit einbezogen. Foehr musste zum 1. Oktober 1930 gehen.

Wie sehr Foehr die innenpolitische Diskussion bestimmt hatte, und wie schwierig es war, einen Nachfolger zu finden, der eine neue Strategie für die innenpolitische Ausrichtung der Zeitung entwickeln sollte, zeigt die Hilflosigkeit, mit der diese Frage behandelt wurde. Zum einen sollte verdeutlicht werden, dass nun zu den alten Prinzipien der Zeitung zurückgekehrt werden müsse, zum anderen aber gehörte viel Fingerspitzengefühl dazu, die Risse, die quer durch die Redaktion gingen, zu kitten. Dass Anton Haßmüller, der bereits von 1923 bis Ende 1927 Chefredakteur war und dann wegen Foehr und der Neuausrichtung nach München ins Exil gehen musste, wieder zurückgeholt und die Leitung des innenpolitischen Ressorts interimistisch übernahm, dokumentiert zwar die Rückkehr zu altbewährter Strategie, doch zeigt sie gleichzeitig, wie wenig die Verlagsleitung in einer schwierigen Zeit die Zeichen der Zukunft erkannt hatte. Haßmüllers Einführungsrede und Analyse war derart erschreckend, dass Kurt Neven DuMont und sein Vater bereits im Dezember Hans Wilhelm Pinkow die Leitung der Innenpolitik und im Juli 1931 den Posten des Chefredakteurs anboten.[79]

4.2.2 Neuer Kurs und Krise

Die wirtschaftliche Krise, die sich 1928 bereits im Verlag abzeichnete, hatte sicher massive interne Gründe, hing aber andererseits eng mit der Wirtschafts- und Bankenkrise von 1929/1931 zusammen.

Schon im Juli 1928 schrieb Kurt Neven DuMont an seine Frau Gabriele: »Etwas deprimierend ist, daß wir immer wieder an [sic!] Sparmöglichkeiten suchen müssen, was natürlich die journalistische Qualität der Zeitung auch beeinträchtigen muß.«[80] Im Jahre 1929 wurde die finanzielle Lage noch schlechter. Die Weltwirtschaftskrise, die hohen Arbeitslosenzahlen, aber auch die interne neue liberalere Ausrichtung der Zeitung führten zu Kündigungen der Abonnements.

Der Begriff »Weltwirtschaftskrise« kennzeichnet den ab 1929 beginnenden volkswirtschaftlichen Niedergang in sämtlichen Industrienationen. Sie fand ihren Anfang in den USA, wo der eigentlich moderate Rückgang des Wachstums zu einem Zusammenbruch des Aktienmarktes führte, der durch Spekulationen völlig überhitzt war. Auslandskredite wurden panikartig zurückgezogen, was in zahlreichen europäischen Staaten wiederum zu heftigen Wirtschaftskrisen führte. Die skandinavischen Länder reagierten mit deutlichen Eingriffen in den Markt, während Deutschland unter Reichskanzler Heinrich Brüning versuchte, die eigene Währung zu unterstützen, was unter anderem durch einen starken Sozialabbau finanziert wurde. Diese Maßnahmen stießen bei der Bevölkerung auf Unverständnis und waren auch ein Grund zu ihrer politischen Radikalisierung.[81] Es mangelte ihr an einer langjährigen Erfahrung mit demokratischen Strukturen. Eine Mehrheit unter den Deutschen hätte eine allmähliche Demokratisierung innerhalb einer konstitutionellen Monarchie bevorzugt.[82] Ein Teil des Leserkreises der *Kölnischen Zeitung* kam aus dieser Bevölkerungsgruppe.

Für die Weltwirtschaftskrise waren verschiedene Ursachen verantwortlich: Einmal waren die am Ersten Weltkrieg beteiligten europäischen Staaten nach Ende dieses Krieges zunehmend wieder selbst in der Lage, benötigte Güter zu produzieren, die sie in den Jahren zuvor aus Nord- und Südamerika importieren mussten. Es fielen, hauptsächlich für die amerikanische Wirtschaft, plötzlich Abnehmer weg, und es kam zu Überproduktionen, vor allem bei modernen Investitionsgütern, beispielsweise Kraftfahrzeugen, Kühlschränken und Fotoapparaten. Ende der zwanziger Jahre war hier ein Wachstum nicht mehr möglich. Der vorhergehende allgemeine Aufschwung hatte zu einem Investitions- und Spekulationsfieber weiter Schichten der Bevölkerung geführt. Der Kauf von Aktien wurde dabei oftmals nicht durch vorhandene Ersparnisse, sondern mithilfe von Privatkrediten finanziert, die teils mit extremen Zinssätzen abgeschlossen worden waren. In der Einschätzung der Bewegung von Wertpapieren unerfahren, und um sich vor größeren Verlusten zu schützen, stießen viele Anleger ihre Aktien panikartig ab, als die Börse erste Kursniedergänge verzeichnete. Dies beschleunigte die Talfahrt an der New Yorker Börse. Der New Yorker Aktienindex Dow Jones fiel am 24. Oktober 1929 um 12,8 Prozent ab – damit noch stärker als am 25. Oktober, dem sogenannten »Schwarzen Freitag« – und anschließend nochmals um 11,7 Prozent am 29. Oktober. New York war dabei nur das Epizentrum der Erschütterung, deren Auswirkungen sich rasch auf der ganzen Welt bemerkbar machten.[83]

Kursentwicklung von sieben Banken 1929/30[84]

Bank	8.1.1929	31.12.1929	30.12.1930	1.7.1931
1) Deutsche Bank und Disconto-Gesellschaft	171,5 (166)*	141,2	107,50	100,00
2) Dresdner Bank	170,2	141,5	108	100
3) Danat-Bank	288	225	144	107,5
4) Commerz- und Privatbank	196,5	146,7	109	100,23
5) Barmer Bankverein	143,5	116	100	98,25
6) Berliner Handels-Gesellschaft	246	172,5	117,50	105
7) ADCA	140,5	117,7	96,25	86

* Kurs der Disconto-Gesellschaft 166 und der Deutschen Bank 171,5 vor der Fusion Okt. 1929

Nicht nur die Aktienkurse brachen zusammen, sondern auch die Preise auf dem Rohstoffmarkt. Um sich vor der Konkurrenz ausländischer Produkte zu schützen, verhängten viele Länder hohe Einfuhrzölle, was zu einer deutlichen Einschränkung des Welthandels führte. Umgekehrt fiel nun gleichzeitig die Nachfrage Amerikas nach europäischen Gütern ab. Die Preise sanken, die Produktion wurde zurückgefahren und es kam zu Entlassungen.

Für Deutschland muss allerdings festgestellt werden, dass 1929 bereits vor der Wirtschaftskrise ein Rückgang des Wirtschaftswachstums um 2 Prozent eingetreten war. Dass sich diese Krise allgemein in Deutschland so stark auswirkte, war also nicht nur durch äußere Einflüsse verursacht worden, sondern war zu einem nicht geringen Teil »hausgemacht«. Noch 1927 betrug die Arbeitslosenrate lediglich 5 Prozent, von 1929 bis 1930 stieg die Anzahl der Arbeitslosen von 1,3 auf 3 Millionen.[85] Die Reaktion der Regierung erfolgte mit einiger Verzögerung. Brachte man die Zahlen im Februar noch mit den Schwankungen des jahreszeitlichen Bedarfs in Verbindung, erhoffte man sich, nachdem im Frühling keine Erholung des Arbeitsmarktes festgestellt werden konnte, eine Auflösung der alarmierenden Situation durch den Markt selbst. Ende 1930 belief sich die Zahl der Arbeitslosen bereits auf 5 Millionen, Anfang 1933 waren es mehr als 6 Millionen (jeder dritte Werktätige!), und Deutschland war damit zum weltweiten Spitzenreiter in Sachen Arbeitslosigkeit geworden.[86]

Harold James geht in seiner grundlegenden Untersuchung zur »Situation Deutschlands in der Weltwirtschaftskrise 1924–1936« von fünf Schwachpunkten in der deutschen Wirtschaft aus, die im Wesentlichen für den starken Rückgang des Wachstums in Deutschland Ende der zwanziger Jahre verantwortlich gewesen sein könnten:[87]

1. Die deutsche Schwerindustrie – Kohle, Eisen und Stahl – begegnete der Depression nicht mit der Senkung der Preise, sondern im Gegenteil mit der Einschränkung der Produktion unter Beibehaltung der Preise. Sie wollte sich durch ihre Monopolstellung nicht mehr den realen Marktbedingungen aussetzen.
2. Die Junker der ostelbischen Getreideproduktion setzten ihren politischen Einfluss dazu ein, ihre Monopolstellung zu stützen, und forderten zur Absicherung der Getreidepreise stetig höhere Schutzzölle, wodurch die Kaufkraft der Abnehmer immer mehr abnahm.
3. Die Gewerkschaften erzeugten einen ständigen Druck, die Löhne zu erhöhen. Die Arbeit in Deutschland wurde im Vergleich zu anderen Ländern extrem teuer, da die Realstundenlöhne im Verhältnis viel mehr als die eigentliche Produktivität stiegen. Dies führte wiederum zu einer Schwächung des deutschen Exports, da die Preise anstiegen.
4. Es kam zu einem Anstieg von Steuern und Sozialabgaben, der insbesondere von den Arbeitgebern beklagt wurde, und zu einer Tendenz von Politikern, diese Abgaben nicht zur Finanzierung staatlicher Investitionen, sondern zur Beschwichtigung von unzufriedenen Interessengruppen zu verwenden.
5. Die Zahlung von Reparationen belief sich Ende der zwanziger Jahre auf immerhin 3 Prozent des Bruttosozialproduktes.

Die deutsche Bankenkrise stand am Beginn der zweiten Welle der Wirtschaftskrise, der so genannten »Hyperdeflation«. Sie entstand unter anderem durch eine ausgeprägte Konkurrenz der Banken untereinander, die Übernahme von kleinen Banken und durch Spekulationen mit Wertpapieren und Warengeschäften. Den Banken fehlten größere Rücklagen und liquide Mittel für Investitionen. Darüber hinaus herrschte ein Ungleichgewicht zwischen den im Ausland aufgenommenen Krediten in Höhe von 21 Milliarden Reichsmark in den Jahren 1925 bis 1929 und den Auslandsinvestitionen von gerade 7,7 Milliarden Reichsmark. Im November 1930 wurden plötzlich große Teile dieser kurzfristigen Kredite von amerikanischen und französischen Kreditgebern zurückgefordert. Diese Kreditkündigungen brachten hauptsächlich kleinere Banken in Schwierigkeiten, die über die geringsten Rücklagen verfügten. Als im Frühjahr 1931 Pläne einer möglichen Zollunion mit Österreich bekannt wurden, sah Frankreich darin einen Bruch des Versailler Vertrags und zog Kredite aus Österreich und Deutschland zurück. Als Reichskanzler Heinrich Brüning im Juni 1931 zusätzlich die »untragbar« hohen Reparationsforderungen öffentlich anprangerte, kam es auch in Deutschland zu einem Vertrauensverlust der Bevölkerung in die Regierung Brüning. Nach dem Bankrott eines der bedeutendsten deutschen Bankhäuser, der Darmstädter- und Nationalbank (Danat-Bank), kam es zu erheblichen Geldabhebungen.[88] Daraufhin wurden die Banken für zwei Tage geschlossen. Erst am 5. August 1931 arbeiteten die Geldinstitute wieder regulär. Ihre Wiedereröffnung war nur durch umfassende Garantien der Regierung möglich geworden.[89] Um den Forderungen an sie gerecht zu werden, erhöhten nun die Banken zum eigenen Schutz den Geldmarktzins und schränkten allgemein ihre Kreditvergabe ein. Viele Unternehmen brachte die nachfolgende Rückforderung ihrer Kredite durch die Geldhäuser in große Schwierigkeiten. Oft bedeutete dies gar das Ende ihres Unternehmens.[90] Durch vorherige Schließung der Geldhäuser und die Vergrößerung der Geldreserven bei den Banken kam es darüber hinaus zu einem Rückgang des Gesamtgeldvolumens um jährlich 24 Prozent bis Februar 1932.[91]

Reichskanzler Brüning antwortete auf die Wirtschaftskrise mit der Deflationspolitik, einem rigiden Sparprogramm: Er erhob neue Steuern und fuhr gleichzeitig die sozialen Leistungen des Staates herunter. Außerdem strebte er eine Absenkung von Löhnen und Gehältern an. Brüning war bemüht, der Bevölkerung die Notwendigkeit dieser Maßnahmen zu erklären, und bat um ihre Unterstützung. Letztendlich erreichte er durch sein Programm jedoch nur eine Absenkung der Preise und damit fallende Steuereinnahmen, die die Situation des Staates noch prekärer machten. Weitere Kreditaufnahmen oder Steuererhöhungen waren jedoch in den frühen dreißiger Jahren nicht mehr möglich.[92] Zudem bekämpften sich die einzelnen Interessenverbände wie Banken, Industrie, Landwirtschaft und Gewerkschaften nicht nur gegenseitig, um ihre Rechte zu wahren oder durchzusetzen, sondern auch intern, was schließlich zu deren Zerstörung führte. Zwangsläufig war durch das geringe Wirtschaftswachstum auch die Republik und das demokratische Staatssystem nicht mehr haltbar.[93] Es fehlte der Wille, sich weiterhin für die eigenen Belange und insbesondere die des Staates einzusetzen, in den man kein Vertrauen mehr setzte. Es entstand eine fatale Spirale der Selbstzerstörung des demokratischen Systems, die schließlich im nationalsozialistischen Regime Hitlers endete.

Die Bilanz des Verlagshauses für das Jahr 1930 war um etwa 9 Prozent besser als 1929. Die Gehaltsherabsetzung für die Redakteure betrug 6 Prozent. Die Löhne generell, also für die Nichtredakteure, die Arbeiter, wurden um die Hälfte herabgesetzt.[94] Im Februar 1931 drohte Streik: »Die Streikgefahr ist noch nicht vorüber, der kritische Tag ist der nächste Freitag, an dem Lohntag ist. Vielleicht wollen die Arbeiter sich dann noch ihr Geld abholen.«[95]

Am 19. Februar 1931 musste sich die Redaktionskonferenz mit diesen Problemen befassen, nämlich mit finanziellen Engpässen, die auch zu Kürzungen bei den Redakteursgehältern geführt hatten. Kurt Neven DuMont warb bei den Journalisten um Verständnis für die Kürzungen. Als eine Art vertrauensbildender Maßnahme wurde den leitenden Redakteuren Einblick in die Bilanzen von 1930 gewährt.[96]

Aus einem Brief von Kurt Neven DuMont an den Schweizer Journalisten, Schriftsteller und Träger des Schillerpreises der Schweizerischen Schiller-Stiftung des Jahres 1930[97] Max Rychner (1897–1965), um dessen Mitarbeit sich Neven DuMont zu diesem Zeitpunkt in diesem und in weiteren Briefen intensiv bemühte (ausführliche Erläuterungen zur Einstellung von Rychner siehe Seite 281), geht hervor, dass nicht nur die Redaktion in Unruhe war, sondern auch die Arbeiterschaft, die nach Auseinandersetzungen mit der Verlagsleitung im Mai 1931 einen kurzen Streik durchführte.[98] Die Belegschaft hatte zwischen Montagmittag 12 Uhr am 12. Mai und Dienstagmittag 11 Uhr am 13. Mai 1931 aufgrund von Sparmaßnahmen des Verlags, insbesondere wegen einer Kürzung der übertariflichen Zuschläge um 50 Prozent bei sieben Arbeitern, die Arbeit niedergelegt. Hierdurch fielen die Abend-Ausgabe am 12. Mai 1931 und die Morgen-Ausgabe am 13. Mai 1931 aus.[99]

Ende 1931 wurde deutlich, dass aus wirtschaftlichen Gründen weitere Einsparungen notwendig wurden, um den Verlag und die Zeitung weiterführen zu können. Dies betraf in erster Linie Mitarbeiter nahe der Altersgrenze, die vorzeitig in den Ruhestand geschickt wurden. Chefredakteur Pinkow schilderte in der Redaktionskonferenz die besonderen Umstände für diese Maßnahmen:

»Es gab nur den Weg, oben und unten anzupacken, mit anderen Worten diejenigen, die der Altersgrenze schon nahe standen, zu bitten, vorzeitig in den Ruhestand zu treten, und nach unten hin Verschiebungen zu veranlassen, die diejenigen Kollegen beruflich und menschlich retteten, die von diesen Verschiebungen betroffen wurden, wenn es auch nicht möglich war, sie weiterhin in unserem Kreis in der alten Form tätig sein zu lassen.«[100]

Im Jahre 1931 gelang es, die Ausfälle von 800 000 RM an Einnahmen (Abonnenten- und Anzeigenrückgang) bei der *Kölnischen Zeitung* durch Herabsetzung der Ausgaben auszugleichen, sodass der Verlust, wie im Vorjahr, 1,5 Mio. RM betrug.[101] Um eine drohende Preisherabsetzung bei den Anzeigen zu verhindern, traf sich Alfred Neven DuMont noch im Februar 1931 mit Reichskanzler Brüning und dem Reichskommissar für die Preisüberwachung.[102]

Natürlich trieb die Weltwirtschafts- und Bankenkrise der NSDAP Wähler zu, und Hitler wusste, welche Themen er ansprechen musste. War die NSDAP zunächst nur eine kleine, aber lautstarke Splittergruppe unter vielen im Spektrum des politischen oder sozialen Protests, so wurde sie zur stärksten der völkisch-antisemitischen Gruppierungen ab 1925. Es war die Weltwirtschaftskrise, die die NSDAP zur Massenpartei aufsteigen ließ. In den relativ stabilen Jahren der Weimarer Republik 1924 bis 1928 blieb die NSDAP ohne nennenswerte Erfolge. »In den Jahren der Konsolidierung der Republik bleiben die äußeren Erfolge der NSDAP beschränkt. Sie verdrängt sämtliche verwandte Konkurrenten, vor allem die DNVP, und stabilisiert ihre Organisation. 1929 ist die NSDAP über das ganze Reich verbreitet und besitzt einen ziemlich verläßlichen, Hitler ergebenen Kader. Erneut weckt sie das Interesse konservativ-nationaler Gegner der Republik.«[103]

Die Abfolge des Griffes nach der Macht erfolgte in Stufen von unten nach oben: Zunächst kam bei der Kommunalwahl in Coburg am 23. Juni 1929 die erste kommunale NSDAP-Mehrheit zustande. Der erste Minister, der für die NSDAP ins Amt kam, war am 23. Januar 1930 in Thüringen Wilhelm Frick, der als Innen- und Volksbildungsminister amtierte. Er trat am 1. April 1931 bereits wieder zurück. Bei einer Führertagung in München am 27. April 1930 wurde Joseph Goebbels zum Reichspropagandaleiter ernannt. Am 29. August 1930 trat der oberste SA-Führer von Pfeffer zurück. Hitler übernahm vorübergehend sein Amt. Aber bereits am 5. Januar 1931 wurde Ernst Röhm SA-Führer.

Bei der Reichstagswahl am 14. September 1930 verneunfachte die NSDAP die Zahl ihrer Mandate auf 107. Nach diesen »Erbitterungs-Wahlen«, wie sie die *Frankfurter Zeitung* nannte,[104] war keine demokratische Mehrheitsbildung mehr möglich. Die NSDAP errang mit 6,4 Millionen Wählern 18,3 Prozent der Stimmen und erzielte damit eine Steigerung der Wählerstimmen um das Achtfache. Damit war die Partei nach der SPD zur zweitstärksten Partei geworden. Die nationalistisch-autoritären Kräfte hatten spätestens von diesem Zeitpunkt an das Ziel, das parlamentarische System zu überwinden, brauchten dazu aber eine Massenbasis.

Das *Berliner Tageblatt* war entsetzt. Bereits am 16. September 1930 hieß es in einem Kommentar, man könne die »ungeheuerliche Tatsache« nicht fassen, »daß sechs Millionen und vierhunderttausend Wähler und Wählerinnen in diesem hoch zivilisierten Land dem gewöhnlichsten, hohlsten, plattesten Scharlatanismus ihre Stimme gaben«[105]. Der Herausgeber Theodor Wolff fügte am 21. September hinzu: »Wir gestatten uns, einstweilen noch an der Hoffnung festzuhalten, daß der Nationalsozialismus späteren Historikern nicht als eine neue Phase, sondern als eine neue Phrase der Geschichte erscheinen wird.«[106]

Am 2. Oktober 1930 schrieb Hans Meisel hierzu in der *Vossischen Zeitung*: »Nichts ist in diesen Jahren erschütternder mit anzusehen als der Selbstabbau des Bürgertums, der seelische Selbstmord einer ganzen Klasse. (...) Große Teile der Jugend denken nicht mehr bürgerlich. Sie denken marxistisch oder faschistisch.«[107]

In Köln konnte die NSDAP jahrelang nur wenig Fuß fassen.[108] 1931 wurde Köln Hauptstadt des NSDAP-Gaus Köln-Aachen. Nach Heinz Haake und Robert Ley übernahm ab 1931 Josef Grohé[109] den nunmehr »Köln-Aachen« genannten Gau. Bei der letzten Wahl vor der Machtergreifung am 6. November 1932 errang die NSDAP in Köln 20,4 Prozent der Stimmen, am 12. März 1933 waren es 39,6 Prozent. Otto Brües berichtete über das Wahlverhalten der Kölner Katholiken zu Beginn der Machtübernahme Hitlers:

»Insoweit die Kölner Katholiken sind, haben sie durch die Religion Sinn für die Stufungen der Hierarchie; sobald eine solche Hierarchie weltlich ist, erwacht die Kritik. Eben deshalb haben sie, soweit das mit dem Stimmzettel möglich war, sich solang wie möglich gegen die Diktatur gewandt. Im Wahlkreis Köln-Aachen wurden bis zum Tag der Machtergreifung weniger Stimmen abgegeben als in irgendeinem der anderen.«[110]

1931 wurde die Reichsbetriebszellen-Abteilung der Reichsleitung der NSDAP gegründet (NSBO), die später in allen Unternehmen eine erhebliche Rolle spielen sollte, auch beim Verlagshaus M. DuMont Schauberg. Hitler war organisatorisch gut aufgestellt.

4.2.3 Treu zur Weimarer Verfassung

Anton Haßmüller war zwar nur als Übergangslösung gedacht, aber seine Antrittsrede in der Redaktionssitzung vom 2. Oktober 1932 zeigte bereits, dass schnell eine andere Lösung gefunden werden musste:

»Ich bin nur unter Überwindung aller möglicher Bedenken zu einem Ja gekommen, bedaure ich doch den Entschluß Dr. Foehrs sowohl nach der persönlichen, wie nach der sachlichen Seite hin außerordentlich. Es spielen hier aber Schwierigkeiten hinein, auf die jeder stoßen kann, der in einer Gemeinschaft arbeitet und dort Politik macht, sei es nun in einem Zeitungsunternehmen, einer Partei, einem Parlament oder einer Regierung. Was nun die politische Haltung der *Kölnischen Zeitung* angeht, die wir nunmehr gemeinsam zu bestimmen haben, so gilt dafür dasselbe, was in dem Brüningschen Regierungsprogramm enthalten ist: sie ist aus der Not der Zeit geboren. Ich möchte, um in einem Bilde zu bleiben, sagen: Es ist für die Politik der *Kölnischen Zeitung* sowohl wie für die Politik überhaupt eine Zwischenlandung, wie bei einem Luftschiff, notwendig, das im Sturm vom Kurs abgedrängt und zertrümmert zu werden droht, wobei ich im übrigen der Auffassung bin, daß der Kurs auf weite Sicht gesehen, links gehen wird. Ich glaube aber, daß wir bis auf weiteres möglichst wenig vom ›Kurs‹ weder vom Links- noch vom Rechtskurs, zu reden haben werden. Unser Bemühen muß sein, die Taue festzuhalten, an denen das Luftschiff, das *Kölnische Zeitung* und Deutscher Staat heißt, befestigt ist, und da habe ich nach dem, was ich in Köln gehört habe, die Überzeugung, daß in diesem Sinne gemeinsam gute Arbeit geleistet werden wird.«[111]

Den Nationalsozialisten standen Verlag und Redaktion auch Ende

1930 noch skeptisch gegenüber. Einer Miteinbeziehung in die Regierung zwecks »Abwirtschaftung« der Partei, wie es die Deutsche Volkspartei vorgeschlagen hatte, wäre, nach Meinung Kurt Neven DuMonts, mit negativen Folgen für alle verbunden gewesen.[112] Auch bezweifelte er, dass die Nationalsozialisten tatsächlich den Rückzug antreten würden, wenn ihr Programm keinen Erfolg zeigen sollte, sondern befürchtete vielmehr deren gewaltsames Verharren in der einmal besetzten Position:

»Eine weitere Frage ist, ob die NSoz. nach ihrem Abwirtschaften auch die Konsequenzen daraus ziehen, d. h. von *der* politischen Bühne abtreten werden. Wahrscheinlicher ist, daß sie sich dann skrupellos jeden Mittels bedienen werden, um durch Gewaltmaßnahmen so lange wie möglich an der Macht zu bleiben, vor allem wenn es ihnen in der Zwischenzeit gelungen wäre, die Polizei oder Reichswehr auf ihre Seite zu bringen.«[113]

Am 25. Januar 1931 fand wiederum eine Redaktionssitzung statt, die sich mit den Richtlinien über die zukünftige Haltung der *Kölnischen Zeitung* in der Innenpolitik befasste. Deutlich setzte sich Pinkow nochmals von den Zielen der Nationalsozialisten ab und stellte die *Kölnische Zeitung* fest auf den Boden der Weimarer Verfassung:

»Das Dritte Reich, das wir erringen wollen und das mit uns das Bürgertum schaffen möchte, ist ein andres, als es dem deutschen Volk in den Versprechungen des Herrn Hitler vorgegaukelt wird. (...) Die Hauptsache ist die Entwicklung der Weimarer Verfassung, die ein Anfang und kein Ende ist, die Stärkung der Regierungsgewalt und die Schaffung des Einheitsstaates, alles ohne Weltfremdheit und darauf gerichtet, daß nicht alles zusammen im Handumdrehen zu schaffen ist, sondern nur in langsamer Aufbauarbeit geschaffen werden kann.«[114]

Kommerzienrat Alfred Neven DuMont schloss sich Pinkows Bemerkungen an und verwehrte sich nochmals vehement gegen eine Anbiederung bei den Nationalsozialisten: »Wir erleben heute, daß das *Berliner Tageblatt*, die *Frankfurter Zeitung* und andere ihr Segel völlig umstellen müssen, weil eben mit der Demokratie nichts mehr zu holen ist. Das hätten wir uns schon früher sagen können. Trotzdem denke ich nicht daran, unser Segel jetzt nach dem nationalsozialistischen Wind zu setzen.«[115]

Zu dieser Zeit begannen Verlag und Redaktion, ernsthaft über die Umsetzung einer neuen Strategie in der Innenpolitik nachzudenken. Dabei hatte es die *Kölnische Zeitung* schwer, die Öffentlichkeit zu überzeugen. Aber auch die übrige Presse polemisierte und verschickte Artikel aus der *Kölnischen Zeitung*, die beweisen sollten, dass die Linie noch die gleiche war. Kurt Neven DuMont und Hans Wilhelm Pinkow setzten sich für ein »Fairplay« ein und baten die Redakteure, auf aggressive Überschriften, aber auch auf den Ton im »Sammelsurium« der kleinen Nachrichten zu achten. Vor allem sollten »mots violents« vermieden werden. Pinkow stellte sich hier erstmals auch gegen die von Haßmüller geäußerte Meinung. Allerhand Zeichen deuteten darauf hin, dass man in der Gegenwart keine charaktervolle Politik mehr betreiben könne. Dennoch sprach sich Pinkow dezidiert für eine charaktervolle Politik aus und meinte, die *Kölnische Zeitung* vergebe sich nichts dabei: »Unsere Arbeit muss darauf sehen, das Reich der Zukunft aus der Gegenwart heraus zu entwickeln, zukunftsweisend und führend zu sein.«[116]

Interessant sind auch Pinkows Ausführungen zum Nationalsozialismus:

»Was unser Verhältnis zum Nationalsozialismus angeht, so möchte ich ausdrücklich betonen, daß es uns in jeder Beziehung fern liegen muß, eine reine Konjekturalpolitik zu treiben. Es hat keinen Sinn, und auch Herr Kommerzienrat Neven hat seine Worte wohl so gemeint, einfach mit dem Nationalsozialismus mitzugehen, weil die Bewegung nun einmal da ist. Aber man darf sich auch nicht verhehlen, daß in der Nachläuferschaft der Nationalsozialistischen Partei, wenn auch nicht in der Partei selbst, sich auch gesunde Gedanken und Gefühle geregt haben und regen, die man nicht ohne weiteres beiseite werfen kann, und in dieser Beziehung, ist bei der Demokratie sehr wohl noch viel zu holen. Nur muß man die Demokratie so auffassen, wie sie wirklich aufgefaßt werden muß und wie sie staatsrechtlich seit den ältesten Zeiten in allerhand Wandlungen geformt worden ist, nämlich so, daß innerhalb der Demokratie jeder einzelne zu jeder Stunde sich fühlen muß, als den Nabel der Welt, um den das Geschehen kreist, und als verantwortlich für das große Ganze.«[117]

Und weiter fährt er fort:

»Wir wollen den Nationalsozialismus, soweit er als Partei auftritt, bekämpfen. Bei der Berichterstattung über Vorträge und Versammlungen aber dürfen wir den sachlichen Boden nicht soweit verlassen, daß etwas als rein persönlicher Angriff wirkt. Berichte über Raufereien, an denen die Öffentlichkeit ja leider ein sehr großes Interesse nimmt, haben bei uns nur insoweit eine Berechtigung, als sie wesentlich sind als Stimmungsbarometer innerhalb der deutschen Politik. Es ist also durchaus nicht nötig, jede Kleinigkeit zu erwähnen.«[118]

Es war klar, dass die *Kölnische Zeitung* den Nationalsozialismus ernst nehmen musste. Aber die Einstellung und die Richtung für 1931 war deutlich: Sammlung des Bürgertums auf nationaler Basis. Allerdings, so stellte Pinkow nochmals eindeutig fest, hat »diese Verteidigung des Nationalen nichts zu tun mit nationalistischem, chauvinistischem und imperialistischem Geschrei und Gezeter, das viele gern auch in unseren Spalten sehen möchten.«[119]

Auch die *Frankfurter Zeitung* setzte sich im Jahr 1931 intensiv mit dem Nationalsozialismus auseinander. In der zweiten Februarhälfte 1931 veröffentlichte das demokratische Blatt eine achtteilige Serie des Schriftstellers Friedrich Franz von Unruh zu diesem Thema. Im Gegensatz zur *Kölnischen Zeitung*, in der Haßmüller auf jede Bewertung des NSDAP-Parteiprogramms verzichtet hatte, wurden in dieser Serie die nationalsozialistischen Arbeitsziele implizit erläutert und kommentiert. In der ersten Folge wurde aus dem 25-Punkte-Programm des Jahres 1930 zitiert: »Antisemitismus ist gewissermaßen der gefühlsmäßige Unterbau unserer Bewegung.« Als Ziele der NS-Politik gegenüber »Nicht-Staatsbürgern« (und dazu gehören nach Auffassung der Verfasser die Juden) wurden »Entrechtung und Ausweisung« genannt[120] Im zweiten Teil schrieb von Unruh über die Kulturarbeit im Dritten Reich: »Auf kulturellem Gebiet hat die Hitlerpartei mit der Durchsetzung des Remarquefilm-Verbots ihren ersten sensationellen Erfolg errungen.« Zu den nationalsozialistischen Planungen für eine Hochschulpolitik schrieb der Autor: »Es sei eine Schande, daß so viele Lehrstühle von Juden besetzt sind; von Juden, denen jede Gabe der Zusammenschau, jeglicher Instinkt für die spezifisch nordischen Werte unserer Kultur fehlt.« In Bezug auf die Schulpolitik wurden folgende Aussagen getroffen: »Wie die Praxis wird, lehrt – in bescheidenem Ausmaß – Thüringen: Haßgebet in den Schulen – schon die Kinder werden verhetzt.«[121] Im dritten Teil der Serie erläuterte der Autor die »Organisation« der Nationalsozialisten: »Die zivile Partei wird durch die SA-Formationen, die Bürgerkriegstruppe, ergänzt. Diese Sturmabteilungen sind militärisch gegliedert. (...) Schon heute hat Hitler als Armee- und Parteichef absolute Gewalt. Seine SA sind das Rückgrat einer künftigen Diktatur. Die straffe, sorgsam gegliederte Organisation gibt den Rahmen des neuen Reichs. Man glaubt es diesen Männern aufs Wort, daß sie einen Kasernenstaat schaffen werden, der an Drill und Kadavergehorsam alles Frühere übertrifft.«[122]

In einem letzten Zitat der vierten Folge heißt es: »Man könnte nun, wenn man über Hitlers Aussprüche über Frankreich, die Juden, die Sozialisierung denkt, an ein Einlenken glauben; könnte meinen, der Machtumschwung, die Aussicht, aus der Opposition zur Regierung zu kommen, dämpfe den Radikalismus. Das wäre, sofern man vom einzelnen auf die Mehrheit schlösse, ein Irrtum. In Versammlungen, Zeitungen, Büchern wird weitergehetzt.«[123]

Im Hinblick auf die Weltwirtschaftskrise fasst von Unruh in der achten Folge zusammen: »Es war nicht schwer, die Jugend mit den alten Parolen zu ködern. Überhaupt, es ist leicht, ohne Blick für die Lage hohe Ziele zu setzen; schwieriger, von den Tatsachen aus, den bedingten Weg zu beschreiten. (...) Manche sagen, wenn Hitler zur Macht käme, verlöre er seine Anhänger; denn sie würden ja dann seine Ohnmacht erkennen. (...) Viele trösten sich nun, es werde schon nicht so schlimm werden, die Partei brauche Wahlparolen, aber werden auch nur zehn Prozent dessen, was die Nationalsozialisten fordern, verwirklicht, genügt es zur Katastrophe.« Abschließend forderte von Unruh die Leser auf: »Stellen wir der brutalen, willkürlichen Diktatur das Kategorische des Gewissens gegenüber; der Herrschaft der Phrase die der Zukunft, dem Hurra-Patriotismus wirkliches Deutschtum, im Sinne Luthers und Lessings, Goethes und Kants, des Freiherrn vom Stein. (...)« Die Serie endete mit dem Satz: »Der Nationalsozialismus wird scheitern am Gefühl für nationale Würde und soziale Notwendigkeiten.«[124] Wie wir wissen, war das ein folgenschwerer Irrtum.

Im Frühjahr 1931 war die Amtsführung des nationalsozialistischen Innenministers von Thüringen, Wilhelm Frick, ein wichtiges Thema in der innenpolitischen Berichterstattung der *Kölnischen Zeitung*. Als die DVP im März die Koalition wegen der Ausfälle Fricks aufkündigte, schrieb die *Vossische Zeitung*, die DVP habe sich »endlich entschlossen, der Hitlerpartei die Koalitionsfreundschaft in aller Form zu kündigen«[125]. Nach Fricks Sturz, den die *Vossische Zeitung* am 2. April 1931 meldete (Unterzeile: »Thüringische Regierung ohne Rechtsradikale«), berichtete sie über die »Führerkrise im Hitler-Lager«[126] und kommentierte den »Umschwung von Weimar« unter anderem mit dem Verweis auf Hitler, der in einer ersten Reaktion seinen Parteigenossen in Weimar zugerufen hatte: »Meistert euren Grimm und erhebt die Vernunft zum ausschließlichen Dirigenten eures Denkens und eures Handelns. Die Vernunft aber kann nur auf den Weg der strengsten Gesetzlichkeit führen.« Der Kommentator M. R. griff diese Sätze auf: »So Adolf Hitler! Welch treffliche Worte. Und wie muß man wünschen, daß sie befolgt werden. Denn regierte erst die Vernunft überall, dann gäbe es weder Nationalsozialisten noch Kommunisten, wäre es nicht möglich, daß ein Mann wie Frick eine führende politische Rolle spielen konnte, weil er in seiner Partei unter so unendlich vielen Nullen immerhin eine, wenn auch kleine Ziffer war.«[127] Am folgenden Tag wurde der »Abschied von Frick« noch einmal ausführlich interpretiert: »Es geht von diesem Abschied in Weimar eine befreiende Wirkung aus auf das ganze Reich. Über das thüringische Zwischenspiel selbst wird man heute schon die Akten schließen können«, schrieb Otto Häcker – und reflektiert erneut das Verhalten der DVP: »Schwer verständlich, daß die Volkspartei sich auf diese Koalition einließ. Es läßt sich zur Begründung nur anführen, daß die Volkspartei in Thüringen von jeher weit rechts stand, (...) die maßgebenden Parteiinstanzen sind offenbar über den Charakter der Hitler-Bewegung und besonders über die Person des Herrn Frick völlig im Unklaren gewesen.«[128]

Rückwirkend zum 1. Juli 1931 wurde Hans Wilhelm Pinkow von der Verlagsleitung zum Chefredakteur ernannt. Pinkow gelang es, schon in der ersten Hälfte des Jahres 1931, vor allem die jüngeren Redakteure »zu wertvollen Helfern heranzubilden und ihr volles Vertrauen in menschlicher wie in politischer Beziehung zu erwerben«[129]. Zusammen mit Kurt Neven DuMont bestimmte er maßgeblich bis zu seinem Ausscheiden Ende September 1933 die Linie der *Kölnischen Zeitung*. Zu seinen engsten Mitarbeitern ernannte er Johann Schäfer, den Leiter des Handelsteils und Walter Schmits, den Leiter des Feuilletons. Sie galten von diesem Zeitpunkt an als seine Stellvertreter. Smits als ältestes Mitglied der Redaktion würdigte die Arbeit Pinkows, »daß er als Leiter der Redaktion die unbedingt notwendige Aufrechterhaltung der vollen Autorität eines Chefredakteurs des zuletzt für das Ganze verantwortlichen Mannes, zu vereinen weiß, mit dem Gedanken einer gesunden Demokratie, mit einer zweckdienlichen Dezentralisation, die sich durchaus in Übereinstimmung bringen läßt mit einer einheitlichen Gesamtleitung der Zeitung«[130].

Die nachfolgenden Monate waren geprägt von der Unterzeichnung des Hoover-Moratoriums am 24. Juli 1931, in dem auf Vorschlag der USA alle Reparationsverpflichtungen ausgesetzt wurden und der dritten Notverordnung Brünings am 6. Oktober 1931 zur Sicherung der Wirtschaft und Finanzen und zur Bekämpfung politischer Ausschreitungen. Am 9. August war bereits der vom Stahlhelm beantragte, von der NSDAP unterstützte Volksentscheid über die Auflösung des Preußischen Landtags mit 36,8 Prozent (9,79 Millionen) Stimmen gescheitert. Am 11. Oktober tagte in Bad Harzburg die »Nationale Opposition« aus NSDAP, DNVP, Stahlhelm und anderen Rechtsgruppierungen. Hitler behauptete jedoch seine Unabhängigkeit, die er demonstrativ unterstrich, indem er am 18. Oktober 1931 in Braunschweig einen Großaufmarsch der SA organisierte.

Die *Kölnische Zeitung* nahm diese Ereignisse zum Anlass, die Frage zu stellen, auf welchem Rechtsboden sich Deutschland eigentlich befinde.

»In der heutigen Zeit des politischen Fiebers scheint es notwendig zu sein, einmal in ganz nüchterner Weise aufzuzeigen, **auf welchem Rechtsboden** wir uns überhaupt bewegen. Es wird soviel von besondern Vollmachten des Reichspräsidenten an das Kabinett Brüning gesprochen. In der *Kölnischen Zeitung* sind zwar auch schon Zweifel geäußert worden, ob der Stoff, der jeweils in die Notverordnungen eingepackt wurde, sich für die Notverordnungsgesetzgebung eigne. Aber da bisher nun einmal keine Ausführungsgesetze über die Anwendbarkeit des Artikels 48 der Reichsverfassung vorliegen, müssen alle derartigen Erwägungen im Düstern oder im Gefühlsmäßigen herumtappen. Das **entscheidende** in der bisherigen Entwicklung war, **daß der Reichstag von seinem Einspruchsrecht nicht Gebrauch machte**. Und so wurde die Notverordnungsgesetzgebung, wenn man so will, legal. **Nicht die Vollmachten des Reichspräsidenten** waren also ausschlaggebend, sondern die billigende Haltung des Reichstages.«[131]

Sie stellte dann die Frage, die sie in einem ausführlichen Kommentar zu klären versuchte:

»Was müßte also geschehen, wenn Brüning jetzt in den nächsten Tagen ein Mißtrauensvotum des Reichstags erhielte?

Nach dem parlamentarischen Grundgesetz bliebe ihm nichts andres übrig, als auch mit seinem zweiten Kabinett zurückzutreten. Der Reichspräsident aber müßte dann – das verlangt nicht nur das ungeschriebene Gesetz der Demokratie, sondern auch die Stimmung in weiten Kreisen des deutschen Volkes – einen **Führer der Rechtsopposition mit der Bildung eines neuen Kabinetts beauftragen**. (...) Bis zur Harzburger Tagung, wo es den Nationalsozialisten gelungen ist, Hugenberg zum Eintreten für Neuwahlen zu zwingen, hat sich der deutschnationale Führer mit dem Gedanken getragen, einen sehr weit rechts stehenden rheinischen Katholiken dem Reichspräsidenten als Kanzler vorzuschlagen und so das Zentrum zum Mitgehen oder doch zum Tolerieren zu bringen. Wie dem auch sein möge, es würde im Volk nicht verstanden werden, wenn der Versuch, mit der Rechten eine verfassungsmäßige Regierung zu bilden, nicht unternommen würde. Ein offensichtliches **Abweichen von den Grundsätzen der Verfassung durch Brüning, ohne daß dieser be-**

sagte Versuch unternommen wäre, würde seine Stellung psychologisch auch ungeheuer erschweren. Die Frage ist jetzt: **Ist die Rechte zu wirklicher Verantwortung bereit**? Wenn sie glaubt, im Sinne von Harzburg regieren zu können, dann dürfte sie sich allerdings schnell abnutzen. Wir sind aber einstweilen der Meinung, daß die Forderungen, welche dort aufgestellt wurden, nur die innere Unausgeglichenheit der Geister und Meinungen und damit die mangelnde Bereitschaft und Fähigkeit zur Regierungsübernahme verdecken soll. Was soll man beispielsweise von der Forderung halten, daß sämtliche Notverordnungen der Regierung Brüning aufzuheben seien? Die *Kölnische Zeitung* hat wohl zu denen gehört, die an den Notverordnungen allgemein, wie an bestimmten Einzelheiten heftigste Kritik geübt hat, aber sie hat es auch nicht an praktischen Gegenvorschlägen fehlen lassen. Diese Notverordnungen mit ihren entscheidenden Einschnitten in das öffentliche Haushaltswesen, nicht nur des Reichs, sondern auch vor allem der Gemeinden, einfach aufheben zu wollen, ohne ein Wort zu sagen, wie man sich dann die Schicksale der öffentlichen Haushalte denkt, ist **Demagogie**, darüber hilft auch alle metaphysische Geheimniskrämerei und helfen alle Redensarten wie ›Rezepte nicht voreilig preisgeben‹ nicht hinweg. **Nun hat man in Harzburg auch die Ausschreibung von Neuwahlen im Reich verlangt**. Glaubt in Kreisen der Rechten jemand ernstlich daran, daß Neuwahlen für die Vereinigung ›Nationalsozialisten plus Deutschnationale plus etwaiger Splitter‹ eine absolute oder gar eine Zweidrittelmehrheit erbringen würden? Wir haben heute keine Zeit mehr zu verlieren, **wir müssen jetzt zu entscheidenden Taten kommen**, müssen auf verfassungsmäßiger Grundlage vorwärts arbeiten. Wir sind uns bewußt, daß eine Rechtsregierung in heutiger Zeit **für unsre Außenpolitik** und für unsere Schuldnerlage gegenüber dem Ausland **erhebliche Gefahren in sich birgt**. (...) Aber machen wir diesen Versuch nicht, treiben wir von vornherein offenen Verfassungsbruch, so gefährden wir unser innerstaatliches Leben und vor allen Dingen unser Rechtswesen in unerträglicher Weise. (...) Um zum Schluß nochmals auf Harzburg zurückzukommen: Die Tagung der nationalen Opposition dort hat enttäuscht. Bei aller Vorsicht des Urteils: man hat etwas ganz andres erwartet. Dies nämlich: eine für die Praxis brauchbare und ideenmäßig geeinigte Zusammenfassung der Kräfte der Rechten; ein **politisch-wirtschaftlich einleuchtendes Programm**; eine zündende Kundgebung, vor der auch der noch Zögernde sich instinktmäßig gebeugt hätte. Stattdessen haben wir im großen und ganzen nur bewiesen bekommen, daß **die**

nationale Rechte in sich noch uneinig ist und kein Erfolg versprechendes Programm aufzuweisen hat. Das ist außerordentlich bedauerlich, da eben verfassungsmäßig mit Rechts für den Fall regiert werden **müßte**, daß die Regierung Brüning am 13. Oktober stürzt.«[132]

Die *Kölnische Zeitung* stellte Überlegungen an, was geschehen müsste, wenn Brüning in den nächsten Tagen ein Misstrauensvotum des Reichstags erhielte. Nämlich: dass nach dem parlamentarischen Grundgesetz ihm nichts andres übrig bliebe, als mit seinem zweiten Kabinett zurückzutreten, und er müsste zudem einen Führer der Rechtsopposition mit der Bildung eines neuen Kabinetts beauftragen. Es wurde darüber nachgedacht, ob die Rechte zu wirklicher Verantwortung bereit sei. Hier wird die Kritik der *Kölnischen Zeitung* bezüglich des Inhalts der Notverordnungsgesetzgebung deutlich. Sie beanstandete, dass der Reichstag nicht bereit sei, von seinem Einspruchsrecht bezüglich der Notverordnungen Gebrauch zu machen. Die billigende Haltung des Reichstages wurde deutlich kritisiert. Zudem führte sie aus, dass die Notverordnungen nicht verfassungsgemäß zustande gekommen seien und nicht zu Recht bestehen. Mehrmals im Text wurde schließlich deutlich, dass sie zu den Tageszeitungen gehörte, die an den Notverordnungen heftigste Kritik geübt hatten.

Darüber hinaus kam die *Kölnische Zeitung* zu dem Entschluss, dass nach dem Bruch der Verfassung eine Diktatur entstehen würde. Die Zeitung appellierte daran, dass alle Möglichkeiten ausgenutzt werden müssten, und gab Ratschläge, was getan werden solle, wenn Brüning ein Misstrauensvotum des Reichstags erhielte. Sie kam zu dem Ergebnis, dass Brüning dann mit seinem Kabinett zurücktreten müsse. Aber vor allem stellte die *Kölnische Zeitung* die Frage, ob die Rechte zu wirklicher Verantwortung bereit sei. Sie appellierte an die Verantwortlichen, auf verfassungsmäßiger Grundlage weiterzuarbeiten.

Abschließend meinte die *Kölnische Zeitung*, die Harzburger Tagung habe enttäuscht, weil es noch kein politisch und wirtschaftlich einleuchtendes Programm gäbe. Diese Situation hielt sie für bedauerlich, da verfassungsmäßig mit rechts regiert werden müsse, im Fall, dass die Regierung am 13. Oktober gestürzt werde. Dieser Ausdruck des Bedauerns verdeutlicht, dass die *Kölnische Zeitung* der Harzburger Front eine Chance gegeben hätte – mit der Akzeptanz der rechten Bewegung – aber auf verfassungsmäßiger Grundlage und mit einem anwendbaren Programm.

In diesem Beitrag kommt zum Ausdruck, dass die *Kölnische Zeitung* nicht hinter dem zweiten Kabinett Brüning stand. Sie appellierte »zwischen den Zeilen« an die Harzburger Front, ein politisch und wirtschaftlich anwendbares Programm vorzulegen, um nach dem eventuellen Sturz des Kabinetts Brüning handlungsfähig zu sein, da verfassungsmäßig mit rechts regiert werden müsse.

Die Bildung der Harzburger Front im Oktober 1931 kommentierte der Chefredakteur der *Vossischen Zeitung* Julius Elbau am 11. Oktober 1931 mit der Schlagzeile »Aufmarsch der Opposition« zunächst gelassen: »Sonnige Tage im späten Herbst. So haben die Leute, die nach Harzburg aufgeboten wurden, um ›hoch‹ und ›heil‹ zu rufen, wenigstens etwas vom Ausflug ins Braunschweiger Land. Die Wochenschauen der Kinos werden wieder einmal Parademärsche vor Hohenzollernprinzen und wehende Kaiserfahnen zeigen, und in der ganzen Welt die Frage auslösen: Haben die in Deutschland keine anderen Sorgen?« Über die »Gemeinsamkeiten« innerhalb der Front schreibt Elbau: »Man liebt sich nicht, aber man haßt vereint. Und das genügt, solange andere in Berlin die schwere Last der Verantwortung schleppen (…) Die große Täuschung, mit der die ›Harzburger Front‹ arbeitet, besteht darin, daß sie den Eindruck zu erwecken versucht, als ob nie sogenannte ›nationale Opposition‹ auf parlamentarischem und legalem Boden stärker dastehen würde als die Regierung Brüning.«[133] Auch an den folgenden Tagen bezog die *Vossische Zeitung* zu »Harzburg« Stellung: »Die Harzburger Tagung hat den Erwartungen entsprochen. Man hat muntere und drohende Reden gehalten und einander Treue mit eintägiger Aufkündigungsfrist gelobt. Das tief begründete Gefühl gegenseitigen Mißtrauens kam in dem Satz des gemeinsamen Manifestes zum deutlichen Ausdruck, der besagt: ›Geächtet sei jeder, der unsere Front zersetzen will‹, während gleichzeitig in einer öffentlichen Fraktionssitzung der Nationalsozialisten den Bundesgenossen von heute angekündigt wurde, sie würden sobald wie möglich abgeschüttelt werden.«[134] Über diese Sitzung berichtete die *Vossische Zeitung* ebenfalls: »In dieser Sitzung, zu der auch Hitler erschien, wurde unter der Leitung von Frick die Zweckmäßigkeit der Teilnahme an der Harzburger Tagung offen debattiert, Frick schlug schließlich die Gegenargumente mit dem Hinweis auf den Beginn des italienischen Regimes nieder. Auch Mussolini habe sich zunächst mit einer Koalitionsregierung begnügen müssen, was zugleich die Ankündigung enthielt, daß die Nationalsozialisten, wenn sie erst einmal an der Macht seien, sich ihrer jetzigen Bundesgenossen genau so entledigen würden wie früher Mussolini der seinigen.«[135]

Am 13. Oktober ließ die *Vossische Zeitung* den früheren DVP-Reichstagsabgeordneten Fritz Mittelmann heftige Kritik an der Haltung der

Parteiführung üben: »Hat die Harzburger Tagung nicht in geradezu erschreckender Weise offenbart, daß die so genannte ›nationale Opposition‹ innerlich eine höchst zerspaltene Gesellschaft ist, die nur durch den gemeinsamen Haß gegen den Reichskanzler Brüning zusammengehalten wird? Und an dieser Veranstaltung nahmen Mitglieder einer Partei teil, die bis vor zwei Jahren von Stresemann geführt wurde! Es ist Zeit, daß unabhängige Stimmen aus dem Lande laut werden, die der Parteiführung zurufen: bis hierher und nicht weiter!« Das zweite Kabinett Brüning, so glaubt Mittelmann, »hätte anders aussehen können, wenn die Deutsche Volkspartei sich der aktiven Mitwirkung im Kabinett nicht versagt hätte«. Mittelmann verweist auf die *Kölnische Zeitung*, deren Berichterstattung »deutlich die Ernüchterung« zeige, die in Kreisen der Deutschen Volkspartei durch den Verlauf der Harzburger Tagung eingetreten sei.[136]

Als Brüning das Harzburger Treffen im Reichstag kritisierte, veröffentlichte die *Vossische Zeitung* die vollständige Rede unter der Überschrift »Die Abrechnung mit Harzburg – Der Kanzler schenkt der Opposition nichts«.[137] In der Abend-Ausgabe wurden die Vorgänge um Brünings Rede in der *Vossischen Zeitung* mit der Überschrift »Die Wirkung« kommentiert: »Der Riß, der durch das deutsche Volk geht, verläuft an den Grenzen der Gruppen, die nicht mehr gewillt sind, sich vom Gegner (...) überzeugen zu lassen. Die Rechtsopposition, die bei der Rede Brünings den Reichstagssaal verließ, beging eine symbolische Handlung: Sie manifestierte, daß ihre Feindschaft gegen den Kanzler jenseits aller vernünftigen Auseinandersetzungen liegt.« In dem gleichen Kommentar wird auch die *Kölnische Zeitung* zitiert, »(...) die zu den ›Organen jener Kreise‹ gezählt wird, die als die ›Schwankenden‹ bei aller Reserve gegen den Kanzler doch noch bereit seien, ihre Haltung zu überprüfen. (...) Das rheinische Blatt gibt dann weiter zu, daß der Weg, den Brüning vorschlägt, der sachlich vertretbare ist«.[138] Einen Tag später wurde in einem Artikel mit der Überschrift »Der Wink mit dem Schlagring« der unglaubliche Verfall der politischen Sitten auf Seiten der nationalen Opposition beklagt: »Aus der Interessengemeinschaft der Deutschnationalen mit den Nationalsozialisten hat sich so etwas wie ein einheitliches Programm (...) bekanntlich noch nicht entwickelt. Dafür beginnen die Umgangsformen sich in bemerkenswerter Weise auszugleichen. Von der Methode, den Gegner mit Schlagring und Stahlruten von der Wirksamkeit ihrer Lehren zu überzeugen, haben bisher nur die Nationalsozialisten im Lager der Rechtsopposition Gebrauch gemacht, und auch die frohlockenden Hinweise auf die vielerlei sympathischen Todesarten wie Köpferollen, Hängen, usw., mittels derer das Dritte Reich mit seinen Widersachern aufräumen werde, haben wir bisher nur aus dem Mund der nationalsozialistischen Volksbeglücker zu hören bekommen. (...) Die von Hugenberg in Harzburg mit Nachdruck wieder aufgenommene Ankündigung, die Männer der ›Nationalen Front‹ würden, falls Unruhen ausbrächen, nur die und deren Gut schützen, die sich zu ihnen bekennen, braucht allerdings nicht ernst genommen werden (...) Peinlicher aber war die Ordnung, daß jeder ›geächtet‹ würde, der es wage, die gar nicht bestehende Einheitsfront der Harzburger zu unterhöhlen.«[139]

Vor der von Hugenberg intendierten »Harzburger Tagung der nationalen Opposition« kritisierte die *Frankfurter Zeitung* die Absage der Deutschen Volkspartei an das Kabinett Brüning.[140] Und in einem Artikel am 13. Oktober schrieb sie über die Harzburger Tagung: »Was bedeutet Harzburg? Ein Teil der Berliner Presse konzentriert sich auf die Darstellung der ›Differenzen‹, die dort zutage getreten sind (...) Herr Hitler war ärgerlich, weil die Hakenkreuzflagge nicht an der richtigen Stelle hing (...) Aber im Ganzen bestätigen sich unsere Informationen, daß die Harzburger Tagung über Erwarten einheitlich war. Das ist wichtig, denn Herr Hitler hatte bisher nicht die Neigung, dem Geheimrat Hugenberg irgendwie entgegenzukommen; Dr. Frick deutete an, worin der Umschwung besteht: die Nationalsozialisten sind zur Überzeugung gelangt, daß ihr Aufstieg den Umweg über eine Koalition zu nehmen habe (...) Eine Rechtsregierung ist der Realität heute beträchtlich näher gekommen.« Hierbei lautete das Fazit des Berichterstatters: »Das Programm von Harzburg (...) besteht aus Phrase und Negationen. Eine vage Stimmung, hoffnungsfreudig und begeisterungsfähig, das allein ist für die ›Nationale Opposition‹ von Nutzen. Dazu die sanfte, aber in ihrer Sanftheit doppelt verräterische Drohung, die wir als eines der Hauptergebnisse der Harzburger Tagung zu werten haben: Wenn es zum Kampf kommt, schützen wir nur denen das Leben und das Eigentum, die rechtzeitig zu uns übergetreten sind. Kann man ein Volk mehr beleidigen als dadurch, daß man auf seine Feigheit und Charakterlosigkeit spekuliert –, daß man geradezu einen Preis dafür aussetzt?«[141] Am Tag darauf lobte die *Frankfurter Zeitung* die Haltung Brünings: »Der Reichskanzler hat sich nicht schrecken lassen von den Trommeln und Fanfaren, die von Harzburg aus soviel Lärm verbreitet haben, er hat sich dem Reichstag gestellt. Er will den Kampf aufnehmen.«[142] Am 16. Oktober spekulierte der Kommentator – »Wer soll regieren?« – über die Möglichkeit einer Regierungsübernahme der Rechten: »Wie würde das Gebilde aussehen, dem man dann die Verantwortung für die Geschicke Deutschlands übergeben würde? Wäre die so genannte ›Nationale Opposition‹ überhaupt in der Lage, in einem tieferen Sinne Deutschland vor dem Volk und der Welt zu vertreten? (...) Schon im Begriff dieser nationalen Rechten steckt das unsolide Element einer Bewegung, die auf der einen Seite sich zu nationalistisch-faschistischen Idealen bekennt und auf der anderen Seite versucht, sich der demokratischen Formel zu bedienen, um, wie sie allerdings frivol selbst zugibt, mit ihrer Hilfe – was zu erreichen? Ist die Monarchie ihr Ideal? Ist es ein faschistisches System nach italienischem Muster? (...) Auf außenpolitischem Gebiet dieselbe Unsolidität! Hyper-patriotisches Gerede gegen die ganze Welt, beinahe wie im Krieg fast freudige Bejahung des Allein-auf-weiter-Flur-Sein.« Die Wirtschaftspolitik einer solchen Regierung sei dilettantisch, »ein Hexensabbat von sich widersprechenden Tendenzen, eine hilflose Doppelzüngigkeit«, mit gutem Gewissen könne man einer solchen Regierung die Führung nicht in die Hand geben: »Was da ist, ist ein (...) in sich selbst widerspruchsvolles, nur durch die gemeinsame wirtschaftliche und geistige Not und die gemeinsame Gegnerschaft gegen das Bestehende zusammengekoppeltes Gemengsel.«[143]

Dass der Reichstag die Misstrauensanträge der Nationalen Opposition und der Kommunisten gegen die Regierung Brüning am nächsten Tag mit der Mehrheit von 295 gegen 270 Stimmen ablehnte, wurde in der *Frankfurter Zeitung* mit Augenmaß dargestellt: »Ende gut, alles – mäßig.« Und im Kommentar mit der Überschrift »Jetzt an die Arbeit« hieß es: »Dennoch werden auch die Freunde dieser Regierung sich jetzt wohl nicht einreden, daß das Kabinett oder gar das deutsche Volk mit einer solchen parlamentarischen Fundierung des Kabinetts über den Berg sei.«[144] Ein offen publizierter Brief Hitlers an Brüning wurde in dieser Tageszeitung so kommentiert: »Der Brief füllt zweieinhalb Seiten des *Völkischen Beobachters* und ist bemerkenswert wegen seiner versöhnlichen Tonart. Das Dokument zeigt, was herauskommt, wenn Hitler sich sachlich zu diskutieren bemüht. Die Grundidee ist folgende: Das bisherige System hat – beileibe nicht aus Zwang, sondern nach Hitlers Meinung anscheinend aus purem Vergnügen – die Reparationen geleistet. Diese Reparationen haben die Weltkrise verschuldet.«[145]

Die *Kölnische Zeitung* galt immer noch im Oktober als eine sich »vorsichtig äußernde« Zeitung, während die *Vossische Zeitung* und die *Frank-*

furter Zeitung deutlich Stellung gegen eine Rechtskoalition nahmen und Brüning unterstützten. Kennzeichnend dafür ist die politische Linie der *Kölnischen Zeitung* in diesen Monaten, dass sie »niemandem so richtig wehtun« wollte, und »mots violents« vermied, wo es nur ging. Ihre Haltung war abwägend, bedacht und manchmal nicht ganz eindeutig, während ihre politischen Analysen und Einschätzungen relativ präzise, anschaulich und emotional formuliert wurden. Schlussfolgerungen und Vorschläge wurden in diesem Zeitraum oft nur indirekt niedergeschrieben.

»Niemand in Deutschland wird meinen, daß die letzten zwei Wochen deutscher Politik besonders anreizend gewesen seien. Nein, sie waren **alles andere als schön**, und manchem ausländischen Beobachter sind sie sogar sehr abstoßend erschienen. **Deutschland** war eben in dieser Spanne **das Sinnbild** der im Fieber sich windenden europäischen Welt; es ist verteufelt leicht, ein hartes Urteil über jemand zu fällen, der mit einer Krankheit ringt, dabei aber die Leistung eines Gesunden vollbringen soll und zudem bei den Menschen seiner Umgebung auf alles andere denn auf Verständnis stößt. Das ist zu viel verlangt, das bringt der Einzelne, das bringt auch ein Volk nicht fertig. Wenn man die Not der Zeit bei uns wie bei den andern auf eine knappe, klare **Formel** bringen will, so könnte sie lauten: **Die Angst vor dem Chaos** ist **ebenso groß, wie die Sehnsucht nach Ordnung und Ruhe**. Allein aus dieser Wurzel heraus läßt sich der Kampf begreifen, der uns alle durchschüttelt; die Abneigung vor dem bloßen Experiment und die Neigung doch auch wieder zu anderen Methoden, der Wunsch nach der Volks- und Völkergemeinschaft und die Erkenntnis, daß wir's noch ebenso weit und steinig zu der einen wie zu der andern haben. Die Umwertung aller Werte geht so sprunghaft und rasend rasch vor sich, daß morgen schon nicht mehr wahr sein kann, was es heute noch ist. Der Sieger von heute kann der Besiegte von morgen sein, niemand hat das volle Recht zu frohlocken. Im Gegenteil: gerade der Sieger muß darauf achten, daß er auf seinem Sieg nicht einschläft, daß er die Kraft des Besiegten, die trotz der Niederlage diesem doch immer verbleibt, für sich ausnutzt, zum Wohl des Ganzen verwendet, um so der Synthese näher zu kommen, die schließlich ein jeder will.«[146]

Auffallend ist, dass sie die DVP immer wieder verteidigte: »Von allen Parteien des Reichstags von heute hat es die Deutsche Volkspartei am schwersten.«[147] Vorsichtig und zwischen den Zeilen umschrieben wird die Meinung zum politischen Zustand jedoch deutlich. Sie warnt vor einem blinden Glauben an den Führer und bittet die Leser, das Programm der NSDAP kritisch und nach Tauglichkeit zu untersuchen.[148]

Die *Kölnische Zeitung* appellierte an die Notwendigkeit des Umbaus des Systems im Sinne zahlreicher Schichten des Volkes und dass organische Reformen notwendig sind wie die Reichsreform, der Finanz- und Lastenausgleich, die Auflockerung der Tarifstarre, die Reform der Steuerpolitik, das Problem der Hauszinssteuer sowie die Reform der Sozialversicherungen.[149]

Zum Jahreswechsel 1931/1932 veröffentlichte die *Kölnische Zeitung* unter dem Titel »Mahnungen und Hoffnungen« die Wünsche der Politiker für das Jahr 1932. Die Zeitung ermahnte das Bürgertum, sich endlich aufzuraffen und an sich zu glauben, um seine Parteiorganisationen zur Reform und zur Führung zu zwingen. »Tut es das nicht, so wird es die Führung abgeben müssen, um von der neuen Führung auf den »Misthaufen« geworfen zu werden, wie Goebbels es ausdrückte, oder »wenigstens soviel Kraft aufzubringen, daß es der aussichtsreichsten politischen Bewegung, dem Nationalsozialismus, als Sauerteig dient. Die letztere Aufgabe ist sicher wichtig. An anderer Stelle unserer Neujahrsausgabe wird im Einzelnen gezeigt, in welch hohem Maß der Nationalsozialismus noch der geistigen Durchdringung und Schulung bedarf. Hier könnte das Bürgertum fruchtbare Arbeit an der nationalen Erneuerung leisten. Aber soll es sich wirklich allein darin erschöpfen, Lehrmeister und Wegbereiter zu sein? Hat es in sich selbst keinen Funken gestaltender Kraft mehr? Wir mögen es nicht glauben, wir glauben vielmehr, daß es ihm nur an Selbstbewußtsein und Selbstvertrauen, an dem Willen zum entscheidenden Aufraffen fehlt. Zu sehr scheint uns das Bürgertum in Resignation verfallen zu sein, zu lange schon liegt es in dieser lähmenden Fessel. Möchte es doch endlich auch ›mit seinen Ketten rasseln‹ und den Mut finden, sie entschlossen abzuwerfen und Deutschland einen klaren Weg zu zeigen, wie es in der Vermählung von Vernunft und Begeisterung, in einer Verbindung von nationalem Widerstandswillen und Einsicht in die Grenzen der Wirklichkeit den Weg aus der Finsternis finden könnte!«[150]

Hitlers Neujahrswunsch war klar und deutlich: »Deutschland ist im Begriff, in rapider Schnelligkeit nationalsozialistisch zu werden. (...) so klein und kurzsichtig die bürgerlichen Parteien sind, erkennen sie im Bolschewismus auch noch nicht die Zerstörung aller menschlichen Kulturen. (...) Die Mitte wird [zer]hauen und zerschlagen.«[151]

4.2.4 Die Entscheidung

Hitler behielt Recht. Das Jahr 1932 gestaltete sich für ihn nicht nur positiv, sondern wurde der letzte Schritt zur Machtergreifung. Das Jahr 1932 begann mit Demonstrationen, Unruhen, Schlägereien, Verhaftungen und Prozessen sowohl gegen die Kommunisten als auch gegen die Nationalsozialisten. Es verging im Januar kein Tag, an dem die *Kölnische Zeitung* nicht über derartige Ereignisse zu berichten wusste. Nur einige Beispiele:

Kölnische Zeitung	Nr. 3 v. 2.1.1932	Die Störung der Hindenburgrede durch kommunistische Hetze in Mülheim Kommunistenunruhen in Hamburg
Kölnische Zeitung	Nr. 6 v. 4.1.1932	Streikhetze (Kommunisten) im Ruhrgebiet
Kölnische Zeitung	Nr. 10 v. 6.1.1932	70 Nationalsozialisten verhaftet (Hamburg)
Kölnische Zeitung	Nr. 13 v. 6.1.1932	Die fünf Verhaftungen in Wuppertal (Kommunisten)
Kölnische Zeitung	Nr. 20 v. 11.1.1932	Blutige Zusammenstöße (SA) in Leipzig
Kölnische Zeitung	Nr. 34 v. 19.1.1932	Feuerüberfall auf eine politische Werbekolonne (4 verletzte NSDAP-Mitglieder)
Kölnische Zeitung	Nr. 37 v. 19.1.1932	Kommunisten überfallen Nationalsozialisten (Wirges, Westerwald) Kommunisten überfallen Nationalsozialisten (Köln) Schwere politische Zusammenstöße, Berlin und Reutlingen
Kölnische Zeitung	Nr. 39 v. 20.1.1932	Schlägerei: Nationalsozialisten/Kommunisten (Ein Nationalsozialist getötet.)

Die Liste könnte bis Ende des Jahres ohne Unterbrechung fortgesetzt werden. Tote und Verletzte bei Demonstrationen und Schlägereien waren an der Tagesordnung. Hierbei wurden verstärkt auch jüdische Einrichtungen ins Visier der Nazis genommen. Die *Kölnische Zeitung* geht im März 1932 auf diese Problematik ausführlich ein. Sie veröffentlichte Leserbriefe sowohl von Nationalsozialisten wie auch von jüdischen Mitbürgern:

Unter dem Stichwort »Rassestolz und christlicher Glaube« führte A. Hausmann aus Berlin, Parteigänger des Nationalsozialismus, in Nummer 130 der *Kölnischen Zeitung* vom 6. März aus: »Die Bedingtheit des Menschen in all seinen Äußerungen durch die Rasse ist ein Pfeiler unserer Weltanschauung. Wir Nationalsozialisten wollen die Überlieferungen unseres Volks wahren, und wenn fremde Elemente eindringen, um sich auf allen Gebieten einen ihnen nicht zukommenden Platz zu schaffen, so müssen wir sie zurückweisen und höchstens als Fremde unter uns dulden (…). Es ist nichts damit erwiesen, wenn man einige deutsche Männer anführt, bei denen sich vor einer oder mehreren Generationen fremdes Blut gekreuzt hat; niemand kann ernstlich davon ableiten wollen, daß zwischen deutschem Wesen und dem anderer Rassen, insbesondere der Juden, keine Gegensätze bestünden.«[152]

Hierauf antwortete der Gemeinderabbiner Dr. Rosenthal:

»Mit den Schlußworten ist ohne jeden Zweifel erwiesen – auch wenn man den nationalsozialistischen Standpunkt in dieser Frage nicht zur Genüge kennt –, daß der Verfasser den Juden, als einer anders gearteten Rasse, Bürger- und Heimatrecht im deutschen Volk und Land verwehrt.

Im Namen der gesamten deutschen Judenheit erkläre ich: Zwischen einem Rassebewußtsein, das sich in hundertfachen Friedhofs- und Synagogenschändungen bewährt, und dem jüdischen Bewußtsein besteht in der Tat ein Gegensatz, wie er schärfer und tiefer gar nicht auszudenken ist.«[153]

Wie sich diese nationalsozialistische Theorie in der Praxis bereits auswirkte, dafür bringt die *Kölnische Zeitung* auf derselben Seite jener Nummer ein ebenso drastisches wie niederschmetterndes Beispiel. Unter der Überschrift »Synagogenschändung in Essen und Düsseldorf« teilte sie mit, dass die Synagoge in Essen dieser Tage während der Nacht mit den großen Buchstaben »Juda verrecke« an der Vorderkuppel des Dachs beschmiert worden ist und dass an der Synagoge in Düsseldorf am letzten Freitagabend während des Gottesdienstes Fenster zertrümmert worden sind, und zwar durch Steinwürfe von außen, die also auch das Leben der Beter gefährdet hätten.

Die Diskussionen setzten sich über das gesamte Jahr 1932 fort. Die Leserbriefe erwiesen sich als wichtiges Forum, einmal um festzustellen, wie sich der Leserkreis der *Kölnischen Zeitung* zusammensetzte, und zum anderen, welche Themen das besondere Interesse der Leser weckten.

Die Politik in Berlin trat unterdessen in eine entscheidende Phase. Das Reichsarbeitsministerium gab am 15. Februar die Arbeitslosenzahlen bekannt. Die Zahlen waren erschreckend: 6,127 Millionen Menschen in Deutschland waren arbeitslos. Das hieß, jeder dritte Arbeitnehmer war ohne Beschäftigung.[154] Reichspräsident Paul von Hindenburg erklärte am gleichen Tag, dass er erneut bei den Reichspräsidentenwahlen im März kandidieren werde. Am 22. Februar verkündete der NSDAP-Gauleiter von Berlin-Brandenburg, Josef Goebbels, dass auch Hitler kandidieren werde. Die DNVP und der Stahlhelm nominierten Theodor Duesterberg und die Kommunisten Ernst Thälmann. Adolf Hitler war bis zu diesem Zeitpunkt Österreicher und hätte somit gar nicht kandidieren dürfen. Aus diesem Grund ernannte die Regierung von Braunschweig Adolf Hitler zum Regierungsrat ihrer Gesandtschaft in Berlin. Hierdurch erhielt Hitler die deutsche Staatsbürgerschaft.

Während die bürgerlichen Parteien und die Sozialdemokraten technischen Neuerungen, wie zum Beispiel dem Rundfunk, skeptisch gegenüberstanden – der sozialdemokratische Innenminister Preußens, Albert Grzesinski, forderte zum Beispiel vergeblich finanzielle Mittel, um Informationen über den Rundfunk zu verbreiten –, nutzten die Nationalsozialisten diese technischen Möglichkeiten schnell und setzten sie als Propagandamittel ein.[155] So wurden zum Beispiel im Vorfeld der Reichspräsidentenwahl rund 50 000 Schallplatten mit Reden Hitlers in mehreren Städten verteilt.

Die Reichspräsidentenwahlen waren natürlich ein Medienereignis. Aber fast alle Zeitungen erkannten, dass eine erste entscheidende Machtprobe zwischen Hindenburg und Hitler entstehen würde. Die SPD rief bereits am 27. Februar 1932 ihre Mitglieder auf, für Hindenburg zu stimmen. Kurt Neven DuMont setzte sich von Anfang an intensiv für eine Kandidatur Hindenburgs ein und besuchte im Januar 1932 mehrere Zeitungen, um eine Allianz für Hindenburg zustande zu bringen.

»Dann habe ich im Januar noch mitgeholfen, die Hindenburgkandidatur durchzusetzen, indem es mir gelang, mit etwa einem Dutzend deutscher Zeitungen Verabredungen darüber zu treffen, daß diese sich dazu bereit erklärten, Listen auszulegen, in die sich diejenigen eintragen sollten, die die Aufstellung Hindenburgs wünschten. Das Ergebnis waren vier Millionen Einzeichnungen bei 1100 Zeitungen; also bei der Hälfte der deutschen Presse. Ohne diese Aktion wäre die Kandidatur Hindenburgs bei der ihm feindlichen Einstellung des Stahlhelms nicht gelungen, was eine enorme Verstärkung der politischen Gegensätze gebracht hätte.«[156]

Die *Kölnische Zeitung* selbst setzte sich natürlich für Hindenburg ein. Bereits gegen Ende Februar geht sie auf die unfairen Methoden der Nationalsozialisten im Kampf um die Stimmen ein:

»1932: Welche Formen der Kampf um den Reichspräsidenten anzunehmen droht, hat die Auseinandersetzung im Reichstag mit erschreckender Deutlichkeit gezeigt, wo der Abgeordnete Goebbels (...) sich Ausfälle gegen das Oberhaupt des deutschen Reiches leistete, wie sie in der gewiß nicht ruhigen Nachkriegszeit noch niemals da gewesen sind (...) Die historische Stunde der nationalsozialistischen Bewegung scheint wirklich nahe zu sein (...) Von einer nationalsozialistischen Mehrheit innerhalb des deutschen Volkes kann jedoch keine Rede sein.«[157]

Die *Kölnische Zeitung* ging davon aus, dass eine Niederlage Hitlers »die nationalsozialistische Bewegung zum Stoppen bringen könnte«.[158] Sie versuchte, ihren Lesern klarzumachen, wie schwer diese Reichspräsidentenwahl wiege: »Es geht um Hindenburg oder Hitler, um Feldmarschall oder Trommler, um Staatsmann oder Parteimann, um Stetigkeit oder Unruhe.«[159]

Am Sonntag vor dem 1. Wahlgang waren die Aufmacher der Zeitung: »Der Tag der Entscheidung – Hindenburg oder Hitler« oder »Vernebelung der Tatsachen – Hindenburgs System – Hitlers System – Das System, dem unser Kampf gilt.«

Sie schrieb: »Die Stunde der Wahl ist herangerückt. Noch einmal wird uns mit letzter Wucht die Pflicht des Staatsbürgers eingehämmert, noch einmal dringen von allen Seiten die werbenden oder befehlenden Worte der Parteien und Verbände auf uns ein – und dann naht die Stunde der Entscheidung. Die Nerven des deutschen Volkes sind zum Zerreißen gespannt. Das Trommelfeuer der Agitation hat alles Erlebte noch übertroffen. Die Not, die Sorge um Arbeit und Brot haben eine **Verzweiflungsstimmung** geschaffen, die den fruchtbarsten Boden für den Radikalismus und die größte Gefahr für die Weiterführung einer ruhigen Vernunftpolitik bedeutet.«[160]

Und weiter führte sie aus: »Die Entscheidung geht nicht um Duesterberg oder Thälmann, sie geht nur um **Hindenburg oder Hitler**. Die *Kölnische Zeitung* hat in der letzten Woche keine Unklarheit darüber aufkommen lassen, wie die Entscheidung lauten muß. In zahlreichen Aufsätzen und Berichten wurde die zwingende Notwendigkeit der Wiederwahl Hindenburgs nachgewiesen. Es war selbstverständlich, daß die *Kölnische Zeitung*, die schon in den Apriltagen 1925 den Kampf für die Wahl des Feldmarschalls mit aller Kraft und aus tiefster Überzeugung geführt hat, den **alten Wählern** Hindenburgs Gelegenheit gab, ihre Treue zum Feldmarschall zu bekunden.«[161]

Schließlich erinnerte sie Adolf Hitler an seine Aussage vor sieben Jahren, als er Hindenburg mit tiefem Respekt behandelte. Wie damals so gilt auch 1932 »das greise Haupt, in dem sich ein letzter Rest von Recht und Ehre unseres Volkes verkörpert«.[162] Ferner betrachtete die Zeitung es als glatte Lüge, dass die Kommunisten und die »Juden, Schieber und Kriegsverbrecher« die Kandidatur Hindenburgs unterstützten.

Ähnlich argumentierte auch die *Frankfurter Zeitung* und zeigte überhaupt kein Verständnis für die rüden Angriffe auf Hindenburg: »Jenes Goebbels-Wort, das von der Tribüne des Reichstags aus den Reichspräsidenten und Generalfeldmarschall mit einer ›Partei der Deserteure‹ in Verbindung brachte, wird der Partei der Nationalsozialisten noch manche Schmerzen bereiten (...) Noch viel schlimmer ist die Art, wie der von Herrn Hitler persönlich herausgegebene *Völkische Beobachter* (...) den Wahlkampf gegen Hindenburg führt. Wir greifen nach einer Nummer dieses Blattes und finden an ihrer Spitze in mächtigen Lettern über sechs Spalten und rot unterstrichen die Leiste: Die C.-B.-Juden für Hindenburg! Etwas tiefer noch einmal über drei Spalten: Jüdische Begeisterung für Hindenburg.«[163]

Konsequenterweise rief die *Frankfurter Zeitung* ihre Leser auf, zur Wahl zu gehen: »Auf jeden kommt es an!«, Deutschland stehe »am Hakenkreuzweg«,[164] es gehe um »Hindenburgs Wiederwahl«, »um Deutschlands Zukunft«[165]. Und am Wahltag hieß es noch einmal: »Wählen gehen! Wir wollen Hindenburg!«[166]

Die *Vossische Zeitung* bezog sich am 8. März 1932 auf eine Rede von Reichskanzler Brüning, der sich für Hindenburg einsetzte:

»Sehr scharf ging Brüning gegen Hugenberg ins Zeug (...) Eine Schamlosigkeit sei die Agitation gegen die verehrungswürdige Person des Reichspräsidenten. Ein erschütterndes Zeichen der Zeit sei es, daß die weiten Schichten des Bürgertums nicht den Mut haben, gegen die verantwortungslose Agitation der Nationalsozialisten aufzutreten. Ergebe sich das Bürgertum aber der nationalsozialistischen Propaganda, so sei es verloren.«[167] Der Berliner Historiker Erich Marcks würdigte mit der Überschrift »Hindenburg im Licht der Geschichte« in der gleichen Ausgabe die Rolle Hindenburgs: »Schon jetzt ist die geschichtliche Leistung dieses Mannes, des Reichspräsidenten, von dem hier allein die Rede sei, groß. Der Kampf um unsere nationale Befreiung ist unvollendet, und jeder Weg starrt vor Schwierigkeiten und Gefahren. Wir müssen voran, mit Hingabe, Ernst und Besonnenheit: die heißen uns nach Hindenburgs Namen.«[168] Am

Tag darauf veröffentlichte die *Vossische Zeitung* Stimmen »aus allen Lagern« zur Frage: »Warum Hindenburg?« Neben dem Sozialreformer Adolf Damaschke, dem Sportfunktionär Carl Diem, dem christlichen Gewerkschafter Ernst Lemmer und anderen hatte sich auch der Kölner Oberbürgermeister Konrad Adenauer für die Wahl Hindenburgs ausgesprochen: »Wir wählen Hindenburg als Vorbild eines jeden Deutschen in treuester Pflichterfüllung und selbstloser Liebe zum Vaterland.«[169]

Im 1. Wahlgang erhielt Hindenburg 49,5 Prozent der Stimmen, Hitler 30,1 Prozent, Thälmann 13,2 Prozent und Duesterberg 6,8 Prozent. Damit verfehlte Hindenburg knapp die absolute Mehrheit. Stahlhelm und DNVP zogen einen Tag nach der Wahl ihren Kandidaten Theodor Duesterberg zurück und empfahlen ihren Anhängern, Hitler zu wählen. Die *Kölnische Zeitung* sah dennoch Hindenburg als Wahlgewinner: »Daß er nicht auch die absolute hat, liegt daran, daß sich die Kommunisten sehr gut behauptet und wohl stellenweise auch einige Gewinne erzielt haben. (…) Der Endsieg ist gesichert (…) Die Freude über dieses Ergebnis der Präsidentenwahl wird allerdings durch die Tatsache getrübt, daß rund 150 000 Stimmen an der Zahl fehlen, die Hindenburg gebraucht hätte, um schon im ersten Wahlgang wieder zum Reichspräsidenten gewählt zu werden. Diese **fehlenden 150 000 Stimmen** sind ein erschütternder **Beweis für die politische Unreife vieler Deutscher** und die Reformbedürftigkeit des Gesetzes über die Reichspräsidentenwahl, denn fast alle diese Stimmen fallen auf die von vornherein aussichtslose und grotesk anmutende Kandidatur eines Mannes, der die Wahlzeit in einer Strafanstalt zubringen mußte. Wenn man bedenkt, daß aus dieser ›Scherzkandidatur‹ dem deutschen Volk die Millionenkosten eines zweiten Wahlgangs entstehen, dann muß man allen Humor verlieren.«[170]

Vor allem die Methoden der Nationalsozialisten, mit denen sie den Wahlkampf führten, wurden nochmals heftig kritisiert, so zum Beispiel die Verbreitung eines Flugblattes am Wahltag, in dem die Nachricht von einem Schlaganfall Hindenburgs zu lesen war.[171] Im Ausland wurde der Ausgang der Wahl äußerst positiv gewertet. So schrieb die *Neue Züricher Zeitung*: »Der alte Feldmarschall von Hindenburg hat sich wahrhaftig groß geschlagen«, und der *Herald Tribune* nannte das Wahlergebnis »einen Sieg der Vernunft«[172]. Lediglich die italienische Presse und ein Teil der französischen Presse machten eine Ausnahme. Die italienische Presse, und hier nicht etwa die kleinen Provinzblätter, sondern die großen Tageszeitungen, ergriffen »ohne Rücksicht auf das tatsächliche Wahlergebnis offen für die Nationalsozialisten Partei«[173].

Die *Vossische Zeitung* und die *Frankfurter Zeitung* begrüßten ebenfalls den Wahlsieg Hindenburgs. Ein Artikel in der *Vossischen Zeitung* über die Reaktion der Auslandspresse lautete beginnend: »Hitlers Niederlage – Deutschlands Sieg.«[174]

Der Wahlkampf für den 2. Wahlgang war nicht weniger heftig als beim 1. Wahlgang. Die *Vossische Zeitung* ließ den früheren Finanzminister Peter Reinhold zu Wort kommen; der analysierte unter der Überschrift »Der Endkampf« folgendermaßen: »Die Lage ist klar: Gegen den Kandidaten der Volksgemeinschaft stehen nur noch die Parteiführer der äußersten Rechten und der äußersten Linken; Nationalsozialisten und Kommunisten, einig wie immer im Kampf gegen die Staatsidee, sind allein als Gegner Hindenburgs übrig geblieben.«[175]

Die *Kölnische Zeitung* nutzte vor dem 2. Wahlgang die Gelegenheit, sich nochmals für die Mitte stark zu machen und nachzuweisen, dass Hitler und seine Partei die Menschen ins Chaos führen.

»Zum heutigen Wahlgang zeichnet sich die innerdeutsche Situation mit seltener Klarheit ab. Durch die Zurücknahme der Kandidatur der alten Rechten und durch den Verzicht des Sonderkandidaten Winter, dem man für seine, bei einem deutschen Parteimann seltene Bescheidung eigentlich Anerkennung wissen sollte, ist das Bild einfach geworden: ›Prophete rechts, Prophete links‹ die deutsche Hoffnung in der Mitte.

(...) Heute will eine radikale Rechte, deren Massen bereits dem Führer, der sie rief, zu entgleisen drohen, ein Reich der Unduldsamkeit und des Zwanges errichten. (...) Er hat jetzt in seiner Zeitung, dem *Völkischen Beobachter*, ein Programm herausgebracht, das von großen Allgemeinplätzen überfließt. (...) In der Hand bleiben einige krause Gedankenreste, die kein Ruhm für die staatsmännischen Fähigkeiten ihres Erzeugers sind.«[176]

Einige Auszüge aus dem Programm der NSDAP wurden dann durchleuchtet und kritisiert. Die *Kölnische Zeitung* war deutlich gegen das Programm und gegen die Person Hitler. Das Programm Hitlers wurde als nicht durchdachter »Propagandalärm« bezeichnet. Die Ziele gehörten in die »Kinderstube«. In Bezug auf die von Hitler angestrebte Autarkie wurde der Stellvertretende Vorsitzende des Reichsverbandes der Deutschen Industrie als Meinungsbildner hinzugezogen und zitiert. Er unterstrich die Wichtigkeit für Deutschland, mit den europäischen Staaten zusammenzuarbeiten. Auch auf die radikale Linke wurde in dem Kommentar kurz eingegangen. Sie beziehe ihre »geistige Nahrung aus der Weltanschauung und der Arbeit des Sowjets«: »Sie strebt nach dem Aufgehen des Einzelnen im Massenhaften, nach einer Form, die dem eigenverantwortlich strebenden deutschen Menschen nie entsprechen wird, die für uns nichts anderes bedeutet als Vernichtung des kulturellen Lebens (...) Not und Verzweiflung sind diesen Linken die Mittel, um diese Kultur zu zerschlagen.«[177]

Im 2. Wahlgang erhielt Hindenburg 53 Prozent, Hitler 36,8 Prozent und Thälmann 10,2 Prozent der Stimmen. Die *Kölnische Zeitung* stellte nach der Wahl fest, dass alle politischen Aktionen größeren Ausmaßes während der Monate des Wahlkampfes zurückgestellt wurden. Vor allem in der Innenpolitik sollten nun die Fragen beantwortet werden, die allen auf den Nägeln brannten, so das Problem der Arbeitslosigkeit, die Herstellung des Gleichgewichts der öffentlichen Finanzen und die Stärkung der Finanzkraft durch Lastensenkung.[178]

Die *Kölnische Zeitung* wich aber auch heiklen Themen nicht aus. Viele der Länderregierungen, und vor allem die preußische Regierung, sahen in den NSDAP-Formationen SA und SS mit ihren ständigen Überschreitungen, Krawallen, Schlägereien, Verunglimpfung von Minderheiten, insbesondere Terroraktionen gegen die jüdische Bevölkerung und deren religiöse Einrichtungen, eine permanente Gefahr, die unbedingt einer gesetzlichen Regelung, das heißt eines Verbotes, bedurfte. Die *Kölnische Zeitung* warnte vor einem solchen Schritt, nicht weil sie plötzlich nationalsozialistisch eingestellt war und so dachte, sondern aus ganz anderen Gründen, die in allen demokratischen Systemen bei der Bekämpfung von nichtdemokratischen Terrororganisationen oder dem Verbot antidemokratischer Parteien heftig diskutiert werden, heute wie damals mit guten Argumenten für ein Verbot und guten Argumenten gegen ein Verbot. Die *Kölnische Zeitung* sprach sich eindeutig gegen ein Verbot von SA und SS aus und begründete diese Haltung wie folgt:

»Es geht hier nicht einfach darum, die Organisation aufzulösen. Es handelt sich hier auch um das staatspolitische Problem, ob Hunderttausende von jungen Leuten, die – zum größten Teil arbeitslos – in den SA-Formationen eine Existenzgrundlage gefunden haben, der Anarchie preisgegeben werden sollen. (...) Man beseitige alle Dinge, die sich in der Selbstüberschätzung der Nationalsozialisten als Anmaßung staatlicher Funktionen für Gegenwart und Zukunft auswirken können. Eine solche Maßnahme ist nicht nur notwendig, sie wird auch von allen, die noch ein Gefühl für die Hoheitsfunktion des Staates besitzen, begrüßt und verstanden werden.

(...) In diesem Fall verlangt die Autorität des Reichs, daß die Vorgänge

in den nationalsozialistischen Sturmabteilungen einheitlich **für die Zukunft unterbunden werden. Dahin können jedoch** nicht Verbote in einzelnen **Ländern führen,** auch nicht ein Verbot für das ganze Reich, **sondern nur ein Vorgehen des Reichs, das den Sturmabteilungen das Unerlaubte in ihrer Betätigung nimmt und sie dem Charakter der andern Wehrverbände anpaßt.«**[179]

Die *Kölnische Zeitung* betrachtete aus der Meta-Ebene heraus das seitens der Regierung diskutierte SA-Verbot. Dabei bezog sie sich auf die unzähligen jungen Arbeitslosen, die in dieser Gruppe einen Lebensinhalt gefunden hatten und einen »Glauben an eine bessere Zukunft darin suchen«. Die Meinung der Zeitung war, »wenn sich der Staat dieser Tatsache verschließt, und seine Polizeiorgane ausschickt, um die Stürme der SA auseinanderzutreiben, so werden hierdurch sicherlich in einem unter dem schwersten wirtschaftlichen und vor allem seelischem Druck leidenden Volk noch **künstliche Revolutionäre** geschaffen.«[180]

In dieser analytischen Betrachtung vertrat die *Kölnische Zeitung* den Standpunkt, »daß mit der Zerschlagung äußerer Organisationsformen ein im täglichen Zusammensein gefestigter Zusammenhalt **noch nicht zerrissen** wird. Überall werden kleine Gruppen der auseinandergetriebenen SA-Männer wieder auftauchen; es wird ein Wettbewerb an **legalen Umgehungsversuchen** des SA-Verbots einsetzen.« Sie stellte in diesem Beitrag die folgenden zwei Suggestivfragen: »Liegt nicht gerade in den Folgen der eben geschilderten bedenklichen Entwicklung nach einem SA-Verbot hier eine tiefwirkende **Schädigung** der Staatsautorität? Zwingt ein Verbot den objektiven Beobachter nicht zu der Frage, was denn der Staat bisher getan hat, um das **Problem der politischen Wehrverbände einer positiven Lösung zuzuführen**? Es wurde appelliert an einen rechtlich ›natürlichen Weg‹, nämlich, ›die Autorität des Staates einzusetzen und die **SA in ihre Schranken als private Organisation zurückzuweisen**‹.«[181]

Am 13. April 1932 verbot die Regierung Brüning, aufgrund der von Hindenburg erlassenen »Notverordnung zur Sicherung der Staatsautorität«, die SA und die Schutzstaffel (SS), da die Regierung einen Putschversuch der rechtsradikalen Organisationen befürchtete. Reichswehrminister Wilhelm Groener wurde bei einer Begründung des Verbots von SA und SS am 10. Mai wüst beschimpft. Generalmajor Kurt von Schleicher erklärte im Laufe der Debatte im Reichstag, Groener sei für die Führung der Reichswehr untragbar geworden. Groener musste zwei Tage später, auf

Druck der Generalität und des Chefs des Ministeramts der Reichswehr, Kurt von Schleicher, zurücktreten.

Die NSDAP gewann im Mai bei Landtagswahlen die absolute Mehrheit, so zum Beispiel in Oldenburg. Der Landtag von Anhalt wählte in Dresden Alfred Freyberg (NSDAP) zum ersten nationalsozialistischen Ministerpräsidenten eines deutschen Landes.

Ende April 1932 veränderte sich allmählich die Position des Verlags in der Einschätzung der politischen Kräfte. Denkbar war nun auch die Unterstützung einer Rechtskoalition, was aus dem Protokoll der Redaktionskonferenz vom 29. April 1932 hervorgeht: »Dr. Kurt Neven meint, daß [sic!] der Entschluß, daß die *Kölnische Zeitung* für eine Rechtskoalition eintreten sollte, könne heut schon weniger gefährlich erscheinen als vor wenigen Tagen.«[182]

Kurt Neven DuMont gab für diese doch revolutionäre Veränderung der innenpolitischen Richtung der *Kölnischen Zeitung* folgende Begründung ab: »Er wolle nur auf zwei Stimmen von links verweisen, die gewiß nicht als rechtsbegeistert betrachtet werden könnten. In einem Aufsatz im *Berliner Tageblatt* von Donnerstagabend sei gesagt: ›Die Rechnung (daß bei einer Beteiligung der Nationalsozialisten an der Regierung etwas Positives herauskommen könnte) könnte, wenn überhaupt, so nur dann aufgehen, wenn die Führung des Zentrums bei dem bevorstehenden Koalitionsgespräch alle Möglichkeiten seiner überraschenden Machtstellung ausschöpfte und in allen staatspolitischen Programmpunkten dieselbe Unerbittlichkeit an den Tag legte, die sie bisher in kulturpolitischen Fragen bewiesen hat.‹ Man habe sich beim B.T also schon auf eine Linie zurückgezogen, die im Gegensatz zu der unmittelbar nach den Wahlen eingenommenen Haltung stehe. Das könne man wohl schon als grundsätzliches Umschwenken bezeichnen. Im Tagebuch vom 30. April sei in einem Aufsatz ›Lasst ihn heran‹ das Problem schon etwas tiefer erfaßt mit den Worten: ›Wenn überhaupt noch irgendwelche Aussicht darauf besteht, den verfassungsmäßig demokratischen Mechanismus auch nur noch ein Jahr aufrecht erhalten zu können, so ist es ein Gebot vorausschauender Politik, diesem Jahr den Stempel einer Koalition mit Hitler aufzudrücken.‹ Schwarzschild kommt in dem Tagebuchaufsatz zu dem Schluss: entweder müsse eine wirtschaftliche Besserung erreicht werden, so lange der Nationalsozialismus noch nicht an der Regierung beteiligt sei, oder der Nationalsozialismus müsse an der Regierung beteiligt werden, so lange die wirtschaftliche Verschlechterung noch fortschreitet. Das laufe hinaus auf die Frage, wie überhaupt die Aussichten bei den internationalen Verhandlungen der nächsten Monate stünden. Solange eine Besserung nicht zu erwarten sei, werde der Nationalsozialismus, wenn er nicht die Verantwortung trage, weiter Zulauf bekommen. Gerade über die Aussichten der internationalen Verhandlungen könne Herr Borowski auf Grund seiner Unterhaltungen mit Brüning einiges sagen.«[183]

Einige Redakteure glaubten, dass bei einer Regierungsbeteiligung der Nationalsozialisten Abnutzungserscheinungen eintreten würden, da sie nicht in der Lage seien, mit Verantwortung umzugehen. Kurt Neven DuMont bezweifelte dies: »Je weniger Illusionen man sich in dieser Beziehung hingebe, desto weiter werde man kommen. (...) Man spreche von der Abnutzung der Nationalsozialisten. Er halte von dieser These nicht sehr viel, die Nationalsozialisten würden sich schon nicht abnutzen lassen.« Wolfgang Mansfeld, der bei Kurt Neven DuMont mehr oder weniger die Stelle von Foehr eingenommen hatte, verwies in dieser Sitzung darauf, dass die Nationalsozialisten zurzeit noch kontrollierbar wären, wenn sie Regierungsverantwortung hätten. Aber er frage konkret, warum sollten sie das tun. Er glaube, »daß der von den Nationalsozialisten eingereichte Antrag auf Reichstagsauflösung nach Lage der Dinge keine Mehrheit finden werde. Die Nationalsozialisten würden wohl gezwungen sein, unter Umständen ohne Neuwahlen in die preußische Koalition zu gehen. Er glaube nicht, daß das Zentrum als Gegengabe eine Reichstagsauflösung geben werde. Den Wunsch der Nationalsozialisten auf Auflösung solle man nicht unterstützen, die Verhältnisse im Reich würden nur noch schwieriger werden. Augenblicklich habe man im Reich die Möglichkeit, die Nationalsozialisten in einer Regierung an die Leine zu nehmen. Kämen wir im Reich so weit wie in Preußen, daß die Nationalsozialisten fast alle Minister stellen würden, dann dürfte die Entwicklung außen- und innenpolitisch gefährlich werden.«[184]

In der Redaktionskonferenz vom 9. Mai 1932 wurde eine weitere inhaltliche Neuorganisation durch Dr. Kurt Neven vorgestellt. Von nun an sollte ein Chef vom Dienst bestellt werden; diese Funktion hatte zu Beginn Wolfgang Mansfeld inne. Kurt Neven DuMont betonte in diesem Zusammenhang die besondere Stellung der Zeitung als Meinungsblatt und die Notwendigkeit von Richtlinien für die Arbeit der Berichterstatter:

»Herr Dr. Kurt Neven erklärte, er wolle (...) kein Programm für die *Kölnische Zeitung* entwickeln, aber doch noch einmal unterstreichen, daß die *Kölnische Zeitung* ihre Stellung nur dann halten könne, wenn sie als

Meinungsblatt so stark wie möglich hervortrete und wenn sie gleichzeitig in der journalistischen Lebendigkeit nicht zu wünschen übrig lasse. (...) Den Berichterstattern wären gewisse Richtlinien für ihre Arbeit zu geben (...).« [185]

Der Chef vom Dienst wurde nun als letzte Kontrollinstanz eingerichtet, die ein gewisses Gleichgewicht herzustellen hatte vor der Übergabe an die Setzerei. Neu war auch die Einführung täglicher Morgenkonferenzen der gesamten Redaktion um 10 Uhr, um unter anderem die einheitliche Gestaltung der Zeitung zu gewährleisten.[186]

Gleichzeitig erschien am 1. Mai auch die neu gegründete Wochenschrift: der *Sonntag Morgen*. Sie bestand lediglich bis zum 29. April 1934 und wurde zunehmend durch nationalsozialistische Mitarbeiter gestaltet, was unter anderem den Verlag schließlich zum Verkauf veranlasste. Dabei hatte Kurt Neven DuMont so große Hoffnung in seine Idee gesetzt: »Am 16. Februar (1932) kam ich auf den Gedanken, einen Notanker für die *Kölnische Zeitung* durch die Schaffung einer Kölnischen Zeitung am Sonntag auszuwerfen. Ob es gelingen wird, sie damit zu retten oder ob ihr Ende dadurch nur beschleunigt wird?«[187]

Es war klar, die *Kölnische Zeitung* musste im April/Mai handeln. Der Abonnentenkreis war erheblich geschrumpft. Deutsche Staatspartei und DVP als Sammelbecken der Leser waren bedeutungslos geworden, und die innenpolitische Situation änderte sich dramatisch. Wie sollte also der Spagat gelingen? Weder Kurt Neven DuMont noch sein Vater, noch die leitenden Redakteure waren gewillt, Adolf Hitler und die NSDAP zu unterstützen. Sie verfolgten auch die restlichen Monate des Jahres 1932 die Politik der Mitte auf der Basis eines demokratischen Staates. Aber wer war die Mitte? Wo waren die Menschen, die das Bürgertum der Mitte vertraten? Sie waren abgewandert. Aber wohin, das wusste niemand so genau. Sicher aber war, dass die NSDAP enormen Zuwachs zu verzeichnen hatte und dass viele Mitglieder der NSDAP auch die *Kölnische Zeitung* lasen, Leser, die zum weitaus größten Teil nicht wussten, oder nicht wissen wollten, was Hitler eigentlich vorhatte. Es muss für einen liberalen Menschen, der seine Position in der Mitte sah, der DVP und Staatspartei unterstützte, schwergefallen sein, eine »neue Mitte« zu suchen und vielleicht mitzuhelfen, diese zu schaffen. Die Einbindung Hitlers und seiner Partei in parlamentarische demokratische Strukturen, ihnen hier Verantwortung zuzuweisen, schien hier eine Möglichkeit zu sein verbunden mit der Hoffnung, dass sie sich dann mäßigen würde: Aber sollte das dann die

»neue Mitte« werden? Diese Strategie, sicher aus der Not geboren, sicher auch mit der ehrlichen Absicht, Hitler und die NSDAP zu binden und so Deutschland zu retten, war ein entscheidender Trugschluss. Er war deswegen auch so verhängnisvoll, weil andere Gruppierungen, wie Teile der Politik, der Wirtschaft und Kultur, aber auch mehr und mehr die großen Tageszeitungen, diesem Trugschluss unterlagen.

So gestaltete sich die Innenpolitik der *Kölnischen Zeitung* in den entscheidenden Monaten bis Ende 1932 unter Vorgaben, die sich längst überholt hatten. Sie hielt an der Mitte fest, bekämpfte Hitler und die Nationalsozialisten weiterhin; verbreitete aber gleichzeitig die redaktionelle Botschaft nach der Devise, Hitler und die NSDAP in die politische Verantwortung zu nehmen und sie so zu zähmen.

Bei realistischem Hinsehen ein hoffnungsloses Unterfangen, da Brüning kurz vor seinem Ziel gehen musste und Hitler eine Regierungsbeteiligung verweigerte sowie zielstrebig die Diktatur anstrebte. Im Mai 1932 war der Kampf um eine demokratische, auf parlamentarischer Basis aufgebaute Regierung längst verloren, zumal der im Artikel 48 enthaltene »Diktaturparagraph« dem Reichspräsidenten in Verbindung mit der Reichsregierung die Möglichkeit gab, gesetzesvertretende Verordnungen zu erlassen. Dieser Artikel 48 betraf also die legislative Kompetenz der Reichsregierung unmittelbar.[188]

Schon unter Reichspräsident Friedrich Ebert waren auf der Grundlage des Artikels 48 Absatz 2 die stolze Zahl von 136 Notverordnungen erlassen worden. Die Weimarer Verfassung hatte in Wirklichkeit zwei Ebenen: eine parlamentarische Ebene, auf der der Reichstag das politisch entscheidende Verfassungsorgan war, und die Reichsregierung, die in erster Linie vom Vertrauen der Reichstagsmehrheit abhängig war, und einer »präsidentiellen Reserveverfassung«, die in Krisenzeiten in der Weimarer Republik immer wieder praktiziert wurde.[189]

Am 29. Mai verweigerte Hindenburg Brüning das Vertrauen und forderte ihn zum Rücktritt auf. Brünings Ostsiedlungsprogramm gegen den preußischen Großgrundbesitz soll den entscheidenden Anlass gegeben haben. Am Tag darauf trat Brüning zurück. Die *Kölnische Zeitung* kommentierte und nannte weitere Gründe:

»Der nach den Ereignissen des Sonntags nicht mehr überraschend erfolgte Rücktritt der Regierung Brüning scheint, wenn nicht alle Anzeichen trügen, der Auftakt zu einem Wechsel des politischen Gesamtkurses zu sein. (...) Der äußere Anlaß zu dem Rücktritt der Regierung dürfte die

Meinungsverschiedenheit gewesen sein, die zwischen dem Reichspräsidenten und dem Reichskanzler in der Frage der Siedlung und der Kürzung der Renten bestand. (...) Ausschlaggebend waren die Wünsche des Reichspräsidenten nach einem vollständigen **Wechsel des Kurses**. Diese Wünsche hat der Kanzler abgelehnt, und zu ihnen gehörte auch der Fall Groener. Beschleunigt wurde die Entwicklung weiterhin durch den Ausfall der Landtagswahlen in Oldenburg, wo, wider Erwarten, es den Nationalsozialisten gelungen ist, die absolute Mehrheit zu erhalten.«[190]

Eindeutig spricht sich dann die *Kölnische Zeitung* dafür aus, dass nun die Rechtsopposition die Verantwortung übernehmen müsse.

»Das Kabinett Brüning ist also **nicht in offener Feldschlacht** gefallen; es ist zurückgetreten, obwohl ihm das Parlament kein Mißtrauensvotum erteilt hatte. Erwünscht ist eine solche Nichtbeachtung des parlamentarischen Willens nicht, denn sie könnte geeignet sein, die notwendigen Konsequenzen nicht in voller Klarheit hervortreten zu lassen. Auf diese Folgerungen aber kommt es in erster Linie an, ja sie sind unsres Erachtens die einzig brauchbare Grundlage für die Weiterführung der politischen Geschäfte in einer Zeit, die mit innen- und außenpolitischen Schwierigkeiten bis zum Bersten geladen sind. Brüning und ein Kabinett mussten dem **Druck einer Opposition** weichen, die **übermächtig geworden** war. Von dieser Opposition kann man ohne weiteres die Kommunisten außer Rechnung stellen. Es bleiben die Nationalsozialisten und die Deutschnationalen sowie die kleineren Gruppen der Rechten, ferner jene Persönlichkeiten und Gruppen, die Gegner des Kabinetts Brüning waren und schon seit längerer Zeit auf seinen Sturz hinarbeiteten.

Mit andern Worten: die **gesamten Kräfte der Rechten** müssen jetzt die **politisch-parlamentarischen Folgerungen ziehen** und sich für die **Verantwortung** bereithalten. Die Stunde der bisherigen Rechtsopposition hat geschlagen. Die *Kölnische Zeitung* hat immer wieder verlangt, daß diese Kräfte in die Verantwortung mit eingegliedert werden. (...) Einschließlich des Zentrums besteht im Reichstag eine ausreichende Mehrheit für eine Rechtskoalition. Frage ist allerdings, ob es den neuen Männern gelingt, sich mit dem **Zentrum** zu einigen. Hier ist der Schüssel zur Lage, aber auch ihr Gefahrenpunkt. Es handelt sich nicht um eine Übergangslösung, sondern um eine ganze Lösung, denn die bevorstehenden innerpolitischen und außenpolitischen Entscheidungen lassen keine Halbheiten zu. Die Rechtsopposition muß jetzt ihre Fähigkeiten beweisen, die Zeit der reinen Agitation ist vorbei.«[191]

Interessant und aufschlussreich ist eine Aufstellung der Meinungen der anderen Zeitungen, die ja nach Ausrichtung den Abgang Brünings begrüßen oder bedauern:

»Ohne jede Einschränkung sind die Blätter der äußersten Rechten mit dem Sturz der Regierung Brüning einverstanden«, schlussfolgerte die *Kölnische Zeitung* aus den Meinungen.

»Jetzt oder nie«, so schrieb der *Nationalsozialistische Angriff,* »ist der Augenblick gekommen, da der Reichspräsident eine historische Stunde vorfindet, der er entsprechend begegnen muß. Das Recht der NSDAP auf die Staatsführung ist von neuem und doppelt bestätigt. (...)«

Die *Deutsche Allgemeine Zeitung* war der Meinung, seine Wiederkehr in dieser Verantwortung in dieser oder jener Form sei nur eine Frage der Zeit. (...) Als Lösung der Kabinettsfrage erwartete das Blatt, dass die Nationalsozialisten endlich aus der reinen Oppositionsstellung herausgeführt und vor die großen Aufgaben des Staates gestellt werden. (...)

Die *Berliner Börsen-Zeitung* erwartete von dem Sturz des Kabinetts Brüning eine Schicksalswende, zu der die **»historische Tat Hindenburgs«** den Weg geebnet habe. (...) Die kommende Regierung müsse Schluss machen mit dem Zurückweichen vor der Entscheidung, mit der hinhaltenden Abwehr der Wirtschaftskrise.

Die *Kreuzzeitung*, die in enger Verbindung mit dem Stahlhelm stand, gab der Erwartung Ausdruck, dass bei der Neuordnung der politischen Verhältnisse auch diejenigen Kräfte gebührende Berücksichtigung fänden, die außerhalb des Parlaments die wertvollsten nationalen Bestandteile des deutschen Volkes zu Gesinnungsgemeinschaften zusammengefasst haben.

Die *Deutsche Tageszeitung* sah den Hauptgewinn des heutigen Tages darin, »daß Millionen von Menschen, vor allen Dingen die Kreise der Landwirtschaft, mit neuer Hoffnung erfüllt werden«.

Die *Germania* ging davon aus, dass eine handlungsfähige Regierung gebildet werde. Das Blatt *Der Deutsche* lehnte die Auffassung als falsch ab, dass in dem Sturz Brünings der Volkswille zum Ausdruck komme. Vielmehr sei hier eine Politik im Dunkeln betrieben worden, in der sich Industrie, Großagrarier und Generäle der Reichswehr getroffen hätten. (...) Auf jeden Fall aber sei es eine Entwicklung, der man mit schärfstem Misstrauen gegenüberstehen müsste. Jeder Arbeiter müsse wachsam und kampfbereit sein.

Der *Börsen-Courier* bemerkte zu der Tatsache, dass das Kabinett Brüning durch den Reichspräsidenten gestürzt worden sei, dass dieser Vorgang mit blitzhafter Klarheit zeige, in welchem Maße der Sinn und die Absichten der Reichsverfassung bereits ausgehöhlt seien, obwohl der Reichspräsident in keinem Buchstaben die Reichsverfassung verletzt habe.

Das *Berliner Tageblatt* bemerkte, man müsse offen aussprechen, dass nunmehr das **System gestürzt** sei. Mit der Entlassung Brünings sei der **Reichspräsident** so sichtbar **in den Vordergrund** der politischen Arena getreten, dass unwillkürlich die Erinnerung an das persönliche Regiment Wilhelms II heraufbeschworen werde. Was jetzt beginne, sei in jedem Fall ein Experiment mit ungewissem Ausgang.

Der *Vorwärts* ergänzte die in anderen Blättern geäußerte Auffassung über die Gründe, die zum Sturz Brünings geführt haben, durch die Bemerkung, dass **auch die parlamentarische Stellung** des Reichskanzlers **schwach** geworden sei, da seine Mehrheit gegen den Reichspräsidenten nicht hätte zusammengehalten werden können. Der Reichspräsident, so fährt das Blatt dann fort, lasse eine Regierung gehen, die sich immerhin auf eine Mehrheit hätte stützen können. Er habe sich damit selber die Aufgabe gestellt, eine neue Regierung zu bilden, deren Existenz auf mindestens ebenso starken verfassungsmäßigen Voraussetzungen wie der der verabschiedeten basiere. Der Weg, der jetzt betreten worden sei, führe in Zustände hinein, die mit der Verfassung kaum noch zu decken seien. Zum Schluss warf der *Vorwärts* die Frage auf, ob es der Reichspräsident noch in der Hand habe, den Punkt des Rechtskurses zu bestimmen, an dem sich die Entwicklung wieder stabilisieren werde.[192]

Pressestimmen der *Frankfurter Zeitung* und der *Vossischen Zeitung* wurden nicht zitiert.

Die *Frankfurter Zeitung* bedauerte ausdrücklich den Rücktritt Brünings. In einem Kommentar zum Sturz Brünings am 30. Mai hieß es, im Gespräch mit Hindenburg habe Brüning dem Reichspräsidenten »Die Grundfrage« gestellt, »aus deren Beantwortung heraus allein heute Politik in Deutschland gemacht werden kann. Es war die Frage nach dem Vertrauen. Dieses Vertrauen mußte vorbehaltlos sein, sonst existierte es nicht. Der Reichspräsident hat dem Kanzler eine Antwort gegeben, die zur Demission Brünings führte. Der Reichspräsident hat also zu Herrn Brüning ›nein‹ gesagt.« Der Rücktritt Brünings wurde von der Redaktion der *Frankfurter Zeitung* ausdrücklich bedauert, »weil hier ein Mann aus der Verantwortung für die deutsche Politik entlassen wird, dessen Name ein

Aktivum für den weittragenden Bezirk dieser Politik, nämlich für den außenpolitischen, darstellt. Herr Brüning ist im Laufe seiner Regierungstätigkeit zu einem Anwalt der deutschen Sache geworden, und, wie nur die Böswilligen leugnen werden, zu einem guten Anwalt dieser Sache.«[193]

Dass am nächsten Tag »der auf dem äußersten rechten Flügel der Zentrumspartei stehende Abgeordnete von Papen« mit der Regierungsbildung beauftragt wurde, kommentierte die *Frankfurter Zeitung* schon in ihrer Überschrift: »Ein Kabinett der nationalen Konzentration – Herr von Papen versucht die Kabinettsbildung«.[194]

Ähnlich interpretierte dies auch die *Vossische Zeitung*: »Es geschieht zum ersten Mal in der deutschen Republik, daß ein Kanzler nicht über Schwierigkeiten fällt, die er mit dem Parlament hat, sondern zurücktritt, weil er sich nicht mehr in Übereinstimmung mit dem Reichspräsidenten befindet.« Der Kanzler habe vor seinem Vortrag am 30. Mai mehrfach angefragt, ob er nach Neudeck, Hindenburgs Besitz, kommen sollte, diese Anfragen seien »in negativem Sinne« beantwortet worden. Während dieser Zeit aber wurde von rechts stehenden Politikern angekündigt, dass Hindenburg das Kabinett Brüning fallen lassen wolle, es zirkulierte bereits die Liste eines neuen, völlig rechts stehenden Kabinetts, das die Regierung Brüning ablösen will. Unter diesen Umständen war es selbstverständlich, dass der Kanzler eine völlige Klärung herbeizuführen wünschte.[195]

Auf Vorschlag Kurt von Schleichers beauftragte Hindenburg Franz von Papen mit der Bildung einer neuen Regierung. Papen trat aus dem Zentrum aus und kam so einem Parteiausschluss zuvor. Die DNVP unterstützte und die NSDAP tolerierte das Kabinett Papen, nachdem dieser das SA- und SS-Verbot zurückgenommen hatte. Auf Antrag Papens löste Hindenburg den Reichstag auf und schrieb Neuwahlen für den 31.7.1932 aus.

Die Ernennung Papens wurde von der *Kölnischen Zeitung* positiv betrachtet. Sie spottete aber über das »Kabinett der Barone«, ein Begriff, der in der SPD-Parteizeitung *Vorwärts* geprägt worden war, da diese Vertretung aus Adligen und Intellektuellen bestand.

Brüning wurde zum wiederholten Mal gerügt: »Wenn an Brüning was unbegreiflich ist, so ist es dies, daß der so stark außenpolitisch denkende Kanzler nicht die außenpolitische Notwendigkeit einer Heranziehung der Nationalsozialisten einsehen wollte.«[196]

Um ihre Position noch mal zu klären, resümierte die Zeitung folgendermaßen: »Der Reichspräsident hat die Auflösungsorder herausgegeben, und in wenigen Wochen soll das deutsche Volk wieder einmal an die Wahlurne gehen. Es wird ein erbitterter Kampf einsetzen, ein Kampf, der auch darüber entscheiden wird, ob das **nationale Bürgertum**, die gemäßigte Rechte zwischen dem Sozialismus von links und rechts zerrieben werden soll. Wir wollen hoffen, daß das Bürgertum die Stunde erkennt und alle wertvollen Kräfte zusammenfaßt, denn die jetzige Zersplitterung bedeutet vollständige Ohnmacht.«[197]

Das »nationale Bürgertum« wurde als gemäßigte Rechte zwischen dem Sozialismus von links und rechts, also zwischen Kommunisten und Nationalsozialisten, definiert, aber es wurde nicht geschrieben, ob Zentrum, SPD, DVP und Staatspartei dazugehörten. Verkannte die *Kölnische Zeitung*, dass dieser Zug längst abgefahren war? Es lässt sich nicht der Eindruck verhehlen, dass die *Kölnische Zeitung* einerseits eine Beteiligung der Nationalsozialisten an der Regierung befürwortete, andererseits aber immer noch auf ein gemäßigtes nationales Bürgertum hoffte. Diese Doppelstrategie war sicherlich nicht geeignet, um Leser zu gewinnen. Aber sie kennzeichnete die Strategie von Kurt Neven DuMont. Er war absolut gegen die Nationalsozialisten und Hitler, aber er wusste nicht, wie er die Zeitung aus dem Dilemma herausführen sollte.

Der Wahlkampf forderte viele Opfer und wurde von den Nationalsozialisten und Kommunisten erbittert geführt. 86 Menschen starben, darunter 38 Nationalsozialisten und 30 Kommunisten. Die *Kölnische Zeitung* plädierte wiederum für das nationale Bürgertum: »Was soll in dieser Lage das Bürgertum tun, das entschlossen ist, seine Grundsätze der persönlichen Freiheit und der freien Unternehmenskraft nicht frei zu geben? Es muß vor allem **verhindern, daß die sozialistischen Fronten sich zu gemeinsamem Vormarsch vereinigen**.[198] Was hat dies alles mit der Wahl zu tun und welche **Folgerung** ergibt sich daraus für die Wahl? **Keinesfalls** die, daß die Nationalsozialisten nun so viel Stimmen bekommen müßten, um die Verantwortung im Reich übernehmen zu können. Wer glaubt, daß dies noch der einfachste Weg aus der gegenwärtigen Schwierigkeit sei, irrt genauso wie die, die eine zeitlang hofften, man könne den Sozialismus der Nationalsozialisten mildern, in dem man in die Partei hineinginge und versuche, sie von innen her mit bürgerlichem Gedankengut zu durchdringen. So etwas wäre vielleicht möglich in einer liberalen Partei. Es ist aber nicht möglich in einer Partei, die so stark wie die Nationalsozialisten auf Führerbefehl und Parteigehorsam eingestellt sind und außerdem noch auf die Massenstimmung Rücksicht nimmt. Wer in eine so straff disziplinierte Partei hineingeht, muß sich unterwerfen, und wer einer derartigen Partei zur alleinigen Regierungsmacht verhilft, wird ebenfalls die Hoffnung aufgeben müssen, seine eigenen Gedanken und seine bessere Einsicht in nennenswertem Umfang durchsetzen zu können. Die Nationalsozialisten müssen zwar an die Verantwortung gebracht werden. Wenn sie aber in der Verantwortung auch Einsicht lernen sollen, dann darf ihnen **nicht die ganze Macht ausgeliefert werden**. Es kommt vielmehr darauf an, daß der bürgerliche Einfluß auf die in der Verantwortung stehenden Nationalsozialisten möglichst stark wird. (...)

Gleichgültigkeit, Zurückhaltung oder Wahlmüdigkeit darf es am heutigen Wahltag im Bürgertum nicht geben. Wahlzurückhaltung kommt dem Gegner zugute, vor allen Dingen aber den nationalsozialistischen Massenparteien, die ihre Anhänger erfahrungsgemäß ziemlich fest in der Hand haben. (...) Jeder Bürger kämpft heute um das Lebensrecht des bürgerlichen Gedankens: **Gegen Sozialismus und Kollektivismus von rechts und links! Für bürgerliche Freiheit! Für die Parteien der bürgerlichen Rechten!**«[199]

Die *Frankfurter Zeitung* sprach sich unmissverständlich gegen Hitler aus:

»Mit der Diktatur, die von dieser Bewegung so unbesehen auf ihre Fahne geschrieben worden ist, werden die Menschen in Deutschland ausgelöscht.«[200] Sie rief die Bevölkerung auf, wählen zu gehen: »Es geht gegen Hitler! Keiner darf fehlen!«[201]

Auch die *Vossische Zeitung* rief zur Wahlbeteiligung gegen Hitler auf.[202]

Die NSDAP konnte ihren Stimmenanteil mehr als verdoppeln. Mehr als 13 Millionen Deutsche wählten Hitler. Mit 37,3 Prozent der Stimmen erhielt die NSDAP 230 Sitze im Reichstag. Lediglich die SPD mit 21,6 Prozent, das Zentrum mit 12,4 Prozent und die Kommunisten mit 14,3 Prozent errangen gute Ergebnisse, während die DVP und die Staatspartei mit unter 2 Prozent der Stimmen bedeutungslos blieben.

Es war ein geringer Trost, dass es »keine Mehrheit für die Rechten« gab[203] und dass Hindenburg die Übertragung der gesamten Staatsgewalt an Hitler ablehnte.[204]

»Die entschiedene und endgültige Zurückweisung, die Hitler erfahren hat, als er vom Reichspräsidenten die Verantwortung der gesamten staatlichen Macht an die nationalsozialistische Parteidiktatur forderte, war der dramatisch-wuchtige Abschluß der Verhandlungen über die Umbildung des Kabinetts von Papen, aber nicht der inneren Krise Deutschlands, die sich erst ihrem Höhepunkt nähert.«[205]

Zwar verloren die Nationalsozialisten bei der Reichstagswahl vom 6. November, blieben aber mit 33,1 Prozent der Stimmen vor den Sozialdemokraten mit 20,4 Prozent der Stimmen und den Kommunisten mit 16,9 Prozent der Stimmen, stärkste Partei.

Drei Tage nach der Wahl wurde der *Völkische Beobachter* für fünf Tage verboten. Die *Kölnische Zeitung* nahm dagegen Stellung: »Politisch war die Maßnahme unzweckmäßig, da es nicht sehr klug sein dürfte, die nationalsozialistische Partei noch mehr in eine radikale Haltung hineinzutreiben; psychologisch da derartige Zeitungsverbote erfahrungsgemäß durch die Reklamewirkung gerade das Gegenteil des gewünschten Effekts erzielen, aber davon abgesehen muß jeder, für den die Freiheit der Presse eine Frage von grundsätzlicher Bedeutung ist, darauf bestehen, daß die **Zeitungen ohne zwingenden Grund in ihrer Bewegungsfreiheit nicht beschränkt werden**. Man möge also in Zukunft mit Zeitungsverboten etwas vorsichtiger sein.«[206]

Zehn Tage nach der Wahl lautete die Schlagzeile der *Vossischen Zeitung*: »SPD fordert Papens Rücktritt – Scharfe Ablehnung der Einladung zu Verhandlungen«. In diesem Artikel wurde aus der Erklärung der SPD-Reichstagsfraktion, die einstimmig beschlossen hatte, der Einladung des Reichskanzlers zu Verhandlungen nicht Folge zu leisten, zitiert: »Der Reichskanzler von Papen hat durch zweimalige Auflösung des Reichstags das deutsche Volk zweimal über seine Regierungspolitik befragt und zweimal vernichtende Antworten erhalten. Die Verfassung, die er beschworen hat, gibt ihm nicht das Recht, weitere Versuche zu machen. Sie verpflichtet ihn vielmehr zum Rücktritt.«[207] Nachdem auch das Zentrum dem Reichskanzler nahegelegt hatte, die Konsequenzen aus den Wahlergebnissen zu ziehen und zurückzutreten, berichtete die *Vossische Zeitung* am 17. November 1932, es sei sicher, »daß der Reichskanzler beim Vortrag beim Reichspräsidenten sein Amt zur Verfügung stellen wird«. Über das Resultat des Treffens zwischen Zentrumspolitikern und von Papen schrieb die *Vossische Zeitung* zusammenfassend: »Die Zentrumsführer erklärten dem Reichskanzler, daß sie dem Gedanken einer nationalen Konzentration grundsätzlich zustimmen, daß sie aber der Meinung seien, diese Konzentration könne nicht verwirklicht werden von einem Kabinett Papen. Die Person des Kanzlers selbst sei ein wichtiges Hindernis für das Zustandekommen.«[208]

Am 12. November 1932 trat Papen zurück. Die *Kölnische Zeitung* hatte die Frage aufgeworfen, ob es gelingen werde, »die nationalsozialistische Partei von ihren personellen Ansprüchen herunterzubringen und sie zuerst einmal auf den fachlichen Inhalt der Staatsverantwortung zu lenken?«[209]

Georg Strasser sah dies im *Völkischen Beobachter* anders: »Welch eine unerhörte Kraft und Symbolik läge darin, wenn der Reichspräsident, der große Repräsentant einer alten großen preußischen Geschichte in seiner Person die Brücke schlüge zu dem nationalsozialistischen Deutschland.«[210]

Die *Kölnische Zeitung* stand weiterhin hinter der parlamentarischen Demokratie und machte wiederholt darauf aufmerksam, diese aufrechtzuerhalten: »Wir können uns jedenfalls nicht denken, daß der Reichspräsident seine Hand für parlamentarische Experimente hergeben würde, wie sie von den Nationalsozialisten angepriesen werden. Eine derartige Richtung kann nicht Gegenstand der Verhandlungen sein.« Das hieß, die *Kölnische Zeitung* vertrat immer noch die Ansicht, dass die NSDAP Verantwortung übernehmen solle, aber ohne Hitler als Reichskanzler.

Den Auftrag zur Bildung einer Mehrheitsregierung lehnte Hitler am 23. November ab. In einem Brief an den Reichspräsidenten schlug er aber vor, »auf den Versuch einer parlamentarischen Lösung zu verzichten und ihn mit der Bildung eines Parteikabinetts zu beauftragen«, wie in der *Vossischen Zeitung* vermutet wurde. Als Hindenburg diesen Vorschlag ablehnte, titelte die *Vossische Zeitung*: »Hindenburgs Entscheidung: Keine Hitler-Diktatur – Hitler Kabinett gescheitert – Präsidialvollmachten versagt!« Sie kommentierte weiter: »Niemand macht sich über die weiterreichenden Pläne der Nationalsozialisten Illusionen, niemand unterschätzt die Gefährlichkeit des Experiments, das Hitlers Berufung darstellte. Trotzdem hätte es gewagt werden müssen, wenn Hitler sich zu der parlamentarischen Lösung verstanden hätte. Es hätte dann an retardierenden Elementen, an Gegengewichten nicht gefehlt, die Abenteuerlichstes verhindern können.«[211]

Also welche Möglichkeiten blieben, nachdem Hitler abgesagt hatte? Die *Kölnische Zeitung* zeigte sie auf: »Es bleibt die Möglichkeit einer Präsidialregierung und die Notwendigkeit, die Nationalsozialisten zu einer direkten oder indirekten Unterstützung einer solchen Präsidialregierung zu bestimmen. Wie kann das verwirklicht werden? Die Nationalsozialisten verlangen als Führer der Regierung Hitler, der Reichspräsident steht aber mit Recht auf dem Standpunkt, daß eine überparteiliche Regierung nur von einem überparteilichen Mann, nicht aber von einem Parteiführer geführt werden kann. Es wäre traurig, wenn an diesem Gegensatz der Gedanke der nationalen Sammlung zerschellen sollte. Die Gegensätze dürfen jetzt nicht auf die Spitze getrieben, sondern es muß versucht werden, zu einer tragbaren Lösung zu kommen. Man sollte darum dem Papierkrieg ein Ende bereiten und einer starken überparteilichen Persönlichkeit den Auftrag geben, ein Präsidialkabinett zu bilden, dem die Nationalsozialisten ihre Unterstützung nicht versagen können. Es gibt Persönlichkeiten, die von den Nationalsozialisten nicht so bekämpft werden können wie der Reichskanzler von Papen und die Nationalsozialisten eher zur Gefolgschaft zu zwingen vermögen. Eine solche Persönlichkeit muß jetzt beauftragt werden. Das ist wichtiger als die Fortsetzung eines Denkschriftenstreits über theoretische Möglichkeiten.«[212]

Die *Kölnische Zeitung* befürwortete somit die Meinung Hindenburgs, dass eine überparteiliche Regierung nur von einer überparteilichen Persönlichkeit geführt werden könne. Sie glaubte, es müsse eine Persönlichkeit gefunden werden, die »die Nationalsozialisten eher zur Gefolgschaft zu zwingen vermöge«. Es ist schwer nachzuvollziehen, wie diese Konstellation funktionieren sollte. Aber es zeigt die Ausweglosigkeit, mit der sich alle, auch die Zeitungen befassen mussten.

Dass Hitler dem Ersuchen Hindenburgs, eine Regierungsbildung zu versuchen, nicht nachkam, meldete die *Frankfurter Zeitung* mit großer Erleichterung: »Verständigung mit Hitler völlig gescheitert!« Im Kommentar mit dem Titel »Retter des Vaterlands« hieß es: »Zwar zeigt sich Herr Hitler außerstande, den Auftrag, mit dem ihn der Reichspräsident geehrt hatte, auszuführen. Stattdessen erklärt Herr Hitler feierlich, er und der Nationalsozialismus seien bereit, das Vaterland zu retten.«[213] Die Ernennung des Generals von Schleicher zum neuen Kanzler nahm die *Frankfurter Zeitung* schließlich zum Anlass, von einer »Entspannung der Lage« zu sprechen.[214] Auch diese Einschätzung entstand aus purer Verzweiflung oder falscher Hoffnung. Mit Schleicher verabschiedete sich die Demokratie endgültig.

Am 2. Dezember meldete die *Vossische Zeitung* dann beginnend: »–Schleicher beauftragt – Kabinett für Arbeitsbeschaffung, gegen Verfassungsexperimente.« Im Artikel hieß es: »Deutschland hat eine der längsten Regierungskrisen endlich hinter sich. Genau nach sechs Monaten wird das Kabinett Papen abgelöst durch ein Kabinett Schleicher. Die offiziöse Versicherung, daß der Reichspräsident sich mit schwerem Herzen von Papen getrennt habe, ist keine freundliche Phrase, die beim Abschied gesprochen wird (...). Daß die Chancen für General von Schleicher günstiger sind als von Papen, ist nicht zu verkennen (...) General von Schleicher scheint zu hoffen, daß es ihm trotz der abweichenden Haltung der Nationalsozialisten gelingen wird, den Reichstag nach der Konstituierung und der politischen Aussprache zu einer freiwilligen längeren Vertagung zu bewegen. Eine Auflösung des Reichstages wird nur für den Notfall erwogen. So paradox es klingen mag: Die kommende Regierung, an deren Spitze ein General steht, sucht, wenn irgend möglich, nicht den Kampf, sondern die Verständigung.«[215] Einen Tag später kommentierte die *Vossische Zeitung* den »Kurs Schleicher«: »Mit Demokratie hat das alles, was jetzt geschieht, wenig zu tun. Die Demokratie hat sich in Deutschland still und leise entfernt, sie sitzt im Vorzimmer, wird sicher eines Tages wiederkommen, aber die gute Stube hat sie geräumt. Für die Reichskanzler Nummer zwei und Nummer drei dieses Drei-Kanzler-Jahres gilt das gleiche: Keiner von ihnen ist der Mann der deutschen Republik. Franz von Papen und Kurt von Schleicher sind Angehörige jener hauchdünnen Schicht, die Generationen lang zu herrschen gewohnt war.«[216]

Die letzten zehn Tage des Jahres 1932 waren von Notverordnungen, Straßenkämpfen und – trotz Verbot – von Demonstrationen gekennzeichnet. Kommunisten und Nationalsozialisten standen sich dabei in nichts nach.

In ihrem Jahresrückblick verabschiedete die *Kölnische Zeitung* das Jahr 1932 mit den folgenden Worten:

»Das letzte Blatt des Kalenders fällt. Es gilt Abschied zu nehmen von einem Jahr, das man dereinst in der deutschen Geschichte vielleicht **das politischste** nennen wird. Die Politik hat in diesem Jahr alles beherrscht: das Wirtschaftsleben, das Familienleben, die Stadt und das Land, das Alter, die Jugend. Alles politisierte, kritisierte und kombinierte, (...). Doch, so schnell die Leidenschaft aufgeflammt war, so schnell erlosch sie gegen Ende des Jahres. Politik ist schließlich kein Ding an sich, so wenig auch Parteien jemals Selbstzweck sein können. Die größte Partei trieb jedoch eine Taktik, die mit dieser Tatsache nicht rechnete. Sie ließ den Kredit, der ihr vom deutschen Volk in nie bisher gekanntem Ausmaß eingeräumt wurde, nicht produktiv werden, sondern ›hortete‹ immer weiter das Kapital des Vertrauens. Diese unfruchtbare Thesaurierungspolitik des Nationalsozialismus brachte die politische Welle schließlich zum Stillstand. Eine Politik im luftleeren Raum erschien vielen sinnlos. Das politische Interesse versickerte und an die Stelle des politischen Rausches ist eine **Ernüchterung** getreten, die, wenn nicht alles täuscht, auch im kommenden Jahr anhalten und sich noch verstärken wird.«[217]

Nicht einverstanden war die *Kölnische Zeitung* mit der Politik der NSDAP. Die Nationalsozialisten gewannen zwar das Vertrauen weiter Teile der Bevölkerung, aber sie förderten nicht die Entwicklung Deutschlands. Auch hätten sich die Parteien, so meinte das überregionale Blatt, aus der aktiven Politik verabschiedet und seien nur mit sich selbst und ihrem Taktieren beschäftigt. Zudem sei das autoritäre System der Regierung stärker geworden. »Der Zug vom parlamentarischen zum autoritären System ist im vergangenen Jahr noch stärker geworden.«[218] Demnach glaubte die *Kölnische Zeitung*, die Nationalsozialisten in ein demokratisches System einbinden zu können, und dass das Parlament, die entscheidende Kraft im demokratischen Prozess, zurückkehrt.

Die *Vossische Zeitung* und die *Frankfurter Zeitung* lehnten Hitler konsequent ab und hielten auch nichts von einer Regierungsbeteiligung, obwohl sie hilflos zusehen mussten, wie die Dinge sich entwickelten. Alle Beiträge dieser drei großen bürgerlichen Zeitungen schwankten zwischen Verzweiflung und Hoffnung. Sie wollten den Untergang nicht wahrhaben.

Die *Kölnische Zeitung* sah 1932 zeitweise sogar die Gefahr, dass die Grenzen der Weimarer Verfassung gesprengt würden. Nach Auffassung der Zeitung war es nur Hindenburg zu verdanken, dass eine Erschütterung des Rechtswesens vermieden wurde; Hindenburg, der sich wieder einmal als Retter des Vaterlandes und als Fels bewährt habe. Alle drei Zeitungen waren sich einig, dass seine Wiederwahl das wichtigste Ereignis des vergangenen Jahres war. Mit keinem Wort wurde im Jahresrückblick der *Kölnischen Zeitung* Brüning erwähnt. Das heißt, Brünings Helferin war sie jedenfalls nicht.

Bei der Vorausschau für 1933 lag diese bürgerliche Tageszeitung nicht nur völlig falsch, sondern gab sich unbegründeten Illusionen hin:

»Aber wenn es auch im Januar zur Auflösung des Reichstags und im Februar oder März zu Neuwahlen kommt, so sind davon kaum größere Erschütterungen zu fürchten. Die Wahlen haben ihren Schrecken verloren. Das wird vielleicht auch Hitler im Frühjahr einsehen, wenn er es heute noch nicht einsehen will. Und so kann man hoffen, daß die ununterbrochene Kette der Wahlen im kommenden Jahr nicht fortgesetzt wird. Es ist freilich wichtig, für die deutsche Entwicklung, **welchen Weg Hitler** endgültig einschlagen wird. Im Augenblick wird der Kurs davon nicht berührt, aber für die deutsche Zukunft ist es ein gewaltiger Unterschied, ob die Nationalsozialisten weiterhin in der Verneinung verharren oder ob die Millionen von opferwilligen Nationalsozialisten zu fruchtbarem Einsatz im Staatsleben gebracht werden. Wir wünschen das letzte und halten es darum für nötig, daß auch im neuen Jahr erneut der Versuch gemacht wird, die aufbauwilligen Kräfte der Nationalsozialisten zu praktischer Mitwirkung zu bringen. Die Bedingungen sind aus den Verhandlungen bekannt, die Hitler im letzten Jahr mit Hindenburg führte. Nur auf der Grundlage dieser Bedingungen und eines **klaren Programms** für die nüchterne Arbeit am wirtschaftlichen Wiederaufbau kann eine Verständigung zustande kommen. Nach dem Jahr eines übersteigerten Irrationalismus brauchen wir jetzt ein Jahr des unerbittlichen Nationalismus. Wie wir das vergangene Jahr als das ›politischste‹ bezeichnet haben, möchten wir das kommende Jahr an seinem Ende als das ›**vernünftigste**‹ bezeichnen können.«[219]

Das Wort »Mitwirkung«, das ein halbes Jahr lang die Politik der Zeitung geprägt hatte, und der Wunsch, dass nach einem »politischen«, durch Irrationalismus geprägten Jahr nun das »vernünftigste« kommen könnte, war nicht nur Wunschdenken, sondern eine große Fehleinschätzung. Es sollten nicht einmal vier Wochen vergehen, und Hitler durfte sich Reichskanzler nennen.

4.3 Das Versagen des Journalismus

Die *Kölnische Zeitung* galt von den Anfängen der Weimarer Republik bis Ende der dreißiger Jahre mehr oder weniger als das »Blatt der Deutschen Volkspartei«.[220] Kommerzienrat Alfred Neven DuMont, Chefredakteur Ernst Posse (1901–1923), der sich nur schwer vom Gedanken des Endes der Monarchie trennen konnte, und sein Nachfolger Anton Haßmüller (1923–1928) standen hinter der Partei Gustav Stresemanns. Zwei Ereignisse veränderten die innenpolitische Ausrichtung der *Kölnischen Zeitung* in den Jahren 1928/1929: Die liberalen Initiativen des Verlegersohns Kurt Neven DuMont und der Tod Gustav Stresemanns am 3. Oktober 1929. Die DVP stellte bei den Wahlen vom 7. Dezember 1924 mit knapp über 3 Millionen Stimmen (10,1 Prozent) und die DDP mit knapp 2 Millionen Stimmen (6,3 Prozent) ein solides Polster für die Abonnentenzahl des überregionalen Blattes dar.[221]

Die Deutsche Volkspartei (DVP) war am 15. Dezember 1918 und die Deutsche Demokratische Partei (DDP) am 20. November 1918, wenige Tage vor der Deutschnationalen Volkspartei (DNVP) gegründet worden. Aus diesen drei Parteien rekrutierte sich der Leserstamm der *Kölnischen Zeitung* in der ersten Hälfte der zwanziger Jahre, das heißt aus dem konservativ-nationalen Bürgertum, während die *Vossische Zeitung*, das Blatt des Ullstein-Verlags,[222] eher liberal-bürgerlich und die *Frankfurter Zeitung* als demokratisches Blatt galt, das ebenfalls der DVP nahe stand, aber auch eine starke Leserschaft unter der jüdischen Bevölkerung hatte. Die *Frankfurter Zeitung* war bekannt für ihr hervorragendes Feuilleton und ihren guten Handelsteil.[223] Sicherlich war die Einstellung der *Kölnischen Zeitung* stärker national geprägt, was ihr auch Leser aus dem Spektrum der DNVP einbrachte, aber ihre Grundhaltung galt immer den Interessen des Bürgertums.

Kurt Neven DuMont, kaum in die Verlagsleitung berufen, suchte nach neuen Lesern, da die beiden Parteien DVP und DDP mit starken Wählerabwanderungen zu kämpfen hatten. Er glaubte, neue Wähler mit liberalen Ideen gewinnen zu können. Gleichzeitig setzte er sich für eine Stärkung der bürgerlichen Mitte ein, das heißt konkret, der Bildung einer neuen Partei durch Zusammenschluss von DVP und DDP. Beide von ihm betriebenen Strategien waren von Anfang an zum Scheitern verurteilt, da die Tendenz ganz klar zu einer Polarisierung nach rechts und links ging. Die bürgerliche Mitte hatte nichts zu bieten, weder ein schlagkräftiges überzeugendes Programm noch eine Persönlichkeit, der das Volk wie Gustav Stresemann glauben konnte. Adolf Hitler gelang es, die richtigen Themen anzusprechen und die Massen zu bewegen. Seine neue durchschlagende Propaganda mit dem Einsatz der neuen Medien Rundfunk, Wochenschau, Plakate, Schallplatten und Handzettel war überall gegenwärtig. Die Masse richtete in der Not die Augen auf den Führer, der ihnen alles versprach.

Währenddessen bemühten sich die bürgerlichen Zeitungen mit hervorragendem Journalismus auf der Sachebene – auch heute noch ist es ein Genuss, die Berichte, Kommentare und so weiter, der *Kölnischen, Vossischen* und *Frankfurter Zeitung* zu lesen, sowohl sprachlich, inhaltlich als auch gehaltlich –, den Lesern zu erklären, wie die Weimarer Verfassung funktionierte und wie sich das Bürgertum aufstellen müsse, um links und rechts als Extreme zu vermeiden.

Je stärker die Extreme wurden, desto mehr verlor der »Journalismus der bürgerlichen Mitte« an innerer Struktur, die aber gerade in schwierigen Zeiten notwendig, ja lebenswichtig gewesen wäre und auch den Mitmenschen hätte vermittelt werden müssen.

Trotz der sich verändernden Struktur blieben die Beiträge auf hohem Niveau, während rechts und links mit reißerischen und gefühlsgeladenen Parolen die Menschen emotionalisiert wurden. Das heißt, es gelang der bürgerlichen Presse nicht, mit sachlicher und abwägender Berichterstattung Menschen für eine demokratische Republik zu emotionalisieren, ihnen die Probleme und Lösungsmaßnahmen glaubhaft zu vermitteln. Vielleicht kann man sogar so weit gehen und die Meinung vertreten, die bürgerliche Presse schrieb nur noch für eine elitäre Minderheit, die längst – allerdings noch unsichtbar – jeden politischen Einfluss auf die zukünftige Gestaltung Deutschlands verloren hatte.

Die Grenzen der parlamentarischen Leistungsfähigkeit waren 1929/1930 rasch aufgezeigt, als das Notstandsrecht mehrfach missbraucht wurde, zumal die Verfassungsväter ein Ausführungsgesetz zum Artikel 48 zwar vorgesehen, aber der Reichstag es versäumt hatte, ein solches Gesetz zu erlassen.[224]

Es entstand ab 1930 eine eigene geschichtliche Dynamik, die von den Inhabern und Redakteuren der bürgerlichen Presse nicht nur falsch eingeschätzt, sondern unterschätzt und schließlich mit verzweifelten Versuchen über eine Beteiligung der NSDAP an einer Regierung, um Hitler zu vermeiden, zur Hilflosigkeit verurteilt wurden.

Während DVP und DDP um eine Fusion zur neuen bürgerlichen »Deutschen Staatspartei« rangen, aber lediglich eine Namensänderung der DDP herauskam, erfuhr die Differenz zwischen links und rechts ihre schärfste Konturierung.

Der Mythos einer starken bürgerlichen Mitte, von *Kölnischer, Vossischer* und *Frankfurter Zeitung* bis in die ersten Monate des Jahres 1933 immer wieder beschworen, mit philosophisch inhaltsschweren, mit ethischen und moralischen Grundsätzen unterlegt und stets die Katastrophe vor Augen starb, als allen dann klar wurde, dass ihre Strategie und Taktik Hitler eher geholfen als ihn verhindert hatte. Die bürgerlichen Elemente stellten längst keine realistische Möglichkeit mehr dar, die parlamentarische Demokratie zu retten. Der Klassenkampf, der zwischen rechts und links tobte, war insofern nur ein scheinbarer, da Hitler zahlreiche Elemente der kommunistischen/sozialistischen Linken an tragender Stelle mit in sein nationalsozialistisches Programm eingebaut hatte.

Noch am 18. November 1932 veranstaltete die Zweigstelle der Amerikanischen Handelskammer in Deutschland im Domhotel in Köln eine Vortragsveranstaltung, auf der Laurence Hills, der Herausgeber des *New York Harold*, Paris, und Kommerzienrat Alfed Neven DuMont zum Thema »Aufgaben und Pflichten der Presse« referierten. Hills führte in seinem viel beachteten Vortrag aus: »Die erste Pflicht, die der Presse heutzutage obliegt, ist, zur **Erhaltung der Demokratie beizutragen (…) Die Aufgabe des ernsthaften Redakteurs liegt darum darin, einen erweiterten Leserkreis zum nachdenklichen Lesen eines belehrenden Stoffes**, der im Kongreß einer Betrachtung unterzogen werden soll, heranzuziehen. Wenn dieser Rat unbeachtet bleibt, wird die Demokratie vor dem Sowjetismus oder der Autarkie untergehen, und der Kapitalismus würde dem Kommunismus weichen.«[225] Alfred Neven DuMont befürwortete die Ausführungen Hills und erwähnte lobend die *Frankfurter Zeitung*, die sich außenpolitischer Beachtung erfreue. Er betonte, dass er die linken und rechten radikalen Zeitungen ausklammere: »Selbstverständlich meine ich damit nur die große deutsche Presse, und zwar die der Mittelparteien, weil ich mir durchaus bewußt bin, daß die deutschen radikalen Parteien, rechts und links, die auch nicht dem Verein Deutscher Zeitungsverleger angegliedert sind, in mancher Beziehung andre Ansichten vertreten als diejenigen, die ich ihnen hier vortragen möchte.« Er verdeutlichte mit Nachdruck, »daß die Zeitungen vor allem berufen sind, nicht nur die Maßnahmen der **Regierung** und die Beschlüsse der **Parlamente** zu veröffentlichen, sondern auch an diesen die **notwendige Kritik** zu üben, Regierungen und Parlamente zu beraten und nötigenfalls des Besserns zu beraten.«[226]

Der Wert der Zeitung, darin waren sich alle an diesem Abend einig, ist mit der Demokratie verwachsen, da aus ihr die freie Presse hervorging. Hills wies in seiner Rede auch darauf hin, dass die Verantwortung, die im Allgemeinen auf einer Zeitung ruht, wo sich die Welt in einem Zustand wirtschaftlicher und politischer Unordnung befindet, groß sei, »da redaktionelle Funken einen Brand herbeiführen können«.[227]

Der Funke hatte zu diesem Zeitpunkt längst einen Flächenbrand ausgelöst, dessen Anzünder Hitler und seine Zündhölzer, die Zeitungen, verantworteten. Der bürgerliche Blätterwald starb nach und nach. Betroffen waren zweifelsohne auch die Nachrichtenblätter der Parteien, wie zum Beispiel die links ausgerichtete *Deutsche Allgemeine Zeitung*, die trotz des Versuchs, nach rechts zu steuern, verboten wurde, ähnlich wie die *Rheinische Zeitung* oder die SPD-Parteizeitung *Vorwärts*. Schärfster Gegner des

Nationalsozialismus war natürlich die kommunistische Zeitung *Sozialistische Republik*, die der SPD, der bürgerlichen Presse und natürlich den nationalsozialistischen Organen wie *Völkischer Beobachter* die falsche Strategie vorwarf. Die *Rheinische Zeitung* sah in Hitler und den Kommunisten Parteien, die eine Diktatur anstrebten. Sie wurde jedenfalls sofort nach der Machtergreifung Hitlers verboten.

Die Zeitungen kämpften jede für sich für ihre Ausrichtung. Es gab keinen gemeinsamen Konsens, keine gemeinsame Strategie, um rechts oder links zu vermeiden. Die Quittung erhielten sie nach der Machtergreifung Hitlers.

5. Der Kampf um die *Kölnische Zeitung* nach der Machtergreifung

5.1 Die Schuldfrage

Was ist Schicksal und was ist Schuld? Diese Frage stand vom Beginn der Herrschaft der Nationalsozialisten im Mittelpunkt vieler Diskussionen zwischen Vater und Sohn, also zwischen dem alt werdenden und kränkelnden Kommerzienrat Alfred Neven DuMont und Kurt Neven DuMont. Ihre Strategie war in den Jahren 1930 bis zu Beginn des Jahres 1933 nicht aufgegangen: die Nationalsozialisten in die »Schmuddelecke« stellen, sie dann ernst nehmen, sie an der Regierung beteiligen, um Hitler zu verhindern. Die bürgerliche Mitte, die Abonnenten der *Kölnischen Zeitung*, aber auch der *Vossischen Zeitung* und der *Frankfurter Zeitung*, war weggebrochen und Hindenburg zuletzt nur noch »Schablone« im Übergang in eine neue, schreckliche Zeit. Kurt Neven DuMonts Versuch, seit 1928 die Zeitung zu liberalisieren, war kläglich gescheitert. Die Strategie war eher von einem Zickzackkurs denn von einer klaren Linie geprägt.

Fest steht, dass Vater und Sohn für die Nationalsozialisten nichts übrig hatten und bis zuletzt hofften, die bürgerliche Mitte könnte eine Wende herbeiführen. Wie sich erwies, war das ein fataler tragischer Trugschluss. In einem handgeschriebenen Brief vom 28. April 1934 geht Alfred Neven DuMont auf die Schicksals- und Schuldfrage ein:

»Nur eines von vornherein: Es ist m. A. nach falsch, alles Schicksal zu nennen und sich dabei zu beruhigen. ›In unserer Brust sind unseres Schicksals Sterne‹, sagt Schiller. Und, wenn wir nicht gegen das Schicksal angehen und es zu wenden suchen würden, wären wir arme Tröpfe. Damit will ich nicht sagen, daß das Schicksal großen, ja gewaltigen Einfluß auf unsere Leben hat. So kann man mit Recht sagen, ich bin nicht schuld, daß heute die NSDAP herrscht und der *Kölnischen Zeitung* und mir schweren

Schaden tat und heute noch tut. Meine Schuld aber ist es, daß ich nicht früher gesehen habe, was kommen würde und nicht etwa die *Kölnische Zeitung* der Bewegung zur Verfügung gestellt hätte 1930–33, das hätte uns unser ganzes Ansehen genommen und ich wäre ein Verräter an mir selbst geworden.«[1]

Alfred Neven DuMont glaubte zwar, dass auch die nationalsozialistische Bewegung einiges Gute in ihrem Programm hätte, er aber auch dies nicht sah und nicht akzeptierte. Hätte er der nationalsozialistischen Bewegung die Zeitung übergeben, »hätte ich die ganze Redaktion mit wenigen Ausnahmen, auch Dich, gegen mich gehabt«[2].

Der vierseitige Brief schwankt zwischen Pessimismus und dem Eingestehen, dass er für seine Fehler bereits im Diesseits büßen müsse.

Die Redaktion und Kurt Neven DuMont waren gegen den Nationalsozialismus, beugten sich aber schließlich der Gewalt. Es kann lange darüber diskutiert werden, ob es nicht besser gewesen wäre, die *Kölnische Zeitung* und den *Stadt-Anzeiger* dem von den Nazis protegierten *Westdeutschen Beobachter* zu überlassen und als Verlegerfamilie auszuscheiden, um am Starnberger See ein möglichst geruhsames, zurückgezogenes Leben zu führen. Hätte dieser »Verrat« dann die eigentliche Schuld bedeutet? Wäre die Verlegerfamilie dann ohne Schuld geblieben? Kurt Neven DuMonts Entscheidung, für Verlag und Zeitungen unter Mitentscheidung der Redakteure weiterzuarbeiten, war eindeutig. Ob sie damals wussten, was sie erwartete, muss bezweifelt werden. Viele glaubten an ein kurzes Intermezzo. Zwölf Jahre von tausend propagierten lassen es heute so erscheinen. Aber die Demütigungen, die Machtlosigkeit, frei schreiben zu können, die Verwahrlosung der Sprache, die manchen Redakteur vor allem im Feuilleton zur Verzweiflung brachte, die ständigen Zensuren und die gnadenlose Bevormundung der Presse sowie die Lügen, die Tag für Tag abgedruckt werden mussten, lassen nur erahnen, welche Last des Gewissens permanent zu bewältigen war. Zwar kam mit Ausbruch des Krieges eine finanzielle Besserung, aber gleichzeitig die Angst, jederzeit verhaftet zu werden oder ab 1942 Leib und Leben bei den Bombenangriffen der Alliierten zu verlieren. Dabei waren sie die einzige und letzte Hoffnung.

Der politische und wirtschaftliche Teil der *Kölnischen Zeitung* wurde von Jahr zu Jahr bedeutungsloser, da alle Nachrichten zensiert, vorgegeben, also gleichgeschaltet waren. Eine eigene Meinungsäußerung fand nicht mehr statt. Selbst die Kommentare mussten den Zensurstellen vorgelegt und konnten erst dann abgedruckt werden. So blieb nur das Feuilleton übrig, um wenigstens ab und zu eine freie Meinungsäußerung undurchsichtig und zwischen die Zeilen zu bringen, was immer wieder für Ärger sorgte und den Weiterbestand der Zeitung gefährdete.

Zwischen Zorn und Betroffenheit gab es eine Fülle von Gedanken- und Gefühlsschattierungen, die nun nicht mehr relevant waren, da die Partei sie alle nach und nach erstickte. Viele Redakteure des Feuilletons standen während der ganzen Zeit der Herrschaft des Nationalsozialismus mit dem Rücken zur Wand, aber auch mit dem Rücken zur Partei, waren ständig in Bewegung auf der Suche nach einem Text, der einer Parteizensur standhielt, der durchging, aber dennoch verhüllt jene Botschaft enthielt, die es ihnen erlaubte, weiterhin Selbstachtung und Gewissen zu wahren. Denn gerade im Feuilleton, in dem glasklare, ausdrucksstarke und nachhaltige Realisierung den Kern ausmachten, in dem Emotionen aber niemals unterdrückt werden durften, in dem die Redakteure mit einer anderen Sensibilität schrieben als im politischen oder auch im Wirtschaftsteil, war Leisetreten und Anpassen am schwierigsten, da der Einzelne aus dem Schutz der Gruppe wortgewaltig heraustreten musste und so natürlich eine Angriffsfläche bot, die in anderen Redaktionsteilen im Einklang mit der von der Partei vorgefassten Meinung unterging.

Das Primitive, nicht das Fundamentale, nicht das zukunftsfeste Gestalten oder die nachhaltige Analyse und Interpretation beherrschte alle Kultur. Wie sollte da ein Redakteur im Feuilleton über die geistige Kraft verfügen, der verblendeten, verängstigten und irregeführten Gesellschaft, den Lesern, als sittlich-kritische Person zu begegnen?

Niemand, auch nicht die Redakteure im Feuilleton, wollten Opfer des Systems werden, auch nicht und vor allem nicht für Adolf Hitler oder Joseph Goebbels, die mit einer abstrusen Opferrhetorik eine rücksichtslose Selbstaufopferung forderten. Jede Zeile für den Führer, jede Interpretation und Analyse für seine wahnsinnigen Ideen, das konnte ein ernsthafter Feuilletonredakteur nicht leisten.

Die Verlegerfamilie und eine kleine Gruppe von Redakteuren versuchte, eine gewisse innere Freiheit zu bewahren, waren aber nicht bereit, hierfür Verhaftung und Tod zu riskieren.

Es ist leicht, aus heutigem Demokratieverständnis und individueller Freiheit zu verurteilen und Schuld auszusprechen oder gar zu fordern, alle hätten in den Widerstand gehen müssen, um Opfer zu werden, mit dem Ziel, dass Hitler und die Partei bloßgestellt wurden und dass jeder sah, wie unfähig die Partei war, mit demokratischen Mitteln zu regieren. Schließlich, aber das waren fromme Wünsche, hätte Hitler und seine Bewegung aufgeben müssen. Diese Einstellung hätte 1930 bis Ende 1933 vielleicht gegriffen. Aber einmal an der Macht, war die Freiheit in allen Sphären dahin, politisch, wirtschaftlich, gesellschaftlich und kulturell. Aber wie gesagt, im Nachhinein ist alles einfach und aus der Geschichte lernen bleibt eine Illusion.

Fest steht, dass sich die Verlegerfamilie, allen voran Kurt Neven DuMont seit seinem Parteieintritt 1937, schrittweise mit den nationalsozialistischen Machthabern verständigte, wobei ihm einige wichtige Kontakte in der Partei, vor allem in den für das Zeitungswesen wichtigen Stellen, halfen. Zweifelsohne war die *Kölnische Zeitung* angepasst und mit Sicherheit kein Widerstandsblatt, denn sonst hätte es sie längst nicht mehr gegeben. Das heißt aber nicht, dass der Verleger und eine Gruppe von Redakteuren, aber auch einige Angestellte, wie die Sekretärin Erika Vogt, im Hintergrund Verlagspolitik betrieben, nach außen in der Zeitung wenig sichtbar, aber für die innere Grundstruktur der Redaktion notwendig, vor allem, um die tägliche Arbeit vor dem eigenen Gewissen, trotz ständiger Publizierung von Lügen, einigermaßen verantworten zu können. Auch das Festhalten an ungeliebten Redakteuren, die Hilfe für jüdische/halbjüdische Mitarbeiter oder deren Familien fallen nicht in die Rubrik Widerstand, sondern zeugen vielmehr von Charakter und Persönlichkeit.

Natürlich war vieles nicht machbar, da ein großer Teil der Mitarbeiter in der Partei war und nicht selten als Spitzel fungierte. Häufig war auch hier der Parteieintritt nicht freiwillig.

Wie die Redakteure, die Verlegerfamilie und einzelne Mitarbeiter, aber auch Personen außerhalb des Verlages und der Redaktion das »Schicksal« mitbestimmten, sollen die beiden folgenden Kapitel darlegen. Dabei sind die Beiträge, die von Redakteuren nach dem Krieg über diese Zeit geschrieben wurden, zu relativieren, aber an ihrer Grundaussage besteht kein Zweifel.

5.2 Die Machtergreifung

5.2.1 Die NSDAP setzt sich durch

»Geistiger Kampf statt Terror« war noch im August 1932 das Leitmotiv vieler Artikel in der *Kölnischen Zeitung*.[3] Die »literarischen Wortführer des revolutionären Nationalismus« schossen, nach Meinung der Redaktion, mit ihrem Kampf gegen die parlamentarische Demokratie weit über das Ziel. Sie unterstützten mit diesem terroristischen Gebaren jene radikalen Kreise, denen mit geistigen Waffen nicht entgegenzutreten sei. Deutschland war vom Terror überzogen, wobei vor allem die junge Generation »infolge der beruflichen Aussperrung sinnlos dahin zu leben gezwungen ist, labil und unstet, ohne das Schwergewicht, das nur geregelte Arbeit dem Leben gibt«.[4]

Deutschland befand sich Ende 1932 und Anfang 1933 längst im Ausnahmezustand. Während in vielen Städten auf den Straßen der Terror herrschte, kämpfte Hitler Ende 1932 um die Einheit der NSDAP. General von Schleichers Plan, mithilfe Gregor Strassers die NSDAP zu spalten, wurde von Hitler mithilfe Goebbels vereitelt. Schleicher hatte danach keine Chance mehr, eine eigene Diktatur anzustreben. Hitler verzieh ihm diese »verräterische Tat« nie und ließ ihn, zusammen mit seiner Frau, am 30. Juni 1934 mit weiteren Vertretern des »Röhm-Putsches« mithilfe der geheimen Staatspolizei und der SS umbringen.

Am 28. Januar 1933 trat Schleicher als Reichskanzler zurück, nachdem wochenlang ein »Katz-und-Maus-Spiel zwischen Nationalsozialisten und Reichsregierung« stattgefunden hatte: »Wo man auch hinhört, kann man immer wieder mit Erschrecken merken, wie stark das politische Denken sich bei den Leuten vom Fach vom Konstruktiven zum Destruktiven gewandt hat. Da wird nicht überlegt, wie man dem Vaterland nutzen und sich am Aufbau beteiligen könne. Wenn es schon nicht möglich ist, den Parteien diese Geistesrichtung von heute auf morgen auszutreiben, so müßte jedenfalls schon der Anschein vermieden werden, daß bei der Regierung die politischen Erwägungen sich stärker auf Verschiebungen im Parteikräftebild als auf die fachlichen Aufgaben bezögen.

Das Spiel der Nationalsozialisten ist ziemlich klar. Sie wollen nicht den Frieden, sondern den Kampf, dessen offene Austragung sie aus verschiedenen Gründen noch eine Zeitlang hinauszögern möchten. Da spricht einmal die Überlegung mit, welche Jahreszeit für Wahlen am günstigsten ist.«[5]

Die *Kölnische Zeitung* appellierte noch zu diesem Zeitpunkt an General von Schleicher, die Papensche Wirtschaftsordnung fortzuführen, die ja die Belebung der deutschen Wirtschaft durch Förderung der deutschen Unternehmerinitiative zum Ziele habe. »Reichskanzler von Schleicher muß sich auf seine Führerpflicht besinnen und auf die Notwendigkeit,

Autorität auf Leistung zu gründen. Gefolgschaft stellt sich nur ein, wo ein Führer ist.«[6] Das aber waren Eigenschaften, die auch Adolf Hitler für sich in Anspruch nahm.

Schleichers Regierung basierte nicht auf einer demokratischen Grundlage, sondern dem Vertrauen des Reichspräsidenten. Dieser hatte nun am Wochenende des 28./29. Januar 1933 eine Entscheidung zu fällen, »die zu den schwersten seines Lebens gehört. Bei ihm liegt die Garantie dafür, daß die nationalsozialistischen Machtwünsche keine Gestalt annehmen, die den Staat und die bürgerliche Wirtschaftsordnung gefährden.«[7] Eine derartige »Blauäugigkeit« war kaum noch zu überbieten. Längst musste den Redakteuren klar sein, dass Hitler eine Diktatur anstrebte, die von niemandem mehr aufzuhalten war. Die *Kölnische Zeitung* hatte während der gesamten zweiten Hälfte des Jahres 1932 betont, sie wolle eine Beteiligung der Nationalsozialisten an der Regierung, die Redakteure träumten aber gleichzeitig von einem Aufrechterhalten der Weimarer Republik und der parlamentarischen Demokratie. Aber im tiefsten Innern wussten sie, was Hitler vorhatte.

»Die *Kölnische Zeitung* hat lange genug die Heranziehung der Nationalsozialisten zur Verantwortung befürwortet. In Anbetracht der Vorteile, die darin liegen würden, wenn es gelänge, den Nationalsozialismus positiv an den Staat heranzuführen, könnte man sich auch heute mit einem Kabinett Hitler abfinden. Allerdings erheben sich auch hier wieder eine Menge Fragen, deren Verantwortung sich heute noch keineswegs absehen läßt. **Wird es möglich sein, die Nationalsozialisten, die bürgerliche Rechte und das Zentrum längere Zeit auch nur in der Form einer Tolerierungsmehrheit zusammenzuhalten? (...)** Werden nicht die Nationalsozialisten als die zahlenmäßig stärkste Machtgruppe sich ihrer Verbündeten zu entledigen versuchen, sobald Streitfragen von größerer Bedeutung auftauchen? Wie die Nationalsozialisten während der Kanzlerschaft Papens zunächst sich bemühen, ein Übereinkommen mit dem Zentrum zu treffen, so würden sie mit diesen vielleicht besser zurechtkommen, als mit ihren Harzburger Freunden. Das würde keineswegs ausschließen, daß Hitler zum Schluß daran gehen würde, sich auch des Zentrums zu entledigen, was durchaus in seiner Linie des nationalsozialistischen Strebens nach Alleinherrschaft liegt. Wenn diese Befürchtung zurecht bestehe, so würde also der **Hintergedanke** Hitlers heute dahin gehen, zunächst einmal die Machtmittel des Staates in seine Hand zu bekommen, um dann das Ziel der **Alleinherrschaft** zu erreichen, von dem er einsehen mußte, daß es für ihn auf dem

Weg über die Gewinnung der Mehrheit im Wahlkampf unerreichbar ist. Auf alle Fälle werden die Verbündeten des Nationalsozialismus gut daran tun, die Augen offen zu halten und auf ihrer Hut zu sein.«[8]

Am 30. Januar 1933 bestellte Reichspräsident Hindenburg Adolf Hitler zum Reichskanzler. Damit war genau das eingetreten, was die bürgerlichen Parteien oder auch die bürgerliche Presse vermeiden wollte: die Nationalsozialisten in die Regierungsgewalt einbinden, aber Hitler als Kanzler verhindern. Fest steht, dass diese Strategie falsch war. Immer dann, wenn eine nichtdemokratisch ausgerichtete Partei von den demokratischen Parteien eingebunden wird, um sie an der Regierungsarbeit zu beteiligen, mit dem Ziel, sie so auf den demokratischen Weg zu bringen, stärken die demokratischen Parteien, hier zum Beispiel die bürgerlichen Parteien, die anti-demokratischen Parteien. Dabei spielt es nur eine marginale Rolle, ob die Partei von links oder rechts eine Diktatur errichten will. Es war in der Weimarer Konstellation offenkundig, dass die bürgerlichen Parteien niemals die Kommunisten unterstützen würden. Somit fand die Diskussion lediglich über eine Beteiligung der Nationalsozialisten an der Regierung statt. Das Versagen der bürgerlichen Parteien liegt in der falschen Einschätzung dieser Situation begründet.

Die Kommentare der bürgerlichen Presse zur Machtergreifung Hitlers wirken ratlos, teilweise realitätsfremd. Hitlers Maschinerie lief längst auf Hochtouren, und mit welcher Präzision und Geschwindigkeit er alle und alles aus dem Weg räumte, was ihn behinderte, das musste auch die Presse schnell erfahren.

Die *Kölnische Zeitung* fand keine klare Linie, wie sie die Machtergreifung Hitlers beschreiben sollte. Hilflosigkeit und Schwanken bis hin zur Wankelmütigkeit drücken die inhaltliche Schreibweise aus: »Ja, der Sprung **mußte** getan werden über kurz oder lang; denn Deutschland muß endlich zur Ruhe kommen. Es blieb aber ewig Unruhe, solange die Millionen Nationalsozialisten unschlüssig vor den Toren des Staates standen und gleichzeitig Millionen von Kommunisten den Staat aus den Angeln zu heben versuchten. In einem solchen Deutschland war auch, wie Schleicher ganz richtig sah, auf die Dauer mit Waffengewalt keine Ruhe zu schaffen. Ruhe ist nur bei regulären politischen Verhältnissen zu erzielen; reguläre politische Verhältnisse sind aber nicht möglich, wenn außer der revolutionären Linken auch noch das ganze Schwergewicht der Rechten mit einem Volksdrittel außerhalb des Staates steht. Seit einem Jahr wurde deshalb durchaus folgerichtig immer wieder versucht, die Rechte an den

Staat heranzuführen. Wenn die Bemühungen im vergangenen Jahr kein Ergebnis hatten, so deshalb, weil die Eingliederung der Nationalsozialisten in den Staat **nicht zu einer Auslieferung des Staates an die Nationalsozialisten**, nicht zu einer einseitigen Parteidiktatur führen durfte. (...)

Gewisse **Umstände** haben die Zweifel des Reichspräsidenten sicherlich zerstreut, denn sonst hätte er Hitler sicherlich nicht zum Kanzler ernannt. Diese Umstände liegen auch in den Sicherungen gegen einen Mißbrauch des Kanzleramtes. Die erste und sicherste Garantie dagegen sehen wir in der Person Hindenburgs selbst, der als Reichspräsident und Oberbefehlshaber der Wehrmacht die Möglichkeit hat, jedem Mißbrauch jederzeit entgegenzuwirken, indem er Verordnungen seine Zustimmung verweigern und den Reichskanzler wieder entlassen kann. Die zweite Sicherung sehen wir in der Zusammenwirkung des Kabinetts, das über einige Männer verfügt, die gewiß gefährliche Experimente ablehnen. Die dritte Sicherung kann man schließlich in dem von den Nationalsozialisten selbst eingebrachten Stellvertretungsgesetz erblicken, daß statt des Kanzlers den Präsidenten des Reichsgerichts mit der Stellvertretung des Reichspräsidenten beauftragt. Dadurch ist die frühere Befürchtung, daß ein Reichskanzler Hitler beim Tod des Reichspräsidenten selbst die höchsten Vollmachten bekommen und einsichtig ausnützen könnte, hinfällig geworden. (...)

Da es nur noch die Alternative Schleicher oder Hitler gab und alle Zwischenlösungen nur noch neue Verwirrung gebracht haben würden, mußte der Sturz Schleichers, wenn er einen Sinn haben sollte, in die Beauftragung Hitlers münden. Diese Wendung kann zur Entspannung führen und uns eine politische Beruhigung von Dauer bringen, wenn die Sicherung gegen eine einseitige Machtausnutzung sich bewähren und wenn es dem Kabinett gelingt, die wirtschaftlichen Spannungen zu überbrücken und eine **gradlinige Politik des Aufbaus** durchzuführen. Wird das gelingen? Wir möchten es dem deutschen Vaterland wünschen. Aber die Antwort liegt noch im ungewissen.«[9]

Hindenburg wird sich sicherlich dabei etwas gedacht haben, und Hitler war die einzige Alternative nach Schleicher. Das ist der Grundtenor, der in den Redaktionsräumen der *Kölnischen Zeitung* herrschte: Beklommenheit, aber alle redeten sich ein, »daß dieser Sprung getan werden mußte.«[10] Die genannten Sicherungen gegen die Entstehung einer Diktatur und gegen den Missbrauch des Kanzleramtes waren Augenwischerei, denkt man zum Beispiel an das Alter Hindenburgs oder aber die Zusammensetzung des Kabinetts, »das über einige Männer verfügt, die gewiß gefährliche Experimente ablehnen«.[11] Wenn die *Kölnische Zeitung* hierbei an Papen dachte, den sie immer gut behandelte, lag sie sicherlich daneben, da Papen längst keine Autorität mehr besaß. Eher hätte man da noch an Professor Schwerin von Krosigk (Reichsfinanzminister) denken können. Aber Hitler hatte stets deutlich zu verstehen gegeben, dass er als »Führer« die Richtung bestimmen werde, bis hin zu Einzelheiten und Kleinigkeiten.

Die *Vossische Zeitung* betrachtete die Ernennung Hitlers realistischer. In der Morgen-Ausgabe vom 31. Januar 1933 wurde die ablehnende Haltung der Redaktion gegenüber der neuen Regierung noch einmal in unmissverständlicher Weise zum Ausdruck gebracht. In einem Kommentar mit der Überschrift »Die erste Vorstellung« wurde zunächst darauf hingewiesen, dass »die Männer des neuen Kabinetts, die sich jetzt nach jahrelanger Agitation in die Welt der harten Tatsachen gestellt sehen«, eine Entdeckung machen müssten, »die vielleicht nicht sie, aber sicher Millionen ihrer Anhänger überraschen wird, daß in dieser Welt die Dinge sich schwerer bewegen lassen, als im luftleeren Raum der Programme und Verheißungen«. Der Autor fragte, was denn geschehen werde, »wenn die Menge merkt, daß die Wunder nicht eintreten, die eine hemmungslose Agitation vorgespiegelt hat? (...) Was wird geschehen, wenn die Unzufriedenen nicht mehr auf andere abgelenkt werden und mit keiner Zukunft mehr vertröstet werden können?« Darauf wurde erwidert: »Dann, und das ist die große Gefahr, die mit dem 30. Januar 1933 in die Politik getreten ist, dann wird die Versuchung riesengroß werden, den Weg des geringsten Widerstandes zu gehen. Mit dem Widerspruch der Tatsachen kann man durch die Gewalt nicht fertig werden, aber den Widerspruch im Volk kann man mit Gewalt zum Schweigen bringen. Die Armut kann man nicht abschaffen, aber die Freiheit kann man abschaffen. Die Not läßt sich nicht verbieten, aber die Presse kann man verbieten. Der Hunger läßt sich nicht ausweisen, aber die Juden kann man ausweisen. Noch schützt vor dem ärgsten Mißbrauch der Gewalt die Verfassung, aber deren Bande sind, um einen Ausdruck von Goebbels zu gebrauchen, ›hauchdünn‹ geworden. Sobald erst einmal die Forderungen des Tages an das Kabinett herantreten werden, werden die sachlichen Schwierigkeiten sich genauso in innere Gegensätze umsetzen, wie in früheren Kabinetten. Dann steht Hitler vor der Wahl, entweder zu resignieren oder anzuerkennen, daß die Macht der Tatsachen größer ist als die der Menschen, oder zur Gewalt Zuflucht nehmen. Gewiß würde in einem solchen Fall das Kabinett auseinander brechen und die Männer ausscheiden, die trotz ihrer Zugehörigkeit zur äußersten Rechten vor dem Bruch des Rechts und der Politik des ›Blut und Eisen‹ zurückschrecken. Aber wäre das für Hitler eine Drohung, rechnet er nicht vielleicht insgeheim damit?« In Bezug auf die Rolle Hindenburgs äußerte der Kommentator: »Der Reichspräsident hat mit der Entlassung der Regierung Schleicher, für die ein sachlicher Grund uns nicht erkennbar ist, und erst recht mit der Betrauung des Kabinetts Hitler, die unberechenbare Gefahren heraufführt, eine ungeheure politische Verantwortung übernommen (…) Es hat vor allem enttäuscht zu sehen, daß gerade an sein Ohr sich unkontrollierte Einflüsterungen wagen konnten, daß gerade in seiner Umgebung sich eine Kamarilla bilden konnte, deren politischer Einfluß in keinem Verhältnis steht zu ihrer wirtschaftlichen und sozialen Bedeutung, deren Machthunger ebenso groß ist wie ihr politischer Takt gering.«[12]

In einer ähnlich klaren Stellung bekräftigte die *Frankfurter Zeitung* in ihrer Morgen-Ausgabe vom 31. Januar 1933 nochmals ihre Zweifel an der Regierungsfähigkeit Hitlers und der NSDAP. Der Leitartikel »Der Zweifel« lobte zwar die organisatorische Leistung der Partei, die es in kurzer Zeit geschafft habe, eine Millionen Menschen zählende Anhängerschaft um sich zu sammeln; doch dieser Erfolg beruhte auch auf »bedenkenlosester Demagogie, die man jemals in Deutschland erlebt hat«. Weiter hieß es: »Die Triebkräfte, aus denen die Bewegung Leben gewonnen hat, gründen sich zum größten Teil auf dem gemeinsten und kleinlichsten aller Instinkte: auf dem Antisemitismus. Es zeugt von einer ungeheuren Verachtung der seelischen Kräfte unseres Volkes, wenn man sein Vertrauen auf dem Wege des Antisemitismus zu gewinnen sucht.« Über Hitler stand kritisch geschrieben: »Wir haben die persönlich-organisatorische Leistung, die in der Organisation der Bewegung liegt, schon gewürdigt, das, was man gewöhnlich ›das Trommeln‹ genannt hat. Wir haben diese Leistung deshalb als fragwürdig bezeichnet, weil sie von Demagogie nicht freizusprechen ist. Was aber darüber hinaus eine politische Leistung Herrn Hitlers wäre, ist nicht zu sehen. Wir versprechen uns nichts, weil es uns unmöglich ist, den Politiker vom Menschen zu trennen. Wir haben in diesem Augenblick, in dem Herrn Hitler die Kanzlerschaft des Deutschen Reiches übertragen worden ist, offen auszusprechen, daß er bis zur Stunde den Beweis menschlicher Qualifikation für dieses hohe Amt der Nation schuldig geblieben ist.«[13]

Tags darauf erschien in der *Frankfurter Zeitung* ein nüchterner Artikel über den Auftakt der Regierungsarbeit des Kabinetts Hitler, in dem es hieß: »Außerhalb des Jubels der Koalitionsgenossen tritt der Regierung eine Atmosphäre entgegen, die von der Vorsicht bis zur Kühle und scharfen Ablehnung reicht.«[14] In der zweiten Morgen-Ausgabe beschäftigte sich der Leitartikel hauptsächlich mit der Rolle der Deutschnationalen in der Koalition. Abschließend appellierte die Zeitung an den Erhalt der Demokratie: »Es ist eine hoffnungslose Verkennung unserer Nation, zu glauben, man könne ihr ein diktatorisches Regime aufzwingen. Die Vielfältigkeit des deutschen Volkes verlangt die Demokratie (...) Wir hoffen uns verständlich gemacht zu haben. Wir halten die deutschnationale Politik für das bewußte Untergraben der deutschen Republik, die doch allein imstande gewesen ist, aus dem Chaos von 1918 den Nationalstaat zu retten. Wir halten die nationalsozialistische Politik für ein unklares Gewirr von Dilettantismus und Leidenschaft. Wir können von dieser Politik nichts für Deutschlands Zukunft erwarten. Wenn jetzt die Geschicke Deutschlands in die Hände des Herrn Hugenberg und Hitler gelegt worden sind (wobei die gefährlich flüchtige Figur des Herrn von Papen dazwischen geistert), so wünschen wir, daß in der jetzt anhebenden fragwürdigen Zeit die Nation endlich anfange zu lernen. Daß die wahre deutsche Volksgemeinschaft demokratisch ist, bezweifeln wir heute so wenig wie je.«[15]

Der Reichstag wird am 1. Februar aufgelöst, und Neuwahlen werden ausgeschrieben. Ein beispielloser Wahlkampf der NSDAP zeigt die Propagandamöglichkeiten auf, die Rundfunk, Film und andere Tonträger (zum Beispiel Schallplatten) bieten.

Mit dem »Wahlkampf ohne Gleichen« beschäftigte sich die *Frankfurter Zeitung* Anfang Februar 1933. Nach scharfer Kritik an Hitlers Vierjahresplan schrieb der Autor über die mögliche Ausführung der Wahlen: »Die versprochene Freiheit der Wahlen ist mancher ›Anpassung‹ fähig, die in den kommenden Wochen für staatsnotwendig erklärt werden könnten. An das Wahlrecht in der verfassungsmäßigen Form wird nicht gerührt, sondern nur an den Durchführungsbestimmungen (...) Auch eine autoritäre Regierung hat den Lauf der Dinge nicht in der Hand. Es ist am deutschen Volke, die Antwort zu geben auf die Herausforderung, die an uns ergangen ist.«[16]

Klar und deutlich sah die *Vossische Zeitung* die Gefahren, die durch die Auflösung des Reichstages auf das deutsche Volk zukamen, zumal Verbote von Veranstaltungen der KPD und der SPD, verbunden mit Terror und Toten, an der Tagesordnung waren.

Den Aufruf der Reichsregierung, den Hitler am Vorabend im Rundfunk verlesen hatte, publizierte die *Vossische Zeitung* auf der Seite drei. Dieser wurde unter der Überschrift »Hitlers Kampfparole« energisch getadelt: »Wenn der Verlauf des Wahlkampfes dem Auftakt entspricht, wird der neue Fieberanfall den Volkskörper noch stärker und gefährlicher treffen als die dauernden Attacken des vorigen Jahres. Die Auflösungsorder trägt die Unterschrift Hindenburgs. Aber der Aufruf, der die Unterschriften aller Mitglieder der neuen Reichsregierung trägt, bedeutet einen Bruch mit allem, was immer wieder als Inbegriff wahrhaft nationaler Führungspflicht anerkannt wurde. Nicht die Zusammenfassung aller Volkskraft ist das Ziel, sondern die Stabilisierung einseitiger Parteiherrschaft, die unter nationaler Flagge das andere Denken, das andere Wollen auszuschalten und auszurotten unternimmt. Alles, was in vierzehn Jahren unter namenlosen Leiden der breiten Massen des Volkes aus dem Zusammenbruch an neuer Geltung gewonnen wurde, wird in Bausch und Bogen verdammt (...) Unwahrer und ungerechter, parteiischer und selbstgerechter hat noch nie eine Regierung verketzert und verkleinert, was Männer wie Ebert, Stresemann, Brüning einem feindlichen Geschick, einem Übermaß von Gefahren abgetrotzt haben (...) Eine bittere Enttäuschung erfahren die vertrauensvollen Gemüter, die erwarteten, der Agitator Hitler werde an die leitende Stellung berufen, Geist und Tonart der Massenversammlungen von sich abtun und die Toga des Staatsmannes anlegen. Der Aufruf, den er gestern den Rundfunkhörern verlas, erschöpfte sich in Anklagen und Angriffen, in großen Worten und Verheißungen. Aber um so dürftiger ist der Inhalt, um so winziger der sachliche Kern (...) Der Aufruf, wortreich und groß tönend, ist ein Produkt und ein Dokument der Verlegenheit. So spricht man nicht, wenn man weiß, was man will. So spricht man nicht, wenn eine Gemeinschaft gleich strebender Männer darauf brennt, alle Volksgenossen von ihrem reinen Wollen durch Taten zu überzeugen. Die Behauptung, daß eine arbeitsfähige Regierung in diesem Reichstag nicht zu finden wäre, ist nicht unter Beweis gestellt worden.« Am Ende bezog sich der Autor auf den bevorstehenden Wahlkampf: »Auf die Wähler wird in den nächsten Wochen ein Trommelfeuer niedergehen. Wenn schon der amtliche Aufruf der Reichsregierung das Gepräge einseitiger Parteimache zeigt, was soll man erst von den Agitatoren erwarten, die ihre Ämter nicht in erster Linie als Dienst an der Gesamtheit, sondern als Lehen der Partei auffassen?«[17]

Kurt Neven DuMont und die Redakteure der *Kölnischen Zeitung* blieben hilflos. Dem zwei Jahre währenden Theoretisieren über die Frage mit oder ohne Nationalsozialismus war über Nacht ein Ende bereitet. Hitler stand nicht mehr »ante portas«, sondern war durch die Pforten eingezogen. Die Nationalsozialisten waren nicht mehr »out«, sondern »in«. Das sollten auch der Wahlkampf und die Wahlen am 5. März 1933 zeigen.

»Was aber immer Zweifel aufwirft, ist das ›Wie‹, ist die **Methode**, mit der Hitler dem Ziel nachstrebt. Man hat alles, was zu dieser Methode gehört, in dem Wort ›**Ausschließlichkeitsstandpunkt**‹ zusammengefaßt. Die Ausschließlichkeit besteht politisch und ganz allgemein. Sie bezieht sich ebenso gut auf ein nationalsozialistisches Alleinregiment im Staat wie auf die Stellung des Menschen im Zusammenleben. Edel sind nach dem Ausschließlichkeitsstandpunkt wohl nur allein die Nationalsozialisten, das andre sind ›die Parteien des Marxismus und seiner Mitläufer‹, die ›14 Jahre lang die deutsche Nation zugrunde gerichtet‹ haben.«[18]

Die *Kölnische Zeitung* versuchte immer wieder, das Bürgertum als zentrale politische Kraft in die neue nationalsozialistische Strategie einzubringen.

»Wir sind nicht sauertöpfisch genug, um den Nationalsozialisten die Freude über die Kanzlerschaft Hitlers übelzunehmen – mögen sie ruhig die Fackeln schwingen und ihren Jubel erschallen lassen, wenn sie nur auch die Auffassungen derjenigen achten, die der Entwicklung **nicht mit heißem Herzen, sondern mit kühlem Kopfe** folgen. Das ist ein nicht geringer Teil des nationalen Bürgertums. Er sieht die politische Notwendigkeit der Regierung Hitler, steht aber noch zu sehr unter dem Einfluß der letzten zwei Jahre, um sich heute schon dazu bekennen zu können, daß das notwendige in diesem Fall auch das beste sei. Er betrachtet die neue Regierung nicht als ›notwendiges Übel‹, aber doch jedenfalls als eine Notwendigkeit, die gut und schlecht anschlagen kann; er betrachtet sie eben als notwendiges Wagnis.«[19] Zugleich zeigt dieser Kommentar die wankelmütige und vorsichtige Einstellung der *Kölnischen Zeitung*.

Am 27. Februar schrieb die *Vossische Zeitung* in dem Beitrag »Lärm des Wahlkampfes« von einem derzeit zweckgefärbten »einseitigen« Wahlkampf. »In den letzten Tagen vor den Wahlen steigerte sich die Rundfunkpropaganda der Regierungsparteien zu einem wahren Trommelfeuer. Auch sonst geschieht alles, um die Waage einseitig zu belasten (...) Wer auf die leiseren Stimmen horcht, die der Lärm dieses Wahlkampfs heute noch übertönt, wird den Eindruck gewinnen, daß die Übertreibung, die jede Opposition als antinational ausschalten möchte, eine zweischneidige Wirkung hat. Gemäßigte Anhänger des Regierungskurses vergessen nicht, daß die Einheit der Nation nur durch Ausgleich und Zusammenfassung emporwachsen kann, unter stetiger Kontrolle durch eine verantwortungsbewußte Opposition, die dem Machtmißbrauch durch ihr Veto entgegenwirkt. Wer den Kessel überheizt und die Ventile verstopft, schafft keinen Wert von Dauer. So ist die Erkenntnis gerade unter dem Eindruck des einseitigen Wahlkampfes, wie er heute geführt wird, im Wachsen, daß es verhängnisvoll wäre, einzelnen Parteigruppen einen Blankoscheck auszustellen.«[20]

Einen Tag später schloss sich die *Frankfurter Zeitung* nicht nur der Meinung der *Vossischen Zeitung* an, sondern gab zusätzlich deutlich zu verstehen, dass Einschüchterung ein Mittel der NSDAP sei, die Wahl für sich zu entscheiden.

»Dieser Wahlkampf wird von der NSDAP als ein groß angelegter Einschüchterungsversuch betrieben gegen alle diejenigen, die nicht der Partei angehören (...) Da der Nationalsozialismus seine eigene Anhängerschaft nicht mehr zu überzeugen braucht, sollte die Einschüchterung (wir rechnen dazu die Verbote der Presse sowie die Beeinträchtigung der Versammlungsfreiheit) von der NSDAP mit geringerem Aufwand betrieben werden. Denn man sollte sich im Nationalsozialismus darüber im Klaren sein, daß es auf die Dauer nicht zu kommandieren, sondern zu überzeugen gilt (...) Die verschiedenen Äußerungen, es würde am 5. März zum letzten Mal gewählt, gehören zu jenen Einschüchterungsversuchen, auch die pathetische Wendung des Herrn Dr. Goebbels, man werde die Regierungshöhen lebendig nicht mehr verlassen. Würde man solche Äußerungen wörtlich nehmen, so bedeuten sie die klare Absicht des Verfassungsbruchs (...) Der Führer der NSDAP hat samt den übrigen nationalsozialistischen Wahlrednern die bekannten Verbrecherfiguren der Skandalprozesse als Typen der deutschen Nachkriegspolitik hinstellen wollen. In der Sprache der Nationalsozialisten ist das Wort Verbrecher und Marxist ein und dasselbe (...) ganz abgesehen davon, daß man durch eine solche Fragestellung den Dilettantismus enthüllt, mit dem man an die schwersten Aufgaben herangeht – diese Verallgemeinerung, die eine ungeheure Beschimpfung der Nation bedeutet, ist nie und nimmer eine nationale Tat. In dieser Verallgemeinerung steckt ein bestürzendes Maß politischer und menschlicher Blindheit.«[21]

»Es ist vollkommen absurd, die Sozialdemokratie für ein solches Attentat verantwortlich zu machen. Das ist eine Willkürlichkeit, die der Geschichte der Sozialdemokratie Hohn spricht und die von allen Mitgliedern der SPD als das schwerste Unrecht aufgefaßt werden wird, das man einer Partei überhaupt zufügen kann. Wenn der Nationalsozialismus zu einer echten Aufbauarbeit gelangen will, dann kann er diese Arbeit nicht gegen die deutsche Arbeiterschaft vollziehen, sondern nur mit ihr. Der Nationalsozialismus muß sich also sehr sorgfältig überlegen, was für einen Sinn es haben kann, die aufbauwilligen Kräfte der deutschen Arbeiterschaft – und das ist die Sozialdemokratie – zurückzustoßen, indem man ihr auf Grund unbewiesener Behauptungen die politische Freiheit nimmt.« In der zweiten Morgen-Ausgabe wurde dann ohne Kommentar die »neue Notverordnung« publiziert und über die Maßnahmen gegen KPD und SPD (Verhaftung von KPD-Reichstagsabgeordneten, Verbot aller kommunistischen und sozialdemokratischen Zeitungen) berichtet.[22]

Die *Vossische Zeitung* vermutete, dass nun eine »Neue Notverordnung«[23] kommen und weiterhin Personen in Schutzhaft genommen würden. Am 1. März gab die *Vossische Zeitung* dem Württembergischen Wirtschaftsminister Reinhold Maier, dem Spitzenkandidaten der Deutschen Staatspartei, die Möglichkeit, die Pläne der Reichsregierung hinsichtlich der »Gleichschaltung« der süddeutschen Länder als verfassungsfeindlich zu brandmarken. Mit Verweis auf den »Preußenschlag« schrieb Maier, man dürfe sich nicht wundern, »wenn die anderen Länder beim Sturz der preußischen Eiche aufgehorcht haben, besonders auf einige Nebengeräusche scharf gehört haben«. Man wehre sich im Süden mit allem Nachdruck dagegen, »daß eine zwar sehr große, aber eine immer noch nicht allmächtige Partei Pläne befürwortet und aussprechen läßt, welche auf dem Wege des Gesetzes in Süddeutschland und gegen Süddeutschland einfach nicht zu verwirklichen sind (...) Wir haben viele Worte, viele Drohungen gehört (...) Nicht gehört haben zum Beispiel wir in Württemberg eine offizielle Erklärung des Reiches, daß man einen Reichseingriff oder eine irgendwie geartete Maßregelung nicht zu erwarten und nicht verdient habe. Auf dieses Wort wird gewartet. Das Wort Süddeutschlands ist nicht die Gewalt, sondern die Verfassung, das Recht.«[24]

Einen Tag später meldete die *Vossische Zeitung* in ihrem »Aufmacher«, dass der Reichstag in Potsdam zusammentreten werde, zugleich wurde gemeldet, dass die Reichsregierung gegen Auslandskorrespondenten vorgehen werde, »denen vorgeworfen wird, böswillig gegen die Regierung zu hetzen«. Auf Seite zwei sind zahlreiche Berichte wiedergegeben, die

die aktuelle Situation im Reich widerspiegeln: »Wieder Verbote gegen Sozialdemokraten«, »Neue Personal-Maßnahmen«, »Haussuchung beim Zentralverein« (deutscher Staatsbürger jüdischen Glaubens), »Zahlreiche Festnahmen im ganzen Reich«, »Der Stahlhelm beschwert sich« und dergleichen mehr.

Zwei Tage vor der Reichstagswahl richtete die *Vossische Zeitung* in ihrer Morgen-Ausgabe eine »Wahltribüne« ein, um »führenden Parteien der Mitte« die Gelegenheit zu geben, ihre Auffassungen darzulegen. Den Auftakt machte Josef Joos, Vorstandsmitglied des Zentrums. Unter der Überschrift »Für Geist und Kultur« stellte er unter anderem fest: »Wir sehen im heutigen Deutschland, wie man den Versuch unternimmt, eine ›andere Ordnung‹ zu erzwingen, und sind uns nicht im Unklaren darüber, wohin eine solche Methode führt – dahin nämlich, wohin ein falsch verstandener Irrationalismus und Nur-Instinktglaube treibt: zur Zerstörung der Arbeit von Generationen. (...) In gesammelter Kraft wendet sich das Zentrum gegen den Abfall vom Gedanken des Rechts. In diesen Tagen revolutionären Tuns begegnen wir Auffassungen von Recht und Gesetz selbst in verantwortlichen Kreisen, über deren Folgewirkungen man sich klar sein muß. Das nationale Leben soll geistig neu begründet und politisch geformt werden – das geht nicht, indem man das Recht von seinem Thron herunter zerrt und es parteiisch macht.«

Das angesehene liberale *Berliner Blatt* druckte derweil auch Adolf Hitlers erste Rede als Kanzler im Sportpalast Berlin in großen Teilen auf der zweiten Zeitungsseite ab. Nachfolgend beschäftigte sich ein Artikel mit den juristischen Fragen (auch des Presserechts), die die »Verordnung zum Schutz von Volk und Staat« sowie die »gegen den Verrat am deutschen Volke und hochverräterische Umtriebe« aufwarfen: »Die unmittelbarsten Auswirkungen hat der Ausnahmezustand für die Presse und die politischen Organisationen. Der Zustand, der durch die Verordnung vom 28. Februar ›zum Schutze von Volk und Staat‹ geschaffen wird, unterscheidet sich grundlegend von der Rechtslage unter der Verordnung vom 4. Februar, ›zum Schutze des deutschen Volkes‹«.[25] Die Morgen-Ausgabe vom 4. März enthielt die zweite Folge der »Wahltribüne«. Peter Grassmann, MdR und zweiter Vorsitzender des Allgemeinen Deutschen Gewerkschaftsbundes, verteidigte mit ziemlich kraftloser Argumentation die Gewerkschaften, die Linksparteien und die Arbeiterklasse gegen die Vorwürfe von rechts. In der gleichen Ausgabe wurde die »Kampfrede« Brünings im Sportpalast wiedergegeben, andererseits auch Görings »Appell« an die Wähler, »der nationalen Regierung die Macht in die Hand zu geben«. Schon fast den Charakter einer Rubrik hatte mittlerweile die tägliche Meldung »Verboten«, in der die Verbote gegen SPD- und Gewerkschaftszeitungen aufgelistet waren.[26]

Ein Rückblick auf den Wahlkampf erschien am selben Tag in der Abend-Ausgabe der *Vossischen Zeitung*. »Der Wahlkampf stand von Anfang an im Zeichen einer ungeheuren Propaganda der Regierungsparteien. Nach dem Reichstagsbrand sind nicht nur die Kommunisten, sondern auch in einem großen Teil des Reichs die Sozialdemokraten völlig zum Schweigen gebracht worden. In der Öffentlichkeit konnten neben dem Hakenkreuz fast nur noch Plakate der Deutschnationalen in Erscheinung treten. Am Rundfunk hörten die Staatsbürger ausschließlich und ununterbrochen die Stimme der neuen Herren. Niemals ist in deutschen Landen ein Wahlkampf unter solchen Begleitumständen geführt worden. Aber der Wähler ist frei, sobald er die Zelle betreten hat. Hier ist keine Kontrolle möglich. Seine politische Waffe ist das Kreuz auf dem Stimmzettel.« Im Übrigen empfahl die Redaktion ihren Lesern indirekt, die Liste 9 der Staatspartei zu wählen. Die Seite drei enthielt wieder eine Auflistung von Verboten, Verhaftungen, Beschlagnahmungen und Beurlaubungen.[27]

Die Nationalsozialisten erreichten bei einer Wahlbeteiligung von 89 Prozent 288 von 648 Sitzen (44 Prozent). Zusammen mit der Kampffront »Schwarz-Weiß-Rot« hielten sie eine knappe Mehrheit von 52 Prozent der Wähler. Es war die letzte annähernd zutreffende Wiedergabe der politischen Willensbildung der Reichsbevölkerung. Aber zu bedenken ist auch, dass sich immerhin 56 Prozent den Nationalsozialisten verweigerten.

Adolf Hitler begann nun, zügig seine Strategie umzusetzen. Josef Goebbels wurde in der neuen Regierung Reichsminister für Volksaufklärung und Propaganda, eine gerade für die Presse folgenschwere Entscheidung. Am 21. März erfolgte die Identitätsbildung »Nationalsozialismus – Preußen«, gemeinsam von Hitler und Hindenburg in der Garnisonskirche (Tag von Potsdam) vollzogen. Das Ermächtigungsgesetz, die Gleichstellung der Länder mit dem Reich, die nachfolgende Einsetzung von Reichsstatthaltern, die Ausschließung aller Nichtarier bei der Wiederherstellung des Berufsbeamtentums, der Boykott jüdischer Geschäfte und schließlich die Aufhebung der Gewerkschaften am Tag nach der ersten nationalsozialistischen Maifeier und die Bildung der »Deutschen Arbeitsfront« zeigten rasch, wie Hitler sich seinen Staat vorstellte. Schließlich mussten sich – unter Druck – alle Parteien auflösen.

Das Gesetz gegen die Neubildung von Parteien vom 14. Juli 1933 hatte zur Folge, dass die NSDAP die einzige Partei war und bis Ende des Zweiten Weltkrieges blieb. Der Weg in die Diktatur war nach knapp drei Monaten auch administrativ und organisatorisch abgeschlossen.

5.2.2 Die Kölner Medien am Vorabend der Machtergreifung

Köln war in der Zeit der Weimarer Republik das Zentrum der westdeutschen Medienlandschaft. Neben den Zeitungen des Verlagshauses M. DuMont Schauberg erschienen in Köln sowohl reine Parteizeitungen, wie die *Rheinische Zeitung*, das Hauptorgan der SPD für den Bezirk Obere Rheinprovinz, die *Sozialistische Republik*, das Organ des KPD-Bezirks Mittelrhein, sowie der *Westdeutsche Beobachter*, das seit 1925 zunächst wöchentlich erscheinende Organ der NSDAP des Gaues Köln-Aachen[28], als auch Tageszeitungen, die Parteien nahestanden, wie etwa das zum Pötz-Konzern gehörende *Kölner Tageblatt*, ursprünglich der DDP verbunden und seit 1930 der Deutschen Staatspartei[29], die *Kölnische Volkszeitung* (KVZ, Auflage 1932: 70 000 Exemplare), die als Blatt der Deutschen Zentrumspartei gehandelt wurde.[30] Die KVZ hatte sich über lange Jahre im Besitz der Familie Bachem befunden, die die Zeitung 1920 an führende Vertreter des rheinischen Zentrums (die dafür die Görres-Haus GmbH gegründet hatten) veräußerten.[31] Seit 1926 geriet die KVZ mehrfach in finanzielle Schwierigkeiten, ehe sie im Mai 1933 von der *Essener Volkszeitung* übernommen wurde.[32]

Seit 1926 war Köln Sitz der »Westdeutschen Rundfunk AG« (abgekürzt: Werag), der Rechtsnachfolgerin der 1924 – als letzte der regionalen Rundfunkgesellschaften des Deutschen Reiches – gegründeten »Westdeutschen Funkstunde AG« (Wefag), die wegen der Besetzung des Rheinlandes und des Ruhrgebiets in Münster angesiedelt worden war.[33]

Die ersten Berichte über die Hitler-Bewegung erschienen in den oben genannten Zeitungen im Jahre 1923 und bezogen sich auf den NSDAP-Parteitag in München. In der *Rheinischen Zeitung* hieß es, um ein Beispiel zu zitieren, am 29. Januar 1923: »Der Hitler-Parteitag verlief ohne größere Zwischenfälle. Um den Belagerungszustand und die damit verbundenen Vorschriften und Verordnungen sowie Verbote kümmerten sich die Nationalsozialisten nicht im Geringsten. Man veranstaltete die zwölf geplanten Versammlungen.«[34]

Der Hitler-Putsch im November 1923 wurde von allen genannten Zeitungen scharf verurteilt[35]; und auch der Prozess und das Urteil gegen die Putschisten wurden übereinstimmend als juristische Farce angesehen und beurteilt. Die Freilassung Hitlers aus der Landsberger Haft im Dezember 1924 hatte die *Kölnische Volkszeitung* so kommentiert: »Es bleibt ja nach wie vor der Skandal bestehen, daß der qualifizierte Hochverrat Hitlers und seiner Mithelfer, von den kurzen Freiheitsstrafen abgesehen, ungesühnt ist. Und daß die bayerische Justiz in diesem Falle vollständig versagt hat (...) Man rechnet damit, daß Hitler inzwischen ein anderer geworden sei und daß er jetzt vollauf zu tun habe, die Trümmer seiner Partei aufzuräumen (...) Hitler wird zweifellos die ganze Partei neu organisieren.«[36]

Der Aufstieg der NSDAP in der zweiten Hälfte der 1920er Jahre wurde in der Kölner Presse allgemein mit großem Unbehagen registriert. So schrieb die KVZ bereits 1928: »Unter den neuen Parteien und Parteichen, womit Deutschland nach dem Krieg gesegnet wurde, sind die Nationalsozialisten eine ganz besonders liebliche Blüte. Es vergeht kein Tag (...), an dem man nicht aus den verschiedensten Ecken des Reiches von wüsten Ausschreitungen lesen muß, an denen Nationalsozialisten beteiligt waren.«[37] Und im August 1932 richtete die Zeitung sogar einen persönlichen Aufruf an den Parteiführer der NSDAP: »Herr Hitler, haben Sie Mut? Dann warten Sie nicht auf Maßnahmen der Regierung gegen den blutigen Terror, sondern säubern Sie selbst Ihre Partei von den Terroristen!«[38]

Die schärfste Kritik an den Hitlerbewegungen wurde natürlich mit unterschiedlicher Intensität und Ausrichtung in den Blättern von KPD und SPD geübt. Die *Sozialistische Republik* beschuldigte auf der anderen Seite immer wieder die SPD, die Interessen der Nazis und deren Reaktionen zu begünstigen. Die Haltung des KPD-Organs war aber weitgehend dadurch gekennzeichnet, dass es die nationalsozialistische Gefahr ständig unterschätzte.[39] So wurde nach den Reichstagswahlen vom 6. November 1932, die für die KPD erfolgreicher verlaufen waren, während die NSDAP Verluste an Wählerstimmen zu konstatieren hatte, die Auffassung vertreten, dass es »bei einer weiteren kühnen Entfaltung der Offensive der Kommunisten zu einer sprunghaften Zersetzung der gesamten Nazi-Partei« kommen würde.[40] Und nach einem Demonstrationszug der Nazis durch die Straßen Kölns las man in der *Sozialistischen Republik:* »Der Propagandamarsch (...) war ein Begräbniszug vierter Klasse. Man hätte meinen können, der große Adolf würde zu Grabe getragen, so traurig und jammervoll bewegte sich das braune Schokoladenvolk durch die Straßen (...) die Leute auf dem Bürgersteig standen schweigsam, wie von tiefem Mitleid gerührt, und warteten nur darauf, wann endlich der Sarg kommen würde.«[41] Und insofern ist es auch nicht verwunderlich, dass man in der Redaktion der Zeitung die tatsächliche Bedeutung des Treffens zwischen Hitler und von Papen am 4. Januar 1933 nicht erkannt hat.

Die *Rheinische Zeitung* sah ihrerseits in KPD und NSDAP antidemokratische Parteien, die sich die Errichtung einer Diktatur zum Ziel gesetzt hätten. Die Redakteure waren davon überzeugt, dass die SPD eine nationalsozialistische Diktatur verhindern könne. Man glaubte auch, dass die Wahlerfolge der NSDAP im Jahre 1932 eine vorübergehende Erscheinung seien. So gab es einen Artikel in der Ausgabe vom 7. Oktober 1932 mit der Überschrift »Hitlerwetter«: »Nur das Frühjahr 1932 schien eine Ausnahme machen zu wollen: Hitlerfrühling sollte es sein (...) Nun ist der Hitlerherbst gekommen, Hakenkreuzfahnen fallen ab und verblassen, Herbststimmung, Hitlerherbst! (...) Und ihm wird folgen der Hitlerwinter mit Schnee und Eis und Frost und Sterben und Vergehen – und Heulen und Zähneklappern. Doch nie wieder ein Hitlerfrühling!«[42] Die Wahlniederlage der NSDAP vom 6. November 1932 nahm die *Rheinische Zeitung* sogar zum Anlass zu behaupten, »das Hakenkreuz ist zerbrochen«, von einem Siegeszug der Hitlerbewegung könne keine Rede mehr sein: »Es geht rückwärts mit ihnen (...) Der Prophet Hitler, der freilich nur für Deutschlands politische Kinderstube ein großer war, ist mit seinen Weissagungen zu Ende. Die Ernüchterung ist bei vielen seiner Gläubigen da und wird sich fortsetzen (...) Was vor wenigen Wochen viele noch für kaum erreichbar hielten, ist geschafft: Die Hakenkreuzfahne sinkt auf Halbmast. Der Traum vom Dritten Reich zerrinnt. (...) Der Nationalsozialismus sackt ab. (...) Der Terror des Faschismus ist gebrochen.«[43] Nachdem die Verhandlungen, die Reichspräsident Hindenburg im November 1932 mit Hitler über eine Regierungsbeteiligung geführt hatte, gescheitert waren, veröffentlichte die *Rheinische Zeitung* eine kommentierende Darlegung beginnend mit der Überschrift »Hitlers Traum zu Ende«: »Der Traum Hitlers, der sich schon als deutscher Reichskanzler gesehen hat, ist zu Ende (...) Die Diktaturträume Hitlers sind entzwei, aber auch die demokratisch-parlamentarische Maske ist gründlich zerstört. Nun bietet sich der schwindenden Zahl der Anhänger dieses großen Führers ein jammervolles Bild, nicht nur das Bild einer Niederlage vor besseren Taktikern, sondern auch ein Bild der Unfähigkeit, der Niederlage aus Subalternität.«[44] Und in ihrer

Ausgabe vom 6. Dezember 1932 behauptete die *Rheinische Zeitung* kühn: »Es wird für alle Zeit das geschichtliche Verdienst der Sozialdemokraten bleiben, den deutschen Faschismus so lange von der Macht ferngehalten zu haben, bis sein Abstieg in der Volksgunst begann. (...) Das deutsche Volk lehnt mit wachsenden Mehrheiten eine Diktatur des Nationalsozialismus ab. Jeder Wunsch, sie dennoch aufzurichten, würde mindestens zwei Drittel des Volkes zu einheitlicher Abwehr mit allen Mitteln vereinigen.«[45]

Bei den zentrumsnahen Zeitungen zeichnete sich im Sommer 1932 – nach einer langen Phase strikter Ablehnung des Nationalsozialismus – eine Änderung ihrer Haltung gegenüber der Hitler-Partei ab, eine Folge der Bemühungen des Zentrums, die NSDAP in eine Regierungskoalition einzubeziehen. So veröffentlichte die *Kölnische Volkszeitung* einen Auszug aus einer Erklärung des Zentrumsführers Joseph Joos: »Uns lag daran, daß diejenigen, die so lange nach Macht und Einfluß schrieen, nun endlich Verantwortung mit übernehmen, daß man ihnen die Gelegenheit bot und ihnen verwehrte, sich zu versagen. (...) Es wird immer unverständlich bleiben, daß die Nationalsozialisten und die Deutschnationale Volkspartei keine solche Verantwortung übernommen haben.«[46] Nach den Reichstagswahlen vom 31. Juli 1932 befürwortete die KVZ ganz offen die Bildung einer Regierung unter Führung der NSDAP: »Die Zentrumswählerschaft erwartet also, daß das Zentrum keineswegs Herrn von Papen und das Reichskommissariat in Preußen duldet, wohl aber eine von den Nationalsozialisten geführte Regierung.«[47] Als es von Papen im August 1932 nicht gelang, Hitler zur Mitarbeit in einer von ihm geführten Regierung zu gewinnen, schrieb die KVZ: »Das Zentrum muß also versuchen, mit der einzigen Partei, die unter den gegenwärtigen Umständen dafür in Frage kommen kann, eine Verständigung zur Schaffung einer großen Volksmehrheit herbeizuführen. Was aber jetzt unternommen wird, ist der Versuch einer ehrlichen Zusammenarbeit auf der Grundlage der Verfassung. Von hier aus kann auch eine Bewegung wie die nationalsozialistische für die allgemeinen Interessen nutzbar gemacht werden.«[48] Die Redaktion der KVZ vertrat ganz unmissverständlich die Auffassung, dass die Art und Weise, wie die Regierung von Papen regierte, keineswegs dazu führen könnte, Deutschland zu stabilisieren. Der im gleichen Verlag erscheinende *Kölner Lokal-Anzeiger* (eine Art Ableger der KVZ, Auflage 1932: 40 000 Exemplare[49]) unterstützte die Absicht des Zentrums, die Nationalsozialisten in eine »Regierung der nationalen Konzentration« einzubinden – es gebe auch eine »positive Kraft« in der Nazi-Partei: »Auch Hitler als Reichskanzler braucht man dann nicht zu fürchten, immer natürlich unter der Voraussetzung, daß ausreichende Sicherungen und Abmachungen gegen ein Abgleiten in die Diktatur getroffen werden können.«[50]

Die am 30. Januar 1933 erfolgte Ernennung Hitlers zum Reichskanzler wurde in den Redaktionen der Kölner Zeitungen unterschiedlich bewertet. Am schärfsten reagierte die Linkspresse. Die *Sozialistische Republik* rief bereits am 31. Januar zum »Sturz der Hitler-Diktatur« und zum »Kampf gegen den Faschismus« auf, sie plädierte für einen »geschlossenen Einheitskampf der Millionen der sozialdemokratischen, christlichen und kommunistischen Arbeiter für die Freiheit des arbeitenden Volkes«: »Dieses neue Kabinett der offenen faschistischen Diktatur ist die brutalste, unverhüllteste Kriegserklärung an das gesamte werktätige deutsche Volk.«[51] Einen Tag später glaubte man noch, die »proletarische Einheitsfront« werde die »faschistischen Volksfeinde« zerschmettern: »Hitler-Papen-Hugenberg-Seldte, das sind vier Namen, aber ein Programm. Nicht das Programm des Aufstiegs, sondern das Programm der finsteren Barbarei, der blutigsten faschistischen Reaktion, das Programm der verschärften Krise, der weiteren Aushungerung, der Verelendung weiterer Millionen in Stadt und Land.«[52] Am 2. Februar wurde die KPD-Zeitung zunächst bis zum 15. Februar verboten, ehe sie dann am 19. Februar 1933 mit dem endgültigen Erscheinungsverbot belegt und ihr Verlag anschließend liquidiert wurde. Die *Rheinische Zeitung* forderte in ihrer Ausgabe vom 31. Januar 1933 die Einigkeit von SPD und Gewerkschaften im Kampf gegen »die vereinigten Gegner des ganzen arbeitenden Volkes«: »Wir führen einen Kampf auf dem Boden der Verfassung. Die politischen und sozialen Rechte des Volkes, die in Verfassung und Gesetz verankert sind, werden wir gegen jeden Angriff mit allen Mitteln verteidigen.« Weiter hieß es: »Hitler-Papen-Hugenberg, das ist das Gesicht der neuen Reichsregierung! Sie besteht aus Männern, von denen ein jeder für sich ein entschiedener Gegner der Reichsverfassung ist (…) Alle demokratischen und republikanischen Kräfte stehen dieser Regierung mit der größten Feindschaft und dem schärfsten Mißtrauen gegenüber.«[53] Im Vorfeld der Reichstagswahlen vom 5. März 1933 publizierte Artikel, in denen die Regierung Hitler-Papen weiterhin scharf angegriffen wurde, führten schließlich zum Verbot der Zeitung am 28. Februar 1933.[54] Im März wurde das SPD-eigene Druckhaus Deutz beschlagnahmt, in dem dann ab April 1933 – bis zum Ende des Zweiten Weltkriegs – die NS-Zeitung »B« residierte. Die katholische Presse nahm demgegenüber eine eher abwartende Haltung ein. In der *Kölnischen*

Volkszeitung wurde in erster Linie bedauert, dass das neue Reichskabinett keineswegs eine Verwirklichung des »nationalen Sammelgedankens« repräsentiere: »Man hat die Mitwirkung des Zentrums bewußt umgangen. Man wird ohne das Zentrum und die Bayerische Volkspartei auskommen müssen.« Abschließend wurde Hitler geraten, sich um eine Erweiterung seiner politischen Basis zu bemühen, was auch in seinem eigenen Interesse liege. Auch der Kommentar mit der Überschrift »Hugenbergs Weg« beschäftigte sich vorwiegend mit der Brüskierung des Zentrums. Hitler sei lediglich die Galionsfigur der Regierung, die eigentlichen Machthaber seien die »Harzburger«. Das Grundproblem des neuen Kabinetts bei der Erfüllung seiner Aufgaben sei der innere Gegensatz seiner Mitglieder, »der Gegensatz zwischen wirtschaftlichem Liberalismus und nationalem Sozialismus«.[55]

Auch der *Kölner Lokal-Anzeiger* berichtete in seiner Abend-Ausgabe vom 31. Januar 1933 sehr ausführlich über die Vorgänge in Berlin. In der Spalte »Wovon man spricht« wurde die Ernennung Hitlers kommentiert. Das erreichte Ziel sei für Hitler lediglich ein Kompromiss, denn »das ursprüngliche Ziel war Parlamentsmehrheit und Alleinmacht«. Diese Entwicklung wurde begrüßt: »Die zur Zeit größte Partei hat endlich im Felde der Verantwortung und der Regierungsaufgaben den Anschluß wenigstens an gewisse Volksgenossen gefunden.« Nunmehr sei es an Hitler und der NSDAP, »Programme zu verwirklichen und Versprechungen zu erfüllen«. Zum Schluss äußerte der Kommentator die Befürchtung, dass die Erwartungen, die sich nach dem »triumphalen Fackelzug« an die Regierung knüpften, nicht zu weit gespannt seien, »denn die neue Reichsregierung ist vorerst eine Parteiregierung und noch immer keine Volksgemeinschaftsregierung«.[56]

Einzig das *Kölner Tageblatt* äußerte bereits in seiner Abend-Ausgabe vom 30. Januar 1933 die Genugtuung, dass Hitler und seine Parteigenossen endlich Verantwortung übernommen hätten: »Es beginnt für Hitler die Zeit, wo es mit dem Theaterrummel vorbei ist (...) Er kann jetzt dem deutschen Volk demonstrieren, wie viel besser er alles machen kann.«[57] Etwas vorsichtiger interpretiert wurde die Machtübernahme am folgenden Tag. Mit Polemik seien die Ereignisse in Berlin nicht zu bewältigen, hieß es einleitend – aber: »Das deutsche Volk, das in seiner überwiegenden Mehrheit dem nationalsozialistischen Rummel von vorn herein mißtraut hat, hat das Recht, die Hintergründe zu erfahren, die zur Ernennung Hitlers geführt haben.« Bemängelt wurde, dass »man es nicht für notwendig befunden hat, sich mit anderen Parteien, die zur Mehrheitsbildung einmal notwendig sind, zu verständigen«. Positiv bewertete der Autor, dass Hitler nun gezwungen sei, selbst zu handeln, dass er nicht mehr »mit Worten Unruhe erzeugen« könne. Über die von der Regierung angestrebten Ziele herrsche allerdings Unklarheit: »Es bleibt das Geheimnis der Regierung, was sie zu tun gedenkt.«[58]

Der französische Historiker Jean Labussière hat in seiner ausführlichen Studie[59] den Kölner Zeitungen pauschal vorgeworfen, versäumt zu haben, klare Positionen gegenüber dem Nationalsozialismus einzunehmen. Und: »Die Kölner Presse (...) war somit der treue Spiegel aller Unentschlossenheit und des Zögerns gegenüber dem Nationalsozialismus. Sie hat deutlich gezeigt, wie die demokratischen Parteien der Weimarer Republik gegenüber der Hitler-Bewegung versagt haben, und das in einer Zeit, in der es diesen Parteien möglich gewesen wäre, den diktatorischen Bestrebungen der Nationalsozialisten auf gesetzlichem Wege entgegenzutreten.«[60]

Die oft geäußerte Auffassung, nach 1933 hätte es in Köln nur noch zwei beziehungsweise drei Tageszeitungen (den *Westdeutschen Beobachter* und die *Kölnische Zeitung / Stadt-Anzeiger*) gegeben, ist schlichtweg falsch. Die *Kölnische Volkszeitung* musste erst im Mai 1941 ihr Erscheinen einstellen, weil man ihr das kriegswichtige Papier entzog. Das Haus M. DuMont Schauberg durfte damals den Abonnentenstamm der KVZ zu einem Preis von 23 Reichsmark pro Kunde übernehmen. Der *Kölner Lokal-Anzeiger* und das *Kölner Tageblatt* fusionierten im Jahre 1934 und erschienen als *Der Neue Tag* bis weit in den Zweiten Weltkrieg hinein.[61]

Den Aufstieg des Nationalsozialismus an Sendungen der »Westdeutschen Rundfunk AG« festzumachen ist so gut wie unmöglich; denn das Programm des Senders war weitgehend unpolitisch. Viel Sport, wenig Politik, viel Musik und viel Unterhaltung – so lautete die Devise des Intendanten Ernst Hardt. Der Anteil an aktuellen Informationen lag bei der Werag zwischen 10 und 15 Prozent. Wobei anfangs die politischen Meldungen auf Presseberichten fundierten, das heißt, der Sprecher las aus verschiedenen Zeitungen vor. Später war die staatlich kontrollierte Nachrichtenstelle »Drahtlose Dienst AG« für die politischen Meldungen aller deutschen Sender zuständig, was eine gewisse politische Neutralität garantierte.[62]

Es waren aber Goebbels und die Nationalsozialisten, die als Erste die besondere Wirkkraft des Rundfunks erkannten – und im Handumdrehen durchsetzten, dass etwa der Berliner Fackelzug am Abend des 30. Januar 1933 im Rundfunk übertragen wurde.[63] Trotz des vergleichsweise unpolitischen Programms der Werag war Hardt schon vor der Machtübernahme mehrfach durch die Nationalsozialisten attackiert worden. Dennoch sollte es bis zum 20. März 1933 dauern, ehe er von seinem Amt suspendiert wurde. Zugleich, so die WDR-Archivarin Birgit Bernard, wurden in einer ersten Säuberungswelle, die bis Mitte April andauerte, eine Anzahl jüdischer oder »politisch unzuverlässiger« Mitarbeiter entlassen.[64]

Am 24. April 1933 ließ es sich dann der frischgebackene Reichspropagandaminister nicht nehmen, die Amtseinführung des neuen Intendanten Heinrich Glasmeier, des Geschäftsführers und Kulturwarts des Gaues Westfalen-Nord, persönlich vorzunehmen.[65] Glasmeier, der am 1. Februar 1932 in die NSDAP eingetreten und am 7. Januar 1933 in die SS aufgenommen worden war, gehörte seit dem 6. Februar 1933 dem Programmbeirat der Werag an.[66] Glasmeier sollte den späteren »Reichssender Köln« zu einem der wichtigsten Propagandainstrumente der Nazis im Westen Deutschlands ausbauen.

5.3 Das Schriftleitergesetz – Gleichschaltung der Presse

»Es ist ein schöner Wahn, daß alle Bürger vor dem Gesetz gleich seien.«[67]

Eine demokratische Presse beruht auf dem Grundsatz, dass die politische Meinungsbildung ein organischer Prozess ist, an dem alle verantwortungsbewussten und denkfähigen Bürger teilhaben können. Demokratie ist gleichbedeutend mit Diskursivität. In einem autoritären Regime ist die Meinungsbildung in die oberste hierarchische Ebene zurückgenommen; alle müssen bei einer Meinungsverschiedenheit den Willen des Diktators mittragen, ob sie dafür oder dagegen sind.

Eine Redaktionskonferenz der *Kölnischen Zeitung* vom 13. September 1930 verdeutlicht die Ausrichtung des Verlags. Anlässlich der Reichstagswahl spielte Kurt Neven DuMont verschiedene Szenarien durch. Er sah entweder eine Diktatur kommen oder ein längeres Regieren, beruhend auf dem Artikel 48 der Weimarer Reichsverfassung; dieser Artikel gab dem Reichspräsidenten das Recht, bei Gefährdung der öffentlichen Sicherheit den Ausnahmezustand zu verhängen und Notverordnungen zu erlassen. Das heißt, der Artikel 48 sprach sich für einen legalen Weg in der Krise aus.

An dem parlamentarischen Weg müsse festgehalten werden. Von vielen Redaktionsmitgliedern wurde die Notverordnung als Rückkehr zur Vernunft begrüßt. Chefredakteur Pinkow stimmte der dargestellten Alternative von Kurt Neven DuMont zu und äußerte, dass er im privaten wie im politischen Leben ein Feind jeder Diktatur sei und dass eine solche in Deutschland sehr schnell Schiffbruch erleiden würde.[68] Der Kollege Richard erwähnte die Möglichkeit eines »Ermächtigungsgesetzes« unter Brüning, eine Frage, die bereits 1923 aufgetaucht war.[69] Schäfer, der spätere Chefredakteur, sprach sich dafür aus, dass sich die *Kölnische Zeitung* von allen dogmatischen Gesichtspunkten fernhalte.[70] Dresbach und Mansfeld stimmten dieser Aussage nicht zu, sondern verlangten eine klare Stellungnahme der Zeitung. Alle, Verleger wie Redakteure, sahen in der parlamentarischen Regierung, wenn auch zum Teil mit Notverordnungsmaßnahmen, die einzig mögliche Lösung.[71]

Bereits im Jahr 1932 wurde auf verschiedentliche Zeitungsverbote hingewiesen, die mit der Notverordnung des Reichspräsidenten zur Bekämpfung politischer Ausschreitungen zu tun hatten. Gab es im deutschen Reichspressegesetz der an sich wenig freiheitlichen Kaiserzeit von 1874 noch kein Verbot inländischer Zeitungen, so wurde die Höchststrafe eines Verbots lediglich für ausländische Zeitungen auf maximal zwei Jahre ausgesprochen.[72]

Die Weimarer Republik anerkannte im Artikel 118 der Verfassung die Meinungsfreiheit. Bereits 1922 wurde diese verbürgte Freiheit eingeschränkt, da man sich gegen Agitation wappnen wollte. Die Weimarer Republik setzte auch erstmals ein Republikschutzgesetz ein, das auch Zeitungsverbote aussprach, für Tageszeitungen maximal vier Wochen, für Journale und Zeitschriften bis maximal sechs Monate. Im Frühsommer 1930 wurden Verordnungen mithilfe des Artikels 48 – Störung der öffentlichen Sicherheit und Ordnung – der Weimarer Verfassung erlassen.[73] Es gibt Zahlen für das preußische Gebiet, aber für das Reich insgesamt wurde die Anzahl der Verbote geheim gehalten.[74] Ein in einem Landesteil ausgesprochenes Verbot galt dann für das ganze Land.[75] Diese Bestimmungen wurden angesichts des rüder werdenden Tonfalls in den Zeitungen nochmals verschärft.[76] Das betraf insbesondere Zeitungen, die zu Ungehorsam gegen die bestehenden Gesetze aufriefen, aber auch solche, in denen Organe, Einrichtungen, Behörden oder leitende Beamte des Staats angegriffen wurden. Die Dauer des Verbots erhöhte sich maximal auf acht Wochen. Parallel zu diesem Erlass wurde beispielsweise von einem Verbot des *Völkischen Beobachters* für die Dauer von drei Wochen Gebrauch gemacht.[77]

Ein Kommentator äußerte sich zum Thema Zeitungsverbote kritisch: »Die gleiche Methode, die in Deutschland als Mittel staatlicher Notwehr Tag um Tag zur Anwendung kommt (...) benutzten die Diktaturen der Gegenwart, um die ihnen feindliche Presse zu vernichten. (...) Eine Zeitung zu verbieten, ist nicht Verteidigung sondern Strafe, nicht Abwehr sondern Rache.«[78]

Kaum war Hitler Reichskanzler, begann er die Pressefreiheit massiv einzuschränken. Zuerst traf es die kommunistischen und sozialdemokratischen Blätter.

Als das Berliner SPD-Blatt *Vorwärts* am 3. Februar 1933 für drei Tage wegen »Aufforderung zum Hochverrat« verboten wurde, kommentierte dies die *Vossische Zeitung*: »Je mehr der 5. März zum Knotenpunkt der politischen Kraftlinien gemacht wird, um so wichtiger wäre es, daß die Wahlen wirklich unbeeinflußt und frei vor sich gehen. Es dürfte nicht einmal der Anschein erweckt werden, als sollten die Wahlen manipuliert werden. Das sozialdemokratische Zentralorgan, der *Vorwärts*, ist gestern polizeilich beschlagnahmt worden, weil es den Wahlaufruf der Sozialdemokratischen Partei veröffentlichte. Was bezweckt man damit? Will man der SPD dadurch Abbruch tun, daß man sie hindert, den Kommunisten die Massen streitig zu machen? Die Sozialdemokratische Partei steht im schwersten Abwehrkampf gegen die Kommunisten. Die Regierung sollte alles vermeiden, was den Kommunisten sozialdemokratische Stimmen zuführen könnte (...) Der Wahlaufruf der SPD soll heute staatsgefährlich sein, die Wahlkundgebung derselben Partei wird heute verboten, die vor noch nicht einem Jahr für Hindenburgs Wahl aufmarschierte! Hindenburgs Wahlgegner sind heute im Besitz weitgehender präsidialer Vollmachten. Das versteht der einfache Mann auf der Straße nicht. Noch nie ist eine Wahl in Deutschland mit so verkehrten Fronten, so verwirrten Parolen ausgefochten worden.«[79]

Nachdem die Reichsregierung am 4. Februar »zur Wahrung der Regierungsautorität« Eingriffe und Beschränkungen in und von Versammlungs- und Pressefreiheit – »wie sie zum Teil auch früher bestanden« – ankündigte, reagierte die Redaktion der *Vossischen Zeitung* mit vorsichtiger Ironie: »Wie sie zum Teil auch früher bestanden? Diese Stelle der amtlichen Ankündigung ist besonders verheißungsvoll. Offenbar sollen dem

Reichspräsidenten auch Maßnahmen vorgeschlagen werden, die über das bisher erreichte, schon sehr weit gespannte Maß hinausgehen. Die Regierung Hitler scheint an Empfindlichkeit jede ihrer Vorgängerinnen zu übertreffen. Denn diese haben allerdings wirklich ›unerhörte Beschimpfungen und Beleidigungen‹ erfahren, während die gegenwärtige Regierung schon dadurch bevorzugt ist, daß ihr die maßlosen Angriffe erspart bleiben, in denen die nationalsozialistischen Blätter sich gegen jede bisherige Regierung, nicht zuletzt gegen die Regierung Papen, gefielen.«[80]

Auch die *Frankfurter Zeitung* geißelte den massiven Angriff auf die Pressefreiheit und die Folgen der neuen »Presse-Verordnung«. Sie bezeichnete es als »Dilemma des Journalismus«[81] und machte deutlich auf die verheerenden Folgen aufmerksam: »Unter dem 4. Februar hat der Reichspräsident eine Verordnung erlassen, nach welcher Zeitungen und Zeitschriften unter anderem verboten werden können, wenn in ihnen Organe, Einrichtungen, Behörden oder leitende Beamte des Staates beschimpft oder böswillig verächtlich gemacht werden oder wenn offensichtlich unrichtige Nachrichten gebracht werden, deren Verbreitung geeignet ist, lebenswichtige Interessen des Staates zu gefährden. Daraufhin hagelte es Verbote. Verbote in einem Umfang, wie er in Deutschland niemals erhört worden ist. Die Begründungen sind (...) zum Teil unhaltbar.«[82]

Diese neue Notverordnung widersprach dem Aufruf Hitlers im Rundfunk, in dem er im Namen seines Kabinetts die Freiheit der Wahl und die Freiheit der Werbung im Wahlkampf verkündete. Aber gerade die nachfolgenden Tage zeigten, dass die Pressefreiheit und die Versammlungsfreiheit massiv eingeschränkt wurden.

Die Redaktionen der bürgerlichen, sozialdemokratischen und kommunistischen Presse waren natürlich völlig verunsichert, da sie alles, was sie insbesondere zu innenpolitischen Fragen und Problemen schreiben wollten, so häufig umformulieren mussten, dass keine Inhalte mehr vorhanden waren. Innenpolitische Kommentare wurden zur Seltenheit. Fast ausschließlich wurden nur noch außenpolitische Fragen behandelt und diskutiert: »Was die Lektüre der deutschen Blätter so beunruhigend gestaltet, ist der Umstand, daß von der deutschen inneren Politik kaum mehr gesprochen wird. Es ist, als sei nicht mehr viel Aufhebens davon zu machen. Das scheint uns angesichts der Tatsache, (...), zu behaupten, am 5. März werde zum letzten Mal gewählt, eine erstaunlich irrige Auffassung. Wenn eine Pressenotverordnung dem Ermessen der Verwaltungsbehörden außerordentliche Vollmachten erteilt, wird selbstverständlich die Presse zunächst durch vorsichtige Formulierungen antworten. Aber wir meinen, es sei falsch, aus lauter Vorsicht nur noch zu flüstern, womöglich gar zu verstummen. Denn zur innenpolitischen Lage Deutschlands ist sehr viel zu sagen. So wird man zum Beispiel die derzeitige Regierung nicht genug darauf aufmerksam machen können, daß jener Aufruf, mit dem sie, den Wahlkampf einleitend, um das Vertrauen der Nation bat, wirkungsvoller gewesen wäre, hätte man darauf verzichtet, ihn mit einem historischen Rückblick zu beginnen, der keineswegs von der Gesamtheit der Nation anerkannt wird, und dessen Formulierungen geeignet sind, einen großen Teil des deutschen Volkes aufs schlimmste zu beleidigen.« Der Autor kam dann auf Hitler selbst zu sprechen: »Der Reichskanzler hat noch vorgestern bei seiner großen Wahlrede in Köln, die sich im wesentlichen gegen das Zentrum richtete, all denen das Recht an der Staatsführung absprechen wollen, die sich auf den Boden des deutschen November 1918 zu stellen gedenken. Er hat dabei gesagt: ›Die Presse als Macherin der öffentlichen Meinung, die politischen Parteien, das Kapital, sie alle sind vor dem November 1918 bereits die gestaltenden Kräfte unseres politischen Lebens gewesen.‹ Nach dem November seien sie aber erst ans Tageslicht getreten und hätten den Zusammenbruch herbeigeführt. Wir halten eine derartig vereinfachende Geschichtsbetrachtung für umso gefährlicher, weil von ihr in Wahlkampfzeiten ausgiebig Gebrauch gemacht wird.«[83]

Hitler und Goebbels nutzten »ihre« Presse, aber auch das neue Medium Rundfunk und später auch den Film.

Am 7. Februar beschäftigte sich die *Vossische Zeitung* in einem kommentierenden Beitrag mit der Ankündigung des Reichsrundfunks, eine NSDAP-Wahlversammlung komplett zu übertragen. »Jetzt steht man am Beginne einer neuen Ära, einen Vorgeschmack gibt die Ankündigung, die heute früh durch die Presse ging: Rundfunkübertragung am kommenden Freitag aus dem Sportpalast, wo eine nationalsozialistische Massenversammlung in voller Tonstärke aufgenommen wird. Die Rede des Reichskanzlers wird über alle deutschen Sender übertragen. Gut! Das entspricht dem bisherigen Brauch, der früher so verlästert wurde. Aber vor der Ansprache Hitlers wird der nationalsozialistische Propagandaleiter Goebbels, ›einen Tatsachen- und Stimmungsbericht‹ über die Versammlung geben (...) Es wird eine Reportage sein, wie über ein Sechstagerennen, über den Fußball-Wettkampf England-Österreich. Das Hörbild einer Massenveranstaltung, aber einer Partei-Veranstaltung. Das ist, die Herren werden es zugeben, ein neues Faktum im Rundfunk und durchaus original. Was für ein Entrüstungssturm hätte sich erhoben, wäre etwa die Brüning-Kundgebung im Sportpalast 1930 übertragen worden? Die Frage ist sinnlos. Hier fehlt jede Beziehung zum Vergleich mit früheren Methoden. Die Frage ist, ob die neue Methode sich lohnen wird. Wir zweifeln. Das Mikrophon ist geduldig. Aber nicht der Hörer.«[84]

Die »Reichsarbeitsgemeinschaft der deutschen Presse« warnte wiederholt vor weiteren Einschränkungen der Pressefreiheit, allerdings ohne Erfolg. Hitler und Goebbels hatten klar ein Ziel vor Augen: eine Presse und einen Rundfunk, das heißt eine Meinung, und zwar die der Partei.

»Der Inhalt der neuen Pressenotverordnung richtet sich aber nicht nur gegen den Mißbrauch der Pressefreiheit, sondern bietet auch die Handhabe, die pflichtbewußte Presse bei ihrer aktiven Mitarbeit an der Überwindung politischer und wirtschaftlicher Nöte zu hindern. Die Reichsarbeitsgemeinschaft der deutschen Presse erwartet von der Reichsregierung vorsorgliche Maßnahmen, die verhüten, daß je nach subjektivem Ermessen Eingriffe in die Pressefreiheit vorgenommen werden, die weder in der Absicht der Staatsführung liegen können noch den wohlverstandenen Interessen des Volksganzen. Zu einer Mitarbeit an der Abstellung von Mißbräuchen der Pressefreiheit steht die Reichsarbeitsgemeinschaft wie bisher so auch jetzt der Reichsregierung zur Verfügung.«[85] So hieß es dazu in der *Vossischen Zeitung*.

Tag für Tag wurden nun Zeitungen verboten, die in irgendeiner Weise nicht Hitler und die NSDAP unterstützten, sondern Sozialdemokraten, Kommunisten, aber auch andere politische Gruppierungen. Bei den vielen Verboten war oft keine klare Begründung zu erkennen: »Verbot des *Jungdeutschen* bis zum 15. März, der *Spandauer Volkswacht* bis zum 2. März, des in polnischer Sprache erscheinenden *Dziennik Berlinski* bis zum 12. März, des Gewerkschaftsorgans *Aufwärts* bis zum 1. April, der *Metallarbeiterzeitung* bis zum 15. März, der in Ludendorffs Volkswarte-Verlag erscheinenden Druckschrift *Vorm Volksgericht* bis zum 20. März, der Bundeszeitung *Das Reichsbanner* für drei Monate. Allein diese sieben Verbote hat der Berliner Polizeipräsident verhängt. Ferner darf die sozialdemokratische *Westfälische Allgemeine Volkszeitung* (Dortmund) drei Tage nicht erscheinen, und schließlich hat die bayerische Regierung auf Ersuchen der Reichsregierung sechs Blätter verboten: das *Bamberger Volksblatt* und die *Münchner Post* für je vier Tage, die Wochenzeitungen *Der Arbeiter, Altöttinger Liebfrauenbote, Der Fränkische Bauer* für je vier Wochen, und außerdem von sich aus noch die *Oberbayrische Rundschau* für eine Woche. Das sind 14 Verbote auf einen Schlag, und damit ist die Liste des 27. Februars wahrscheinlich noch nicht abgeschlossen. Am meisten fällt das langfristige Verbot des *Jungdeutschen* auf. Warum diese rechts stehende nationale Tageszeitung verboten wurde, bleibt unbekannt, da die Verbotsbegründungen nicht mehr veröffentlicht werden dürfen. Das Organ des Jungdeutschen Ordens hat zwar allen Regierungen gegenüber sich das Recht der Kritik vorbehalten und von ihm auch Gebrauch gemacht, aber andererseits sich stets bemüht, bei allem Freimut seinen Standpunkt in anständiger Art zu verfechten.«[86]

Wer geglaubt hatte, nach der Wahl vom 5. März 1933 würden sich die Eingriffe in die Presselandschaft beruhigen, sah sich recht schnell enttäuscht. Die *Kölnische Zeitung* zitierte zwei Tage nach der Wahl einige Zeitungen aus unterschiedlichen politischen Lagern unter dem Titel »Das Echo der deutschen Presse«.[87] Unter den Blättern der Rechten begrüßte der *Hugenbergsche Tag* das Wahlergebnis als eindeutige Entscheidung und stellte fest, dass die »absolute Mehrheit« der Deutschen will, dass nationalsozialistisch regiert wird. Die Nation sei nun der »oberste Wert«.[88] Die weiteren Ansichten der Zeitungen wurden von der *Kölnischen Zeitung* je nach Couleur ausgewählt: »Die ***Berliner Börsenzeitung*** bringt ihre Überzeugung zum Ausdruck, daß die Nationalregierung den Auftrag, den sie gestern erhalten hat, ausführen und das Gebäude staatsfeindlicher Parteien zerschlagen werde. Der Geist von Weimar habe den Todesstoß bekommen, er werde nicht wieder auferstehen. (...) Wir begrüßen gerade in diesem Sinn den nationalen Sieg vom 5. März, weil das Ausland an ihm erkennen werde, daß nicht ein Diktaturregime, sondern eine von der Mehrheit des deutschen Volkes getragene Regierung es sein werde, welche die **Forderung nach Gleichberechtigung** in der Entscheidungsstunde noch einmal und zum letzten Mal erheben werde. Abermalige Ablehnung wird dann gleichbedeutend mit der deutschen Freiheit des Handelns sein müssen.

Das Organ der **Zentrumspartei**, die ***Germania***, erklärt unter anderem, es werde sehr interessant sein, zu beobachten, wie sich die Frage der Machtverteilung zwischen den beiden Parteien, dem nationalsozialistischen Riesen und dem deutschnationalen Zwerg, künftig entwickle. Die gestern von einer Mehrheit des Volkes bestätigte Reichsregierung habe die Möglichkeit und damit die heilige Pflicht, **verfassungsmäßig** zu regieren. Es gebe heute keinerlei ›Notstand‹, es gebe kein Versagen des Parlaments, es gebe alles das nicht mehr, was in den vergangenen Monaten zu schwerwiegenden staatsrechtlichen Experimenten und mit ihnen zu gefährlichen Erschütterungen Anlaß bot. Die Nationalsozialisten hätten heute das unbestrittene **Recht**, den deutschen Staat zu führen, und mit diesem Recht trügen sie die **Verantwortung** für sein weiteres Schicksal. (…)

Der den christlichen Gewerkschaften nahe stehende **Deutsche** sagt, daß Hitler auf die Kampffront Schwarz-Weiß-Rot nicht angewiesen sei; es stehe ihm jeden Augenblick frei, sich das Zentrum und die Bayrische Volkspartei als Partner zu wählen. Er würde dann über eine noch größere Mehrheit verfügen. Jedenfalls werde sich in Zukunft das Übergewicht der Nationalsozialisten in der Harzburger Regierung noch stärker geltend machen als bisher. Die Harzburger Parteien verfügten allein auch nicht über eine **Zweidrittelmehrheit**. Hier habe das **Zentrum** seine **Schlüsselstellung**, die es sonst verloren habe, behauptet, und das werde von ausschlaggebender Bedeutung sein. Denn ohne die Zustimmung des Zentrums werde der Regierung jede Verfassungsänderung unmöglich sein. Die unerschütterliche Machtstellung des Zentrums werde sich zeigen in dem Augenblick, wo die Harzburger Regierung ihren Plan auf Änderung der Reichsverfassung verwirklichen wolle. Im übrigen meint das Blatt, Erfolg oder Nichterfolg der Regierung hingen zuletzt nicht ab von innerpolitischen Kämpfen und Experimenten, sondern von der **fachlichen Leistung**.

Von den **Blättern der Linken** bezeichnet der ***Börsen-Courier*** als eines der wesentlichsten Ergebnisse der Wahl die in diesem Ausmaß selbst von der Reichsregierung nicht erwartete **Erstarkung der Zentralgewalt** in Berlin. Nach den Kommunalwahlen werde die ungeheure Verantwortung der Regierungsparteien für das inner- und außenpolitische Schicksal Deutschlands dazu zwingen, alle Kraft dem politischen Aufbau der so schwer bedrohten Wirtschaft und dem gerechten Ausgleich der Interessen zu widmen.

Im ***Berliner Tageblatt*** heißt es, die Regierung könne durchaus **legal und verfassungsmäßig** regieren, sie brauche sich, wenn sie keine Verfassungsexperimente machen wolle, nicht einmal um die Tolerierung anderer Parteien bemühen. Eine so große Chance habe seit langem keine

Regierung mehr gehabt, aber auch keine sei mit so großen Verpflichtungen gegenüber den Wählern, mit einem so großen **Vertrauensvorschuß** belastet an ihre Aufgabe herangegangen.«[89]

Es zeichnete sich bereits in den ersten Tagen nach der Wahl deutlich ab, dass Goebbels die Presse gleichschalten würde, um alle Nachrichten und Äußerungen der noch existierenden Parteien zu unterbinden. Die Gleichschaltung der Presse und die Auflösung der Parteien gingen daher Hand in Hand.

Die *Vossische Zeitung* bekam ähnlich wie die *Kölnische Zeitung* und die *Frankfurter Zeitung* die Macht der Nationalsozialisten zu spüren. Dennoch versuchte sie, weiter einigermaßen frei zu berichten: »Wer es mit unserem Volk gut meint, wird nicht leichthin die Achsel zucken. Eine Regierung, die vom Volk, wenn auch nicht eine Blankovollmacht, so doch alle verfassungsmäßigen Vollmachten erhalten hat, wird höheren Zielen nachstreben. Mit Recht macht das Zentrumsorgan *Germania* darauf aufmerksam, daß die Nationalsozialisten, die jetzt unbestritten die Führung des deutschen Staates haben, zeigen müßten, ob sie das Volk zu einer wirklichen Sammlung und Versöhnung führen wollten (...).«[90]

Weiter wurde auf der Seite zwei dann aber auch die äußerst regierungskritische Erklärung der SPD zum Wahlausgang abgedruckt. Einleitend beginnt diese Mitteilung mit den folgenden Worten: »Die Presse der sozialdemokratischen Partei ist noch immer am Erscheinen verhindert. Die Genugtuung ihrer Führer über die Treue der Gefolgschaft, die auch diese schwere Probe bestanden hat, kann deshalb nicht öffentlich zum Ausdruck kommen. Das Ergebnis wiege, so heißt es in einer Partei-Erklärung, mehr, als mancher stürmisch gefeierte Wahlsieg.«[91]

In der Morgen-Ausgabe vom 8. März 1933 meldete die *Vossische Zeitung* dann lediglich, dass der Reichstag am 3. April zusammentreten werde, dass die Regierung die Einsetzung eines Ministeriums für Rundfunk und Propaganda plane und dass dem Reichstag ein Ermächtigungsgesetz vorgelegt werde, »das verfassungsändernden Charakter trägt«. Im Innenteil der Ausgabe wurde reichlich berichtet, dass die Machtübernahme durch die NSDAP auf allen Ebenen voranging: »Der neue Kurs in Hamburg«, »Hakenkreuz über Stuttgart«, »S.A. in der Dresdner Staatsoper – Generalmusikdirektor Busch am Dirigieren gehindert«.[92]

Einen Tag später berichtete dann das Blatt über erste Boykottaktionen gegen jüdische Geschäfte in Essen und Mülheim/Ruhr.[93]

Der Münchner Korrespondent der *Vossischen Zeitung* stellte in seinem Beitrag in der Abendausgabe vom 9. März 1933 mit dem Titel »Die süddeutsche Gleichschaltung« die verfassungsmäßige Lage in Bayern dar, welches noch nicht gleichgeschaltet worden war, und die Korrespondenten in Karlsruhe und Stuttgart meldeten »Württemberg klagt« und »Baden protestiert«. Einen Tag später wurde berichtet, dass in Dresden der Reichskommissar von Killinger die Regierungsgeschäfte übernommen und dass in Bayern »Epps Machtübernahme« stattgefunden habe. Auf der Seite zwei wurden die »üblichen« Nachrichten aus dem Reich abgedruckt: »Prälat Ulitzka mißhandelt – Nationalsozialisten sprengen Zentrums-Versammlung«, »Sozialdemokraten verhaftet«, »*Berliner Tageblatt* verboten«, »Intendant Barnay verschleppt«. In einer Kurzmeldung berichtete die Zeitung, dass der »Reichstag ohne Kommunisten« tagen werde: »In einer nationalsozialistischen Kundgebung in Frankfurt am Main erklärte Reichsinnenminister Dr. Frick, daß die Kommunisten bei der Eröffnung des Reichstages nicht anwesend, sondern in Konzentrationslagern zusammengefaßt sein werden, wo sie mit volkswirtschaftlich wertvollen Arbeiten beschäftigt würden.«[94]

Über eine nationalsozialistische Kundgebung in Essen wurde am 11. März berichtet. Hier zitierte die *Vossische Zeitung* Görings »scharfe Rede« zur »Unterjochung« der Presse folgendermaßen: »Man klagt über die Unterdrückung der Zeitungen. Wundert euch das? Mich wundert, daß sie noch existieren. Ich würde pflichtwidrig handeln, wenn ich weiter dieses Gift in das Volk hineintriefen ließe. (...) So lange im Sinne der viel gerühmten internationalen Solidarität die sozialdemokratischen Genossen im Ausland in den sozialdemokratischen Zeitungen so hundsgemein über Deutschlands Adolf Hitler schreiben, so lange erscheint in Deutschland keine sozialdemokratische Zeitung. (Stürmischer Beifall)«[95] Der stürmische Beifall nach dieser diffamierenden Rede kennzeichnete das Triumphgefühl und ließ ahnen, was an leidenschaftlichen Agitationen noch zu erwarten war.

Die Aktionen kamen prompt: »Die Errichtung eines ›Reichsministeriums für Volksaufklärung und Propaganda‹ stellt in der deutschen Geschichte insofern ein Novum dar, als es bisher einzelne Amtsstellen für propagandistische Zwecke gab, aber kein Instrument von der zentralen Schlagkraft und der Machtbefugnis, die ein besonderes Reichsministerium ausüben kann. Daß gerade Hitler dieses Instrument schuf und den propagandistisch besonders geschickten Werbeleiter seiner Partei,

Dr. **Goebbels**, mit der Handhabung dieses Instruments betraute, zeugt wieder von der großen Begabung, die Hitler in allen Fragen der Massenbeeinflussung besitzt und der er nicht zuletzt den Aufstieg zur Macht verdankt. (...)«[96] Die *Kölnische Zeitung* untermauerte mehrfach Hitlers Talent zur Beeinflussung der Massen, mit dem er hauptsächlich seine Ziele erreichte. Gleichzeitig sah sie deutlich die Bestrebungen Goebbels und kritisierte die früheren Regierungen, die gerade hier versagt hätten. »(...) es ist aber anzunehmen, daß Goebbels den gleichen Eifer wie in der Nationalsozialistischen Partei auch in seiner Eigenschaft als Minister an den Tag legen wird, um durch Rundfunk, Film, Theater und Presse die Volksverbundenheit der nationalen Regierung weiter zu festigen. Die frühern Machthaber haben auf diesem Gebiet viel versäumt, sie durften sich daher nicht wundern, wenn ihnen die Massen immer mehr die Gefolgschaft versagten. Es gab nur wenige, die mit propagandistischen Mitteln dauernde Wirkungen erzielen konnten. Stresemann war einer der wenigen, die sich darauf verstanden. Zu der Volksaufklärung im Innern, die Goebbels zu leisten hat, tritt als besonders wichtige und verantwortungsschwere Arbeit die Propaganda gegenüber dem Ausland. Gerade heute aber ist diese Arbeit besonders dringend, weil im Ausland böswillige Kräfte am Werk sind, um durch die Verbreitung von Gräuelmärchen das Ansehen der neuen Regierung zu schädigen. Dagegen gilt es, mit Geschick, Vorsicht und Takt eine wirksame Abwehr zu organisieren. Wir wollen hoffen, daß Goebbels seine neue Aufgabe in einer Weise erfüllen wird, die der gesamten Nation zum Nutzen dient.«[97]

In der Abend-Ausgabe des 15. März 1933 berichtete die *Vossische Zeitung* über das erste Auftreten des neuen Reichsministers Goebbels vor der Presse. Goebbels sprach über den Auftrag der Presse. Es wurde folgendermaßen zitiert: »Die Presse habe aber nicht nur die Aufgabe, das Volk über gewisse politische Vorgänge zu informieren, sondern auch zu instruieren, d. h., dem Volk klar zu machen, was die Regierung tut, und darzutun, weshalb die Regierung so handelt, wie sie handelt. Vor allen Dingen werde es in Zukunft darauf ankommen, immer wieder Klarheit darüber zu schaffen, welche Erbschaft die jetzige Regierung der nationalen Erhebung übernommen habe. (...) Was das Verhältnis seines Ministeriums zur Presse anbelangt, so sehe er, Goebbels, in Zeitungsverboten durchaus keinen normalen oder idealen Zustand. Aber die Presse müsse der Regierung helfen, wenn sie sie auch kritisieren dürfe. Aber eine solche Kritik dürfe nie dazu führen, daß man der Regierung das Volk aus der Hand schwindele. Die Presse müsse so fein organisiert sein, daß gleichsam die Regierung auf ihr wie auf einem Instrument spielen könnte. Vor allem müsse vor einer Kritik gewarnt werden, die aufgegriffen und gegen die Reichsregierung genutzt werden könnte. Gegen eine solche Art der Kritik würde er mit allem Nachdruck einschreiten.«[98]

Hier deutete Goebbels bereits an, dass er bestimmen werde, was geschrieben wird und was nicht.

Auffallend ist, dass bereits im März 1933 immer mehr ausländische Zeitungen gekauft wurden, ein klarer Vertrauensschwund der Menschen an die inhaltliche Qualität und Glaubwürdigkeit der deutschen Zeitungen.

Am 22. März 1933 ging die *Frankfurter Zeitung* auf dieses Thema und den Antisemitismus ein: »Es wird der Regierung, die zur genausten Beobachtung des deutschen öffentlichen Lebens sich verpflichtet fühlt, nicht entgangen sein, daß die Nachfrage nach ausländischen Zeitungen in Deutschland seit einiger Zeit gestiegen ist. Es wird der Regierung, die an der Gestaltung des öffentlichen Lebens der Nation so regen Anteil nimmt, nur erwünscht sein, daß diese Nachfrage nach ausländischen Zeitungen sich nicht allmählich zu einer – zwar nicht ausgesprochenen, trotzdem deutlichen – Kritik an der deutschen Presse auswächst. Denn hierüber besteht leider kein Zweifel: Es gibt Leute, die meinen, man könne am besten in ausländischen Zeitungen sich über die Zustände in Deutschland belehren. Wenn das sich so verhielte, dann würde also die Tätigkeit der deutschen Presse einem Schweigen über Deutschland gleichkommen. Aber die Regierung, die mit einem so begeisterten und begeisternden Schwung, wie jetzt in Potsdam, sich an eine langwierige Periode sachlicher Arbeit zu begeben gedenkt, kann niemals ein solches Schweigen in Deutschland gutheißen und es dulden, daß die freien Bürger des Staates zu stummen Untertanen herabsinken. (...) Das gilt auch für das Problem der Juden in Deutschland. Die Tatsache, daß der Nationalsozialismus in seiner Agitationsperiode sich einem schrankenlosen Antisemitismus hingegeben hat, und der Umstand, daß die mit solcher Theorie verknüpfte politische Leidenschaft sich – wie die Geschichte zweier Jahrtausende lehrt – leicht in gefährliche Explosionen ausartet, hatte den Zustand der deutschen Judenschaft nach dem Umschwung in der Tat als sehr bedrohlich erscheinen lassen. Die Stimmen im Ausland haben das sofort zum Ausdruck gebracht (...)« Anknüpfend wurde argumentiert: »Wenn somit der Antisemitismus als ein innerdeutsches Problem gekennzeichnet werden muß, so ist deshalb die Tragweite des Problems keineswegs eingeengt. Wir streifen hier nur die Tatsache, daß man durch Druck auf die Ärzte- und Anwaltschaft und auf die Justiz die Berufsfreiheit der Juden einzuengen versucht, und daß man auf diese Weise in deren private Sphäre vorstößt, d. h. einen Teil des Judentums in noch gar nicht absehbare materielle Schwierigkeiten bringt. Wir wollen ferner nur erwähnen, wie man augenblicklich glaubt, die gar nicht zu bestreitende Erfahrung der Juden in Finanz und Wirtschaft so gering veranschlagen zu dürfen, daß man auf diesen Gebieten auf hoch verdiente Männer zu verzichten vorhat. Jedoch wird vor allem eins deutlich: Man gedenkt der zweifellos starken antisemitischen Gefühlswelle dadurch Rechnung zu tragen, daß man die Juden aus allen öffentlichen Stellen und Ämtern herausdrängt.« Am Schluss hieß es dann: »So ist der Nation zu wünschen, sie möge die große innere Erschütterung, die sie jetzt durchrüttelt, fruchtbar machen und in Kürze über das gefährlich ablenkende und unfruchtbare Problem des Antisemitismus zur Tagesordnung übergehen.«[99]

Die *Frankfurter Zeitung* äußerte sich in den nachfolgenden Tagen und Wochen immer vorsichtiger. Sie meldete unter anderem den Austritt Max Liebermanns aus der Akademie der Künste; aber sie vermied es, die Bücherverbrennung zu kommentieren.[100]

Die *Kölnische Zeitung* schrieb unter dem Titel »Wider den undeutschen Geist« und sah in der Verbrennung »undeutscher« Bücher durch Berliner Studenten und Jugendbünde einen symbolischen Akt: »Die vom Kreis Berlin-Brandenburg der Deutschen Studentenschaft veranstaltete Aktion ›Wider den undeutschen Geist‹, die ihren vorläufigen Abschluß mit der Verbrennung der eingesammelten und deutschen Bücher auf einem Scheiterhaufen auf dem Opernplatz fand, erhielt ihren **Auftakt** mit der vor einer großen Zuhörerschar gehaltenen Antrittsvorlesung des Ordinarius für politische Pädagogik, Professor Alfred **Bäumler**, über ›Hochschule, Wissenschaft und Staat‹. (…) Hier erfolgte die Verbrennung der gesammelten Bücher auf einem Scheiterhaufen. Studenten übergaben dem Feuer Bücher und Zeitschriften, wobei sie symbolische Sprüche sprachen: ›Wir haben unser Handeln gegen den undeutschen Geist gerichtet. Übergebt alles Undeutsche dem Feuer!‹ Oder: ›Gegen Klassenkampf und Materialismus, für Volksgemeinschaft und idealistische Lebensauffassung! Ich übergebe dem Feuer die Schriften von Karl Marx und (…)‹. Es fielen weitere Namen von Heinrich Mann, Ernst Glaeser, Erich Kästner, Friedrich Wilhelm Foerster, (…), Theodor Wolff, (…), Remarque, Alfred Kerr, Tucholsky, Ossietzky.«[101]

Der »geistige Ausverkauf« und die rigide Durchsetzung der Ziele des Nationalsozialismus wurden Tag für Tag durch neue Verordnungen, Gesetze und symbolträchtige Handlungen dokumentiert und rechtlich niedergelegt.

Im Vorfeld eines neuen Gesetzes war Alfred Neven DuMont als Zeitungsverleger bei Goebbels eingeladen, wie ein Telegramm des WTB (Wolff'sches Telegraphen Büro) aus Berlin am 29. März 1933 vermeldete: »Der Reichsminister für Volksaufklärung und Propaganda, Dr. Goebbels, empfing heute Kommerzienrat Dr. Krumbhaar (Liegnitz), Kommerzienrat Dr. h. c. [Alfred, Anm. d. Verf.] Neven DuMont (Köln) (...) als Vertreter des Vereins Deutscher Zeitungsverleger (...). Im Stadtanzeiger und in der Kölnischen Zeitung wurde hiervon einen Tag später berichtet. Goebbels empfand Antipathie für den Verein Deutscher Zeitungsverleger (VDZV) und wünschte auch die Unterbindung von Kritik unter dem neuen Regime.«[102]

Ebenfalls im März 1933 nahm die staatliche Zensur in Form des Reichsministeriums für Volksaufklärung und Propaganda – Reichspropagandaministerium – unter Leitung von Joseph Goebbels Gestalt an. Das zeigte sich, indem wenig später die freie Presse im Deutschen Reich mit der Gleichschaltung des Reichsverbands der deutschen Presse, der berufsständischen Vereinigung der Journalisten, einen weiteren schweren Schlag erhielt. Am 30. April hatten die versammelten Mitglieder Otto Dietrich (1897–1952), den Reichspressechef der NSDAP und Staatssekretär im Reichsministerium für Volksaufklärung und Propaganda (RMVP), einstimmig zu ihrem neuen Vorsitzenden gewählt. Die neue Satzung des Verbandes, die am 7. März 1934 verabschiedet werden sollte, machte die ursprüngliche Interessenvertretung zu einem reinen Erfüllungsgehilfen des nationalsozialistischen Regimes:

»Der Reichsverband der deutschen Presse ist die berufsständische Vertretung der deutschen Schriftleiter. Er ist eine Körperschaft des öffentlichen Rechts und hat seinen Sitz in Berlin. Er dient den Aufgaben, die ihm durch das Schriftleitergesetz und die dazu ergangenen und ergehenden Durchführungsverordnungen zugewiesen sind. Außerdem hat er an der Wahrung der Gesamtinteressen der deutschen Presse im Rahmen der Reichspressekammer mitzuwirken.«[103]

Der Mitgliedschaft konnte sich ein Journalist nicht entziehen, da er mit der Eintragung in die Berufsliste automatisch Mitglied des Reichsverbands wurde.

Am 28. Juni 1933 traf sich die Vollversammlung des ausführenden Ausschusses des VDZV erneut. Alfred Neven DuMont und andere, die unerwünschte Personen für die Nazis waren, traten zurück, und sieben nationalsozialistische Verleger der Nazis wurden in den Vorstand gewählt.[104]

Am 22. September 1933 wurde die Reichskulturkammer, eine Institution und ein Instrument der nationalsozialistischen Kulturpolitik zur Gleichschaltung aller Bereiche des Kulturlebens und zur Regelung der sozialen und wirtschaftlichen Belange aller Kulturschaffenden, durch ein Gesetz von dem Reichsminister für Volksaufklärung und Propaganda Joseph Goebbels gegründet.

Das vom Regime am 4. Oktober 1933 verkündete sowie am 1. Januar 1934 in Kraft getretene deutsche Schriftleitergesetz[105] löste das Pressegesetz von 1876 ab[106] und stellte einen der Schachzüge des Reichspropagandaministeriums dar. Das Gesetz veränderte das Verhältnis von Staat und Presse, aber auch von Staat und Zeitungsleser grundlegend. Durch diese rechtliche Grundlage wurde das Gesicht bestimmt, welches Deutschland der Welt zuwenden sollte. Zur Vorbereitung war Goebbels nach Rom gereist, um nach italienischem Vorbild auch in Deutschland eine faschistische Presse zu installieren. Am 13. März 1933 trat er in die Funktion des Reichspropagandaministers ein.

Das Wolff'sche Telegraphen Büro gab am 20. Dezember 1933 die gesamte Verordnung bekannt. Es war zugleich die Mitteilung seiner Inkorporation in das Deutsche Nachrichtenbüro.

Niemand durfte sich Schriftleiter nennen, der nicht nach dem Schriftleitergesetz berufen worden war. Als Schriftleiter wurde derjenige definiert, der an der Gestaltung des geistigen Inhalts der im Reichsgebiet herausgegebenen Zeitungen durch Wort, Nachricht oder Bild beteiligt war. Das heißt, Personen, die schrieben, herausgaben beziehungsweise einen Text oder illustrierendes Material für die Veröffentlichung auswählten. Alle Zeitungen mussten zukünftig einen Hauptschriftleiter benennen, der die Verantwortung für den Inhalt des jeweiligen Blattes übernehmen sollte. Diese Definition wurde in den Paragrafen 1 bis 4 formuliert.

Weiterhin wurden erzieherische, rassische sowie berufsbezogene Qualifikationen vorausgesetzt, die in den Paragrafen 5 bis 11 beschrieben waren. In der Verlautbarung des Paragrafen 5 hieß es: »Schriftleiter kann nur sein, wer 1. die deutsche Reichsangehörigkeit besitzt, 2. die bürgerlichen Ehrenrechte und die Fähigkeit zur Bekleidung öffentlicher Ämter nicht verloren hat, 3. arischer Abstammung ist und nicht mit einer Person von nicht arischer Abstammung verheiratet ist,[107] 4. das 21. Lebensjahr vollendet hat, 5. geschäftsfähig ist, 6. fachmännisch ausgebildet ist, 7. die Eigenschaften hat, die die Aufgabe der geistigen Einwirkung auf die Öffentlichkeit erfordert.«[108]

Der Paragraf 10 sagte aus: »Politisch ist jede Zeitschrift, die nicht rein wissenschaftlich oder rein technischer Art ist oder deren politischen Charakter der Reichsminister (...) verneint.«

In Paragraf 13 hieß es, dass »die Redakteure ihre Überzeugung zur obersten Richtlinie ihrer Berufsausübung machen sollten«. Dies klingt individualistisch-liberal, ist es aber nicht; denn »von der Überzeugung des Schriftleiters wird von vornherein ihre Kongruenz mit der des Regimes erwartet«. Diese Bestimmung hat die Form der Übertragung einer Pflicht. »Schriftleiter sind in Sonderheit verpflichtet, alles aus den Zeitungen fernzuhalten,

1. was eigennützige Zwecke mit gemeinnützigen in einer die Öffentlichkeit irreführenden Weise vermengt,
2. was geeignet ist, die Kraft des Deutschen Reiches nach außen oder im Inneren, den Gemeinschaftswillen des Deutschen Volkes, die deutsche Wehrhaftigkeit, Kultur[109] oder Wirtschaft zu schwächen oder die religiösen Empfindungen anderer zu verletzen,
3. was gegen die Ehre und Würde eines Deutschen verstößt,
4. was die Ehre oder das Volk eines anderen widerrechtlich verletzt, seinem Rufe schadet, ihn lächerlich oder verächtlich macht,
5. was aus anderen Gründen sittenwidrig ist.«[110]

Der Paragraf 34, der sogar noch bei der Erörterung geändert wurde, sah eine immense Machtbefugnis für Goebbels vor; er konnte Journalisten von der Besetzungsliste streichen, ohne ein Gericht einschalten zu müssen.

Nahezu unmöglich war es, sich den Bestimmungen des Gesetzes zu entziehen. Das Schriftleitergesetz war in seinen Gesamtzügen auf die »Umwandlung der deutschen periodischen Presse in einen Träger öffentlicher Aufgaben«[111] ausgerichtet.

Darüber hinaus wurde vom Innenministerium die Überwachung der Bereiche Presse, Literatur, Musik, Radio, Film, Theater und bildende Künste in das neu errichtete Ministerium für Propaganda und Volksaufklärung abgegeben. Mit diesem rechtlichen Erlass hatte sich das Reichskabinett mehr Zeit als mit anderen Gesetzgebungen genommen, die nach der Machtübernahme einsetzten.

Die Opposition von links verstummte, wie am Beispiel der *Deutschen Allgemeinen Zeitung* offenbar wurde, die, zunächst für drei Monate verboten, dann ihren Chefredakteur Fritz Klein entlassen musste. Und dies, obwohl das Blatt seit Jahren auf Rechtskurs steuerte und aufs engste mit dem damaligen Preußischen Staatsrat Fritz Thyssen verbunden war.

Dieses Beispiel schüchterte große Teile der bürgerlichen Presse derartig ein, sodass sie sich von selbst gleichschalteten, bevor die Prozedur vom Regime an ihr vollzogen wurde. So konnte Goebbels schon nahezu von Anfang an die nicht nationalsozialistische Presse als »päpstlicher als der Papst«[112] bezeichnen. Das Ideal der geistigen Freiheit wurde wohl gefordert, doch kraftlos verteidigt.

Die deutsche Presse, die, als Goebbels den Finger hob, sich selbst um diesen wickelte, konnte nun nicht mehr die öffentliche Meinung beeinflussen: Die Blätter stellten sich in überwältigender Mehrzahl mit beiden Füßen auf den Boden der neuen Tatsachen.

Diese »neuen Tatsachen« beinhalteten auch viel persönliche Tragik, da von nun an eine geistige Minderheit ihre Meinung verschweigen musste.

Das Schriftleitergesetz bedeutete den augenblicklichen Zusammenbruch jedweder publizistischen Opposition. Es war – so Goebbels – das einzig Mögliche, um »die Freiheit des Geistes und die Interessen des Staates in Einklang zu bringen«. Varianz oder gar Widerspruch war nicht vorgesehen. Die Beurteilung der Richtung gab die Partei vor, die sich als allmächtig und allwissend darstellte.

Damit war eine direkte Opposition unmöglich. Die Partei sah Feinde, getarnte Renitenz und Querulanten überall; nur dass die Feinheit des Ohrs bei weitem die des Ausdrucks übertraf. Es wurden Untertöne herausgehört, die in Organisationen, die nicht der Partei angehörten, gelegentlich noch mitschwangen und an einem geringeren Grad der Überzeugung sichtbar waren. Wo Kritik nicht mehr möglich war, wurde eine reduzierte Begeisterung bereits als Ablehnung bewertet.

Die Aufgabe der Presse im Führerstaat war von Grund auf verändert: Sie bestand wesentlich darin, nicht mehr zu erörtern oder zu interpretieren, sondern die Beschlüsse des Regimes zu veröffentlichen und ohne eigenen Kommentar zu erklären. Die Presse hatte nach der Berufung Goebbels keine andere Möglichkeit mehr, als die Absichten der Partei zu decken, deren Beschlüsse zu verherrlichen und dafür zu sorgen, dass sie zu greifbaren Ergebnissen führten. In den Pressekonferenzen erhielten die Pressevertreter Weisungen, »welche Meldungen sie bringen müssen, welche davon bevorzugt, welche zu kommentieren seien und in welche Richtung der Kommentar zu zielen habe, wie die Meldung zu placieren sei, was nicht veröffentlicht werden durfte.«[113] Es wurde demzufolge nicht allein grundsätzliche Übereinstimmung mit dem Willen des Führers gefordert, sondern darüber hinaus auch die Übereinstimmung von Fall zu Fall. Der Reichspropagandaminister setzte ab dem 30. Juni 1933[114] als gesetzgebende Stelle, und nicht allein ausführende, im totalitären Staat sein machtvollstes Instrument nach seiner Willkür ein.

So wurde beispielsweise die *Kölnische Zeitung* von dem Sprecher der Reichsregierung Hans Fritzsche scharf getadelt, weil sie im Vorfeld des Überfalls auf Polen am 20. August 1939 über geschlossene Grenzen von polnischer Seite aus berichtete. Sechs Tage später wurde der Presse mitgeteilt, dass die vollziehende Gewalt der Wehrmacht übergeben worden sei.[115]

Lediglich außerhalb des Reichsgebietes war es der deutschsprachigen Presse noch möglich, den Stellenwert des Journalisten mit persönlicher Gewissensentscheidung und Beweisführung mittels Vernunft aufrechtzuerhalten.

Mit der Verkündung des Schriftleitergesetzes zeigte sich zugleich, wie stark der Blick des Regimes auch auf die Reaktionen des Auslandes gerichtet war. Die scheinbare Beruhigung offenbarte sich in dem am 26. Januar 1934 abgeschlossenen Nichtangriffspakt mit Polen.

Selbst bei den Frontzeitungen war mehr freiheitliche Gestaltung möglich. Dort hatte der »einzelne Hauptschriftleiter, wenn er nur im Grundprinzip spurte, (...) weitgehende Freiheit in der Gestaltung seines Blattes, viel mehr jedenfalls, als das in der Reichspresse üblich war«.[116]

»Die Verödung der Zeitungen, auch der *Frankfurter Zeitung*, innerhalb eines Jahres war erschreckend. Man brauchte nur eine beliebige Ausgabe aus dem Jahr 1922 zur Hand zu nehmen, um zu sehen, wie lebhaft und intelligent Nachrichten und Artikel vor der Reglementierung gewesen waren. Die vielen offiziellen Mitteilungen, mit denen das Blatt nun vollgestopft war, wirkten ermüdend; sie erforderten vom Leser eine besondere Anstrengung, ein mühsames Aufsuchen der aufschlußreichen Stellen (...). Die Redaktion konnte ihnen allenfalls mit listigen Hinweisen behilflich sein. (...) Wo zuviel reglementiert, kontrolliert oder gesteuert wird, entsteht ein schwarzer Markt. In diesem Fall war es der Markt der Gerüchte.«[117]

Aus einer Meinungsbildung, wie es die demokratische Presse ermöglichte, wurde eine erzwungene, dem Regime entsprechende Willensbildung. Die Folgen waren für die deutsche Presselandschaft verheerend. Viele Blätter wurden gezwungen, ihr Erscheinen einzustellen. Nimmt man der Presse ihre Mannigfaltigkeit, droht sie – auch bei großen Zeitungen – zu provinzialisieren. Die Divergenz zwischen öffentlicher, gemachter Meinung und der heimlichen breiten Kreise wurde stärker. Und vor allem ging ungewollt eine neue Kunst des Lesens damit einher: Eine Rückübersetzung in eine andere als die vorherrschende Begriffswelt bildete sich aus. Der unpolitische Teil der Zeitungen wurde sehr viel wichtiger, und dies, obwohl es nach dem Willen des Regimes kein unpolitisches Leben mehr gab.

Der Schriftleiter, dessen Verantwortung diesem System gegenüber mit Prägnanz betont und umrissen war, musste seine Vorsicht erhöhen. Bei auffälliger Nichteinhaltung wurde er aus der Berufsorganisation entfernt und durfte kaum auf eine neue Anstellung hoffen.

Das Schriftleitergesetz schuf eine katastrophale und desolate Abgrenzung des Verlegers[118] auf dem Feld der Publizistik. Das Reichspropagandaministerium hatte mit dem Verein Deutscher Zeitschriftenverleger, dem Reichspressechef, Hans Dietrich, und auch dem Leiter der Reichspressekammer, Max Amann, eine Kontrolle über Verleger und Journalisten als auch über den Veröffentlichungsbereich.

Ein Verleger durfte nicht mehr Mitglied der Redaktion sein. Sogar eine Beeinflussung des Schriftleiters seitens des Verlegers wurde als schweres Vergehen erachtet, das mit Geldbußen und Gefängnis geahndet werden konnte. Der Schriftleiter wurde zu einer Art Staatsoffizieller, der nicht mehr vom Verleger entlassen werden durfte, ohne die Berufsvereinigung zu Rate gezogen zu haben. Somit war er dem Hitlerstaat unterstellt und verpflichtet, nicht aber dem Verleger. Autorität und Einfluss des Herausgebers waren stark untergraben, und der Zeitungsverleger wurde vom Rittmeister zum Zahlmeister degradiert. Eine Art Dirigierung oder Führung, sogar Vorschläge an die Schriftleiter zu machen, war nicht nur unerwünscht, sondern schlichtweg verboten: »Dem Verleger muß aber die Möglichkeit gegeben werden, die Eigenart und die Überlieferung seiner Zeitung sowie den Charakter seines Leserkreises durch entsprechende Abmachungen mit seinen Schriftleitern zu berücksichtigen.«[119] Ihm blieb lediglich der gute Name, das Prestige seiner Zeitschrift und die Bereitstellung seiner ökonomischen Mittel sowie der vorhandenen

Infrastrukturen, in diesem Fall technisches Equipment und Geschäftsorganisation.

So hieß es in Paragraf 43: »Einem Verleger, der (...) rechtskräftig verurteilt ist, kann der Gewerbebetrieb durch die nach Landesrecht zuständige Verwaltungsbehörde untersagt werden.«[120] Nicht genehmen Journalisten wiederum wurde ihre Streichung von der Liste der Schriftleiter am Neujahrstag 1934 per offener Postkarte mitgeteilt.

Als ein weiterer Beleg sei hier auch ein Rundbrief ohne Datum des damaligen Hauptschriftleiters der *Kölnischen Zeitung*, Dr. Jacobs (Dr.J/Bo), zur Unterrichtung seiner Mitarbeiter bezüglich des Verfassens von Kunstbetrachtungen genannt.[121] In diesem Schreiben heißt es:

»Nach einer Anordnung des Leiters des RDP müssen alle Schriftleiter, die Kunstbetrachtungen schreiben, in eine besondere Liste als Kunstschriftleiter eingetragen werden. Die Zeit dafür lief am 1. Juli ab. Wer von den Herren Schriftleitern noch keinen Bescheid bekommen hat, kann einstweilen weiter arbeiten.

Kunstschriftleiter können nur solche Schriftsteller werden, die schon Schriftsteller sind, oder die Kunstbetrachtung als Hauptberuf haben. Nach einer neuen Anordnung müssen auch die gelegentlichen Mitarbeiter der Presse auf den Gebieten der Kunstbetrachtung eingetragen werden, was eine Anmeldungsgebühr von 5 RM erfordert. Die Anmeldung geschieht durch den Hauptschriftleiter der betreffenden Zeitung. Der gelegentliche Mitarbeiter bekommt dann einen Fragebogen, worin er seine arische Abstammung nachzuweisen hat. Nach dem 1. Juli darf kein Schriftleiter eine Kunstbetrachtung eines unangemeldeten Schriftstellers annehmen. Gez. Dr. Jacobs«

In einer hinzukommenden amtlichen Bekanntmachung der Reichspressekammer vom 24. April 1935 – der DNB lieferte die Auslegungen hierzu einen Tag darauf – wurden weitere Einschränkungen für Verleger festgehalten. Der Artikel II dieser Verordnung formulierte die künftigen Bedingungen, um als Zeitungsverleger tätig zu werden; dazu zählten das Handeln als öffentlich-rechtliche Körperschaft, als juristische Person, aber auch natürliche Person, wenn sie nicht für sich und den Partner einen »Nachweis der arischen Abstammung bis zum Jahre 1800 erbringen«.[122] Einzig die NSDAP, nicht aber die ihr angeschlossenen Verbände, waren von diesen Regeln ausgenommen.

Der zweite, vom Umfang her sehr geringe Teil der Bekanntmachung betraf die Einmischung in die lokalen Verteilungsverhältnisse. Er stellte eine weitere Gefahr für noch bestehende Verlage dar, da die Entscheidung nahezu willkürlich beziehungsweise nach Parteimaßstab getroffen werden konnte. Die Reichspressekammer behielt sich vor, Verlage »zur Herbeiführung gesunder wirtschaftlicher Verhältnisse« in größeren Orten zu schließen, wenn Betriebe auf den Absatz einer höheren Auflage angewiesen waren, als nach den örtlichen Verhältnissen und gesunden verlegerischen Grundsätzen zu vertreten wäre. Die Meldung hierüber war vom Reichsverband der deutschen Zeitungsverleger zu geben.[123]

Am 1. November 1933 war als »Reichsarbeitsgemeinschaft der deutschen Presse« die Reichspressekammer eingerichtet worden, die mit sechs fachlich getrennten weiteren Kammern die Reichskulturkammer ergab.[124] Die Verordnung zur Durchführung des Reichskulturkammergesetzes vom 3. November 1933 hatte laut Thomas Kirschmeier zur Folge, dass circa 1500 Verleger »wegen Nichterfüllung der neuen Anforderungen« ihre Verlagsrechte verloren.[125]

Das Schriftleitergesetz stellte einen massiven Eingriff in die Rechte von Verlegern und allen Redakteuren dar. Es war die Ermächtigung des Regimes, das Handeln im Verlags- und Schrifttumsbereich mithilfe der Reichskulturkammer zu bestimmen.

Insbesondere in der engen Verquickung der Reichspressekammer mit dem Propagandaministerium unter Max Amann und Joseph Goebbels waren kurz nach der Durchsetzung des Gesetzes kaum noch Möglichkeiten zur freien Berichterstattung gegeben.

Auf Seiten des Verlags M. DuMont Schauberg hatte man auf mehreren Ebenen und auf verschiedenartige Weise versucht, das neue Gesetz zu umgehen.

Die Verlagsleitung und die Angestellten des Verlags M. DuMont Schauberg gingen in sehr unterschiedlicher Weise mit den neuen Rahmenbedingungen um. In diversen Quellen, die unter anderem von Aufzeichnungen und Erinnerungen einzelner Journalisten und Mitarbeiter bis zu Briefwechseln von und mit Angehörigen der Verlagsleitung reichen, wird ein differenziertes, mitunter auch widersprüchliches Bild der Entwicklungen des Verlages von 1933 bis 1945 gezeichnet. Hierbei reicht die Spanne der Reaktionen von sofortiger Anpassung und Unterordnung über passiven Widerstand bis hin zum aktiven Kampf gegen das Regime als Mitglied einer Widerstandsbewegung.

Als wesentlich für die persönliche Einschätzung der Situation durch die Verlagsleitung haben sich die privaten Aufzeichnungen und Korrespondenzen von Kurt Neven DuMont erwiesen.

So machte er sich nach einem Besuch in Berlin bereits im Februar 1933 Gedanken über die zukünftige Gestaltung der Pressefreiheit unter der Herrschaft der Nationalsozialisten, auch wenn er die *Kölnische Zeitung* noch nicht in unmittelbarer Gefahr sah. Dennoch empfand er die Zukunft als ungewiss, und er erkannte die Nichtexistenz eines offenen Widerstands im »vom Schrecken gelähmten« Bürgertum. Er hatte wenig schmeichelhafte Worte für Menschen, die Hitler als »Retter« bezeichneten: »In dieser Woche war ich mit Mansfeld drei Tage in Berlin: Brüning, van Olberg [Name nicht eindeutig lesbar], Posse, von Winterfeld, Karlowitz [Name nicht eindeutig lesbar], Papen, Sölle/Selle [Name nicht eindeutig lesbar], Dingeldey, und Graefe. Ergebnis: Wir erleben eine Revolution. Die Zukunft ist vollkommen dunkel. Was macht der Faschismus aus der Presse? Verbote, Verbote jetzt schon Zug um Zug. Wird der Druck immer stärker, oder ist das nur der Wahlkampf? Die Nazis haben alle Machtpositionen in Preußen bezogen. Offener, organisierter Widerstand, der sich auf eine Macht stützt, gibt es nicht. Das Bürgertum ist von Schrecken gelähmt oder sieht in Hitler den Retter! Nur die allergrößten Kälber ...! Die *Kölnische Zeitung* erscheint mir noch nicht so sehr gefährdet, wenn sie keine Dummheiten macht + solange Hitler seine Regierungspartner noch nicht verdrängt hat. Wenn der will kann er es aber jeden Tag tun. Er ist dann – für wie lange – der Diktator Deutschlands!«[126]

Bedeutend bedrohlicher erschien dem Verleger die Lage des *Stadt-Anzeigers*, dessen Verbot nicht nur der nationalsozialistischen Presse Vorteile gebracht hätte, sondern den Verlag auch in seiner Existenz bedroht hätte. Kurt Neven DuMont schilderte an dieser Stelle auch eine Art innerer Zwickmühle zwischen einem politischen Seitenwechsel, um das Überleben der Zeitung zu sichern, und seiner Einschätzung der meisten Leser des Blattes, die er als Hitler-feindlich gesonnen einschätzte: »Gefährlicher ist die Lage des St. A.'s

1. wissen die Braunen das [sic!] wir wirtschaftlich durch dessen Verbot am härtesten getroffen werden
2. haben sie für ihre Zeitungen dann den größten Vorteil in Köln
3. brauchen sie nicht zu befürchten was das Ausland denkt (wenn sie darauf etwas geben sollten).

Die Sorgen verlassen mich keine Minute.

Dabei ist es auch nicht so leicht möglich, gerade beim St. A. auf die andere Seite zu gehen. Denn zweifellos sind die bei weitem meisten Leser des St. A. gegen Hitler eingestellt. Während diesen gerade der besonders geringe Erfolg seiner Bewegung in Köln dazu verleiten könnte, hier besondere Anstrengungen mit Hilfe der Presse zu machen. So ist der St. A. vollkommen eingekeilt zwischen seinen Lesern + den Nazis!«[127]

Schon im März 1933 setzte die NSDAP dem Verlag laut den Tagebucheinträgen Kurt Neven DuMonts stark zu. Er stellte sich bedrückt die Frage, ob ein Frieden mit ihnen überhaupt möglich sein würde:

»Es ist eine sorgenvolle Zeit, die schwerste in meinem Leben bisher. Das Schicksal der *Kölnischen Zeitung*, über das ich so oft in diesem Buch geschrieben habe, ist nun in eine Krise getreten, deren Verlauf nicht nur das Schicksal der Zeitung, sondern das der ganzen Firma + das von uns Teilhabern beeinflussen muß. – Die N.S.D.A.P. hat jetzt die Hand an unserer Gurgel. Welchen Frieden werden wir mit ihnen schließen können oder müssen? Diese Frage muß in den nächsten Wochen beantwortet werden.«[128]

Klar war ihm allerdings auch, dass unabhängig vom Ausgang der Verhandlungen die Selbstständigkeit des Verlags nicht mehr gegeben war und auch die Eigentümer der Firma persönlich betroffen sein würden:

»Unsere Selbstständigkeit ist vorbei. In einem faschistischen Staat hat ein Selbstständiger keinen Raum mehr. Jetzt geht der Kampf um die Größe des Einflußes der Firma beziehungsweise von uns Teilhabern. Ich bin darauf gefaßt, daß wir große Opfer werden bringen müssen, (...) tüchtig genug zu sein, um auch unter veränderten Umständen meinen Mann zu stellen, wenn man mir eine Chance gibt [sic!].«[129]

Kurt Neven DuMont sah als einzige Möglichkeit für ein Überleben des Verlags ein Arrangement mit den Machthabern: »Nach langen inneren Kämpfen bin ich zu der Überzeugung gekommen, daß wir mit den Nazis ein Übereinkommen anstreben müssen, solange es noch Zeit dazu ist. Damit ist es zu Ende mit der Selbstständigkeit von MDS – sei's drum!«

1933 trat Kurt Neven DuMont nach eigener Aussage in der irrigen Annahme, den Nationalsozialisten dort besser entgegentreten zu können, in den »Stahlhelm«, den Bund der Frontsoldaten, ein, den man als bewaffnete Abteilung der Deutschnationalen Volkspartei betrachtete. Nach der Machtübernahme durch die Nationalsozialisten wurde der »Stahlhelm« 1934 gleichgeschaltet als »Nationalsozialistischer Deutscher Frontkämpferbund« und in die SA eingegliedert. 1935 wurde er als eigenständiger

Verband aufgelöst. Neven DuMont verließ diesen Verband am 30. Juni 1934. In seiner Entnazifizierungsakte ist als exaktes Datum der 1. August 1934 genannt. »Ich war damals in den Stahlhelm eingetreten, obwohl ich mit dessen Bestrebungen niemals sympathisiert hatte, da ich glaubte, als Stahlhelm-Mitglied könnte ich den Widerstand gegen die NSDAP von einer festeren Basis führen. Tatsächlich ist der Stahlhelm dann aber zur vollkommenen Bedeutungslosigkeit verurteilt worden; im April 1934 wurde er aufgelöst. Bei dieser Auflösung wurde ich in die SA übernommen, aus der ich bei der nächstmöglichen Gelegenheit, nämlich nach dem 30. Juni 1934 austrat.«[130]

Die *Kölnische Zeitung* hatte am 23. September 1933 »wichtige Gesetze auf kulturellem und wirtschaftspolitischem Gebiet«[131] publiziert, die verdeutlichten, dass alle Medien dem nationalsozialistischen Gedankengut unterzuordnen waren:

»Das Reichskabinett verabschiedete in seiner Sitzung am Freitag das vom Reichsminister für Volksaufklärung und Propaganda vorgelegte **Reichskulturkammergesetz**.

Der Wortlaut

§ 1

Der Reichsminister für Volksaufklärung und Propaganda wird ermächtigt, die Angehörigen der Tätigkeitszweige, die seinen Aufgabenkreis betreffen, in **Körperschaften des öffentlichen Rechts** zusammenzufassen.

§ 2

Gemäß Paragraph 1 werden errichtet:
eine Reichsschrifttumskammer
eine Reichspressekammer
eine Reichsrundfunkkammer
eine Reichstheaterkammer
eine Reichsmusikkammer
eine Reichskammer der bildenden Künste«

(...) »Durch die Gründung des Reichsministeriums für Volksaufklärung und Propaganda hat das Reich seinen Willen zum Ausdruck gebracht, die Aufgaben der **geistigen Führung der Nation** in seine Hand zu nehmen. In der Hand des Leiters dieses Ministeriums sind alle Aufgaben der geistigen Einwirkung und die Überwachung aller Mittel zu ihr zusammengefaßt. Zu diesem Geschäftskreis gehört jede **Art der geistigen Einwirkung**. Im

Mittelpunkt der geistigen Arbeit steht die Arbeit an der Wesensgestaltung selbst, d. h. der Kultur. Die Aufgabe des nationalsozialistischen Staates ist es, innerhalb der Kultur schädliche Kräfte zu bekämpfen und wertvolle zu fördern.«[132]

Die Mitteilungen in der *Kölnischen Zeitung* waren hauptsächlich Veröffentlichungen von neuen Gesetzestexten, Zusammenfassungen, Erklärungen von Beschlüssen und inhaltlich schmale Berichterstattungen, ohne dazu direkt und ausführlich die Zeitungsmeinung wiederzugeben. Es begann eine neue vorgegebene Art der Kommentierung; nämlich die im Sinne des nationalsozialistischen Staates. Beim Leser wurde somit der Eindruck erweckt, das überregionale Kölner Blatt befürworte die neue Struktur.

Zwei Wochen später, als das neue Schriftleitergesetz verabschiedet wurde, berichtete sie im gleichen Stile: »**Das Reichskabinett verabschiedete in seiner heutigen Sitzung das vom Reichsministerium für Volksaufklärung und Propaganda vorgelegte Schriftleitergesetz. Durch dieses Gesetz wird der Schriftleiterberuf zu einem Träger öffentlicher Aufgaben gemacht. Das Gesetz enthält Vorschriften über die Zulassung zum Schriftleiterberuf, über seinen Schutz in verbandsrechtlicher und strafrechtlicher Beziehung und regelt die Überleitung in den neuen Rechtszustand. Der Reichsverband der Deutschen Presse erhält die Eigenschaft einer Körperschaft des Öffentlichen Rechts, die alle Schriftleiter umfaßt. Das Gesetz sieht u. a. auch die Schaffung von Berufsgerichten vor, denen die Aufgabe des Rechtsschutzes und die Überwachung der Schriftleiter übertragen wird.**«[133]

»Das neue Schriftleitergesetz, das gestern verkündet wurde, und dessen Inkrafttreten sicherlich bald zu erwarten ist, löst die vor 60 Jahren geschaffene, längst überholte Regelung mitsamt dem Flickwerk unzähliger Notverordnungen ab und gibt den Beziehungen zwischen Staat und Presse eine zeitgemäße Norm. Das Wesensmerkmal des neuen Gesetzes, über dessen Einzelheiten noch zu sprechen sein wird, ist die ausdrückliche Erklärung des Schriftleiters zu einem Träger öffentlicher Aufgaben, dem entsprechende Sicherung zur freien Ausübung seines Berufs (Schutz gegen Nötigung, Bestechung usw.) gewährt werden. Diese Herausnahme des Schriftleiters aus dem Bereich privater Interessen bedeutet erfreulicherweise das Ende jener übeln, nur von Geschäftsrücksichten geleiteten Winkelblätter. Es bedeutet aber auch, daß nicht jeder beliebige den verantwortungsvollen

Beruf des Schriftleiters mehr ausüben darf; das Gesetz schreibt gewisse Bedingungen für die Zulassung vor. Dazu gehören auch die Merkmale, die für das Berufsbeamtentum gelten (arische Abstammung) (...).

Der Schriftleiter aber, der die Zulassungsbedingungen erfüllt und dem der Staat Unabhängigkeit in seiner geistigen Arbeit gewährt, ist an bestimmte Richtlinien gebunden. Er hat die Pflicht, Wahrhaftigkeit, gemeinnütziges Verhalten, sittlichen Anstand und nationale Disziplin zu wahren (...) Die Wahrnehmung der materiellen Belange, der Ausgleich zwischen Arbeitgeber und Arbeitnehmer und alle damit zusammenhängenden wirtschaftlichen Dinge sind der neuen Reichspressekammer vorbehalten (...) Es gibt dem Staat die Gewähr, daß die Zeitung eine tüchtige Waffe im nationalen Lebenskampf ist, aber indem es den berufsständischen Instanzen weitgehend selbst die Befugnis überträgt, über die Reinheit zu wachen, und indem es jede Uniformierung vermeidet, beweist es ein Vertrauen, das die deutschen Schriftleiter dem Schöpfer des Gesetzes, Dr. Goebbels, zu danken wissen.«[134]

Einen Tag später ließ die *Kölnische Zeitung* das neue Pressegesetz von dem ehemaligen Chefredakteur Ernst Posse, der im Kaiserreich und den Anfängen der Weimarer Republik bis 1923 Chefredakteur war und sich während dieser Zeit immer für die freie Meinungsäußerung eingesetzt sowie nie einen Hehl aus seiner monarchistischen Einstellung gemacht hatte, kommentieren. Mit einer »neuen Art zu schreiben« scheint dieser Kommentar auf den »ersten Blick« im Einvernehmen mit der »neuen Presse im neuen Staat« zu stehen. Liest man jedoch genauer, lassen sich einige kritische Töne zwischen den Zeilen erkennen. Aus der Ankündigung Posses als Anker des Artikels spricht ein gewisser Hohn, den nur derjenige versteht, der seine Arbeit als Chefredakteur kennt.

»... können wir keinem Berufeneren das Wort erteilen als dem frühern langjährigen Chefredakteur der *Kölnischen Zeitung*, der als erster die Forderung vertreten hat, daß die Zeitung öffentlichen Interessen zu dienen habe, und der das Wort von der Zeitung als einer ›öffentlichen Magistratur‹ nicht nur geprägt, sondern auch in der *Kölnischen Zeitung* verwirklicht und für alle Zeiten als obersten Leitsatz verankert hat.«[135]

Auszüge aus dem Text von Posse kennzeichnen sehr deutlich die »neue Art zu schreiben«.

»Die Zeitung ist ihrem Wesen nach ein privatwirtschaftliches Erwerbsunternehmen, das mit den Angelegenheiten des öffentlichen Lebens Geschäft macht. Eigentlich doch Anlaß genug für den Staat, sich darum zu kümmern, daß nicht Privatleute die Presse zur Milchkuh machen, auf Kosten des gemeinsamen Wohls sich die Taschen füllen. Daß es das Wesen der Zeitung ausmacht, **öffentliche Interessen** – und nur öffentliche, keinerlei private Interessen – wahrzunehmen, ist eine Tatsache, die heute niemand mehr leugnet, wenn auch der Oberste Gerichtshof des Reiches ihr das Recht dazu immer noch aberkennt (…) Diese Haltung des Reichsgerichts beruht auf der dem Pressegesetz von 1874 zugrunde liegenden Auffassung, daß die Freiheit der Meinungsäußerung ein Individualgrundrecht des Staatsbürgers sei. Bei solcher Grundrichtung war dieses Preßgesetz untauglich für die Aufgabe, dem Staat als Waffe zu dienen, um zu verhüten, daß das öffentliche Wesen der Presse zu privaten Zwecken mißbraucht wird. Im Gegenteil: fußend auf einer ideologischen, in der Praxis versagenden Anschauung über Preßfreiheit sollte das Gesetz vielmehr die Presse vor beschränkenden Zugriffen des Staates schützen. (…)

Das neue Schriftleitergesetz ist im Grunde und in der Hauptsache **die bis zur letzten praktischen Konsequenz und Wirksamkeit durchgeführte Anschauung vom öffentlichen Wesen der Presse**, die schon bisher im Zeitungsgewerbe, wenn auch nur platonische, Geltung hatte. Die Urheber des Gesetzes zeigen sich als Meister der Kunst, die Tatsächlichkeiten des öffentlichen Lebens mit den durch eine ganz neue Staatsauffassung bedingten Notwendigkeiten in Einklang zu bringen. (…)

Und doch **verändert** das vom Schriftleiter geforderte Bekenntnis zum autoritären Staat (…) **das Wesen der Presse von Grund auf**. Es hebt die Preßfreiheit im alten verfassungsrechtlichen Sinn, wenn auch nicht formell, so doch tatsächlich auf oder schränkt sie ein in die Grenzen, die dem Schriftleiter durch sein nunmehr öffentlich-rechtliches Verhältnis zum Staat gezogen sind. Auch früher schon fand die Preßfreiheit ihre Grenze da, wo dem Bestand des Staates Gefahr zu erwachsen drohte. Unter der parlamentarischen Demokratie schränkten Notverordnungen sie ein, und das Republikschutzgesetz ermächtigte zu behördlichem Einschreiten, wenn die republikanische Staatsform herabgesetzt oder beschimpft wurde. Noch mehr ist der autoritäre Staat auf solchen Selbstschutz bedacht, und das Schriftleitergesetz umgibt ihn mit der stärksten Sicherung, die denkbar ist, **indem es den Schriftleiter selbst zum berufsmäßigen Schützer der Staatsidee macht**. Man braucht dem Begriff **Preßfreiheit** (…) keine Träne nachzuweinen. Obwohl dieser Schemen seit 1798 den demokratischen Revolutionen als Trommelschläger vorangeschritten, ist er nichts als eine

Form ohne Gehalt, die beim geringsten Anstoß logischer Kritik in sich zerfällt. Diese Art Preßfreiheit beruht auf dem in allen demokratischen Verfassungen wiederkehrenden Individualgrundrecht, daß jeder Staatsbürger berechtigt sei, seine Meinung durch Druck frei zu äußern. Das ist ein sehr großzügig und großmütig gespendetes Recht, aber leider sind mindestens 99 v. H. aller Staatsbürger nicht in der Lage, von ihm Gebrauch zu machen, weil sie keine Möglichkeit haben, ihre Meinung durch die Zeitung zur Geltung zu bringen und weil ihnen die Geldmittel fehlen, das was sie meinen und wollen, auf eigne Kosten drucken und verbreiten zu lassen. Es ist ein schöner Wahn, daß alle vor dem Gesetz gleich seien. (...)

Die unbedingte Verpflichtung des Schriftleiters auf den autoritären Staat schränkt zweifellos das Feld der von ihm geforderten geistigen Betätigung erheblich ein, so daß die Gefahr einer Uniformierung und Nivellierung im Zeitungswesen entsteht, die dem nur in der konkurrierenden **Mannigfaltigkeit** gedeihenden Geistesleben der Nation abträglich wäre. (...)

Zu solcher Berufsauffassung und -betätigung gehört, entsprechend den ungewöhnlichen Zeitläufen, in denen wir leben, beim Schriftleiter wie beim Staatsführer ein ungewöhnliches Maß **von politischem Takt und staatsbürgerlichem Mut**; beim Schriftleiter, weil es ihm Berufspflicht ist, seiner Überzeugung in einer Form Ausdruck zu geben, die den Verdacht einer persönlich verletzenden Absicht ausschließt; beim autoritären, mit starker Amtsgewalt ausgestatteten Staatsführer, weil er sich überwinden muß, von der seinigen abweichende Meinungen zu dulden und aus ihnen den für das Staatswohl größtmöglichen Nutzen zu ziehen. Eine solche **gegenseitige Duldung und Achtung** ist möglich und muß möglich sein, solange alle Beteiligten mit beharrlichem Eifer, mit entschlossenem Willen und unerschütterlicher Treue dem gemeinsamen Ideal eines starken nationalen Staats zu dienen bemüht sind. (...)

Was der Schriftleiter im stillen Kämmerlein zu Papier bringt, ist sicherlich nicht **die** öffentliche Meinung, aber es ist dazu bestimmt und je nach seiner überzeugenden Kraft auch dazu geeignet, im Wettbewerb mit andern Meinungen eine öffentliche Meinung zu werden. Diese verschiedenen in der Presse verkörperten öffentlichen Meinungen ihrem Werte nach gegeneinander abzuwägen und das dem Gemeinwohl förderliche aus ihnen abzulesen, ist die Aufgabe des Staatsmannes. (...)

Wenn Staatsleiter und Schriftleiter ihre staatsbürgerliche Aufgabe in diesem Sinne erfassen und üben, wird auch die Preßfreiheit wieder auferstehen, nicht als der leere Schemen des demokratischen Staats, der Unmögliches als wirklich vortäuschte, sondern als die staatliche eingesetzte öffentliche Verkehrsform und das **Bindemittel zwischen Regierung und Regierten**, als die neue Geschäftsordnung, in deren Rahmen fortan die Angelegenheiten des öffentlichen Lebens diskutiert werden mit dem **alleinigen Zweck und Ziel, den deutschen Staat wieder mächtig und stark zu machen**.«[136]

Mit diesem Kommentar leitete Posse das »Schreiben zwischen den Zeilen« bei der *Kölnischen Zeitung* ein.

Die *Vossische Zeitung* berichtete mit verstärkter Kritik, nachdem die Zeitung die Meldung am 5. Oktober über das neue Gesetz lapidar wiedergegeben hatte.[137] Selbst die Zeilen der Befürwortung klingen zynisch.

In der Abend-Ausgabe des gleichen Tages lautete die Schlagzeile: »Grenzen der Pressefreiheit – Minister Goebbels über das Schriftleitergesetz«. Der Artikel begann mit einem kurzen Vorspann: »Reichsminister Dr. Goebbels hat gestern vor Vertretern der deutschen Presse über die Ziele des neuen Schriftleitergesetzes gesprochen. Er ging davon aus, daß der Begriff der Meinungsfreiheit heute nicht nur in Deutschland, sondern in der ganzen Welt in seiner Überschätzung ins Wanken geraten sei.« Nachkommend wurde die ganze Rede wörtlich wiedergegeben. In einer bemerkenswerten Passage hieß es: »Wenn heute in Journalistenkreisen Klage darüber geführt wird, daß das Bild der deutschen Presse zu uniform geworden sei, so muß ich dem gegenüber halten, daß das nicht im Willen der Regierung gewesen ist. Ich kann doch nichts dafür, wenn Zeitungen, die früher gegen die nationalsozialistische Bewegung Sturm gelaufen sind, heute päpstlicher sein wollen als der Papst. Wir zwingen sie doch nicht zur Charakterlosigkeit. Wir verlangen doch nicht, daß sie Hurra schreien, wenn ihnen nicht zum Hurraschreien zumute ist.« Goebbels spottete über die deutsche Journaille – und die druckte den Spott brav ab!

Auch der dazu abgedruckte Kommentar befasste sich mit dem Schriftleitergesetz. Zunächst zitierte man zwei Vorschriften des Gesetzes: »Die Mitwirkung an der Gestaltung des geistigen Inhalts einer Zeitung ist eine in ihren beruflichen Pflichten und Rechten (!) vom Staat geregelte öffentliche Aufgabe. (…) Schriftleiter haben die Aufgabe, die Gegenstände, die sie behandeln, wahrhaft darzustellen und nach ihrem besten Gewissen zu beurteilen.« Die Interpretation selbst begann eher nachrichtlich: »Nach sorgfältigen Vorbereitungen ist jetzt das Schriftleitergesetz – ureigenstes Werk des Reichsministers Dr. Goebbels – verkündet worden.« Anschließend wurden einzelne Aspekte des Gesetzes analysiert: »Zeitungen zu schreiben, ist danach eine öffentliche Aufgabe. (...) Mit der Verantwortung des Redakteurs wird seine soziale Stellung gehoben und es ist zu hoffen, daß auf Grund all dieser Maßnahmen die letzten Schmockfiguren aus dem journalistischen Beruf verschwinden (...) Hinter dem Gesetz steht die große Frage: Freiheit und Bindung, die seit Jahrhunderten die Kernfrage der Politik darstellt. Vor der nationalsozialistischen Revolution war es in Deutschland so, daß im wesentlichen jeder schreiben konnte, was er wollte. Von diesem Recht wurde ganz verschieden Gebrauch gemacht. Es gab schon damals Menschen in Zeitungen und Verlagen, die voll und ganz von den Grundsätzen, wie sie im neuen Gesetz zum Ausdruck kommen, erfüllt waren. Es gab auf der anderen Seite Menschen, die das Recht der freien Meinungsäußerung dazu ausnutzten, Papier mit Gift und Galle zu bedrucken oder, ohne einen Schimmer von ihrer Verantwortung zu spüren, das Machtinstrument der Druckschrift aus geschäftlichen Interessen mißbrauchten. Künftig ist es grundsätzlich mit dieser Art von Pressefreiheit vorbei.« Beachtenswert sind auch zwei Sätze aus dem letzten Abschnitt: »Was das Leben aus Gesetzen, und was es aus diesem Schriftleitergesetz macht, das kann niemand von vornherein wissen. Es hängt (...) von den Menschen ab, die im Rahmen der Gesetze wirken. (...) Wir glauben nicht ohne Grund zuversichtlich, daß das neue Gesetz, welches von übel wollenden Kritikern wahrscheinlich als ein Gesetz der Pressefreiheit ausgelegt werden wird, sich in Wahrheit als ein Gesetz der Pressefreiheit im besten Sinne des Wortes auswirkt.«[138]

Für die *Vossische Zeitung* konnte das neue Recht der Presse »nicht mehr Freiheitsgarantie und nicht mehr Polizeirecht sein, sondern es ist Organisationsrecht«.[139]

Das war wohl zuviel »versteckte Kritik«, ja, fast offener Hohn. Im Frühjahr 1934 waren die letzten Tage der »Tante Voss« gekommen, die von allen Produkten des Hauses Ullstein am meisten unter den nationalsozialistischen Eingriffen litt. Am 24. März 1934 teilte der Verlag in einer »An die Leser der Vossischen Zeitung« überschriebenen Notiz auf der Titelseite des Blattes mit: »Die Aufgabe eines Blattes vom Stil der Vossischen Zeitung ist nach unserer Ansicht beendet. So haben wir denn aus freien Stücken den schmerzlichen aber folgerichtigen Entschluß gefaßt, die Vossische Zeitung (...) aufzugeben.«[140]

Die *Frankfurter Zeitung* hielt sich seit April 1933 mit Meinungsäußerungen auffallend zurück. Mit der »Neuordnung der deutschen Presse« beschäftigte sich auch die *Frankfurter Zeitung* im Herbst 1933 des öfteren. So gab sie auch am 6. Oktober die Rede von Goebbels wieder, in der dieser das Schriftleitergesetz kommentierte: »Reichsminister Dr. Goebbels führte u. a. aus: ›Die Reichsregierung hat das neue Schriftleitergesetz beschlossen, und ich glaube, wir stehen damit an einem entscheidenden Wendepunkt der Entwicklung der öffentlichen Meinung überhaupt.‹« Auch sie zitierte die gleiche Goebbelssche Journaille-Kritik: »Es ist das souveräne Recht des Staates, die öffentliche Meinung in ihrer Gestaltung zu überwachen. Wenn heute in Journalistenkreisen Klage darüber geführt wird, daß das Bild der deutschen Presse zu uniform sei, so muß ich dem gegenüber halten, daß das nicht der Wille der Regierung gewesen ist. Ich kann doch nichts dafür, wenn Zeitungen, die früher gegen die nationalsozialistische Bewegung Sturm gelaufen sind, heute päpstlicher sein wollen als der Papst. (Beifall) Wir zwingen sie doch nicht zur Charakterlosigkeit. Wir verlangen, dass sie nichts gegen den Staat unternehmen.«[141]

Am folgenden Tag war das Schriftleitergesetz dann Gegenstand eines Leitartikels. »Das neue Schriftleitergesetz, das unter dem 4. Oktober verkündet wurde, bedeutete einen grundsätzlichen Wandel in der Auffassung über das Wesen, die Rechte und die Pflichten der Presse, und zwar geistig gesehen doch stärker als formell (...) Das neue Gesetz macht die Presse, wenigstens für das wichtige Teilgebiet der politischen Zeitungen und Zeitschriften (...) zu einem Träger öffentlicher Aufgaben. (...) Die Auffassung, daß die Zeitung etwa eine reine Privatangelegenheit sei, wurde gerade von den gewissenhaftesten Vertretern des Berufsstandes nicht mehr vertreten. Ihnen war sehr klar, daß die Zeitung nicht etwa gleich zu setzen sei der Meinung irgendeines beliebigen Mannes, daß sie ein Machtfaktor des öffentlichen Lebens geworden war. Es entstanden die ungeschriebenen Gesetze der Verantwortung für Wahrheit und Gewissenhaftigkeit. Typisch, daß die Redaktionen, die solche Traditionen aufbauten und bewahrten, gleichzeitig auch die jetzt allgemein dekretierte Unabhängigkeit gegenüber dem Verleger sich erwarben. Freilich schien der Kreis derer, die sich in der Freiheit selbst beschränkten, enger und enger zu werden (...) In mancher Hinsicht wird die Stellung des Schriftleiters gegenüber der des bisherigen Redakteurs verbessert und gehoben. Das geschieht zwar schon allein dadurch, daß er zwar nicht Beamteneigenschaft, wohl aber jene öffentlich-rechtliche Stellung erhält, wie das beim Rechtsanwalt oder Arzt der Fall ist, nur in noch ausgeprägterem Maße. Hinzu kommen Bestimmungen über erhöhte Unabhängigkeit gegenüber dem Verleger, über einen in der politisch-geistigen Sphäre liegenden Kündigungsschutz, Vorschriften gegen Pressenötigung und Pressebestechung, die noch durch Strafparagraphen besonders gesichert sind. Die Tatsache der Verkündigung solcher Prinzipien durch Gesetze wird sicherlich keine geringe Wirkung haben (...) Niemand hat deutlicher und schärfer als Herr Dr. Goebbels betont, daß Zeitungen mehr sein sollten als ein bloßes Propaganda-Instrument der Regierung; niemand hat verächtlicher als er von jenem gesprochen, der sich in öden Lobeshymnen wohler und sicherer fühle als in einer aufrechten und charaktervollen Haltung.«[142]

Dass die Presse nicht bloßes Propaganda-Instrument sein solle, glaubte zu diesem Zeitpunkt keiner mehr. Zur Kritik hatte höchstens die nationalsozialistische Presse ein Recht, die natürlich von Goebbels gesteuert war. Die übrige Presse müsse sich noch bewähren, so lautete die Parole auf einer Reichspressetagung vom Mai 1934.[143]

Spätestens mit dem Schriftleitergesetz war auch die *Frankfurter Zeitung* gleichgeschaltet. Und so verdeutlichte auch die Berichterstattung über den sogenannten »Röhm-Putsch«, welch verschwindend kleinen Spielraum die deutschen Journalisten im Jahre 1934 noch hatten, denn überwiegend druckten die Zeitungen, auch die *Frankfurter Zeitung,* nur noch die Meldungen des Deutschen Nachrichtenbüros (DNB) ab. So wurden am 1. Juli ausschließlich DNB-Meldungen wiedergegeben. »Befehl des Obersten SA-Führers«, »Schleicher bei der Verhaftung erschossen«, »Stabschef Röhm seiner Stellung enthoben«, »Eine Erklärung der Reichspressestelle der NSDAP«, das waren die Überschriften der Titelseite; alle Nachrichten stammten aus dem DNB.[144]

Am 3. Juli, als die *Frankfurter Zeitung* melden konnte: »Die Säuberungsaktion abgeschlossen«, schrieb Rudolf Kircher über die »Aktion Hitlers« aus Berlin: »Die Vorgänge dieser Tage sind beispiellos. Der Reichskanzler und Führer der NSDAP hat persönlich eine Aktion eröffnet, die binnen 24 Stunden ein Strafgericht von denkbar größter Strenge verhängt und beendet hat. ›Die Säuberungsaktion fand gestern Abend ihren Abschluß. Weitere Aktionen in dieser Hinsicht finden nicht mehr statt.‹ Dies steht in einer amtlichen Mitteilung, die in der letzten Nacht ausgegeben wurde. Die Aktion war in aller Stille geplant und durchgeführt worden. Herr Hitler hat den Teil, der den größten Einsatz an Autorität erforderte, die Verhaftung Röhms und seiner Umgebung, auf eine sehr eindrucksvolle Weise persönlich vorgenommen.« Nachdem Kircher die »eiserne Disziplin und die Ruhe des Volkes und vor allem der SA« gelobt hatte, kommentierte er zusammenfassend: »Das ist die lichte Seite des überaus düsteren Kapitels, das nun zum Abschluß gekommen ist. Der Kanzler hat sich in einem für ihn überaus schmerzlichen schwierigen Augenblick über alle Bedenken hinweg, die ihn bisher ehemaligen Freunden gegenüber zur Nachsicht bestimmten, zu einer Energie entschlossen, die nicht nur von ihm, sondern in weiten Kreisen als moralische Notwendigkeit empfunden wird. Das Verfahren konnte sich dabei nicht anders als in den Bahnen der revolutionären Eigengesetzlichkeit des Nationalsozialismus bewegen. Das Volk von der Herrschaft Minderwertiger zu befreien, ist ein Preis, der einen hohen Einsatz wert ist.«[145] Konsequenterweise druckte die *Frankfurter Zeitung* auch das Telegramm ab, in dem Hindenburg dem Reichskanzler für sein »entschlossenes Zugreifen« dankte. Am 1. Juni 1934 teilte die Zeitung ihren Lesern mit, dass die Mitglieder der Gründerfamilie Sonnemann-Simon aus »Besitz und Leitung des Unternehmens« ausgeschieden waren: »Im Sinne des Schriftleitergesetzes und entsprechend der Tradition der *Frankfurter Zeitung* liegt die redaktionelle Führung des Blattes wie bisher allein in den Händen der Schriftleitung.« In einem kommentierenden Beitrag bedankte sich die Redaktion öffentlich bei der Verlegerfamilie. Zum Schluss hieß es: »Es ist der Kern des Vermächtnisses, das Sonnemann der Zeitung hinterließ: Geistige Gemeinschaft und redaktionelle Unabhängigkeit gegen jeden egoistischen Einfluß. Heinrich Simon [der Enkel Sonnemanns, Anm. des Verf.] hat dieses Vermächtnis getreulich verwaltet, es bleibt uns auch künftig gesichert: Auch unter den neuen Besitzverhältnissen kann und wird es nur eine einzige Schranke unserer redaktionellen Unabhängigkeit geben, nämlich diejenige, die sich für die gesamte Presse aus dem Schriftleitergesetz ergibt.«[146]

Die Freiheit der Presse war beendet. Von nun ab diktierte der Reichsminister für Volksaufklärung und Propaganda die Inhalte der Zeitungen. Es gab für die Verleger nur drei Möglichkeiten: die Zeitung einzustellen, aus dem Verlag auszuscheiden oder sich anzupassen und zu hoffen, dass der Albtraum schnell vorübergehe. Die *Vossische Zeitung* gab auf, und die jüdische Verlegerfamilie der *Frankfurter Zeitung* schied aus. Nur die Verlagsinhaber der *Kölnischen Zeitung* blieben und kämpften um die Existenz der Zeitung gegen einen starken nationalsozialistischen Gegner, den *Westdeutschen Beobachter*. Die *Kölnische Zeitung* verlor endgültig den Einfluss auf die redaktionelle Gestaltung und passte sich wie gewünscht dem nationalsozialistischen System an.

5.4 Die Hetzkampagne des *Westdeutschen Beobachters* gegen die *Kölnische Zeitung*

Die *Kölnische Zeitung* galt bei den Nationalsozialisten als bürgerliches Blatt, das zwischen liberalem und konservativ-nationalem Ideengut seine Positionierung suchte. Natürlich kannte Joseph Goebbels und Gauleiter Josef Grohé die Einstellung der *Kölnischen Zeitung*. Die NSDAP verfolgte deshalb eine klare Strategie: die *Kölnische Zeitung* und den *Stadt-Anzeiger* finanziell zu ruinieren, um beide dann in ein nationalsozialistisches Blatt einzugliedern. Hier bot sich der *Westdeutsche Beobachter* geradezu an.

Der Verlag kämpfte im Sommer 1933 um das wirtschaftliche Überleben. Wie ernst die finanzielle Lage des Verlags zu diesem Zeitpunkt war, wird aus einem Schreiben von Kurt Neven DuMont an den Reichskanzler vom September 1933 besonders ersichtlich, in dem von der drohenden Einstellung der *Kölnischen Zeitung* und der daraus resultierenden Entlassung von großen Teilen der Belegschaft die Rede ist, falls sich die Situation in Köln für die Zeitungen nicht bessere:

»Der Verlag M. DuMont Schauberg steht vor der Tatsache, die *Kölnische Zeitung* einzustellen und damit den größten Teil der Belegschaft entlassen zu müssen, wenn die Zeitungsverhältnisse in Köln nicht umgehend bereinigt werden.«[147] Die Belegschaft umfasste zu Jahresbeginn etwa 2 900 Personen, einschließlich der Boten und Agenten.[148]

Einen knappen Monat nach DuMonts Brief an den Reichskanzler, am 25. Oktober 1933, wurde von Johann Schäfer (1893–1973) – zunächst Leiter des Handelsteils der *Kölnischen Zeitung* von 1927 bis Oktober 1933 und ab Oktober 1933 Chefredakteur derselben – die Fusionierung des *Stadt-Anzeigers* mit der *Kölnischen Zeitung* durchgeführt, um dessen Auflösung zu verhindern. Er stand dem neuen Gebilde auch als Chefredakteur vor.[149] Diese Maßnahme war bereits zwei Wochen früher in der *Kölnischen Zeitung* als Information für die Leser angekündigt worden, wo sie als betriebswirtschaftliche Maßnahme aufgrund von technischen Ursachen bezeichnet wurde:

»Demnächst wird der Verlag M. DuMont Schauberg die bei ihm erscheinenden Tageszeitungen *Kölnische Zeitung* und *Stadt-Anzeiger* für Köln und Umgebung in einem einheitlichen Format herausbringen. Es handelt sich dabei um eine betriebswirtschaftliche Maßnahme, die durch technische Gründe veranlaßt ist. Die *Kölnische Zeitung* wird ihren Charakter als führendes politisches und wirtschaftspolitisches Blatt unverändert beibehalten. Die Auslandsberichterstattung und der Handelsteil sollen in verstärktem Maß gepflegt werden. Der bisherige Leiter des Handelsteils der *Kölnischen Zeitung*, Herr Dr. Johann Schäfer, hat die Hauptschriftleitung übernommen. Das Lokalblatt des Verlags der *Kölnischen Zeitung*, der *Stadt-Anzeiger*, wird weitergeführt und inhaltlich erweitert.«[150]

Kurt Neven DuMont erläuterte in der Redaktionskonferenz vom 11. Oktober nochmals die Umstände, die zur Zusammenlegung der beiden Blätter geführt hatten: »Das September-Ergebnis liegt jetzt vor und ist infolge der jahreszeitlichen Konjunktur, die ja zum Herbst immer anzieht, etwas besser als das katastrophale August-Ergebnis. Aber es ist leider immer noch schlecht genug und vor allem immer noch so schlecht, daß die Notwendigkeit, tief greifende Neuorganisationen vorzunehmen, nicht weniger vorhanden ist als bisher. (...) Ich habe immer wieder betont, daß der Schlag, den der *Stadt-Anzeiger* bekommen hat, sich notwendig auch auf die *Kölnische Zeitung* auswirken mußte, vor allen Dingen deswegen, weil ja die *Kölnische Zeitung* auf dem Anzeigengebiet so außerordentlich schwach ist. Was die *Kölnische Zeitung* noch an Anzeigen hat, ist wirklich kümmerlich.

(...) Diese Umstände machen es für den Verlag zu einer zwingenden Notwendigkeit, in der verlegerischen Struktur die Selbständigkeit der Kölnischen Zeitung aufzugeben und sie dem *Stadt-Anzeiger* anzunähern. Ich möchte aber ausdrücklich betonen, daß nur nach internen verlegerischen Gesichtspunkten (Technik, Anzeigenwerbung) eine Annäherung stattfindet, nach außen hin, also was den journalistischen Teil angeht, für den Leser innerhalb des Rahmens des uns Möglichen ein deutlicher und wahrnehmbarer Unterschied nach wie vor zwischen den Blättern aufrechterhalten bleiben soll.«[151]

Das geplante zukünftige Erscheinungsbild der Zeitungen ab dem 25. Oktober 1933[152] beschrieb Kurt Neven DuMont anschließend folgendermaßen:

»Zunächst ist gedacht an ein Blatt, das die *Kölnische Zeitung mit Handelsblatt* heißt. Es entspricht in seiner Struktur vollkommen der bisherigen *Kölnischen Zeitung*. Ein zweites Blatt wird klein oben den Titel *Kölnische Zeitung* und darunter groß *Stadt-Anzeiger* führen. Dieses Blatt ist gedacht für den bisherigen *Stadt-Anzeiger*-Bezieher und soll auch in seiner innern [sic!] Gestaltung im Wesentlichen dem bisherigen *Stadt-Anzeiger* entsprechen. Die erstere Ausgabe wird 4,50 Mark, die *Stadt-Anzeiger*-Ausgabe 2,50 Mark kosten. Eine dritte Ausgabe, ebenfalls zu 4,50 Mark, soll die *Kölnische Zeitung mit Handelsblatt und Stadt-Anzeiger* sein, also eine Kombination der beiden Blätter. Dieses Blatt ist gedacht für diejenigen Leser in Köln und näherer Umgebung, die sich eine Ausgabe von 7 Mark für den Bezug von zwei Zeitungen nicht leisten können.«[153]

Durch das kleinere Format der *Kölnischen Zeitung*, das dem *Stadt-Anzeiger* entsprach, wollte man Satzkosten sparen. Natürlich litt unter der Fusion auch das inhaltliche Niveau, da nun zwei teilweise sehr unterschiedlich zusammengesetzte Leserkreise zufrieden gestellt werden mussten. Durch den Sparzwang musste auch der Honoraretat vermindert werden. Manche Mitarbeiter waren verärgert und gingen zum *Westdeutschen Beobachter*. Nach seiner Entlassung als fester Mitarbeiter ging zum Beispiel der Schriftsteller Heinz Steguweit (1897–1964) diesen Weg[154] und wurde dort ab dem Jahr 1933 kulturpolitischer Redakteur, bevor er 1934 zum Landesleiter der Reichsschrifttumskammer ernannt wurde.

Unter den Mitarbeitern musste die Ankündigung der Zusammenlegung allerdings schon längere Zeit bekannt gewesen sein. In einem offenen Brief an die Verlagsleitung vom 8. Juli 1933 beklagte die Belegschaft den zerstörerischen Wettbewerb im Zeitungsgewerbe und sicherte der Verlagsleitung ihre Unterstützung zu, warnte jedoch auch gleichzeitig im Falle einer Zusammenlegung des *Stadt-Anzeigers* und der *Kölnischen Zeitung* vor dem Zusammenbruch des gesamten Verlages: »Es ist uns ein Herzensbedürfnis, den Herren Chefs in ihren allerschwersten Stunden zur Seite zu stehen. Wir finden es Bitter [sic!], daß ein Wettbewerb von bisher unbekanntem Ausmaß Wunden schlägt, die die gesamte Belegschaft, die doch auch Hüter und Pfleger des neuen Staates geworden ist, außerordentlich beunruhigt. (...) Das Ausbrechen eines Zeitungskörpers aus dem Gesamt des Unternehmens führt zu einer Katastrophe, die letzten Endes auch dem Staatsganzen nicht zuträglich sein kann. Die vier Zeitungsblöcke sind unser gemeinsames Existenzfundament; das Abbröckeln des einen bedeutet den Zusammenbruch des Ganzen.«[155]

Und auch bei einer weiteren traditionsreichen Einrichtung des Hauses, nämlich der Versorgungskasse, die 1889 als Hilfskasse zur Altersversorgung für die Redakteure und Angestellten gegründet worden war, musste der Rotstift angesetzt werden. Im Protokoll der Redaktionssitzung vom 11. August 1933 kündigte Dr. Kurt Neven DuMont das Vorhaben der Einfrierung der Beiträge zur Versorgungskasse von Mitgliedern und Firma für ein Jahr an und begründete dies mit den folgenreichen Anfeindungen und Übergriffen der Gauzeitung *Westdeutscher Beobachter*. Weiter unten wird im Detail besprochen: »Was die Firma vorschlägt, ist nicht mehr und nicht weniger als die Einführung eines Ruhe- oder Feierjahres für die Versorgungskasse angesichts der besonderen Umstände, in denen sich die Firma und damit wir alle befinden.

Wenn ich Ihnen die Gründe, warum die Firma sich entschlossen hat, gerade diesen Weg zu gehen, auseinandersetze, so glaube ich, daß es in dieser Beziehung angesichts des rigorosen Konkurrenzkampfes des *Westdeutschen Beobachters* nicht sehr vieler Worte bedarf. Die Ausfälle beim *Stadt-Anzeiger*, der ja das tragende Objekt des Hauses ist, sind außerordentlich groß. Die Angleichung der Ausgaben an die sehr plötzlich gesunkenen Einnahmen kann natürlich nicht von heute auf morgen erfolgen. Aus dieser Tat ergibt sich die Krise, in der sich heute das Unternehmen geldlich befindet und die Notwendigkeit, diese Krise zu überwinden und wieder einen neuen gesunden Zustand herbeizuführen.«[156]

Am 20. September 1933 wurde in der Mitgliederversammlung der Versorgungskasse über den Vorschlag der Beitragsunterbrechung für ein Jahr abgestimmt. Alfred Neven DuMont, der Vorsitzende der Versorgungskasse, erläuterte den Mitgliedern nochmals die besondere Lage des Verlags: »Wir sollen heute den Beschluß fassen, die Versorgungskasse für ein Jahr stillzulegen, das heißt, daß die Beiträge weder von den Angestellten noch von der Firma gezahlt werden, damit die Firma sich erholen kann von den schweren Schlägen, die sie in letzter Zeit erhalten hat.«[157]

Der Unterbrechung wurde zugestimmt. Wegen der weiterhin angespannten Lage musste sie später nochmals bis zum 31. März 1935 verlängert werden. Ab 1. April 1935 wurden die Beiträge wieder regelmäßig von der Firma und den Angestellten eingezahlt.[158]

Weitere Schritte zur Sicherung des Verlags hatte man im Sommer 1933 unternommen, als sich der Verlag mit der Bitte um einen größeren Kredit an das Bankhaus Sal. Oppenheim jr. & Cie. wandte. In einem Brief Waldemar Freiherr von Oppenheims, einem Inhaber des Bankhauses, der im Entnazifizierungsverfahren Kurt Neven DuMonts 1945 als einer von dessen Entlastungszeugen auftrat, machte von Oppenheim insbesondere die Angriffe der NSDAP für die zurückgehenden Einkünfte des Verlages verantwortlich. Er betonte an dieser Stelle, dass dies und vor allem die nicht nationalsozialistische Einstellung der Verlagsleitung schließlich für die erfolgte Vergabe des Kredits, der als Beitrag zum Kampf gegen das Regime gedacht war, ausschlaggebend waren: »Im Sommer 1933 trat die Firma M. DuMont Schauberg, Verlag der *Kölnischen Zeitung*, an mein Bankhaus Sal.

Oppenheim jun. und Cie. wegen eines größeren Kredits heran. Dieser Kredit war notwendig geworden, da das Unternehmen infolge der Angriffe der NSDAP starke Einnahmerückgänge erfahren hatte und nicht in der Lage war, die Kosten ebenso schnell zu senken, wie die Einnahmen zurückgingen. Der Verlag war damals nicht weit von der Zahlungsunfähigkeit entfernt.

Die Hergabe dieses Kredits, der schließlich die Höhe von RM 1200000 erreichte, war zweifellos für uns eine sehr heikle Angelegenheit. Wir hatten zwar volles Vertrauen in die Tüchtigkeit des Verlegers, wußten aber andererseits, daß die politischen Angriffe gegen die *Kölnische Zeitung* in ihren wirtschaftlichen Auswirkungen schließlich auch das bestgeleitete Unternehmen zum Erliegen bringen konnten.

Der Kampf, den damals die NSDAP gegen die Firma M. DuMont Schauberg führte, hatte den Zweck, diesen Verlag aus der öffentlichen Meinungsbildung auszuschalten. Es war der Partei bekannt – und natürlich auch meinen Teilhabern und mir –, daß die Verleger und die leitenden Schriftleiter der *Kölnischen Zeitung* nicht nationalsozialistisch eingestellt waren. Wir sahen uns daher damals veranlaßt, dem Verlag in seinem Kampf gegen den Nationalsozialismus und seinen Würgemethoden zu unterstützen und ihn zu halten.«[159]

Noch 1952 erinnerten sich August und Kurt Neven DuMont in einem Kondolenzschreiben an die Teilhaber des Bankhauses Sal. Oppenheim anlässlich des Todes von Waldemar Freiherr von Oppenheim mit großer Dankbarkeit an die damals erwiesene Unterstützung und betonten nochmals ausdrücklich den Beitrag Oppenheims zum Überleben des Verlags: »Seit langer Zeit steht unsere Firma und die Ihre in enger geschäftlicher Verbindung. Wir haben in diesem Zusammenhang viele Verhandlungen mit Freiherr von Oppenheim gehabt, die immer von ihm in einem großzügigen und freundschaftlichen Geist geführt wurden. Besonders aber drängt es uns heute in Dankbarkeit zu erinnern, daß Freiherr von Oppenheim uns einmal, als unser Unternehmen aus politischen Gründen in eine schwere Krise hineingeraten war, durch Hergabe eines Kredites entscheidend geholfen hat. Das war im Jahre 1933, als das nationalsozialistische Regime unsere Zeitungen rückhaltlos bekämpfte. Es gehörte damals für einen Bankier ein großes Maß von Charakter und Mut dazu, unser Unternehmen davor zu bewahren, ein Opfer des Nationalsozialismus zu werden. Diesen Charakter und diesen Mut hat Freiherr von Oppenheim damals aufgebracht und so entscheidend dazu beigetragen, daß wir unsere Blätter, die *Kölnische Zeitung*, die *Kölnische Illustrierte* und den *Stadt-Anzeiger* durch die Zeit des Nationalsozialismus verhältnismäßig unangefochten weiterführen konnten.«[160]

Verantwortlich für die damalige finanzielle Schieflage des Verlages, die sich in einem starken Rückgang der Auflage von rund 50 000 Exemplaren der *Kölnischen Zeitung* vor dem 1. Januar 1933, laut den Aufzeichnungen des damaligen zweiten Anzeigenleiters und späteren Verlagsdirektors von M. DuMont Schauberg, Claudius Belz (1899–1967), auf rund 20 000 Exemplare in den Jahren nach der Machtergreifung äußerte,[161] waren vor allem Angriffe des nationalsozialistischen Kampfblattes *Westdeutscher Beobachter* (WB). Hauptschriftleiter des *Westdeutschen Beobachters*, der am 10. Mai 1925 als Wochenzeitschrift der NSDAP im Gau Köln-Aachen unter der Schriftleitung Peter Winkelnkempers[162] gegründet worden war, war seit September 1930 Josef Grohé (1902–1987). Grohé war bereits seit 1921 Mitglied der NSDAP und leitete das Gaubüro Rheinland-Süd der Partei. 1929 bis 1933 war er Stadtverordneter in Köln und 1931 Mitglied des Preußischen Landtags. 1931 wurde er Gauleiter des Gaus Köln-Aachen.

Der WB erschien seit dem 1. September 1930 täglich. Rolf Zerlett beschrieb in seinen Ausführungen zu Josef Grohé die Qualität und Vorgehensweise des *Westdeutschen Beobachters* folgendermaßen: »Das Niveau des Blattes lag bei unterstem Boulevardjournalismus. Die antisemitische Hetze erinnerte in ihrem vulgären Ton nicht selten an den berüchtigten *Stürmer* Julius Streichers.«[163]

Der *Westdeutsche Beobachter* betrieb vor allem Rufschädigung jüdischer Bürger und politischer Gegner: »Tatsächlich liefen die Diffamierungskampagnen immer nach dem gleichen Muster ab. Zunächst wurde eine haltlose, beleidigende Behauptung gegen (zumeist jüdische) Personen des öffentlichen Lebens in die Welt gesetzt. Dann folgte das erwartete Gerichtsverfahren und mit diesem gesteigerte Publizität.«[164]

So unterstellte der WB bereits im April 1932 dem Verlag DuMont Schauberg eine unklare Finanzierung seiner Ausgaben. Mangels Beweisen für eine »Unterwanderung« durch jüdische Geldgeber, unterzog man die Großinserenten einer genaueren Untersuchung und stellte eine deutliche Mehrheit von jüdischen Inserenten fest:

»Die Großinserenten, die Warenhäuser, die Konfektionsjuden, die großen Markenfirmen – wir denken insbesondere an die teuren Zeitschrifteninserate! – in jüdischem Besitz.«[165]

In der gleichen Ausgabe bemühte sich der *Westdeutsche Beobachter* darüber hinaus, anhand eines Briefes des Verlags M. DuMont Schauberg – dessen vermeintlichen Inhalt er in einer früheren Ausgabe abgedruckt hatte – nachzuweisen, dass der Verlag Wert auf den Verbleib jüdischer Abonnenten lege, indem er sich persönlich für Berichte über nationalsozialistische Aktivitäten entschuldigte: »Der von uns dieser Tage veröffentlichte Inhalt eines Schreibens des Verlages M. DuMont Schauberg an einen Kölner Juden, in dem sich dieser für die Veröffentlichung der seinerzeitigen Aufnahmen der *Kölnischen Illustrierten* aus dem Münchener Braunen Haus entschuldigt, dürfte in dieser Hinsicht manchen Aufschluß bringen, um zu beweisen, daß die große *Kölnische Zeitung* doch nicht ganz so unabhängig von ihren kleinen jüdischen Kunden aller Art ist, wie sie so gern glauben machen möchte. Ein Blick von links bis rechts, von der *Sozialistischen Republik* bis zur *Kölnischen Zeitung* – nur sachliche Tatsachen schildernd, wie sie die Angaben des eigenen Impressums der jeweiligen Zeitung ausweisen – dürfte hier gezeigt haben, was heute die Kölner Presse darstellt. Er dürfte bewiesen haben, wie vielfältig verschlungen die Drähte sind, an denen die jüdischen Regisseure ihre Chefredakteur-Strippen tanzen lassen.«[166]

Der *Westdeutsche Beobachter* bezog sich an dieser Stelle auf einen Artikel vom 19. April 1932, in dem ein angeblicher Brief Kurt Neven DuMonts an einen Leser namens Rothschild erwähnt wurde – das Original wurde nicht als Beleg abgedruckt –, in welchem Neven DuMont den Bericht über das Braune Haus in München als Missverständnis bezeichnet haben soll: »Unsere Leser werden sich alle der Nummer der *Kölnischen Illustrierten* (Verlag DuMont Schauberg) erinnern, in der eine ganze Bilderserie aus unserem Braunen Haus in München enthalten war. Man darf wohl ruhig sagen, daß diese Nummer wie warme Semmeln verlangt wurde; denn im Handumdrehen war sie vergriffen. Allerdings waren die Käufer wohl weniger die jüdischen Großinserenten des Verlags, als die vielen Millionen nationalsozialistischer Wähler. Vielmehr erhob sich unter den inserierenden Kölner Jerusalemiten ein Sturm der Entrüstung und es wurde ernsthaft erwogen, ob man nicht in gemeinsamer Aktion einmal dem Hause DuMont Schauberg den jüdischen Standpunkt klarmachen sollte. So schrieb ein Jude Rothschild dem Verlag einen ›geharnischten Brief‹. Darauf erhielt er postwendend eine Antwort von dem Mitchef des Hauses, Herrn Dr. Neven DuMont, worin dieser um Verzeihung für das ›Mißverständnis‹ bat und wobei er darauf hinwies, daß diese Veröffentlichung nicht aus Sympathie für die Hitlerbewegung, sondern um dieselbe zu ironisieren erfolgt sei. Im übrigen hätte man das doch aus dem Inhalt der Veröffentlichung selbst ersehen müssen!«[167]

Bedeutend wohlwollender dürfte das nur zwei Wochen später veröffentlichte Programm der bereits im letzten Kapitel angesprochenen Wochenschrift *Sonntag Morgen* vom *Westdeutschen Beobachter* beurteilt worden sein. In ihrer einführenden Ausgabe trat die Zeitschrift ideologisch in eine gefährliche Nähe zum nationalsozialistischen Gedankengut: »(...) Darum mußte das Erwachen des nationalen Deutschlands mit Kampf beginnen, mit der Gegnerschaft gegen den jetzigen Staat. Es ist ein Beweis der Disziplin, daß dieser Kampf mit dem Stimmzettel geführt wurde. Der Weg ist langsam, aber klug. (...)

Auf unserem Programm stehen:

Die Stärkung des deutschen Staates;
Die Einheit des Reiches;
Die Wehrhaftigkeit gegen fremde Übergriffe;
Die Sorge um den deutschen Menschen;
Arbeitsbeschaffung;
Siedlungsbewegung;
Soziale Gerechtigkeit.

Eine Kultur, die deutsch ist, die unsere Kräfte kennt und unsere Sehnsucht erfüllt.«[168]

Im Mai 1933 erklärte der *Stadt-Anzeiger*, zusammen mit der Abbildung einer drei Generationen umfassenden Familie, unter der Überschrift »Deutsches Familiengut« seine Verbundenheit mit Volk und Heimat und präsentierte sich als Bewahrer des Familiensinns. Zugleich stellte er sich fast beschwörend in den Dienst einer Volksgemeinschaft, die Gemeinsamkeiten gegenüber trennenden Gegensätzen betonte:

»Aus hundertjähriger Überlieferung deutscher
Kultur in tiefer, ehrlicher Liebe zu Volk
Und Heimat geschaffen, mit der Bestimmung:
Diener einer Volksgemeinschaft zu sein, die das
Gemeinsame über die trennenden Gegensätze
Stellt, unermüdlich im Kampf für die Erhaltung
Deutschen Familiensinns als der ewigen Grundlage unsers nationalen
Staates – das ist der

Stadt-Anzeiger [im Original fett und groß gedruckt, Anm. d. Verf.] Das Familienblatt der Stadt Köln!«[169]

Die unterschiedliche politische Ausrichtung der Blätter des Verlages war nicht unbemerkt geblieben. So kritisierte etwa die Wochenzeitschrift *Kölner Kurier* vom 6. Mai 1932 die parallele Tätigkeit von M. DuMont Schauberg als Verlag für die *Kölnische Zeitung* und den *Sonntag Morgen* mit deutlichen Worten.[170] Fritz L. Gruber (1908–2005), der bereits seit 1926 als Student unter anderem für den *Kölner Stadt-Anzeiger* als Fotograf und Autor tätig war, war Mitherausgeber des Kuriers. Zunächst kommentierte der *Kölner Kurier* und fügte dann ein Zitat des *Westdeutschen Beobachters* ein: »(...) kaum sind die Wahlen zum preußischen Landtag vorüber, da ›beglückt‹ der Verlag M. DuMont Schauberg seine ›nationalen‹ Freunde mit einer Sonntagszeitung, die vom *Westdeutschen Beobachter* in gar ergötzlichen Vierzeilern besungen wird und die man der Leserschaft mit folgenden Einleitungsworten ›näher zu bringen‹ versucht:

›Der Verlag des Abbestellungs-Stadt-Anzeigers, M. DuMont Schauberg-Köln hat ein neues Wochenblatt *Sonntag Morgen* herausgebracht, von dem man wohl sagen kann, daß es den bislang schäbigsten Gesinnungswandel darstellt, den wir kennen gelernt haben. Gestern noch wilder Bekämpfer des Nationalsozialismus, fließt dieses Stadt-Anzeiger-Produkt vor nationalem Gefühl über.‹«[171]

Der *Kölner Kurier* warf dem Verlag demnach Opportunismus im Umgang mit seinen jüdischen Lesern und Inserenten vor. Als Reaktion auf die Angriffe des *Westdeutschen Beobachters* schrieb der *Kölner Kurier* weiter: »Wenn uns auch die Angriffe des Naziblattes allzu durchsichtig erscheinen, das mit einem überaus dünnen Inseratenteil dem großen Konkurrenten seine gefüllten Anzeigenplantagen neidet, so ist es für uns unbegreiflich, wie ein Verlag, dessen Haupt-Milchkuh sich und wahrscheinlich auch die anderen Verlagsobjekte insbesondere von dem Inseratenfutter der jüdischen Geschäftswelt nährt, einen solchen Affront gegen seine Hauptkunden wagt. Man sollte dabei nicht vergessen, daß die *Kölnische Zeitung* die Gründung der Staatspartei einst bejubelte. (...) Man fragt sich mit Staunen, was den Verlag M. DuMont Schauberg zu einer derartigen Politik veranlassen konnte: (...) ist der Langgasse das Dritte Reich schon so nahe gerückt, daß man meint, auf die jüdische Inserentenschaft des *Stadt-Anzeigers*, dessen ›Köpfe ja nun bald rollen werden‹, keine Rücksicht mehr nehmen zu brauchen? (...) Was uns an dieser ganzen Angelegenheit interessiert und wovor wir unsere Freunde und uns verwahren möchten, das ist die Gesinnungslosigkeit, mit der dieser *Sonntag Morgen* das nationale Bewußtsein für sich und die Rechtsparteien gepachtet haben will!«[172]

Am 16. Juli 1933 veröffentlichte die *Frankfurter Zeitung* ein Telegramm des Reichsarbeitsministers an alle Treuhänder, in dem alle Boykottmaßnahmen gegen bürgerliche Zeitungen untersagt wurden. Darunter wurde mit Bezug auf die Ereignisse in Köln – dort hatte die Anzeigenabteilung des *Westdeutschen Beobachters* eine Erklärung herausgegeben, dass sie keine Anzeigen von Firmen annehmen werde, die in den »übrigen Kölner Tageszeitungen« inserierten – eine Stellungnahme des Kölner Gauleiters Josef Grohé publiziert, in der dieser betonte, dass die Erklärung der Anzeigenabteilung des *Westdeutschen Beobachters* weit über die Befugnisse dieses Ressorts hinausgingen: »Ich wende mich«, so wurde zitiert, »mit aller Entschiedenheit dagegen, daß der Eindruck erweckt wird, als müsse aus politischen Gründen von einer Anzeigenabteilung aus ein Vernichtungskampf gegen andere Zeitungen geführt werden.«[173]

Nur wenig später scheinen zwei Bemerkungen von Dr. Kurt Neven DuMont während der Redaktionskonferenz vom 11. Oktober 1933 tatsächlich einen Gesinnungswandel der Verlagsleitung auszudrücken. Zunächst sprach Neven DuMont über eine Politisierung des *Stadt-Anzeigers* im Sinne einer nationalsozialistischen Ausrichtung, um dann im späteren Verlauf der Konferenz auf die Haltung des Verlags selbst einzugehen: »Früher war der *Stadt-Anzeiger* ein Generalanzeiger, ein unpolitisches Blatt, das zwar nationale Belange vertrat, aber sich in die innere Politik nicht vorwagte, während die *Kölnische Zeitung* ein hochpolitisches liberales Blatt war. Diese Trennung zwischen politischer *Kölnischer Zeitung* und unpolitischem *Stadt-Anzeiger* mußte früher erfolgen, weil ein Massenblatt bei der politischen Zusammensetzung der hiesigen Bevölkerung nicht als hochpolitisches liberales Blatt hätte aufgezogen werden können. Die Parteien sind durch die nationalsozialistische Revolution beseitigt worden, und infolgedessen kann heute der Stadtanzeiger [sic!] ganz eindeutig auf jedem Gebiet politisch, d. h. natürlich nationalsozialistisch politisch, sein. (...) Über die politische Linie brauche ich kein Wort zu sagen, erstens weil Sie wissen, daß der Verlag von dem Willen durchdrungen ist, jedes seiner Blätter in das Ideengut des nationalistischen Staates hineinzustellen, und zweitens auch deswegen nicht, weil durch das Schriftleitergesetz der

Verlag überhaupt nicht die Möglichkeit hat, in dieser Beziehung einzugreifen.«[174]

Auffallend ist jedoch, dass die zweite Aussage seltsam losgelöst zwischen der Unterscheidung der Ausrichtung des *Stadt-Anzeigers* und der *Kölnischen Zeitung* und der Auswahl von Mitarbeitern für die Neugestaltung der zusammengelegten Redaktion steht. Das Thema wird im Protokoll an späterer Stelle nicht wieder aufgenommen. Es stellt sich hier die Frage, ob es sich in diesem Fall lediglich um Schutzbehauptungen den nationalsozialistisch gesinnten Redakteuren des *Sonntag Morgen* gegenüber handelte, um Meldungen an die Gauleitung zu verhindern, oder ob Kurt Neven DuMont tatsächlich dieser Ansicht war.

Einer privaten Aufzeichnung Kurt Neven DuMonts vom Juni 1933 ist allerdings zu entnehmen, dass man den nationalsozialistischen Staat in den eigenen Zeitungen bereits unterstützt hatte und dies auch weiterhin tun würde. Ein Ende in der Auseinandersetzung mit dem *Westdeutschen Beobachter* hatte es dem Verlag jedoch nicht gebracht: »Nun ist der Kampf mit dem *Westdeutschen Beobachter* wohl auf seinem Höhepunkt angekommen, was die Stärke angeht, aber nicht etwa, daß schon eine Entscheidung abzusehen wäre. Klar ist nur, daß es so nicht mehr lange weitergehen kann.

(...) Einstweilen ist auch noch nicht damit zur rechnen, daß die Gegenseite nachgiebig wird. Wie der Nationalsozialismus alle Parteien beseitigt hat, will er auch die Presse an die Mauer quetschen, obschon wir natürlich bereit sind, ja es schon getan haben, nämlich in allen Blättern 100 Prozent für den nationalsozialistischen Staat einzustehen. – Wir müssen aber so lange um unsere Zeitung kämpfen, wie wir können.«[175]

Die nationalistische Zielrichtung des *Sonntag Morgen* unter Donald Stuart und die inhaltliche Anpassung der übrigen Blätter hielt allerdings den *Westdeutschen Beobachter* nicht von seinen Ausfällen gegen die *Kölnische Zeitung* ab, die seit 1933 zu einer systematischen und strategisch geplanten Hetzkampagne gegen M. DuMont Schauberg wurden, nun mit Rückendeckung der nationalsozialistischen Machthaber. Abonnenten und Inserenten wurden laut Belz von Mitarbeitern und Gefolgsleuten des WB systematisch unter Druck gesetzt und häufig unter Androhung von beruflichen Nachteilen zur Abbestellung des *Kölner Stadt-Anzeigers* beziehungsweise der *Kölnischen Zeitung* und zum Bezug des *Westdeutschen Beobachters* genötigt. Verlagsdirektor Belz beschrieb diese Aktionen ausführlich in seiner Zusammenfassung des Kampfes mit dem *Westdeut-*

schen Beobachter: »Dann aber setzte der Druck ein, nicht allein auf die Pgs [Parteigenossen, Anm. d. Verf.] sondern auch auf die übrige Bevölkerung. Werber des *Westdeutschen Beobachters* gingen zum Beispiel zu (...) Rentenempfängern u. drohten mit dem Entzug der Pension, da Nichtbestellung des WB als staatsfeindliche Gesinnung ausgelegt wurde. Frauen wurden in Abwesenheit der Männer zur Unterschrift der Bestellung gezwungen, da sonst die Stellung der Männer gefährdet sei u. ä. mehr.«[176]

Um beim Kampf gegen den *Westdeutschen Beobachter* überhaupt Aussichten auf Erfolg zu haben, trat Claudius Belz am 1. Mai 1933 in die NSDAP ein und traf dort auf heftige Ablehnung des Verlages und seiner Person. In einem Gespräch mit dem Anzeigenleiter Longerich wurde nochmals deutlich, dass das einzige Ziel die Zerstörung des Verlagshauses war: »Ich ging, um den Kampf überhaupt führen zu können, am 1.5.1933 in die Partei. Dadurch kam ich mit dem Anzeigenleiter Longerich des *Westdeutschen Beobachters*, der damals Ortsgruppenleiter in Deutz war, in Berührung und nach endlosen Laufereien u. Fehlschlägen konnte ich mit ihm auch über den Anzeigenkampf sprechen. Als ich mit [Name unleserlich, Anm. d. Verf.] das erste Mal beim *Westdeutschen Beobachter* ›antreten durfte‹, waren die ersten Worte von Longerich: ›Eigentlich ist unser Zusammentreffen unnütz, denn wir verhandeln mit Ihnen nicht; wir wollen Sie ja endlich kaputt machen, nicht aber Abkommen mit Ihnen treffen.‹«[177]

Parallel zu den Veröffentlichungen und Aktionen des WB versuchte die Gauleitung, die Belegschaft zu radikalisieren und gegen die Verlagsleitung einzunehmen. So schilderten mehrere Redakteure der *Kölnischen Zeitung* und des *Stadt-Anzeigers*, unter anderem Otto Brües und der spätere Hauptschriftleiter (HS) beziehungsweise stellvertretende HS der *Kölnischen Zeitung* Fritz Blumrath (1894–1964), in ihren Erinnerungen den ersten Auftritt von Nationalsozialisten im Verlag im Herbst des Jahres 1933. Es waren, laut Blumrath, der neu gewählte Vorsitzende des Betriebsrates und Angestellte der Anzeigen-Werbung, Foerstner und sein Schwager Wolfgang Mansfeld (1902–1971), Chef vom Dienst,[178] die die Arbeiter und Angestellten in den Packsaal beriefen. Sie handelten nach Blumrath im Auftrag des Gaus, wobei Foerstner den Verlag beziehungsweise Mansfeld die Chefredaktion übernehmen sollte. Foerstner und Mansfeld forderten die Betriebsangehörigen auf, Haus und Inventar der Partei zu übereignen. Einige Mitarbeiter stimmten zu.[179] Johann Schäfer, Leiter des Handelsteils, protestierte nach Otto Brües zuerst dagegen. Er wurde ausgelacht, doch August Dresbach unterstützte ihn, indem er von den Traditionen des Hauses sprach, wie den überdurchschnittlich hohen Pensionen. Auch warnte er vor unüberlegten Aktionen. In jener ersten Versammlung am 11. Oktober 1933[180] – es sollen insgesamt drei gewesen sein, die sich mit der Übernahme befassten – widerstand eine kleinere Gruppe von Angestellten, laut der Zusammenfassung der Ereignisse durch einen weiteren, anonymen Mitarbeiter, insgesamt acht Redakteure,[181] der Übernahme durch die Gauzeitung *Westdeutscher Beobachter*. Bei dieser ersten Versammlung waren nach dieser Quelle 1 000 Betriebsangehörige anwesend. In der folgenden zweiten Sitzung sollen es nur noch 300 gewesen sein, wodurch die Beschlussfassung nicht mehr möglich war. In der dritten Versammlung waren schließlich nur noch die Vertrauensleute der Entschließung anwesend, wodurch der Antrag auf Übernahme gescheitert war.[182]

Laut Brües wurde der Verlag durch den Widerstand der Redakteure davor bewahrt, zum Parteieigentum zu werden.[183]

Auch Josef Held (1878–1964), Betriebsratsvorsitzender bei M. DuMont Schauberg von 1919 bis zu seiner Absetzung 1933 und Sozialdemokrat, bestätigte 1945 diesen Vorfall in einer eidesstattlichen Erklärung für August Neven DuMont an die Entnazifizierungskommission: »Auf Befehl der NSDAP ging die Betriebszelle zum Generalangriff über. Eine Gefolgschaftsversammlung fand statt; die Einladungskarten waren nach national-sozialistischer Manier von vorneherein als Ja-Stimmen für den in der Versammlung noch zu stellenden Mißtrauensantrag gegen die Firmainhaber [sic!] gewertet. Das war der erste Streich und der zweite, der Streik [sic!], sollte sogleich folgen. Aber wir – Inhaber, Redakteure, Maschinensetzer und Korrektoren – hielten gut zusammen und machten die Parole zunichte. Mit der Benutzung unseres Betriebes für den *Westdeutschen Beobachter* wurde es nichts.«[184]

Zu einer folgenreichen Störung des Betriebsfriedens war es mit dieser Aktion trotz aller Eindämmungsversuche wohl dennoch gekommen, da Fritz Blumrath in seinen Aufzeichnungen die Entlassung von 12 Redakteuren vermeldete.[185]

Anfang Dezember des Jahres 1933 erreichten die Verhandlungen mit dem *Westdeutschen Beobachter* einen Tiefpunkt, sodass die Verlagsleitung und die Chefredaktion der *Kölnischen Zeitung* die Verhandlungen abbrachen. Der *Westdeutsche Beobachter* machte für den Abbruch die *Kölnische Zeitung* verantwortlich. Auf der Titelseite des Morgenblattes vom

5. Dezember 1933 reagierten der Verlag und die Redaktion mit den »Notwendigen Klarstellungen«:

»Die gestrige Ausgabe des *Westdeutschen Beobachters* enthält zu den von uns abgebrochenen Verhandlungen zwischen dem Verlag M. DuMont Schauberg und dem Verlag des *Westdeutschen Beobachters* eine Darstellung, die nicht unwidersprochen bleiben kann:

1. Der *Westdeutsche Beobachter* will uns für den Abbruch der Verhandlungen verantwortlich machen, unterläßt es aber, den ihn von uns am Samstag schriftlich mitgeteilten Grund dafür anzugeben. Angestellte und Werber des *Westdeutschen Beobachters* haben im Lauf der vorigen Woche systematisch in der Öffentlichkeit ausgestreut: Die Zeitungen unsers Verlags seien schon auf den Verlag des *Westdeutschen Beobachters* übergegangen oder Übergang sei so gut wie vollzogen. Mit diesen Mitteln unternahmen sie es, gerade zu Beginn des laufenden Monats uns die Leser abspenstig zu machen und zum Bezug des *Westdeutschen Beobachters* zu veranlassen. (...)

2. Die Auffassung des *Westdeutschen Beobachters*, die völlige Beseitigung von Zeitungen unserer Art durch den nationalsozialistischen Staat würde gerechtfertigter gewesen sein als ihr Fortbestand, steht bekanntermaßen im direkten Widerspruch zu den vielfach abgegebenen Erklärungen der führenden Männer der nationalsozialistischen Bewegung. Der *Westdeutsche Beobachter* stellt es in seiner Erklärung so dar, als habe er die Verhandlungen nur deshalb aufgenommen, um einen Zusammenbruch unsers Verlags zu verhindern und unsrer Belegschaft die Arbeitsplätze zu erhalten. Dem steht gegenüber, daß die Verlagsleiter des *Westdeutschen Beobachters* für den Fall der Übernahme unserer Zeitungen infolge der technischen und kaufmännischen Betriebszusammenlegung die Entlassung von etwa 400 unsrer Arbeiter und Angestellten als unvermeidbar vorgesehen hatten. Im übrigen überlassen wir es dem Urteil unsrer Leser, ob ein Verlag, der nach der gesamten Darstellung des *Westdeutschen Beobachters* ›ins Wanken geriet‹ und ›vor dem Zusammenbruch steht‹, seinerseits Verhandlungen abbricht, die nach Ansicht des *Westdeutschen Beobachters* doch aussichtsreich waren. Um auch nicht den geringsten Zweifel über unsre Haltung aufkommen zu lassen: Wir betrachten es als unsre Aufgabe, die Ziele der **nationalsozialistischen Regierung tatkräftig** zu fördern.

Der Verlag M. DuMont Schauberg fühlt sich stark genug, jedem Wettbewerbskampf, der auf dem Leistungsprinzip beruht, mit Erfolg standzuhalten. M. DuMont Schauberg.

Soweit sich die ›Feststellungen‹ des *Westdeutschen Beobachters* auf die Politik der *Kölnischen Zeitung* (und des *Stadt-Anzeigers*) beziehen, hat die Schriftleitung nur **eine grundsätzliche** Bemerkung zu machen. (...)

Wir legen Verwahrung dagegen ein, daß man es wagt, uns als national in Anführungsstrichen zu bezeichnen, mit andern Worten also, unsre nationale Zuverlässigkeit anzweifelt. Was hat die *Kölnische Zeitung* (und der *Stadt-Anzeiger*) seit ihrem Bestehen anders getan, als nationale Politik getrieben? (...) Sind etwa die zahlreichen Verbote, von denen sie betroffen worden ist, wegen nationaler Unzuverlässigkeit verhängt worden? (...) Die Beantwortung der Frage, ob die *Kölnische Zeitung* ›national‹ oder wirklich national gewesen ist, überlassen wir in aller Ruhe dem Urteil der Öffentlichkeit. Wir selbst jedenfalls weisen die von dem *Westdeutschen Beobachter* geäußerten Zweifel mit allem Nachdruck zurück. Die Schriftleitung, die zum größten Teil aus **Kriegsteilnehmern** besteht, die für Deutschland gekämpft und geblutet haben, **läßt sich von niemand in der nationalen Gesinnung übertreffen**. Eine Auseinandersetzung über die Frage, was national ist, lehnen wir ab, da nationale Gesinnung und nationale Politik für uns selbstverständlich sind.

Wir stehen dafür ein, daß das Wort Bismarcks, die *Kölnische Zeitung* sei ihm ein Armeekorps am Rhein wert, auch weiterhin gilt.

Die Schriftleitung«[186]

Der *Westdeutsche Beobachter* hatte auch hier mit den finanziellen Schwierigkeiten des Verlags M. DuMont Schauberg argumentiert, gleichzeitig aber auch die Entlassung von 400 Mitarbeitern als unvermeidlich bei einer Zusammenlegung gefordert. Diese Argumentation führte letztlich dazu, dass Verlag und Redaktion gemeinsam gegen eine Übernahme vorgingen, ein entscheidender Umstand, der den *Westdeutschen Beobachter* zunächst in eine schwierige Verhandlungsposition brachte und einen Abbruch der Verhandlungen rechtfertigte. Das Argument »national« oder »wirklich national« spielte in diesem Zusammenhang eher eine untergeordnete Rolle, wie wohl hierin eine deutliche Emotionalisierung bezweckt war.

Wenig später folgte die nächste Aktion der Gauleitung Köln-Aachen, um allen nicht nationalsozialistischen Blättern endgültig den Garaus zu machen. In einer Verlautbarung der NSDAP Gauleitung Köln-Aachen vom Dezember wurden alle Angehörigen einer nationalsozialistischen Organisation zum Bezug ihrer Gauzeitung verpflichtet. Angekündigt wurde gleichzeitig der Start einer massiven Werbeaktion zum 15. Dezember 1933 für den WB, der von sämtlichen Organisationen der Partei durchgeführt werden sollte: »Es ist Pflicht eines jeden Pg., eines SA, ST.-Mannes, überhaupt eines jeden Mitgliedes irgendeiner Nebenorganisation der NSDAP, zunächst seine Gauzeitung zu beziehen. Ueber dies hinaus ist es aber auch die Pflicht eines jeden Pg. und Mitglied einer Neben- oder Unterorganisation, insbesondere der Amtswalter, sich mit allen Kräften dafür einzusetzen, daß die nicht organisierten und uns noch fremd gegenüberstehenden Volksgenossen die Gauzeitung regelmäßig halten und lesen.

Es wird daher angeordnet:

1. Beginn der Werbung

Am 15. Dezember 1933 setzt schlagartig durch sämtliche Organisationen der Partei durch ihre Amtswalter, insbesondere Block und Zellenwarte, eine Bezieherwerbung für die Gauzeitungen des *Westdeutschen Beobachters* und aller Kopfblätter ein.«[187]

Wie ernst es der NSDAP tatsächlich mit dem Bezug der Gauzeitung war, belegen Briefe mit offenen Drohungen wie der an einen Parteigenossen, der bislang nicht zu den Abonnenten gehörte: »Wir erhalten Nachricht, daß Sie nicht den *Westdeutschen Beobachter* halten. Es ist die Pflicht eines jeden Pg., sowie Pflicht eines jeden Mitgliedes einer Nebenorganisation, seine Gauzeitung zu beziehen.

(...) Ich erwarte Ihre sofortige Ausfüllung des Bestellscheines auf den *Westdeutschen Beobachter* bei nochmaliger Vorlage durch den Blockwart.

(...) Sollten Sie die Bestellung nicht vornehmen, so ist dies eine Disziplinlosigkeit, welche schwerwiegende Folgen für Sie haben wird.«[188]

Der Parteiausschluss wurde offen als eine solche Folge genannt, so zum Beispiel in einem Ortsgruppen-Befehl der Ortsgruppe Beuel-Ort: »Wer den *Westdeutschen Beobachter* nicht hält und hierzu in der Lage ist, wird aus der Partei ausgeschlossen werden.«[189]

Die Gauleitung beließ es allerdings nicht bei dieser Art von Werbeaktionen und der Einschüchterung von Privatpersonen, sondern bedrängte, wie bereits erwähnt, nach Claudius Belz auch Geschäftsleute, ihre Inserate künftig beim *Westdeutschen Beobachter* zu schalten. Dies sollte durch Dumpingpreise für die Anzeigen und Einschüchterungsversuche erreicht werden. Wer weiterhin bei M. DuMont Schauberg inserierte, wurde vom *Westdeutschen Beobachter* mit einem Boykott seiner

Anzeigen in der Gauzeitung bedroht. Auch diese Aktion sollte zu deutlichen Einbußen, nun im Anzeigenbereich des Verlags, führen: »(...) Bei den geschäftlichen Anzeigen mit billigerem Preis u. einem Boykott, bei den Kleinanzeigen (Wort) mit einer unerhörten Preisschleuderei. Die Geschäftsleute wurden in steigenden [sic!] Maß von zudringlichen Werbern besucht. Jede Geschäftsanzeige verlangte der *Westdeutsche Beobachter* als erster u. auch in größerem Format, möglichst auf öftere Wiederholung. Als diese Tour nach u. nach glückte, brachte der *Westdeutsche Beobachter* eine Veröffentlichung, daß er fortan nur noch von den Geschäften die Anzeigen annehme, die nicht bei MDS inserierten. In sehr, sehr vielen Fällen hatte er Erfolg: die Geschäftsanzeigen im StA gingen rasend zurück, in der *Kölnischen Zeitung* etwas langsamer, aber doch in einer für MDS katastrophalen Weise.«[190]

In einem standardisierten Schreiben an deutsche Geschäftsleute warnte der WB davor, Anzeigen bei Zeitungen zu schalten, die auch Inserate jüdischer Firmen abdruckten, und vor den damit verbundenen Folgen für den eigenen Ruf: »Nanu, wer ist denn das? Ein Deutscher in Judengesellschaft? Kaum glaublich, wie man seinen Ruf so leichtfertig aufs Spiel setzen kann. Man sollte doch jeden Anschein, als ob man mit Juden unter einer Decke stecke, ängstlich vermeiden. Gerade darum wundert es uns sehr, Ihre Anzeige in ... [Platzhalter für die jeweils betroffene Zeitung; Anm. des Verf.] jüdischer Gesellschaft zu sehen. Dachten Sie nicht an die Folgen, die hieraus entstehen? Wie leicht könnte man da glauben, daß Sie sich in Judengesellschaft wohl fühlen oder sogar mit Juden an einem Strick ziehen. (...) Geben Sie darum Ihre Anzeige künftig in der Zeitung auf, die Juden- und andere Anzeigen zweifelhafter Herkunft ablehnt. Das ist der *Westdeutsche Beobachter*! Dort befindet sich Ihre Anzeige in anständiger Gesellschaft.«[191]

Firmen, die nicht ausschließlich in diesem nationalsozialistischen Kampfblatt inserierten oder Anzeigen an es vermittelten, wurden von der Einstellung von Anzeigen ausgeschlossen: »Wir erinnern an unser Rundschreiben, wonach wir Anzeigen von solchen Firmen, die gleichzeitig in irgendeiner anderen Tageszeitung inserieren, bei uns nicht aufnehmen. Da uns bekannt ist, daß Sie nach wie vor für den Verlag M. DuMont-Schauberg [sic!] die Generalvertretung haben, teilen wir Ihnen hierdurch offiziell mit, daß wir mit sofortiger Wirkung Anzeigen durch Ihre Vermittlung ablehnen.«[192]

Kurt Neven DuMont war sich zunehmend unsicher, ob ein Überleben des Verlags in Familienbesitz überhaupt noch möglich sein würde: »Seit gestern bin ich zu der Auffassung gekommen, daß die Lage der Firma MDS, oder doch wenigstens die Frage, ob die Firma noch lange im Besitz der Familie Neven bleiben wird, tiefst skeptisch beurteilt werden muß. Der Gauleiter Grohé hat geäußert, ›die liberalistischen Verleger hätten abzutreten‹. Sie hätten ja selbst erklärt, sie seien bourgeois und würden es bleiben. – Ich bin jedenfalls auf das Schlimmste gefaßt, auch darauf, einen neuen Beruf suchen zu müssen.«[193]

Der Verleger intervenierte im Juli 1933 persönlich in Berlin gegen die neuesten Maßnahmen des *Westdeutschen Beobachters* und konnte schließlich mithilfe des Reichswirtschaftsministers Kurt Schmitt (1886–1950) eine Einstellung erwirken:

»Jetzt war ich fast 14 Tage mit Mansfeld + Gabriele in Berlin, um die Anweisung des *Westdeutschen Beobachters* zu beseitigen, daß er nur Anzeigen von solchen Firmen nehmen wolle, die nicht in anderen Kölner Zeitungen inserieren. Ans Ziel gekommen bin ich durch den Reichswirtschaftsminister [Kurt] Schmitt.«[194]

In Berlin musste der Verleger allerdings auch erfahren, dass die Führung der NSDAP weiterhin die Zerschlagung der bürgerlichen Presse beabsichtigte und dass er die redaktionelle Leitung aufgeben und stattdessen einen Parteigenossen als Chefredakteur einsetzen musste. Seine Aufgabe sollte nur noch aus den reinen Verlagsgeschäften bestehen.[195]

Zu einem weiteren Instrument des *Westdeutschen Beobachters* gegen die *Kölnische Zeitung* und gegen den *Stadt-Anzeiger* gehörte eine Rubrik mit dem Titel »Die tägliche Stadt-Anzeiger-Abbestellung«, die mithilfe von Fragebögen, in denen angegeben werden musste, welche Zeitung man bezog, zusammengestellt wurde. Die falsche Ankündigung der Übernahme des Verlages durch den *Westdeutschen Beobachter* führte letztlich zu einer eindeutigen Reaktion des *Stadt-Anzeigers*, der im Dezember 1933 – ohne die Verhandlungen mit dem *Westdeutschen Beobachter* und deren Abbruch zu verschweigen – unmissverständlich erklärte, dass sich alle Zeitungen und Zeitschriften weiterhin in Verlagsbesitz befanden:

»In eigener Sache

In den letzten Tagen werden in Köln und außerhalb Nachrichten verbreitet, daß der Verlag M. DuMont Schauberg mit seinen Zeitungen – *Kölnische Zeitung – Stadt-Anzeiger, Kölnische Illustrierte Zeitung* und *Sonntag*

Morgen – in den Besitz der Westdeutschen Beobachter GmbH Köln übergegangen oder der Übergang so gut wie vollzogen sei. Hierzu stellen wir fest: Diese Nachrichten sind unrichtig. Es sind allerdings Verhandlungen zwischen M. DuMont Schauberg und dem Verlag des *Westdeutschen Beobachters* gewesen, die aber keineswegs in ein entscheidendes Stadium getreten waren. Am Samstagnachmittag haben wir dem Verlag des WB durch ein Schreiben mitgeteilt, daß wir diese Verhandlungen abgebrochen haben.

Kölnische Zeitung, Stadt-Anzeiger, Kölnische Illustrierte Zeitung und *Sonntag Morgen* werden also, entgegen allen umlaufenden Gerüchten, nach wie vor in unserm eigenen Verlag erscheinen.«[196]

Der *Westdeutsche Beobachter* konterte am 4. Dezember mit einem Artikel, der die scheinbar opportunistische politische Haltung des Verlags und seine feindliche Haltung dem Nationalsozialismus gegenüber anprangerte und der die besondere »Großherzigkeit« des Staates betonte, welcher die *Kölnische Zeitung* nicht sofort verbot. Durch den einseitigen Abbruch der Verhandlungen durch M. DuMont Schauberg wäre nun der Verlag für den unausweichlichen Zusammenbruch verantwortlich: »Die *Kölnische Zeitung* hat im Laufe ihres langen Bestehens ihre Haltung sehr oft wesentlich geändert. Verherrlichungen Preußen-Deutschlands wechselten sich mit jener Haltung ab, die durch den Bismarkschen Ausspruch von der ›Wetterfahne am Rhein‹ am besten charakterisiert wird. Als Sprachrohr Stresemanns und später als Organ der so genannten ›Staatspartei‹ war sie fanatische Bekämpferin der jungen deutschen Freiheitsbewegung Adolf Hitlers bis zu dessen Machtübernahme. (...) Und was wäre gerechtfertigter gewesen als eine völlige Beseitigung solcher Zeitungsunternehmen durch den nationalsozialistischen Staat?

Und dennoch tat der nationalsozialistische Staat das Letztere nicht, und Partei und Gauverlag *Westdeutscher Beobachter* waren weitherzig und großzügig genug, daran mitzuhelfen, einen Zusammenbruch des Verlages M. DuMont Schauberg zu verhindern. (...) In diesem wirklich entscheidenden Stadium der Verhandlungen hat die Firma DuMont Schauberg nun plötzlich die Verhandlungen abgebrochen, so daß sie auch allein dafür verantwortlich ist, wenn über kurz oder lang die bereits gekündigte Belegschaft wegen Unrentabilität des Unternehmens brotlos werden sollte!«[197]

Infolgedessen setzte sich der Verlag am nächsten Tag in den besagten »Notwendigen Klarstellungen« damit auseinander.[198]

Bezeichnenderweise wurde diese Ausgabe der *Kölnischen Zeitung* zunächst am Morgen des 5. Dezember durch Verfügung des Polizeipräsidenten beschlagnahmt, konnte jedoch später nach Aufhebung der Verfügung noch erscheinen. Als Begründung hierfür schrieb der *Westdeutsche Beobachter* am 6. Dezember 1933:

»Der Polizeipräsident sah sich daraufhin [wegen der gegen den *Westdeutschen Beobachter* gerichteten Richtigstellungen der *Kölnischen Zeitung*, Anm. d. Verf.] veranlaßt, die Beschlagnahme sowohl der *Kölnischen Zeitung* wie auch des *Stadt-Anzeigers* wegen bewußter Irreführung der Öffentlichkeit und wegen böswilliger Herabsetzung der nationalsozialistischen Gaupresse[199] zu verfügen. Trotz dieser wirklich ausreichenden Begründung der polizeilichen Maßnahme hat der Gauleiter sofort nach Bekanntwerden der Beschlagnahme um Freigabe der Zeitungen nachgesucht.«[200]

In einer weiteren Betriebsversammlung am 6. Dezember 1933 wurde ausführlich im Verlag über den Übernahmeversuch und die Verhandlungen mit dem WB gesprochen. Unter der Führung des bereits im Oktober für die Verschmelzung beider Verlage eingetretenen Betriebsratsvorsitzenden Foerstner wurde M. DuMont Schauberg nach Angaben des WB durch mehrheitliche Entschließung der Belegschaft dazu aufgefordert, die Verhandlungen mit dem WB wieder aufzunehmen.[201]

Kölnische Zeitung und *Stadt-Anzeiger* richteten sich am folgenden Tag gegen die einseitige und ihrer Meinung nach falsche Darstellung der Betriebsversammlung und warfen dem Betriebsratsvorsitzenden offene Parteinahme für den *Westdeutschen Beobachter* vor. So wurde den Redakteuren keine Möglichkeit zur Darstellung ihrer Position vor der Abstimmung über eine Wiederaufnahme der Verhandlungen gegeben, und es kam zu Handgreiflichkeiten: »In dieser Erklärung sollte zum Ausdruck kommen, daß der Betriebsratsvorsitzende seine Befugnisse bei weitem überschreite, daß er kein Recht habe, in die Geschäftsführung einzugreifen und daß jede Abstimmung dem von ihm so betonten Führerprinzip widerspreche. Da die Abgabe dieser Erklärung unmöglich war, verließen sämtliche Mitglieder der Redaktion unter Einspruch gegen das ungesetzliche Verhalten des Betriebsratsvorsitzenden den Saal. Ihnen schloß sich eine große Anzahl weiterer Betriebsangehöriger an.«[202]

Am 8. Dezember wurde schließlich das Kapitel der Übernahme durch den *Westdeutschen Beobachter* in einer weiteren Betriebsversammlung beendet. Kurt Neven DuMont bestätigte nochmals die Beendigung der

Verhandlungen mit dem *Westdeutschen Beobachter* und beschwor die Einigkeit aller Beteiligten. Als alleiniges Ziel formulierte der Verlagschef in seltener Deutlichkeit den Dienst an Staat und Führer: »Der Verlag ist entschlossen, selbständig zu bleiben und aus eigener Kraft seinen Weg zu gehen. Die Verhandlungen mit dem *Westdeutschen Beobachter* sind ein für allemal erledigt. (Stürmischer und anhaltender Beifall). Unser Weg ist allein auf Leistung begründet. Jeder muß an seinem Platz mitwirken, damit wir unser Ziel erreichen. Wir kennen hier im Hause nur ein Ziel: Dem nationalsozialistischen Staat und seinem Führer zu dienen und ihm die Treue zu halten.

(...) Einigkeit im Betrieb in jeder Hinsicht ist die notwendigste und wichtigste Voraussetzung für eine erfolgreiche Arbeit.«[203]

Wie privaten Korrespondenzen von Kurt Neven DuMont an seine Frau Gabriele Neven DuMont zu entnehmen ist, war dieser Entscheidung ein mühevoller Weg mit etlichen Besuchen bei den politisch verantwortlichen Stellen vorausgegangen. Im Juli 1933 hatte sich Kurt Neven DuMont um eine Lösung vor Ort in Berlin bemüht.[204] In den folgenden Monaten erlebte der Verleger ein Wechselbad der Gefühle. Beiden Zeitungen ging es wirtschaftlich zunehmend schlechter. Im August 1933 sah Neven DuMont eine Lösung nur in der Zusammenarbeit mit der Partei: »Trotz aller Bemühungen + ›Erfolge‹ geht es mit dem StA. + auch mit der K.Z. immer mehr abwärts. Wir müssen uns der Gauleitung der N.S.D.A.P. ergeben.«[205]

Anfang Oktober 1933 war Kurt Neven DuMont davon überzeugt, dass die Verhandlungen mit dem *Westdeutschen Beobachter* zwecklos gewesen waren. Eine Ablehnung einer Fusion erschien ihm nun als ausschließliche Möglichkeit:

»Die Verhandlungen mit dem *Westdeutschen Beobachter* haben, wie ich es nie anders erwartet hatte, zu keinem Ergebnis geführt. Ob es taktisch vorteilhaft war, wie wir glaubten, sie überhaupt zu führen, erscheint mir nachträglich fraglich. Eine würdige ablehnende Haltung ist das einzig mögliche.«[206]

Im November 1933 dachte der Verleger ernsthaft über den Vorteil einer Verpachtung der *Kölnischen Zeitung* beziehungsweise über deren Folgen für einzelne Familienmitglieder nach. Auch setzte er sich mit verschiedenen Personen in Verbindung, von denen er sich Hilfe für den Verlag versprach:

»Ob ich nach der Verpachtung in der *Kölnischen Zeitung* weiterhin arbeiten werde, weiß sie [Person wird nicht genannt, Anm. d. Verf.] nicht, sie hält es aber nicht ausgeschlossen. Die Pachtsumme werden wir wahrscheinlich nicht in der Höhe bekommen, wie wir es wünschen, wohl aber ist es nicht zu befürchten, daß die Kasse später nicht weiter gefüllt wird. – Wenn ich aus der für mich unglückseligen geschäftlichen Linie hinausgehe, so wirst Du den allergrößten Vorteil davon haben, während Vater sehr darunter leiden wird, nicht mehr Verleger zu sein. – Er wird dann keine rechte Lebensfreude mehr haben. – Da kann man nichts machen.

Heute Nachmittag war ich bei [?]. Er wird vielleicht heute schon mit Heß wegen unserer Sache sprechen! Er kennt ihn sehr gut.«[207]

Ob es sich bei der als »Heß« bezeichneten Person um den Stellvertreter Hitlers, Rudolf Heß (1894–1987), handelte, konnte nicht verifiziert werden.

Trotz des Abbruchs der Verhandlungen mit dem *Westdeutschen Beobachter* war das Überleben des Verlags jedoch alles andere als sicher, und auch die Gesundheit des Vaters und Seniorchefs Alfred Neven DuMont wurde von den belastenden Ereignissen stark in Mitleidenschaft gezogen. Zur gleichen Zeit suchte auch August Neven DuMont, der zweite Seniorchef des Verlages, neue Verbündete in Berlin, wie Rienhardt,[208] den Stellvertretenden Direktor des Reichsverbands der Deutschen Zeitungsverleger. Rienhardt riet ihm zu einem Gespräch mit Max Amann (1891–1957), dem Vorsitzenden des Vereins Deutscher Zeitungsverleger und des Deutschen Zeitungs-Verlags sowie Präsident der Reichspressekammer: »Die wichtigsten geschäftlichen Fragen sind immer noch vollkommen ungeklärt. Wegen der Sache werden wir aus München morgen Bescheid bekommen. Ein großes Geschäft wird es aber keinesfalls. Die Aussichten der Verhandlungen wegen der K.I.Z. sind auch ganz in den Anfängen, aber nicht schlecht. Ende nächster Woche wird sich das vielleicht auch klären. August war gestern in Berlin bei Rienhardt. Dieser sagte, August solle doch nochmals versuchen in München mit Amann zu sprechen. Ich glaube aber nicht, daß dabei etwas herauskommen wird. Jedenfalls muß es versucht werden. Es ist also wirklich alles noch in der Schwebe.

Vaters Zustand ist wenig erfreulich. Er macht sich große Sorgen wegen seiner Vermögensverhältnisse. Sie sehen schließlich auch nicht schön aus [Fehlstelle, im Original unleserlich, Anm. d. Verf.] mich etwas eingehender darum kümmern müssen.«[209] (Weitere Unterlagen zu einem Gespräch mit Amann konnten bisher nicht nachgewiesen werden.)

Im Dezember 1933 erfuhr Kurt Neven DuMont, dass nun auch Berlin ein Auge auf den Verlag geworfen hatte. Es wurde die Zuverlässigkeit von Verlag und Verleger angezweifelt, weswegen Neven DuMont die Einsetzung eines Vertrauensmannes beziehungsweise die Abgabe von Verlagskapital anbot:

»Am 8. d. M.[des Monats?, Anm. d. Verf.] kam K. A. Rienhardt von der Reichspressekammer + erklärte, Berliner Stellen hätten Interesse an MDS. Der Verlag + auch ich persönlich gelten als politisch unzuverlässig. Wir sagten ihm, wir seien bereit, Garantien zu geben durch amtlichen Vertrauensmann oder durch Abtretung eines Teils des Gesellschaftskapitals.«[210]

In einem geschichtlichen Rückblick betrachtete Kurt Neven DuMont 1945 die Weigerung, den Verlag zu verkaufen, als ausgesprochen riskante Vorgehensweise, die damals durch die finanziellen Einbußen des Verlags 1933 auch dessen Ende hätte bedeuten können: »Bei den gewaltigen Verlusten, die unser Verlag nach 1933 durch die Angriffe der Partei erlitt, wäre es nicht nur persönlich bequemer, sondern bestimmt auch wirtschaftlich vorteilhafter gewesen, ihn an die Partei zu verkaufen, wozu mehrmals die Möglichkeit bestand. Die Partei zahlte an Verlage, die sie übernehmen wollte, unabhängig von deren derzeitiger Rentabilität hohe Preise. Es war für mich als Verleger schon deshalb ein großes Risiko, den Kampf um die Selbständigkeit des Verlags fortzusetzen, nachdem dieser bereits die Aufnahme eines größeren Bankkredites erforderlich gemacht hatte, und immer noch neue Verluste eintraten, weil ich als Mitglied einer Offenen Handelsgesellschaft mit meinem gesamten Vermögen haftete, und daher Gefahr lief, nicht nur dieses vollständig zu verlieren, sondern am Ende mit einer erheblichen Schuldenlast dazustehen.«[211]

Laut Fritz Blumrath wurden zumindest die öffentlichen Anfeindungen des *Westdeutschen Beobachters* deutlich zurückgefahren, als durch eine Indiskretion der ganze Umfang der Übergriffe gegen die *Kölnische Zeitung* auch im Ausland bekannt wurde. Der Luxemburger Radiosender beschrieb nach Blumraths Ausführungen detailliert die Vorgehensweisen des *Westdeutschen Beobachters.* Das Propagandaministerium unter Goebbels befürchtete eine Gefährdung der außenpolitischen Interessen des Regimes und erteilte der Kölner Gauleitung eine heftige Rüge: »Die Lösung kam über den Luxemburger Sender, der eines Abends die Affäre und die Machenschaften des Gaues in allen Einzelheiten darstellte. Es ist mir heute noch nicht bekannt, wer damals den Luxemburger Sender unterrichtet hat. Ich vermute, daß es einer der Telefon-Stenografen gewesen war. Auf diesem Wege kamen jedenfalls das Verhalten der Partei und ihre gewaltsamen Machenschaften zur Kenntnis des Auslandes und der Gau erhielt von Berlin einen starken Verweis, weil er die außenpolitischen Interessen durch sein Verhalten geschädigt habe. Man wollte ja damals im Ausland den Anschein irgendwelcher gewaltsamer Eingriffe vermeiden. Diese Konstellation, die eine bürgerliche Zeitung, die im Ausland Ansehen genoß, Goebbels als wertvoll erscheinen ließ, hat die *Kölnische Zeitung* gegen alle Voraussagen als bürgerliches Organ, wenn auch im beschränkten Sinn, bestehen lassen.«[212]

Diese Radiosendung sollte nicht die einzige Reaktion der ausländischen Presse auf das Vorgehen des *Westdeutschen Beobachters* bleiben. In einem Artikel der *Neuen Zürcher Zeitung* vom 12. Dezember 1933 wurde nicht nur detailliert die oben erwähnte erste Betriebsversammlung, die zur Fusion mit dem *Westdeutschen Beobachter* führen sollte, beschrieben,[213] sondern auch die Vorgehensweise der NSDAP und ihrer Unterorgane wurde auf das Schärfste verurteilt. Daneben betonte die Schweizer Zeitung den Mut, dieser Zwangsvereinigung Widerstand geleistet zu haben: »Die Unterorgane der NSDAP in Köln haben bewiesen, daß sie entschlossen sind, mit allen Mitteln für ihr Parteiorgan unangenehme Konkurrenz der *Kölnischen Zeitung* zu beseitigen. Sie sind dabei nicht zurückgeschreckt vor Methoden, die geeignet sein könnten, den unablässigen Versicherungen des Propaganda-Ministeriums über die beruhigte Lage in Deutschland entgegen zu arbeiten. Es ist wohl nur dem großen Ansehen der *Kölnischen Zeitung* im In- und Ausland zuzuschreiben, daß die geschilderten Vorgänge, die sicherlich in der Zeitungsgeschichte der letzten Monate in Deutschland kein Novum sind, überhaupt an die Öffentlichkeit drangen; ein kleineres und unbedeutenderes Blatt hätte wohl kaum den Mut und die Möglichkeit besessen, im Kampf um sein Recht und im Widerstand gegen den Überwältigungsversuch eines nationalsozialistischen Konkurrenzunternehmens die Machenschaften des letzteren aufzudecken. Es fragt sich, ob nun damit die Existenz der *Kölnischen Zeitung* gesichert ist, oder ob die Nationalsozialisten von Köln und ihr Parteiorgan der *Westdeutsche Beobachter* auf anderen Wegen ihr Ziel, das in der völligen Beseitigung der *Kölnischen Zeitung* liegt, weiter zu verfolgen gedenken.«[214]

In Deutschland selbst schien eine Verordnung zur Befriedung im Pressewesen der Reichspressekammer, die in einem Brief des Vertriebs des *Stadt-Anzeigers* vom 6. Januar 1934 erwähnt wurde, zunächst die Situation der *Kölnischen Zeitung* zu entschärfen. In Wirklichkeit brachte sie aber nur eine Verlagerung der Angriffe:

»Gelegentlich der Revierarbeit in Köln-Flittard wurden von Abonnenten und Abbestellern darüber Klage geführt, daß die Werber des *Westdeutschen Beobachters* noch nach Bekanntwerden der Verfügung des Leiters der Reichspressekammer in rigoroser Art und Weise die Bezieher des *Stadt-Anzeigers* zum Bezug des *Westdeutschen Beobachters* veranlaßt haben. Nach Herausgabe der Verfügung traten die Werber weniger in Erscheinung, doch wurde deren Arbeit auf Amtswalter übertragen. Dieselben nun haben teilweise unter Androhung von Nachteilen im Geschäft oder auf der Arbeitsstelle die Arbeit der Werber besorgt und Leuten die nationale Gesinnung abgesprochen, wenn sie sich unter Berufung auf die Verordnung zur Befriedung im Pressewesen weigerten, den *Westdeutschen Beobachter* zu bestellen.«[215]

Für manche Redakteure kam auch diese vorläufige und trügerische Ruhe zu spät, so beispielsweise für Karl Ludwig Zimmermann, der Ende April 1933 auf eigenen Wunsch als fest angestellter Mitarbeiter ausgeschieden war,[216] aber weiterhin als freier Journalist für den *Stadt-Anzeiger* arbeitete. Zimmermann war halbjüdischer Herkunft und verfasste später seine Artikel unter dem Pseudonym »Zips«. In einem Artikel des *Westdeutschen Beobachters* vom 24. September 1933 wurden Zimmermann staatsfeindliche Äußerungen vorgeworfen, die zu seiner vorübergehenden Verhaftung geführt hatten: »U. a. hat er zu Bekannten geäußert: ›In Frankreich werden blaue Stahlhelme gemacht und davon ist einer für mich.‹ Andern gegenüber bemerkte er, daß es Zeit sei, das nationalsozialistische Deutschland dadurch zur Räson zu bringen, daß die Franzosen das Rheinland besetzen.«[217]

Zimmermann verwahrte sich entschieden gegen diese Vorwürfe und wurde am 26. September vom *Stadt-Anzeiger* mit den folgenden Worten zitiert:

»Ich bleibe dabei, daß die mir in den Mund gelegte Äußerung von meiner Seite nie gefallen ist, wie man es auch von einem ehemaligen Kriegsfreiwilligen und einem Mann, der im Kapp-Putsch, in der Besetzungszeit und in der Zeit nachher seine vaterländische Pflicht erfüllt hat, nicht anders erwarten kann; des ungeachtet verzichte ich auf weitere Betätigung im Verlag des *Stadt-Anzeigers*, auch unter der Form der freiwilligen Mitarbeit.«[218]

Der *Stadt-Anzeiger* nahm allerdings zu den Vorwürfen gegen Zimmermann in diesem Artikel keine Stellung und verhielt sich abwartend:

»Es muß abgewartet werden, ob die Staatsanwaltschaft auf Grund der polizeilichen Unterlagen ein Verfahren gegen Herrn Zimmermann einleitet und zu welchen Feststellungen dieses führen wird.«[219]

Kurt Weinhold berichtet in der Unternehmensgeschichte des Verlags, dass Zimmermann bis zu seiner Verhaftung am 3. September 1933 »unter der Hand, über Deckadressen, versorgt [wurde], soviel erinnerlich.« Er konnte der Gestapo entkommen und war nach Kriegsende bei einer Düsseldorfer Zeitung beschäftigt.[220]

Probleme bereiteten die Nationalsozialisten dem Verlag jedoch nicht nur vor Ort, sondern auch im Ausland. Verlagsleiter Belz berichtete von festen Agenturen und Geschäftsverbindungen des Verlags vor 1933 in Belgien, Frankreich, Holland, Österreich. Schweiz, Spanien, Portugal, Italien, Tschechoslowakei, Ungarn sowie in diversen Balkanstaaten und in Skandinavien. Nach 1933 dämmte der Reichsverband allmählich die Verbreitung der Zeitschriften und Zeitungen des Verlags in vielen Ländern ein oder unterband sie vollständig. Dies geschah, laut Belz, durch die Ablehnung von Vertretern, durch Auflagebeschränkungen und durch Lieferverbote. Im Ausland wurde intensiv für die nationalsozialistischen Blätter geworben und zugleich die Auflage der Zeitungen des Verlages M. DuMont Schauberg beschränkt. Bis zum Kriegsbeginn wurde auf diese Weise erreicht, dass auf Befehl die Lieferungen nach Spanien, Portugal und in die Schweiz aufgrund »mangelhafter Rentabilität« ganz eingestellt wurden.[221]

Es gerieten allerdings nicht nur die Mitarbeiter und der Vertrieb ins Visier der Nationalsozialisten, sondern auch die Verlegerfamilie selbst. So berichtete der Redakteur Hans Roerig (1891–1984) in seinen Erinnerungen über seine Zeit beim *Stadt-Anzeiger* und bei der *Kölnischen Zeitung* davon, dass Kommerzienrat Alfred Neven DuMont nach 1933 mehrfach überaus deutlich gegen die Nationalsozialisten Stellung bezog, sodass er nur unter Schwierigkeiten ungeschoren davonkam: »Aber kein Verständnis und nur Verachtung hatte er für die Nazis und ihre Schrittmacher aus anderen politischen Lagern. Nach 1933 war er in seiner Kritik der Nazis immer freimütig und so ›unvorsichtig‹, daß er mehrfach in Schwierigkeiten geriet, die nur mit Mühe ausgeräumt werden konnten.«[222]

Seine regimekritischen Äußerungen machte der Kommerzienrat nach Aussage des Vertriebsleiters der *Kölnischen Illustrierten Zeitung* von 1939 bis 1942, Gerhard Ludwig (1909–1994), – offenbar ohne Rücksicht auf deren Auswirkungen für ihn und den Verlag – in aller Öffentlichkeit in den Verlagssitzungen: »Sie gerieten ja auch wohl oft in beträchtliche Verlegenheit, wenn Ihr verstorbener Vater in Verlagssitzungen seine Umgebung vergaß [sic!] und gegen die Mißstände loswetterte.«[223]

Schritt für Schritt begann Kurt Neven DuMont, seine liberale Gesinnung gegenüber den Nationalsozialisten zu leugnen. Er trat sogar dem »Stahlhelm« bei, um seine nationale Gesinnung zu verdeutlichen. Allerdings glaubten ihm weder die Partei noch die Verantwortlichen im *Westdeutschen Beobachter*. Sie wussten genau, dass er sich anpassen würde, um seine Zeitungen und den Verlag zu retten. Das gelang ihm schließlich. Aber welchen Preis musste er dafür bezahlen?

5.5 Die interne Auseinandersetzung mit dem Nationalsozialismus im Verlag

5.5.1 Repressalien der Partei

Der Jahresbeginn 1934 sollte weder finanziell noch persönlich eine Besserung des angespannten Zustands von Verlag und Familie bringen. Dennoch bemühte sich Kurt Neven DuMont, im Januar 1934 seine Frau brieflich zu trösten und aufzurichten. In diesen herzbewegenden Zeilen äußerte er die hoffnungsvolle Zuversicht, trotz der wenig Mut machenden und problematischen Verhältnisse, dass auch sie beide wieder in der Zukunft, entsprechend ihrer wesensgemäßen Einstellung, harmonisch leben würden: »Wenn die schwere Zeit, die wir jetzt durchleben müssen, überstanden sein wird, dann werden wir beide auch wieder die Möglichkeit haben, unserem Wesen entsprechend zu leben, wie das jetzt [?] ist. Ich weiß auch, daß für Dich in mancher Hinsicht diese Zeit schwerer ist als für mich, weil Du in eine Art zu leben gedrängt worden bist, die Dir keineswegs entspricht, aber auch das wird einmal anders werden, wenn sich einstweilen auch nicht absehen läßt wann. Die Verhältnisse bei MDS sind nämlich noch in keiner Weise klarer geworden, in mancher Hinsicht sogar noch unübersichtlicher. Vater leidet natürlich am meisten darunter.«[224]

Auf Anfrage des Berliner Korrespondenten der Basler *National-Zeitung* gab die *Kölnische Zeitung* ihre Auflagezahlen und die des *Stadt-Anzeigers* bekannt, welche im April des Jahres 1934 in dieser bürgerlichen Schweizer Tageszeitung veröffentlicht wurden: »Die Gesamtauflage der *Kölnischen Zeitung* einschließlich *Stadt-Anzeiger* betrug Ende Februar 102336 und die *Kölnische Zeitung*, d. h. die B- und C-Ausgaben, die als *Kölnische Zeitung* anzusprechen sind, hat eine Auflage von 33396.«[225]

Es schien demnach im Vergleich zu 1933 trotz der Angriffe des *Westdeutschen Beobachters* eine leichte Verbesserung eingetreten zu sein (1933: *Stadt-Anzeiger* 50000, *Kölnische Zeitung* 30000).

Wiederholt fuhr der Verleger in dem gleichen Jahr nach Berlin, um sich um Aufträge – in mehreren Briefen ist von einem Druckauftrag die Rede[226] – für den Verlag zu bewerben. Vermutlich verlief dies ohne Erfolg, da er Anfang September 1934 seiner Frau mitteilte, etwa 30 bis 40 Mitarbeiter entlassen zu müssen.[227] In einer Sitzung des Vertrauensrates kündigte der Verleger die Entlassungen von 26 Angestellten an, deren Auswahl nach inhaltlichen und sozialverträglichen Gesichtspunkten erfolgen sollte. Als Gründe wurden die sich verschärfende wirtschaftliche Lage und die wieder beträchtliche und gewaltige Unterstützung des *Westdeutschen Beobachters* durch die Partei benannt: »Heute war Großkampftag. Ich hatte zwei Stunden Vertrauensratsitzung, in der ich die bevorstehenden Maßnahmen erklärte + die 26 Entlassungen ankündigte. Nachher war es eine sehr mühsame Arbeit die Namen zusammen zu suchen wobei Leistung, soziale Verhältnisse + Alter berücksichtigt werden mußten. Morgen ist wieder Vertrauensratsitzung + am Freitag die Kündigung. Der Kampf ist dann aber nicht zu Ende, sondern fängt erst richtig an. (...) Wir müssen aber schnell handeln + fest bleiben denn das Augustergebnis war noch schlechter als wir erwartet hatten. Die Partei arbeitet z. Z. wieder mächtig für den *Westdeutschen Beobachter*. Da ist es schwer aufzubauen.«[228]

Tatsächlich wurden am 7. September 1934 29 Entlassungen, vermutlich in Absprache mit dem Betriebsrat oder einem Arbeitnehmervertreter, ausgesprochen.

In einem Brief – bereits am Tag zuvor – an seine Frau erklärte Kurt Neven DuMont diesbezüglich seine geplante, notwendige Vorgehensweise und die damit verbundenen schmerzlichen Gefühle. Ebenfalls schrieb er über die wieder dringliche und unangenehme Aufgabe, seinen Vater nochmals um einen Geldbetrag zur Unterstützung des Unternehmens bitten zu müssen:

»Gestern kam ich nur zu wenigen Zeilen. Die Kündigungen – 29 – habe ich eben unterschrieben. Morgen wird das Heulen und Zähneklappern losgehen. (...) Wir hatten uns mit der Auswahl auch sehr viel Mühe gegeben.

Jetzt muß ich nochmals Vater dazu bringen, daß er 35 000 M nochmals in die Firma steckt. Sehr angenehm!«[229]

Wie bereits erwähnt, kämpften der Verlag und die Familie allerdings nicht nur mit finanziellen Schwierigkeiten. Die politischen Verhältnisse hatten 1934 auch sehr unmittelbare, gewichtige Auswirkungen auf einzelne Familienmitglieder, wie zum Beispiel auf Alfreds Ehefrau Alice und den Sohn Kurt.

Alice Neven DuMont (1877–1964), die nicht selbst aktiv im Verlag tätig war, wurde in ihrer Eigenschaft als Vorsitzende der GEDOK, der Gemeinschaft der deutschen und österreichischen Künstlerinnen und Kunstfreundinnen, deren Mitbegründerin sie auch gewesen war, von den Nationalsozialisten als ungeeignet für eine Führungsposition betrachtet. Die Leiterin der nationalen Frauenschaft des Gaus Köln-Aachen, Martha von Gelinck, bat Alice Neven DuMont in einem Brief vom April 1934 dementsprechend, von ihrem Amt zurückzutreten: »Nach reiflicher Überlegung muß ich Ihnen leider mitteilen, daß mir unter Ihrem Vorsitz die Arbeit der Gedok, die ja jetzt dem Frauenwerk angegliedert ist, und somit letzten Endes mir untersteht, nicht in dem Maße gewährleistet scheint, wie es im nationalsozialistischen Sinne erwünscht ist. Ich bitte Sie deshalb darum, den Vorsitz der Gedok niederzulegen.«[230]

Ob Alice Neven DuMont tatsächlich ihr Amt niederlegte, konnte bislang nicht in Erfahrung gebracht werden. In namentlich nicht gekennzeichneten Unterlagen des Verlagsarchivs hieß es, dass sie Leiterin der literarischen Gruppe und von 1933 bis 1939 deren Vorsitzende war. Diese Angaben sind allerdings ohne Quellenverzeichnis und bislang nicht belegbar.[231]

Im gleichen Jahr geriet auch ihr Sohn, Kurt Neven DuMont, ins Blickfeld der nationalsozialistischen Machthaber. Ursache hierfür war ein Bericht des erzürnten Mitarbeiters Otto Utsch an die NSBO-Betriebszelle des Verlags vom Oktober 1933, der jedoch erst im August 1934 auf Anzeige eines weiteren Mitarbeiters, des ehemaligen Schriftleiters Josef Siebertz, den nationalsozialistischen Behörden ausgehändigt wurde.[232] Kurt Neven DuMont wurde in diesem Bericht beschuldigt, in einem Gespräch mit dem Leiter des Blattes *Sonntag Morgen*, Donald Stuart, die Nationalsozialisten statt der Kommunisten des Reichstagsbrands bezichtigt zu haben: »Sie glauben doch wohl selbst nicht, daß die Nationalsozialisten nicht den Reichstag angesteckt haben.«[233]

Ein anderer Bericht, welcher von dem Verfasser in dieser Form nicht abgesandt werden sollte, enthielt ausführliche »Belege« für eine regimefeindliche Ausrichtung der Zeitungen des Verlages M. DuMont Schauberg. So wurde auch der Schriftleiter Johann Schäfer als scharfer Gegner der NSDAP beschrieben.

Weitere Anschuldigungen bezogen sich auf Sigismund Schröteler (1892–1936), Josef Platen und den Handelsredakteur Dr. Schmidt.[234] Schmidt wurde insbesondere der Vorwurf gemacht, als »Judenfreund« 17 jüdische Korrespondenten im Handelsteil beschäftigt zu haben, die bis zum Zeitpunkt dieses Schreibens noch weitgehend für den Verlag arbeiteten: »Unter der Leitung des Handelsredakteurs, des allerwelts Judenfreundes und Parteigegners Dr. Schmidt, dem vordem eingeschriebenen Mitglied der demokratischen Partei, wurden nicht weniger als 17 jüdische Korrespondenten für den Handelsteil gewonnen, die auch heute bis auf einen oder zwei unter dem Parteigegner Dr. Schäfer weiterarbeiten. Es sind dies: Herman-Brüssel, Napier-London, Vajda-Amsterdam, Sally Rosenthal-Amsterdam, Singer-Stockholm, Schütz-Mailand, Weil-Prag, Diabal-Kassel, Henrichs-Berlin, Singer-Hamburg, Markus-Palästina (ob noch im Dienst?), Löwenthal-Berlin, Rubinfeld-Berlin, Ehrenhaft-Budapest, Reitler-Wien, Regensburger-Berlin.«[235] Als Zeugen für diese Aussagen wurden sechs Mitarbeiter und Parteigenossen angegeben.[236]

In einem weiteren, nicht namentlich gekennzeichneten, jedoch inhaltlich weitgehend übereinstimmenden Schreiben vom 21. Oktober 1933 mit dem Titel »Bericht über die Zustände in den Redaktionen des *Stadt-Anzeigers* und der *Kölnischen Zeitung* – Wiedererwachende Demokratie und schwindender Nationalismus« wurde von den vier im Verlag erscheinenden Zeitungen lediglich zweien eine Führung im nationalsozialistischen Sinne bescheinigt.[237] Den beiden übrigen Blättern wurde eine den Nationalsozialisten gegenüber feindlich gesinnte Führung unterstellt. Gemäß den Ausführungen dieses Autors beabsichtigte das vereinte Blatt, bestehend aus *Stadt-Anzeiger* und *Kölnischer Zeitung*, sogar, der nationalsozialistischen Partei zu schaden: »Auch die neue zusammengelegte Zeitung wird auf der Lauer liegen, um irgendwelche Schwächen der Partei zu erspähen und, sobald es möglich sein wird, auszunutzen. Die äußere Aufmachung der *Kölnischen Zeitung* und des *Stadt-Anzeigers*, sowie die Veröffentlichung der von der Partei beziehungsweise von amtlichen Stellen zugeleiteten Notizen darf nicht darüber hinwegtäuschen, daß der innere Geist der Redaktionen ein ganz anderer ist. Diese Auflagenotizen werden als lästiger Zwang empfunden, worüber man in den beiden Redaktionen genügend knurrt. Sobald der Druck der Partei sich aus irgendeinem Grunde lockert, werden die beiden Zeitungen ein anderes Gesicht zeigen und womöglich zum Angriff übergehen.«[238]

Gleichfalls wurde über ein systematisches Ausschalten von nationalsozialistischen Journalisten zugunsten demokratischer Parteigegner geschrieben: »Pg. [Parteigenosse, Anm. d. Verf.] Erdmann war nach Beurlaubung des früheren Chefs vom *Stadt-Anzeiger*, Platen dem Bekämpfer der Partei, mit der Leitung des *Stadt-Anzeigers* betraut worden. Pg. Erdmann stieß bei einzelnen, jetzt wieder bestimmenden, Mitarbeitern im *Stadt-Anzeiger* auf einen solchen parteifeindlichen Widerspruch, daß er dem Verlag seinen Rücktritt erklärte, da er als Nationalsozialist mit der politischen Einstellung der maßgebenden Schriftleiter nicht einverstanden sein könne. (Pg. Erdmann ist inzwischen beurlaubt worden, [handschriftl. Einfügung, Anm. d. Verf.]) Der Erfolg war, daß der junge Verleger den Demokraten und Parteigegner Schröteler mit der Leitung des *Stadt-Anzeigers* betraute. (...) Auch Pg. Siebertz, der als einziger nationalsozialistisch handelnder und denkender Schriftleiter in der politischen Redaktion sitzt, ist inzwischen wegen seiner politischen Einstellung beurlaubt worden. (...) Auch Pg. Spitzfaden, dessen man sich auch als ›Fremdkörper‹ in der Schriftleitung entledigen möchte, kann über Tatsachen, die sie als Nationalsozialisten mit Empörung erfüllten, wichtige Aussagen machen.«[239]

Der Kreis um Schäfer wurde als Gegenzelle zur NSBO bezeichnet. Kritische, von Alfred Neven DuMont angeblich initiierte Äußerungen in Bezug auf die SPD würden in der Redaktionskonferenz[240] abgelehnt werden. Einzelne Journalisten beklagten außerdem eine schlechte Behandlung aufgrund ihrer Parteizugehörigkeit:

»Pg. Stuart schrieb in einem Brief an den NSBO-Obmann Pg. Förstner, daß man als Nationalsozialist wie ein Hund behandelt worden sei, Pg. Joost beklagte sich darüber, daß er vielfach nicht gegrüßt worden sei.«[241]

Abschließend nannte der Autor nunmehr 14 Zeugen für seine Anschuldigungen.[242]

Josef Siebertz bestätigte in einer protokollarischen Niederschrift bezüglich einer Befragung vom 28. August 1934, das oben genannte Schreiben von Otto Utsch in einer vertraulichen Besprechung unter vier Augen erhalten zu haben. Nach den Ausführungen Siebertz' nahm dieser allerdings einige Änderungen vor, da es ihm zu »gehässig« formuliert war. Hier handelte es sich vermutlich um die zuvor erörterte zweite Fassung. Inhaltlich stimmte er Utsch allerdings zu. Otto Utsch sah anschließend von einer Übergabe an die Behörden ab; woraufhin Siebertz den Sachverhalt einem Standartenführer schilderte, der umgehend die Sicherstellung des Schriftstückes bei Utsch durch die geheime Staatspolizei veranlasste. Siebertz machte für seine Entlassung seine zu starke nationalsozialistische Ausrichtung als Journalist verantwortlich: »Meine Entlassung am 1.1.34 ist deswegen erfolgt, weil ich den Beratern des Dr. Neven zu eigenmächtig die Zeitung im nationalsozialistischen Sinne machte.«[243]

In einer dazu formulierten schriftlichen Stellungnahme vom 6. Oktober 1934 verwahrte sich Kurt Neven DuMont gegen die Beschuldigungen in den beiden Briefen. Insbesondere die Bemerkung zum Reichstagsbrand habe er in dieser Form nie geäußert. Zudem sei er darüber hinaus immer sehr zurückhaltend mit widersprüchlichen Meldungen umgegangen. Auch sei sein Verhältnis zu Stuart stets ausgesprochen distanziert gewesen, demzufolge konnte es zu keinerlei vertraulichen Aussagen kommen. Neven DuMont hegte vielmehr den Verdacht, dass Stuart dem Verlag schaden wollte: »Mit Herrn Stuart stand ich aber schon Anfang vorigen Jahres keineswegs in einem persönlichen Vertrauensverhältnis. Schon aus diesem Grunde kommt es gar nicht in Frage, daß ich ihm gegenüber, sei es in einem persönlichen Gespräch, oder sonstwie, eine politische Äußerung getan haben könnte, die auch nur zu einem Mißverständnis hätte Anlaß geben können. Auf Grund einer ziemlich genauen Kenntnis der charakterlichen Eigenart des Herrn Dr. Stuart, die ich mir bei einer langen dienstlichen Zusammenarbeit mit ihm angeeignet hatte und auf Grund von besonderen Beobachtungen seines Verhältnisses gegenüber Kollegen und unserm Verlag, war ich damals schon Herrn Dr. Stuart gegenüber in hohem Grade mißtrauisch. Dieses Mißtrauen nahm im Laufe des Sommers dauernd zu und führte im Herbst zu einem äußerst gespannten Verhältnis zwischen Herrn Dr. Stuart und mir, da ich mehr als einen Beweis dafür hatte, daß Herr Dr. Stuart keine Gelegenheit unbenutzt ließ, um dem damals in schweren Kämpfen stehenden Verlag Schwierigkeiten zu bereiten.«[244]

Kurt Neven DuMonts weitere Ausführungen ließen Stuart als einen intriganten und ränkesüchtigen Karrieristen erscheinen, dem es lediglich um die Sicherung der eigenen Position ging. So ließ Stuart beispielsweise bei einer Schwester Görings, Frau Olga Rigele, überaus negative Bemerkungen über den Verlag und die Angestellten fallen, die dem Ehepaar Neven DuMont während eines Besuches der Familie Rigele im Privathaus der DuMonts am Starnberger See zugetragen wurden. Das Ehepaar hatte sie zuvor im Palais Görings bei einem längeren Aufenthalt in Berlin im Juni 1933 kennen gelernt und war mehrmalig mit Frau Rigele zusammengetroffen.[245]

Die darin enthaltene Andeutung eines näheren Kontakts der Verlegerfamilie zum Umfeld Görings in diesem Schreiben genügte möglicherweise, um weitergehende Auswirkungen der denunziatorischen Schriften zu vermeiden.

Jahre später, nämlich 1945, äußerte sich Kurt Neven DuMont in einem Brief nochmals zu den Vorwürfen von Utsch und Siebertz und gab nun zu, in der Tat besagte Äußerung zu den Verursachern des Reichstagsbrandes in einer Redaktionskonferenz getan zu haben, was er zuvor – verständlicherweise – vehement bestritten hatte. Aus diesem Brief ging auch hervor, dass sich der Verleger in Berlin vor der Reichspressekammer zu den gegen ihn erhobenen Vorwürfen äußern musste und sich nur mit Zuhilfenahme persönlicher Verbindungen aus der Affäre ziehen konnte: »Ich wurde damals [im Januar 1934, Anm. d. Verf.] nach Berlin zur Reichspressekammer bestellt, wo man mir die Aussage zweier ehemaliger Schriftleiter unseres Verlages (Dr. Stuart und Dr. Joost), die zur NS-Presse übergegangen waren, vorhielt, der zufolge ich in einer Redaktionskonferenz erklärt haben sollte, die Nazis hätten den Reichstag angezündet. Dieser Angriff war umso gefährlicher, als ich diese Äußerung tatsächlich getan hatte. Es kam zu einem Verfahren bei der Staatsanwaltschaft in Köln und zu einer Vernehmung bei der Gestapo. Die Niederschlagung des Verfahrens war nur unter den größten Schwierigkeiten und unter Ausnutzung besonderer persönlicher Beziehungen möglich, da ich nachweisen konnte, daß die Anzeige der beiden Schriftleiter auf einem Racheakt beruhte.«[246]

Dr. Utsch selbst wandte sich im Frühjahr 1935 mit einer schriftlichen Erklärung an Kurt Neven DuMont, um das Zustandekommen des Briefes zu erklären und um sich für die Folgen seines Schreibens zu entschuldigen, das so nie abgesandt werden sollte: »Der fragliche Brief ist durch die Zusammenstellung einzelner Manuskripte und Mitteilungen zustande gekommen, die von verschiedenen damaligen Angestellten des Betriebes – darunter auch von mir – verfaßt waren. Der Inhalt ist wiederholt überarbeitet und dann von Siebertz ins Reine geschrieben worden und zwar nur ein Reinschriftexemplar – also keine Durchschläge – angefertigt.

Herr S. übergab mir sodann die Reinschrift mit dem Ersuchen, sie mit meiner Unterschrift zu versehen und an die N.S.B.O. abzuliefern. Ich hatte jedoch schon bei der Zusammenstellung des Manuskriptes die schwersten Bedenken gegen die Aussendung eines derartigen Schreibens an die N.S.B.O. oder an eine sonstige Stelle und behielt die Reinschrift infolgedessen in meiner Privatwohnung, wo ich sie in meinem Schreibtisch unter Verschluß nahm.«[247]

Utsch hatte den Brief trotz mehrfacher Aufforderung durch Siebertz nicht unterschrieben und abgesandt und ihn erst nach massivem Druck durch die Geheime Staatspolizei ausgehändigt: »Obwohl Herr S. mich in der Folgezeit wiederholt bedrängte, den Brief zu unterschreiben und abzusenden, habe ich dies nicht getan, wobei ich Herrn S. wiederholt erklärt habe, daß der Inhalt des Briefes nicht zu vertreten sei, und man mich wie andere Betriebsangehörige damals maßlos aufgehetzt habe. (…)

Am 21. August 1934 erschien nun ein Obersturmbannführer der S.A. in Begleitung zweier Zivilisten, die sich mir als Beamte der Geheimen Staatspolizei vorstellten, bei mir auf der Redaktion und ersuchte mich, ihm zu folgen. (…)

In meiner Wohnung verlangte der S.A. Führer sodann die sofortige Herausgabe des Briefes [sic!] wobei er erklärte, er wisse, wo er sich befände.«[248]

Utsch begründete die Entstehung des Briefes durch die heftige Empörung, welche durch die Erklärung von Massenkündigungen entstanden war, sowie die persönliche Kränkung bezüglich der eigenen Entlassung und seine als ungerecht empfundene und »rücksichtslos-eisige« Behandlung durch Kurt Neven DuMont:

»Daß es überhaupt zur Abfassung des Briefes kommen konnte, ist nur durch die ungeheure Aufregung zu erklären, die durch die damals vom Verlage erklärte Massenkündigung entstanden war und von einer Reihe damaliger Betriebsangehöriger durch fortgesetztes Hetzen genährt und verstärkt wurde. Auch ich fühlte mich durch mein Kündigungsschreiben und die von mir als hart und gefühllos empfundenen Worte, die Sie unmittelbar vorher persönlich an mich richteten, schwer getroffen und gekränkt, zumal ich als alter, stets national eingestellter Betriebsangehöriger und als Kriegsteilnehmer in vorderster Front, der nie reklamiert war, etwas mehr Rücksicht beanspruchen zu können glaubte.«[249]

Außerdem betonte Utsch, die Anschuldigungen gegenüber Kurt Neven DuMont und einigen seiner Kollegen nicht mitzutragen:

»Nach alledem stehe ich nicht an, zu erklären, daß ich mir die in dem Briefe enthaltenen Verdächtigungen und Vorwürfe gegen Sie und einige meiner Kollegen nicht zu eigen mache. Ich bedaure es außerordentlich, daß hier ein Schriftstück, an dessen Zustandekommen ich mich allerdings in einem Zustande größter Aufregung und Verärgerung beteiligt (...), dazu verwendet worden ist, den Interessen des Verlags Abbruch zu tun.«[250]

Einen wahren Kern enthielten die Anschuldigungen von Utsch und Siebertz allerdings durchaus: 1934 änderte sich die Zusammensetzung der Redaktionen durch die Entlassung und Beurlaubung von Redakteuren – hauptsächlich wegen wirtschaftlicher Schwierigkeiten – und in der Folge, auch aufgrund von differierenden, inhaltlichen und politischen Zielen, die Anzahl der vom Verlag publizierten Zeitungen und Zeitschriften. So erschien am 29. April 1934 bei M. DuMont Schauberg die letzte Nummer der Wochenzeitung *Sonntag Morgen*. Zu unterschiedlich waren die Ansichten über die Ausrichtung der Zeitschrift geworden.

Donald Stuart und Wilhelm Joost beschrieben in ihrem Abschiedswort vom 22. April 1934 klar und verständlich die eindeutige politische Ausrichtung der Zeitschrift mit einem Seitenhieb auf weniger »standhafte« Publikationen: »Der *Sonntag Morgen* hat keine politischen Schwankungen nötig gehabt, wir haben im Dritten Reich unter dem Schutz des Schriftleitergesetzes verwirklichen dürfen, was wir in unsern ersten Mitteilungen unsern Lesern am 1. Mai 1932 versprochen hatten. Es fällt uns schwer, nach diesem Aufbau nunmehr von unseren Lesern Abschied nehmen zu müssen: Mit dem 1. Mai geht das Verlagsunternehmen *Sonntag Morgen* in andere Hände über.«[251]

In welche Hände genau, nämlich den Voran-Verlag, beschrieb eine Verlautbarung des Verlags, die offen die Stoßrichtung der Zeitschrift erwähnte und deren Übereinstimmung mit der Haltung der neuen Herausgeber betonte: »Wenn wir heute den *Sonntag Morgen* dem VORAN Verlag, GmbH, Berlin SW 68, Wilhelmstraße 29 übergeben, so geschieht es in der Überzeugung, daß bei dem neuen Herausgeber in Verlag und Schriftleitung Persönlichkeiten wirken, die die Gewähr dafür bieten, daß der *Sonntag Morgen* im Sinne seiner bisherigen Zielsetzung weitergeführt und ausgebaut werden wird.«[252]

Worte des Bedauerns seitens des Verlags fehlten, sodass der Eindruck entstehen könnte, der Verkauf des Blattes sei im Verlag eher mit Erleichterung als mit Enttäuschung quittiert worden. Eine vermutlich ironische Äußerung Kurt Neven DuMonts in einem Brief an seine Frau vom April 1934 zeigte, dass er sich auf jeden Fall über den *Sonntag Morgen* Gedanken machte: »August ist heute aus Berlin zurückgekommen, wo er für 50 000 den *Sonntag Morgen* verkauft hat. Das Ende eines schönen Traumes!«[253]

Die *Österreichische Abendzeitung* hielt den Vorgang des Verkaufs immerhin für so bedeutend, dass sie ihn als Nachricht publizierte und dabei auch die personellen Hintergründe des Voran-Verlags erhellte, nämlich die diesbezügliche Beteiligung des Reichsministers für Aufklärung und Propaganda, Joseph Goebbels, der den *Sonntag Morgen* schon früher wohlwollend erwähnt hatte:

»Vor einigen Wochen hat nun diese Druckerei [der Voran-Verlag, Anm. d. Verf.] von DuMont Schauberg, dem Verleger der *Kölnischen Zeitung*, die Wochenendzeitung *Sonntag Morgen* käuflich erworben. Dieses Blatt war im Namen des Ministers Goebbels durch sein Propagandaministerium schon des öfteren mit Lob ausgezeichnet worden, daß es ganz in seinem Sinne geschrieben sei, ohne Parteipolitik, aber echt deutlich und nationalsozialistisch, wie es sein soll.

Dieses nunmehr von der Voran-Druckerei erworbene Blatt, an der Goebbels beteiligt ist, ermöglicht es ihm, dort alle die Redakteure des ihm genommenen *Angriff* unterzubringen, die zu versorgen er durchaus sich gezwungen sieht.«[254]

Der Verkauf war vermutlich nicht ganz reibungslos verlaufen, was Kurt Neven DuMonts Bemerkung zu einem verlorenen Prozess gegen den Voran-Verlag nahelegt. Weitere Informationen zu diesem Prozess waren jedoch bisher nicht aufzufinden: »Recht ärgerlich ist, daß wir den

Prozeß mit dem Voran-Verlag, der den *Sonntag Morgen* kaufte, verloren haben.«[255]

Zehn Tage nach dem Kauf des *Sonntag Morgen* durch den Voran-Verlag wurde passenderweise die damals führende Wochenendzeitung *Die grüne Post* vom Propagandaministerium für drei Monate verboten.[256]

Ob oder welche der Redakteure des *Sonntag Morgen* nun von den neuen Besitzern übernommen wurden, bleibt bis heute undurchschaubar.

Donald Stuart, Schriftleiter des *Sonntag Morgen*, war zumindest im Mai 1934 noch Angestellter des Verlages M. DuMont Schauberg. Er setzte allerdings seinen Feldzug gegen die Verlagsleitung fort, die ihm innerhalb des Hauses eine andere Aufgabe anbot. Er empfand dies wegen der – seiner Ansicht nach – nicht nationalsozialistisch ausgerichteten anderen Blätter des Verlages als unzumutbar und reagierte mit einer Klage gegen den Verlag. In der Klageschrift vom 3. Mai 1935, von der lediglich die zweite Seite im Verlagsarchiv erhalten ist, formulierte er seine Weigerung und fuhr mit den bereits bekannten Vorwürfen fort: »2. Eventuell bin ich aber auch aus einem weiteren Grunde nicht gehalten, in eine andere Redaktion der Beklagten einzutreten. Meine Anwälte haben schon in ihrem Schreiben vom 24. April 1934 darauf hingewiesen, daß der *Sonntag Morgen* ein Blatt ist, welches unter meiner Führung in rein nationalsozialistischem Sinne geleitet ist. Meine Anwälte haben weiter darauf hingewiesen, daß die *Kölnische Zeitung* und die übrigen Blätter der Beklagten nicht als nationalsozialistische Blätter anzusprechen sind. (...)

Ich könnte hier unter Bezugnahme auf die gesamte Leitung und unter Ausführung einer Anzahl einzelner Artikel und Aufsätze dartun, daß die übrigen Blätter der Beklagten in einem anderen Sinne geführt werden, und zwar in einem anderen Sinne, wie dies bezüglich der bürgerlichen Blätter vom Reichspropaganda-Minister ausgeführt ist. (...) Wenn aber zwischen der von mir geleiteten Zeitung *Sonntag Morgen* und den übrigen Blättern des Verlages eine Divergenz so schwerwiegenden Inhalts besteht, dann kann mir nicht zugemutet werden, an einem anderen Blatt des Verlages tätig zu sein.«[257]

Als »Beweis« für die politische Ausrichtung des Verlags verwies Stuart auf eine Auskunft und ein Gutachten des Gaupresseamts der NSDAP Köln, welches im Verlagsarchiv nicht vorliegt. Donald Stuart war höchstwahrscheinlich gewiss ein überzeugter Nationalsozialist, was nicht nur die Nennung seiner Tätigkeit als Amtswalter der NSDAP im gleichen Schreiben belegt,[258] sondern auch seine weitere Laufbahn im nationalsozialistischen Staat, wie seine Mitgliedschaft in der NSDAP seit dem 1. Mai 1933, seine Tätigkeit als Zellenleiter der Partei in Köln-Süd oder seine Aufnahme in den »Vertraulichen Zeitschriften-Dienst« des Reichsministeriums für Volksaufklärung und Propaganda 1939. Aus dem gleichen Jahr stammt auch ein schriftlicher Hinweis über seine weitere berufliche Tätigkeit. Er arbeitete weiterhin als Journalist, und zwar bei der *Süddeutschen Sonntagspost* des Verlages Knorr und Hirth in München.[259]

Als Redakteur des *Sonntag Morgen* in Berlin hätte Stuart nach dem Verkauf möglicherweise lediglich kurzfristig tätig werden können. Denn dem *Sonntag Morgen* war unter der neuen Leitung nur eine kurze Lebensdauer beschieden. Die Wochenzeitung wurde wahrscheinlich im Februar 1935 mit dem Erscheinen des Heftes 4 eingestellt.[260]

Donald Stuart war allerdings nicht der Einzige, der dem Verlag im Anschluss an die Auseinandersetzungen mit dem Nazi-Blatt *Westdeutscher Beobachter* den Rücken kehrte und zum nationalsozialistischen Lager überlaufen sollte, wie sich ein Redakteur, wahrscheinlich Hans Roerig, später erinnerte: »Ueberhaupt wandern alle schwachen Elemente zum *Westdeutschen Beobachter* ab, der den geschulten Journalisten gute Angebote macht: Dr. Erdmann Leiter des Berliner Büros des WB, Dr. Jost [sic!] sein Vertreter in London und Bern, Ginzel zum Schluß sein stellvertretender Hauptschriftleiter, Dr. Rodens zeitweise Vertreter in Paris, Steguweit sein Feuilletonleiter, Otto Klein, Feuilleton-Schriftsteller, Kellermann sein Gerichts- und Kriminalberichterstatter, zum Schluß übrigens auch Ettighoffer.«[261]

Die Nationalsozialisten betrachteten die Aktivitäten des Verlages M. DuMont Schauberg und seiner zugehörigen Zeitungen auch 1935 mit Argwohn. Nach einer großangelegten neuen Arbeitsanweisung für die »Presse-Propaganda-Aktion des Gaupropaganda-Amtes« im Frühling 1935, die verkündete, dass eine Mitgliedschaft in NS-Gliederungen nunmehr den Bezug von NS-Blättern voraussetzte, bekamen im Laufe des Jahres 1935 insbesondere der Hauptschriftleiter der *Kölnischen Zeitung*, Johann Schäfer, und August Neven DuMont, der zweite Seniorchef des Hauses, deren Auswirkungen zu spüren. Am 15. März wandte sich der Verlag mit mehreren Schreiben an das Auswärtige Amt und andere Amtsstellen sowie an das Berliner Büro der *Kölnischen Zeitung* gegen diese Arbeitsanweisung, die natürlich gezielt gegen die bürgerliche Presse gerichtet war: »Die NSDAP hat selbstverständlich das Recht, für ihre Presse einzutreten. Gegen die vorliegende Propaganda-Aktion erheben wir jedoch Einspruch. Sie richtet sich nicht nur an die Parteimitglieder, sondern auch an die Mitglieder aller Gliederungen der Partei, d. h. praktisch an fast alle deutschen Volksgenossen. In allen Betrieben und Behördenstellen sollen Gefolgschaftsversammlungen stattfinden.

Die Aktion ist geeignet, bei der Mehrzahl der Volksgenossen das Gefühl auszulösen, unter Druck und Zwang gesetzt zu sein.«[262]

Zur Verdeutlichung dieser kritischen Bewertung wurde im gleichen Schreiben der betreffende Punkt A II der Arbeitsanweisung im vollen Wortlaut wiedergegeben: »Die andere Aktion dient der Sichtung aller Mitglieder von NS-Gliederungen auf ihre innere Haltung zum Nationalsozialismus. Denn der Bezug der NS-Tagespresse ist heute der eindeutigste Prüfstein für die Echtheit ihrer Gesinnung und für ihre Charakterhaltung.«[263]

In diesen Kontext ist höchstwahrscheinlich auch ein Aufenthalt Kurt Neven DuMonts im März 1935 in Berlin zu setzen, in dessen Verlauf er die Geheime Staatspolizei, das Propagandaministerium, das Reichswirtschaftsministerium und das Auswärtige Amt aufsuchte, um eventuell Einfluss auf das Schicksal der bürgerlichen Blätter zu nehmen und um wiederum Unterstützung für seinen Verlag zu erhalten: »Es scheint, als ob jetzt die Frage, was aus den Nichtparteiblättern werden soll, jetzt, nachdem wir den Kopf hingehalten haben, wirklich grundsätzlich geklärt werden soll. Ich will jetzt morgen hier noch möglichst viele Stellen auf die Notwendigkeit hinweisen. Außerdem kommt morgen noch der Reg. Präsident Miels[?] hier an, mit dem ich auch zusammentreffen werde, weil er in unserer Angelegenheit hir [sic!] Schritte tuen will. Wenn sonst nichts neues aufs Tapet kommt werde ich wohl morgen Abend abreisen können, es hängt alles davon ab ob ich alle Leute so schnell bekomme, wie ich es hoffe. Heute war ich bei der Geheimen Staatspolizei, im Propaganda Ministerium [sic!], im Reichswirtschaftsministerium + im Auswärtigen Amt. Außerdem habe ich noch eine Dienstaufsichtsbeschwerde bei der Reichskulturkammer verfaßt, die aber morgen erst fort soll.«[264]

Die erwähnte Dienstaufsichtsbeschwerde befasste sich ebenfalls mit besagter Presseanweisung und war gegen den Präsidenten der Reichspressekammer, Max Amann, an den Präsidenten der Reichskulturkammer, Joseph Goebbels, gerichtet worden. Sie blieb jedoch ohne Erfolg.[265]

Kaum zufällig kam es parallel zu Kurt Neven DuMonts Berliner Besuch im März 1935 zu einer Festnahme des Hauptschriftleiters der *Kölnischen Zeitung* Johann Schäfer durch die Gestapo. Wegen der Veröffentlichung zweier Artikel vom 19. März 1935 mit den Überschriften »Eine Feststellung« und »Die Zeitungswerbung« war er 24 Stunden in Schutzhaft genommen worden. In den Beiträgen war auf eine Anordnung des Präsidenten der Reichspressekammer verwiesen worden, in der eine Kontrolle über den Bezug bestimmter Zeitungen untersagt worden war: »Nach der Anordnung des Präsidenten der Reichspressekammer vom 13. Dezember 1933 ist ›eine Verpflichtung zum Bezug bestimmter Zeitungen nicht zulässig, insbesondere nicht durch Zuordnungen oder Befehle; ebensowenig darf eine Kontrolle über den Bezug bestimmter Zeitungen ausgeübt werden‹.«[266]

In dem gleichen Artikel wurde anknüpfend darauf aufmerksam gemacht, dass keineswegs eine Verpflichtung zum Ausfüllen eines Fragebogens bestehe, in dem die bezogenen Zeitungen angegeben werden mussten: »Demnach ist niemand verpflichtet, Fragebogen, die zurzeit in Köln verteilt werden, soweit sie sich auf den Bezug von Zeitungen beziehen, auszufüllen, da auch heute noch auf Grund der Anordnungen des Präsidenten der Reichspressekammer und des Stellvertreters des Führers jegliche Kontrolle über den Bezug bestimmter Zeitungen ohne besondere Genehmigung verboten ist.«[267]

Indirekt wurde ebenfalls durch das Abdrucken einer weiteren Verordnung der Reichspressekammer auf die »Drückermethoden« von Werbern hingewiesen, die dort als illegal bezeichnet werden: »Dem Werber ist untersagt, in irgendeiner Hinsicht auf den zu werbenden Bezieher einen Zwang oder Druck auszuüben, insbesondere dürfen nicht irgendwelche Nachteile, zum Beispiel persönlicher, wirtschaftlicher, beruflicher oder sonstiger Art, für den Nichtbezieher einer Zeitung oder Zeitschrift angedroht werden.«[268]

Dies war natürlich ein mehr als deutlicher Seitenhieb auf die Werbemethoden des *Westdeutschen Beobachters*. Eine Ausnahme von der oben zitierten Regelung konnte nur durch eine besondere Genehmigung erteilt werden, die nach Kenntnis des Verlags in Köln nicht vorlag: »Ein Flugblatt, das zurzeit in Köln und Umgebung verbreitet wird, hat uns veranlaßt, Erkundigungen in Berlin einzuziehen. Die dem Reichsleiter für die Presse der NSDAP unterstehende Reichspressekammer erklärte uns, weder ihr noch dem Verwaltungsamt des Reichsleiters für die Presse der NSDAP sei ein Vorgang bekannt, wonach die erforderliche Genehmigung erteilt worden sei.«[269]

Obwohl es sich tatsächlich um eine Verlautbarung der Nationalsozialisten gehandelt hatte, wurde Schäfer im Verfahren zu einer Geldstrafe von RM 500 und zur Übernahme der Gerichtskosten verurteilt.[270]

Sowohl die *Kölnische Zeitung* als auch der *Stadt-Anzeiger* veröffentlichten am 25. März einen langen Bericht über vier Spalten zum Prozess gegen Schäfer, aus dem die Eskalationsstufen bei der Bestrafung von »auffällig gewordenen« Schriftleitern hervorging, aber auch, dass eine Löschung aus der Berufsliste hier wohl hauptsächlich zur Abschreckung diente, da sie anschließend wieder zurückgenommen werden sollte: »Der Vertreter der Anklage, Graf von Schwerin legte u. a. dar, (...) das Schriftleitergesetz scheine ihm in den großen Spannen zwischen den einzelnen Bestrafungen eine Lücke aufzuweisen. Auf Geldstrafe bis zu einem Monatsgehalt folge als nächste Strafe die Löschung aus der Berufsliste auf Lebenszeit. Die Veröffentlichung sei aus dem wirtschaftlichen Interesse der *Kölnischen Zeitung* vorgenommen worden; das sei das, was nach Meinung der NSDAP eben nicht in die Zeitung hineingehöre. Er beantrage Löschung aus der Berufsliste, erkläre aber, daß er, falls das Gericht diesen Spruch fällen würde, beim Reichsminister für Volksaufklärung und Propaganda sich dafür einsetzen werde, die Löschung nach kurzer Zeit wieder aufzuheben.«[271]

Bei seiner Rückkehr wurde Schäfer von allen Angestellten in Empfang genommen und mit Blumen und Geschenken bedacht: »Als er zurückkehrte, empfingen ihn alle Angehörigen des Hauses M. DuMont Schauberg, vom Packer bis zum Redakteur, wie einen Helden. Dutzende Blumensträuße wurden überreicht. Sein Schreibtisch war mit Geschenken überhäuft: Zigarren, Wein, Sekt.«[272]

Bei Schäfer hatte seine Inhaftierung nach den Ausführungen von Gustav René Hocke einen tiefen Eindruck hinterlassen. Ihm war bewusst, dass es mit der Pressefreiheit endgültig vorbei war, und Schäfer riet angesichts der Kriegsvorbereitungen der Nationalsozialisten zum Sprung vom Tarpejischen Felsen, der südlichen Spitze des kapitolinischen Hügels, von dem aus im antiken Rom Todesurteile durch Hinabstürzen vollstreckt wurden: »Doch war Schäfer bedrückt. Er warnte vor Triumphgeschrei. Anschließend gab es eine Besprechung mit den Ressortleitern. Schäfer sagte müde und ergriffen: ›Mit der alten Pressefreiheit ist es endgültig zu Ende. Wer von Ihnen als Erster vom Tarpejischen Felsen springen will, soll es tun. Da drüben arbeiten sie alle auf den Krieg hin.‹«[273]

Wie recht Hocke mit seiner Einschätzung Schäfers hatte, belegt ein Brief Schäfers an Grohé, in dem er seinen bedingungslosen Willen zur Zusammenarbeit mit den Nationalsozialisten erklärte: »Der Führer hat in seiner Berliner Rede vor der alten Garde erneut die Zusammenarbeit aller Deutschen an dem nationalsozialistischen Aufbauwerk verlangt, für das wir uns alle einsetzen. Wer wollte sich auch von dieser Arbeit ausschließen? Zu dieser Mitarbeit habe ich mich stets verpflichtet gefühlt und danach gehandelt.

(...) Ich bin unter Zurückstellung jeder persönlichen Empfindlichkeit bereit, alles zu tun, um diese Spannungen wegzuräumen. (...) Wir haben uns früher (im Jahre 1934) mehrere Male offen ausgesprochen. Ihre Auffassung und Wünsche habe ich jedes mal der gesamten Schriftleitung mitgeteilt, was auch nicht ohne Auswirkungen geblieben ist. (...) Mir geht es nicht um persönliche Dinge, sondern darum, im Sinne des Führers für Deutschland mit der *Kölnischen Zeitung* die Arbeit zu leisten, zu der ich mich, besonders auch als Frontsoldat, der vier Jahre in vorderster Linie gekämpft hat und dreimal schwer verwundet worden ist, bis zum letzten verpflichtet gefühlt habe und gebunden fühle.«[274]

Hocke selbst erhielt wenig später wieder eine Verwarnung des Propagandaministeriums, weil er den Leiter des NS-Erziehungsheimes, Hans Schemm, in einem Artikel als »Dilettanten« bezeichnet hatte.[275]

August Neven DuMont war nach diesen Vorkommnissen erheblichen Angriffen ausgesetzt, als er zum ordentlichen Beisitzer des Bezirksgerichts der Presse in Köln ernannt werden sollte. Gegen seine Ernennung legte zunächst der Gaupresseamtsleiter der NSDAP des Gaus Köln-Aachen, Schwaebe, im Juni 1935 in einem Schreiben an das Reichsministerium für Volksaufklärung und Propaganda Widerspruch ein, da er heftige Bedenken wegen DuMonts politischer Zuverlässigkeit hegte, weil es nicht nur zu Auseinandersetzungen zwischen Verlag und NSDAP gekommen war, sondern im *Stadt-Anzeiger* sogar öffentlich zum Ungehorsam gegenüber der Partei aufgerufen worden sei: »Der dabei genannte Verleger August Neven DuMont, der augenscheinlich vom Bezirksgericht Essen nach Köln übernommen wurde, erscheint in politischer Hinsicht völlig ungeeignet. Die Haltung des von Herrn DuMont verlegten Kölner *Stadt-Anzeigers* und der *Kölnischen Zeitung* hat wiederholt zu schweren Zusammenstößen zwischen Gliederungen der NSDAP und dem Verlage des Herrn Neven DuMont geführt. Erst am 19. März d.J. mußte auf Antrag der Gauleitung der NSDAP der Hauptschriftleiter des *Stadt-Anzeigers* in Schutzhaft genommen werden, weil die Bevölkerung im *Stadt-Anzeiger* öffentlich zum Ungehorsam gegen die Gauleitung der NSDAP aufgefordert worden war. Wir bitten Sie daher den Verleger August Neven DuMont von der vorgesehenen Beisitzerliste des Kölner Bezirksgerichts absetzen zu wollen. (...).«[276]

In einem Brief der Landesstelle Köln-Aachen des Reichsministeriums für Volksaufklärung und Propaganda griff der Berichterstatter Walter Frielingsdorf dieses Schreiben nochmals auf und schloss sich Schwaebes Einwendungen an. Er begründete dies mit den außerordentlichen Schwierigkeiten, die der Verlag gemacht habe, als die Gaupropagandaleitung Werbung für eine nationalsozialistische Gauzeitung machte. Frielingsdorf befürchtete Spannungen bei einer Besetzung der Stelle mit Neven DuMont, die der sachlichen Arbeit im Weg stehen könnten.[277]

In einem zusammenfassenden Schreiben des Reichsministeriums für Volksaufklärung und Propaganda vom 5. Juli 1935 wurde der Vorwurf einer politischen Nichteignung Neven DuMonts nochmals aufgegriffen: »Gegen den von Ihnen als Beisitzer für das Bezirksgericht vorgeschlagenen bisherigen stellv. Beisitzer des Bezirksgerichts Essen, August Neven DuMont, sind von der Gauleitung Köln Bedenken erhoben worden, da dieser politisch ungeeignet erscheine.«[278]

Dies führte schließlich dazu, dass die Reichspressekammer den Reichsverband der Deutschen Zeitungsverleger zu einer diesbezüglichen Stellungnahme aufforderte.[279] Der Zeitungsverband stellte sich in dieser Angelegenheit schützend hinter den Verleger und bezeichnete in einem Schreiben an den Gauleiter den Umgang mit August Neven DuMont als eine »unberechtigte Diffamierung«: »Im Nachgang zu meinem Schreiben vom 17. Juli in der obigen Angelegenheit teile ich Ihnen mit, daß dem zuständigen Gauleiter, Staatsrat Grohé, vom Reichsverband der Deutschen Zeitungsverleger bereits schriftlich dargelegt worden ist, daß er die Auffassung des Gaupresseamtsleiters Schwaebe, der bisher irgendwelche Tatsachen gegen die Person des Herrn August Neven nicht vorgebracht hat, nicht teilen könne und in der Unterbindung der weiteren Tätigkeit des Herrn August Neven als Mitglied des Bezirksgerichtes eine unberechtigte Diffamierung erblicken würde.«[280]

Offenbar war aber auch der Staatsrat wegen politischer Bedenken gegen DuMont ursprünglich nicht mit dieser Positionierung einverstanden. In einem Brief des Präsidenten der Reichspressekammer an den Reichsminister für Volksaufklärung und Propaganda erwähnte der Vertreter des Präsidenten Willi, dass er sich allerdings nach einem Gespräch mit Rechtsanwalt Rienhardt, dem ständigen stellvertretenden Leiter des

Reichsverbands der Deutschen Zeitungsverleger, von der Eignung Neven DuMonts hatte überzeugen lassen.[281]

Im November 1935 erhielt August Neven DuMont schließlich die Ernennungsurkunde zum Beisitzer des Bezirksgerichts der Presse in Köln und die Abberufung von der gleichen Position in Essen, die er zuvor innehatte.[282]

5.5.2 Jüdische Mitarbeiter

Zur positiven Darstellung hervorragender Leistungen von Juden in Kultur und Wissenschaft in den Blättern des Verlags M. DuMont Schauberg kam in den Augen der Nationalsozialisten verschärfend hinzu, dass auch die Entlassungen von eigenen jüdischen Mitarbeitern erst Ende 1935 begannen. War im Brief von Siebertz und Utsch 1933, wie bereits erwähnt,[283] noch von 17 jüdischen Mitarbeitern die Rede, sprach der Verlag nach und nach seinen jüdischen Angestellten, in den meisten Fällen zum Dezember 1935, die Kündigung aus.

Ernest Saxon-Napier war der am längsten beschäftigte Mitarbeiter der *Kölnischen Zeitung* jüdischer Herkunft; der Kontakt zwischen dem Verlag M. DuMont Schauberg und ihm entstand 1926 und er blieb durch Kurt Neven DuMont bis nach 1945 bestehen. Seine Mitarbeit löste vielfältige Auseinandersetzungen mit verschiedenen Dienststellen des Regimes (Reichspressekammer, Reichsverband der Deutschen Zeitungsverleger, Propagandaministerium, Reichsverband der Deutschen Presse, Deutsche Botschaft in London) aus.

Der Fall Saxon-Napier gliederte sich in mehrere Etappen:

1. Die Mitarbeit von Saxon-Napier seit Beginn des Jahres 1927.
2. Der Streit mit dem Finanzamt Köln im November 1935.
3. Die eigentliche Auseinandersetzung und der Hinauswurf 1938.
4. Die Wiederaufnahme des Kontakts nach 1945.

Saxon-Napier, der in London wohnte, wurde 1926 von der *Kölnischen Zeitung* engagiert, wie aus einem Schreiben des Kommerzienrats Alfred Neven DuMont hervorgeht: »Aufgrund der uns übermittelten Vorschläge des Herrn Marc Neven DuMont und Ihrer bereits erfolgten Berichterstattung für den Handelsteil der *Kölnischen Zeitung* würden wir es begrüßen, wenn Sie ab 1. Januar 1927 die regelmäßige Handelsberichterstattung aus London für die *Kölnische Zeitung* übernehmen könnten. Wir möchten Sie von dem genannten Zeitpunkt an mit der bisher durch Herrn Mautner erfolgten Berichterstattung für unser Blatt betrauen und Sie zum alleinigen Handelsvertreter für London ernennen. Als Honorar bieten wir Ihnen 35 Pfund monatlich postnumerando zahlbar und Ersatz Ihrer Spesen bis zum Höchstbetrag von 15 Pfund im Monat aufgrund Ihrer vierwöchentlichen Abrechnung. (...)« [284]

1935 verschlechterten sich, wie bereits erläutert, die wirtschaftlichen Verhältnisse im Verlag deutlich, und Saxon-Napier schrieb am 7. Februar einen vertraulichen Brief an Marc Neven DuMont (1892–1972), den Cousin Kurt Neven DuMonts und Leiter des Berliner Büros der *Kölnischen Zeitung*. Das Schreiben verdeutlichte die weitere gute Zusammenarbeit mit der *Kölnischen Zeitung* und stellte getrennte Wege außer Frage:

»Hochverehrter Herr Verleger,

Ich danke Ihnen für Ihren gütigen Brief vom 4. Februar und die schonende Art, in der Sie mich auffordern, mich einer Gehaltssenkung zu unterwerfen.

Obwohl ich nachweisbar immer schon weniger von Ihnen als Honorar bezogen habe, als die Kollegen von benachbarten deutschen Tageszeitungen, kann ich mich schon in Anbetracht Ihrer mir wiederholt bezeugten Treue Ihrer Aufforderung nicht entziehen, möchte eine Gehaltskürzung aber von einer Neuregelung meiner, von mir nie anerkannten Steuerpflicht abhängig machen. (...)

Als ich nebenberuflich in die Dienste der *Kölnischen Zeitung* trat, fühle [sic!] ich mich moralisch, wenn auch nicht vertraglich verpflichtet, keine andere große deutsche Tageszeitung zu bedienen.«[285]

Saxon-Napier war zu dieser Zeit als ständiger Mitarbeiter für den Commercial Intelligence Service tätig, einen Eildienst für amtliche und private Handelsnachrichten mit Sitz in Berlin und einer Niederlassung in London. Der Eildienst, für den er bis Ende 1938 arbeitete, war eine Reichsbehörde des deutschen Regimes und lieferte Nachrichten über die englische Eisen- und Stahlindustrie sowie über die englische Schifffahrt. Auch arbeitete der Service, und dies sollte entscheidend werden, bereits seit längerem für die Deutsche Botschaft in London.[286]

Der Leiter der Handelsabteilung der Deutschen Botschaft war für die Arbeitsteilung und für Kompetenzfragen zuständig. Saxon-Napier erhielt ein monatliches Gehalt von RM 500 (circa £ 41), zum Jahresende RM 600 (circa £ 49) mit der Maßgabe, nunmehr für die *Kölnische Zeitung* berichten zu dürfen; auch Nachrichtenagenturen und -dienste waren ausgeschlossen. Dieser Vertrag wurde im Oktober 1935 abgeschlossen.

Hans Roerig ermittelte im Auftrag des Verlags, dass »Herr E.S.N.« bis Ende 1938 bei der Deutschen Botschaft in London beschäftigt war.[287]

Das Finanzamt Köln-Altstadt bescheinigte Saxon-Napier allerdings Ende November 1935, dass er nicht als Angestellter anzusehen sei, weil kein Dienstvertrag geschlossen worden sei.[288]

Zur gleichen Zeit begann vermutlich der Reichsverband Deutscher Zeitungsverleger, Erkundigungen zu den Auslandsmitarbeitern des Verlags einzuholen. In einer anonymen Zusammenstellung im Verlagsarchiv MDS werden Dokumente genannt, die zwischen November 1935 und März 1936 die Begleitumstände der Entlassung von jüdischen Mitarbeitern erläutern, wobei die Originaldokumente nicht vorliegen.

Am 20. November 1935 wurde die schriftliche Bitte des Reichsverbandes um Übersendung einer genauen Liste sämtlicher Auslandskorrespondenten ausgesprochen, insbesondere der im Ausland befindlichen Handelskorrespondenten, sowie der Mitarbeiter für den Handelsteil und der Mitarbeiter in Berlin.[289]

In einem Schreiben des Präsidenten der Reichspressekammer vom 28. Dezember 1935 hieß es:

»Allgemeines Rundschreiben wegen der Transferierung der Bezüge der Mitarbeiter. Liste mit Namen von dort eingereicht (Die Liste enthielt einen jüdischen Mitarbeiter, bei der *Kölnischen Zeitung*, Vajda, und bei der *Kölnischen Illustrierten Zeitung* KIZ Frl. Fiedelholz).«[290]

Von Kurt Neven DuMont sind Korrespondenzen erhalten, in denen er sich über das gesetzlich vorgeschriebene Ausscheiden der jüdischen Mitarbeiter aufgrund der Nürnberger Gesetzgebung sachlich und mit einem indirekten Bedauern des Müssens (»da wir uns also doch von den noch verbliebenen Mitarbeitern trennen müssen«) äußerte. Er schrieb im Dezember 1935 an das Berliner Büro unter Leitung von Herrn Hans Sonnenschein (1887–1958), einem Handelsredakteur des Berliner Büros:

»Ich danke Ihnen für die Feststellungen, die Sie bezüglich der jüdischen Mitarbeiter im Handelsteil getroffen haben. Ihre Auffassung, daß demnächst Volljuden [sic!], auch wenn sie jetzt noch als Kriegsteilnehmer Mitglied der Reichspressekammer sind, ausscheiden müssen, deckt sich durchaus mit meiner Ansicht. Man kann das ja ohne weiteres aus der Nürnberger Gesetzgebung und den bisher erschienenen Durchführungsbestimmungen herauslesen. Da wir uns also auf die Dauer doch von den noch verbliebenen jüdischen Mitarbeitern trennen müssen, wir uns aber anderseits [sic!] nicht nutzlos Angriffen aussetzen wollen, möchte ich schon jetzt versuchen auch für diese letzten Nichtarier Ersatz zu schaffen.«[291]

Kurt Neven DuMont sprach in seinem Brief weiter die Mitarbeiter Dr. Vajda und Dr. Haas an. Letzterer hatte monatlich im Schnitt RM 10 verdient, also weit weniger als Saxon-Napier. Auch für Harry Loewenberg und Maximilian Zweig sollte in Absprache mit Hauenstein eine Regelung getroffen werden, sprich eine Ablösung.

In einem Fernschreiben vom selben Tag, ebenfalls an Hans Sonnenschein, bat Kurt Neven DuMont, beim Propagandaministerium nachzuprüfen, ob »diese Herren tatsächlich in die Schriftleiterliste eingetragen sind. Sie selbst behaupten es ja. Können Sie auch beim Propagandaministerium klären, ob voraussichtlich derartigen Herren die Schriftleiterkarte belassen wird. (…) Sie müssten also gleich ins Propagandaministerium gehen.«[292]

Im Dezember 1935, also gerade einmal zwei Monate nach dem Vertragsabschluss mit Saxon-Napier, kündigte man in Deutschland den meisten für die *Kölnische Zeitung* tätigen jüdischen Mitarbeitern. In Berlin arbeiteten Harry Loewenberg, Dr. W. Haas und Maximilian Zweig für den Handelsteil. Für Loewenberg wurde zum Februar 1936 Ersatz gefunden, den beiden Letztgenannten wurde zum 31. Dezember 1935 gekündigt, ebenso Dr. Vajda in Amsterdam.[293] Zwei weiteren Mitarbeitern wurde im Februar 1936 gekündigt, Kaftal in Hamburg und Sinzheimer in Mannheim. Für sie kam ebenfalls Ersatz.[294]

Gemäß der bereits oben erwähnten anonymen Zusammenstellung von Dokumenten zur Entlassung jüdischer Mitarbeiter im Verlagsarchiv MDS reichte der Verlag am 24. Januar 1936 eine Liste ein, in der mitgeteilt wurde, dass einem Mitarbeiter gekündigt worden sei, weil er Jude sei: nämlich Loewenberg in Berlin. Diese Liste enthielt auch den Namen Saxon-Napier.[295]

Ein Schreiben des Reichsverbands der Deutschen Zeitungsverleger vom 22. Februar 1936 bestätigte den Eingang der Liste und enthielt die Bitte um Ergänzung des Hamburger und Kölner Handelsteils. Außerdem wurde die Erklärung der vertretungsberechtigten Personen des Verlages angefordert, welche die eingereichte Liste und die erbetene Ergänzung sämtlicher Mitarbeiter im Ausland und der im Ausland befindlichen Handelskorrespondenten sowie der Mitarbeiter des Handelsteils und sonstiger Mitarbeiter in Berlin enthalten sollte.[296]

Am 28. Februar 1936 wurde aufgrund einer Dokumentation eine entsprechende Ergänzungsliste eingereicht und mitgeteilt, dass Sinzheimer in Mannheim und Kaftal in Hamburg Juden seien und dass ihnen gekündigt worden war. Außerdem wurde die Versicherung abgegeben, dass in dieser Aufstellung sämtliche Mitarbeiter des Auslands und die im Ausland befindlichen Handelskorrespondenten sowie sämtliche Kölner Mitarbeiter des Handelsteils und die gesamten Mitarbeiter des Berliner Büros aufgeführt seien – der Begriff »Juden« wurde hier allerdings nicht benutzt.[297]

Einem Schreiben des Reichsverbands der Deutschen Zeitungsverleger vom 16. März 1936 ist nach dieser Aufstellung zu entnehmen, dass die Devisen gestrichen worden seien, darunter die Zahlungen an Dr. Vajda in Amsterdam.[298]

Saxon-Napier blieb von den Kündigungen weiterhin ausgenommen; allerdings fragte die Verlagsleitung am 30. April 1936 nach, ob Saxon-Napier seinen Nachweis arischer Abstammung erbracht habe.[299]

Ein Fragebogen zu diesem Nachweis wurde vom Verlag am 18. August 1936 an Saxon-Napier geschickt. Saxon-Napier hatte nicht darauf geantwortet.

Interessanterweise beginnt die Hinausdrängung dieses letzten jüdischen Mitarbeiters des Verlags 1938 mit der Aufforderung des Reichsverbands der Deutschen Presse (R.D.P.), sich in die Berufsliste der Schriftleiter einzutragen. In einem vertraulichen Brief von Ernest Saxon-Napier ist – völlig richtig – handschriftlich (wohl von einem Mitarbeiter des Verlags, nicht mit der Handschrift Kurt Neven DuMonts) angemerkt, dass der R.D.P. zu diesem Zeitpunkt immer noch nicht wusste, dass er Jude ist! Saxon-Napier zog sich geschickt aus der Affäre, indem er in seinem Brief zum einen seine Militärzugehörigkeit sowie seine englische Staatsbürgerschaft betonte und zum anderen mit seiner Kündigung drohte. Er könnte also gar keinen dementsprechenden Antrag stellen, und falls es keine Ausnahmeregelung für ihn gäbe, wäre dies eben die Konsequenz.[300]

Bereits eine Woche später schrieb der Hauptgeschäftsführer des Reichsverbandes der Deutschen Presse an die Hauptschriftleitung des Verlages, dass Saxon-Napier Gehalt bezöge, obwohl er immer noch nicht in die Schriftleiterberufsliste eingetragen sei. Erst daraufhin eingeleitete Nachforschungen hätten ergeben, dass Saxon-Napier Volljude [sic!] sei.[301]

Sodann teilte der Verlag in einem Brief vom 12. April 1938 mit, dass Saxon-Napier »noch bis vor kurzem für den Handelsteil der *Kölnischen*

Zeitung gearbeitet habe, weil man nicht wusste, dass er Volljude [sic!] sei und man erst daraufhin die Zusammenarbeit beendet habe.«[302] Außerdem berief sich Dr. Johann Schäfer, der Hauptschriftleiter, auf die beiden Tätigkeiten Saxon-Napiers für die Deutsche Botschaft in London und den Eildienst.

Der Handelskorrespondent selbst meldete sich anschließend mit einem Brief aus London zu Wort: »Es ist fuer mich aber vollkommen unverstaendlich, wie dem Verlag oder gar Ihnen Schwierigkeiten erwachsen konnten. Bis Ende Juni 1937 hatte ich (...) einen festen Vertrag mit der Eildienst (...) G.m.b.H., die bekanntlich eine Abteilung der Reichsstelle fuer den Außenhandel ist. Da mir bereits wiederholt vor Abschluß dieses letzten Vertrags (...) Aufgaben zugemutet worden waren, die m. E. landesverraeterischen Anstrich trugen, bestand ich im Oktober 1935 auf Aufnahme des Paragraph 3.«[303] [in den Anstellungsvertrag; dieser Paragraph regelte Wahrung von Treu und Glauben sowie der guten kaufmännischen Sitten, Anm. d. Verf.]

Die Beteuerungen des Verlages schützten Schäfer allerdings nicht vor einer Anklage. Der Leiter des R.D.P. beauftragte den zuständigen Landesverband Mittelrhein, ein Berufsgerichtsverfahren wegen fortdauernder Verletzung des Paragrafen 37 des Schriftleitergesetzes gegen Dr. Johann Schäfer einzuleiten.[304] Der Landesverband setzte sich am 2. Juni 1938 mit ihm in Verbindung und gab ihm eine Frist von einer Woche, um sich zu den Vorwürfen zu äußern.[305]

Die Antwort des Verlages war nunmehr schärfer und im Sprachstil des Regimes gehalten: »Sie mögen daraus ersehen, daß wir damals [1935, Anm. d. Verf.] auch den letzten jüdischen Mitarbeiter auszumerzen versuchten, selbst wenn er aus irgendwelchen Gründen Mitglied der Reichspressekammer war.«[306]

Im Zuge der Untersuchungen betreffs der Tätigkeit Saxon-Napiers schrieb Hans Roerig[307] einen längeren Brief an Kurt Neven DuMont, in dem er den Vorgang schilderte, wie der Korrespondent durch die enger werdenden Maschen schlüpfen konnte.[308]

Wie alle anderen ständigen Mitarbeiter der deutschen Zeitungen hatte auch Saxon-Napier im Mai 1933 die Aufforderung vom Reichsverband der deutschen Presse erhalten, den »arischen Nachweis« zu erbringen. Alle Berichterstatter, die diesen Nachweis nicht erbringen konnten, wurden kurz darauf entlassen. Saxon-Napier behauptete Roerig gegenüber, dass es keine Beanstandungen gegeben hätte. Auch bei späteren »Auskämmungen« [Ausdruck des Redakteurs Roerig, Anm. d. Verf.] durch die Reichspressekammer selbst als Instanz der Devisenüberweisung blieb der Londoner Redakteur unbehelligt. Saxon-Napier hatte mehrmals behauptet, er sei Armenier. Hans Roerig, der mit »Heil Hitler« den Bericht unterzeichnete, betonte und begründete abschließend, dass er Saxon-Napiers nebenberufliche Tätigkeit »niemals als die eines Schriftleiters aufgefaßt habe, da sie ja nicht hauptberuflich war«[309].

Am 24. Juli 1939 wurde in Köln ein ehrengerichtliches Verfahren gegen den Hauptschriftleiter Dr. Johann Schäfer wegen des Falls Saxon-Napier eröffnet. Er wurde wegen Beschäftigung eines Juden sowie des fortgesetzten Verstoßes gegen das Schriftleitergesetz angeklagt und wegen grober Fahrlässigkeit zu einer Geldstrafe in Höhe von RM 1500 verurteilt, was seinem Monatsgehalt entsprach.[310]

In einer Zusammenfassung des Vorgangs im Verlagsarchiv werden die Worte des Vorsitzenden Richters, Landgerichtsrat Weber, folgendermaßen wiedergegeben: »Wir haben uns (…) gegen die Juden zur Wehr gesetzt, und im Ausland bezieht eine große deutsche Zeitschrift ihre Nachrichten von Juden. Ich muß offen sagen, daß [sic] ist geradezu unfaßbar.«[311]

Der Reichsverband der deutschen Zeitungsverleger betrachtete den Vorgang bereits Ende Juli als »erledigt«.[312] Kurt Neven DuMont sprach mit Ministerialrat Fritzsche am 28. Juli 1939, der überraschend deutlich machte, dass er, Fritzsche, im Einverständnis mit der Gestapo (!) eine Sondergenehmigung für Saxon-Napier erteilt habe, weil dieser für beide Arbeitsstellen nicht so leicht zu ersetzen gewesen sei. Das Propagandaministerium könne ein Urteil des Berufsgerichts aber nicht aufheben, deswegen sei eine Berufung vonnöten.[313] Im Nachgang und auf Empfehlung Fritzsches wurde nun auch das Propagandaministerium von den Ereignissen offiziell in Kenntnis gesetzt. Der weitere Prozessverlauf schleppte sich dahin; weitere anberaumte Termine für die Berufung (zum Beispiel Ende Januar 1940) konnte Dr. Johann Schäfer nicht mehr wahrnehmen, da er inzwischen an der Front war. Den Unterlagen zufolge ist es nie zu dem Berufungsschritt vor dem Pressegerichtshof in Berlin gekommen. Der Anwalt von Dr. Johann Schäfer sprach von einer Behauptung eines gewissen Verdachts einer fahrlässigen Handlung,[314] die geblieben sei.

Der Kontakt zwischen dem Verleger Kurt Neven DuMont und Ernest Saxon-Napier war damit keineswegs dauerhaft beendet. Nach dem Krieg wandte sich der Verleger wegen eines Zeugnisses bezüglich seiner politischen Gesinnung an Saxon-Napier.

Jüdische Mitarbeiter des Verlages, die 1935 nicht im Ausland arbeiteten, wie Saxon-Napier, waren den Über- und Angriffen der Nationalsozialisten dagegen natürlich weitgehend schutzlos ausgeliefert. Ein weiterer, bislang nicht erwähnter jüdischer Mitarbeiter und Freund des Verlegers Kurt Neven DuMont war der Schriftsteller Wilhelm Unger (1904–1985), den der Verleger, wie der folgende Exkurs aufzeigen soll, in mehrfacher Hinsicht in den dreißiger Jahren unterstützt hatte. Unger war nach einer Buchhändlerlehre Theaterkritiker beim *Kölner Stadt-Anzeiger* geworden und dort in dieser Funktion bis 1933 tätig.[315]

Am 16. März 1935 wurde Unger ein abschlägiger Bescheid auf seinen Antrag auf Aufnahme in den Reichsverband Deutscher Schriftsteller und in die Reichsschrifttumskammer erteilt, der ihn als Nichtarier für nicht geeignet hielt, in Deutschland »geistig und kulturschöpferisch« tätig zu sein: »Bei der hohen Bedeutung geistiger und kulturschöpferischer Arbeit für Leben und Zukunftsentwicklung des deutschen Volkes sind zweifellos nur die Persönlichkeiten geeignet, eine solche Tätigkeit in Deutschland auszuüben, die dem deutschen Volke nicht nur als Staatsbürger, sondern auch durch die tiefe Verbundenheit der Art und des Blutes angehören. Nur wer sich aus der rassischen Gemeinschaft heraus seinem Volke verbunden und verpflichtet fühlt, darf es unternehmen, mit einer so tief greifenden und folgenschweren Arbeit, wie sie das geistige und kulturelle Schaffen darstellt, einen Einfluß auf das innere Leben der Nation auszuüben. Durch Ihre Eigenschaft als Nichtarier sind Sie außerstande, eine solche Verpflichtung zu empfinden und anzuerkennen, ich muß Ihnen daher die Zuverlässigkeit und Eignung, die die Voraussetzung für eine Mitgliedschaft bei der Reichsschrifttumskammer geben, absprechen und auf Grund des § 10 der genannten Verordnung eine Aufnahme in den RDS, den für Sie zuständigen Fachverband der Reichsschrifttumskammer, ablehnen. Die Veröffentlichung schriftstellerischer Arbeiten innerhalb des Zuständigkeitsbereiches der RSK ist Ihnen damit untersagt.«[316]

Dieser Bescheid kam de facto einem totalen Berufsverbot gleich und entzog Unger damit seine Lebensgrundlage.

Unger waren Übergriffe der Nationalsozialisten bereits seit 1933 nicht unbekannt, als man seine Bücher im Rahmen der Bücherverbrennungen am 17. Mai im damaligen Hindenburgpark, heute Friedenspark, in Köln verbrannte und die übrig gebliebenen Exemplare seines Erstlings *Beethovens Vermächtnis* im Kölner EL-DE-Haus ebenfalls zerstörte.[317] Unger wohnte unerkannt der Bücherverbrennung bei und erlebte persönlich die Zerstörung seines Werks:

»Während der Reden habe ich unter den neuen Büchern, die auf den Holzstoß geworfen wurden, einen Titel entdeckt, der mich persönlich anging: *Beethovens Vermächtnis*. Die Goldschrift auf dem schwarzen Leineneinband war unverwechselbar. Es war mein Buch-Erstling.«[318]

Unger konnte zunächst unter einem Pseudonym, »Chiron«, weiterarbeiten. Die Manuskripte für *Der symbolische Gehalt des Dostojewski* und *Kosmische Psychologie* wurden jedoch von den Nationalsozialisten beschlagnahmt.[319] Ein Teil seiner Manuskripte wurde dennoch gerettet, weil sie im Keller von Kurt Neven DuMonts Haus in Köln-Marienburg aufbewahrt wurden.[320]

In dieser Zeit der Verfolgung freundete sich Unger mit Kurt Neven DuMont an und führte mit ihm zunächst einmal wöchentlich an den Samstagnachmittagen tiefgründige, philosophische Gespräche, die bis zu seiner Emigration 1939, wenn auch später nicht mehr so häufig, stattfanden: »Er [Kurt Neven DuMont, Anm. d. Verf.] suchte damals einen Freund. Wem konnte er sich öffnen? Er stand allein und fand Beistand nur in seiner Lebensgefährtin. Seine Widersacher mehrten sich, bedrohten sein Erbe, den freien Geist der *Kölnischen* und des *Stadt-Anzeigers*.

Mir ging es wie ihm. Verfolgt und unerwünscht, hatte ich fast alle Freunde verloren. Doch wollte ich bleiben, wo Heimat war. Sie aber, die Heimat, wurde zum Gefängnis. Damals entstand unsere Freundschaft. Die innere Not führte uns zusammen. Jeden Samstag schlich ich in sein Haus in der Goethestraße, mein Besuch mußte ein Geheimnis bleiben. (...)

Es waren Religionsgespräche, die wir – fast immer im Beisein von Frau Gabriele – führten. Wir begannen vielleicht mit Laotse oder Buddha, für den er bis zum Lebensende anhängliche Bewunderung, die in Verehrung überging, empfand.«[321]

In einem Schreiben aus London an den Rechtsanwalt Rhee in Köln zugunsten Kurt Neven DuMonts vom 23. August 1947 setzte sich Unger sehr eindringlich für den Freund ein, um dessen Rehabilitierung als Verleger durch die Alliierten zu unterstützen. »Es handelt sich um meinen Freund Dr. Kurt Neven DuMont, Köln-Marienburg, Parkstr. 20, der von seiner Druckerei in der Breitestr. entfernt worden ist und naturgemäß auch keine Lizenz für seine *Kölnische Zeitung* erhalten kann.

(...) Sagen Sie um Gottes willen nicht, daß mein Freund sich rechtzeitig nach einem ›Renommierjuden‹ umgesehen habe. Der Charakter Dr. Neven's ist über jeden Verdacht solcher Art erhaben. Was Dr. Neven mir und meinen Lieben in jenen traurigen Jahren bedeutet hat, ist ein Adelsbrief, den sich nur eine Handvoll Deutsche ausgeschrieben haben. (...) Wenn es damals in Deutschland ein paar Tausend mehr Nevens gegeben hätte, dann gäbe es heute sechs Millionen geretteter Juden.

(...) werden Sie es mir verzeihen (...), daß ich mich für einen Menschen eingesetzt habe, der mir bis März 1939 unter den Nazis ein großer Beistand war, der mir bei meiner Emigration nach England behilflich war und der meine Eltern in tragischer Stunde vor einem sicheren Hungertode gerettet hat.«[322]

Kurt Neven DuMont war laut Unger davon überzeugt, dass Hitler eine zeitlich begrenzte Erscheinung bleiben würde und stellte sich äußerlich und innerlich auf dessen Abgang ein. Als Unger im März 1939 emigrieren musste, veranstaltete Neven DuMont für den Freund eine Abschiedsfeier, obwohl ihm nach Aussage des Schriftstellers bereits mit dem Entzug seiner Verleger-Karte wegen des Kontakts zu Juden gedroht worden war: »Dr. Neven war auch niemals ein Nationalist, der persönlich eine Politik befürwortete, die auf einen Machtzuwachs Deutschlands auf Kosten anderer Völker hinauslief. (...) er wußte, daß Hitler nicht dauern konnte. Er bereitete sich täglich und innerlich wie äußerlich auf den Umsturz vor und als ich Deutschland verlassen mußte, war es für ihn eine Selbstverständlichkeit, daß ich wiederkommen würde und in eine von den Verbrechern gesäuberte Heimat, ich erinnere mich deutlich der Abschiedsfeier, die er mir in seinem Marienburger Hause gab und ich erinnere mich der Abschiedsreden, die bei dieser Gelegenheit zwischen uns und einigen gleich gesinnten Freunden gewechselt wurden. Und das war im März 1939! Man denke! Und trotzdem man ihm mit dem Entzug der Verleger-Karte gedroht hatte – doppelt – wenn er weiter Umgang mit ›jüdischem Gesindel‹ pflegen würde.«[323]

Neven DuMont schrieb auch weiterhin bis zum Ausbruch des Krieges an den Freund, obwohl der Verleger Unger zufolge viele Feinde in Deutschland hatte:

»Er hat es trotz der Postüberwachung auch gewagt, mir nach England zu schreiben, bis der Kriegsausbruch auch dem ein Ende machte. Seine vielen Gegner in Nazi-Deutschland warteten ja nur auf eine Gelegenheit, um ihn unschädlich zu machen.«[324]

Nach dem Krieg erfolgte eine Wiederaufnahme des Kontakts, und

Unger kehrte 1956 nach Deutschland zurück. Von 1957 bis 1975 arbeitete er neben seiner eigenen schriftstellerischen Tätigkeit als Autor und Theaterkritiker für den *Kölner Stadt-Anzeiger.*[325] Auch die Gespräche mit dem Freund wurden wieder aufgenommen.[326]

Am 15. April 1936 erweiterte Max Amann, der Präsident der Reichspressekammer, die bisher gültige Rechtsprechung um die Verordnung, dass nur nachgewiesenermaßen arische Personen Mitglied der Reichspressekammer bleiben oder werden konnten. Voraussetzung für die Zulassung war ein Nachweis der Abstammungen von Vorfahren »deutschen oder artverwandten Blutes« bis 1800. Wer diese Voraussetzungen nicht erfüllte, konnte nur mit besonderen Genehmigungen journalistisch tätig sein.[327]

Obwohl zu diesem Zeitpunkt die meisten jüdischen Mitarbeiter vom Verlag bereits entlassen worden waren, konnte eine wohlwollendere Behandlung des Verlags durch die nationalsozialistischen Machthaber bislang nicht bestätigt werden. Vielmehr galten Mitarbeiter der Redaktion der *Kölnischen Zeitung* offensichtlich in manchen Kreisen als Personae non gratae im Gau Köln-Aachen. Aufgrund einer vertraulichen Mitteilung des Bundes nationalsozialistischer Juristen e. V. wurde die *Kölnische Zeitung* nicht mehr zu den Veranstaltungen des Juristenbundes eingeladen, da andernfalls der Gauleiter dort nicht mehr in Erscheinung getreten wäre: »Die *Kölnische Zeitung* wird wegen ihrer Haltung, die sie in eine Linie mit der *Frankfurter Zeitung* und der *Germania* stellt, nicht mehr zu unseren Veranstaltungen eingeladen. Der Gauleiter wird dort nicht mehr erscheinen, wo ein Vertreter der *Kölnischen Zeitung* eingeladen ist.«[328]

Der *Westdeutsche Beobachter* hatte es auch 1936 keineswegs aufgegeben, die Zeitungen des Verlages direkt oder indirekt zu kritisieren. Gerne bediente man sich hierbei des Mittels (vermeintlicher?) Leserbriefe, die »judenfreundliche Artikel« kritisierten. In einem Leserbrief an den WB vom 15. November 1936 beschwerte sich ein Leser »H.H.« aus Köln, dass die *Kölnische Zeitung* in ihrer Sonderausgabe am 27. Oktober 1936 zum 40-jährigen Firmenjubiläum einem ursprünglich jüdischen Geschäftsinhaber gratuliert. Der Verfasser des Leserbriefs wies stolz darauf hin, dass der Betrieb schon längst »frei von Juden« sei: »Zuerst habe ich diese Seite einmal genau daraufhin angesehen, ob es sich nicht um eine geschickte Eigenreklame des Juden in Form einer Anzeige handeln könnte; denn dieses Blatt [gemeint ist die *Kölnische Zeitung*, Anm. d. Verf.] nimmt ja bekanntlich

Judenanzeigen auf. Aber nichts von allem: Es handelt sich wirklich um eine Lobhudelei eines Juden im redaktionellen Teil.«[329]

Kurt Neven DuMont hatte offensichtlich – trotz der 1935 offiziell geäußerten Zustimmung zur Entlassung von jüdischen Mitarbeitern – auch privat keinerlei Interesse, »jüdische Elemente« auszumerzen, was die Einstellung einer halbjüdischen Erzieherin, nämlich Ingeborg Vogts belegte, die ab 1936 im Haushalt der Neven DuMonts lebte und sich um die Kinder der Familie Neven DuMont kümmerte.[330] Von seiner Frau Gabriele berichtete die Schwester Ingeborg Vogts, Kurt Nevens Privatsekretärin Erika Vogt (1912–1997),[331] dass diese ihre untergetauchte jüdische Schneiderin, Fräulein Wolf, finanziell erheblich unterstützte, um ihr den Kauf »arischer« Ausweispapiere zu ermöglichen.[332]

Auch Mitarbeiter, die zwar nicht jüdischer Herkunft, aber mit Jüdinnen verheiratet waren oder nach Ansicht der Nationalsozialisten politisch zweifelhaft waren, fanden bei M. DuMont Schauberg Unterschlupf, so der ehemalige Mitarbeiter der *Frankfurter Zeitung* Ewald Schmidt, der 1935 auf Druck der NSDAP dort ausscheiden musste und beim Kölner Verlag eine neue Stellung als Leiter der Vertriebsabteilung fand.

1936 wandte sich die Reichspressekammer an Neven DuMont und forderte auch dort Schmidts Entlassung, die der Verleger bis 1937 verhindern konnte: »Ich selbst bin auf Druck der NSDAP 1935 aus der *Frankfurter Zeitung* ausgeschieden. Trotzdem dies Herrn Dr. Kurt Neven DuMont bekannt war, hat er für meine Anstellung im Verlag M. DuMont Schauberg gesorgt. Im Jahre 1936 trat die Reichspressekammer auch an den Verlag M. DuMont Schauberg heran und forderte mein Ausscheiden.«[333]

1937 musste Schmidt schließlich die Vertriebsleitung verlassen und war als Agent für den Verlag im Rheinland tätig. Doch ließ der Druck der Nationalsozialisten auch hier nicht nach, und Schmidt verließ den Verlag ganz, um ihn nicht noch mehr Anfeindungen auszusetzen. Er stellte allerdings heraus, dass Kurt Neven DuMont weiterhin versucht hatte, ihn im Verlag zu halten: »Trotzdem Dr. Neven für mich eintrat, mußte ich 1937 aus meiner leitenden Stellung im Verlag M. DuMont Schauberg ausscheiden und durfte nur noch als Agent tätig sein. Als auch hier der Druck der Nazis gegen mich, vor allem wegen der nicht-arischen Abstammung meiner Frau zu stark wurde, schied ich freiwillig aus, – gerade aus einem Unternehmen, das im schärfsten Kampf gegen den Nationalsozialismus stand –, um diesem keine unnötigen Schwierigkeiten in der eigenen, schweren Lage zu machen.«[334]

Kurt Neven DuMont beließ es jedoch nicht dabei, im Vertrieb politisch Verfolgte zu beschäftigen, sondern stellte noch 1938 eine Sekretärin jüdischer Herkunft, nämlich Erika Vogt, als Sekretärin der *Kölnischen Zeitung* ein, die ab Kriegsbeginn 1939 als seine Privatsekretärin tätig war.[335] Sie beschrieb in ihrer eidesstattlichen Erklärung zugunsten Kurt Neven DuMonts für die Entnazifizierungskommission die besondere Atmosphäre und den Gemeinschaftsgeist in Zeitung und Verlag während des nationalsozialistischen Regimes folgendermaßen: »Wir fühlten uns wie eine Gemeinschaft, die unter allen Umständen durchhalten sollte, die in ihrer Ablehnung immer so weit ging, daß es uns noch möglich war, die *Kölnische Zeitung* in die neue Zeit hinüberzuretten.«[336]

Auch die Familie Erika Vogts erhielt später Unterstützung durch den Verleger, als sie persönlich gefährdet war. So sollten ihre Eltern aus ihrer Wohnung verwiesen werden, was Kurt Neven DuMont verhinderte. Dies hatte eine Überwachung von Post und Telefon beider Familien durch die Geheime Staatspolizei zur Folge. Deswegen verließ Erika Vogt den Verlag scheinbar im Frühjahr 1944 und arbeitete von nun an von ihrer Wohnung aus.

Als im September 1944 die Verschleppung von Erika Vogt und ihren Eltern in ein Lager drohte, tauchte die Familie unter, wobei Erika Vogt zeitweise Unterschlupf im Haus der Verlegerfamilie fand, wo sie weiterhin für den Verleger arbeitete.[337]

5.5.3 Das Feuilleton – die Kunst, zwischen gesagten Sätzen das Ungesagte zu schreiben

Vom »geistigen Widerstand« der Zeitung sowie zugleich aktiver Bewahrung vor den Nationalsozialisten sprach mit großem Nachdruck auch ein von den Nazis ab 1935 wegen unbotmäßiger Artikel mehrfach angegriffener und ab 1943 offen verfolgter Autor, Gustav René Hocke (1908–1985). In einer Nachricht an seinen Kollegen und Freund Dettmar Heinrich Sarnetzki (1878–1961), einem Redakteur des Feuilletons der *Kölnischen Zeitung*, schrieb er 1947 Folgendes:

»Lieber Freund, heute hörte ich von Dresbach, daß Sie – in einer neuen Wohnung, wozu ich Sie beglückwünsche – an einer Arbeit über Ihren Leidensweg schreiben. Bravo! Vergessen Sie aber nicht, vom geistigen Widerstand in der *Kölnischen Zeitung* während der Jahre 1933–1945 zu berichten. Die Welt hat keine Ahnung von dem, was da alles aktiv gerettet wurde vor dem Zugriff der Nazi-Barbaren und wie tapfer und mit welch' unerhörten geistigen Kämpfen viele Redakteure dem echten europäischen Geist treu blieben. Das gehört in eine solche Schrift hinein, denn darüber hat noch keiner geschrieben.

(...) Grüße von Ihrem GR Hocke«[338]

Weitaus nüchterner beschrieb ein weiterer Redakteur, ebenfalls ein Mitglied des Feuilletons, Ernst W. Johann (1909–1980), in einem Manuskript zu einem Vortrag für die Bibliophile Gesellschaft Köln mit dem Titel »Erinnerungen an die *Kölnische Zeitung*« die Möglichkeiten des Verlags und der Zeitungen, während des Nationalsozialismus Widerstand zu leisten: »An direkte Opposition war nicht zu denken; deshalb haben wir kein Widerstandsblatt gemacht, sondern nur – kein Parteiblatt. Das war viel, denn das war alles, was damals zu erreichen war. Natürlich haben wir die Problematik, die darin bestand, daß wir unter den Nazis überhaupt eine Zeitung machten, oft diskutiert. Unser Häuflein sagte sich: wenn wir sie nicht machen, dann macht sie überhaupt keiner, und dann ist es immer noch besser, wenigstens die Ahnung von der Wahrheit durchschimmern zu lassen, als zuzusehen, wie die Parteizeitungen jene Werte zertraten und zerstampften, die wir gerettet sehen wollten.«[339]

Ein Redakteur, vermutlich Hans Roerig (1891–1984), Londoner Korrespondent der *Kölnischen Zeitung* von 1928–1939, erinnerte sich in Aufzeichnungen über den Kampf mit der Gauzeitung *Westdeutscher Beobachter* an eine massive Beeinflussung der Zusammensetzung der Redaktion des *Stadt-Anzeigers* durch die Partei bereits im Frühjahr 1933: »1933 Ende April: Unter dem Druck der Partei mußten der Chefredakteur des *Stadt-Anzeigers* und der Chef vom Dienst Schröteler von ihren Ämtern suspendiert werden. Ich schied aus der politischen Redaktion als bisheriger Leitartikler aus. Dr. Erdmann trat als Vertrauensmann der Partei als Kommissar des *Stadt-Anzeigers* auf und übernahm die Politik. Im städtischen Teil wurde Zimmermann durch Dr. Metternich und Dr. Mella in gemeinsamer Leitung mit dem Vertrauen Erdmanns mit der Leitung betraut und ins Impressum gesetzt, um die befriedigende Wendung nach außen zu dokumentieren. Platen und Schröteler wurden aber trotzdem vom Verlag nach einigen Wochen wieder in Dienst gestellt, Platen in München und Schröteler als Leiter des städtischen Teils.«[340]

Max Rychners Gastspiel bei der *Kölnischen Zeitung* in Köln sollte zwei Jahre umfassen. Der Schweizer von feuilletonistischem Weltrang leitete bereits seit 1922, das heißt mit 25 Jahren, die Zeitschrift *Wissen und Leben*, die seit dem 1. Januar 1926 den Titel *Neue Schweizer Rundschau* trug.[341] Als Einziger bewarb er sich nicht um die Stelle des Feuilletonchefs bei der *Kölnischen Zeitung*, die am 5. April 1931 ausgeschrieben worden war,[342] sondern wurde vom Verlag, das heißt von Kurt Neven DuMont, im Mai 1931 persönlich angeschrieben. Neven DuMont war von Rychners hervorragenden literarischen Qualitäten sehr angetan – er war durch eine zweiteilige Berlin-Reportage Rychners in der *Neuen Schweizer Rundschau* auf Rychner aufmerksam geworden[343] –, gab in seinem Schreiben aber auch die anders geartete Arbeitsweise bei einer Tageszeitung zu bedenken:

»Nach alledem, was Sie mir schreiben und was ich in der Zwischenzeit von Ihnen gelesen habe, möchte ich Ihnen in aller Offenheit folgendes sagen: Es kann nicht zweifelhaft sein, dass Sie unter denjenigen Herren, die nun in engerer Wahl stehen, eine ganz besondere Stellung einnehmen. Einerseits zeigen sowohl die gesamte redaktionelle Gestaltung der *Neuen Schweizer Rundschau* als auch Ihre Aufsätze ein ungewöhnliches Mass [sic!] an geistiger Leistung, besonders wenn man sich Ihr Alter vor Augen hält. Andererseits liegt aber gerade in dem Umstand, dass Sie sich schon in jungen Jahren in einer Stellung befinden, die Ihnen einen weiten und anerkannten Wirkungskreis bietet, sowohl für Sie als auch für mich ein großes Risiko. Bei einer redaktionellen Tätigkeit bei der *Kölnischen Zeitung* würde zweifelsfrei feststehen, was Sie bei einem derartigen Wechsel zu verlieren haben, während es im gewissen Grade nur die Erfahrung zeigen könnte, ob Sie an der Arbeit für eine Tageszeitung Befriedigung finden könnten, die ja in mancherlei Hinsicht anders ist als bei einer Zeitschrift.«[344]

Kurt Neven DuMont bat Rychner, für ein Gespräch nach Köln zu kommen und bot ihm eine dreimonatige Versuchsphase im Verlag an, in der beide feststellen konnten, ob ihnen die Zusammenarbeit angenehm war.[345] Rychner trat die Probezeit am 1. September 1931 an und schilderte dem Schriftsteller und Freund Carl Burckhardt am 28. August 1931 einerseits die gemischten Gefühle, die mit dieser Anstellung und dem Umzug in ein krisengeschütteltes Deutschland verbunden waren, vor allem aber auch die Vorfreude auf die Herausforderungen der neuen Aufgabe:

»Lieber Carl,

übermorgen fahre ich auf 3 Monate, ich muss am 1. Sept. dort sein.

(...) Ich fahre nun in Europas nächtlichste Gegend – aber ich will mir und Dir nichts vormachen: ich gehe gern und gerade, weil nun sozusagen alles schief geht und steht, dort draussen. Es ist wie eine Reise aus der Etappe an die Front, erlösend, rauheren Ansprüchen entgegen, wo der totale Einsatz zur Tagesordnung wird. Mir ist zumut wie einem alten Schlachtengaul, der fern die Trompete hört und an der Stange zu beissen und rucken anfängt.

(...) Brüning rechnet mit 2 Millionen Arbeitslosen, die durch den Winter zu schleppen sein werden. Das sagt allerlei darüber aus, was man als Atmosphäre des Lebens zu erwarten haben wird.«[346]

Lange Verhandlungen, schriftlich und auch wegen der Höhe der Bezüge in Höhe von 20 000 RM (!) jährlich geführt, waren der Einstellung vorausgegangen. Der Dienstvertrag der Firma DuMont Schauberg mit Max Rychner beschrieb das umfangreiche Arbeitsgebiet Rychners bei der *Kölnischen Zeitung* folgendermaßen:

»§ 4 Herr Dr. Rychner zeichnet verantwortlich das Unterhaltungsblatt der K. Z. Sein besonderes Verantwortungsgebiet ist das des wissenschaftlichen, kulturellen und philosophischen Feuilletons. Auf diesem Gebiet wird ihm ein Mitspracherecht bei der Zuteilung der Bücherbesprechungen eingeräumt, das sich auch auf die ausländische Literatur erstreckt, sowie auf die Annahme von Romanen und grösseren Novellen für die Zeitung.«[347]

Rychner selbst schilderte in einem Brief an Carl Burckhardt vom 8.9.1931 seine Eindrücke der ersten Woche bei der *Kölnischen Zeitung*, die einerseits die veränderten Arbeitsbedingungen im Vergleich zur *Neuen Schweizer Rundschau* beschreiben, aber auch den besonderen Reiz betonen, bei den 50 000 Lesern der Tageszeitung einen Teil erreichen und beeinflussen zu können:

»(...) Die erste Woche war ein wenig hart, auch wenn sich die Menschen überaus freundlich und entgegenkommend gaben – aber an einem Tag etwa 90 Redaktoren kennen lernen zu müssen, ist mir zuviel. Aus einer idyllischen Ecke, der Musse und stillen Betrachtung liebenswürdig überlassen, bin ich jetzt in einen aktiven Wirbel geworfen, ins Leben und Denken von Tag zu Tag, von Fall zu Fall, und ich werde mit meinem ganzen Gewicht zu Boden stehen müssen, um nicht einem von all den Nihilismen zu verfallen, die unter mannigfachen Drapierungen hier herrschen.

Eine Zeitung, das ist eine Sache für sich, man könnte eventuell verzweifeln bei naher Betrachtung, doch die nächtlichen Seiten solcher Unternehmen sind hinreichend bekannt, und man sollte dagegen bereits immun sein. Die Aussicht, einen Trupp der 50 000 Leser in die Hand zu bekommen und zu leiten hat indessen viel Verlockendes, das direkte Einwirken und Ordnen in einer atomisierten Menge, das sagt mir zu, dem Kampfhahn in mir, der immer wieder in Polemik und Feldgeschrei ausbricht.«[348]

Rychners Anstellung bei der *Kölnischen Zeitung* erstreckte sich einschließlich der Probezeit auf den Zeitraum vom 1. September 1931 – offizieller Dienstbeginn für die Festanstellung war der 1. Januar 1932[349] – bis 30. September 1933, die Kündigung war bereits ein halbes Jahr zuvor erfolgt.[350]

Die Umstände der Entlassung wurden in einem Brief vom 29. März 1933 von Kurt Neven DuMont ausführlich dargestellt: »Schneller als es irgendjemand von uns denken konnte, haben sich die Voraussetzungen geändert, die zu den vertraglichen Bindungen zwischen Ihnen und meinem Verlage führten. Ich ging damals von der Auffassung aus, der *Kölnischen Zeitung* im Feuilleton durch Ihre Mitarbeit das Gepräge eines Weltblattes dadurch geben zu können, daß Sie in stärkerem Maße als das vorher der Fall war die geistigen Strömungen auch außerhalb Deutschlands zur Geltung bringen würden. In der Zwischenzeit hat sich aber das nationale Bewußtsein in Deutschland außerordentlich verstärkt. Wenn die *Kölnische Zeitung* auch nicht eine geistige und kulturelle Autarkie fördern will, so muß sie doch in stärkerem Maße als bisher dasjenige Schrifttum pflegen, das das besondere Gepräge des deutschen Wesens wiedergibt.

Für Sie als Schweizer müssen dadurch besondere Schwierigkeiten entstehen, die es mir zweifelhaft machen, ob Sie die besondere Eignung haben, in Zukunft einmal die Leitung der Feuilletonredaktion der *Kölnischen Zeitung* zu übernehmen.«[351]

Max Rychner, der noch im April 1933 Beiträge von Walter Benjamin (unter dem Pseudonym Detlef Holz) und Rudolf Borchardt veröffentlichte, hielt dem entgegen, es könne »sich demnach kaum um einen wesensmäßigen Mangel zur Mitarbeit bei mir als Schweizer handeln; vielmehr scheinen die augenblicklichen Verhältnisse Ihre Haltung als eine taktische bewirkt zu haben«, dies änderte jedoch nichts mehr an der Entscheidung des Hauses.[352]

In dem Brief vom 30. November 1933 von Max Rychner an Rudolf Borchardt trat die Bitternis deutlich zutage: »Die *Kölnische Zeitung* hat mich, den Ausländer, abgebaut und durch einen Mann ersetzt, der mit Scholle, Schollendampf, Gemüt, Ursprünglichkeit, Volkstümlichkeit und all diesen Heiligtümern augurisch vertraut lebt und jeden Morgen feststellen kann, von welcher Ecke her die Vögel anschwirren und wie mans treulich deutet.«[353]

Möglicherweise spielte bei Rychners Entlassung auch die am 23. Januar 1933 vom Reichsarbeitsministerium erlassene »Verordnung über ausländische Arbeitnehmer« eine wesentliche Rolle, die zu einer verstärkten Überwachung von Ausländern in Deutschland führte.[354] Nach dieser Verordnung benötigte zudem ein Arbeitgeber, der einen Ausländer einstellen wollte, eine Beschäftigungsgenehmigung und der betreffende Arbeitnehmer eine Arbeitsgenehmigung, die sich allerdings ausschließlich auf die jeweilige Stelle bezog. Ob Max Rychner während seiner Tätigkeit für die *Kölnische Zeitung* ebenfalls vermehrt durch die Nationalsozialisten überwacht wurde oder gar Druck auf den Verlag ausgeübt wurde, Rychner zu entlassen, war dem vorliegenden Quellenmaterial nicht zu entnehmen; eine Überwachung Rychners dürfte bei der eben erwähnten Praxis der Überprüfung von ausländischen Arbeitnehmern jedoch wahrscheinlich gewesen sein. Belegt ist eine Überwachung Rychners allerdings für den September 1935, als er wegen »deutschfeindlicher Formulierungen« in einem Artikel mit dem Titel »Deutsche Pläne und Wirklichkeiten« in der *Neuen Zürcher Zeitung*[355] zu einer Vernehmung vorgeladen wurde.[356] Im Mai 1937 verließ Max Rychner Köln schließlich schweren Herzens – dem Freund Carl Burckhardt schrieb er »der Umzug von Köln ist uns ein Kummer«[357] – und trat eine Tätigkeit als Feuilletonleiter der Tageszeitung *Der Bund* in Bern an.[358]

Die Auffassungen, geistig Widerstand geleistet zu haben, bis hin zur Gestaltung des Feuilletons als einen Teil der Zeitung, in dem das »nationale Bewußtsein in Deutschland außerordentlich verstärkt« gefördert werden sollte, divergierten doch wesentlich.

Hans Pinkow, Chefredakteur der *Kölnischen Zeitung* vom 1. Juli 1931 bis 31. Juli 1932 und anschließend Berichterstatter in Wien, erwähnte in einem Brief an den bereits genannten Max Rychner, der mittlerweile Redakteur des Feuilletons der *Kölnischen Zeitung* geworden war – schon im Sommer 1933 zensierende Eingriffe in die Formulierung seiner Texte: »Auch ich habe den Blaustift gerade bei wesentlichen Arbeiten der letzten Zeit zu spüren bekommen und manchmal den Kopf geschüttelt, denn ich beuge mich gern vor jeder besseren Erkenntnis, nicht aber vor Tastereien, die an dem Kern der Dinge vorbei greifen und überdies glauben, daß die Welt mit dem Umkreis ihrer Augen zu Ende sei.«[359]

Pinkow war nicht der einzige Redakteur, der Kritik an den neuen Verhältnissen im Verlag und in den Redaktionen formulierte. Karl-Heinz Ruppel kritisierte in einem Brief an Max Rychner anlässlich dessen Entlassung am 30. September 1933 in deutlichen Worten die Verlagsleitung, die seiner Ansicht nach die Zeitung zugrunde richten würde: »Die Episode Köln ist nun auch bald für Sie vorbei. Im Grunde sind Sie zu beglückwünschen. Denn was sollen Sie auf einem Schiff, das von seinen Kapitänen sichtbar ins Unglück gesteuert wird und dabei noch seine besten Leute ausbootet?«[360]

Ob Ruppel hier lediglich die Verleger Alfred und August Neven DuMont oder die gesamte Verlagsleitung ansprach, ist nicht klar. In seinem Beitrag zum Gedenkbuch für Kurt Neven DuMont mit dem Titel »So konnte man nur in der *Kölnischen* schreiben« beschrieb Ruppel das Verhalten des Juniorchefs, das kritische Artikel nicht nur erst möglich machte, sondern auch förderte, in ganz anderen Tönen:

»Ja so ›wie in der *Kölnischen*‹ schreiben zu können, war damals ein Glücksfall ohnegleichen. (...) Aber daß wir das theaterkritische Feuilleton – das betraf auch die Oper – der *Kölnischen* zu dem machen konnten, was es damals war (und für was es auch von zahllosen im inneren Widerstand lebenden Lesern genommen wurde), das verdanken wir dem Verständnis, der Hilfe und Unterstützung, die uns von der obersten Spitze der Verlagsleitung gewährt wurde, vom Juniorchef des Hauses, von Dr. Kurt Neven DuMont.«[361]

Im bereits erwähnten Brief an Max Rychner vom Juli 1933 stellte Ruppel allerdings sowohl seinen direkten Vorgesetzten, den alteingesessenen Redakteuren des Feuilletons, als auch der Verlagsleitung ein wenig schmeichelhaftes Zeugnis aus und kommentierte zugleich Rychners Entlassung mit deutlichen Worten: »Da sitzen die braven alten Herren unseres Feuilletons und glauben wahrhaftig, es wäre alles getan, wenn sie ihr Vokabular ein bischen [sic!] militanter halten. Sie täuschen sich, die Guten! Sie nehmen alles so unbesehen wie früher und gehen jeder Auseinandersetzung teils listig, teils ängstlich aus dem Weg. (...)

Was M...d [gemeint ist wohl Wolfgang Mansfeld, Chef vom Dienst, Anm. d. Verf.] angeht, so sieht er in Ihnen wohl eine Art Don-Quixote, der gegen Windmühlen ficht, während K.N., weniger literaturgehemmt, Sie mit dem robusten Mißtrauen des Warenhausbesitzers gegen den Markenartikler zu betrachten scheint. (...) Er ist eben doch nur ein begabter Konfektionär (...).«[362]

Fest steht, dass auch das Feuilleton nicht in den Widerstand ging; aber trotzdem wurden Musik, Theater, Kunst und so weiter nicht einfach friedlich, genügsam und bedürfnislos in nationalsozialistischer Gesinnung wiedergegeben.

Joseph Goebbels ließ dem Feuilleton gelegentlich Freiheiten, aber doch sehr begrenzt, oft von Situation und Stimmung abhängig. Dennoch gab es zahlreiche Beispiele, die belegen, dass das Feuilleton oft nicht gemäß der nationalsozialistischen Weltanschauung schrieb und nicht selten und manchmal auch offensichtlich – zwischen den Zeilen, andeutungsweise, umschrieben und verblümt – die Meinung der Zeitung wiedergab.

Im Mai 1933 wurde in der *Kölnischen Zeitung* ein Brief des französischen Dichters und Literaturnobelpreisträgers Romain Rolland (1866–1944) abgedruckt, der es mutig und voller Empörung an Deutlichkeit nicht fehlen ließ, was seine Einschätzung der nationalsozialistischen Regierung betraf: »Aber das Deutschland, das ich liebe und das meinen Geist befruchtet hat, ist das Deutschland der großen Weltbürger – derer, ›die das Glück und das Unglück der andern Völker wie ihr eigenes nachempfunden haben‹ – derer, die an der Vereinigung der Völker und Geister gearbeitet haben.

Dieses Deutschland ist mit Füßen getreten, mit Blut befleckt und verhöhnt durch seine ›nationalen‹ Regierenden von heute, durch das Deutschland des Hakenkreuzes, das die freien Geister, die Europäer, die Pazifisten, die Juden, die Sozialisten, die Kommunisten von sich weist, welche die Internationale der Arbeit gründen wollen. Sehen Sie denn nicht, daß dieses national-faschistische Deutschland der schlimmste Feind des wahren Deutschland ist, daß es dieses verleugnet? Eine solche Politik ist ein Verbrechen nicht nur gegen den menschlichen Geist, sondern auch gegen Ihre eigene Nation.

(...) Die Zukunft wird Sie – zu spät – über Ihren mörderischen Irrtum aufklären, dessen einzige Entschuldigung das Fieber der Verzweiflung ist, in das die Blindheit und Härte Ihrer Sieger von Versailles Ihr Volk gestürzt haben.«[363]

Nach Ansicht Klaus-Dieter Oelzes, der 1990 in seiner Dissertation *Das Feuilleton der Kölnischen Zeitung im Dritten Reich* zum Thema hatte, wurde hier der Versuch unternommen, »die öffentliche Diskussion als Form der journalistischen Auseinandersetzung in die Diktatur hinüberzuretten und den Dialog mit dem Ausland aufrecht zu erhalten«.[364]

Die Antwort der *Kölnischen Zeitung* schwankte zwischen dem Bedauern über Ausschreitungen, gegen die von öffentlicher Stelle vorgegangen wurde,[365] bis zur trotzigen Behauptung, dass es weiterhin eine freie Presse gäbe, da ja sonst auch der Brief Rollands kaum hätte abgedruckt werden können.[366] Die *Kölnische Zeitung*, die ja im eigenen Land heftig angegriffen wurde, motivierte und beauftragte Autoren, die auf Rollands Brief antworten sollten. Laut Oelze handelte es sich dabei um Autoren, die selbst Nationalsozialisten waren oder deren Ideologie mittrugen.

Die Diskussion mit sechs Autoren wurde 1933 unter dem Titel *Sechs Bekenntnisse zum neuen Deutschland* zusammen mit dem Brief Rollands nochmals als Buch veröffentlicht.[367]

Nach Oelzes Einschätzung geschah dies allerdings eher aus taktischen Gründen als aus echter innerer Überzeugung, um die Unabhängigkeit der Zeitung zu bewahren. So war zum Beispiel lediglich die Chefredaktion, nicht aber das Feuilleton an der Diskussion beteiligt.[368]

Viele Mitarbeiter verhielten sich auch 1934 weniger angepasst, wie beispielsweise ein Artikel von Gustav René Hocke belegt oder ein Vortrag von Otto Brües illustriert.

Hocke hatte sich im Oktober 1934 in einem Bericht über eine Tagung zum Thema »Germanische Vorgeschichte« gegen die vom Kulturminister Bernhard Rust (1883–1945) vertretene Ansicht, dass die Wahrheit nicht mehr objektiv, sondern »nur ein kämpferisches Schwert der Arier für die Zukunft«[369] zu sein hatte, gewandt. Allerdings bestand Hocke in seinem Aufsatz darauf, dass es »nur eine Wahrheit« gebe, nämlich »die Wahrheit des Wirklichen«,[370] womit er den Zorn des Gauleiters Grohé auf den Chefredakteur Johann Schäfer zog. In einem Telefonat drohte Grohé Schäfer, wie Hocke später schrieb, unangenehme Folgen an, für den Fall, dass die *Kölnische Zeitung* zum Oppositionsblatt werden wollte![371]

Dass es Grohé mit seiner Drohung bitter ernst war, sollte Schäfer nur wenige Monate später selbst erfahren.

Feuilletonredakteur Otto Brües hingegen wählte, anders als Hocke, einen Vortrag als Form der Meinungsäußerung. In seiner Ansprache »Vom Mißbrauch des Superlativs« vor dem Kunstverein in Gürzenich stellte er den richtigen Gebrauch von Superlativen in der Vergangenheit dem Missbrauch in der Gegenwart gegenüber:

»Gegen diese Beispiele vom rechten Gebrauch des Superlativs hielt ich nun den Mißbrauch in der Gegenwart, in der auch ein unscheinbarer Anlaß genutzt wird, um die Wertung aufzublähen, und in der der geringste Anlaß genügt, die Sprache superlativisch aufzuzäumen.«[372]

In einem Essay mit dem gleichen Titel, ebenfalls veröffentlicht 1934, bezog Brües nochmals sehr eindeutig Stellung dazu: »Der Mißbrauch des Superlativs und des Superlativischen kann ein Zeichen der Unsicherheit sein; wer seine Sache (...) hinausbrüllt (...), muß sich die Frage gefallen lassen, warum er so schreit? Niemand hat das Recht, seine Nation für eine Nation von Schwerhörigen (...) zu halten.«[373]

Obwohl sich laut Brües, vermutlich auf Befehl, nationalsozialistische Prominenz reichlich eingefunden hatte, schien niemand Brües' Kritik als Angriff auf die nationalsozialistische Rhetorik zu empfinden. Brües zeigte sich im Nachhinein in seinen Erinnerungen enttäuscht über die mangelnde Reaktion, denn »offenbar dachte kein Zuhörer daran, Mahnung und Warnung auf sich zu beziehen (...) nur die verstanden, was gemeint war, die selber so dachten und sich bestätigt fanden. Die anderen entnahmen nur das, was sie verstehen wollten«[374].

Obwohl die Blätter des Verlags nun genauestens überwacht wurden, kam es fortgesetzt vereinzelt weiterhin zu Veröffentlichungen, die den Ärger der Machthaber provozieren mussten. Dies galt vor allem immer wieder für das Feuilleton der *Kölnischen Zeitung*.

So beschrieb zum Beispiel Gert Heinz (eigentlich Heinrich Gerhard) Theunissen (1907–1974) bereits in seinem ersten Aufsatz in der *Kölnischen Zeitung* die deutsche Malerei heute sowie gestern und welchen Stellenwert er der sogenannten »völkischen Kunst« beimaß: »Der neu gewonnene Raum des Nationalen darf nicht bis zur dumpfen Enge einer spießig horizontalen Dorf- und Heimatkunst verkleinert werden. Es besteht die Gefahr, daß man diese provinziell begrenzte ›Kunst‹ mit Volkskunst verwechseln könnte. Wenn diese Verengung da und dort geschieht, so ist darin die umgekehrte, lebenstötende Radikalisierung zu erblicken, die der frühern Überspannung des ›Europäischen‹ entspricht. Auf diese Weise veräußerlicht man aus einem falsch ausgelegten wenn auch sicherlich oft sehr ernst gemeinten Nationalgefühl heraus die volkseinheitliche Tradition, die hinter der modernen deutschen Malerei steht.«[375]

Theunissen begann mit diesem Artikel eine Reihe von kunstkritischen Beiträgen, die ihm, wie später noch näher betrachtet werden soll, 1938 Schwierigkeiten von höchster Stelle einbringen sollten.

Kurt Neven DuMont

Kommerzienrat Alfred Neven DuMont

Der MDS-Pavillon zur Internationalen Presse-Austellung Pressa im Jahr 1928.

7. Oktober 1933

Nummer 41

Kölnische Illustrierte Zeitung

Preis 20 Pfg.

8. Jahrgang

Druck und Verlag von M. DuMont Schauberg in Köln

NRA

Die Königin des NRA.

NRA. (National Recovery Act) heißt die Verordnung, mit der Präsident Roosevelt den umfassenden Kampf gegen die amerikanische Arbeitslosigkeit eröffnet hat. Unser Bild zeigt Miß Elise Ford, die mit Adlerkrone und Getreidezepter einen riesigen Werbeumzug anführte; 1¼ Million Neuyorker folgten ihrer „Königin".

Titelbild der *Kölnischen Illustrierten Zeitung* vom 7. Oktober 1933.

Gerhard F. Hering, Leiter des Feuilletons und Theaterkritiker der *Kölnischen Zeitung* 1937 im Alter von 28 Jahren.
Er trägt den weißen Mantel der Redakteure, die immer wieder aus der Redaktion in die Druckerei und Setzerei zu den Metteuren eilten, um einen letzten Blick auf den Umbruch zu werfen.

Zeitungs-Setzerei I.

Blick in die Setzerei.

Zeitungs-Setzerei II.

Zeitungsdruck: Rotationsmaschine (Aufnahme um 1930).

Naziaufmarsch in Köln.

Kriegszerstörte Kölner Innenstadt.

Kriegszerstörtes Köln.

Das Verlagshaus in der Breite Straße / Ecke Langgasse im Jahr 1919...

... und nach dem Krieg.

Setzmaschinen nach einem Bombenangriff.

Abriss der Ruine des alten Verlagshauses 1945.

Anzeigenannahme vor dem Pressehaus um 1948.

Samstag, 29. Oktober 1949 — 72. Jahrg. Nr. 1 · Einzelpr. 20 Pf.

Kölner Stadt-Anzeiger

Verlag M. DuMont Schauberg, Köln

Deutscher Demontageplan kommt

McCloy erklärt: Von einem britischen Protest nichts bekannt

Sicherung gegen Zersetzung

London hat es sich anders überlegt

OEEC-Konferenz eröffnet — London für Aufnahme Deutschlands in den Europarat

Pariser Regierungskrise beendet

Überraschende Mehrheit für Bidault — Ein Kabinett außenpolitischer Aktivität

Das Regierungsprogramm

Erste Umsiedlung bis Herbst 1950

Was Frankfurt kosten würde

Hauptstadt-Ausschuß berichtet der Bundesregierung

Der Stadt-Anzeiger ist wieder da!

Von Dr. Heinz Pettenberg

Titelseite des wieder erscheinenden *Kölner Stadt-Anzeigers* 1949.

Verlagshaus um 1950.

Kurt Neven DuMont mit Bundeskanzler Konrad Adenauer.

Zeitungsdruck, im Bild: August Neven DuMont.

Verlagshaus in der Breite Straße 1969 (oben) und 1985.

Auch die lobende Erwähnung eines jüdischen Musikers führte natürlich zu einer Rüge des Feuilletons. So beschwerte sich der *Westdeutsche Beobachter* am 19. November 1935 über die Würdigung des jüdischen Komponisten Ferdinand Hiller (1811–1885), des früheren Leiters des Kölner Gürzenich-Orchesters. Unter dem Titel »Gewohnheitsrecht der *Kölnischen Zeitung*« hieß es: »Unter der Rubrik ›Nebenbei bemerkt‹ brachte die *Kölnische Zeitung/Stadt-Anzeiger* kürzlich eine Würdigung Ferdinand Hillers. Hiller wurde als Verfasser ›hervorragender musikalischer Schriften und geistvoller Essays‹ gefeiert (…) und schließlich als ›genialer Musiker‹, dem Köln seinen ›guten Klang in der Musikwelt‹ zu verdanken habe, und dessen ›Energie und Genialität Köln zur Musikmetropole des Rheinlandes‹ erhoben haben soll.

Das *Gemeindeblatt für die jüdischen Gemeinden in Rheinland und Westfalen* druckte natürlich diesen Lobespsalm auf Hiller ab; mit dem kurzen Hinweis: ›Dieser geniale Hiller‹ war Jude.«[376]

Der Feuilletonredakteur Gustav René Hocke berichtete in seinem bereits erwähnten Exposé für das Jahr 1936 von direkten Befehlen der Machthaber, die es der Zeitung fast unmöglich machten, einer völligen Gleichschaltung zu entkommen, und wies auf eine vertrauliche Sitzung hin, in der den Mitarbeitern mitgeteilt wurde, dass ihnen bei einer Nichteinhaltung der Richtlinien sogar der Tod drohen könnte: »Ich erwog nunmehr ernstlich, mit meiner Frau und meinem inzwischen geborenen ersten Kind auszuwandern, zumal die Zeitung nunmehr wegen direkter Befehle nur noch mit äußerster Schwierigkeit die totale Gleichschaltung vermeiden konnte. In einer vertraulichen Sitzung wurde mitgeteilt, daß jeder Redakteur, der nunmehr die Richtlinien nicht mehr befolge, mit dem Tod bestraft werden könne. Vor allem aber waren Repressalien gegen die Familie zu befürchten.«[377]

Dies hielt Hocke jedenfalls auch 1936 nicht davon ab, mehrfach Artikel zu verfassen, die das Missfallen der Nationalsozialisten erregen mussten. So hatte sich Hocke in einem satirischen Beitrag gegen »nordische« Symbole der Partei ausgesprochen; insbesondere gegen die »SS-Kultur-Manager«[378] in der Hauptstadt, die den Weihnachtsbaum unter einem Hakenkreuz statt des christlichen Kreuzes stehend sehen wollten. Das SS-Hauptamt in Berlin leitete daraufhin ein ehrengerichtliches Verfahren gegen Hocke »wegen Verstoßes gegen das Schriftleitergesetz« ein, überraschenderweise mit dem Hauptschriftleiter des *Westdeutschen Beobachters*, Peter Winkelnkemper als Ankläger.[379] Die Auswahl des Anklägers erwies sich allerdings in dieser Verhandlung als Glücksfall, da Winkelnkemper ihm nicht übel gesonnen war:

»Man wird es kaum glauben, aber er flüsterte mir vor der Sitzung ins Ohr: ›Sagen Sie nichts. Lassen Sie mich reden. Verlassen Sie sich auf Ihre blauen Augen und Ihr blondes Haar. Was verstehen diese Berliner schon vom Rheinland.‹«[380]

Winkelnkemper sprach von »Mißverständnissen« in dem besagten Artikel, aber es lag seiner Ansicht nach keine willentliche Absicht Hockes vor, Beleidigungen gegen die SS-Kulturorganisation auszusprechen.[381]

Hocke kam glimpflich davon und wurde lediglich mit der Zahlung der Gerichtskosten, »was der Verlag der *Kölnischen Zeitung* nicht nur großzügig, sondern auch zufrieden übernahm«[382] und einer scharfen Verwarnung belegt. Ein Brief der Chef-Adjudantur des Reichsführers-SS an das »Deutsche Ahnenerbe« vom November 1936 bestätigte die Verwarnung Hockes mit dem Hinweis darauf, dass er bei einem weiteren Verstoß aus der Berufsliste gestrichen werden würde:

»Aufgrund Ihres Schreibens vom 27.4.36 betr. Angriff auf ein Hoheitszeichen teile ich mit, daß der Schriftleiter Dr. Gustav Hocke verwarnt worden ist. Eine Streichung aus der Berufsliste erfolgt, falls er sich nochmals in irgendeiner Form vergeht.«[383]

Die Milde des Urteils erklärte Hocke sich dadurch, dass die Sitzung öffentlich war und ein Aufsehen im Ausland vermieden werden sollte.[384]

Hocke selbst beschrieb in seinen Erinnerungen, dass er unter diesen Umständen im Umgang mit anderen vorsichtig geworden war und Freunde zum Austausch nur noch heimlich traf: »Die Jahre, bevor ich nach Rom gehen konnte, waren im persönlichen Leben zurückgezogene Jahre gewesen. Man traf die Freunde heimlich, um sich miteinander in einer Art heiterer Selbstbehauptung, als auch im Ansturm der völligen Sinnlosigkeit, der hartgesottenen Barbarei, des auf den Thron gehobenen Wahnsinns zu verbünden. (...) Der persönliche Umgang blieb – wie gesagt – auf zuverlässige Freunde beschränkt.«[385]

Der Ort, an dem sich Hocke für vertrauliche Gespräche mit Freunden traf, war eine Miniatur-Wassermühle bei Bensberg, die Hocke gemeinsam mit Karl Troost (1904–?)[386] von Josef Caspar Witsch[387] (1906–1967), einem Kölner Bibliothekar und späteren Mitbegründer des Verlages Kiepenheuer und Witsch, ab 1935 gemietet hatte. Beide waren Studienkollegen Hockes. Hocke porträtierte diesen Ort folgendermaßen: »Treffpunkt der Zuverlässigsten wurde bald eine kleine Wassermühle, die Josef Witsch im

Bergischen Land, bei Böhmerich, in der Nähe von Arnsberg, für 15 Mark monatlich gemietet hatte. (...) Dort hatte Witsch sich die so gut zu ihm passende politische Retraite geschaffen, die zugleich als ›Ausgangsbasis‹ für eine erneut freie Zukunft gedacht war.«[388]

Die wiederholten Angriffe der Nationalsozialisten auf Hocke und andere Redakteure waren Beispiele für die Auswirkungen einer sich stetig verschärfenden Kulturpolitik. Die am 5. Juni 1935 vom Präsidenten der Reichsschrifttumskammer und der Reichspressekammer erlassene Anordnung Nr. 71 über die »Gemeinsame Neugestaltung des Buchbesprechungswesens im Bereich der deutschen Presse« verlangte eine Registrierung des Eingangs der eingesandten Rezensionsexemplare von Büchern und setzte eine Frist für die Besprechung derselben. Auf diese Weise sollte die Besprechung aller eingesandten und damit auch der nationalsozialistischen Literatur gewährleistet werden,[389] die viele Mitarbeiter der *Kölnischen Zeitung*, wie zum Beispiel Dettmar Heinrich Sarnetzki in der Literaturbeilage, bislang nicht oder nur ausnahmsweise besprachen. Im Alltag waren die Redakteure laut Haacke bemüht, sich »im Tagesjournalismus jener Jahre auf allen Gebieten der Kritik so wenig wie möglich daran«[390] zu halten. Um die Kunst- und Kulturkritik dauerhaft zu kontrollieren, wurde im Reichspropagandaministerium eine grundlegende Reform der Kunstkritik beschlossen,[391] die Goebbels in seiner Rede auf der 3. Jahrestagung der Reichskulturkammer am 27. November 1936 ankündigte:

»Die überheblichen Besserwisser, die heute durch ewiges Querulantentum den Aufbau unseres Kultur- und Kunstlebens mit ihrem mißtönenden Begleitgesang verfolgen, sind nur die getarnten Nachfahren dieser jüdischen Kritikerautokratie. (...) Man hat manchmal den Eindruck, daß die kritischen Komplexe schreibender Nörgler, die sich auf anderen Gebieten nicht mehr betätigen können, nun auf dem Gebiet der Kunst abreagiert werden sollen. (...) Dem muß rechtzeitig ein Riegel vorgeschoben werden. Ich habe mich deshalb veranlaßt gesehen, in einem Erlaß vom heutigen Tage die Kritik überhaupt zu verbieten und sie durch die Kunstbetrachtung ersetzen zu lassen.«[392]

Jegliche eigenständige Kunst- und Kulturkritik sollte damit der Vergangenheit angehören. Die Restriktionen im Feuilleton sollten natürlich auch nicht die letzten bleiben.

Der angekündigte »Erlaß zur Neuformung des deutschen Kulturlebens« trat am 29. November in Kraft und wurde am 3. Dezember 1936 durch die Ausführungsbestimmungen ergänzt:[393] »Danach sollte 1. in ›erhöhtem

Maße Bezug auf den Inhalt und den Gehalt des Buches genommen‹, 2. ›in erhöhtem Maße die politische Seite des Werkes‹ gewürdigt werden und 3. die Auseinandersetzung mit ›mittelmäßigen Werken‹ eingeschränkt und im Falle einer kritischen Beurteilung aus politischen und kulturpolitischen Gründen vorher stets die Zustimmung des Propagandaministeriums eingeholt werden.«[394]

Die Verordnung führte in manchen Fällen zu einem kompletten Rückzug aus der Kulturkritik, indem man, wie es Haacke in seinem *Handbuch des Feuilletons* beschreibt, nur noch Inhaltsangaben sowie Werk- und Namenslisten angab: »Manche lieferten bloße Inhaltsangaben des Theaterstückes, das sie gesehen, des Buches, das sie gelesen, zählten von Bilderausstellungen nur die Titel der Bilder und die Namen ihrer Maler auf.«[395]

Es gab natürlich sehr unterschiedliche Beiträge im Feuilleton. So war beispielsweise die Besprechung des Dante-Jahrbuchs 1936 von Werner Roß[396] in keiner Weise nationalsozialistischen Mustern unterworfen. Er würdigte das Jahrbuch, das einen hervorragenden Vergleich von Dante, Meister Eckhart und Thomas von Aquin gibt, und hob die »erfreuliche Aufgeschlossenheit und geistigen Werte« hervor: »Ob Meister Eckhart wirklich den transzendenten christlichen Gott überwand und zu pantheistischer Religiosität gelangte, ob Dante wirklich unter allerlei Verkleidungen häretische Gedanken in sein Werk hineingeheimniste, ist nicht entscheidend – beide aber sind wegweisende Beispiele dafür, daß der wahrhaft religiöse Mensch sich nicht mit vagen Gefühlen begnügt, sondern alle Wege des Denkens beschreitet. Die Dürre der Spätscholastik und der Gefühlsrausch der pietistischen Mystik reißen erst die Luft zwischen Geist und Leben auf, aber Dante und Meister Eckhart gegenüber ist dieser viel berufene Gegensatz eine armselige Konstruktion.

Aristoteles der Logiker und Platon der mythische Denker überschatten das Mittelalter; die Kraftströme, die von ihnen ausgehen, durchfließen die größten Geister von zwei Jahrtausenden. Der kühne und kühle Thomas, der inbrünstige und innige Eckhart, der leidenschaftliche und strenge Dichter der *Göttlichen Komödie*, drei Menschen verschiedenster Artung, werden davon berührt. Sie werden jeder auf seine Art angesprochen und angezogen, aber über dem großartigen Gedankengebäude des Aquinaten, über dem Welttheater Dantes, über der alle Schranken zwischen Welt und Gott niederreißenden Frömmigkeit des Deutschen steht der gleiche Himmel antiker Tradition und christlichen Glaubens.«[397]

Solche Besprechungen waren nicht im nationalsozialistischen Sinne und entsprachen auch nicht der »nationalsozialistischen Philosophie«.

Anders verhält es sich mit einer Rezension in der gleichen Ausgabe unter der Rubrik »Kultur der Gegenwart«, des Buches von Wilhelm Hartnacke mit der Überschrift »Die Ungeborenen, ein Blick in die geistige Zukunft unseres Volkes«. Der Autor der Besprechung, Paul Strassner, begann seine Ausführungen mit sachlichen Angaben über Geburtenzahlen: »Daß unsre Geburtenzahl seit etwa 1870 in ständigem Rückgang ist, wird allmählich allgemein bekannt sein. In der Zeit von 1861 bis 1870 entfielen auf 1000 Einwohner durchschnittlich 37,2 Geburten, 1901 bis 1910 waren es 32,9, 1922 noch 23, 1925 20,7, 1930, 17,5, 1933 war der tiefste Stand mit 14,7 erreicht. Der Überschuß über die Todesfälle betrug noch 3,5 auf 1000. 1934 stieg im Verfolg der nationalsozialistischen Bevölkerungsmaßnahmen die Geburtenzahl wieder auf 18, der Überschuss auf 7,1. Es ist aber fraglich, ob dieser Erfolg Bestand haben wird, denn jetzt werden die Eheschließungen zurückgehen, weil die sehr schwachen Kriegsjahrgänge nun in das Alter zur Ehe kommen. Daß ein Überschuß über die Todesfälle überhaupt noch vorhanden ist, liegt nicht an der Zahl der Geburten, sondern an der der Todesfälle, denn diese ist stark rückläufig. Während sie 1870 noch 18,7 je 1000 Einwohner ausmachte, stand sie 1923 auf 14,4, 1925 auf 11,9, 1930 auf 11,1, 1933 auf 11,2, 1934 auf 10,9 und ist 1936 noch ›günstiger‹ geworden. Weil wir heute im Durchschnitt länger leben, deshalb allein steigt die Bevölkerungszahl des Deutschen Reiches noch weiter. Stürben heute die Menschen noch in demselben Alter wie 1870, so wäre sie schon am Sinken. Bei einer durchschnittlichen Lebensdauer von 60 Jahren hätten von 1910 bis 1935 40,2 Millionen sterben müssen, es starben aber nur 23,5!

Solche Betrachtungen schickt auch Hartnacke in seinem Buch voraus. Er berechnet, daß je Ehe 3,4 bei der längern Lebensdauer immerhin 3 Kinder nötig seien, um auf die Dauer den Volksbestand zu erhalten. Von den 1935 bestehenden Ehen hatten nur die 26 und mehr Jahre bestehenden im Durchschnitt 3,71 Kinder, die 15 Jahre bestehenden aber nur mehr 2,25, und ein Zuwachs ist bei ihnen nicht mehr zu erwarten. Die Folgerung liegt auf der Hand! (...)

Also: wir leben in einem schwindenden Volk, und in diesem schwindet besonders der geistig gehobene Anteil und die geistig Mindern vermehren sich am stärksten. Die Bildung stirbt also langsam aus.«[398]

Gegen Ende der Besprechung allerdings zieht er mit Hartnacke die

Schlussfolgerung, die im nationalsozialistischen Sinne formuliert wurde: »Nicht der Gebildete der Humboldtzeit, der sich aus dem häßlichen Leben auf die reine Aufgabe der Selbstwerdung zurückzieht, sondern der politische Bildungsadel sei das Ziel, der unter allen Formen des Volksdienstes die höchsten Ansprüche stelle.

Ein Ausblick auf die Welt bildete den Schluß des Buches, die Beziehung des bis dahin dargelegten auf die weiße Rasse. Deutschland steht mit dem Volksschwund, mit dem besonderen Schwund der Bildungsschicht, nicht allein. Dieser Rückgang zeigt sich in allen abendländischen Völkern außer den Italienern. Der Zeitpunkt komme, sagte er, da das Abendland nicht mehr führe. ›Lernen die weißen Völker nicht lebensgesetzlich denken, dann ist ihr Grab bereitet.‹

Deshalb müssen wir an die Zukunft denken, wenn auch die Gegenwart noch groß erscheint. Die Mahnung ist ernst und berechtigt, selbst wenn man da und dort kleine Abstriche an den Darlegungen des Verfassers macht.«[399]

Er bezog sich auf Platon und forderte, dass Bildung politischen Ursprung und politische Sendung haben sollte. Wie Hitler und Goebbels hieraus Schlussfolgerungen zogen, zeigte ihre »Rassenpolitik« und die Umgestaltung des Bildungssystems.

Es scheint, dass das Feuilleton bestrebt war, einen Ausgleich im Ausbalancieren der Buchbesprechungen und Artikel zu suchen. Die Meinung des Feuilletons zu der Besprechung des Buches von Wilhelm Hartnacke wurde in einem kleinen Kästchen seitlich in einer späteren Ausgabe eingefügt: »Selten nur trifft sich's, daß in einem Kopfe kritische Strenge und einer gewissen kühnen Toleranz, Achtung und Billigkeit gegen das Genie sich zusammenfinden.« (Schiller)[400] Oder: »Es gibt in der moralischen Welt nichts, was nicht gelänge, wenn man den rechten Willen dazu mitbringt.« (Wilhelm von Humboldt)[401] Dieser Ausspruch Humboldts auf der gleichen Seite der Buchbesprechung Hartnackes ist symbolisch für die Meinung von Gustav René Hocke, der sich hierfür verantwortlich zeichnete.

Manche versuchten, die Unsinnigkeit der neuen Verordnungen und ihrer Folgen darzustellen. Otto Brües setzte sich beispielsweise in einer Glosse mit dem Titel »Ein sehr kleines ABC« mit dem »ABC zur Kunstberichterstattung« auseinander, das von der »Fachschaft Kritik« des Hamburger Landesverbands des Reichsverbands der Deutschen Presse im Anschluss an den Erlass von Goebbels herausgegeben worden war. Hier hieß es: »Ist das Abc des Kunstberichts bereits fertig? (...) In Hamburg wurde nämlich u. a. abgemacht, daß die Darsteller der Opern- und Schauspielaufführungen in alphabetischer Reihenfolge genannt und in ihren Leistungen gewürdigt werden sollen. Dies Verfahren mag offenbar auf den ersten Blick in der Hansestadt verlockend erschienen sein; aber nirgendwo ist der Schematismus so gefährlich wie in der Kunst, und in seinem Vorschlag müsse der Schematismus auf dem Fuße folgen.«[402]

Es kam allerdings auch zu weitaus deutlicheren Reaktionen, was Oelze am Beispiel von mehreren Artikeln des Wissenschaftsjournalisten Max Bense (1910–1990) illustrierte.[403] So war die Kritik von Max Bense,[404] der selbst über »Quantenmechanik und Daseinsrelativität« promoviert hatte, an dem 1936 und 1937 erschienenen Werk *Deutsche Physik in vier Bänden* des Heidelberger Physikers und Nobelpreisträgers von 1905, Philipp Lenard (1862–1947), und dessen Vorgehen, in seinen Büchern jüdisch-deutsche Wissenschaftler und deren Erkenntnisse entweder nicht namentlich zu nennen oder deren Entdeckungen gleich ganz zu unterschlagen, dagegen geradezu vernichtend. In Benses Rezension von Band drei stand geschrieben: »Selbst Lenhard [sic!] sieht sich gezwungen, allerdings ohne Namensnennung, einige Tatsachen anzuführen, die dem Forschungskreis entstammen, den er ablehnt (Krümmung des Lichts durch Gravitation, S. 13). Hier oder an jenen Stellen, wo er die bekannte ›Mitführung des Lichts‹ diskutiert, hätte eine tiefgehende Auseinandersetzung mit der Relativiäts- und Feldtheorie einsetzen müssen. Lenhard scheint auch zu übersehen, daß die so genannte ›moderne Physik‹ als ›mathematische Physik‹ die reine Mathematik außerordentlich anregte. Von ihr aber sagte einst schon Scharnhorst: ›Bleibt die Mathematik zurück, so macht ein Volk in keinem Gebiet der Wissenschaft Fortschritte, weil sie allein ein richtiges Gefühl für Wahrheit und Richtigkeit gibt.‹«[405]

Natürlich waren hier in erster Linie die bahnbrechenden Entdeckungen des jüdischen Wissenschaftlers Albert Einsteins gemeint. Nach Oelze gehörte 1936/1937 einiger Mut dazu, Lenards Darstellungen öffentlich infrage zu stellen, da sie zu diesem Zeitpunkt noch vom NS-Regime unterstützt wurden.[406]

So hatte sich Wilfrid Bade, Leiter der Abteilung »Zeitschriftenpresse und Schrifttum« im Propagandaministerium, schon 1933 dementsprechend über die Prioritäten des Feuilletons in einer Grundsatzrede über die »Kulturpolitischen Aufgaben der Presse« geäußert: »Wichtiger auf wissenschaftlichem Gebiet ist die Darstellung der Heisenbergschen ›Ungenauigkeitstheorie‹ als die der pseudowissenschaftlichen, weil oberflächlichen, so genannten Relativitätstheorie des Kommunisten Einstein.«[407]

Aber nicht nur das Feuilleton, sondern auch bislang eher »unverdächtige« Bereiche wie das Sportressort wurden nun verstärkt zu einem Ziel der nationalsozialistischen Presseüberwachung.

So führte ein Artikel von Franz Mariaux (1898/99–1986)[408] über den dunkelhäutigen Läufer Jesse Owens bei der Olympiade 1936 zu einem Tadel der Landesstelle Köln-Aachen des Reichsministeriums für Volksaufklärung und Propaganda. Mariaux hatte darin dessen Leistung gewürdigt und vor allem den Charme des Läufers beschrieben, der sich die Sympathien der Kölner und insbesondere der Frauen erworben hatte: »Owens und Metcalfe erliefen sich mit je 10.7 – man darf ruhig sagen: im Spaziergang –schnell die Herzen der Kölner, und Owens mit seinem Lächeln eines vollendeten Gentleman die Herzen aller Frauen.«[409]

Insbesondere Letzteres stellte in den Augen der Nationalsozialisten natürlich einen unverzeihlichen Fauxpas dar: »Ich muß es als außerordentlich geschmacklos und würdelos bezeichnen, daß in einer solchen Form über den Lauf eines Negers berichtet wird. Ich glaube, daß es zweckmäßiger gewesen wäre, gerade aus dieser Betrachtung die deutsche Frau herauszulassen. Wenn auch die sportliche Leistung Owens anzuerkennen ist, so ist diese Art der Berichterstattung unter keinen Umständen zu billigen.«[410]

Der Sportschriftleiter der *Kölnischen Zeitung* begründete diese »Entgleisung« mit einer Überlastung der Sportredaktion während der Olympischen Spiele, die es ihm nicht möglich gemacht hatte, Mariaux' Artikel genau zu überprüfen.[411]

In einem Schreiben der Landesstelle vom 22. August 1936 wurde aufgrund der Überlastung der Sportredaktion während der Olympischen Spiele auf eine Beschwerde verzichtet, allerdings nicht, ohne auf zukünftige Schritte im Falle weiterer Vorfälle hinzuweisen: »Aus Ihrem Schreiben vom 12.d.M. habe ich entnommen, daß in dem Sportbericht Ihrer Redaktion über den Neger Owens der von uns beanstandete Satz gestanden hat, weil der zuständige Schriftleiter nicht die nötige Sorgfalt beim Überlesen des von Herrn Mariaux hereingereichten Manuskripts hat walten lassen. Da zurzeit der Olympiade die Sportredaktion überlastet gewesen ist, sehe ich davon ab, den Artikel zum Anlaß einer Beschwerde in Berlin zu machen. Ich bitte Sie, Herrn Elze sowie Herrn Mariaux darauf aufmerksam zu machen, daß, falls sich ein ähnlicher Anlaß wiederholen sollte, ich strengstens dagegen einschreiten werde.[412]

Der Grad der »Aufmüpfigkeit« in den hier vorgestellten Beispielen reichte von der Rezension verfemter deutscher Dichter über eine pseudowissenschaftliche Auseinandersetzung mit rassekundlichen Schriften bis hin zu einer negativen Beurteilung nationalsozialistischer Kunst.

So würdigte Dettmar Heinrich Sarnetzki den kaum noch in der Literatur vertretenen Hermann Hesse zum 60. Geburtstag 1937 (2. Juli) im Feuilleton. Hesses Werke waren zwar nicht verboten, aber doch verschmäht, und Sarnetzki wurde diffamiert, weil er auch nach 1933 Werke jüdischer Autoren empfahl.

In seiner Rezension besprach Sarnetzki die Bücher *Neue Gedichte*, *Gedenkblätter* und *Stunden im Garten* und übte darin versteckte Kritik an den zeitgenössischen literarischen Verhältnissen: »Und es kommt hinzu, daß Stil und Sprache von einer Vollkommenheit sind, wie wir sie anzutreffen heute mehr denn je, als Gunst und Gnade empfinden müssen.«[413]

Ein Kollege Sarnetzkis, Karl Troost, der oben erwähnte Weggefährte Gustav René Hockes, verwendete in seiner Rezension von *Konstitution oder Rasse* von E. Rittershaus eine derart verschraubt anmutende Anhäufung von wissenschaftlichen oder pseudowissenschaftlichen Begriffen, dass diese schon unfreiwillig komisch wirkt, wobei natürlich andererseits auch eine bewusste Absicht des Autors nicht ausgeschlossen werden kann: »Wenn Rasse ›eine Genkopplung ist, die durch Auslese und Ausmerze entstand und durch Inzucht befestigt wurde‹, dann bestünde ja die Möglichkeit, daß noch mehr Rassen in Europa lebten, als wir bisher in unser Rassenschema aufgenommen haben. Lassen sich nun solche finden, die den strittigen Mischformen zugeordnet werden können, dann fallen ja die Schwierigkeiten, die sich zwischen Konstitution und Rasse auftun. Solche Rassen glaubt Rittershaus nun gefunden zu haben, indem er zunächst auf zwei Untergruppen der nordischen Rasse hinweist. Es ist die Lyngbyrasse, die heute zumal in Friesland noch herausmendelt und vorgeschichtlich der Maglemosekultur und den Kjökkenmöddingern zugeordnet ist und dann der Leistungstyp der urnordischen Rasse, der Schnurkeramiker. Bei beiden, besonders bei letztern, verbindet sich ein großer langgliedriger Körper mit zyklothymer Seelenart. Ferner nennt der Verfasser die urostische Rasse, die vielleicht mit der Sudetenrasse verwandt sei und einen schizoiden Charakter habe bei kleinem runden Körper; und endlich die Baskenrasse, die athletische Leiber mit zyklothymer Seelenhaltung verbinde: zu ihr hätten die Glockenbecherleute gehört.«[414]

Wie die nationalsozialistische Presse auf Troosts Ausführungen reagierte, ist nicht bekannt.

Gert Heinz Theunissen, der sich, wie vorher erläutert, schon 1935 wenig schmeichelhaft über nationalsozialistische Kunst ausgelassen hatte, machte in seiner Besprechung über die Große Deutsche Kunstausstellung der Nationalsozialisten in München 1937 aus seiner negativen Beurteilung der Qualität der dort ausgestellten Werke keinen Hehl: »Es erübrigt sich, auf jeden Künstler einzeln einzugehen, da sich fast durchweg die Leistungen untereinander entsprechen. Allgemein darf vor allem von den Malern dieser Schau gesagt werden, daß sie den Ansprüchen, die das neue Deutschland an die Kunst stellt, nach besten Kräften gerecht zu werden sich redlich bemühen. Diese Ansprüche werden von der Meinung her verwirklicht, daß das Gemälde in erster Linie guter Heimschmuck zu sein habe. Dafür spricht auch das Vorwalten des Gemüthaften und Besinnlichen.«[415]

In seinem Beitrag für die *Kölnische Zeitung* mit dem Titel »Entartete Volkskunst? Versuch einer Klärung« Anfang des Jahres 1938, setzte Theunissen seine kritische Auseinandersetzung mit Kunst und Künstlern im Dritten Reich fort und beschrieb gleichzeitig die Verunsicherung der Künstler durch die Politisierung der Kunst:

»In keinem anderen Land der Welt ist die bildende Kunst der Gegenwart so entschieden in das Blickfeld des Politischen gerückt worden wie in Deutschland. Das hat bei den Künstlern eine noch andauernde Unsicherheit hervorgerufen, die, um es gleich hinzuzufügen, sich recht heilsam auswirken kann, denn jeder Schritt, den sie tun, steht nicht mehr unter dem Schutz einer bestimmten Richtung oder eines bestimmten Künstlernamens.«[416]

Viele Künstler setzten laut Theunissen häufig verwendete Schlagwörter wie das »Schöne« und »Aufrichtige« als vermeintlichen Dienst am Volk in Gemütlichkeit und Gefälligkeit um: »Sie hörten das Schöne preisen und verwechseln es mit dem Gemütlichen, sie hören das Aufrichtige verkünden und meinen, es sei das Gefällige. Sie glauben dem Volke, zu dem sie mit tiefem Recht aufgerufen sind, zu dienen, indem sie ihm dadurch schmeicheln, daß sie seine Öffentlichkeit nachahmen, statt ihr die große Einsamkeit, in der erst der wahre Künstler zur rechten Gemeinschaft aufbricht, als Spiegel des Todes entgegenzuhalten.«[417]

Dies ist natürlich ein strenges Urteil des Kritikers an den Künstlern in einer Zeit, in der eben auch die Kunst als Instrument der nationalsozialistischen Machthaber verwendet und missbraucht wurde und sich keineswegs frei entwickeln konnte.

Dies thematisiert Theunissen auch, indem er gegen eine Zweckgebundenheit und eine Lenkung der Kunst eintrat: »Die Kunst ist dazu da, den Menschen eine Freude zu bereiten, heißt eine immer wieder auftauchende Redensart. Wie steht es um deren Wahrheitsgehalt? Die Kunst hat überhaupt nicht zu tun, sondern: sie ist entweder da oder nicht. Ihr einfaches Dasein entzieht sich allen Forderungen derer, die sie betrachten. Und was die Freude angeht, die sie bereiten soll, so kann es sich nur um die Freude handeln, die man über ihre objektive künstlerische Wahrheit empfindet, nicht aber über die Freude, die jemand empfindet, der in der Kunst seine eigne Meinung vom Leben bestätigt zu finden glaubt. Kunst ist keine vom Wandel des Lebens diktierte Geschmackssache; man kann sie nicht lenken, denn sie ist schon in sich selbst entschieden – und zwar gegen das Leben als eine wie auch immer geartete Zweckmäßigkeit.«[418]

Theunissen nahm selbst in seiner Berichterstattung über die Große Deutsche Kunstausstellung 1938 kein Blatt vor den Mund, übte hier jedoch eher indirekt Kritik, indem er die Gegenständlichkeit der Malerei des Präsidenten der Reichskammer der Bildenden Künste, Adolf Ziegler (1892–1959) und der Skulptur von Josef Thorak (1889–1952) in allen Einzelheiten herausstellte: »Wie im vergangenen Jahr bildet auch jetzt wieder im Umkreis der Malerei ein Bild Adolf Zieglers, des Präsidenten der RBK, den Hauptblickfang. Dieses Mal ist es nicht Terpsichore, sondern eine lebensgroß dargestellte ›Göttin der Kunst‹ (...), die das Lob schöner Nacktheit kündet. Wieder ist die Wirklichkeit so haargenau getroffen, daß man glauben möchte, diese gepflegte Rosenwangige habe soeben die Last der Kleider abgeworfen. Ihre Nacktheit, deren sorgfältige Ausführung die Luft warmen Lebens atmet, birgt in den opalisierenden Fleischtönen mancherlei Reize. (...)

Die Plastik ist weitaus geringer vertreten als die Malerei, aber auch sie birgt Werke eigenartiger Auffassung. Wieder, wie im letzten Jahr, ist Josef Thorak von allen Plastikern der Zahl der ausgestellten Werke nach am stärksten vertreten. Die riesige Bronzefigur eines muskulösen Mannes, der in der linken Hand eine Weintraube hält, hat die ebenso muskulöse, schwerhüftig – gestraffte Gestalt eines Weibes, das der Künstler ›Gastlichkeit‹ nennt, zum Gegenstück erhalten. Die in ihren hocherhobenen Händen einen Kranz haltende Figur einer sehr massiven nackten Frau,

›Bekrönung‹ geheißen, stemmt sich mit beiden Füßen rückwärts gegen einen Sockel: dadurch will der Bildhauer den Eindruck erwecken, als ob die mächtige Gestalt schwebe.«[419]

Die kaum als überschwängliches Lob auszulegenden Beschreibungen der Kunstwerke führten, nach einer Vorlage des Artikels bei Adolf Hitler, zu einer Vorladung des Redakteurs bei den Funktionären Bade und Sündermann. Nach mehreren Gesprächen, in denen Theunissen sowohl von Missverständnissen der Leser bezüglich des Artikels, aber auch von seinen negativen Eindrücken bei der Ausstellung sprach, konnte Theunissen nach »längerem Hin und Her« – offenbar ohne weitere berufliche Folgen für ihn – weiterhin seiner Tätigkeit als Feuilletonredakteur nachgehen.[420]

Weniger nachsichtig ging man mit einer Veröffentlichung Hans Roerigs um. Roerig hielt 1938 einen Vortrag über England im großen Saal der Lesegesellschaft Köln, den er wegen des großen Erfolgs zweimal wiederholen musste und der 1939 in erweiterter Form unter dem Titel *England und der englische Mensch* im Hermann Schaffstein Verlag in Köln erschien. Das Buch wurde zur Englischlektüre an vielen weiterführenden Schulen. Mit Beginn des Krieges wurde Roerig von der Reichsschrifttumskammer gedrängt, Änderungen im Sinne des Nationalsozialismus vorzunehmen, was er ablehnte. Sein Buch wurde laut Roerig während des Kriegsbeginns in Deutschland verboten, »weil es zu englandfreundlich« war,[421] und durfte nicht wieder aufgelegt werden.[422]

5.6 Die Unterordnung unter die Diktatur der Partei

Obwohl es der Verlegerfamilie und den Redakteuren gelungen war, die *Kölnische Zeitung* am Leben zu erhalten, blieben auch nach 1935 die Sorgen über die wirtschaftliche Existenz und den steigenden Druck der Partei auf die Inhalte bestehen. Zu den äußeren Kämpfen traten Ende 1936 auch emotionale Spannungen zwischen dem Seniorchef Kommerzienrat Alfred Neven DuMont und seinem Sohn Kurt zutage. In einem zehnseitigen Brief des Vaters an den Sohn im November 1936 beklagte sich Ersterer bitter und trauernd darüber, dass er von ihm aus dem Geschäft herausgedrängt werde: »Warum nimmst Du auf mich als Deinen Vater und Mitchef, dabei Seniorchef des Hauses keine Rücksicht, während Du August gegenüber die zarteste Rücksicht übst, auch wenn Du mit seiner

Art, die Geschäfte zu führen nicht einverstanden bist und mir gegenüber das offen aussprichst? Ihm läßt Du alle seine Arbeitsgebiete, obwohl er sie nach Deiner offen ausgesprochenen Ansicht nach sehr oft schlecht verwaltet. Mir nimmst Du jedes Arbeitsgebiet und verärgerst mir die Freude an jeder Mitarbeit fast jeden Tag!

Wenn Du mich für zu alt und mangelhaft ansiehst, die Geschäfte zu führen, dann sag' es doch offen heraus. (...)

Ich habe Dir schon gesagt, daß ich, wenn ich 70 Jahre alt werde, aus der Arbeit ausscheiden will, nicht weil ich mich arbeitsunfähig fühle, sondern nur, um diese tägliche Qual abzubrechen.«[423]

Ende 1936 schien es jedoch aller äußeren Angriffe und internen Auseinandersetzungen zum Trotz, zumindest wirtschaftlich, wieder aufwärts zu gehen, was in den Auflagenzahlen der *Kölnischen Zeitung* und des *Stadt-Anzeigers*, die von 65 000 im Sommer auf 180 000 im Winter 1936 gestiegen waren, deutlich wurde.[424] Die verbesserte wirtschaftliche Situation machte es möglich, dass seit dem 1. November 1936 die *Kölnische Zeitung* nun auch wieder in ihrem ursprünglichen Großformat erschien. Die damalige Umstellung wurde mit einer aufwändigen Werbekampagne verbunden: »Selbstverständlich haben wir den Übergang zum großen Format benutzt, um für die *Kölnische Zeitung* eine großzügige Propaganda durchzuführen, die ja schon deswegen notwendig war, um einen etwaigen Widerstand zu überwinden, der durch die Bezugspreiserhöhung entstehen konnte. In Aachen, Düsseldorf, Essen, Wuppertal, Duisburg haben wir zirka 1000 Plakate an Säulen geklebt, 500 Aushangplakate wurden an die Einzelhändler, Kioske, Agenturen usw. verschickt, 20 000 Werbebriefe wurden geschrieben und 6 000 Nummern der Sonntagsausgabe vom 1. November wurden an wichtige Persönlichkeiten im ganzen Reich versandt.«[425]

Düster sah es weiterhin in politischen Belangen aus. Die Vermeidung einer Mitgliedschaft in der NSDAP wurde sowohl für die Verleger als auch für die Journalisten im Laufe der Zeit immer schwieriger. Spätestens 1937 wurden kollektive Aufnahmen unvermeidbar, um Repressalien gegen Verlagshäuser zu verhindern.[426]

Im November 1937 trat Kurt Neven DuMont aufgrund einer Forderung des Reichsverbandes der deutschen Zeitungsverleger in die NSDAP ein, um dem Verlag seinerseits eine Überlebenschance zu geben, nachdem er bereits 1933 und 1935 einen Beitritt abgelehnt hatte: »Im November 1937 erklärte ich trotz schwerer Bedenken meinen Parteieintritt, nicht um der Partei zu dienen, sondern um meinen Verlag gegen die Partei zu halten. Als Gauleiter Grohé meinen Teilhaber, Herrn August Neven DuMont und mich im Jahre 1933 aufforderte, in die Partei einzutreten unter der Zusicherung, daß er dann den Kampf gegen unseren Verlag einstellen werde, lehnte ich den Eintritt ab. (...)

Im Jahre 1935 wurde ich noch einmal durch die Reichspressekammer zum Parteibeitritt aufgefordert, was ich ablehnte. Im Herbst 1937 erklärte dann Gauleiter Grohé dem Hauptschriftleiter der *Kölnischen Zeitung*, Herrn Dr. Schäfer, alle Schriftleiter unseres Verlages, abgesehen von den älteren Herren, müßten der Partei beitreten und gleichzeitig wurde dieselbe Forderung vom Reichsverband der deutschen Zeitungsverleger uns Verlegern gegenüber erhoben mit dem Hinweis darauf, die Reichspressekammer könne nur dann auf die Übernahme unseres Verlages durch die nat.soz. [sic!] Partei verzichten, die dauernd von der Kölner Gauleitung gefordert werde, wenn die Verleger der Partei beiträten.«[427]

Für Kurt Neven DuMont bedeutete der Eintritt in die Partei gleichzeitig die Anerkennung seines Status als Verleger:

»Diese Erklärung war für mich deswegen von besonderer Bedeutung, weil die Reichspressekammer sich bis dahin geweigert hatte, mir die Bestätigung als Verleger zu geben, die alle anderen mir bekannten Verleger u. a. auch Herr August Neven DuMont schon im März 1936 bekommen hatten.«[428]

Die Aufnahme in die Partei war laut Neven DuMonts Aufzeichnungen von 1945 nicht bedingungslos erfolgt, sondern war mit der Übernahme eines Amtes durch den Verleger verbunden. Er übernahm die Aufgabe eines Zellenkassenwarts,[429] da diese Position nicht mit politischer Arbeit einherging: »Der Ortsgruppenleiter machte meine Aufnahme in die Partei von der Übernahme eines Amtes abhängig; ich wählte den Posten eines Zellenkassenwartes, da dieser eine politische Betätigung in keiner Weise mit sich brachte – ja ich konnte die Abrechnungen durch meine Sekretärin zusammenstellen lassen.«[430]

Aus einem Brief von Kurt an Gabriele Neven DuMont von 1938 geht allerdings hervor, dass dieser erst 1938 vom zuständigen Zellenleiter gebeten worden war, in Kombination mit einer Geldspende Kassenwart zu werden. Kurt Neven DuMont bat um etwas Zeit für die Entscheidung:

»Unser Zellenleiter der nette alte Herr mit dem weißen Schnauzer, den wir einmal bei der Wahl + in der Apotheke [sic!] trafen, möchte, daß ich Kassenwart der Zelle werde (außerdem soll ich 100 M stiften). Ich habe mir Bedenkzeit auserbeten [sic!]. Auf diese Weise würde ich sogar Amtswalter!«[431]

Auch sein Vetter, August Neven DuMont, sah keine andere Möglichkeit mehr, als in die Partei einzutreten, um den endlosen Angriffen des Nazi-Blattes *Westdeutscher Beobachter* ein Ende zu setzen.

Seiner Ansicht nach ließen dadurch in der Tat die öffentlichen Übergriffe nach: »Im Jahre 1935 wurde mir in Gegenwart meines Vetters vom Beauftragten der Reichspressekammer Dr. Richter in Berlin der Eintritt in die Partei nahe gelegt. Wir mußten den Eindruck gewinnen, daß dann wohl auf eine Übernahme des Verlages durch die Partei verzichtet würde. In der Tat lies [sic!] nach meiner Anmeldung und Eintritt in die Partei – 15. Mai 1937 –, zu dem ich mich trotz schwerer Bedenken, ob das Opfer [sic!] auch wirklich den 125-jährigen Verlag vor einem Zugriff durch die Partei retten würde, der offene Kampf nach.«[432]

In der Redaktion der *Kölnischen Zeitung* war es nach den Ausführungen von Otto Brües bereits im Frühjahr 1937, als die Partei wieder für Neueintritte geöffnet wurde, so weit, dass große Teile der Redaktion der Partei beitraten: »Im Frühling des Jahres 1937 hatten wir eine Folge von Redaktionskonferenzen, in der Dr. Johannes Schäfer uns eine Forderung des Kölner Gauleiters vortrug; Grohé, so hieß er, wolle das oft aufgeschobene Verbot der Zeitungen unseres Verlages erzwingen, wenn nicht ein Drittel der Redakteure der Partei Hitlers beitrete – dabei wurde schließlich eine Frist gesetzt. (…) niemand schien geneigt, seinem Rat zu folgen (…). Bis dann, kurz vor Ablauf der Frist, Julius Dittmar (…) seine Gründe noch einmal fast beschwörend aufreihte, gab ich mir einen Stoß und erklärte mich zur Mitgliedschaft bereit.«[433]

Auch Hans Roerig berichtet von Schäfers Mahnung, nun als jüngerer Redakteur in die Partei einzutreten, um das Überleben der Zeitungen des Verlages zu sichern: »›Ich [Schäfer, Anm. der Verf.] muß daher von jedem Mitglied meiner Schriftleitung verlangen, daß er einen Antrag stellt. Es sei denn, daß er zu der alten Generation gehört. Es ist die Voraussetzung unserer Arbeit.‹ Da wir zum Teil damals schon in schweren Auseinandersetzungen mit Schäfer standen wegen der von uns betreuten Ressorts, standen wir nur vor der Wahl das Feld zu räumen und damit die ganze Arbeit aufzugeben, die jahrelang dem Bemühen gewidmet war, noch eine deutsche Zeitung zu machen, die sich nicht der antisemitischen und antikirchlichen Propaganda hingab und versuchte, die Hetze nationalsozialistischer Politik in ihrer Wirkung auf das Volk abzuschwächen und dem erwarteten Zusammenbruch des Systems noch einen intakten Zeitungskörper zu erhalten, oder in die Partei einzutreten. In diesem Gewissenskonflikt siegte über die formalen Bedenken gegen den Parteieintritt die Verbundenheit mit der journalistischen Aufgabe, *Kölnische Zeitung* und *Stadt-Anzeiger* zu erhalten mit dem Kern der alten Redaktion, die frei von nationalsozialistischen Einflüssen blieb.«[434] Wie Roerig weiter berichtete, hatte sich Schäfer zuvor direkt bei Grohé erkundigt, ob das Eintrittsgebot in die Partei auch für Journalisten gelte: »Während in anderen Gauen, zum Beispiel Frankfurt, diese Aufforderung als nicht an die Redakteure gerichtet betrachtet wurde, ging Schäfer zu Grohé hin und fragte ausdrücklich, ob es sich auf die Redakteure [sic!] beziehe und Grohé bejahte. Schäfer brachte vom Gau folgende Forderungen mit: alle Herren in verantwortlicher Stellung müssen in die Partei eintreten, desgleichen alle jüngeren Schriftleiter, nur auf die älteren bezieht [sic!] sich die Forderung des Gaues nicht.«[435]

Die anschließende Überwachung der Redaktionen äußerte sich im täglichen Ablauf unter anderem durch genaueste, tägliche Vorgaben des Propagandaministeriums:

»Jeden Morgen ging der Redaktionssekretär mit einer grün gestrichenen Eisenkiste von Zimmer zu Zimmer, schloß auf und hob das Fernschreiben mit den Ordres des Ministers oder seiner Helfer heraus; jeder Redakteur mußte mit seiner Unterschrift bezeugen, daß er Wink und Weisung verstanden hatte.«[436]

Der Verlag versuchte infolge der Auseinandersetzungen mit dem *Westdeutschen Beobachter* und Übergriffen der Partei, sich der Vereinnahmung durch die nationalsozialistische Pressepolitik mithilfe von Gegenmaßnahmen zu wehren. So entwickelte der Verlag 1938, als der Kampf mit dem *Westdeutschen Beobachter* schließlich in eine besser einzuschätzende Phase getreten war, laut Vertriebsdirektor Claudius Belz, neue Strategien, um sich wirkungsvoller gegen die Ausfälle der nationalsozialistischen Presse behaupten zu können.

Es war dies einerseits die Schaffung eines stationären, selbstständigen Agentursystems an wesentlichen Orten im In- und Ausland mit Parteigenossen als Inhabern und andererseits der Einsatz von Werbekolonnen und Spezialwerbern:

»Nach einem Jahr, gegen 1938, als der Kampf des Gaus – *Westdeutscher*

Beobachter gegen MDS wohl noch verbissen, aber besser zu übersehen war, schufen sich Anzeigen- und Vertriebsabteilungen wirksamere Werbeinstrumente gegen die NS-Presse, die inzwischen auch in ihrer Gesamtheit gegen MDS antrat. Es geschah dies durch 2 verschiedene Organisationen, die sich gegenseitig ergänzten. Einmal ein neues, selbständiges Agentursystem in Köln, dem Reich und im Ausland, zum anderen durch die Werbekolonnen u. Spezialwerber. Die Agenturen waren auf feste Bezirke verteilt, u. in den wichtigsten Städten ansässig. Die Agentur-Inhaber waren möglichst Pgs. Grund: Nur der Pg hatte immer Wind von den gegen uns gerichteten Parteiplänen u. der NS-Presse u. konnte entsprechende Gegenmaßnahmen ergreifen. Die Agentur-Inhaber führten die Geschäfte in eigenem Namen und eigener Rechnung (eigenes Personal!). Die Werbekolonnen und Spezialwerber dagegen zogen von Ort zu Ort, von Bezirk zu Bezirk und waren Angestellte des Verlags unmittelbar. Nirgends machten wir die Werber seßhaft. Für diese nahmen wir bevorzugt Leute, die – meist aus politischen Gründen – zu unserem Verlag kamen.[437]

Nicht nur die persönliche Situation der Verleger und Mitarbeiter hatte sich zum Teil in erschreckender Weise verändert, sondern parallel dazu auch das finanzielle Fundament des Verlagshauses. Kurt Neven DuMont fasste 1945 in einem geschichtlichen Rückblick über den Verlag die Auflagen- und Inserentenrückgänge und die damit verbundenen finanziellen Einbußen des Verlags nach 1933 zusammen. Die Auflage des *Stadt-Anzeigers* ging demnach von 120 000 auf 50 000, die der *Kölnischen Zeitung* von 50 000 auf 30 000 zurück. Der Umsatzrückgang des Anzeigengeschäfts betrug 60 Prozent. Der Verlust im Jahre 1933 belief sich auf 1,2 Millionen, 1934 auf über 500 000 und in den Jahren 1935 bis 1939 auf jeweils 100 000 Reichsmark.[438]

Die wirtschaftliche Grundlage des Verlags verbesserte sich erst nach dem Kriegsbeginn deutlich. Die Ursachen für diese Veränderung werden im folgenden Kapitel über den Verlag und die Zeitungen im Zweiten Weltkrieg detailliert untersucht.[439]

6. Bis zum bitteren Ende

6.1 Die Zeitung als Reichszeitung an allen Fronten

Bis Ende 1938 war es der Verlegerfamilie und der Redaktion gelungen, die ökonomische Situation des Verlags zu festigen. August Neven DuMont sprach wie sein Cousin Kurt von einer Verbesserung der wirtschaftlichen Situation des Verlags im Krieg, genauer gesagt in den Jahren von 1939 bis 1943. Der Verlag machte aufgrund von Einsparungen und verminderter Kosten wieder Gewinne: »Als Folge ersparter Ausgaben für die Auslandskorrespondenten u. geringerer Unkosten durch kleinere Umfänge der Zeitungen auf Anordnung der Reichsregierung und Fortfall der früher erheblichen Propagandakosten machte die Firma im Kriege wieder, wie in der Zeit vor 1931, Gewinne, die es ihr im Laufe der nachfolgenden Jahre ermöglichte, die Kredite bei den Banken zurückzuzahlen.«[1]

Friedrich Bartels erwähnte in seinen Erinnerungen die Lebensmittelkarten, die mit dem Beginn des Krieges – wie bereits im Ersten Weltkrieg – in der Druckerei hergestellt wurden, als weiteres finanzielles Standbein des Verlages, welches ein großes Vertrauen der Stadt in die Verlässlichkeit der Firma voraussetzte. Die Produktion der Karten erfolgte bis zum Herbst 1944 in Köln und wurde wegen starker Zerstörungen der Druckerei bis Kriegsende in Ründeroth fortgesetzt:

»Wie im Kriege 1914–18 besorgte auch im Zweiten Weltkriege die Buchdruckerei die Herstellung von Lebensmittelkarten. Erklärlicherweise bedingt diese Arbeit ein großes Vertrauen einmal seitens der Stadt zu der Firma, andererseits der Firma zu ihrem Personal. (...) Anfangs waren an der Herstellung der Lebensmittelkarten mehrere Druckereien beteiligt, weil aber bei einigen Veruntreuungen vorgekommen waren, wurde uns bald – auf Grund unserer Zuverlässigkeit – die Alleinherstellung übertragen. Wir mußten aber die Verpflichtung übernehmen, dafür zu sorgen, daß auch in dem Fall, daß unser Betrieb durch Fliegerschaden lieferungsunfähig [sic!] würde, die Herstellung in einem Ausweichbetriebe erfolgen könne. Dieser Fall trat im Herbst 1944 ein. Vom 1. November 1944 bis zum Schluß der Lebensmittelkarten wurden sie dann bei der Firma Jäger in Ründeroth hergestellt.«[2]

Kurt Neven DuMont sah die Ursache für das Wiedererstarken des Verlages unter anderem im Anwachsen der Auflage der *Kölnischen Zeitung* und den an die Truppe gehenden Zeitungen.[3]

Nach den Aussagen von Kurt Weinhold gehörte die *Kölnische Zeitung* zu den im gesamten Bereich der besetzten Gebiete zugelassenen Blättern. Es wurde nicht nur eine festgelegte Anzahl von Tageszeitungen regelmäßig abgenommen, sondern das Oberkommando der Wehrmacht (OKW) sorgte auch für den Vertrieb und den Versand.[4]

Verantwortlich für den Bezug der *Kölnischen Zeitung* durch das OKW war laut eigener Aussage der frühere Redakteur Dr. Peter aus dem Winckel (1898–1975), der als Referent im OKW, Abt. für Wehrmachtpropaganda (OKW/WPr – Gruppe II, Gruppenleiter Oberst Hans Martin) tätig war.[5]

Aus dem Winckel war dort unter anderem für die Betreuung der vom OKW herausgegebenen Zeitschrift *Die Wehrmacht*[6] und im Verlauf des Kriegs auch für die Versorgung der Feldtruppe mit Tageszeitungen zuständig.

Im Rahmen seiner Tätigkeit als Referent entwarf aus dem Winckel eine Verfügung des OKW, in der die Bezugsmöglichkeit durch die Truppe geregelt werden sollte (bis zur Kompanie einschließlich). Darin wurde unterschieden zwischen:

»a. Heimatzeitungen – Sie durften nur von Truppenteilen bezogen werden, deren Ersatz-Truppenteile im räumlich begrenzten Verbreitungsgebiet der betreffenden Tageszeitung lagen,

b. Reichszeitungen (Überregional erscheinende) – Sie konnten von jeder Formation in einer bestimmten Stückzahl je Komp. usw. auf Feldpostnummern bezogen werden.«[7]

Nach Peter aus dem Winckel wollte der Reichsleiter für die Presse, Max Amann, eigentlich nur Blätter, die vom »Zentralverlag der NSDAP« beziehungsweise von Parteiverlagen herausgegeben wurden, als Zeitungen für die Fronttruppen zulassen. In Besprechungen, wohl mit dem Stabsleiter im Verwaltungsamt der NS-Presse und der rechten Hand Max Amanns, dem Rechtsanwalt Rolf Rienhardt, konnte allerdings eine Lösung mit vier bis sechs bürgerlichen Tageszeitungen erreicht werden. Hierbei war ursprünglich nur die *Frankfurter Zeitung* für den Westen vorgesehen, durch die Fürsprache von aus dem Winckel wurde nun aber auch die *Kölnische Zeitung* aufgenommen: »Abgesehen von der notwendigen Begrenzung durch die Engpässe bei der Produktion (Papierkontingentierung usw.) ergaben sich besonders Schwierigkeiten aus politischen Gründen. Der ›Reichsleiter für die Presse‹ (Amann) forderte, daß die Truppe nur solche Blätter als ›Reichszeitungen‹ beziehen dürfe, die vom ›Zentralverlag der NSDAP‹ beziehungsweise von parteieigenen Verlagen herausgegeben wurden, insbesondere *Völkischer Beobachter* und die Wochenzeitung *Das Reich*.

Bei den, wohl mit RA Rolf Rienhardt geführten Besprechungen – der genaue Zeitpunkt steht leider nicht fest – gelang es, eine Regelung zu erreichen, die den Interessen der nicht oder nicht ausschließlich in Parteibesitz befindlichen Verlage entgegenkam. Nach meiner Erinnerung wurden insgesamt 4 bis 6 ›bürgerliche‹ Tageszeitungen als ›Reichszeitungen‹ zugelassen, eingeteilt, abgesehen von Berlin, nach ›Himmelsrichtungen‹.

Eine besondere Schwierigkeit lag dabei darin, daß für den Westen (des damaligen Staatsgebietes) ursprünglich nur die *Frankfurter Zeitung* einbezogen werden sollte. Ich habe jedoch erreicht, daß auch die *Kölnische Zeitung* als Reichszeitung genehmigt wurde.«[8]

Kurt Neven DuMont ging nach dem Abschluss der Besprechungen zu Dr. aus dem Winckel, um sich nach dem Ausgang der Gespräche zu erkundigen. Der ehemalige Redakteur zeigte Kurt Neven DuMont bei dieser Gelegenheit den Entwurf seiner Verfügung und sandte ein Exemplar an ihn, als diese genehmigt war. Der Verleger war nun durch diese Vorinformation in der Lage, Rundschreiben hinsichtlich des Bezugs der *Kölnischen Zeitung* an ihm bekannte Feldpostnummern zu senden.[9]

Ein Divisions-Tagesbefehl vom 22. Januar 1942 bestätigte die Angaben von Herrn aus dem Winckel: »(...) Jede Einheit der Div. kann unentgeltlich bis zu 10 Zeitungen beziehen, und zwar muß eine der *Völkische Beobachter* und eine die örtlich zuständige N.S.-Zeitung sein. Die übrigen Zeitungen können Heimatzeitungen sein. Außerdem kann neben den Heimatzeitungen innerhalb dieser Quote eine so genannte Reichszeitung *(Deutsche Allgemeine Zeitung, Berliner Börsenzeitung, Kölnische Zeitung, Frankfurter Zeitung* oder *Neues Wiener Tageblatt)* bezogen werden. Die Einheiten bestellen die Zeitungen unmittelbar mit dem Vermerk: Freilieferung gemäß Abkommen mit OKW/WPr.«[10]

Der besondere Vorteil lag neben den zusätzlich verkauften Exemplaren darin, dass die Kosten für diese zusätzliche Auflage vom OKW übernommen und über den Reichsverband der deutschen Zeitungsverleger mit dem Verlag monatlich abgerechnet wurden![11]

Auch Friedrich Bartels, der langjährige Leiter der Druckerei und spätere Prokurist im Verlag, ging in seinen Erinnerungen auf die positiven finanziellen Auswirkungen der Ernennung der *Kölnischen Zeitung* zur Reichszeitung ein; außerdem erwähnte er auch ein gleichzeitiges Nachlassen der Auseinandersetzungen mit der NSDAP. Nachfolgend ergaben sich dadurch sogar weitere Aufträge für den Verlag, insbesondere eine Teilauflage der Zeitschrift *Arbeitertum* und nach Kriegsbeginn die Luftwaffenzeitschrift *Adler* oder die niederländische Version des Propagandablatts *Signal*. Das führte zu einer sehr zufriedenstellenden Auslastung des Verlags: »Die Spannungen zwischen der Firma und der NSDP hatten mehr und mehr nachgelassen, so daß uns sogar der Druck einer Teilauflage des *Arbeitertum* (etwa 500 000) übertragen wurde. Während des Kriegs kamen weitere Aufträge hinzu: der Druck einer Teilauflage des *Adler*, einer Zeitschrift für die Luftwaffe, und die holländische Propagandazeitschrift *Signal*.

Während die beiden erstgenannten Zeitschriften in einfarbigem Tiefdruck hergestellt wurden, bestand das Blatt *Signal* zum Teil aus zweifarbigem Rotationstiefdruck und einer achtseitigen Beilage in Vierfarbenhochdruck. Hiermit waren vier große Zweitouren-Buchdruckmaschinen andauernd in Doppelschicht beschäftigt.

Auch die Buchbinderei hatte durch Falzen, Heften und Beschneiden ständig eine gute Beschäftigung. – Die *Kölnische Zeitung* war als sogen. Reichszeitung anerkannt und fand im Felde wieder eine große Verbreitung und erreichte dadurch eine erhebliche Steigerung ihrer Auflage.«[12]

Der Status als Reichszeitung hatte jedoch nicht nur eine wirtschaftliche Verbesserung zur Folge, sondern auch Auswirkungen inhaltlicher Art.

Wie Ernst Johann in seinen »Erinnerungen an die *Kölnische Zeitung*« ausführte, besaß die *Kölnische Zeitung* nun als »Reichszeitung« ein besonderes »Vorrecht«. Die fünf »Reichszeitungen« waren nämlich nicht den jeweiligen regionalen Gauleitungen, sondern dem Propagandaministerium unmittelbar und damit auch Goebbels direkt unterstellt: »Die *Kölnische* unterstand nämlich nicht der Aufsicht oder der Zensur oder der Zuständigkeit des Gaukultur-Amtes Köln, wie jede andere Zeitung in jenem Gau [so auch der Kölner *Stadt-Anzeiger*, Anm. d. Verf.], sie unterstand dem Propaganda-Ministerium, also Goebbels direkt. Dieses Privileg (wenn man es so nennen will) besaßen fünf Tageszeitungen, die man als ›Reichszeitungen‹ bezeichnete: Die *Deutsche Allgemeine Zeitung* Berlin, das *Hamburger Fremdenblatt*, die *Münchner Neuesten Nachrichten*, die *Frankfurter Zeitung* und wir, die *Kölnische*. Ausgenutzt haben diese Situation nur die *Frankfurter* und wir; die anderen Zeitungen wollten nicht oder konnten nicht.«[13]

Als Reichszeitung zu agieren war natürlich nicht als Freibrief für regimekritische oder nicht linientreue Artikel zu verstehen, wie ein Schreiben des Wehrkreiskommandos VI vom 29. Dezember 1939 illustrierte. In dem Schreiben an das OKW wurden drei Artikel über die Ansprache des Oberbefehlshabers des Heeres (ObdH) in verschiedenen Zeitungen als Anlage übersandt, die dessen Rede nicht nur abdruckten, sondern auch kommentierten, darunter die *Kölnische Zeitung*: »In der Anlage werden drei Kommentare zu der Ansprache des ObdH vom 24.12.1939 überreicht, und zwar von der *Zeno-Zeitung*, Münster, der *Kölnischen Zeitung*, Köln, dem *Westdeutschen Beobachter*, Köln.

Alle übrigen Zeitungen beschränkten sich auf die wortgetreue oder auszugsweise Wiedergabe des P-K.Berichtes [Presse-Kompanie o. Presse-Konferenz, Anm. d. Verf.] von Dr. Fritz Meske über den Frontaufenthalt und die Ansprache des Oberbefehlshabers des Heeres.«[14]

Dennoch schien die *Kölnische Zeitung* entgegen der Vorkriegspraxis nun eine Art Förderung zu erfahren. Dies betraf insbesondere die Verteilung der Tageszeitung im Ausland. Aus den Akten der Reichspropagandaleitung ging hervor, dass diese Dienststelle sehr sorgfältig beobachtete, welche deutschen Zeitungen und Zeitschriften im Ausland vertreten waren und mit welcher Verspätung sie dort eintrafen. 1939 erschienen in den nach Ländern sortierten Listen auch die *Kölnische Zeitung* und die *Kölnische Illustrierte Zeitung*. Sie wurden im August 1939 mit den folgenden Zahlen verzeichnet:[15]

Länder	*Kölnische Zeitung*		*Kölnische Illustrierte Zeitung*:	
Belgien	Einzel: 200	Abo: 442	Einzel: 1.975	Abo: 362
Dänemark	Einzel: 4	Abo: 26	Einzel: 18	Abo: –
Italien	Einzel: 270	Abo: 52	Einzel: 700	Abo: 28
Luxemburg	Einzel: 6	Abo: 52	Einzel: 700	Abo: 5
Niederlande	Einzel: 144	Abo: 305	Einzel: 814	Abo: 39
Norwegen	Einzel: 2	Abo: 8	Einzel: 28	Abo: –
Schweden	Einzel: -	Abo: 28	Einzel: 93	Abo: 2
Schweiz	Einzel: 31	Abo: 51	Einzel: 1114	Abo: 10

Wie unschwer zu erkennen ist, war die *Kölnische Illustrierte Zeitung* im Ausland bedeutend beliebter als die *Kölnische Zeitung*. Die größte Verbreitung hatten beide Blätter zusammen in Belgien.

Aus dem Monat September 1939 ist eine Notiz des Geschäftsführers Anders des Reichsverbandes der deutschen Zeitungsverleger und einem Herrn Bredow über ein Ferngespräch existent, in der es um eine Besprechung mit dem deutschen Generalkonsul in den Niederlanden, Herrn Bensier, und dem dortigen Presseattaché, Dr. Kühn, ging. In dieser wurde das Interesse des Konsuls an der Verbreitung folgender Zeitungen erwähnt: *Frankfurter Zeitung*, *Berliner Börsen-Zeitung*, *Kölnische Zeitung* und *Deutsche Allgemeine Zeitung*. Die gelieferten Exemplare sollten bei diesen Blättern verdoppelt und durch ein systematisches Verteilungs- und Werbesystem in der Bevölkerung in Umlauf gebracht werden. Händler sollten durch Absatzprämien für den Verkauf gewonnen werden.[16]

Für die Schweiz wurde am Beispiel Basels in einem Schreiben gleichen Datums an die Stellvertretung des Führers eine deutliche Präsenz von deutschen Zeitungen in Kiosken gemeldet, wobei die *Kölnische Zeitung* in Basel augenscheinlich ganz vorn lag.[17]

Kurz zuvor war im Propagandaministerium beschlossen worden, die Verbreitung deutscher Zeitungen im neutralen Ausland zu fördern, um ein Gegengewicht zur ausländischen »Feindpropaganda« herzustellen, die die neutralen Staaten zu einer negativen Haltung Deutschlands gegenüber bewegen wollte: »Es dürfte keinem Zweifel unterliegen, daß die gegenwärtige politische und militärische Lage dem deutschen Nachrichtenwesen und der deutschen Pressepropaganda überhaupt eine außerordentlich bedeutsame Aufgabe zuweist.

Gekennzeichnet wird diese Lage einerseits durch die abwartende Haltung einer großen Reihe von Staaten und andererseits durch den konzentrierten und mit allen Mitteln vorangetriebenen Versuch der Feindpropaganda, die Haltung dieser Staaten zu unseren Ungunsten zu beeinflussen.

In diesem Stadium der Entwicklung ist nicht nur ein quantitativ verstärkter, sondern auch ein mit allen Mitteln zu beschleunigender Export deutscher Zeitungen ins Ausland dringend notwendig. Wie im Nachrichtenwesen die erste Nachricht bekanntlich die beste ist, so analog im Zeitungswesen die erstgelesene Version eines unterschiedlich dargestellten Vorfalles oder Ereignisses. Es muß daher gelingen, die englischen und französischen Zeitungen tempomäßig zu schlagen. Es ist dies umso bedeutsamer, als der deutsche drahtlose Nachrichtendienst – eine andere Hauptquelle deutscher Information im Ausland – zur Zeit durch unregelmäßige Sendezeiten in seiner Wirkung beeinträchtigt wird, und die Vertretung des deutschen Standpunktes gegenüber der Feindpropaganda daher in erheblichem Maße den deutschen Zeitungen im neutralen Ausland zufällt.«[18]

Das Propagandaministerium bat in dem gleichen Schreiben daher um eine Aufhebung der Luftsperre für den Zeitungsversand auf den vier wichtigen Strecken, um einen zeitlichen Vorsprung der Propaganda der Kriegsgegner zu vermeiden.[19]

Die Mobilisierung des Versands durch Flugzeuge ging mit einer unterstützenden Maßnahme der Verlage der für den Auslandsvertrieb zugelassenen Zeitungen – die *Kölnische Zeitung* und die *Kölnische Illustrierte Zeitung* hatten die Genehmigung für den Auslandsvertrieb in Holland, Belgien, Luxemburg, Italien, Schweiz und Griechenland erhalten[20] – einher. Diese Verlage bekamen für den zusätzlichen Aufwand im Ausland einen Zuschuss, der auf Antrag auch erhöht werden konnte,[21] beziehungsweise sie konnten sich mit ihrem Versand in bestimmten Fällen an die staatlichen Zeitungssendungen per Flugzeug anschließen.[22]

Am Ende eines Schreibens an die Verlagsleitungen der betreffenden Zeitungen wurde nochmals die sorgfältige Auswahl der Zeitungen betont und darauf hingewiesen, dass den nicht in dieser Auswahl enthaltenen Zeitungen die Auslandszuschüsse gesperrt wurden: »Auf die Verbreitung Ihrer Zeitung im neutralen Ausland wird besonders Wert gelegt. Den meisten deutschen Zeitungen mit Auslandsvertrieb wurde von uns der Auslandszuschuß gesperrt, damit die Verbreitung der wichtigsten und angesehensten Zeitungen im neutralen Ausland mit allen Kräften zu Zwecken entschlossener politischer Propaganda gegen die Lügenkampagne der Feindstaaten erfolgreich eingesetzt werden kann.«[23]

In der Auflistung der zugelassenen Zeitungen gab es allerdings beachtliche Abstufungen bezüglich des Umfangs der Genehmigungen. So war es einerseits streng nationalsozialistischen Blättern wie der Berliner Ausgabe des *Völkischen Beobachters* erlaubt, in das gesamte Ausland zu liefern, andererseits aber auch einer bürgerlichen Zeitung wie der *Frankfurter Zeitung*. Von 49 Zeitungen und Zeitschriften durften lediglich 16 ohne regionale Einschränkungen vertrieben werden.[24]

Erwähnenswert ist darüber hinaus, dass das Verhältnis der Verkaufszahlen für die *Kölnische Zeitung* und die *Kölnische Illustrierte Zeitung* zu denjenigen der Konkurrenzblätter je nach Land stark schwankte: In Belgien führten beide Blätter die Verkaufszahlen an, in Dänemark waren sie bedeutungslos, in Italien befanden sie sich im unteren Mittelfeld, in Luxemburg führten sie wiederum, in Norwegen waren sie weit abgeschlagen, in Schweden lagen sie im unteren Bereich und in der Schweiz befanden sie sich wiederum im unteren Mittelfeld.[25]

In Nordskandinavien erreichten sie zu diesem Zeitpunkt nach dieser offiziellen Aufstellung also die geringsten Verkaufszahlen. Hierbei muss allerdings berücksichtigt werden, dass nicht bekannt ist, ob weitere Auflagebeschränkungen der Nationalsozialisten vorlagen. Dies hätte die Statistik natürlich verfälscht, da dadurch nicht alle Verlage mit den gleichen Ausgangsbedingungen angetreten wären.

Zu Kriegsbeginn wurden allerdings nicht nur die Publikationen, sondern auch etliche Mitarbeiter – mit Aufgaben ganz anderer Art – ins Ausland entsandt. Dies geschah in den meisten Fällen unfreiwillig, da sie zum Kriegsdienst einberufen wurden, wie im August 1939 auch der Feuilletonredakteur Otto Brües,[26] der eine schmerzliche Lücke im Verlag hinterließ.

Brües wurde im Rang eines Wachtmeisters einer Propagandakompanie zugewiesen und mit dem Arbeitsplan für eine Soldatenzeitung betraut.[27]

Derartige Propaganda-Kompanien waren zunächst versuchsweise bereits seit 1938 eingerichtet worden.[28] 1939 wurden sieben Heeres-, vier Luftwaffen- und zwei Kriegsmarine-Propagandatruppen aufgestellt mit jeweils 120 bis 180 Mann.[29] Ursprünglich dem Propagandaministerium unterstellt, unterstanden die Propaganda-Kompanien ab 1941 direkt dem OKW.[30] Dementsprechend waren auch die Soldatenzeitungen von 1941 bis 1944 direkt dem Oberkommando des Heeres und nachgeordnet dem jeweiligen Oberbefehlshaber unterstellt. Die Zensur beschäftigte sich daher in erster Linie mit militärischen Fragen.

Brües Zensuroffizier war der Karikaturist Rudi vom Endt, der zahlreiche Beiträge für die Soldatenzeitung *Wacht im Westen* lieferte, für die auch Brües tätig gewesen war.[31] Vom 4. auf den 5. September 1940 wurde in Mayen die erste Ausgabe der *Wacht im Westen* gedruckt.[32] Brües lag viel daran, mit diesem Blatt den Soldaten an der Front hauptsächlich Unterhaltung zu bieten, worauf auch seine eigenen Beiträge hinweisen, die häufig einen humorvollen Charakter besaßen. Die Politik sollte also knapp formuliert und der Unterhaltung der größte Raum gegeben werden. Brües wandte sich daher mit der Bitte um Unterstützung an Verleger und Schriftsteller, welche ihm auch gewährt wurde.[33] Der Austausch von Informationen und Beiträgen erfolgte aber auch in umgekehrter Richtung. So waren etwa die PK (Propaganda-Kompanie) im Kulturteil der *Kölnischen Zeitung* durchgehend vorhanden, wenn, laut Oelze, auch nur am Rande.[34]

Auf die *Wacht im Westen* (WiW: Mayen, Dijon, Besançon, Freiburg) folgten daneben die *Wacht im Osten* (WiO: Krakau) sowie die *Wacht im Südosten* (WiSO: Bukarest, Sofia, Saloniki, Athen).

Am 3. September 1942 wurde Brües nach einer Bitte um Ablösung an das OKW in Berlin versetzt.[35] Peter aus dem Winckel war zu diesem Zeitpunkt wohl bereits zu einer anderen Einheit versetzt worden; er war also nicht gleichzeitig mit Brües dort. Brües Bitte um Versetzung hatte sich hauptsächlich aus dem wachsenden Druck auf die Soldatenzeitungen durch Goebbels Propagandaministerium ergeben, die ein halbwegs selbstständiges Arbeiten wie bisher nicht mehr möglich machte. Auch waren Mitarbeiter aus seiner Redaktion wegen »nicht erwünschter« Beiträge abgezogen worden.[36]

Nach dem Attentat vom 20. Juli 1944 standen selbst die Soldatenzeitungen wie auch das Oberkommando nicht mehr unter der Aufsicht der Oberbefehlshaber der Wehrmacht, sondern wurden bereits von der SS bewacht; was Brües 1944 – nach seiner Rückkehr zur *Kölnischen Zeitung* 1943 – von seinen früheren Kameraden bei der Wehrmacht erfuhr.[37]

In einzelnen Fällen war es jedoch auch möglich, Mitarbeiter des Verlags vom Kriegsdienst freizustellen, wenn sie für wesentliche Bereiche des Betriebes unbedingt notwendig, also unabkömmlich waren. Dies betraf beispielsweise den im außenpolitischen Ressort der *Kölnischen Zeitung* tätigen Dr. Otto Schempp,[38] der zunächst zu einer Propagandastaffel einberufen worden war. Schempp war für eine geplante französische Version der *Kölnischen Zeitung* vorgesehen. Da jedoch für ihn kein Ersatz zu erhalten war und man diese Arbeit für politisch wichtig erachtete, wurde seine Entlassung aus dem Kriegsdienst in einem Schreiben an den Fachprüfer für Wortberichterstattung im OKW befürwortet.[39] Anzumerken ist in diesem Zusammenhang, dass es weder im Verlagsarchiv noch in anderen Archiven weitere Hinweise auf eine französische Ausgabe der *Kölnischen Zeitung* gab.

6.2 Zensur und Abhängigkeit

6.2.1 Vorschriften für alles

Die Möglichkeiten, der *Kölnischen Zeitung* und dem *Kölner Stadt-Anzeiger* Mitarbeiter zu entziehen, waren vielfältig. Waren es im Falle von Otto Brües rein kriegsbedingte Gründe, so lagen beim Feuilletonredakteur Dettmar Heinrich Sarnetzki politische Ursachen vor. 1939 wurde Dettmar Heinrich Sarnetzki durch den Geschäftsführer des Landesverbandes Mittelrhein im Reichsverband der deutschen Presse, Bruno Tönnies, und Hauptschriftleiter Martin Schwaebe dazu gezwungen, den Vorsitz der »Literarischen Gesellschaft« niederzulegen. Beide hatten dem Verleger der *Kölnischen Zeitung* nahegelegt, Sarnetzki vor die Entscheidung zu stellen, entweder zurückzutreten oder in seiner Position als Schriftleiter aufzugeben. Diese Maßnahme war vom Landesverband veranlasst worden, da Schriftleiter mit Ausnahmegenehmigung wegen der »jüdischen oder halbjüdischen Versippung«[40] ihrer Frauen nach Anweisung des Propagandaministeriums nicht mehr öffentlich auftreten sollten. Sarnetzki war seit dem 14. Juni 1905 mit Marie Meyer verheiratet, die zwar evangelisch getauft, aber jüdischer Herkunft war. In dem hier auszugsweise zitierten Schreiben des Landeskulturverwalters Köln-Aachen, Landesleiter für Schrifttum, wurde auch erwähnt, dass die Partei Sarnetzki »einige Abneigung« entgegenbrachte und Sarnetzki dem Landesleiter mitgeteilt hatte, dass seine Frau »nicht einmal Viertelsjüdin sei«.[41]

Die Tätigkeit in dieser Gesellschaft ruhte zunächst. Es sollte zu einem späteren Zeitpunkt über die Nachfolge Sarnetzkis beschlossen werden. Otto Brües war später für den Vorsitz vorgesehen. Nach seinem Militärdienst sollte er den Verein neu aufbauen.[42]

Auch Sarnetzkis Kollege Gustav René Hocke geriet 1939 zum wiederholten Male ins Visier der Nationalsozialisten. Als Hocke bei Kriegsausbruch im September 1939 öffentlich im Verlagshaus davon sprach, dass Hitler nun sein größtes Verbrechen begonnen habe, und dazu aufrief, keinem Befehl aus Berlin mehr zu gehorchen, wurde er anonym denunziert und am nächsten Tag in seiner Redaktion durch die Gestapo verhört. Seine Inhaftierung konnte lediglich durch eine Bürgschaft des Verlegers beim Regierungspräsidenten abgewehrt werden, und auch der Verbleib im Verlag war nur durch die Garantie eines Kollegen, der die Funktion eines Zellenleiters der Arbeitsfront ausübte, weiter möglich.[43] Hocke nahm im gleichen Jahr laut eigener Aussage Kontakt zu oppositionellen Kreisen im Rheinland auf, deren Treffen jedoch zu keinem Ergebnis führten: »Im Jahre 1939 knüpfte ich viele Verbindungen mit Oppositionskreisen im Rheinland an. Ich kann bestätigen, daß manche Pläne gefaßt wurden, um die bedrohliche Entwicklung aufzuhalten. Es war alles vergebens. Die Bewachung war zu streng, die Mittel zu gering, Verrat und Opportunismus zu groß.«[44]

Die Eingriffe der Nationalsozialisten im Pressewesen sollten sich jedoch nicht nur in der Überwachung von Journalisten und in der Zensur von Beiträgen zeigen, sondern – wie bereits im vorherigen Kapitel erläutert – auch in den Veröffentlichungen im Anzeigenteil der Zeitungen. Einerseits fielen die Anzeigen für jüdische Firmen, die eine wesentliche Einnahmequelle für die Zeitungen des Verlags M. DuMont Schauberg darstellten, nun völlig weg, andererseits nahm die Flut an staatlichen Anzeigen und amtlichen Mitteilungen immer mehr zu. Da die Frage der Bezahlung des Abdrucks von öffentlichen Anzeigen und Bekanntmachungen keineswegs geklärt war, kam es zunächst zu merklichen Einkommenseinbußen, weil diese oftmals nicht bezahlt wurden. Dies führte, nicht zuletzt durch den Protest von Verlagen und Schriftleitern bedingt, 1939 zu einem Nachbesserungsbedarf bezüglich der Entlohnung und zu weiteren Regelungen in Bezug auf die Anzeigenveröffentlichungen.

In einem Schreiben des Reichsministers des Innern an den Reichsfinanzminister war von einer »Notlage« der deutschen Presse die Rede: »Durch den allgemeinen Rückgang des Anzeigengeschäfts erleide das Zeitungsgewerbe einen erheblichen Ausfall und sei umso mehr auf die Bezahlung amtlicher Anzeigen angewiesen. (...)

Auch hinsichtlich der Abgrenzung zwischen den gegen Bezahlung aufzunehmenden behördlichen Mitteilungen im Anzeigenteil einerseits und den kostenfreien aufklärenden Pressenotizen der Behörden im Texteil [sic!] andererseits kommt es häufig zwischen den Schriftleitern und den Behörden zu Meinungsverschiedenheiten.

Mit Ausbruch des Krieges hat der Anzeigenteil, der bis dahin die Haupteinnahmequelle der Zeitungen war, stark an Bedeutung verloren. Gleichzeitig hat aber sowohl die Zahl der amtlichen Bekanntmachungen (...) erheblich zugenommen.«[45]

In einem Rundschreiben des Reichsverbands der deutschen Zeitungsverleger wurden diese Veröffentlichungen geregelt:

»1. Sämtliche amtlichen Bekanntmachungen jeder Art dürfen mit sofortiger Wirkung nur noch als Anzeigen im Anzeigenteil veröffentlicht werden. (...)
2. Die Schriftleitungen bleiben ermächtigt, auf wichtige Bekanntmachungen im Textteil hinzuweisen oder solche auch ausführlicher zu kommentieren.
3. Grundsätzlich sind die amtlichen Bekanntmachungen zu bezahlen (...).«[46]

Nochmals zusammengefasst bedeutete dies, dass die amtlichen Bekanntmachungen, die ausschließlich im Anzeigenteil zu veröffentlichen waren, auch bezahlt werden mussten, während die erläuternden Pressenotizen dort kostenfrei abgedruckt wurden.

1940 kamen weitere Steuerungsinstrumente durch öffentliche Stellen hinsichtlich der Gestaltung von Beiträgen hinzu.

So wurden beispielsweise die Zensurbestimmungen für Gefallenen- und Todesanzeigen weiter ausgebaut. Jede Anzeige musste nun die Formulierung »Für Führer, Volk und Vaterland« enthalten. Es gab detaillierte Vorgaben an die Hauptschriftleiter und Anzeigenleiter der Zeitungen für die Nennung von Name, Dienstgrad sowie, mit Einschränkungen, Todesdatum, Todesart und Waffengattung, und so weiter: »(...) Form: Die Anzeige muß stets die Formulierung enthalten:

›Für Führer, Volk und Vaterland‹.

Auch bei entgegenstehenden Wünschen der Angehörigen ist die Anzeige grundsätzlich mit dem Eisernen Kreuz (neuer Art) zu versehen. Das E K darf nur gebracht werden in Todesanzeigen von Gefallenen und Verstorbenen, die einem Feldtruppenteil angehört haben; es ist aber auch statthaft bei Wehrmachtsangehörigen, die einem Feldtruppenteil angehört haben und infolge von Unfällen oder Erkrankung im Operations- beziehungsweise Kriegsgebiet verstorben sind. (...)

Inhalt: Die Anzeige darf enthalten Name und Dienstgrad des Gefallenen, Todesdatum, (s. ›Einschränkungen‹!), Todesort (s. ›Einschränkungen‹) und Waffengattung (s. ›Einschränkungen‹) aber ohne Namen und Nummer des Regiments (zum Beispiel in einem Infanterieregt., in einem Stukageschwader).«[47]

Darüber hinaus durften grundsätzlich nicht mehr als 15 Todesanzeigen in einer Ausgabe veröffentlicht werden, es sei denn, es wurde zuvor eine Ausnahmebewilligung des Reichspropagandaamtes eingeholt.[48]

Neben der oben beschriebenen Zensur der Artikel beziehungsweise der Anzeigen und der Veröffentlichungspflicht von bestimmten amtlichen Bekanntmachungen durch die verschiedenen nationalsozialistischen Propagandastellen wurden nun zusätzlich Themenvorschläge oder, wie in diesem Fall durch das OKW und das Wehrmachtsführungsamt (WFA), konkrete Artikel an die Redaktionen gesandt.

Dies geschah zunächst nach einer von der *Kölnischen Illustrierten Zeitung* selbst zusammengestellten Themenliste. Es ist nicht eindeutig, ob die *Kölnische Illustrierte Zeitung* vielleicht zuvor schon eine Auswahlliste des OKW erhalten hatte. So wie es aussah, schien sich dies im Laufe eines Schriftwechsels mit dem OKW zu einer eindeutigen Anleitung für zu behandelnde Inhalte zu wandeln.

In Geheimakten des WFA beziehungsweise der Abteilung Wehrmachtpropaganda I (WPr I) im OKW vom Januar 1940 war demgemäß zunächst noch von »Themenvorschlägen der Zeitschrift« selbst die Rede: »Es wird gebeten, die anliegenden Themenvorschläge der *Kölnischen Illustrierten Zeitung* und der *Erika*[49] [im Text handschriftlich ergänzt, Anm. d. Verf.] – soweit sie sich realisieren lassen – an die geeigneten Prop.Kompanien weiterzuleiten.«[50]

Ein Blatt mit Vorschlägen war diesem Schreiben beigelegt, welches zahlreiche handschriftliche Streichungen und Kommentare aufwies und nun in der korrigierten Form den Titel »Themen für Wortberichte für die *Kölnische Illustrierte Zeitung*« trägt; während die Überschrift ursprünglich »Vorschläge der *Kölnischen Illustrierten Zeitung* für PK-Fronterlebnisberichte« lautete.[51] In einem sich darauf beziehenden Rundschreiben des Chefs des OKW an alle Armeeoberkommandos und den Oberst für die Propagandakompanien und Propagandastaffel Ost war dann nicht mehr von »eigenständig durch die Zeitschriften« – außer der *Kölnischen Illustrierten Zeitung* waren dies die *Illustrierte Auslandszeitschrift* und die *Erika* – eingereichten Vorschlägen die Rede. In den Themen bezüglich der Wortberichte für die *Kölnische Illustrierte* erschienen nur noch vier der ursprünglichen acht Titel der ersten Liste:

»Wie ich mein EK erwarb«, »Im Westen einzelne Stoßtrupp-Unternehmungen ...«, »Wie ich meinen ersten Gefangenen machte« und »Frontkameraden«.[52]

Gestrichen wurden die folgenden Beiträge:

»80 Schuß auf einen Bunker – erfolglos«, »Ein U-bootkapitän erzählt«, »Panzer gegen Panzer« und »Ein Aufklärer-Vorstoß nach Frankreich«.

Anhand dieser Auswahl ist unschwer zu erkennen, dass im Sinne erfolgreicher Kriegspropaganda ausschließlich die Darstellung von geglückten Einsätzen oder aufbauenden Erlebnissen erwünscht beziehungsweise erlaubt war. Alle Berichte der Pressekompanien für die Zeitschriften mussten zudem vor der Veröffentlichung – trotz der vor Ort in den Kompanien tätigen Zensuroffiziere – zuerst dem Reichsministerium für Volksaufklärung und Propaganda zur Überprüfung vorgelegt werden.[53] Auch erfolgte die Verteilung der Themen an die jeweiligen Zeitschriften gezielt, und die Artikel durften nicht anderweitig verwendet werden.[54]

Die Vorlage der Beiträge im Propagandaministerium bedeutete allerdings nicht, dass sich die Wehrmacht selbst völlig aus dem Zensurprozess heraushielt. Belegend dafür ist eine Beanstandung der Heeresgruppe A in Bezug auf zwei Meldungen im Morgenblatt der *Kölnischen Zeitung* am 26. März 1940. Die eine Mitteilung bezog sich auf die veraltete Munition der britischen Armee, während eine darunter liegende Information von durch jene Munition verursachten Beschädigungen berichtete. In diesen Vermerken wurde die Art der Schreibweise als irreführende Berichterstattung und somit als psychologischer Fehler interpretiert:

»In der *Kölnischen Zeitung* (Morgenblatt Nr. 154 vom 26.3.) befinden sich unmittelbar untereinander die beiliegenden Notizen. Eine derartige Zusammenstellung muß zu einer Irreführung der Leser führen. In der ersten Notiz wird mitgeteilt, daß die Munition der Engländer völlig veraltet gewesen sei, in der zweiten gesagt, daß sie auf dänischem Boden große Beschädigungen hervorgerufen habe.

In den Rundfunksendungen über Sylt wurde übrigens z. T. der gleiche psychologische Fehler gemacht.«[55]

Diese Beschwerde blieb jedoch auch hier nicht auf die Heeresgruppe beschränkt, sondern wurde an höherer Stelle, das heißt unmittelbar im Propagandaministerium missbilligend vorgetragen, mit der Bitte, die *Kölnische Zeitung* dementsprechend zu belehren. Aus einem unterschriebenen Entwurf des OKW an das Propagandaministerium ging hervor, dass im OKW befürchtet wurde, die britischen Kräfte auf ihre Schwachstellen erst hingewiesen zu haben, und betonend wurde dabei zugleich ausdrücklich auf das Verbot derartiger informativer sowie kommentierender Äußerungen eingegangen: »Es wird gebeten, die *Kölnische Zeitung* darauf aufmerksam zu machen, daß eine derartig gedankenlose Aneinanderreihung von Meldungen unter allen Umständen verhindert werden muß. Man kann nicht am gleichen Tage behaupten, daß die englischen

Bomben auf deutschem Gebiet wirkungslos sind, auf neutralem Gebiet schwere Schäden angerichtet haben. Im übrigen wird darauf hingewiesen, daß es verboten ist, über mangelhafte Kampfmittel des Feindes zu berichten, damit der Feind nicht auf seine Fehler oder Mißstände aufmerksam gemacht wird.«[56]

Überaus empfindlich zeigte sich das Wehrkreiskommando VI (Münster), als es um die Erwähnung von Truppenbewegungen, wenngleich in ausgesprochen positiver Weise, ging. Die *Kölnische Zeitung* schrieb damals von der Rückkehr der siegreichen Frontsoldaten aus Holland und deren begeistertem Empfang durch die Kölner. Dies führte zu einer rigorosen Sperrung des Artikels:

»(...) Bericht: ›Köln jubelt den Frontsoldaten zu.‹

Gesperrt, weil Berichte über Truppenbewegungen nicht zulässig sind.«[57]

Diese Reihe von Zensurbeispielen kann mit weiteren Beispielen fortgesetzt werden, die vor allem das Labyrinth von häufig täglich wechselnden Zensurvorschriften illustrieren, in dem sich Journalisten orientieren mussten. So entgingen zum Beispiel bei der *Kölnischen Zeitung* weder die Suchmeldung nach einem vermissten belgischen Soldaten – hier wurden die Nachforschungen zu einem Kriegsgefangenen beanstandet[58] – noch der Bericht über Arbeiten an Eisenbahndurchführungen, der einer aktuellen militärischen Tagesanweisung zum Opfer fiel,[59]den strengen unerbittlichen Zensoren.

Es war im Grunde nicht möglich, allen Vorschriften gerecht zu werden, auch wenn eine Zeitung dies beabsichtigte, wie beispielsweise der *Westdeutsche Beobachter*, der im Übrigen oftmals selbst das Ziel von Beanstandungen wurde.

Welche Art und Weise der publizierenden Schreibweise erwünscht war und mit welchen Stilmitteln man zu jener Zeit arbeitete – die Ausbildung des Schriftleiternachwuchses erfolgte seit 1935 in der Reichspresseschule nach diesen Vorgaben –, wurde 1948 in einer Zusammenstellung der gängigsten Techniken von Walter Hagemann ausführlich beschrieben:

- die Allgegenwart,
- die Abstimmung aller auf ein »Orchester«,
- These und Antithese (schwarz/weiß),
- die Wiederholung (dazu gehörten Steigerung und Übertreibung),
- die Vereinfachung,

- die Kunst des Schweigens (25 Prozent von 50 000 der geheimen Pressemitteilungen wurden verschwiegen),
- die Technik der Lüge,
- die Kunst der Verzerrung,
- die Konzentration (schnell zuschlagen),
- die Frage des Vertrauens.[60]

Hocke beschrieb in seinem Exposé, dass die Reichspresseschule »bald versagte«.[61] Was blieb, war ein eklatanter Mangel an brauchbarem Nachwuchs. Hocke berichtete von zahlreichen erfolglosen Stellenanzeigen der *Kölnischen Zeitung*, auf die sich Tausende von Bewerbern meldeten, die allerdings alle nicht den Anforderungen entsprachen, darunter auch viele, die »nazistisch verseucht«[62] waren. Fündig wurde man manchmal laut den Aussagen Hockes, wenn wieder mal eine Lokalzeitung liquidiert worden war und man den einen oder anderen guten Redakteur übernehmen konnte. Doch wurden die Lücken immer größer[63] und die Qualität der Beiträge der noch existierenden Redaktionen insgesamt infolge der kompletten Überwachung von außen – und leider auch von innen – immer schlechter:

»In diesen Redaktionen war der Krieg bereits im Jahre 1933 ausgebrochen. Diese tödliche psychologische Lage, der Mangel an geistiger Freiheit, der Zwang zur Lüge und die daraus entstehenden Gewissenskonflikte waren das Ergebnis der vorher genannten Faktoren. Sie haben zur völligen Dekadenz der deutschen Presse geführt, zur Geist- und Urteilslosigkeit sowie zu einer Verhunzung der Sprache, die in der Geschichte der europäischen Publizistik beispiellos ist.«[64]

6.2.2 Hilfe für die Mitarbeiter

Im August des Jahres 1940 musste sich der Verleger Kurt Neven DuMont selbst einer Untersuchung, wenn auch körperlicher Art, stellen. Er wurde auf seine Kriegstauglichkeit hin überprüft. Seine Musterung ging jedoch, bezüglich der kriegsdienlichen Einberufung, glimpflich aus: »Die Musterung hatte heute das Ergebnis, daß ich nur ›arbeitsverwendungsfähig, Landwehr II‹ geschrieben wurde, und zwar anscheinend mit Rücksicht auf mein Herz.«[65]

Kurt Neven DuMont wurde also zunächst nicht zum Kriegsdienst eingezogen. Dies sollte von umso größerer Wichtigkeit für den Verlag sein, da sein Vater Alfred Neven DuMont im November 1940 beschlossen hatte, sich zum Ende des laufenden Jahres aus dem Verlag zurückzuziehen, gerade als der Verlag sich finanziell zu erholen begann: »Gestern hat er endlich schriftlich festgelegt, daß er [gemeint ist Alfred Neven DuMont, Anm. d. Verf.] mit dem Ende dieses Jahres aus der Firma ausscheidet und stiller Teilhaber wird. Ein wichtiger Entschluß, der ihm aber verhältnismäßig leicht gefallen ist. Geschäftlich geht es wieder glänzend. Im Monat September haben wir einen ...gewinn [Beginn des Wortes nicht lesbar, Anm. d. Verf.] von 300 000 RM gemacht, dieselbe Summe, die wir im August 1933 verloren haben, als ich glaubte, wir seien fertig. – So geht es im Leben auf und ab! Ich fühle mich aber doch belohnt für alles Durchhalten + die Krise + Sorgen.«[66]

Kommerzienrat Alfred Neven DuMont starb am 8. Dezember 1940, also wenige Wochen vor seinem beabsichtigten Rückzug.

Der Verlag und die Redakteure mussten weiterhin auf der Hut sein, da die Bespitzelung durch den nationalsozialistischen Staat keineswegs nachgelassen hatte. In den Berichten der Staatspolizei und des Sicherheitsdienstes – beide wurden 1939 im neu entstandenen Reichssicherheitshauptamt in einer Behörde vereint und unterstanden SS-Obergruppenführer Reinhard Heydrich (1904–1942) – wurde regelmäßig über die besonderen Vorkommnisse in den »Meldungen aus dem Reich und den besetzten Gebieten« referiert. Gestapo und Sicherheitsdienst überzogen Deutschland mit einem Netz an Beobachtern, die insbesondere mögliche staatsfeindliche Aktivitäten und Gruppierungen aufdecken und auch die Reaktion der Bevölkerung auf Maßnahmen des nationalsozialistischen Staates beobachten sollten. Weder der Verlag noch dessen Publikationen tauchten allerdings in den im Bundesarchiv vorliegenden Ausgaben aus den Jahren 1941 und 1942 namentlich auf, obwohl beispielsweise in allen Ausgaben von Verstößen gegen das Verbot, sogenannte »Feindsender« zu hören, die Rede war.

Weitere zentrale Themen waren Verhaftungen wegen kommunistischer Umtriebe, die Beschlagnahme von ausländischen Zeitungen und Beanstandungen im kirchlichen Bereich (Rubrik »Politischer Katholizismus«).

Köln wurde meist nur summarisch aufgeführt. Auch die Anzahl der verhafteten Personen in der Auflistung vom Oktober 1941 beispielsweise fiel für Köln im Vergleich zu anderen Städten im alten Reichsgebiet sehr niedrig aus.[67]

Ausnahmen bildeten einzelne Berichte über Schwarzhandel beziehungsweise Wucher beim Verkauf von Lebensmitteln sowie gelegentliche Verhaftungen von katholischen Geistlichen.[68]

Obwohl, wie diese Berichte zeigten, sozialistische und kommunistische Gruppierungen stark verfolgt wurden, stellte der Verlag M. DuMont Schauberg unabhängig davon seine Mitarbeiter ein. So kam es im Februar des Jahres 1941 auch zur Einstellung des ehemaligen kommunistischen Stadtverordneten Johann Thomer (1907–1945) als Pförtner bei M. DuMont Schauberg; direkt nach seiner Entlassung aus dem Konzentrationslager Sachsenhausen und dies trotz seiner Vorlage der Entlassungsbestätigung. In einer eidesstattlichen Erklärung für Kurt Neven DuMont im Rahmen seiner Entnazifizierung schilderte 1945 Thomers Witwe Margarete, ebenfalls eine ehemalige Stadtverordnete der KPD, diesen Vorgang mit den folgenden Worten: »Im Februar 1941 wurde mein Mann aus dem Konzentrationslager Sachsenhausen entlassen. Er erhielt dann eine Stelle als Pförtner bei der *Kölnischen Zeitung*, obschon er bei der Bewerbung seinen Entlassungsschein aus dem Konzentrationslager vorzeigte.«[69]

Bei Ausbruch des Krieges mit der Sowjetunion wurde Thomer sofort inhaftiert. Dessen ungeachtet war der Verlag dazu bereit, ihn nach seiner Entlassung direkt wieder einzustellen, da er seinen Dienst zuverlässig versah. Beamte der Gestapo beschwerten sich mehrfach über Thomers Einstellung als Portier, woraufhin der Betriebsobmann der NSBO Kurt Neven DuMont diese Beschwerden vortrug, bei ihm jedoch auf taube Ohren stieß:

»Die Beamten der Gestapo, die auf dem Wege zu ihrer Dienststelle Elisenstraße am Hause der *Kölnischen Zeitung* vorbeikamen, erklärten verschiedentlich, es sei für die *Kölnische Zeitung* untragbar, daß mein Mann dort Portier sei. Der Betriebsobmann hat diese Beschwerden verschiedentlich Herrn Dr. Kurt Neven DuMont vorgetragen, dieser aber wies die Angelegenheit zurück, und sagte, mein Mann versehe seinen Dienst gewissenhaft, und er bliebe auf seinem Posten.«[70]

Im Frühling 1944 wurde Thomer von Angehörigen des Betriebes denunziert, die ihm kommunistische Aktivitäten im Verlag vorwarfen; und so kam es tragischerweise deshalb zu einer erneuten folgenschweren Verhaftung Thomers im Oktober: »Im Frühjahr 1944 wurde aus dem Betrieb wieder gegen meinen Mann gehetzt. Man behauptete, er hielte in der Portierloge kommunistische Besprechungen ab. Ich weiß, daß mein Mann damals auf Veranlassung von Dr. Kurt Neven DuMont zur Vorsicht gewarnt wurde. Er behielt meinen Mann aber wiederum auf seinem Posten, weil dieser seine Zuverlässigkeit im Dienst kannte. Auf diesem Posten ist mein Mann bis zu seiner neuerlichen Verhaftung am 2. Oktober 45 [Dies ist ein Tippfehler. Es muss 1944 heißen. Anm. d. Verf.] geblieben.«[71]

Thomer wurde anschließend in das Konzentrationslager Buchenwald verschleppt, in dem er am 2. Februar 1945 starb.

Die Übergriffe und Verfolgungen einzelner Mitarbeiter des Verlages durch die Nationalsozialisten wurden 1942 keineswegs eingestellt, sondern mit Härte, Gewalt und Zwangsmitteln fortgeführt. So wurde der leitende Mitarbeiter Gerhard Ludwig, wie bereits im vorherigen Kapitel erwähnt, wegen kritischer Bemerkungen über das NS-Regime im Februar 1942 von der Gestapo verhaftet und zu einer langjährigen Zuchthausstrafe verurteilt. Der Verlag überwies jedoch nach den Angaben Ludwigs dessen Gehalt weiterhin an seine Frau und stellte die Zahlungen erst auf Drängen der Reichspressekammer ein.[72]

Ludwig war nicht nur dankbar für das Verhalten des Verlages, sondern er stellte Kurt Neven DuMont darüber hinaus als Person ein einwandfreies politisches Zeugnis aus, indem er ihn als eindeutigen Gegner der Nationalsozialisten beschrieb:

»Als leitender Mitarbeiter in Ihrem Verlag vom 1. April (1939) bis zu meiner Verhaftung am 7. Februar 1942 hatte ich oft Gelegenheit, in Gesprächen privaten Charakters Ihre eindeutig ablehnende Einstellung zum Nationalsozialismus kennen zu lernen. Ich kann mich nicht erinnern, aus Ihrem Munde eine pronazistische Meinung vernommen zu haben, stattdessen aber viele KZ-reife, ›staatsfeindliche‹ Äußerungen. Noch heute klingt mir Ihr Ausruf im Ohr: ›Bald kommt die Zeit, in der wir beide auf den Barrikaden gegen die Nazis kämpfen werden.‹«[73]

Oftmals genügten allerdings auch weitaus kleinere »Vergehen« als die kritischen Bemerkungen Gerhard Ludwigs, um das Missfallen an höchster Stelle zu erregen. Geradezu lächerlich wirkt im Nachhinein das folgende Beispiel einer Beanstandung. Auf dem Titelbild der *Kölnischen Illustrierten Zeitung* vom 13. August 1942 ist ein junges deutsches Mädchen zu sehen, das den italienischen Fregattenkapitän Grossi küsst, welcher zuvor mit seinem U-Boot ein Schlachtschiff der Amerikaner im Atlantik versenkt hatte.[74] In einer Vorlage für einen Minister, es war nicht vermerkt für welchen, wurde erwähnt, dass Reichsleiter Martin Bormann (1900–1945) zwar das Bild an sich für harmlos erachtete, aber befürchtete, dass

»falsche Folgerungen« aus der Darstellung gezogen werden könnten; in diesem Fall also, dass eine Verbindung dementsprechend zwischen deutschen Frauen und italienischen Männern aus rassischen Gründen nicht zu verurteilen sei:

»(...) Auf Wunsch des Reichsleiters Bormann überreiche ich in der Anlage die *Kölnische Illustrierte Zeitung* vom 13. August 1942.

Reichsleiter Bormann steht auf dem Standpunkt, daß das Titelbild zwar einen an sich gänzlich harmlosen Fall darstellt. Man müsse sich aber als Propagandist darüber klar sein, daß durchschnittlich der Volksgenosse aus einer derartig groß aufgemachten Herausstellung eines solchen Vorfalls vollkommen falsche Folgerungen ziehe. Es ist für den einzelnen deutschen Mann beziehungsweise die deutsche Frau schon außerordentlich schwer, sich in den verschiedenen Bestimmungen über die Reinhaltung des deutschen Blutes zurechtzufinden.

Durch die besondere Herausstellung eines derartigen Vorfalls von Seiten der Bildpropaganda würde bestimmt ein großer Teil von deutschen Frauen die gar nicht beabsichtigte Folgerung ziehen, daß eine Verbindung zwischen Italienern und deutschen Frauen nicht zu beanstanden ist.«[75]

Die Beanstandungen einer Verbindung zwischen Italienern und Deutschen war umso bemerkenswerter, als Italien bis 1943 noch zu den Bündnispartnern des nationalsozialistischen Deutschlands gehörte. Bezeichnend ist ebenfalls Bormanns Vereinnahmung der *Kölnischen Illustrierten Zeitung* als Bildpropaganda, ein Begriff, welcher vom Verlag und Teilen der Redaktion vermutlich nicht ohne weiteres akzeptiert worden wäre.

Die Stimmung in der Redaktion selbst war nicht erst seit Brües Wiedereintritt im Sommer des Jahres 1943 sehr angespannt. Dieser unbehagliche interne Zustand sollte anhalten und steigerte sich zusätzlich im Herbst 1943.

Im September kursierten im Verlag zwei Flugblätter,[76] die deutliche Missbilligung am Regime kundtaten. Die Verfasser sind natürlich anonym geblieben. Eine Schrift umfasste hektografiert zwei DIN-A4-Seiten und war mit dem Titel »Die tote Stadt« versehen. Sie war ganz offenkundig aus einem christlichen Hintergrund heraus verfasst worden. Dieses Flugblatt war schon allein aufgrund des Umfangs und des Formats eine große Gefahr. Über die Verbreitung und Anzahl konnten keine Informationen in Erfahrung gebracht werden.

Das andere mit dem Titel »Die Festung Europa hat kein Dach« stellte

Vergleiche zwischen der Anzahl und der Menge der deutschen und englischen Bombenabwürfe an und illustrierte diese auch grafisch anhand von Gegenüberstellungen im oberen Bereich des Blattes.

Zudem entstand zwischen manchen Redaktionsmitgliedern Misstrauen, da man einen Spitzel aus den Reihen der Nationalsozialisten innerhalb der Redaktion befürchtete. Der Umgang untereinander war dementsprechend vorsichtig und zurückhaltend sowie überaus wachsam. Der Kölner Gauleitung war nach Aussagen Brües stets daran gelegen, der *Kölnischen Zeitung* etwas vorwerfen zu können, und die Partei strebte danach, sich die noch unabhängigen Zeitungen einzuverleiben, was aber der Verlag immer wieder mit großen Anstrengungen zu verhindern wusste: »Unseren Verlegern war es oft nicht leicht, sich durch die wirtschaftlichen Engpässe hindurch zu winden, es gelang ihnen immer wieder. Vielen von ihren Angestellten sollten 1945, nach der Besetzung Deutschlands, den Nutzen von diesem Willen der Verleger haben.«[77]

In einem Entwurf zu einem »Exposé über die bürgerliche Presse unter dem nationalsozialistischen Regime, mit besonderer Berücksichtigung der *Kölnischen Zeitung*« aus dem Jahr 1948, zeichnete der Feuilletonredakteur Gustav René Hocke ein anschauliches und sehr persönliches Bild der schwierigen und auch gefährlichen Zeitungsarbeit in der Redaktion der *Kölnischen Zeitung*, von den inneren Auseinandersetzungen der Mitarbeiter und ihren Versuchen, das Regime zu bekämpfen:

»Da viele Redakteure dieser Zeitung keine überzeugten Nazis waren, standen sie unaufhörlich in Gewissenskonflikten. Nur wenige von ihnen waren so zynisch, daß sie ihre Herabwürdigung zu geistigen Prostituierten nicht empfunden hätten. (…) Sie entschlossen sich daher, im ›Innern‹ mit allen publizistischen Mitteln einen ›verhüllten publizistischen Krieg‹ gegen die Nazi-Ideologie zu führen. Das war im politischen Umkreis kaum möglich. Leichter war es auf kulturellem Gebiet, in Erziehungsfragen, in Kunst, Dichtung, Musik, Philosophie und Feuilleton. Es sind auf diesem Gebiet die erstaunlichsten Leistungen an ›Lettres Persanes‹ entstanden, oft aber auch direkte und sehr mutige Meinungsäußerungen.«[78]

Gemäß den Ausführungen Hockes arbeiteten in diesem Kampf einige große deutsche Zeitungen zusammen. Er berichtete von seinen gelegentlichen Treffen mit Hans E. Friedrich von der *Deutschen Allgemeinen Zeitung* und mit Dolf Sternberger von der *Frankfurter Zeitung*, bei denen eine gemeinsame Strategie gegen die »nazistische Weltanschauung«[79] entwickelt werden sollte. Dabei ging es um zwei Ziele: einerseits den Widerstandskreis bei den eigenen Lesern zu fördern und andererseits eine »Aufspaltung der N.S.-Ideologie zu erreichen; zumindest durch den Hinweis auf echte Tradition (Klassik) und wertvolle europäische Zusammenhänge«.[80] Letzteres wurde vor allem von den Auslandskorrespondenten übernommen.

Etliche Mitarbeiter zogen es nun vor, sich als Korrespondenten ins Ausland versetzen zu lassen. Hocke nannte hier beispielsweise Oskar Richardt, den Pariser Korrespondenten der *Kölnischen Zeitung*, der bereits zu Beginn des Krieges in die Schweiz geflohen war, und sich selbst. Die meisten von ihnen blieben dort allerdings und wurden nach Aussagen Hockes von der Verlagsleitung unterstützt:

»Der Kern der Redaktion blieb in Opposition. Das war in der *Kölnischen Zeitung* umso leichter, als der Verleger Dr. Kurt Neven-Dumont [sic!] stets ein leidenschaftlicher Gegner des Nazismus war; er hat die oppositionellen Elemente stets ermuntert.«[81]

Aber Hocke berichtete auch, wie zuvor schon Brües, von der zunehmenden Aushöhlung des Zusammenhalts in der Redaktion durch die ständige Bedrohung von innen und außen und den starken Spannungen und Auseinandersetzungen untereinander: »Durch diese Angst vor Angriffen von innen und von außen ergab sich für die Beteiligten eine sehr düstere, unglückliche Zeit. Sie waren ständig bedroht. Wenn Konzessionen nötig waren, wuchsen ihnen Gewissensbisse und sie machten sich gegenseitig Vorwürfe. Die innere Einheit der Redaktionen zerriß. Die Nerven waren oft so gespannt, daß Zusammenbrüche kamen. Die Qualität der Zeitungen senkte sich.«[82]

»(...) Kein Redakteur eines freien Landes kann sich die Niedergedrücktheit vorstellen, die damals den Oppositionskern in der *Kölnischen Zeitung* ergriff und welche verzweifelten und unmöglichen Entschlüsse oft in nächtelanger Beratung getroffen wurden.«[83]

Andererseits schienen gerade diese Besprechungen und der ständige Kontakt zum Verleger, laut Erika Vogt, dafür verantwortlich gewesen zu sein, dass Schlimmeres verhindert wurde. So achtete der Verleger in Zusammenarbeit mit den leitenden Redakteuren darauf, dass die Anzahl der parteitreuen Mitarbeiter beschränkt blieb und eventuellen Aktionen ihrerseits entgegengetreten werden konnte, obwohl er bekanntlich offiziell als Verleger nach dem Schriftleitergesetz nicht in die redaktionelle Arbeit eingreifen durfte: »Obschon nach dem Schriftleitergesetz dem Verleger jede Einflußnahme auf die redaktionelle Gestaltung seiner Blätter untersagt war, stand Herr Dr. Neven in dauerndem Gedankenaustausch – bis zur Zeit der Kommissare Tötter und Schmelzer im September 1944 – mit den leitenden Redakteuren, auf deren Einstellung er sich unbedingt verlassen konnte. Es gab natürlich auch in unserer Schriftleitung einige Herren – allerdings in der Minderzahl – die dem Nationalsozialismus nahe standen. Herr Dr. Neven war stets darauf bedacht, daß diese Herren nicht das Übergewicht in der Schriftleitung bekamen, d.h. daß sie der Zeitung nicht das Gepräge gaben. Vielmehr besprach Herr Dr. Neven mit den anderen Herren diese ›Sonderfälle‹ – wie wir sie empfanden – ganz offen und überlegte mit ihnen Mittel und Wege, wie er diesen Einflüssen ein starkes Gegengewicht entgegensetzen konnte. (...)

Bei der Neueinstellung schieden alle Bewerber automatisch aus, die in ihrer Bewerbung eine enge Bindung an die Partei erkennen ließen.«[84]

Wegen der zwangsweisen Einschränkung der Kulturpolitik zugunsten des innenpolitischen Ressorts wurde Gustav René Hocke im Jahre 1940 angeboten, die Leitung des Innenressorts zu übernehmen. Er weigerte sich, diesen Posten anzunehmen, da er keine Möglichkeit sah, in dieser Position nicht zum Werkzeug der Nationalsozialisten und hier insbesondere zum Instrument der Propaganda von Goebbels zu werden. Nach etlichen Auseinandersetzungen zwischen Hocke und Kurt Neven DuMont gelang es dem Verleger, auch in diesem Fall wieder eine Lösung zu finden. Hocke sollte nach einer Einarbeitungszeit mit dem bald ausscheidenden Rom-Korrespondenten Hiltebrandt dessen Tätigkeit vor Ort übernehmen.[85]

Mithilfe Kurt Neven DuMonts und eines Empfehlungsschreibens des Petrarca-Hauses wurde Hocke gestattet, ab dem 3. Juni 1940 zunächst für drei Monate in Rom als Korrespondent zu arbeiten. Hocke beschloss sofort, nicht mehr nach Deutschland zurückzukehren. Auch in Rom erhielt Hocke Verwarnungen »wegen antifaschistischer defaitistischer Tendenzen«,[86] in diesem Fall durch das italienische »Ministero di Cultura Populare«. Der Verlag verlängerte dennoch seinen Vertrag wegen seiner Feuilletons nach Ablauf der dreimonatigen Probezeit.[87]

Der Arm des nationalsozialistischen Staates reichte allerdings auch bis nach Italien, solange Italien noch zu den mit Deutschland befreundeten Achsenmächten gehörte. So geriet Hocke wiederholt mit dem Chef des »Reichsverbandes der Deutschen Presse« in Rom, Dr. von Langen, aneinander, der ihm sogar mit seiner Ausweisung drohte. Dies wurde durch den in diesem Fall glücklichen Zufall verhindert, dass Hocke Anfang 1942 mit vier weiteren regimekritischen Kollegen als Zivildolmetscher für die II. Luftflotte in Sizilien eingezogen wurde. Sie sollten den Kontakt zu den italienischen Stäben pflegen. Hocke blieb elf Monate und wurde im Dezember 1942 wegen eines Leberleidens für dienstuntauglich erklärt. Hocke arbeitete ab März 1943 wieder als Journalist, tauchte allerdings bald darauf nach Warnung eines Freundes in Rom bis zum Einmarsch der Alliierten am 6. Juni 1944 unter.[88] In dieser Zeit musste er mehrfach das Versteck wechseln, da nach ihm gesucht wurde.[89]

Mit dem Einmarsch der Alliierten meldete sich Hocke sofort bei der zuständigen Behörde und wurde bald darauf Mitarbeiter für Presse, Rundfunk und Flugblätter in der Psychological Warfare Branch (PWB).[90] Im Herbst 1944 wurde er jedoch wegen neuer Sicherheitsbestimmungen interniert, obwohl ihm nichts vorzuwerfen war, und schließlich als Kriegsgefangener in die USA gebracht, wo er als Mitarbeiter für die zweiwöchentlich erscheinende Zeitschrift für Kriegsgefangene *Der RUF* arbeitete.[91] 1946 kehrte Hocke nach einem Zwischenaufenthalt in Großbritannien nach Deutschland zurück und arbeitete dort als Schriftsteller und Journalist.[92]

Hocke sollte nicht der einzige Mitarbeiter bleiben, für den sich Kurt Neven DuMont persönlich einsetzte, um ihn vor Schaden zu bewahren.

So war der Verleger gemäß einem Brief von ihm an seine Frau Gabriele wegen der Berufungsverhandlung gegen den Chefredakteur Johann Schäfer im Oktober 1940 zweimal im Propagandaministerium in Berlin. Schäfer wurde schließlich, wie bereits im vorherigen Kapitel erwähnt, freigesprochen.[93]

Kurt Neven DuMonts Engagement beschränkte sich offenbar nicht nur auf die Mitarbeiter der Redaktionen, sondern dies galt auch für den Vertrieb. Dort setzte man laut Vertriebsleiter Claudius Belz häufig politisch auffällig gewordene Personen ein und versuchte, sie durch ständig wechselnde Arbeitsplätze zu schützen. Die eigentlich durch die offiziell angeordneten Werbeeinschränkungen anstehenden Entlassungen wurden durch den Einsatz der Mitarbeiter an anderer Stelle vermieden:

»Wir hielten diese Leute auch in schwerster Zeit u. auch wenn sie in einzelnen Fällen nochmals Schwierigkeiten wegen ihrer politischen Einstellung hatten oder am falschen Platz ein Wort zuviel gesagt hatten. Waren Polizei oder Partei auf solche Leute aufmerksam geworden, dann ›entließen‹ wir sie als Werber und veranlaßten eine unserer entfernteren ›selbständigen‹ Agenturen, diese Leute bei sich einzustellen – während der Verlag bezahlte! Kurz nach Kriegsbeginn – 1940 oder 41 – verfügte die PPK [Parteipressekammer? oder Tippfehler RPK Reichspressekammer,

Anm. d. Verf.] eine Werbe-Einschränkung u. alle unsere Kolonnen – u. Einzelwerber – waren ohne Beschäftigung. Trotzdem entließen wir kaum jemanden. Wir beschäftigten die Leute in anderer Eigenschaft und zwar bei den selbständigen Agenturen, damit bei evtl. Nachkontrollen die RPK uns keine Verstöße vorwerfen konnte. Mit dem System der selbständigen Agenturen einerseits und den Verlagsunmittelbaren Werbern andererseits verbanden wir also 2 Ziele: 1. Werbung, um gegen WB und NS-Presse bestehen zu können u. 2. um politisch Belasteten eine Existenz zu bieten, im Notfall aber eine Organisation durch die andere zu verdecken.«[94]

Nicht immer konnte dabei ein Auffinden der »verschobenen Personen« verhindert werden, wie Claudius Belz weiter ausführte. Ziel dieser Festnahmen war es, nachzuweisen, dass der Verlag nicht nur bevorzugt Oppositionelle einstellte, sondern durch diese auch Nazigegner als Leser zu gewinnen versuchte. Dieser Gefahr begegnete man durch einen nicht näher beschriebenen Umgang mit Gestapo-Beamten, der zur Folge hatte, dass die Untersuchungen ins Stocken gerieten oder Unterlagen »verloren gingen«: »Trotzdem hatten wir immer wieder Unglücksfälle, d.h. einzelne solcher Werber wurden aufgegriffen, zur Gestapo gebracht u. dem Verlag nachzuweisen versucht, er beschäftige polit. verdächtige Leute und wolle Kreise sammeln, die mit dem NS-Regime nicht einverstanden seien. So wurden der Werber Hch Graf [sic!] am Bodensee u. der Werber In-der-Stroth [sic!] im südl. Württemberg festgehalten. In den Erhebungen gegen beide, welche die Gestapostellen in Innsbruck, Stuttgart und Köln führten, kam stets die Einstellung zu tage, daß die Gestapo dem Verlag ›Klickenbildung‹ vorzuwerfen hoffte, d.h. daß der Verlag beabsichtige, durch geschickt ausgewählte Leute, die nicht auf dem Boden des NS stehen, solche Kreise als Leser zu sammeln, die ebenfalls gegen das III. Reich eingestellt seien. Nur durch eine geschickte Einflußnahme auf Gestapo-Beamte war es möglich, daß sich die Erhebungen verzögerten, stecken blieben u. die Unterlagen nach und nach verschwanden.«[95]

Trotz mancher Erfolge wurden die Angriffe noch schärfer. So setzten die verschiedenen Propagandastellen des nationalsozialistischen Regimes ihre An- und Übergriffe gegenüber den Redakteuren des Verlags permanent fort.

Das Feuilleton war zu diesem Zeitpunkt bereits personell sehr angegriffen. Dettmar Heinrich Sarnetzki sollte noch in diesem Jahr wegen seiner jüdischen Ehefrau in den Ruhestand versetzt werden, und Gerhard F. Hering war beim Gauleiter in Ungnade gefallen.[96] Auch der Feuilletonredakteur Gustav René Hocke bestätigte 1948 diesen Vorgang und erläuterte, dass Hering 1943 »wegen Defaitismus und christlicher Tendenzen« von der Partei aus der Zeitung entfernt[97] worden war.

Gerhard F. Hering (1908–1996) war von 1937 bis 1943 leitender Feuilletonredakteur der *Kölnischen Zeitung* und später Intendant des Darmstädter Landestheaters. Kurt Neven DuMont hatte ihm ab dem 1. April 1937 die Leitung des Feuilletons übertragen, obwohl er bereits zu diesem Zeitpunkt darüber informiert war, dass Hering als Leiter des Feuilletons der *Magdeburgischen Zeitung* mehrfach mit den Nationalsozialisten aneinandergeraten war: »Am 1. November 1936 bat mich Herr Dr. Kurt Neven DuMont zu Verhandlungen nach Köln. Obwohl ihm bekannt war, daß ich in der Leitung des Feuilletons der *Magdeburgischen Zeitung* mehrfach Schwierigkeiten mit den Pressestellen der Partei gehabt hatte und verschiedentlich durch das Propaganda-Ministerium gerügt worden war, trug er keine Bedenken, mir die Leitung des Feuilletons der *Kölnischen Zeitung* zu übertragen.«[98]

In mehreren anschließenden Besprechungen wurde laut den Aussagen von Hering die Stoßrichtung des Feuilletons festgelegt, die einen möglichst umfassenden Ausschluss nationalsozialistischer Autoren und Mitarbeiter vorsah. Auch sollten im Feuilleton und in den Beilagen, soweit machbar, hauptsächlich Personen das Wort erteilt werden, die geistig das abendländisch-christliche und humanistische Erbe vertraten.[99]

Darüber hinaus sollte die Kunstbetrachtung, in Herings Fall die Theaterkritik, ein möglichst hohes Maß an Unabhängigkeit an den Tag legen:

»Schließlich stimmte Dr. Neven mit mir grundsätzlich darin überein, in der so genannten Kunstbetrachtung (Theaterkritik), die ein Hauptbestandteil meiner Kölner Arbeit war, von Fall zu Fall das äußerst-Mögliche [sic!] an kritischer Unabhängigkeit trotz allen Gegendruckes aufrecht zu erhalten.«[100]

Hering sollte diese Vorgaben sehr wörtlich nehmen, was in wiederholten Zusammenstößen mit verschiedenen Stellen des nationalsozialistischen Apparats deutlich wurde. So sollte er beispielsweise kurz nach Kriegsbeginn gemäß einer Anordnung der Gauleitung innerhalb von zwölf Stunden zur Wehrmacht eingezogen werden, da er ein Schauspiel des Leiters der Kölner Reichsschrifttumskammer Bredehöft »als ungenügendes Machwerk«[101] abgelehnt hatte. Herings Einberufung konnte nur durch die persönliche Intervention Kurt Neven DuMonts in Berlin verhindert werden.

Aus einem Brief des Chefs der Sicherheitspolizei SD an die Reichsschrifttumskammer geht zudem hervor, dass Hering 1940 nicht nur wegen seiner journalistischen Tätigkeit, sondern auch wegen seiner politischen Einstellung unter besonderer Beobachtung stand: »Auf die dortige Anfrage wird mitgeteilt, daß nach hier vorliegenden Notierungen ein Gerhard Hering vor der Machtübernahme reger Anhänger sozialdemokratischer, kommunistischer und jüdischer Kreise war.

Nach Überprüfung der Personengleichheit und Abschluß der Ermittlungen wird noch Mitteilung erfolgen.«[102]

In Briefen an seinen Kollegen, den Feuilletonredakteur Dr. Herbert Nette (1902–1994),[103] beschrieb Hering seine momentane Gemütsverfassung bezüglich der herrschenden Zustände: »Im so genannten zivilen Sektor begegnet zunehmende Hinfälligkeit der Gattung homo sine sapiens und zwar in Richtung auf den totalen Stumpfsinn. Wer einen halben Monat auf Reisen ist, wie jüngst wieder ich, der nimmt eindringliche Bilder des Zerfalls wahr; in der herrschenden Klasse zeigt der Kompaß dabei auf steigenden Zynismus, in der beherrschten Masse wechselt [der Kompaß, Erg. d. Verf.] auf eine Ödnis und Entleertheit, die überwiegend trostlos ist und bleiben wird.«[104]

1942 wurde Hering wegen einer Besprechung zur Aufführung von Schillers *Kabale und Liebe* im Kölner Schauspielhaus durch die Kölner Gauleitung jede weitere Tätigkeit als Theaterkritiker verboten. Kurt Neven DuMont bot daraufhin Hering die Schriftleitung der *Kölnischen Zeitung* in Rom an, um dessen Inhaftierung zu vermeiden. Hering konnte diese Stelle jedoch wegen einer Erkrankung und eines anschließenden Sanatoriumaufenthalts nicht antreten, war aber so zumindest vorübergehend nicht mehr in der Schusslinie der Nationalsozialisten.[105]

Nach seiner Genesung kehrte Hering 1942 zur *Kölnischen Zeitung* zurück, durfte aber nicht mehr als Kunstbetrachter tätig sein.

Die Zusammenstellung der Beiträge für die Beilagen bezüglich der Jahreswende 1942/1943[106] sollten ihm schließlich ein Berufsverbot einbringen.[107] Hering hatte unter anderem neben Gedichten von Reinhold Schneider, die später als »Widerstands-Sonette« bekannt werden sollten,[108] eine Arbeit von Ricarda Huch sowie einen Pressekompaniebericht, der vom grauenvollen Sterben an der Ostfront berichtete, ausgewählt.[109]

Im Goebbels-Blatt *Das Reich* veröffentlichte Hering außerdem einen Beitrag über den Sturm-und-Drang-Dichter Friedrich Klinger mit dem Titel »Ein Aufrechter«, was nun ein vollständiges Berufsverbot bedeutete.[110]

Vermutlich bezog sich Herings folgende Äußerung auf diesen Vorgang: »Inzwischen ist hier auf mich ein scharfer Schuß der Obrigkeit hiesigen Gaues abgegangen, die geistige Gesamthaltung des von mir verantworteten Teiles angehend. Man findet mich aber bei guter Kondition und hart im Nehmen.«[111]

Das Propagandaministerium wollte Hering allerdings auch nicht völlig ungeschoren davonkommen lassen. Er erhielt im April 1943 den Auftrag, zwei antisemitische Artikel zu verfassen; dem konnte er sich nur durch ein Ausscheiden aus schwerwiegenden Krankheitsgründen entziehen: »Erst als meine Stellung im April 1943 unhaltbar geworden war, schied ich aus dem Verlag der *Kölnischen Zeitung* aus. Auch diesmal aber sicherte mir Dr. Nevens verständnisvolle Haltung einen erträglichen Abgang: Es war nämlich unmittelbar durch das Propaganda-Ministerium Ende April 1943 die folgende ultimative Forderung ergangen: Ich, Dr. Hering, solle unverzüglich in einer neu zu startenden Judenaktion zwei mit meinem Namen gezeichnete Aufsätze ›über den verbrecherischen Einfluß der Juden auf das deutsche Theater‹ veröffentlichen, zugleich wurde mir der Befehl erteilt, ›keinen Tag vorübergehen zu lassen, der nicht ein eindeutiges nationalsozialistisches Feuilleton verbürgte.‹ (...) Selbstverständlich lehnte ich die Annahme dieser Forderungen mit allen für mich daraus entstehenden Konsequenzen bedingungslos ab. Es war nun Herr Dr. Neven, der mir nahe legte, mein so plötzliches Ausscheiden als durch schwere Krankheit bedingt zu decken.«[112]

In einem mutigen Brief vom Mai 1943 schilderte Hering eindringlich und mit gefährlicher Offenheit die nun offiziell verordnete Schreibweise: »Im so genannten zivilen Sektor, den Sie mit dem viel zitierten Ehrenkleide [vermutlich die Uniform des Soldaten, Anm. d. Verf.] vertauschen durften, geht alles den gewohnten Gang, nur die Nuancen ändern sich. So befehlen die Auftraggeber beispielsweise neuerdings etwas ganz Neues: den schäumenden Antisemitismus. Man wird auch nur Bündnisse wie das von dst [?] zu befürchten haben.«[113]

Auch Ernst Johann musste (laut Oelze) zwei verordnete Artikel gegen Juden schreiben. Der erste befasste sich mit dem Thema »Juden auf der deutschen Bühne«. Dieser wurde als zu judenfreundlich empfunden, was zu einer Rüge des Chefredakteurs Blumrath aus Berlin führte.[114] Blumrath schilderte diesen Vorfall und den Zusammenhang mit Dr. Herings Verfolgung in seiner Zusammenfassung der Auseinandersetzung der *Kölnischen Zeitung* mit der NSDAP von 1931 bis 1945 und beschrieb, dass im Gau eine Stelle eingerichtet worden war, die *Kölnische Zeitung* täglich nach inhaltlichen Verfehlungen zu durchsuchen. Deren »Funde« wurden Blumrath bei einem Besuch im Gebäude des Gaus vorgelegt: »Zum Eklat kam es über einen Aufsatz des Feuilletonisten Dr. Johann. Von Berlin war die Zwangsauflage gemacht worden, einen Aufsatz gegen die Juden in der Kunst zu schreiben. Im Gau bestand damals eine Stelle, die täglich mit Rotstift alle Sünden der *Kölnischen Zeitung* anstrich und sie umgehend per Fernschreiber an das Propaganda-Ministerium zur Rüge weitergab. Der Aufsatz von Dr. Johann wurde als geradzu judenfreundlich beanstandet. Er wurde zum Anlaß einer hochnotpeinlichen Untersuchung gemacht und dabei der Fall Dr. Hering besonders aufgerollt. Mir wurde im Gebäude des Gaues ein langes Gutachten vorgelesen, das alle Sünden der *Kölnischen Zeitung* aus den letzten zwei Jahren aufzählte und mit erheblicher Raffinesse die nicht-nationalsozialistische Haltung der *Kölnischen Zeitung* nachwies. Als Verfasser glaube ich Heinz Steguweit, damaliger Schriftleiter des *Westdeutschen Beobachters*,[115] festgestellt zu haben.«[116]

Wie »zwischen den Zeilen« geschrieben wurde, bewies Walther Jacobs, als er im Juli 1940 eine Ausgabe des »Deutschlandlieds« interpretierte:[117]

»MUSIK

Adolf Moll: Deutschland, Deutschland über alles / Johannes Günther Verlage, Leipzig.

Diese Würdigung der deutschen Nationalhymne mit Notenbeispielen und Abbildungen ist eine vollständige und volkstümliche Zusammenfassung aller musikalischen und literarischen Geschichtsergebnisse über das alte Kaiserlied Haydns, das mit Hoffmanns Text das Lied aller Deutschen wurde. Mit den eigenen Nachforschungen und Belegen des Verfassers, den Ausschmückungen der geschichtlichen Daten, die den langen Lebenslauf des Liedes bis in die brennende Gegenwart bezeichnen, bietet das Buch eine willkommene Lektüre. Das Zitat von J. Heer (s. 39), in dem auch das ›bekannte Volkslied‹ ›Ich weiß nicht, was soll es bedeuten‹, erwähnt wird, dürfte nicht mehr ganz zeitgemäß sein. Ausgelassen ist bei der Bücherangabe der grundlegende Aufsatz von Alfred Heuß in der Zeitschrift für Musikwissenschaft, Jahrgang I. 1918/19, zu dem Schuerich eine Ergänzung bot. Das Buch schließt mit Angaben auch über andere vaterländische Hymnen.

Walther Jacobs.«

In dem unzeitgemäßen »Ich weiß nicht, was soll es bedeuten« steckte eine Menge Ironie, die Eingeweihte sofort erkannten, so zum Beispiel Dettmar Heinrich Sarnetzki, der ähnliche Pointen in seinen Literaturbesprechungen parat hatte. Sachlich und nüchtern besprach er in der gleichen Ausgabe vom Juli 1940, in der Walther Jacobs seinen Musikbeitrag verfasst hatte, die »Freundschaftsbriefe« Eduard Mörikes. Wer nun dachte, hier würde das nationalsozialistische Bild hineininterpretiert, sah sich schnell enttäuscht. Mörike und sein Freund, der einfache, redliche, geschäftstüchtige und musikbegeisterte Landgeistliche Wilhelm Hartlaub, passen so gar nicht mit ihrem idyllischen Freundschaftsbild, dem Genie der Freundschaft, ins Bild der Nationalsozialisten.[118]

Dettmar Heinrich Sarnetzki wurde 1943 wegen seiner Ehe mit einer Frau jüdischer Abstammung vollständig mit einem Schreibverbot belegt. Sein Name wurde von der Liste der Schriftleiter und der Reichspressekammer gestrichen. Damit waren für ihn keine redaktionellen Aufgaben mehr möglich, und auch seine nebenberufliche Tätigkeit als Schriftsteller wurde ihm untersagt.[119] In einem Brief an Alfons Paquet, am 25. Juli 1943, schildert Sarnetzki mit bitteren Worten seine Empfindungen zum völligen Entzug seiner Lebensgrundlage: »(…) und vor allem neben dem größten Schmerz, den mir mein eigenes Volk zugefügt hat oder wenigstens der Teil, der die Macht hat! Ich bin, und das macht die Sache in dieser grausigen Zeit noch tragischer, aus der Reichspresse- wie aus der Reichsschrifttumskammer ausgeschlossen worden, darf weder noch eine Zeile in einer Zeitung noch ein Buch veröffentlichen, und bin somit für die Öffentlichkeit ein toter Mann. Und das kurz vor meinem Ausscheiden aus meiner redaktionellen Stellung: im Herbst wollte ich sowieso in den Ruhestand treten, an der Altersgrenze und nach 40 Dienstjahren an der *Kölnischen Zeitung*, hatte (…) einen neuen glänzenden Vertrag vom Verleger (…) und nun – alles vorbei. Meine bösen Widersacher, die hier in den Schlüsselstellungen sitzen, Unger und Steguweit, haben gesiegt.«[120]

Der Verlag beurlaubte Sarnetzki, zahlte ihm aber dennoch sein volles Redakteursgehalt bis zu seinem Ruhestand im Herbst 1943 weiter.[121] Sarnetzki erinnerte sich mit Dankbarkeit an das Verhalten des Verlages ihm gegenüber und betonte, dass man sich seiner dort nie vorzeitig zu entledigen versuchte:

»Ich werde der Tatsache immer mit tiefer Dankbarkeit gedenken müssen, daß der Verleger mich zehn Jahre der nationalsozialistischen Herrschaft – bis zu meinem Ausschluß aus der Reichskulturkammer Ende Juni

1943 – unbehelligt in einem selbständigen Ressort als Kunstschriftleiter und als Leiter des Literaturblattes der *Kölnischen Zeitung* weiterarbeiten liess, mich, so gut es gehen mochte, jederzeit deckte und nie auch nur den Gedanken erwog, sich meiner etwa durch eine vorzeitige Pensionierung zu entledigen.«[122]

Sarnetzki sprach in seinem Antrag auf Entlastung an die Alliierte Militärregierung auch von den Umständen, unter denen er und seine Frau bis Kriegsende leben mussten, so beispielsweise von Quälereien durch die Gestapo und das »rassepolitische Amt«. In die Wohnung der Sarnetzkis mit viereinhalb Zimmern wurden vier Familien mit insgesamt vierzehn Personen einquartiert. Ein Zimmer blieb den Sarnetzkis, die übrigen dreieinhalb Zimmer wurden beschlagnahmt.[123] Den Sarnetzkis wurden zudem ihre Lebensmittelmarken entzogen. Infolge dieser Behandlung erkrankte Frau Sarnetzki schwer und wurde von ihrem Mann als todkrank beschrieben.[124]

Erst nach Ende des Zweiten Weltkriegs konnte sich Sarnetzki wieder um den Aufbau einer neuen Existenz bemühen und stellte 1947 bei der Interalliierten Militärregierung einen Antrag auf die Erteilung einer Lizenz für einen Buchverlag, den *Verlag der Rheinischen Bücherei*. Am 24. Juli 1947 wurde Sarnetzki von den Alliierten entlastet.[125]

Ein weiteres Mitglied der Redaktion der *Kölnischen Zeitung*, Fritz Hauenstein (1896–1979), welcher von 1933 bis 1945 der Leiter der Handelsredaktion war, setzte sich großen Gefahren aus, als er sich 1943 einer Widerstandsgruppe anschloss, was jedoch niemand wusste. Er war Mitglied im einzigen Widerstandskreis von Universitätsprofessoren,[126] dem so genannten »Freiburger Kreis«, zu dem unter anderen die Wirtschaftswissenschaftler Adolf Lampe, Constantin von Dietze und Walter Eucken sowie Pfarrer und Theologen gehörten. Der Kreis hatte sich – noch unter dem Namen »Freiburger Konzil« – 1938 erstmals anlässlich der Novemberpogrome getroffen. Ab März 1943 befasste sich ein Teil der Gruppe, die Freiburger und auswärtige Nationalökonomen einschloß,[127] unter der Bezeichnung »Arbeitsgruppe Erwin von Beckerath« mit der wirtschaftlichen Nachkriegsplanung. Die Organisation war nach dem Vorsitzenden, dem Bonner Nationalökonomen Erwin von Beckerath benannt. Die erste Sitzung fand am 21. und 22. März 1943 in Freiburg statt. Bis Juli 1943 entstanden zahlreiche Ausarbeitungen. Hauenstein war ab dem fünften Treffen der Gruppe als auswärtiger Wirtschaftsfachmann dabei. Am

8. September 1944 wurden die Mitglieder Dietze und Lampe verhaftet und blieben acht beziehungsweise sechs Monate in Gefangenschaft, zeitweise im KZ Ravensbrück, meistens im Gefängnis Moabit, Lehrter Straße. Obwohl von Dietze und Lampe bei Verhören gefoltert worden waren, hatten sie die Namen der übrigen Mitglieder des Kreises nicht preisgegeben, und Hauenstein war auf diese Weise einer Verfolgung entkommen.

Sein Kollege aus dem Feuilleton, Ernst Johann, schrieb in seinen Erinnerungen über ihn: »Heute weiß ich, was ich damals nur ahnte, daß der Chef des Handelsteils, Dr. Fritz Hauenstein, zum Widerstandskreis der so genannten ›Freiburger Schule der Nationalökonomen‹ gehörte. Für uns war es ein Kollege, der alle paar Wochen nach Freiburg fuhr – Näheres konnten und wollten wir gar nicht wissen. Uns genügte die Art und Weise, wie er die Vorzüge der Wirtschaft täglich kommentierte.«[128]

Von Johanns eigenen Erlebnissen mit den Nationalsozialisten war bereits weiter oben die Rede und auch von den erheblichen personellen Einbußen des Feuilletons. Dies war auch ein Grund dafür, weshalb Otto Brües 1943 als Leiter des Feuilletons auf Einladung Kurt Neven DuMonts zurückkehrte. Der Verleger hatte Brües am 1. Juni 1943 angerufen, um ihn in ein Hotel zu bitten. Dort machte er ihm das Angebot, dass er das Feuilleton der *Kölnischen Zeitung* redigieren könne. Brües sagte zu, da er nicht mehr damit rechnete, nun weiterhin relativ unabhängig seiner Arbeit im OKW nachgehen zu können, und ihm die Alternative, wieder als Journalist zu arbeiten, nicht als die schlechtere erschien.[129]

In einem Brief von Otto Brües ist die Rede, dass Hering im Mai 1943 ausschied und von Ernst Johann vertreten wurde, der bei einem Bombenangriff verletzt worden war. Brües war demnach als Nachfolger Herings eingestellt worden und arbeitete nun – durch die Zerstörungen am Stammhaus bedingt, die durch den schweren Bombenangriff im Juni 1943 entstanden waren – von Bonn aus.[130] Johann Schäfer war, da er als höherer Berichterstatter an der Front stand, nicht anwesend, und Fritz Blumrath hatte vertretungsweise die Stelle des Hauptschriftleiters der *Kölnischen Zeitung* übernommen. Er wählte laut Brües stets das kleinste Übel und das, was der Zeitung am wenigsten schadete. Brües vermied die Auseinandersetzung mit den Nationalsozialisten, indem er in Ungnade gefallene, missliebige Schriftsteller nicht zu häufig brachte. »Binnenwirkungen«, die von den Gauwarten übersehen wurden, versuchte er durch ergänzende oder den Gesamtton des Artikels verändernde Überschriften oder durch die Anordnung der Beiträge zu erreichen.[131] Brües schilderte mit Hochachtung die Arbeit Blumraths als qualvolle Gratwanderung zwischen den Vorgaben des Staates und den Anforderungen des eigenen Gewissens: »So qualvoll Blumraths Arbeit war, ein stetes Sichhindurchwinden zwischen Scylla und Charibdis, zwischen den Forderungen des Staates und denen des Gewissens [sic!], ging doch ein leiser, stiller Glanz davon aus. Er war der letzte vom Verlag bestellte Chefredakteur der *Kölnischen Zeitung*.«[132]

Vor den Verfolgungen durch die nationalsozialistischen Häscher war weiterhin niemand sicher, was ein guter Freund Kurt Neven DuMonts, der bereits erwähnte Maler Theodor Geyr, im November 1943 beinahe mit dem Leben bezahlen musste. Geyr war, nach eigener Aussage, am 10. November 1943 verhaftet worden, da er sich in den Augen der Machthaber »schwerster und grundsätzlicher Äußerungen gegen den Führer, den Nationalsozialismus, den Krieg und die Art der Kriegsführung«[133] schuldig gemacht hatte. Geyrs Äußerungen waren von zwei Zeugen beeidet sowie von der Kreisleitung unterstrichen worden und schienen das Todesurteil für Geyr zu bedeuten. Neven DuMont befand sich zufällig in Starnberg, als Geyr verhaftet wurde, und suchte ihn im Gefängnis auf, um in Absprache mit ihm einen Anwalt zu beauftragen und Maßnahmen zu Geyrs Rettung zu ergreifen. Während Geyrs neunmonatiger Untersuchungshaft stand Neven DuMont Geyrs Frau zur Seite und arbeitete an dessen Befreiung. Durch eine Aussage Gabriele Neven DuMonts, die in Vertretung ihres Mannes an der Verhandlung Geyrs teilnahm, konnte eine Lücke in der Argumentationskette gegen Geyr aufgetan werden und der Maler musste »mangels hinreichenden Beweises« freigesprochen werden.[134]

Geyr war jedoch weiterhin in Gefahr, was drei folgende Verhaftungen belegen. Der Freispruch wurde vom Oberreichsanwalt aufgehoben, und Geyr sollte vor dem Volksgerichtshof in Berlin wiederum zum Tode verurteilt werden, was lediglich durch den Einmarsch der Alliierten verhindert werden konnte.[135]

Wie frei einige Wissenschaftler im Feuilleton schreiben konnten, zeigen die Beiträge von Heinrich Scholz (1884–1956). Er war ein anerkannter Philosoph, der an der Universität Münster lehrte und der sich insbesondere mit Problemen der Logik auseinandersetzte. So schrieb er bereits im Juli 1940 einen Aufsatz für die *Kölnische Zeitung* mit dem Titel »Geist der Gegenwart«.[136]

Sätze wie »Es gibt Tugenden eines Logikers, die jedermanns Tugenden werden sollten«,[137] konnten den Nationalsozialisten nicht gefallen, vor allem weil im Text bei genauem Hinsehen deutlich wurde, dass er mit Sicherheit nicht Hitler, aber auch nicht Goebbels meinte. »Der Logiker fragt bei jedem Satz, der auf die Wenn-so-Form gebracht werden kann, ob er umkehrbar ist oder nicht.«[138]

Die Hetzjagd des nationalsozialistischen Staats auf potenzielle »Staatsfeinde« ließ demnach in keinem Bereich des Lebens nach. Auch der Verlag musste ständig auf der Hut vor Beanstandungen oder Denunziationen sein.

Die Überwachung der Presse lief auch dann noch auf Hochtouren, als längst absehbar war, dass das nationalsozialistische Regime dem Ende geweiht war. Selbst als sich die Pressezensur 1944 aus Berlin nach Bayern zurückgezogen hatte,[139] reichte ihr Arm noch in das Feuilleton der *Kölnischen Zeitung*, wo Otto Brües persönlich auf die Artikel des Münsteraner Professors Heinrich Scholz[140] angesprochen wurde, die wegen ihrer versteckten Kritik das Missfallen der Zensur erweckt hatten:

»Schon ein Vierteljahr nach meinem Übergang vom Soldatendienst zur bürgerlichen Tätigkeit erreichte mich ein Brief aus dem Propagandaministerium; noch mancher sollte folgen. Bade hieß der Beamte, der vor allem die Feuilletons der Zeitungen und Zeitschriften überwachte; er gehörte der SS an. Bade spürte wohl, wie wenig die Grundlinien des Feuilletons seit meiner Rückkehr an die Zeitung verändert waren, und beschwerte sich. Was war zu tun? Ihn zunächst einmal mit einer ausweichenden Antwort abspeisen. (...)

In den ersten Junitagen befahl mich ein Telegramm Bades nach Berchtesgaden. (...) Bade setzte mir vor allem zu wegen der Aufsätze von Heinrich Scholz, Professor in Münster (...). Von christlicher Humanität beseelt, war er immer bereit, das Gewagte kühn zu sagen, aber er fand eigenartige Prägungen dafür: man könnte sie, würde sie staatsfeindlich ausgelegt, gegen den Kritiker kehren (...). Bade ging nicht so weit, uns die Mitarbeit des Münsteraner Professors zu verbieten, aber er ließ mich wissen, er werde nunmehr jedes Wort, jeden Beistrich und jeden Punkt Scholzens unter die Lupe nehmen. Als ich den nächsten Beitrag anbot, entschloß ich mich, wenn auch ungern, zu einigen Strichen.«[141]

Wilhelm Bade meldete sich wieder mit Kritik zum Feuilleton wegen veröffentlichter Briefe des 1942 gefallenen Ernst Reden (1914–1942)[142] und der Publikation des Manuskripts von Luise Rinsers (1911–2002) Roman *Die Hochebene*. Die Autorin war wegen ihres Bekenntnisses zum katholischen

Glauben in Haft genommen worden. Die Redaktion ignorierte laut Brües den Tadel des Zensors und hörte nichts mehr von ihm.[143]

Bedeutend gefährlicher wurde es für Hans Roerig, den ehemaligen Korrespondenten der *Kölnischen Zeitung* in London, der im Frühjahr 1944 noch in Bern von deutschen Spionen beschattet wurde, als seine Arbeit für die Zeitung auch technisch nicht mehr möglich war, und er einen Arabischkurs an der Berner Universität belegt hatte.

Nach seiner Rückkehr nach Köln wurde er von der Gestapo einbestellt, woraufhin man ihm den Vorwurf machte, dass er ausländische Sender gehört habe. Roerig rechtfertigte die Notwendigkeit dieses Vorgangs mit seiner Tätigkeit als Journalist und bat um eine Genehmigung für das Hören weiterer »Feindsendungen«:

»Ich bestritt die Anschuldigung nicht, bezeichnete aber das Abhören als meine berufliche Pflicht, was es auch war. Fünf Stunden dauerte die Vernehmung. Ich erklärte, daß jeder deutsche Journalist und jedes Mitglied der deutschen Gesandtschaft in Bern höre ausländische Sender und fragte, was ich zum Beispiel tun sollte (...) Zum Schluß einigten wir uns auf folgenden Vorschlag von mir: Ich würde den Leiter des Berliner Büros der *Kölnischen Zeitung* bitten, mir im Propagandaministerium die schriftliche Genehmigung zum Abhören ausländischer Sender zu besorgen.«[144]

Die Gestapo verfolgte aufmerksam Roerigs Schritte, der, nachdem er zunächst eine Ablehnung seines Antrags erhalten hatte, schnellstmöglich nach Bern zurückgekehrt war. Dort wurde ihm drei Wochen später die Genehmigung für das Abhören von Auslandssendern durch einen Ministerialrat persönlich im Hotel überreicht.[145]

Wie sehr Roerig tatsächlich persönlich bedroht war, geht aus seinem Schreiben an die Fremdenpolizei in Bern von 1945 hervor, in dem er nochmals seine eigene politische Haltung und die des Verlags schilderte und um eine Verlängerung seines Aufenthaltsrechts in der Schweiz bat: »Die *Kölnische Zeitung*, bei der ich (...) seit über dreißig Jahren tätig bin, war bis 1933 ausgesprochen liberal-demokratisch und noch während des Krieges ein Sammelbecken der intellektuellen Opposition des Rheinlandes. Sie war auch bis zuletzt ein rein privates Unternehmen und hat weder direkt noch indirekt der nationalsozialistischen Partei gehört. Ich war niemals Mitglied der nationalsozialistischen Partei oder einer ihrer Gliederungen. Im April 1942 wurden mir im Kölner Gestapoquartier in einem mehrstündigen Verhör Beziehungen zu ›deutschfeindlichen‹ Ausländern vorgeworfen, und ich wurde ›scharf verwarnt‹. Seitdem wurde ich dreimal aufgefordert, nach Deutschland zurückzukehren, blieb jedoch hier [in der Schweiz, Anm. d. Verf.]. Nur der Umstand, daß Köln immer wieder bombardiert wurde und ein geordneter Amtsverkehr dort seit langem nicht mehr möglich war oder sogar, wie in meinem Falle, sabotiert werden konnte, verhinderte die Durchführung von rigorosen Maßnahmen gegen mich. (...).«[146]

In einzelnen Fällen versuchte die Redaktion trotz dieser Erfahrungen, auch weiterhin mögliche Verbote durch offizielle Sprachregelungen zu umschiffen, indem sie diesen Anweisungen durch frühzeitige und rasche Veröffentlichung von Nachrichten oder Artikeln zeitlich voraus war. So zum Beispiel 1944 im Falle des Nachrufs auf den Schriftsteller Alfons Paquet, der vermutlich von den Machthabern nicht gestattet worden wäre.[147]

Selbst nationalsozialistische Ideologien wurden nach den Ergebnissen der Studie zum Feuilleton der *Kölnischen Zeitung* im Dritten Reich von Klaus-Dieter Oelze zum größten Teil ignoriert. So wurden diesbezügliche Werke in der Regel nur kurz besprochen, wobei eine positive Wertung nicht erfolgte.[148]

Oelze nannte in diesem Kontext einen Artikel von Fritz Brühl, veröffentlicht am 29. Januar 1944, der sich mit den in zwei Bänden publizierten Schriften und Reden Alfred Rosenbergs aus den Jahren 1917 bis 1923 befasste. So bezeichnete Brühl die Werke lediglich als »Rosenbergsche Hervorbringungen« und erwähnte die chronologische Anordnung der Texte. Es folgten die Titel der Schriften und Reden, die nach Brühl Rosenbergs Entwicklung veranschaulichten und in denen sich »ein kämpferisches Temperament mit politischer Leidenschaft vereint«.[149]

Das Feuilleton brachte trotz aller Einschränkungen, Verbote und Schikane bis zum Ende der Tageszeitung herausragende Artikel zu den Themen Literatur, Kunst und Musik. Aber, wie Otto Brües es formulierte, man musste zwischen den Zeilen schreiben und lesen können: »Von August Dresbach, einem Redakteur der *Kölnischen Zeitung* bis 1941, hatte Brües bereits vor seinem Einsatz als Soldat gelernt, zwischen den Zeilen zu schreiben.«[150]

Modell hierfür war die Dialektik der Rede Marc Antons aus Shakespeares *Julius Cäsar*: »Die Gesetze Hitlers und seiner Minister waren, den plötzlichen Aufwallungen des Diktators gemäß, oft nur flüchtig entworfen, voller Fehler, die entstehen, wenn etwas nicht zu Ende gedacht wird. Wenn Dresbach nun ein solches Gesetz kommentierte, schien es zunächst, als ob er mit dem Gesetzgeber übereinstimmte: Von solch scheinbarer

Übereinstimmung aus wies er die Lücken, die Widersprüche nach, und allmählich begriff der Leser, daß die kommentierende Haltung eigentlich zutiefst kritisch war. Die Ausgaben der *Kölnischen Zeitung* mit diesen Aufsätzen wurden in großer Zahl nachbestellt, nicht zuletzt von den höhern Beamten in den Regierungen und von den Amtsleitern der Partei.«[151]

6.3 Grundstückskäufe

Generell kann von Arisierung gesprochen werden, wenn jüdisches Vermögen, also Unternehmen, Grundstücke, Inventar und so weiter aufgrund der nationalsozialistischen Gesetzgebung oder auf (illegalen) Druck in arischen Besitz übergehen. Insofern sind zumindest die Grundstücke Breite Straße 82, 86 und 88 sowie das Grundstück Leyboldstraße 19 Arisierungen.

Aber ganz so eindeutig ist die Situation nicht. Selbst der Kauf des Grundstückes Luxemburger Straße 301 durch die Versorgungskasse könnte unter Druck geschehen sein, obwohl es hierfür keine Anzeichen gibt.

Auf jeden Fall erhielt Emil Lippmann den gesamten verkehrsüblichen Kaufpreis in Höhe von 38 000 RM für 322 m^2 (3,22 ar).

Die Grundstücke Breite Straße mit den Nummern 82, 86 und 88 gingen am 7. April 1938 durch Zwangsversteigerung an den Gerling Konzern. Im Antrag zur Rückerstattung des Vermögens war vermerkt »in Folge Verschuldens durch politische Verhältnisse«. Hier handelte es sich um eine routinemäßige und häufig wiederkehrende abgegebene Erklärung der Synagogengemeinden, die im Regelfall als Abwesenheitspfleger auftraten, solange kein individueller Einzelanspruch geltend gemacht wurde.

Noch komplizierter gestaltete sich der Verkauf beziehungsweise die Arisierung des Grundstückes Leyboldstraße 19, der sich über Jahre hinzog. Was geschah zwischen 1937/1938 und dem Jahr 1941 wirklich? Diese Frage konnte nicht eindeutig geklärt werden.

6.3.1 Die allgemeine wirtschaftliche Situation der jüdischen Bevölkerung im Nationalsozialismus

Die wirtschaftliche Vernichtung der Lebensgrundlagen der jüdischen Bevölkerung bildete die Voraussetzung für deren vollständige Enteignung und war der Beginn ihres Leidenswegs.

Zu den frühen staatlichen Maßnahmen gehörte beispielsweise die »Verordnung über die Anmeldung des Vermögens von Juden« vom 6. April 1938, die eine vollständige Meldung und Bewertung des in- und ausländischen Vermögens von Juden bei einer höheren Verwaltungsbehörde bis zum 30. Juni 1938 anordnete.[152]

Es blieb allerdings nicht bei einer einfachen Aufstellung und Überwachung des Vermögens. Die deutschen Juden wurden bald darauf zu exorbitant hohen Zahlungen herangezogen. So setzte die nationalsozialistische Regierung kurz nach dem Pogrom vom 9. November 1938, bei dem Hunderte von Juden ermordet und jüdische Geschäfte, Häuser und Synagogen zerstört wurden, am 12. November »die Verordnung über eine Sühneleistung der Juden deutscher Staatsangehörigkeit« in Kraft. Vorwand für die Ausschreitungen am 9. November 1938 und die anschließend verordnete »Sühneleistung« waren die tödlichen Schüsse des Juden Herschel Grynszpan auf den Legationssekretär Ernst vom Rath am 7. November 1938 in der Deutschen Botschaft in Paris. In der Verordnung hieß es:

»§ 1 Den Juden deutscher Staatsangehörigkeit in ihrer Gesamtheit wird die Zahlung einer Kontribution von 1 000 000 000 (einer Milliarde) Reichsmark an das Deutsche Reich auferlegt.

§ 2 Die Durchführungsbestimmungen erläßt der Reichsminister der Finanzen im Benehmen mit den beteiligten Reichsministern.«[153]

Dies bedeutete, dass 20 Prozent des Vermögens deutscher und staatenloser Juden in vier Raten bis zum 15. August 1938 abgeführt werden mussten.[154]

Mit Bekanntgabe der »Durchführungsverordnung zur Verordnung über die Sühneleistung« vom 21. November 1938 wurde der Begriff »Sühneleistung« durch den Ausdruck »Judenvermögensabgabe« ersetzt.[155]

Systematisch wurden die wirtschaftlichen und beruflichen Existenzbedingungen von Juden immer weiter ausgehöhlt. War bislang eine Tätigkeit im selbstständigen Bereich noch mit Einschränkungen möglich gewesen, bedeutete die »Erste Verordnung zur Ausschaltung der Juden aus dem Deutschen Wirtschaftsleben« vom 12. November 1938 auch das Verbot des Betriebs von Einzelhandels- und Versandgeschäften oder Bestellkontoren beziehungsweise die Ausübung eines selbstständigen Handwerks und den Verkauf von Waren oder Dienstleistungen bei Märkten, Messen oder Ausstellungen.[156]

Die jüdische Bevölkerung wurde allerdings nicht nur in steuerlicher

Hinsicht massiv benachteiligt, sondern auch in ihrer Verfügungsgewalt über ihren beweglichen und unbeweglichen Besitz immer weiter eingeschränkt.

Bereits seit der »Verordnung über den Einsatz des jüdischen Vermögens« vom 3. Dezember 1938 war es Juden laut Artikel II (Land- und forstwirtschaftliche Betriebe, Grundeigentum und sonstiges Vermögen), § 7, verboten, Grundstücke oder die Rechte daran zu erwerben:

»(1) Juden können Grundstücke, grundstücksgleiche Rechte und Rechte an Grundstücken nicht durch Rechtsgeschäft erwerben.«[157]

Wollte ein jüdischer Grundstückseigner ein Grundstück veräußern, musste er laut § 8 dieser Verordnung für den Verkauf zunächst die Genehmigung der Behörden einholen:

»(1) Die Verfügung über Grundstücke und grundstücksgleiche Rechte durch Juden bedarf zu ihrer Wirksamkeit der Genehmigung (...).«[158]

Wurde ein Grundstück im Zuge einer Zwangsversteigerung verkauft, bedurfte auch das Gebot einer Genehmigung:

»(4) Bei der Veräußerung eines Grundstückes im Wege der Zwangsversteigerung bedarf das Gebot der Genehmigung; ein Gebot, für das die erforderliche Genehmigung nicht sofort nachgewiesen wird, ist zurückzuweisen. (...)«[159]

Die gleiche Verordnung regelte beispielsweise auch die Verfügungsrechte über Wertpapiere – sämtliche Wertpapiere mussten in einem Depot bei einer Devisenbank eingelegt werden – und über Juwelen, Schmuck- und Kunstgegenstände in jüdischem Besitz, die nur noch an vom Reich eingerichtete öffentliche Ankaufsstellen veräußert werden durften,[160] oder das Recht des Staates, jüdische Besitzer zum Verkauf ihres Gewerbebetriebs zu veranlassen, wobei für die weitere Leitung und den Verkauf ein Treuhänder eingesetzt werden konnte:

»§ 1 Dem Inhaber eines jüdischen Gewerbebetriebs (Dritte Verordnung zum Reichsbürgergesetz vom 14. Juni 1938 – Reichsgesetzbl. I S. 627) kann aufgegeben werden, den Betrieb binnen einer bestimmten Frist zu veräußern oder abzuwickeln. Mit der Anordnung können Auflagen verbunden sein.«[161]

1939 wurden weitere gegen Juden gerichtete Gesetze und Verordnungen erlassen. So folgte beispielsweise das Gesetz »Zur Änderung des Einkommensteuergesetzes«, in dem für alle Juden der Höchststeuersatz festgesetzt wurde, am 17. Februar 1939.[162]

Bei einer Auswanderung wurden weitere Abgaben fällig: In einem »Erlaß des Reichsministers der Finanzen über Mitnahme von Umzugsgut«

vom 17. April 1939 wurde verfügt, dass mit dem »Umzug« eine Abgabe von in der Regel 100 Prozent des Wertes der mitgenommenen Gegenstände an die Golddiskontbank abgeführt werden musste, vorausgesetzt dass eine Ausfuhrgenehmigung überhaupt vorlag.[163]

Im November 1939 wurde die »Judenvermögensabgabe« nochmals erhöht. Die »Zweite Verordnung zur Durchführung der Verordnung über die Sühneleistung der Juden vom 19.10.1939« besagte, dass die Abgabe nochmals um eine Viertel Milliarde erhöht wurde und darüber hinaus die letzte Rate bis zum 15. November 1939 bezahlt werden musste.[164] Damit lag die Abgabe bei 25 Prozent des Vermögens.[165]

Die Reihe der hier aufgeführten judenfeindlichen Bestimmungen der Nationalsozialisten ließe sich durch zahlreiche weitere Beispiele fortsetzen. Fest steht, dass im letzten Drittel des Jahres 1938 eine systematische Vermögensvernichtung der jüdischen Bürger und Bürgerinnen begann.

6.3.2 Zur Lage jüdischer Grundstückseigentümer im Gau Köln-Aachen

In Köln war ab Frühling 1938 der Gauwirtschaftsapparat zuständig für »Arisierungen«.[166] Die Genehmigungen dazu erteilte die oberste Verwaltungsbehörde, hier der Kölner Regierungspräsident. Der Gauleiter wurde über einen anstehenden Verkauf informiert, in Köln ebenfalls der Gauwirtschaftsberater. Für Arisierungen des Einzelhandels war der Oberbürgermeister zuständig. Karl Georg Schmidt (1904–1940) hatte dieses Amt inne und war zugleich Gauwirtschaftsberater.[167]

Die Bewertung der Grundstücke und die Festsetzung des Verkehrswertes oblagen nun der mit der Preisüberwachung und Preisbildung beauftragten unteren Verwaltungsbehörde. Sie wurde als »Preisbehörde« bezeichnet und war die Vermessungs- und Schätzungsabteilung, eine Abteilung des Liegenschafts- und Landwirtschaftsamts.[168]

Der Ablauf eines Grundstücksverkaufs begann mit der Einreichung des unterzeichneten Kaufvertrags durch einen Notar bei der Preisbehörde; der Verkauf wurde mit einem Vordruck dem zuständigen Finanzamt und der Devisenstelle bei der Zollfahndungsstelle Köln mitgeteilt. Es erfolgten Auskünfte der Behörden über Verbindlichkeiten des Verkäufers wie die Judenvermögensabgabe oder die Reichsfluchtsteuer und dergleichen. Die Einzahlung des Verkaufserlöses auf ein Sperrkonto war erst nach Begleichen der sogenannten »Steuerschulden« möglich.[169]

Die eingereichten »Arisierungsverträge« wurden in der Regel durch den stellvertretenden Gauwirtschaftsberater Peter Heinen, dem Geschäftsführer der Kölner IHK, überprüft. Zumeist handelte es sich um eine Überprüfung von Punkten wie der Devisenbewirtschaftung und der Zahlungsbedingungen, in manchen Fällen war auch eine Stellungnahme zum Kaufpreis enthalten.[170]

Ein Verkauf war nur zum Einheitswert erlaubt, auch wenn der Verkehrswert darüber lag. Der Käufer wurde ebenfalls zu Abgaben verpflichtet. Er musste den sogenannten »Arisierungsgewinn«, das heißt die Differenz zwischen dem »mäßigen Verkehrswert« – der mäßige Verkehrswert bestand aus dem Verkehrswert minus 10 Prozent – und dem Kaufpreis vollständig an den Staat abführen.[171]

Hierbei war natürlich ein relativ niedriger Kaufpreis angestrebt worden, was aus einem umfangreichen, einleitenden Kommentar zum Bestand über die »Preisbehörde« im Historischen Archiv der Stadt Köln hervorgeht:

»Nach den ›Richtlinien‹ sollte das Genehmigungsverfahren zu relativ niedrigen Preisen führen. Dabei war durchaus vorgesehen, daß dem jüdischen Veräußerer ›zur späteren Finanzierung seiner Auswanderung‹ gewisse Barmittel verbleiben sollten. Auch sollte er ›den Verkaufserlös in weitem Umfang zur Abdeckung von öffentlichen und privaten Lasten und zur Bestreitung seines Lebensunterhalts verwenden‹ können. Mit dieser ›Rücksichtnahme‹ wollte man eine Schädigung deutscher Gläubiger, so etwa von Banken und Versicherungen als Hypothekengläubiger, vermeiden und eine Schonung der Mittel der öffentlichen Fürsorge erreichen (Zitate aus dem Durchführungserlass vom 6. Febr. 1939). Für den deutschen Erwerber sollte der Kaufpreis so ermessen sein, daß er sich an der Notlage der Juden nicht bereichern konnte. Gewinne mußten an das Reich abgeführt werden, ein Umstand, der manchen Kaufwilligen dazu veranlaßte, vom Erwerb zurückzutreten.«[172]

Der gleiche Kommentar setzte sich mit dem nur teilweise bekannten Umfang der Zwangsversteigerungen von Grundstücken in jüdischem Besitz auseinander:

»Über die Tätigkeit und den Geschäftsumfang der Preisbehörde (...) liegen hinsichtlich der ›Arisierung‹ des jüdischen Grundbesitzes kaum Nachrichten vor. Nach dem Verwaltungsbericht für 1939/40 wurden in der Preisstelle ›596 notarielle Kaufverträge usw. zum Erwerb von jüdischen Grundstücken in der Zwangsversteigerung‹ genehmigt. Der letzte während des Krieges erschienene Verwaltungsbericht von 1940/41 spricht von 465 ›mit der Arisierung des jüdischen Grundvermögens verbundenen Arbeiten‹. Diese Zahlen, die schon einen deutlichen Rückgang anzeigen, scheinen sich allerdings auf Zwangsversteigerungen zu beziehen. (...)

Nach dem Verzeichnis der zur Genehmigung bei der Preisstelle vorgelegten Kaufverträge (...) wurden von 1939 bis 1944 735 Verträge bearbeitet.

Es galt das Datum der Beurkundung beim Notar, nicht das der Genehmigung:

Jahr	eingereichte Verträge
1938	141
1939	290
1940	115
1941	86
1942	30
1943	9
1944	4
gesamt	675

Hinzu kommen noch 45 nicht näher datierte Zwangsversteigerungen, die gehäuft im Juli 1940 (15) und im Februar 1941 (17) stattfinden. Die restlichen der 735 Verträge und Verhandlungen lassen sich nicht genau datieren [...] Es fehlen fast alle Unterlagen über Zwangsversteigerungen. [...] Es muss vermutet werden, daß einzelne Unterlagen nach 1945 im Rahmen der ›Wiedergutmachung‹ und Rückerstattung/Entschädigung aus dem Bestand genommen wurden.«[173]

Erwähnenswert ist, dass eine hohe Verschuldung jüdischer Grundstücke bei nichtjüdischen Gläubigern zur Folge hatte, dass der Kaufpreis halbwegs angemessen ausfiel, damit die Ansprüche der Gläubiger erfüllt werden konnten.[174]

Für die die Rückerstattung betreffenden Akten lag eine Sperrfrist von 50 Jahren vor; alle diese sowie einige noch erhaltene, direkt den Kauf von Grundstücken durch die Familie Neven DuMont oder die Versorgungskasse betreffenden Akten, befinden sich im Hauptstaatsarchiv Düsseldorf, zum Teil ungeordnet aus Beständen der Oberfinanzdirektion Köln.

»Auch der Zeitpunkt der Arisierung beeinflußte die durchschnittliche Kaufpreishöhe bei jüdischen Immobilien in Köln.«[175]

»Offensichtlich ist, daß in den Jahren von 1935 bis 1937 immer weniger Juden einen angemessenen Kaufpreis für ihre Immobilie in Köln erzielen konnten. Die zunehmende Unterbewertung wurde 1938 mit dem staatlichen Eingreifen kurz vermindert, um in den folgenden Jahren bis 1941 wieder zuzunehmen.«[176]

Am 26. März 1940 wohnten in Köln 6044 Juden, in jüdischen Häusern 3168, in »arischen« 2874, in sozialen Einrichtungen 135. Die Rechnung geht nicht auf, da die Zahlen mehrmals übereinander mit einem Bleistift verbessert wurden, wohl von einem Amtsmann.[177]

Dem Erwerb von Grundstücken oder anderen mobilen oder immobilen Objekten musste auch in den Jahren 1938 bis zum Herbst 1941 ein Ruch anhängen. Dies gilt insbesondere für wissentlich aus jüdischem Besitz erworbene Objekte. Man muss von einem zumindest intrinsischen Druck und in den späteren Jahren von einem massiven Zwang auf die Inhaber ausgehen. Weshalb die Familie DuMont sich bei aller damals gebotenen Vorsicht und allen nachgewiesenen Einsätzen zugunsten von Benachteiligten und Bedrohten auf diese Grundstückskäufe einließ, wird wohl ein Rätsel bleiben.

Fest steht, dass 1938 zunächst die Versorgungskasse des Verlags M. DuMont Schauberg das Grundstück Luxemburger Straße erworben hatte. Bei den beiden anderen Erwerbungen von 1941 ist Gabriele Neven DuMont als Käuferin eingetragen. Aus welchen Gründen sie als solche auftrat, ist ebenfalls Mutmaßungen vorbehalten. Die Versorgungskasse wiederum hat Immobilien für die eigene Absicherung und diejenige des Verlags gekauft.

Andererseits gibt es kaum Einzelkäufer vor dem Juli 1938, die nicht mit dem Verkäufer in irgendeiner Weise assoziiert waren; es fällt auf, dass alle angebahnten Verkäufe des Jahres 1938 nach dem 9. November stattfanden.[178]

»Einen Anhaltspunkt, inwieweit der Käufer einen angemessenen Preis entrichtete, gibt die Relation vom Kaufpreis zum Einheitswert der Immobilie (KER). Untersuchungen der Wiedergutmachungsgerichte nach dem Krieg zeigten, daß der Einheitswert, der bei seiner Erhebung 1935 aus steuerlichen Gründen eher niedrig veranschlagt wurde, meist 15 bis 25 Prozent unter dem damaligen Verkehrswert der Immobilie lag. Trotzdem erhielten bei den erhobenen Verkäufen und Zwangsversteigerungen nur 40 Prozent der jüdischen Verkäufer einen Preis für ihre Immobilie, der dem Einheitswert entsprach oder darüber lag. (...) Gleichwohl waren auch bei den Erwerbungen, bei denen mehr als der Einheitswert gezahlt wurde, die Preise in den meisten Fällen für die Käufer noch recht attraktiv. Bei 70 Prozent dieser Verkäufe und bei 56 Prozent der Zwangsversteigerungen betrug er nur maximal 120 Prozent des Einheitswertes. Somit erwarb auch der Großteil der Käufer, die mehr als den Einheitswert zahlten, die jüdische Immobilie unter deren eigentlichen Marktwert.«[179]

Man muss sich zudem vor Augen halten, welche Papiere ein damaliger Käufer unterschrieben hatte. Dabei handelte es sich um gebräuchliche Kaufverträge und um zusätzliche Vordrucke, die Bestandteil der behördlichen Verwaltung waren. Einige Vordrucke sind noch erhalten, sodass man erkennen kann, wie diese ausgesehen haben. Die nachfolgende Seite zeigt ein solches Formblatt mit aufgedruckten Inhalten und Anmerkungen.[180]

In Klammern sind die handschriftlichen Ergänzungen aufgeführt, soweit sie nicht anonymisiert werden mussten. Der Begriff »Entjudung« war Bestandteil dieser Formblätter und wurde in Kaufverträgen nicht verwendet.

Der Kaufvertrag sah wiederum Folgendes vor:

»Herr (...) verkauft und überträgt zum Eigentum den dies annehmenden Herren (...).

a) Der Grundbesitz wird verkauft ohne Gewähr für einen bestimmten Flächeninhalt. Der Verkäufer haftet nicht für sichtbare oder unsichtbare Sachmängel. Insbesondere leistet der Verkäufer auch keine Gewähr für den Zustand und die Zugehörigkeiten der Holz- und sonstigen Aufbauten zum Kaufgrundbesitz. (...)

b) Der Verkäufer leistet dafür Gewähr, daß der verkaufte Grundbesitz frei ist von nicht übernommenen Zinsen, Steuern und Abgaben. Solange dies nicht der Fall ist, können die Käufer Zahlungen auf den Kaufpreis verweigern. (...)«[181]

Diese beiden Formulierungen sind heute noch gängiger Bestandteil in Notarverträgen. Sie sind nicht an die Zeit des Dritten Reiches gebunden und sind ohne Zusammenhang mit Verträgen für ehemalige jüdische Eigentümer im Dritten Reich zu sehen.

Vom Gauwirtschaftsberater kam anschließend das Schreiben an die Preisbehörde für Grundstücke, mit dem Vermerk, dass gegen die Genehmigung des Kaufvertrages keine Bedenken bestünden.

Bereits einen Tag vor der Zahlung kam von der Reichsfluchtsteuerstelle

»(von Hand:) 28/10 1940 (gedruckt:)
Schreibe nach Vordrucken:

1: An die Gauleitung Köln-Aachen der NSDAP.,
z. Hd. Herrn Dr. Heinen OviA.,[182]
Köln.

Unter Sachsenhausen 4
Betrifft: Entjudung des Grundstücks (hdschriftl. Ergänzung der Straße)
Verkäufer: (...Person...)
(...Testamentsvollstrecker...)
Käufer:
Vereinbarter Kaufpreis: 15 000 RM
Festgestellter Verkehrswert: 15 000 RM
Entjudungsabgabe: ---
Ich beabsichtige, den Vertrag zu genehmigen (falls nicht binnen 14 Tagen eine Gegenäußerung von Ihnen eingeht).

2: An das Finanzamt (Süd). Köln

3: An die Devisenstelle (Köln, Hansaring 97)

4: An Herrn Notar (...Name...)
Betrifft: Verkauf jüdischer Grundstücke
Vorbehaltlich der Zustimmung der Gauleitung beabsichtige ich,
den Vertrag zu genehmigen.
usw.

Da der Kaufpreis ... RM beträgt, ist eine Entjudungsabgabe von (---) RM gem. § 15 der Verordnung vom 3.12.1938 mit den Ausführungsbestimmungen vom 6.2.1939 zu zahlen. Für die Ausstellung der Genehmigung wird ferner eine Verwaltungsgebühr (Preuß. Ges. Sammlung vom 14.9.1934 – GS. S. 261) von (ausgefüllt: ...) RM erhoben. Sie wollen die Entjudungsabgabe und die Gebühr an die Stadthauptkasse (...) unter Angabe der obenstehenden Geschäftsnummer einzahlen. Die Ausstellung der Genehmigung erfolgt nach Eingang (...)

5: Stadthauptkasse

6: Ist Zahlung erfolgt? (Ja, am ...)«[183]

des Finanzamts Köln-Süd das Schreiben an den OB der Stadt Köln, dass (...Personen...) noch 18 590,82 RM Judenvermögensabgabe schulden würden; dazu kam ein Säumniszuschlag von 1395 [!] RM und Kosten in Höhe von 981,75 RM. In der Summe: 20 967,57 RM, das heißt eine höhere Abgabe als zumindest der für das eine Haus erzielte Verkaufspreis.[184]

Daraufhin erfolgte ein Schreiben des Oberfinanzpräsidenten Kölns, Abteilung Devisenstelle, vom selben Tag:

»Über den Kaufpreis darf nur mit Genehmigung verfügt werden.«[185]

Dasselbe Formular galt beispielsweise für den Kauf des Grundstücks Ecke Goethe-/Leyboldstraße im Juli 1939. Käufer war hierbei Dr. med. A. Rosarius, der die Parzelle von Albert Ottenheimer zum Preis von 24 000 RM erworben hatte. Die Kosten für die Beurkundung (3 RM) trug der Arzt, die Verwaltungsgebühr betrug 25 RM.[186]

Wieder erfolgte der Hinweis, dass über die Kaufsumme nur mit Genehmigung der Devisenstelle Köln verfügt werden dürfe; die Kaufsumme war von Dr. Rosarius auf ein Sperrkonto zu überweisen. Das bedeutete konkret: Jeder Käufer eines Grundstücks, das einem jüdischen Mitbürger gehörte, wusste, wie das Verfahren ablief. Bezüglich der Begriffe wie »Entjudung« oder »Entjudungsabgabe« handelte es sich um feste Bestandteile der behördlichen Umgangssprache; inwieweit dieser Wortgebrauch öffentlich bekannt war oder verwendet wurde, ist unklar. Die Preise waren zumeist niedriger als der übliche Kauf- oder Verkaufspreis. Allerdings gab es auch Verkäufe, die den gängigen Preis erzielten.

Dennoch muss festgestellt werden, dass jeder Fall anders lag und es äußerst schwierig ist, manchmal unmöglich, einen Verkaufs- oder Arisierungsvorgang genau und den Tatsachen entsprechend darzustellen.

6.3.3 Der Erwerb der einzelnen Grundstücke

6.3.3.1 Luxemburger Straße 301

Der erste Erwerb betrifft 1938 ein Grundstück in der Luxemburger Straße 301 in Köln, das Herrn Emil Lippmann und seiner Frau Else, geb. Ballin,[187] gehörte. Der Kaufpreis betrug 38 000 RM für 3,22 ar[188] (dies entspricht 322 m^2). Der genaue Quadratmeterpreis für Herrn Lippmann war nicht berechnet. Er betrug laut den schriftlichen Angaben 118 RM/m^2. Das Grundstück war mit einem Mehrfamilienhaus bebaut, und der Verkauf wurde am 13. Januar

1938 vor einem Notar unterzeichnet.[189] In der Luxemburger Straße wurden insgesamt zusätzlich sechs Grundstücke veräußert, drei im Jahr 1939, zwei im Jahr 1940 und eines zum Jahreswechsel von 1940 auf 1941.[190]

Einige dieser Verkäufe sind bis heute durch Akten belegt, sodass sich gute Vergleichsmöglichkeiten bieten.

Ein anderes Haus, in der Luxemburger Straße 338, wurde durch einen Kaufvertrag am 19. Mai 1939 für 38 500 RM verkauft; das Grundstück maß 7,68 ar, die erhobene Verwaltungsgebühr betrug 40 RM. Damit ergibt sich hierfür ein Quadratmeterpreis von 50,13 RM.[191]

Durch einen weiteren Verkauf wird die Preisspanne in der Luxemburger Straße deutlich. Das Haus Nummer 305 wurde am 2. Oktober 1940 verkauft, zu einem Preis von 42 300 RM. Dies »entspricht normalem mäßigem Verkehrswert«, wie es eine Haus- und Grundbesitzgenossenschaft in der Verkaufsakte mitteilt. Das Wohn- und Geschäftshaus beanspruchte eine Fläche von 354 m², der Einheitswert lag bei 42 600 RM. Die Verwaltungsgebühr betrug 45 RM. Die Maklerkosten trug der Verkäufer, an Verwaltungsgebühren fielen 300 RM an.[192]

Das Haus in der Luxemburger Straße 84, welches Gustav Heumann gehörte, der im Oktober 1935 starb,[193] erbten die Söhne Kurt und Hans Heumann. Ihnen wurde die deutsche Staatsangehörigkeit am 14. Juli 1941 aberkannt.[194] Der Einheitswert betrug 22 500 RM.[195]

Auch der *Westdeutsche Beobachter* kaufte zur Erstellung des neuen Verwaltungsgebäudes viele Grundstücke in den Jahren von Mitte 1941 bis 1942 in der Hosengasse und Sternengasse in Köln. Zum Beispiel erwarb »die Grunderwerbsstelle des Ost-West-Zugs der Stadt Köln« in der Hosengasse 15 ein 126 m² großes, bebautes Grundstück, das im Jahr 1908 für ursprünglich 43 000 RM (zum sog. Friedenswert) erworben wurde;[196] die Grunderwerbs- und Freilegungskosten betrugen für alle vom *Westdeutschen Beobachter* erworbenen Grundstücke zwischen Hoher Straße und Neumarkt 350 RM je m². Für zerstörte Grundstücke zahlte der WB 65 bis 75 RM je m². Die Kaufakte und damit das exakte Datum des Erwerbs sind nicht mehr vorhanden, lediglich die Anschreiben zum arrondierten Erwerb des Gesamtgeländes.[197]

Kehren wir zum Grundstück Luxemburger Straße 301 zurück. Für diese Adresse wurde kein Antrag auf Enttrümmerung beim Trümmeramt der Stadt Köln gestellt.[198]

Rückerstattungspflichtig, weil sie auch Erwerberin des Grundstücks war, war die »Versorgungskasse für die gegen Gehalt Angestellten der

Firma M. DuMont Schauberg«. Für den Verlag waren beim Gerichtstermin August Neven DuMont sowie der Kassierer und Schriftführer der Versorgungskasse, Peter Beeck, anwesend.[199]

Die Erbengemeinschaft, bestehend aus zwei Töchtern in den USA[200] und einer in Israel lebenden Tochter, haben 1951 beim Wiedergutmachungsamt des Landgerichts Köln 1951 lediglich Folgendes erklärt:

»Der Bevollmächtigte der Erben nach Emil Emanuel Lippmann überreichte schriftliche Verzichtserklärung vom 12.11.1951 mit der Bitte, den erklärten Verzicht der Erben nach Emil Emanuel Lippmann als dem Eigentümer des Hausgrundstücks in Köln, Luxemburgerstr. 301 zu protokollieren.

(...)

Die Erschienenen beantragten nunmehr übereinstimmend die dofortige [sic!] Aufhebung der gegen das Hausgrundstück, Köln, Luxemburgerstr. 301, eingetragen im Grundbuch von Köln-Rondorf, Blatt 4971, Flur 55, Nr. 819/21 etc., 3,22 groß, verhängten Sperren, insbesondere die Löschung des im Grundbuch eingetragenen Sperrvermerks.«[201]

Damit verzichtete die Erbengemeinschaft (Testamentsvollstrecker war Karl Becker III) nach Artikel 9 Absatz 3 des Rückerstattungsgesetzes auf jegliche Rückerstattungsansprüche bezüglich dieses Grundstücks.[202] Emil Lippmann starb am 6. November 1938 in Köln-Lindenthal, nur einige Monate später nach dem Verkauf. Das Grundstück wollte er vermutlich nicht seiner Frau und anschließend seinen Töchtern überlassen, weil er zum damaligen Zeitpunkt noch einen vergleichsweise hohen Quadratmeterpreis von 118 RM/m² bekommen konnte.

Else Lippmann starb nach ärztlichen Vermutungen am 8. Mai 1945.

Bei den beiden anderen Grundstücken ist das Interesse am jeweiligen Erwerb ab dem Jahr 1941 belegt; gekauft wurden sie jedoch erst 1942, bedingt wohl durch den verzögerten Ablauf mit den notwendigen notariellen Beurkundungen und Preisveränderungen aufgrund einer Restbebauung des Grundstücks.

6.3.3.2 Breite Straße 82, 86 und 88

Die für den Verlag M. DuMont Schauberg wichtigsten Grundstücke waren ohne Zweifel die in der Breite Straße 82 und 86–88.[203]

In der Breite Straße wurden außer dem von Gabriele Neven DuMont erworbenen Grundstück während der Jahre 1938 bis 1940 insgesamt fünf

Grundstücke veräußert.[204] Eines wurde im Jahr 1938 gekauft, eines zum Jahreswechsel 1938/39 und drei weitere im Jahr 1940.[205]

Die Grundstücke in der Breite Straße 82 und 86–88 wurden zunächst 1938 durch die Gerling Lebensversicherungs-AG von der Kommanditgesellschaft Brandenstein & Rose erworben; im Sommer des Jahres 1941 kaufte dann Gabriele Neven DuMont die Grundstücke der Gerling Lebensversicherungs-AG ab.

Es gab in Köln einen Fall, bei dem die Gerling Lebensversicherungs-AG Hypothekengläubiger war. Der Konzern versuchte, Steuernachlässe zu erwirken, die indes erst gewährt wurden, wenn der Eigentümer wechselte und »arisch« war. Gerling war bereit gewesen, seinen Antrag auf Zwangsversteigerung zurückzuziehen; dieses Vorhaben scheiterte am rassenpolitischen Vorgehen der Kölner Grundsteuerabteilung, und es kam zur Zwangsversteigerung.[206]

Galt dies womöglich auch für die Grundstücke an der Breite Straße? Die Zwangsversteigerungsakten sind verloren gegangen.[207] Lediglich der Hinweis, dass die Grundstücke am 7. April 1938 »in Folge Verschuldens durch politische Verhältnisse« zwangsversteigert wurden, ist auf dem Antrag zur Rückerstattung von Vermögen vermerkt.[208]

In der Rückerstattungsakte heißt es deutlich: »(...) aufgrund der Rasseverfolgungen wurde das Grundstück veräußert«.[209] Auch hier handelte es sich um eine routinemäßig abgegebene Erklärung der Synagogengemeinden, die im Regelfall als Abwesenheitspfleger auftraten, solange kein individueller Einzelanspruch geltend gemacht wurde. Die Synagogengemeinde kommt mit dieser pauschalen Erklärung auf Blatt 3 der Rückerstattungsakte (Fußnote 1106) vor.

Daniel Friedrich, genannt Fritz Brandenstein,[210] betrieb mit seinem Schwager Julius Löwendahl in Hausnummer 82 eine Wäschefabrik, in Hausnummer 86 wohnte Fritz Brandenstein selbst. 1938 ist er als Eigentümer mit den Hausnummern 82, 86 und 88 angegeben, ohne Erwähnung des Geschäftszweigs.[211]

Die Firma inserierte in der *Kölnischen Zeitung* seit 1899 und hatte zudem eine Niederlassung in der Neuen Friedrichstraße in Berlin.[212] Die Änderung zur Kommanditgesellschaft erfolgte 1923.[123]

Gesellschafter der Kommanditgesellschaft waren:
Fritz Brandenstein
Sophie Brandenstein

Julius Löwendahl
Philippine Löwendahl, geb. Brandenstein.[214]

Der Handelsregisterauszug von Brandenstein & Rose[215] zeigte, dass am 20. Dezember 1866 die Firma in das Gesellschaftsregister eingetragen wurde. Die Einlagen der beiden Ehefrauen Brandenstein/Löwendahl betrugen je 350 000 Mark; am 20. Mai 1938 ist die Firma erloschen.

Bereits in den Jahren 1930/1931 (!) trug man sich von Seiten der Inhaber Brandenstein & Rose mit dem Gedanken, die Grundstücke zu veräußern:

»An das AG Köln

Auf Ihre Anfrage vom 29.12.1930 teile ich Ihnen mit, daß die Beendigung der Liquidation der Firma Brandenstein & Rose sich solange herausziehen wird, bis der Grundbesitz der Firma veräußert ist; wann dies der Fall sein wird, ist heute nicht zu sagen.«[216]

Diese Mitteilungen wiederholten sich von Jahr zu Jahr.[217] Im Jahr 1934 hieß es: »Die Liquidation kann erst nach Verwertung des Grundbesitzes Breite Str. 82, 86 & 88 beendet werden.«[218] Am 5. Mai 1938 schließlich schrieb Fritz Brandenstein einen Brief an das Amtsgericht Köln, in dem es hieß:

»Nachdem die Hausgrundstücke am 7. April 1938 zwangsweise versteigert worden sind, stelle ich die Löschung von Amtswegen [sic!] anheim. gez. Brandenstein.«[219]

Die Bekanntgabe dieser Löschung wurde als Anzeige in der *Kölnischen Zeitung* für 326 RM und im *Westdeutschen Beobachter* für 315.- RM geschaltet.[220]

Die Expedition der *Kölnischen Zeitung* als Eigentümerin ist im selben Jahr in der Breite Straße mit den Hausnummern 62, 64, 66, 68, 70, 72, 74, 76 sowie Langgasse 1 und 8 angeführt. Größte Besitzung, die der Versorgungskasse des Verlags gehörte, war der bebaute Hof der Breite Straße 62/64 und Langgasse 1/3 mit 4449 m^2.[221] Der Zuschlagsbeschluss für die Gerling Lebensversicherungs-AG erfolgte durch das Amtsgericht Köln am 7. April 1938 (am 18. Mai 1938 dann die Löschung aus dem Handelsregisterauszug Köln)[222] zu einem Erwerbspreis von 46 000 RM. Für Gabriele Neven DuMont betrug der Kaufpreis 255 000 RM, also mehr als das Fünfeinhalbfache.[223]

Das Grundstück dazwischen, Breite Straße 84, wurde am 1. Januar 1942 von einem Notar namens Decker erworben, der auch das an Gabriele Neven DuMont von der Gerling Lebensversicherungs-AG aufgelassene Grundstück am 23. August 1941 veräußert hatte.[224]

Die Grundstücke sind im Grundbuch Band 584, Bl. 21850 verzeichnet. Nach anderen Angaben im Band 168, Blatt 696 bis 698, Band 175, Blatt 6987 und Band 337, Blatt 13446.[225]

Sophie Brandenstein stellte als Kommanditistin der Fa. Brandenstein & Rose am 28. Januar 1950 einen Antrag im Zentralamt für Vermögensverwaltung auf Wiedergutmachung in Bad Nenndorf.[226]

Am 27. Dezember 1950 ließen die Erben über die Rechtsanwälte Weimann und Potthast verlauten, dass sie auf Rückerstattungsansprüche verzichten würden.[227]

Der »Jewish Trust« richtete am 14. August 1951 wegen Brandenstein/DuMont eine Anfrage an das AG Köln, ob die beiden Besitzer bis zum Ende mitbeteiligt waren.

Am 22. Juli 1952 schrieben die Rechtsanwälte, deren Sitz in der Breite Straße 78/80 war, Karl Becker III, Rudolf Boden, Otto Klonz und Walter Oppenhoff, dass beide Seiten auf einen Rückerstattungsanspruch verzichteten.[228]

6.3.3.3 Leyboldstraße 19

Der Grundstückskauf Leyboldstraße 19 aus dem Jahre 1941 ist unvollständig erhalten. Zwar sind die Akten im Hauptstaatsarchiv Düsseldorf[229] vorhanden, jedoch lediglich partiell. Es handelt sich präziser gesagt um das Grundstück Leyboldstraße 19, Ecke Eugen-Lange-Straße 28. Das aufgeteilte Grundstück befand sich zu Beginn des Jahres 1937 im Besitz des Architekten Theodor Merrill, der am 27. November 1936 einen Antrag auf Abriss des auf dem Grundstück stehenden Wohnhauses gestellt hatte.[230] Das Gebäude wurde vom 12. Januar bis zum 23. Februar 1937 – offensichtlich unvollständig[231] – abgerissen. 3390 m^3 umbauten Raumes wurden entnommen, und es verblieb lediglich das Erdgeschoss mit einer zwölfräumigen Wohnung. Die Baupolizeiabteilung ermittelte am 12. Januar 1937 als Grundfläche 315 m^2 bebaute und 4685 m^2 unbebaute Fläche.[232] Zum Zeitpunkt des Abbruchs war das Grundstück noch nicht einzeln parzelliert.[233] Albert Ottenheimer ist erstmals als Eigentümer am 10. Dezember 1937 genannt. Er betrieb eine Eisengroßhandlung und war Miteigentümer der Thale AG. Er war bereits zuvor, am 20. November 1937, gezwungen gewesen zu emigrieren.[234] Ottenheimer[235] nannte sich im US-amerikanischen Exil – er lebte in der Nähe von New York – Albert Otten. Insgesamt zehn Grundstücke mussten von ihm veräußert werden. Nach den Aussagen von Wolfram Hagspiel wurde das Ehepaar Hans und Margarete Josseaux neuer Bauherr, was bislang nicht verifiziert werden konnte.[236]

Das Grundstück ist in vier Parzellen aufgeteilt worden, und für jede Parzelle ist ein eigener Besitzer angegeben. Für das Grundstück Eugen-Langen-Straße 28 hat der Eigentümer Rudolf Schiller laut Katasterverwaltung, Katasteramt Köln II, bereits im Dezember 1938 einen Bauantrag gestellt.[237] Das Grundbuch Rondorf erhielt am 10. Dezember 1937 bereits die Parzellierung.[238]

Über das Grundstück Leyboldstraße 19 sind bereits vor dem Kauf durch Gabriele Neven DuMont Verhandlungen geführt worden. So schrieb Richard Wirtz am 6. Januar 1941 an den Kölner Oberbürgermeister beziehungsweise an die Preisbehörde, der Makler Ernst Leybold habe ihm »ein Grundstück in der Leyboldstraße« für einen Preis in Höhe von 18 RM zum Kauf angeboten.[239]

Besitzer der vier Parzellen waren 1950:[240]

1 – Rudolf Schiller, Köln-Bayenthal. Die Größe der Parzelle ist nicht angegeben. Grundbuch Köln-Rondorf 6270. 6987/329 und 6990/329.

2 – Dr. med. A. Rosarius, Köln-Marienburg. Er erwarb 11,96 ar. Grundbuch Köln-Rondorf 6272 und 6988/329.

3 – Nikolaus Müller, Köln-Sülz. Größe 10,4 ar. Grundbuch Köln-Rondorf 6274, keine Flurnummer angegeben.

4 – Gabriele Neven DuMont. Grundbuch Köln-Rondorf 4577. Parzellennummern 6958/329 (3,93 ar/Hof) und 6989/329 (14,49 ar/Garten), zusammen 17,78 ar = 1778 m^2.

Diese Nummern galten auch für das Jahr der Erwerbung durch Gabriele Neven DuMont 1941; im Jahr 1951 sind sie nach Angaben der Katasterverwaltung des Katasteramtes Köln-Stadt zur FL 51 Nr. 329/3 vereinigt worden.[241] Alle angegebenen Parzellen befinden sich in Flur 51 und sind in das Grundbuch Köln-Rondorf Band Nr. 127, Nr. 4577 eingetragen.

Das zuletzt genannte Grundstück wurde von Gabriele Neven DuMont durch Dipl. Kaufm. Rich. Fuchs, Berrenrather Straße 133 in Köln-Sülz erworben; er war als sogenannter »Abwesenheitspfleger« durch das Amtsgericht Köln, Abt. 18 eingesetzt. Der Kauf des Grundstücks Leyboldstraße 19 durch Gabriele Neven DuMont war von der »Preisbehörde für Grundstückspreise« genehmigt worden. Im »Tagebuch genehmigungspflichtiger Verkäufe jüdischen Grundbesitzes«[242] ist der vom Notar Walter Ilges beurkundete Verkauf des Grundstücks ausgewiesen, demnach wurde der Kauf am 20. November 1941 genehmigt.

Der Kaufpreis betrug für Gabriele Neven DuMont 27116 RM; dies entspricht einem Quadratmeterpreis von 15,25 RM, also weniger als einem Zehntel des Preises in der Breite Straße. Im Fall von Dr. med. Rosarius betrug der Preis 17 RM pro m^2.

Zu allen vier Parzellen wurden Rückerstattungsansprüche (siehe unter der Aktennummer 27 Rü. 692/50[243]) geltend gemacht.

Außerdem handelte es sich auch um folgende von der Familie Neven DuMont erworbene Parzelle: Der Vorbesitzer Albert Ottenheimer selbst bezeichnete das Grundstück als »plot not built upon« (als unbebautes Grundstück).[244] Allerdings befanden sich zum Zeitpunkt des Grundstückskaufs durch Gabriele Neven DuMont (diese hatte auch die Erklärung dazu unterschrieben) auf dem Gelände noch »etwa 2 m hohe Betonkellermauern und Betonfundamente, die bei Abbruch nicht beseitigt wurden« (diese Angaben beziehen sich auf den Abriss des ursprünglichen Wohnhauses). Dass diese Betonfundamente bei der Preisbemessung kurz vor dem Kauf des Grundstücks eine Rolle gespielt haben, geht zweifelsfrei aus dem am 29. April 1950 zwischen Ottenheimer und Gabriele Neven DuMont geschlossenen Vergleich hervor.[245]

Die Rechtsanwälte Ottenheimers erklärten, dass diese nicht als Verkäufe tituliert werden sollten, sondern ebenfalls als Wegnahme unter Zwang:

»Herr Otten war [hinzugefügt: als Jude] zur Auswanderung gezwungen und damit zur Liquidierung seines deutschen Vermögens, also zum Verkauf der Grundstücke. Die Grundstücke sind alle nach der Auswanderung am 20.11.1937 verkauft worden und der Erlös auf Sperrmarkkonto eingezahlt.«[246]

Das Amtsgericht Köln hatte eine Einsicht in das Handelsregister zur Firma von Albert Ottenheimer vornehmen lassen. Eine Eintragung unter HRA 5134/1 lautete, dass die Firma am 12. November 1937 erloschen sei.[247]

In einem Schreiben des Notars Walter Ilges an den Regierungspräsidenten Köln vom 14. Dezember 1938 hieß es:

»Zu der Persönlichkeit des Verkäufers darf ich bemerken, daß Herr Ottenheimer, der seit Ende 1937 im Auslande wohnt, seinen sämtlichen steuerlichen Verpflichtungen (Reichsfluchtsteuer usw.) nachgekommen ist und auch seinen Anteil an der Milliarden-Kontribution pünktlich bezahlt hat (...).«[248]

Die Gebühren betrugen in diesem Fall 1203 RM und wurden von Herrn Ottenheimer, der damals noch in Zürich lebte, selbst übernommen.

Ein weiterer Käufer wohnte in der Goethestraße, Hausnummer 62; es handelte sich um Dr. med. A. Rosarius. Des Weiteren kaufte die Ehefrau des Rechtsanwalts Bruno Potthast, der wiederum als Anwalt dann die Rückerstattungsangelegenheit von Albert Ottenheimer betreute, selbst ein Grundstück.

Ottenheimer erhielt für die vier Parzellen einen Betrag, der nicht mehr ermittelbar ist, da die Grundakten zweier Parzellen nicht auffindbar sind. Für die beiden anderen Parzellen wurden 27 116 RM (hier ist das von Gabriele Neven DuMont erworbene Grundstück gemeint; woraus sich der Unterschied zu den 29 130 RM, dem in der Kaufabmachung genannten Betrag, ergibt, ist nicht erkennbar) und 21 009,96 RM für die andere Parzelle von einem weiteren Käufer gezahlt.[249]

Wahrscheinlich war das Grundstück Leyboldstraße 19 zudem mit einer Hypothek belastet.[250]

Eine Abschrift aus der Zeitschrift *Der Rechtspfleger* aus dem Jahr 1939 Heft 9 und 10 enthält einen Aufsatz von Kammergerichtsrat Dr. Höver auf den Seiten 121 f., der mit »Grundsätzliches zur Entjudung des Deutschen Grundbesitzes« betitelt ist. Hier hieß es in Abschnitt II Ziffer 4:

»Nach § 8 Absatz 1 Satz 2 der Verordnung vom 3.12.38 bedarf auch die Verfügung über sonstige Vermögensteile eines Juden durch diesen zu ihrer Wirksamkeit der Genehmigung der zuständigen Behörde, wenn die Veräußerung nach § 8 der Verordnung angeordnet worden ist. Zu den sonstigen Vermögensteilen können auch Hypotheken und Grundschulden gehören. In ständiger Rechtsprechung hat das Kammergericht daran festgehalten, daß, wenn ein Jude eine Hypothek oder Grundschuld abtritt, besonders wenn sie erheblich ist, damit gerechnet werden muß, daß eine Veräußerungsanordnung vorliegt. Das Grundbuchamt kann daher vor der Erledigung von Eintragungsanträgen, durch die die Abtragung einer Hypothek oder Grundschuld seitens eines Juden grundsätzlich vollzogen werden soll, den Nachweis verlangen, daß keine Veräußerung angeordnet ist.«

Es folgte auf der nächsten Seite:

»Ist eine solche Veräußerung (nämlich von Hypotheken und Grundschulden) angeordnet worden, so bedarf auch die Verfügung über eine Hypothek oder Grundschuld nach § 8 Absatz 1 Satz 2 der Verordnung der Genehmigung der zuständigen Behörde. Da nun, wenn ein Jude eine Hypothek oder Grundschuld abtritt, insbesondere, wenn sie erheblich ist, damit gerechnet werden muß, daß eine Veräußerungsanordnung vorliegt, ist es vom Grundgedanken der Verordnung, die im Zusammenhang mit anderen Verordnungen das jüdische Vermögen erfassen will, zu billigen, daß das Grundbuchamt bei der Entscheidung über Eintragungsanträge, durch die eine Verfügung über Hypotheken und Grundschulden von Juden grundbuchlich vollzogen werden soll, der Nachweis vorliegt, daß keine Veräußerung angeordnet ist oder gemäß § 8 Absatz 3 der Verordnung vom 3.12.1938 (...) eine Bescheinigung darüber verlangt, daß die Voraussetzungen für die Anwendung der Verordnung vom 3.12.1938 nicht gegeben sind.«[251]

Nach Angabe von Ottenheimer im Wiedergutmachungsantrag seien seine Grundstücke (darunter das Grundstück Leyboldstraße) bei Veräußerung das Doppelte wert gewesen, für drei Grundstücke galt der vierfache Preis.[252]

Der Wert aller vier Parzellen der Leyboldstraße wurde von den Rechtsanwälten Ottenheimers auf 400 000 RM geschätzt.[253]

Albrecht Otten erteilte für den Wiedergutmachungsantrag eine Vollmacht an Bruno Potthast, der mit dem Rechtsanwalt Paul Weimann zusammenarbeitete. Gabriele und Kurt Neven DuMont wurden von Rechtsanwalt Mathy vertreten.[254]

Die Verhandlung wurde erneut beim Wiedergutmachungsamt des Landgerichts Köln geführt. Bis alle Seiten informiert waren und die Zuständigkeiten geklärt waren, dauerte es vom 19. April 1948 bis zum 5. September 1949 (protokolliert am 29. April 1950). Bereits am 10. September 1948 war in Bad Nenndorf die Angelegenheit beim Zentralamt für Vermögensverwaltung gemeldet. Drei Monate darauf, am 16. Dezember 1948, wurde von den beiden Rechtsanwälten der Antrag beim OLG gestellt.[255]

Der Art. 53, Abs. IV, des Gesetzes Nr. 59 der Militärregierung regelte die Rückerstattung.[256] Unter den Kennziffern 775/50, 776/50, 777/50 der Rückerstattungsakte sind die anderen Grundstücke/Parzellen dieses Verkaufs angegeben.[257]

Der Vergleich zu der Rückerstattung wurde am 5. September 1949 erzielt. Im Gegenzug verzichtete der Geschädigte auf alle weitergehenden Rückerstattungsansprüche. Auf eine Überwachung der Durchführung des Vergleichs durch das Zentralamt für Vermögensverwaltung, Bad Nenndorf, wurde ebenfalls verzichtet.[258]

In einer Besprechung des Rechtsanwalts Bruno Potthast in der Geschäftsstelle des Wiedergutmachungsamts des Landgerichts Köln am 19. April 1950 wurde festgestellt, dass für drei der Parzellen Wiedergutmachungen geleistet wurden; für die vierte hatte man den Käufer noch nicht erreicht.[259]

Das Abkommen hatte folgenden Wortlaut:

»In das vorbezeichnete Grundstück wurde zu Anfang des Krieges die Zwangsvollstreckung von Gläubigern des Herrn Otten betrieben.[260] Durch notariellen Vertrag vom 10.10.1941 Urk. Rolle Nr. 958/41 (...) wurden an Frau Gabriele Neven DuMont die vorbezeichneten Grundstücksparzellen verkauft. Der Kaufpreis betrug ursprünglich 32 150 RM. Da sich in dem Grundstück etwa 2 m hohe Betonkellermauern und Betonfundamente in der Erde befanden, die beim Abbruch nicht beseitigt wurden und außerdem auch noch Bauschutt vorhanden war, wurde im Vergleichswege der Kaufpreis durch notariellen Vertrag vom 27.10.1941 – Urk. Nr. 996/41 – auf 29 130 RM herabgesetzt. Diesen Betrag hat Frau Gabriele Neven DuMont an Herrn Dipl. Kaufmann Richard Fuchs gezahlt, und zwar in Höhe von 7 500 RM zur Ablösung von Steuerrückständen und anderen Forderungen und zur Abwendung der Zwangsversteigerung[261] vor dem 7.11.1941 und in Höhe von 21 630 RM im November 1942. Der Einheitswert des Grundstückes betrug 33 100 RM. Frau Gabriele Neven DuMont ist am 5.11.1942 in das Grundbuch als Eigentümerin eingetragen worden.«[262]

In freier Willensentschließung vereinbarten die beiden Parteien Otten und Neven DuMont »hiermit folgendes:

1. Frau Gabriele Neven DuMont zahlt an Herrn Otten bis zum 1. Oktober 1949 DM 10 000 (zehntausend). Der Betrag ist zu zahlen auf ein auf den Namen des Herrn Albert Otten unter der Bezeichnung Wiedergutmachungskonto zu errichtendes Konto bei dem Bankverein Westdeutschland in Köln.

2. Die Eheleute Neven DuMont verpflichten sich, Herrn Otten jede ihnen mögliche Hilfe und Unterstützung zu gewähren bei der Geltendmachung der Ansprüche des Herrn Otten auf Herausgabe des 1941 bezw. 1942 von Frau Gabriele Neven DuMont gezahlten Kaufpreises oder der etwa an seine Stelle getretenen oder in Zukunft noch tretenden Ansprüche auf Ersatz oder Wiedergutmachung.

Eine eigene Verpflichtung der Ehefrau Gabriele Neven DuMont oder ihres Ehemanns auf nochmalige Zahlung (...) entsteht durch die vorbezeichnete Verpflichtung nicht.

3. Herr Otten verzichtet hierdurch (...) auf die Geltendmachung irgendwelcher weiterer Wiedergutmachungsansprüche (...) und auch auf einen

etwaigen Anspruch auf Rückübertragung des Grundstücks, Rückauflassung und Wiederumschreibung im Grundbuch.

4. Frau Gabriele Neven DuMont übernimmt die Kosten, soweit sie durch diesen Vertrag entstehen, insbesondere auch das Honorar des Bevollmächtigten des Herrn Otten, Herrn Rechtsanwalt Potthast.«[263]

In der Unternehmensgeschichte der Dresdner Bank von Ralf Ahrens[264] wird ein weiteres von dieser Darstellung unabhängiges Rückerstattungsverfahren zu Ottenheimers Betriebsvermögen geschildert, allerdings ist sein Nachname immer abgekürzt und damit anonymisiert mit O. In einem Buch zum Stahlhandelskonzern Otto Wolff ist das gleiche Verfahren verkürzt und ohne Namensangabe des jüdischen Vorbesitzers beschrieben:

Otto Wolff aus Köln hatte 1937 ein Aktienpaket der Thale AG erworben, einem Eisenhüttenwerk. Von dem jüdischen Eigentümer Albert O. hatten die Banken eine Provision als Aktien der Vereinigten Stahlwerke erhalten. 1962 kam es zu einer Verhandlung vor der Wiedergutmachungskammer Köln, in der O. die Summe der Provision wieder rückerstattet bekommen wollte; in einem Vergleich wurden von der Fa. Otto Wolff 4 Millionen und von den Banken je 250 000 Mark gezahlt.[265]

6.4 Äußere und innere Angriffe

Anfang 1941 hatten die Familie und der Verlag aber nicht nur den Verlust ihres Familienoberhauptes und Verlegers Kommerzienrat Alfred Neven DuMont zu beklagen. Starke personelle Einschränkungen durch die Bestellung von Journalisten zur kämpfenden Truppe sowie sehr unmittelbare Auswirkungen des Zweiten Weltkrieges setzten dem Verlag zusätzlich zu. Köln war zu einem Hauptziel der alliierten Bombenangriffe geworden. Nach einer Aufzeichnung aus der Kriegschronik von Heinz Pettenberg (1900–1974), dem späteren Chefredakteur des *Kölner Stadt-Anzeigers* von 1949 bis 1955, »schlug am 19. oder 20. März 1941 im Haus der DuMonts eine Brandbombe im Arbeitszimmer von Alice Neven DuMont ein, kurz nachdem sie vom Schreibtisch aufgestanden war. Der Raum brannte aus. Die Witwe Alfred Neven DuMonts blieb wie durch ein Wunder unverletzt.«[266]

Vier Monate später, im Juli 1941, wurde das Verlagsgebäude selbst Opfer eines Angriffs. Die Hausmeisterwohnung der Zeitung wurde zerstört. Am schwersten traf es die Akzidenzdruckerei, da die Bombe die Eisenbetondecke auf den wertvollen Tabellensatz gedrückt hatte. Die Räume der Chemigrafie waren ebenfalls zerstört und auf die Setzmaschinen gefallen. Da die Chemigrafiemaschinen selbst jedoch einige Tage zuvor in anderen Räumen aufgestellt worden und zwei Drittel der Setzmaschinen sofort wieder einsetzbar waren, konnte der Betrieb bald wieder aufgenommen werden und es war sogar eine pünktliche Abend-Ausgabe möglich.[267]

Nur einen Monat später, am 12. August 1941, kam es zu einem Tagesangriff, der einen Stromausfall zur Folge hatte, wodurch ein Großteil der Meldungen für das Abendblatt nicht mehr gesetzt werden konnte.[268]

In dieser äußerst angespannten Situation erhielt M. DuMont Schauberg 1941 das Angebot des Verlegers der *Kölnischen Volkszeitung*, Hans von Chamier[269] (1884–1970), einen Teil der Abonnenten der *Kölnischen Volkszeitung* zu übernehmen. Die *Kölnische Volkszeitung* – eine Zeitung, die seit ihrer Gründung im Jahre 1860 als *Kölnische Blätter* eine »Selbstdarstellung des westdeutschen Katholizismus gewesen«[270] war, stellte Ende Mai 1941 aus »kriegswirtschaftlichen Gründen« ihr Erscheinen ein[271] und wurde auch nicht wieder aufgelegt. 1941 besaß die *Kölnische Volkszeitung* noch etwa 14 000 Abonnenten, von denen die *Kölnische Zeitung* etwa 5 000 bis 6 000 übernehmen konnte. Chamier schloss mit dem Verlag M. DuMont Schauberg einen Übernahmevertrag ab, der diesen dazu verpflichtete, eineinhalb Jahre lang für jeden übernommenen Abonnenten eine Reichsmark pro Monat an Chamier zu zahlen. Zunächst erschien dies M. DuMont Schauberg als sehr kostspielig, doch stellte man später fest, dass die Übernahme ein finanzieller Erfolg war. Den Lesern der *Kölnischen Volkszeitung* sollte der Bezug der *Kölnischen Zeitung* – beide hatten übrigens in den siebziger Jahren des 19. Jahrhunderts eine heftige Auseinandersetzung geführt – durch den Übertritt eines Redaktionsmitglieds »ihrer« Zeitung schmackhaft gemacht werden. Zudem wurde der Betriebsleiter Hermann Barz in den Vertrieb übernommen.[272]

Zu den unterstützenden Maßnahmen gehörte ebenfalls die persönliche Empfehlung des Verlegers von Chamier und seines Schriftleiters Max Horndasch an die Freunde und Leser der *Kölnischen Volkszeitung*, ihr Abonnement an die *Kölnische Zeitung* zu übertragen.

»An unsere Leser und Freunde!

Aus kriegswirtschaftlichen Gründen stellt die *Kölnische Volkszeitung* ihr Erscheinen am 31. Mai 1941 bis auf weiteres ein. Wir verweisen auf die entsprechende Bekanntmachung in der *Kölnischen Volkszeitung* vom 24. Mai.

Bei der Wahl der Zeitung, deren Bezug wir anstelle der *Kölnischen Volkszeitung* nunmehr unseren Lesern empfehlen, entschieden wir uns für die *Kölnische Zeitung*. Die *Kölnische Zeitung* gehört zu den deutschen Blättern, in denen ebenso wie in der *Kölnischen Volkszeitung* stets der deutsche Kulturwille planvoll und im Einklang mit der Gegenwart seine Pflege gefunden hat. Ein Teil unserer Schriftleiter und Mitarbeiter wird in den Betrieb der *Kölnischen Zeitung* aufgenommen werden. Unsere Leser werden daher auch in Zukunft die ihnen in der *Kölnischen Volkszeitung* vertraut gewordenen Namen nicht völlig entbehren müssen und daher bei der *Kölnischen Zeitung* eine gastliche Heimstätte ihrer geistigen Ansprüche finden.

Unsere Freunde und Leser bitten wir daher, ihren Bezug der *Kölnischen Volkszeitung* ab 1. Juni auf die *Kölnische Zeitung* überzuleiten. Die *Kölnische Zeitung* wird, um den Übergang zu erleichtern, unsern Lesern zunächst die *Kölnische Zeitung* zu den Bedingungen und zu dem Preise liefern, die auch für die *Kölnische Volkszeitung* galten.«[273]

Hermann Barz und Josef Hofmann (1897–1973) gehörten zu den ehemaligen Mitarbeitern der *Kölnischen Volkszeitung*.[274] In seinen Erinnerungen schilderte Hofmann, dass er zunächst in der Nachrichtenabteilung eingesetzt wurde, daneben aber auch alle Artikel lesen sollte, die hinsichtlich weltanschaulicher oder geistiger Fragestellungen bei den Lesern der *Kölnischen Volkszeitung* Widerspruch hätten auslösen können.[275]

Auch innerhalb des Verlages der *Kölnischen Zeitung* kam es zu personellen Veränderungen in den Redaktionen. So hatte Fritz Blumrath die Nachfolge Johann Schäfers als Chefredakteur beider Redaktionen angetreten, nachdem Schäfer zum höheren Richter beim Oberkommando Ost (Mitte) ernannt worden war.[276] Allerdings wurde Schäfer weiterhin im Impressum genannt. Blumrath war es auch, der Hofmann seinen Kollegen vorstellte.[277] Im Umgang mit den verschiedenen Arbeitsbereichen, in diesem Fall mit der Setzerei, erfuhr Hofmann, dass der Hitlergruß auch in der Setzerei nicht üblich war.[278] Hofmann wurde nach eigener Aussage in mehreren Gesprächen vom Leiter der Nachrichtenabteilung, Ralf le Beau, auf seine politische Gesinnung überprüft. Le Beau übernahm schließlich die Garantie für ihn, und Hofmann wurde über die Existenz eines kleinen Kreises von Redakteuren informiert, die mithilfe von ausländischen Zeitungen[279] und einem Sonderdienst für Meldungen der ausländischen Sender, dem sogenannten »Blauen Dienst«,[280] noch immer einen Überblick über das Geschehen außerhalb Deutschlands zu erhalten versuchten:

»So erfuhr ich dann, dass es auf der Redaktion einen inneren Kreis gab, der sich sein vernünftiges Denken gegenüber der nationalsozialistischen Propaganda bewahrt hatte. Dieser Kreis kam, um sich sachlich zu informieren, jeden Tag nach der eigentlichen Redaktionskonferenz unter Leitung von Dr. Heinz Pettenberg unter sich zusammen. Orientierungsmöglichkeiten gab es für die Redaktion der *Kölnischen Zeitung* im Jahre 1941 noch in einer Fülle, die kein Außenstehender für möglich gehalten hätte. So bekamen wir täglich die *Neue Zürcher Zeitung* und die *Times*. Außerdem erhielten wir einen Sonderdienst mit allen Meldungen der ausländischen Sender.«[281]

Dadurch sollte den Redakteuren auf Wunsch des Propagandaministeriums das Material zur Verfügung gestellt werden, »um der ›feindlichen Lügenpropaganda‹ entgegentreten zu können«, doch wurde es laut Hofmann von ihnen zur eigenen Aufklärung verwandt.[282] Später wurden ihnen allerdings beide Zeitungen von den nationalsozialistischen Stellen entzogen.[283]

Hinzu kam, dass der Leiter des Redaktionssekretariats, Franz Goeddert, zu Hause die Morgenmeldungen des Londoner Rundfunks verfolgte, was natürlich offiziell strengstens verboten war.[284]

Aber nicht nur das Vorgehen der beiden Redaktionen, sich unabhängige Informationen aus dem Ausland zu beschaffen, dürfte keineswegs im Sinne der Nationalsozialisten gewesen sein. Auch die Abfolge von Redaktionskonferenzen mit unterschiedlichen Teilnehmern wäre sicherlich auf ihr Misstrauen gestoßen, wenn sie es erfahren hätten. Hofmann schilderte in seinen Erinnerungen diese Serie von verschieden gearteten Redaktionskonferenzen. Nach einer Vorkonferenz der Ressortleiter, in der die Leitartikel und die Glossen für beide Zeitungen inhaltlich bestimmt und bereits einzelnen Redaktionsmitgliedern zugeteilt wurden, fand jeden Vormittag um 10 Uhr die eigentliche, allgemeine Redaktionskonferenz – dem Schriftleitergesetz entsprechend ohne einen Vertreter des Verlags – statt. Der Kontakt zum Verleger lief über den Hauptschriftleiter.

Ein stark eingeschränkter Kreis von Redakteuren traf sich danach, wie bereits erwähnt, unter dem Vorsitz von Heinz Pettenberg.

Auch in der Auslandsberichterstattung bemühte man sich weiterhin um Informationen aus erster Hand. Eigene Berichterstatter arbeiteten noch in Rom, Lissabon, Stockholm, Tokio und Peking.[285]

Nach Aussage Hofmanns war man bestrebt, von den ursprünglichen Meldungen so viel wie möglich im Gesamtzusammenhang wiederzugeben, ohne die vom Propagandaministerium verlangten eingeschobenen Kommentare, die den ursprünglichen Inhalt oftmals verunglimpften. Ein typisches Beispiel war hierbei eine Rede Churchills, die die *Kölnische Zeitung* zunächst wörtlich abdrucken und anschließend mit Kommentaren und Erläuterungen versehen wollte. Dieses Vorgehen wurde untersagt, und der zuständige Redakteur musste mit großer Vorsicht eine Version des Textes verfassen, die sowohl den Anspruch auf Information des Lesers als auch die Vorgaben des Propagandaministeriums erfüllte.[286]

Wollte man den Text nun im Wortlaut und ursprünglichen Zusammenhang lesen, musste man die Zwischenbemerkungen weglassen. Dieses Vorgehen wurde als »Dechiffriergitter« bezeichnet.[287]

In den Tagen des Vormarsches der deutschen Truppen auf Moskau im Dezember 1941 sollte nach einer Ansprache des Reichspressechefs in allen Zeitungen veröffentlicht werden, dass die Deutschen den Krieg bereits gewonnen hätten, obwohl der Vormarsch am 6. Dezember durch einen heftigen Wintereinbruch zum Stillstand gekommen war. Die Nationalsozialisten wollten mit dieser bewussten Fehlinformation verhindern, dass Japan nicht in den Krieg eintrat. Nach Darstellung Hofmanns war die Redaktion jedoch keineswegs der Ansicht, dass Deutschland den Krieg bereits gewonnen habe, und besprach mit Chefredakteur Blumrath das weitere Vorgehen. Blumrath beschloss, den Artikel des Reichspressechefs zu zitieren und dessen Äußerung über den Gewinn des Krieges in Anführungszeichen zu setzen.[288]

Die Probleme des Verlages und der Redaktion verschärften sich ab 1942 durch äußere Einwirkungen erheblich. Bereits in Pettenbergs Eintrag in seinem Kriegstagebuch vom 6. April 1942 ist von erheblichen Schäden durch Bombenangriffe die Rede: Die Räume von Kollegen wurden zerstört bis auf die Küche.[289] Von größeren Schäden blieb das Verlagsgebäude offensichtlich noch verschont.

Doch schon in der Nacht vom 30. auf den 31. Mai 1942 veränderte sich die Lage in Köln dramatisch. In den statistischen Mitteilungen der Stadt Köln von 1954 werden die einzelnen Bombenangriffe mit dem Titel »Köln im Luftkrieg 1939–1945 – Ein Tatsachenbericht über Fliegeralarme und Fliegerangriffe« akribisch aufgelistet. Von 0.25 Uhr bis 3.10 Uhr am 31. Mai 1942 wurden über Köln 20 Minen, 864 Sprengbomben, 110 000 Stabbrandbomben und 1 044 Phosphorbrandbomben und Kanister abgeworfen.[290]

Bei dem ersten verzeichneten Angriff vom 13. Mai 1940 waren es gerade einmal 3 Sprengbomben.[291] Sepp Wundshammer (1885–1969),[292] der zum Zeitpunkt des Angriffs technischer Betriebsleiter und seit 1934 Prokurist bei der *Kölnischen Zeitung* war, hatte die Ereignisse in dieser Nacht im Juni 1942 in einem Bericht zusammengefasst.[293] Die Produktion lief zum Zeitpunkt des Angriffs gerade. 80 Personen – darunter Werkpolizei, Turmbeobachter und etwa 30 Frauen –, die für die Herstellung von diversen Sonntagsblättern und der *Kölnischen Illustrierten Zeitung* zuständig waren, mussten die Arbeit einstellen. Die Turmbeobachter hatten dafür gesorgt, dass alle rechtzeitig in den Luftschutzkeller gingen.[294]

Nach den Schriften von Kurt Weinhold war über den Dächern des Verlags ein Beobachtungsturm eingerichtet worden, von dem aus der Himmel außerhalb des offiziellen Alarms nach feindlichen Flugzeugen abgesucht wurde. Falls für den Verlag eine besondere Gefahr bestand, wurde noch eine zusätzliche Warnung mit Leuchtsignalen, zunächst rot, dann blau, abgegeben.[295]

Der Verlag hatte, so gut es ging, vorgesorgt, und er verfügte über einen betriebseigenen Dieselgenerator, der bei Stromausfällen zum Einsatz kam, sowie über einen Brunnen, der in der Nacht zumindest zunächst das Schlimmste verhindern konnte. Die Werksfeuerwehr konnte dank des Brunnens in dieser Nacht die Brände auf dem Firmengelände vorerst noch löschen, während das Wasser in den städtischen Leitungen wegen Überbelastung durch zu viele Brände verbraucht war.[296] Dennoch konnte nicht verhindert werden, dass der Verwaltungsbau bis zum ersten Stock völlig abbrannte. Man konzentrierte sich danach auf die Rettung der technischen Betriebsanlagen, nämlich die Druckerei und insbesondere die Zeitungs- und Tiefdruckabteilung.[297] Doch die Lage verschlimmerte sich, als am 31. Mai plötzlich ein orkanartiger Sturm durch die Stadt wehte, der die Brände wieder stark anfachte.[298] Ein Großteil der Büros im Verlag, im Vertrieb und in der Anzeigenabteilung brannte bis zum ersten Stock vollständig aus. Die Abteilungen Buchdruck und Setzerei erlitten dagegen geringere Schäden, während die Gebäude der Zeitungsabteilung fast völlig erhalten blieben.[299]

Viele Freiwillige, darunter Kurt und August Neven DuMont und Claudius Belz, hatten die Werkfeuerwehr bei den Löscharbeiten unterstützt und wurden von Wundshammer lobend erwähnt. Neben der Verlagsleitung hob Wundshammer auch den Franzosen Bergeon Clement hervor, der laut Wundshammer als Rotationstiefdruckmeister für mehrere Jahre »verpflichtet« worden war und sich besonders engagiert bei den Rettungs- und Löscharbeiten gezeigt hatte.[300] Hier stellte sich die Frage, ob

Bergeon als normaler Angestellter zu M. DuMont Schauberg gekommen war, oder ob es sich um eine verordnete Arbeit, das heißt Zwangsarbeit, handelte. Pettenberg erwähnte später in einem Eintrag in sein Tagebuch vom 5. November 1944 ebenfalls französische Mitarbeiter, die an der Herstellung der Sonntagsausgabe beteiligt waren.[301] Der Einsatz von französischen, belgischen und niederländischen Zwangsarbeitern ist nicht zu vergleichen mit Zwangsarbeitern zum Beispiel aus der Ukraine. Franzosen, Belgier und Niederländer hatten einen anderen Status und wurden besser behandelt sowie bezahlt. Auch waren sie zumeist in Privathäusern untergebracht.

Wundshammer bemängelte, dass nicht alle Mitarbeiter den gleichen aufopferungsvollen Einsatz wie die Verleger an den Tag gelegt hatten, und verurteilte die nicht erhaltene Hilfe von außen:

»Schon gegen 3.30 Uhr traf auch der Betriebsführer Dr. Kurt Neven DuMont auf der Brandstätte ein, dem bald Herr August Neven, Herr Belz und Herr Büchy folgten. Alle beteiligten sich rücksichtslos und nachhaltig an den Rettungsarbeiten. Außerordentlich aufmunternd war u. a. das tatkräftige Eingreifen unseres Dr. Kurt Neven, der weder Gefahr noch Mühe scheute und stundenlang mit einer Schlauchleitung an den gefährlichsten Stellen den Brand zu bekämpfen versuchte. Eine solche Unerschrockenheit hätten ruhig auch einige weniger mutige, wohl auch nicht recht betriebsverbundene, Gefolgschaftsmitglieder zeigen dürfen.[302] (...)

Es sei noch einmal erwähnt: Obwohl die Feuerbekämpfung für sämtliche Gebäulichkeiten aussichtslos schien, wurde von der Werkschutzleitung immer wieder versucht, außerbetriebliche Hilfe herbeizurufen. Doch gelang dies nicht, teils aus technischen oder Wassergründen, teils scheiterte es an der Zwiespältigkeit einzelner Kommandoführungen.«[303]

Bei einer Überprüfung des Betriebsgeländes nach dem Brand wurde eine Gesamtzahl von 36 bis 40 Bomben geschätzt.[304] Direkte Betriebsangehörige waren bei dem Bombenangriff im Betrieb nicht getötet worden, doch waren vereinzelt Mitarbeiter oder deren Angehörige außerhalb des Betriebsgeländes ums Leben gekommen, und etliche hatten ihr Hab und Gut verloren.[305]

Der Betrieb konnte jedoch sofort wieder in Gang gesetzt werden, da die notwendige Technik vollständig gelöscht worden war. Allerdings waren die Verhältnisse beengt, da der *Neue Tag* dort ebenfalls an zwei Tagen gedruckt wurde. Der *Westdeutsche Beobachter* war von dem Angriff nicht betroffen und hatte dadurch zwei Tage Vorsprung. Jedoch konnte bald wieder eine kontinuierlich erscheinende Zeitung gedruckt werden.[306]

Dies bestätigte auch Wundshammer, der in seiner Zusammenfassung der Bombennacht vom 4. Juni 1942 bereits wieder von einer pünktlichen und vollständigen Lieferung der Zeitungen berichtete.[307] Der Verlag war also vorerst nochmals mit einem blauen Auge davongekommen.

Auch die Kinder der Verlegerfamilie setzten sich mit den Auswirkungen des Krieges auseinander und wurden von ihren Eltern über die Schäden im Verlag informiert. Die damals siebzehnjährige Tochter Silvia (*1925) ist in ihrem Brief vom 12. Juni 1942 besonders stolz auf den Einsatz ihres Vaters bei den Löscharbeiten und die schnelle Wiederaufnahme des Betriebs. Sie machte sich jedoch gleichzeitig auch Gedanken darüber, ob das angeschlagene Verlagsschiff nicht Begehrlichkeiten bei den Nationalsozialisten geweckt hatte: »Meine liebe Mutti, lieber Papa, Ich finde es schrecklich lieb von Euch, daß Ihr uns so genaue Berichte geschickt habt.

Aber so richtig können wir es uns trotzdem nicht vorstellen, ich glaube, dass [sic!] kann man nur, wenn man es selbst erlebt hat. Der gute Wundshammer hatte auf die Weise auch Grund sich zu betätigen. Der Dr. Kurt mußte natürlich besonders gelobt werden. Hat er auch verdient! Es wurde ja sogar mit einem Flugzeug an den Himmel geschrieben! Ganz fabelhaft finde ich, daß die *Kölnische Zeitung* so schnell wieder heraus kam. Hattet Ihr eigentlich nicht Angst, daß sie so mit ›gutem Grund‹ die *Kölnische Zeitung* schlucken konnten? Aber dazu habt Ihr ja zu sehr gekämpft.«[308]

Im Frühjahr des gleichen Jahres wurde ihr fünfzehnjähriger Bruder Alfred Neven DuMont Junior (*1927) selbst unmittelbar mit den Folgen des Krieges konfrontiert, als er an den Batterien als Luftwaffenhelfer eingesetzt wurde.[309] Später musste er gemeinsam mit Klassenkameraden aus dem Unterricht geholt werden, um bei einem Arbeitseinsatz nach einem Fliegerangriff als Helfer für Aufräumarbeiten eingesetzt zu werden:

»Gestern, Montag, wurden wir aus der ersten Stunde herausgeholt und zu Aufräumungsarbeiten der Fliegerschäden herangezogen. (...) Ich habe mit zwei Klassenkameraden erst einige Stunden beschädigte [sic!] Wohnungen geräumt und bin dann als Fuhrknecht nach Gauting mit einem Möbeltransport gefahren (...).«[310]

Es sollte auch in den folgenden Jahren bis Kriegsende noch zu weiteren Einsätzen Alfred Neven DuMonts kommen, als Flakhelfer in Obermenzing [Stadtteil von München, Anm. d. Verf.] im März 1943:

»Seit Samstag ist der Batteriehof auf Urlaub und so haben wir verdoppelten strengen Dienst, daß wir wohl mehr im Dreck wie im Bett liegen. Letzte Nacht wurde man sogar aus dem Bett rausgejagt, um nähere Berührung mit der Wiese vor dem Haus zu nehmen. (...) Ich bin also beim Geschütz und zwar bin ich bei der schweren Flak. (...) Sehr wahrscheinlich werde ich Richtkanonier.«[311]

Von Juni bis November 1944 war Alfred Neven DuMont beim Reichsarbeitsdienst R.A.D. tätig, danach im Segelfluglager Schwangau, um mithilfe dieser vormilitärischen Ausbildung dem Militär zu entgehen. Im Januar 1945 wurde er wehruntauglich geschrieben. Dennoch wurde er bald zum Volkssturm einberufen und versteckte sich bis Kriegsende beim Ehepaar Regnier-Wedekind am Starnberger See.

Über seine Tätigkeit beim R.A.D. schrieb Alfred Neven DuMont im August 1944 an seinen Vater.[312] Ein weiterer Brief vom 8. September 1944 erwähnt sein erfolgreiches Bemühen um einen Posten als »Flugzeugführer«, was sich nur auf den späteren Besuch der Segelflugschule beziehen kann. »Heute möchte ich mich einmal aufschwingen und Dir etwas länger auf Deine liebe Post, für die ich mich vielmals bedanken möchte, antworten. Ja, es ist jedesmal ein Aufschwung in der kurzen freien Abendstunde nach 13stündigen [sic!] Dienst, der z. Z. hauptsächlich durch Arbeit mit Schaufel und Spitzhacke ausgefüllt ist, etwas Anständiges zu schaffen und auf einen anderen Menschen einzustellen. – Mein Urlaub nach München und Regensburg, der sich mit Verlängerung auf genau drei Tage erstreckte, war ein [sic] ganz schöne Abwechslung in meinem sturen Dasein: Das Ergebnis war, daß ich als Flugzeugführer angenommen wurde. (...) Letzten Sonntag[313] hatten wir hier Vereidigung auf unsern Führer. Seitdem ist der Dienst noch um ein Gutes schärfer geworden. (...) Meine Blasen am Fuß und an den Händen werden immer größer (...) der Spatengriff ist wesentlich wichtiger, als die Einname [sic!] der Feinde von Paris oder Brüssel. Und was mag nun kommen? Es ist wirklich ein höchst dramatischer Entscheidungskampf. – Zu der Verleihung von Deiner Auszeichnung meinen Glückwunsch. Weshalb bekamst Du die?«[314]

Bei der genannten Auszeichnung handelte es sich vermutlich um die Verleihung des »Kriegsverdienstkreuzes Erster Klasse mit Schwertern« an Kurt Neven Du Mont. Diese militärische Massenauszeichnung wurde ungefähr 140 000-mal verliehen. Eine Voraussetzung dafür war ein Einsatz unter feindlicher Waffeneinwirkung oder Verdienste in der militärischen Kriegsführung.

Auch noch im Oktober 1944 herrschte bei Alfred Neven DuMont Ungewissheit über die Beendigung seines Einsatzes beim Reichsarbeitsdienst:

»Die viel beschriebene und beredete Frage über den R.A.D. wird sich erst in den nächsten 10 Tagen entscheiden. Man weiß auch heute gar nicht, wie man es richtig machen soll. In den nächsten Tagen hat sich ja wieder allerlei geändert. Auf jeden Fall ist auch diese Phase ein Schritt näher dem Kriegsende. Und wenn es auch noch so viel Opfer kostet, wir brauchen ein baldiges Ende.«[315]

Die Entlassung erhielt Alfred Neven DuMont schließlich am 15. November 1944. Man hatte bei ihm eine Herzmuskelentzündung festgestellt und ihn für die nächste Zeit zurückgestellt.[316]

Im Verlag selbst versuchte man 1942/1943 weiterhin, die Arbeitsweise und die Inhalte nicht völlig dem Kriegszustand und den daraus folgenden Anweisungen der Kriegspropaganda anzupassen. So bemühte sich die Redaktion der *Kölnischen Zeitung* trotz der belastenden äußeren Umstände noch immer um ein gewisses Maß an unabhängiger Berichterstattung. Josef Hofmann erläuterte dies anhand einer Artikelserie, die vom Gaupropagandaamt angeordnet worden war. Sie sollte belegen, dass die amerikanischen Streitkräfte nicht in der Lage wären, größere Truppenkontingente nach Europa zu entsenden.[317]

Die Redaktion der *Kölnischen Zeitung* war, laut Hofmann, anderer Ansicht und versuchte, die Publikation dieser Artikel zu verschleppen. Dies führte Ende des Jahres 1942 zu einer Nachfrage des Gaupropagandaamtes, weshalb besagte Artikel noch nicht veröffentlicht worden seien. Blumrath berief sich darauf, dass die *Kölnische Zeitung* es nicht gewohnt war, Artikel zu publizieren, die gleichermaßen in anderen Zeitungen stünden, sondern dass die Redakteure ihre Artikel selbst verfassten. Das Gaupropagandaamt konterte, dass die Redaktion die eingesandten Artikel nun als Grundlage für eigene Artikel zu verwenden hätte. Es war immer wieder die gleiche Situation: einerseits die Anordnungen der Propaganda beachten, andererseits und soweit machbar, die eigene Meinung ebenfalls durchscheinen lassen.[318]

Das Jahr 1942 hatte somit für den Verlag, die Familie und auch die Mitarbeiter eine deutliche Verschärfung der Arbeits- und Lebensbedingungen gebracht. Jede Verschlechterung der Lage betraf zum Beispiel auch anstehende Zahlungen und Gehaltserhöhungen an die Mitarbeiter, die zum Teil erst im nachfolgenden Jahr, also 1943, vorgenommen werden konnten. So wurden nach einer handschriftlichen Aufstellung Kurt Neven DuMonts 1943 einige Gehaltserhöhungen bewilligt beziehungsweise auch bestimmte Regelungen getroffen, bereits vorab geleistete Zahlungen zu verrechnen, die man wahrscheinlich 1942 noch nicht zahlen konnte. Dies betraf unter anderem Claudius Belz von der Abteilung Vertrieb, der im April 1942 eine einmalige Zahlung in Höhe von 6 000 RM erhalten hatte anstelle einer Gehaltserhöhung, die monatlich angefallen wäre. Dr. Wissig erhielt als Ausgleich für nicht entnommene Tantiemen 20 000 RM im Mai 1943.[319]

Bis einschließlich Mai 1943 erholte sich der Verlag insgesamt ein wenig. Er war bis dahin von keinen größeren Bombenangriffen betroffen, wie es im Mai 1942 der Fall war. Kleinere Angriffe nahm man beinahe kaltblütig hin, wie Pettenberg verwundert in seinem Kriegstagebuch im Februar 1943 vermerkte: »Tagesalarm von 10.10 bis 10.25 Uhr. Gerade während der Redaktionskonferenz. Keiner nimmt Notiz davon, abgebrüht wie wir sind.«[320]

Das mehrfache Bombardement Kölns durch die Alliierten verschlechterte natürlich noch zusätzlich die Lage durch die Zerstörung der Arbeitsstätten. In einem Brief vom 11. Juni 1942 an Alfons Paquet beschrieb Sarnetzki den erschreckenden Grad der Zerstörung Kölns nach einem Bombenangriff und die daraus folgenden eingeschränkten Arbeitsbedingungen in der Redaktion der *Kölnischen Zeitung*:

»Ich wohne im fünften Stock mit fünf Kollegen im Dachzimmer. In diesen Tagen war eine unerträgliche Glut und an stetiges [? im Original schwer lesbar, Anm. d. Verf.] Arbeiten ist nicht zu denken.«[321]

Am 17. Juni 1943 begann eine Reihe von schwersten Angriffen auf Köln. Dabei wurden laut den Angaben der statistischen Mitteilungen der Stadt Köln bis zum 9. Juli 1943 237 Minen, 3 080 Sprengbomben, 422 935 Stabbrandbomben und 13 619 Phosphorbrandbomben und Kanister über der Stadt und der Umgebung Kölns abgeworfen.[322] In Pettenbergs Eintrag in seiner Kriegschronik vom 17. Juni 1943 werden die erheblichen Zerstörungen im Verlag deutlich, dessen Zustand Pettenberg als hoffnungslos beschreibt, aber gleichzeitig auch der unbändige Wille aller, nicht aufzugeben: »*Kölnische Zeitung* hoffnungslos zerstört. Luftmine im obersten Stock geplatzt, alles verwüstet. Brandkanister hat unersetzliches Archiv zerstört. Maschinen ganz. Entwurf der Notorganisation am nächsten Tag. Notblatt beim *Neuen Tag*. Redigieren und Schreiben am nächsten Tag ohne Fenster und Türen.«[323]

Am 28. und 29. Juni kam es zu einem weiteren Fliegerangriff, dessen Auswirkungen Friedrich Bartels in seinen Erinnerungen schildert. Die Bombenangriffe hatten nun einen großen Brand verursacht. Durch die

Hitze der brennenden und glühenden Papiermengen stürzte der 1902 entstandene Teil der Verlagsgebäude vom Dach- bis ins Erdgeschoss ein, wodurch ein sich in den oberen Stockwerken aufhaltender Maurerpolier zu Tode kam. Alle Stehsätze der Eisenbahn-Fahrplanbücher und der Eisenbahntarife, die gesamte Einrichtung der Tarifsetzerei und der Buchdruckmaschinen sowie die Zweifarben-Offsetmaschinen der Steindruckerei wurden durch den Einsturz völlig, die Buchbinderei teilweise, zerstört. Die Gebäude von 1922 kamen mit wenigen Schäden davon. Dort befanden sich die Akzidenzdruckerei, die Stereotypie, Einfarben-Offsetmaschinen, Buchdruckmaschinen und der Rest der Buchbinderei. Hier konnte zumindest teilweise weitergearbeitet werden. Mithilfe der Firma Carl Ritter & Co. in Wiesbaden, die Neusätze und Änderungen für die Fahrpläne bis zu ihrer Zerstörung 1945 herstellte, konnten auch die Fahrpläne für die Bahndirektion Essen wieder geliefert werden.[324]

Es wurden provisorische Redaktionsräume eingerichtet, die durch den Zustand der eingestürzten Gebäudeteile ebenfalls gefährdet waren. In den erhaltenen Räumen fanden improvisierte Redaktionskonferenzen statt.[325]

In den Resten des Betriebsgebäudes tagte auch die letzte Redaktionskonferenz mit den vereinten Redaktionen des *Stadt-Anzeigers* und der *Kölnischen Zeitung*, in welcher der Umzug nach Bonn festgelegt wurde.[326] Nach Bonn sollten an erster Stelle die Verantwortlichen für die Leitartikel und die Sachbearbeiter verlegt werden. Hierbei wurde laut Weinhold auch auf persönliche und familiäre Wünsche Rücksicht genommen. Die neue Redaktion der *Kölnischen Zeitung* in Bonn befand sich in einem villenartigen Gebäude in der Dechenstraße in einem ruhigen Umfeld, da nun geräuschvolle Betriebsteile wie die Setzerei und Druckerei fehlten.[327]

Am 2. Juli 1943 richtete der Verlag ein Schreiben an Herrn Schween vom Reichsverband der Deutschen Zeitungsverleger, welches den Zustand des Verlagshauses und der Betriebsgebäude nach den Bombenangriffen zusammenfasste. So waren die *Kölnische Zeitung* und der *Kölner Stadt-Anzeiger* zunächst nur als Kopfblätter des *Westdeutschen Beobachters* herausgebracht worden. Das bedeutete, dass sie vom *Westdeutschen Beobachter* den überregionalen Teil übernahmen und nur den Lokalteil selbst herstellen konnten. Ab 7. Juli 1943 sollten beide zweimal täglich in Bonn unter der eigenen Schriftleitung erscheinen. Die Wiederaufnahme des Betriebs ging nur langsam vonstatten, da von der Gefolgschaft des Verlags nur zwei Drittel wieder zur Arbeit erschienen waren, wobei hiervon die

Hälfte Fliegerschäden und ein weiteres Drittel den völligen Verlust ihrer Wohnung zu beklagen hatten. Über die Zahl der Todesfälle herrschte zu diesem Zeitpunkt noch Unklarheit.[328] Die Verlagsleitung blieb in Köln, während die Schriftleitung, wie bereits erwähnt, in Bonn unterkam. Das dortige Haus war bereits vorsorglich im Jahr zuvor angemietet worden. Der Satz für beide Blätter wurde im Cöllenverlag in Bonn hergestellt, wo auch der *Kölner Stadt-Anzeiger* gedruckt wurde. Der Druck der *Kölnischen Zeitung* erfolgte beim *Bonner Generalanzeiger*. Die Anzeigenseiten wurden in einer ehemaligen Brauerei gesetzt und gematert, welche dem Verlag auch als Papierlager gedient hatte. Verschiedene Maschinen und ein Starkstromkabel sollten im alten Betrieb wieder instand gesetzt werden, wobei zunächst die Statik des Gebäudes überprüft werden musste. Zusammen mit dem Wiedereinsatz von geretteten Maschinen wurde geplant, die Schriftleitung und die Herstellung des *Kölner Stadt-Anzeigers* wieder vollständig nach Köln zurückzuführen, während die *Kölnische Zeitung* in Bonn verbleiben sollte. Weitere technische Notwendigkeiten wie Amtsleitungen und Fernschreiber in Bonn waren bereits beantragt.[329] Die *Kölnische Illustrierte Zeitung* musste nun allerdings vorläufig ganz in Berlin produziert werden, wo sich auch der größte Teil der Schriftleitung befand. Auch hier war eine mittelfristige Rückkehr nach Köln geplant.[330]

Die Zerstörungen waren weitaus größer als beim Angriff 1942, da die eigene Wasserversorgung durch die Brunnenanlage infolge des Aufpralls einer Sprengbombe nicht mehr möglich war. Hilfe durch die städtische Feuerwehr konnte durch die Zerstörung des städtischen Wassernetzes erst viel später erfolgen, nämlich erst, als Rheinwasser in die Stadt geleitet werden konnte. Bis dahin war es jedoch bereits zu umfangreichen Schäden in den Papierkellern, in denen sich außerdem Buchungsunterlagen und Schreibmaschinen befanden, und in der Lohndruckerei gekommen. Die Setzerei und zwei Drittel der Druckmaschinen waren vernichtet.[331]

Im Juli fielen erneut einige Brandbomben auf das Kölner Betriebsgelände, die jedoch schnell gelöscht werden konnten.[332] Die Angriffe beschränkten sich nicht nur auf das eigentliche Stadtgebiet, sondern wurden auch auf die umliegenden Orte ausgedehnt. Dies bestätigte auch ein Brief Silvia Neven DuMonts an ihren Vater, der gleichzeitig die Hoffnung Kurt Neven DuMonts auf ein baldiges Ende des Kriegs dokumentierte: »Jetzt wird ja wohl endlich Schluß sein und keine Angriffe mehr auf Köln kommen. Hoffentlich! Daß in der letzten Nacht ausgerechnet noch die südlichen Vororte [Kölns, Anm. d. Verf.] drankamen, das hatten wir doch nicht gedacht. Es ist ja Wahnsinn, denn da sind doch fast nur Villen. Wie herrlich, daß Du nun auch schreibst, daß es vielleicht doch noch früher zu Ende geht, als Du erst dachtest. Wenn Du da nur recht hättest! Aber mit diesen Angriffen kann's ja wirklich nicht mehr weitergehen, denn da sind wir ja völlig machtlos.«[333]

Aber auch in Bonn sollte die relative Ruhe nicht mehr lange anhalten. Heinz Pettenberg berichtete am 12. August 1943 von Bombentreffern in einem Umkreis von 20 Metern zum Ausweichbetrieb in Bonn. Alle Angestellten trugen Schnittverletzungen am Kopf davon.[334] Die Suche nach einer neuen Notbehausung für den Betrieb begann also von neuem.[335] In der ehemaligen Redaktionsniederlassung in Bonn blieben nach den Ausführungen Weinholds nur etwas Inventar und die Redaktionsbücherei von 8 000 Bänden zurück, wovon später viele gestohlen wurden oder einem Wasserschaden zum Opfer fielen. Nur ein Rest konnte nach Kriegsende wieder nach Köln gebracht werden.[336]

Am 17. Oktober 1943 konnte die *Kölnische Zeitung* erstmals wieder in Köln wie üblich gedruckt werden. Schon während des ersten Drucks war bereits ein Fliegeralarm ausgerufen worden. Die Herstellung der Zeitung konnte aber dennoch planmäßig ausgeführt werden.[337]

Ende 1943 kehrte also zunächst, zumindest im Betrieb, wieder eine den Umständen entsprechende Routine ein, auch wenn immer wieder kleinere Angriffe der Alliierten auf die Stadt erfolgten, von denen jedoch in diesem Jahr keiner mehr die Stärke derjenigen von Mai bis Juli 1943 erreichte. Die Bewohner und der Verlag erlebten bis zum Frühling 1944 eine Art Verschnaufpause von den Belastungen und Auswirkungen des Krieges.

Diese »relative Ruhezeit« sollte schließlich im Sommer 1944 abrupt und endgültig enden. In einer vertraulichen Besprechung in den Räumlichkeiten des Reichsverbandes der Deutschen Zeitungsverleger unter der Leitung eines Herrn Dr. Oetinger in Anwesenheit von August und Kurt Neven DuMont, dem Verlagsleiter des *Westdeutschen Beobachters*, Lautz, und dem Verlagsleiter der Kölner Verlagsanstalt, Dr. Vaternahm, wurden unter anderem genaueste Einzelheiten über die Gestaltung der *Kölnischen Zeitung*, die Zusammenlegung von *Stadt-Anzeiger* und *Neuer Tag* zum Gemeinschaftsblatt *Kölner Nachrichten* sowie die Besetzung von Stellen verhandelt. Die *Kölnische Zeitung* sollte nun siebenmal wöchentlich im verkleinerten Berliner Format mit jeweils sechs Seiten erscheinen. Am 12. August 1944 wurde der Umfang nochmals auf vier Seiten reduziert.

Der *Stadt-Anzeiger* wurde an die Kölner Verlagsanstalt verpachtet. Der Hauptschriftleiter der *Kölner Nachrichten* sollte die gleiche Position bei der *Kölnischen Zeitung* innehaben. Auch die Schriftleitung beider Blätter sollte nun identisch sein. Hier wurde vorgeschlagen, die Schriftleitung dem bisherigen Hauptschriftleiter des *Neuen Tags*, Hans Koch, zu unterstellen, welcher auch im Impressum der *Kölnischen Zeitung* als stellvertretender Hauptschriftleiter nach Johann Schäfer erscheinen sollte.[338]

Gauleiter Grohé veranlasste dementsprechend zum 1. September 1944 die Zusammenlegung der beiden noch existierenden Lokalzeitungen in Köln, also den *Neuen Tag* mit dem *Kölner Stadt-Anzeiger*. Sie wurden unter dem Namen *Kölner Nachrichten* herausgegeben.[339] Verlagsleiter wurde Erich Vaternahm vom *Neuen Tag* und Hauptschriftleiter wurde Hans Koch. Gedruckt wurde das Blatt in der Druckerei des Verlagshauses M. DuMont Schauberg.[340]

Der *Stadt-Anzeiger* kündigte die Zusammenlegung in einer kurzen Notiz an:

»An unsere Leser!

Der *Kölner Stadt-Anzeiger* wird am 1. September 1944 mit der Zeitung *Der Neue Tag* vereinigt unter dem Titel:

Kölner Nachrichten

Kriegsgemeinschaft

Kölner Stadt-Anzeiger – Der Neue Tag

Die *Kölner Nachrichten* erscheinen im Verlag der Kölner Verlags-Anstalt und Druckerei G.m.b.H.

Es ist Vorsorge getroffen, daß die bisherigen Leser des *Kölner Stadt-Anzeigers* nach dem 1. September mit den *Kölner Nachrichten* beliefert werden.

Wir danken unseren Lesern und Freunden für die uns erwiesene langjährige Treue. Mit unserem zuversichtlichen Glauben an den Sieg verbinden wir die Hoffnung, den *Kölner Stadt-Anzeiger* nach dem Siege allen Beziehern wieder in gewohnter Weise liefern zu können.

Kölner Stadt-Anzeiger«[341]

Der *Kölnischen Zeitung* wurden schließlich am 9. September 1944 vom Ministerium für Volksaufklärung und Propaganda zwei regimetreue Redakteure als Mitarbeiter und Aufpasser aufgezwungen. Heinrich Tötter, der zuvor bei der aufgegebenen *Brüsseler Zeitung* tätig gewesen war, bekleidete nun die Position des Hauptschriftleiters. Seinen Stellvertreter Schmelzer hatte Tötter ebenfalls aus Brüssel mitgebracht.[342]

Der Wechsel in der Schriftleitung wurde in der *Kölnischen Zeitung* am 9. September bekanntgegeben:

»Mit Wirkung vom heutigen Tage hat der Hauptschriftleiter der *Brüsseler Zeitung*, Dr. Heinrich Tötter, die redaktionelle Leitung der *Kölnischen Zeitung* übernommen.«[343]

Das Feuilleton wurde laut Otto Brües verkleinert und Brües dazu verpflichtet, mehr eigene Beiträge einzubringen. Laut Brües rief Blumrath zur Vorsicht vor den neuen Mitarbeitern auf: »Diese Herren sind Kommissare!«[344]

Kurt Weinhold schrieb dagegen in seiner Zusammenfassung über das Ende der *Kölnischen Zeitung*, dass ihnen kaum noch Gelegenheit dazu blieb, als »Kommissare zu fungieren, da die Verlagsgebäude zu diesem Zeitpunkt fast völlig zerstört waren. Die Setzerei befand sich im Keller und die dnb-Meldungen wurden im Stehen redigiert.«[345]

Der Reichsverband und die Kölner Gauleitung beließen es nicht dabei, Kurt Neven DuMont die Kontrolle über die Zusammensetzung der Mitarbeiter und der Leitung seiner Zeitungen zu entziehen, sondern man versuchte darüber hinaus, Belege für eine staatsfeindliche Haltung des Verlegers zu finden.

Dies ist umso erstaunlicher, weil Kurt Neven DuMont offenbar bemüht war, seinen Verpflichtungen als Parteimitglied regelmäßig nachzukommen, wenn er in Köln war. Aus den Einträgen Kurt Neven DuMonts in seine Terminkalender bezüglich der Jahre 1942 bis 1944 ging hervor, dass er insgesamt 24-mal an Veranstaltungen der Partei teilnahm,[346] wobei sich seine Teilnahme fast ausschließlich auf die Ortsgruppensitzungen beschränkte. Für die Ortsgruppe war er, wie bereits erwähnt, als Zellenkassenwart tätig und somit für den Einzug der Mitgliedsbeiträge verantwortlich.

Abgesehen von seinem Versuch, den Verlag durch seine Parteimitgliedschaft schützen zu wollen, konnte über weitere Beweggründe nur spekuliert werden. Kurt Neven DuMont hatte keine weiteren Parteiämter angenommen. Auch sein finanzielles Engagement gegenüber der Partei und anderen nationalsozialistischen Organisationen beschränkte sich nach seinen Angaben gegenüber der Entnazifizierungskommission auf die sogenannte Adolf-Hitler-Spende, eine zunächst freiwillige und später teilweise zwangsweise eingeforderte Abgabe, welche am 1. Juni 1933 von der Vereinigung der deutschen Arbeitgeberverbände und dem Reichsverband der Deutschen Industrie zugunsten der NSDAP eingeführt worden war. Die Beiträge des Verlags betrugen nach eigenen Angaben in den Jahren von 1934 bis 1943: 1934 4 000 RM, 1935 nichts, 1936 bis 1940 je 500 RM, 1941 und 1942 je 6 500 RM und 1943 8 400 RM.[347]

Aus einem entlastenden Brief des Jahres 1945 von Th. Milles, einem Agenten des Verlags – zu finden in den Entnazifizierungsakten von Kurt Neven DuMont –, ging hervor, dass vom SD in Bonn aktiv Materialien über Nachweise eines antinationalsozialistischen Verhaltens von Kurt Neven DuMont gesucht und zusammengetragen wurden. Ein Agent des SD hatte Milles im Oktober 1944 besucht, um ihm über Neven DuMont und den Schriftleiter Schäfer Fragen zu stellen. Der Agent zeigte Milles ein Schreiben des SD Bonn und einen Bericht des Ortsgruppenleiters von Köln-Marienburg, in denen die in den Augen der Nationalsozialisten fragliche politische Haltung Neven DuMonts geschildert wurde:

»Das Schreiben vom SD Bonn besagte die unsoziale Handlungsweise des Herrn Dr. Kurt Neven DuMont in seiner Eigenschaft als Betriebsführer. In dem oben erwähnten Schreiben des Ortsgruppenleiters hieß es: Er könne als Ortsgruppenleiter Herrn Dr. Kurt Neven DuMont einen politischen Auftrag nicht erteilen, weil er seinen Pflichten als Pg nur dem Scheine nach nachkomme und in seinem politischen Charakter undurchsichtig sei. Aus den Unterlagen, die mir vorgelegt wurden, ging hervor, daß der SD negatives Material gegen Herrn Dr. Kurt Neven DuMont gesammelt hatte.«[348]

Die persönliche Gefährdung des Verlegers unterstützte ebenfalls das Schreiben eines damaligen Majors und Sachbearbeiters beim Wehrbezirkskommando Köln II, Fritz Feickert, der von der drohenden Einberufung Kurt Neven DuMonts berichtete und einem Plan, ihn anschließend »verschwinden« zu lassen:

»In meiner Eigenschaft als Sachbearbeiter beim Wehrbezirkskommando Köln II konnte ich aus nächster Nähe beobachten, welcher persönlichen Gefahr Sie im Sommer und Herbst 1944 ausgesetzt waren, als die Kreisleitung der NSDAP vom Wehrbezirkskommando verlangte, daß Sie einberufen werden und drohte, andernfalls würden Sie verhaftet werden. Es war nicht immer leicht, eine schützende Hand über Sie zu halten. Sie sollten als unzuverlässig verschwinden.«[349]

Die Einberufung konnte – nach Feickerts Aussage auch wegen seiner Hilfe – verhindert werden.

Die Anwesenheit des Verlegers war dringend vonnöten, da Maßnahmen für das Überleben des Verlags getroffen werden mussten. Die Angriffe der

Alliierten wurden laut Bartels ab Herbst 1944 immer häufiger und wurden nun auch am Tag ausgeführt. Tiefflieger beeinträchtigten den Eisenbahnverkehr. Aus allen Abteilungen wurden Maschinen, Schriften, Hilfsmaterial im Umland (Aldenhoven, Bergneustadt, Ründeroth, Holpe) in Sicherheit gebracht, um nach Ende des Krieges wieder eine Grundlage für die Wiederaufnahme der Arbeit zu haben.[350]

Bartels Aussagen wurden auch von den Aufzeichnungen des statistischen Amtes in Köln bestätigt. Den Monat Oktober 1944 beschrieb er mit zahlreichen heftigen Bombenangriffen, die insgesamt in ihrer Dichte und ihren Ausmaßen alles bisher Dagewesene in Köln und Umgebung übertrafen.

Weinholds Beschreibung des weitgehend zerstörten Verlags wurde zuvor bereits erwähnt. Vom 2. bis 31. Oktober wurden bei insgesamt 21 schweren Fliegerangriffen[351] – dem absoluten monatlichen Spitzenwert für den gesamten Zeitraum von 1939 bis 1945 – zusammen 496 Minen, 20 266 Sprengbomben, 637 694 Stabbrandbomben und 2 569 Phosphorbomben und Kanister über Köln und Umgebung abgeworfen. Das Stadtgebiet war vor allem bei den Angriffen vom 3., 5., 14., 15., 17., 28. und 31. Oktober 1944 besonders betroffen.[352]

Die unterschiedlichen Ausgaben der *Kölnischen Zeitung* wurden fortlaufend an verschiedenen Orten hergestellt, da die Produktionsstätten immer wieder durch Bombenangriffe zerstört wurden.

Die erste Expedition, genauer gesagt die Auslagerung der Reichsausgabe der *Kölnischen Zeitung* im Jahre 1944, führte Mitte November 1944 nach Siegen. Zu den herausgebenden Mitarbeitern gehörten der Verleger August Neven DuMont, der Stellvertreter Heinrich Tötter, Schmelzer, Friedrich Blume, Fritz Hauenstein und Josef Hofmann.[353] Gedruckt wurde in einer fremden Druckerei, aber ohne Schwierigkeiten mit dem dortigen Personal, obwohl einige Maschinensetzer und Mitarbeiter aus dem Verlag mit nach Siegen gekommen waren. Die Zeitung wurde in einer benachbarten Gaststätte redigiert.[354]

Am 16. Dezember 1944 wurde auch Siegen angegriffen. Vier Fünftel der Stadt wurden zerstört. Die Herausgabe der Zeitung in Siegen war dadurch laut Weinhold unmöglich geworden.[355]

Die Hauptausgabe, nämlich die Westausgabe der *Kölnischen Zeitung*, entstand zum Teil unter abenteuerlichen Bedingungen, im Keller des Verlagshauses in Köln, was ein Eintrag Pettenbergs in seiner Kriegschronik vom November 1944 dokumentiert. Hier zeigte sich auch ein Hinweis auf die vermutliche Mitarbeit von französischen Kriegsgefangenen oder auch Zwangsarbeitern im Verlag, der jedoch nicht mit weiteren Quellen recherchiert, weiter verfolgt und bestätigt werden konnte: »Ich will im Betrieb Bescheid sagen, daß ich Montag nach Wiebelsheim fahre, und zugleich die Sonntagsausgabe mache. Alles ist ruhig, kein Mensch zu sehen. Im Keller brennt kein Licht, ich tappe mit meiner Taschenlampe durch die Gänge. Hinter einem Wandschirm sitzen vier Männer, zottig wie in einem Räubermärchen. Es sind Franzosen, die beglückt sind, in ihrer Sprache Auskunft geben zu können: ›Jawohl, gestern ist beschlossen worden, die Sonntagsausgabe ausfallen zu lassen.‹«[356]

Zwischen dem 4. und 6. Januar 1945 ging Fritz Hauenstein nach Berlin, um die Reichsausgabe der *Kölnischen Zeitung* nun unter der Aufsicht Schmelzers zusammenzustellen. Das Berliner Büro der *Kölnischen Zeitung* befand sich in einem ehemaligen Vergnügungslokal in der Friedrichstraße. Die Arbeit wurde natürlich dadurch erschwert, dass zunehmend mehr Mitarbeiter zum Volkssturm abberufen wurden. Als die russischen Streitkräfte immer näher rückten, erhielt Hauenstein schließlich die Genehmigung, am 13. Februar nach Köln zurückkehren zu dürfen.[357]

Auch in Köln war man vor der Einberufung zum Volkssturm nicht sicher. Noch im März 1945 hatten fanatische Nationalsozialisten versucht, die letzten Reserven für den Deutschen Volkssturm zu mobilisieren, um gegen die Alliierten zu kämpfen. Eugen Funk, ein Korrektor der *Kölnischen Zeitung*, schilderte in seinen Eindrücken von den letzten Kriegstagen in Köln, dass Gauleiter Grohé, der selbst die Stadt verlassen hatte, noch dazu aufgerufen hatte, aus jedem Kölner Haus eine Festung zu machen und die Stadt bis zuletzt zu verteidigen. Am Ende schien aber auch der Kölner Volkssturm nicht mehr willens gewesen zu sein, sich zu opfern: »Der großschnäuzige Aufruf des Gauleiters, der früh genug der Festung Köln den Rücken gedreht und das Weite gesucht hatte, verpuffte; das Militär wurde zurückgezogen, nur der Volkssturm sollte Köln bis zuletzt verteidigen, also als Kanonenfutter dienen; aber auch der Volkssturm hat noch früh genug eingesehen, daß es zwecklos war, sich für dieses Gesindel, das sich früh genug aus dem Staub gemacht hatte, zu schlagen.«[358]

Kurt Weinhold schilderte in seinen Erinnerungen an die letzten Tage vor dem Einmarsch der Amerikaner eine Begegnung mit einem Feldgendarm, die allerdings aufgrund des sicheren, überzeugenden und beherzten Auftretens des Verlegers Kurt Neven DuMont und einem wohl nur halbherzig agierenden Feldgendarm für alle Beteiligten glimpflich ausging und nicht zu ihrer sofortigen Rekrutierung zum Deutschen Volkssturm führte: »Ein Feldgendarm mit dem silbernen Brustschild verlangte unsere Wehrpässe zu sehen. Unter den also Betroffenen waren, wenn ich nicht irre, auch der Verlagsleiter Claudius Belz und der Notar Dr. Eigel. Betroffen waren wir alle, aber Dr. Neven, hoch gewachsen, trat vor den kleinen Sergeanten und hatte in Haltung und Stimme so viel Autorität, daß wir uns bald bedeutend sicherer fühlten. Es war nicht einmal notwendig, die Wehrpässe hervorzuziehen. Dr. Neven wies auf die Notwendigkeit des Erscheinens der letzten Tageszeitung in dieser relativ dicht besiedelten Landschaft hin. Die Bevölkerung müsse ja, wenn sie durchhalten solle, über die Ereignisse informiert werden. Nach einer viertel Stunde, in der der Feldgendarm kaum zu Wort gekommen war, zogen er und seine Mannen ab. Stirn runzelnd. Denn die Männer wußten ja ebenso wie wir, daß die Bevölkerung recht gut informiert war. Die ausländischen Sender wurden damals schon ungeniert abgehört.«[359]

Kurt Neven DuMont beließ es allerdings nicht bei diesem Vorfall. Um weitere Vorkommnisse dieser Art zu vermeiden, fuhr er am nächsten Tag mit Weinhold nach Ründeroth im Oberbergischen, um Gauleiter Grohé persönlich und direkt um die Freistellung seiner Mitarbeiter vom Volkssturm zu bitten, die er dann schließlich auch erhielt: »Um ein übriges zu tun und ähnlichen Vorkommnissen in Zukunft vorzubeugen, fuhr Dr. Neven am nächsten Morgen mit mir nach Ründeroth im Oberbergischen, wo sich der Kölner Gauleiter aufhalten sollte. Wir fanden ihn, hoch über der Straße vor dem Eingang der Ründerother Tropfsteinhöhle, allein, die Arme gekreuzt, ins Leere starrend. Hunderte Meter vor ihm kletterte Dr. Neven aus dem kleinen Lieferwagen – ich weiß nicht mehr, wie wir in seinen Besitz gekommen sind, und ging auf Herrn Grohé zu, wurde auch, wie ich beobachtete, nicht unfreundlich empfangen, obwohl er nicht die Hand zum deutschen Gruß erhoben hatte, und unterhielt sich äußerst zivil mit ihm. Nach zehn Minuten hatten wir Blankofreistellungen vom Volkssturm, die für alle ausreichten.«[360]

Dies ist nicht die einzige Erwähnung, dass Kurt Neven DuMont für die Mitarbeiter Freistellungsscheine vom Deutschen Volkssturm erwirkte. Auch Funk bestätigte den Vorgang, dass die Verlagsleitung Anfang März 1945 bei der Kölner Gauleitung Freistellungsscheine vom Volkssturm für die Mitarbeiter beantragt hatte.[361]

In Lüdenscheid, dem letzten Auslagerungsort der Reichsausgabe, leitete wiederum August Neven DuMont die Herstellung. Hier unterscheiden sich die Darstellungen deutlich von den bisher aufgezeigten. Weinhold berichtete, dass Fritz Hauenstein August Neven DuMont davon abhielt, Arbeitsfähige und Militärdiensttaugliche in Lüdenscheid zu melden,[362] und Josef Hofmann erwähnte an anderer Stelle, dass er August Neven DuMont davon überzeugt habe, an das technische und kaufmännische Personal Marschausweise zu ihren Familien zu verteilen, damit sich diese auch dort noch beim Volkssturm melden konnten.[363]

Hier zeigt sich deutlich, dass so manche Aufzeichnung der Mitarbeiter verständlicherweise doch sehr subjektiv war und somit als Quelle nur beschränkt herangezogen werden konnte.

Wie schon erwähnt, erfolgte die letzte Auslagerung der Reichsausgabe der *Kölnischen Zeitung* am 1. März 1945 nach Lüdenscheid. Die Reichsausgabe erschien dort noch etwas mehr als einen Monat im Verlag des *Lüdenscheider Generalanzeigers*. Zum Redaktionsteam gehörten hier laut Weinhold der Verleger August Neven DuMont, Heinrich Tötter, Friedrich Blume, Fritz Hauenstein und Josef Hofmann.[364] Die Zeitung hatte nur einen bescheidenen Umfang, verfügte jedoch dank Hauenstein noch immer über eine Spalte Handel. Die Nachrichten wurden direkt aus dem Deutschen Rundfunk übernommen. Es sollten lediglich vorsichtige Kommentare und positive Besprechungen zur Frontlage erfolgen.[365]

Am 8. April 1945 erschien die überregionale *Kölnische Zeitung* nach 147 Jahren zum letzten Mal,[366] nachdem die Gauleitung am 7. April die Einstellung angeordnet hatte: »Die *Kölnische Zeitung* – Reichsausgabe – wird in Ihrem Verlag gedruckt und ausgeliefert. Da die *Kölnische Zeitung* ihren Sinn als Reichsausgabe auf Grund der äußeren Verhältnisse verloren hat und die Provinz-Ausgabe der *Kölnischen Zeitung* in Gummersbach gedruckt wird, verordne ich hiermit im Rahmen der mir vom Reichsverteidigungskommissar für den Festungsbezirk zwischen Ruhr und Sieg übertragenen Vollmachten die sofortige Einstellung des Drucks der *Kölnischen Zeitung* in Ihrem Verlag.«[367]

Mit der Provinzausgabe waren die *Kölner Nachrichten*, also der Zusammenschluss aus *Kölner Stadt-Anzeiger* und *Neuem Tag* gemeint, der in Gummersbach gedruckt worden war.[368] Die Zeitung hatte zum Schluss vier und dann schließlich nur noch zwei Seiten. Kurt Weinhold erinnerte sich daran, dass Kurt Neven DuMont die Redaktion in Gummersbach im März besichtigte. Nachrichten und Wehrmachtsberichte wurden aus dem Rundfunk übernommen.[369] Sie konnte, da ihr Entstehungsort nicht unmittelbar im Angriffsgebiet lag, noch bis zum 10. April gedruckt werden.[370]

Seinen Mitarbeitern gegenüber bemühte sich Kurt Neven DuMont auch finanziell, soweit dies möglich war, nichts schuldig zu bleiben. In Gummersbach zahlte Kurt Neven DuMont noch am 9. April das letzte Gehalt an Redakteure. Auch versuchte er am 11. April 1945, zu seinem Vertriebsleiter Belz zu gelangen, der sich in einem Stollen in Niedersessmar aufhalten sollte, um auch diesem sein Gehalt zu übergeben.[371]

Das Kapitel *Kölnische Zeitung* in Köln gehörte bereits im März 1945 endgültig der Vergangenheit an. Am 2. März erfolgte der letzte Angriff auf Köln, und an diesem Tag erschien auch die letzte Hauptausgabe, die sogenannte »Westausgabe der Kölnischen Zeitung« in Köln.[372]

Die *Kölnische Zeitung* war durch den letzten Bombenangriff dem Erdboden gleichgemacht worden: »(...) ein Schutthaufen war alles, was noch übrig geblieben war, die *Kölnische Zeitung* war verschwunden, zum Glück hatten die Keller gehalten, so daß alle mit dem Schrecken davongekommen waren; die Wasserrohre waren zum großen Teil geplatzt, so daß das Wasser in allen Räumen stand; die Dieselanlage war noch intakt, so daß unsere Licht- und Wasserversorgung gesichert war. Wir haben uns eingerichtet, so gut es ging.«[373]

Dieser Augenzeugenbericht stammt von Eugen Funk, der mit einer ganzen Reihe weiterer Mitarbeiter in den Kellerräumen des Verlags ausgeharrt und weiter gearbeitet hatte. 25 Mann waren dort zuletzt, von den früher mehr als 1000, die bis zum Einmarsch der amerikanischen Truppen in Köln am 6. März 1945 weiterhin in den Verlagsräumen tätig waren, dort lebten und die später als Erste mit den Aufräumarbeiten begannen sowie das in Sicherheit gebrachte Inventar wieder nach Köln holten.[374]

Elf der 28 Akzidenzschnellpressen waren völlig zerstört, die Abteilungen Offset- und Lithografie mit den beiden Zweifarbenmaschinen waren vernichtet und von den weitgehend zerstörten Gebäuden begraben worden. Lediglich eine Tiefdruck-Rotationsmaschine und eine Rotationsmaschine waren noch einsatzfähig. Letztere wurde ab 31. März 1945 für den Druck des *Kölner Kuriers* durch die Amerikaner verwendet.[375]

Bis allerdings der Verlag wieder eine eigene Zeitung, nämlich den *Kölner Stadt-Anzeiger*, in wieder aufgebauten Räumen herstellen konnte, sollten mehr als vier Jahre vergehen.[376]

6.5 Das Ende als Anfang

6.5.1 Schuld und Sühne

Der Maler Theo Geyr schrieb in einer eidesstattlichen Erklärung, Kommerzienrat Alfred Neven DuMont, sein Sohn Kurt und dessen Frau Gabriele seien niemals Befürworter des Nationalsozialismus gewesen. Er selbst wäre »wegen schwerster und grundsätzlicher Äußerungen gegen den Führer, den Nationalsozialismus, den Krieg und die Art der Kriegsführung verhaftet«[377] worden. Lediglich aufgrund des Einsatzes von Kurt Neven DuMont und seiner Frau Gabriele, die Geyrs mitangeklagte, aber nicht verhaftete Ehefrau in der entscheidenden Gerichtsverhandlung unterstützten, konnte Geyrs Verurteilung verhindert werden: Weil Gabriele Neven DuMont »dann in eine sich offenbarende Lücke des Entlastungsbeweises mit einer Aussage einsprang und so die ungeheure persönliche Gefahr nicht achtend mit dazu beitrug, mich vor dem sicheren Todesurteil zu retten, so daß ich mangels hinreichenden Beweises freigesprochen werden konnte«.[378] Dennoch wurde Geyr weiter verfolgt. Der Oberreichsanwalt hob das Urteil wieder auf, Geyr wurde erneut verhaftet und vor dem Volksgerichtshof in Berlin angeklagt. Der Prozess zog sich auch wegen des unermüdlichen Einsatzes und der Zeugenaussage von Kurt Neven DuMont über Monate hin, so dass mit dem Eintreffen der »Befreiungsarmee« Theo Geyr dem sicheren Todesurteil entging.

Viele ähnliche Aussagen von Mitarbeitern, Freunden und Bekannten zugunsten Kurt Neven DuMonts sind im Entnazifizierungsverfahren festgehalten. Hans Roerig, der als Berichterstatter für die *Kölnische Zeitung* von Kurt Neven DuMont ins Ausland versetzt worden war, oder Gustav René Hocke, der, ebenfalls verfolgt, nach Rom geschickt wurde, um den Nazis zu entgehen, oder Wilhelm Unger, der bis 1939 Kurt Neven DuMont in vielen brennenden Engen beraten hatte, bis er schließlich nach London ins Exil gehen musste, bestätigten die innere Einstellung Kurt Neven DuMonts gegen den Nationalsozialismus. Sie sprachen von einem »Opfer«, das er mit dem Eintritt in die Partei 1937 leistete, um die *Kölnische Zeitung* zu retten.

Vielleicht hatte der eine oder andere übertrieben, vielleicht wurde auch nicht alles offen ausgesprochen, aber auf jeden Fall wurden Handlungen oder Entscheidungen nach einem subjektiven Für-wahr-Halten getroffen. Und jeder Betrachter sollte bezüglich der Einschätzung dieser

Zeit immer bedenken: Jedermann, der in der damaligen Zeit lebte, hatte in Bezug auf Entscheidungen, die getroffen werden mussten, nur die Sicht auf die Vergangenheit und auf die Gegenwart. Wie es zukünftig weitergehen würde, wusste zum damaligen Zeitpunkt niemand; einschließlich die weitere Entwicklung des nationalsozialistischen Regimes. Handelnde Schritte oder Aussagen konnten nur aus momentanen Situationen heraus vollzogen werden.

Hocke hatte sich 1939 bei Ausbruch des Krieges in der Redaktion zu der Äußerung hinreißen lassen, »Hitler beginne nun sein größtes Verbrechen, Köln werde dem Erdboden gleichgemacht werden und man solle keinem Berliner Befehl mehr Folge leisten«[379]. Bereits am nächsten Tag kam die Gestapo in seine Redaktion, das Feuilleton, und verhörte ihn. Er entging nur deshalb einer Verhaftung, weil Kurt Neven DuMont beim Regierungspräsidenten eine Bürgschaft hinterlegte – das war damals möglich –, da die Anzeige anonym war. Im Juni 1940 schließlich schickte Kurt Neven DuMont ihn nach Italien. Für Hocke stand fest, nicht mehr nach Deutschland zurückzukehren, solange der Nationalsozialismus dort herrschte.

Kurt Neven DuMont – Verleger, Mitglied der NSDAP, Mitglied des Stahlhelms und nach dessen Eingliederung in die SA kurze Zeit Mitglied in der SA, Kassenwart der NSDAP. Wie schon erwähnt, wurde er (wahrscheinlich vom Reichsministerium für Volksaufklärung und Propaganda, also von Joseph Goebbels) im August 1944 mit dem »Kriegsverdienstkreuz Erster Klasse mit Schwertern« ausgezeichnet. Unklar ist, weshalb er diese Auszeichnung bekam. Angeblich für ein Extrablatt der *Kölnischen Zeitung* über das Attentat auf Adolf Hitler vom 21. Juli 1944. Das hätte möglich sein können. Glaubwürdiger ist aber, dass er es wegen seines »Einsatzes gegen den Luftterror oder sonstige Fremdeinwirkungen sowie die hervorragenden Kriegsleistungen am Arbeitsplatz«[380] erhalten hat. Denn für die Verleihung dieser Massenauszeichnung, KVK mit Schwertern, waren ein Einsatz unter feindlicher Waffeneinwirkung oder besondere Verdienste in der Kriegsführung eine Voraussetzung. In diesem Rahmen waren zum 1. August 1944 »mehrere tausend Kriegsverdienstkreuze 1. Klasse und 147 Luftschutzehrenzeichen 1. Stufe«[381] verliehen worden. (Nach einer exakten Aufstellung auf der Webseite www.Deutsche-Ehrenzeichen.de sollen es für diese Ordensart 483 603 Verleihungen gewesen sein.)

Das ist eine ansehnliche Liste von Berührungspunkten und Aktivitäten mit und in der NSDAP. Die Amerikaner und dann die Engländer taten sich schwer, ihn von aller Schuld freizusprechen. Er musste bis Anfang 1948 warten, bis er seine Eingruppierung in Kategorie V erhielt und nun als entlastet galt. Sein Vetter, August Neven DuMont, der unbestätigter Blockleiter der NSDAP sowie stellvertretender Amtsleiter der NS-Volkswohlfahrt war, wurde nicht vollständig entlastet, er wurde unter Kategorie IV als Mitläufer eingestuft.

Die unausweichlichen »Opfer« unter Zwang und ohne Wahl, die Kurt Neven DuMont brachte, um den Verlag zu retten, erwiesen sich als Bumerang. Schuld und Sühne wechselten sich in jenen Tagen, Monaten und Jahren der Entnazifizierungsfrage ab, gaben sich je nach Situation die Klinke in die Hand, um Türen zu öffnen und Türen zu schließen. Formal war er schuldig, wie viele Politiker, Unternehmer und sonstige Gruppierungen, aber war er deswegen wirklich ein Nazi? Die Mitarbeiter, Freunde und Bekannte bezeugten eindeutig in dieser Zeit seine antinationalsozialistische Gesinnung. Sie zählten, wie bereits beschrieben, seine Taten zu ihrem Wohle auf. Wem ist hier zu glauben? Den äußeren Tatsachen oder seinen Entlastern? Waren es »Persilscheine«, die seine Mitstreiter ausstellten, oder waren es klug eingeleitete Strategien, um später wieder im Unternehmen oder im Umfeld eine gesicherte Position zu finden? Fragen über Fragen, die nur aus den Umständen der Nazizeit zu beantworten sind. Das hatte auch Wilhelm Unger so gesehen: »Heute will es wie eine Sage erscheinen, daß es möglich war zu bestehen. Wer sie nicht miterlebt hat, jene Zeit, wird nie begreifen, welches Ausmaß an Kraft und Glauben nötig war, um auch nur einen Tag der gräßlichsten aller Diktaturen durchzustehen.«[382] Wilhelm Unger und Erika Vogt, selbst jüdischer Abstammung, waren seine wichtigsten Garanten für seine Gesinnung. Sie bezeichneten sein Haus in der Goethestraße als ein »Asyl der Freiheit«. Aber dennoch bleibt die Frage: Wie hat es ein liberaler Geist, der er zweifelsohne war, fertiggebracht und durchgestanden, sich Schritt für Schritt in die Maschinerie der Nazis einspannen zu lassen? Die Antwort geben einerseits seine Begleiter, aber letztlich bleibt es seine ureigenste Gewissensentscheidung, lieber mitzumachen, um den Verlag zu retten und seinen Freunden zu helfen, als aufzugeben und reinen Gewissens die Zeit zu überstehen. Die äußeren Tatsachen sprechen eindeutig gegen ihn. Die innere Einstellung, von vielen uneingeschränkt bestätigt, zeugt von Charakter und Persönlichkeit. Jeder, der über ihn urteilt, wird Pro und Kontra abwägen müssen, um sich sein eigenes Urteil zu bilden.

6.5.2 Der beschwerliche Weg der Entnazifizierung

Die Verleger Kurt Neven DuMont und sein Vetter August befanden sich zum Zeitpunkt des Einmarschs der Amerikaner nicht in Köln.

Ein Mitarbeiter des *Stadt-Anzeigers*, Eugen Funk, beschrieb in seinen Erinnerungen *Die letzten Tage von Köln* anschaulich die Ereignisse im Verlag und im Kölner Umfeld während dieser Zeit des Umbruchs:[383] »Beim Einzug der amerikanischen Truppen in Köln am 6. März 1945 um 13 Uhr stellten die verbliebenen Mitarbeiter des Verlags Posten auf und die weiße Fahne bereit. Ein Redakteur – wahrscheinlich handelte es sich um Friedrich Berger[384] – ging den Amerikanern bei Meldung eines Stoßtrupps durch den Posten entgegen und teilte auf Anfrage mit, daß sich lediglich 36 Zivilisten im Gebäude befänden. Die weiße Fahne wurde gehißt und ein Plakat aufgestellt, auf dem in englischer Sprache stand, wie viele Personen sich im Verlagshaus befanden.[385]

Am Nachmittag erschien eine Kommission im Verlag, nahm den Betrieb in Augenschein und den gesamten Bestand auf. Die Wiederaufnahme der Arbeit war damit jederzeit möglich.«[386] »Verantwortlich für die Herausgabe deutschsprachiger Zeitungen im Bereich der 12. Armeegruppe war der Journalist Hans Habe (1911–1977). Unmittelbar nach der Besetzung der westlichen Stadtteile Kölns schickte Habe eine ›Vorauseinheit‹ in die Rheinmetropole, deren Aufgabe darin bestand, festzustellen, ob es eine Druckerei gab, die noch funktionierte oder kurzfristig in Ordnung gebracht werden konnte. Ein ›P & PW‹ [Psychological Warfare, Anm. d. Verf.] Offizier untersuchte den Betrieb der *Kölnischen Zeitung* und fand die Druckerei im Souterrain des Gebäudes in einem guten Zustand vor, bereit für die Nutzung durch das amerikanische Militär.«[387]

Ein Schild am Eingang trug die folgende Beschriftung: »Dieser Betrieb ist intakt: Unbefugtes Betreten verboten!«[388]

Alle gingen an die Arbeit, um den Betrieb wieder in Ordnung zu bringen. Von der Firma wurden 400 Mark Vorschuss ausgezahlt! Vorerst konnten alle vor Ort bleiben. Verschiedene Mitarbeiter kamen erst jetzt wieder zurück, insbesondere Angestellte. Es kam zu den ersten Kompetenzstreitigkeiten.[389]

Der Betrieb war am Samstag, dem 10. März 1945, wieder einigermaßen funktionsfähig. Die Druckerei erhielt nun erste Aufträge durch die Amerikaner, nämlich für den Druck von Plakaten und Ausweisen sowie verschiedenen Fragebögen für die Zivilbevölkerung.[390] Parteiangehörige wurden nicht angestellt. Der Betrieb arbeitete von 9 bis 16 Uhr für die amerikanischen Streitkräfte. Funk beschrieb dabei die folgende Arbeitsteilung: Maschinenmeister bemühten sich um die Instandsetzung der noch brauchbaren Maschinen, Maschinensetzer befassten sich mit Ausweisen, Pässen und anderen Arbeiten. Andere waren für Druck und Satz zuständig. Die Redaktion kümmerte sich um die Ausstellung der Fragebögen für die Pässe.[391]

Am 11. März begann die Stereotypie zu arbeiten. Es bestand ein Auftrag für eine sofortige Lieferung von 300 000 Ausweisen. Von der Zivilbehörde wurde ein Auftrag für Lebensmittelkarten vergeben, um die Versorgung der Bevölkerung zu gewährleisten.[392] Am 13. März berichtete Funk noch immer von Artilleriegefechten. Die Arbeit im Verlag normalisierte sich allerdings, da die verschiedenen Abteilungen dazu wieder in der Lage waren.[393]

Nach dem 27. März wurden den Mitarbeitern vorläufige Ausweise mit Fingerabdrücken ausgestellt, und sie konnten sich bis 19 Uhr abends draußen bewegen. Von 50 000 Häusern vor dem Krieg waren nur noch 300 übrig. 70 000 Einwohner, ein Zehntel der früheren Bevölkerung, lebten in den Ruinen.[394]

Am 23. März wurde laut Funk die *Kölnische Zeitung* von den amerikanischen Streitkräften übernommen. Der Betrieb war requiriert. 50 Mitarbeiter sollten für die Amerikaner arbeiten. Diese wurden von der Militärregierung eingestellt und bezahlt, wobei sie nicht Mitglieder der NSDAP oder einer anderen Formation der Partei gewesen sein durften. Die Deutsche Arbeitsfront gehörte nicht dazu. Die gesamte Redaktion wurde entlassen. Bindewald wurde zum Betriebsleiter, Grieblinger[395] sein Stellvertreter. Eugen Funk war kein Parteimitglied gewesen und wurde daher eingestellt.[396] Der Gesamtverantwortliche des Betriebs war ein Major, der mit Chauffeur im Betrieb wohnte. Insgesamt wurden nun also 90 Mann beschäftigt, davon 50 bei den Amerikanern und 40 im Verlag.[397]

Die Arbeitszeit betrug 48 Stunden einschließlich einer Pause von 30 Minuten. Die Aufträge kamen von der Militärregierung: Verordnungen, Gesetzeserlasse, Plakate und Formulare in Auflagen, für die der Rotationsdruck notwendig war. Die Papiervorräte wurden durch Requisition aufgestockt.[398]

Am Karsamstag 1945 erschien die erste Zeitung in vierseitigem Umfang. Es war der *Kölnische Kurier*, der vom 2. April 1945 bis 26. Februar 1946 herauskam. Funk nannte ihn ein »richtiges amerikanisches Gewaechs, schoen bunt, das reinste Schriftmusterbuch unserer noch uebriggebliebenen Schriften«.[399]

Um 11 Uhr war die erste Nummer für den Druck fertiggestellt. Es wurden 300 000 Exemplare gedruckt.[400]

Der Druck von Zeitungen war notwendig, da es einen sofortigen Bedarf an halbwegs verlässlichen Informationen gab. Die wichtigen, zum Teil heute schwer vorstellbaren Gründe hierfür schilderte Heinz Pettenberg in seinem privaten Tagebuch. Darin erwähnte er einen Brief an Samson B. Knoll vom 15. April 1945, in dem er die essenziellen Bedürfnisse der Bevölkerung anschaulich schilderte:

»Der *Kölnische Kurier* ist heute mit der Nummer 3 herausgekommen. (...) Immer stärker wird aus der Öffentlichkeit der Wunsch an uns herangetragen, wieder einen Stadtanzeiger, eine *Kölnische Zeitung*, auf jeden Fall ein mit Köln unmittelbar verbundenes Blatt herauszugeben. Die Wochenschrift kann natürlich das Nachrichtenbedürfnis des radiolosen Lesers nicht befriedigen. Er will auch über die Dinge der Stadt, die Verordnungen, den Wiederaufbau die aktuellen Nachrichten haben, zumal das Fehlen der Verkehrsmittel die weit auseinander gezogenen Stadtteile der Grosstadt [sic!] fast wie fremde Städte trennt. Am stärksten kommt der Wunsch aus der Wirtschaft, die einen lokalen Anzeigenteil braucht. Alle Versuche, die Wirtschaft anzukurbeln, drohen im Organisatorischen stecken zu bleiben, wenn nicht die Möglichkeit besteht, durch die Zeitung mitteilen zu können, daß diese oder jene Ware in diesem oder jenem Geschäft verkaufbar ist (...).«[401]

Der Verleger hatte sich bereits längere Zeit über eine Möglichkeit der Herausgabe einer Zeitung nach dem Ende des Krieges Gedanken gemacht. So hatte Kurt Neven DuMont schon im Frühjahr und Herbst 1943 zwei Reisen nach Rom beziehungsweise Bern unternommen, um mit Gustav René Hocke sowie Hans Roerig zu sprechen und sie zu bitten, sobald wie möglich Kontakt mit maßgeblichen englischen Stellen aufzunehmen.[402] Auf die dort entwickelten Planungen für die Zeit nach dem Krieg bezog er sich in einem Brief an Hans Roerig vom 8. Mai 1945, in dem er außerdem sein Umfeld wiedergab: »Die Dinge haben sich nun so entwickelt, wie wir es vorausgesehen hatten, als wir vor 1/2 Jahren – so lange ist das schon her! – in Bern zusammen waren (...) Herr Dr. Pettenberg (...) hat erklärt, daß wir Sie als Hauptschriftleiter [für die *Kölnische Zeitung*, Anm. d. Verf.] vorschlagen würden, wie wir das damals in Bern besprochen haben.

Die Schwierigkeiten, die unserem Plan entgegenstehen, sind, wie Sie sich denken werden, beträchtlich; sie liegen in erster Linie darin, daß eine Reihe Schriftleiter ebenso wie ich Parteigenossen waren. Es ist nicht leicht, den Engländern und Amerikanern klar zu machen, warum wir in die Partei eintreten mußten. Heute sieht das alles natürlich auch vollständig anders aus als 1937 und die Frage ist nur zu berechtigt, ob es nicht besser gewesen wäre, sich auf keinen Kompromiß einzulassen. Besonders daß [sic!], was man jetzt über die Konzentrationslager und andere Grausamkeiten gehört hat, ist so furchtbar, daß man sich schämt, dem deutschen Volk anzugehören. Ich persönlich stehe diesen Dingen offen gestanden fassungslos gegenüber. Wir können uns jedenfalls nicht beklagen, wenn die Militärregierung uns Deutsche nun streng und hart behandelt. [Es folgt die Bitte an Roerig, nach Köln zu kommen.]

Leider kann ich Sie nicht auffordern, bei mir zu wohnen, weil mein Haus, das wunderbarerweise bis zuletzt außer den üblichen Luftdruckschäden allen Bombenangriffen entgangen ist, nun von Amerikanern belegt wurde. Ich weiß heute selbst noch nicht, wo ich in Köln wohnen werde. Ich habe die Stadt am 3. März verlassen, in die ich erst Morgen von hier aus zurückkehren werde. (...)

Zunächst werde ich mich in Köln dem Wiederaufbau der Druckerei widmen. Es laufen jetzt 6 Schnellpressen, es können aber noch mehr in Gang gesetzt werden, wenn Räume geflickt und Schutt beseitigt ist.

Von meiner Familie habe ich seit Mitte Februar keine Nachricht. Ich weiß nicht, ob Alfred, der wegen eines Herzfehlers bis zum 30. Juni zurückgestellt war, zuletzt nicht doch noch Soldat werden mußte. Meine Tochter Silvia hat noch im März geheiratet (...). Meine Mutter ist auch bei meiner Frau in Starnberg, ebenso meine Schwester Hilde und vielleicht auch meine Schwester Ella. Herr August Neven ist vielleicht noch in Lüdenscheidt, wo zuletzt die Reichsausgabe der KZ gedruckt wurde, er will, wie ich hörte, von dort zu seiner Frau nach Siegen gehen, wenn er die Erlaubnis dazu bekommt.

Von Schriftleitern ist nur Pettenberg, Fischer, Göddert und – Mariaux in Köln. Dieser hat natürlich versucht, Anschluß zu bekommen, aber anscheinend keinen Erfolg damit gehabt. Blumrath und Hoffmann sind in der Nähe von Ründeroth. Sie versuchen bald nach Köln zu kommen. Sie haben beide enge persönliche Verbindungen zu Adenauer, der jetzt wieder Oberbürgermeister von Köln geworden ist, nachdem diese Stelle eine Zeit lang sein Schwager Suth innehatte. (...)

Zum Schluß soll ich Ihnen noch einen Gruß von Frl. Vogt ausrichten.

Da ihre Mutter Jüdin ist, mußte sie vor einem Jahr bei uns ausscheiden (...).«[403]

Josef Hofmanns Erinnerungen bestätigen, dass die ersten Vorbereitungen Kurt Neven DuMonts, nach dem Ende des Krieges die *Kölnische Zeitung* wiederzubeleben, bereits im Mai 1945 stattfanden. Neven DuMonts engster Mitarbeiter war zu dieser Zeit laut Hofmann Hütter,[404]der kein Parteimitglied gewesen war. Bereits am 3. Mai besuchte Hütter Hofmann in Schnellenbach, wo dieser sich mit seiner Familie aufhielt. Hütter fragte ihn, ob er Interesse an einem Treffen mit dem Verleger hätte, um mit ihm über das Wiedererscheinen der *Kölnischen Zeitung* zu sprechen. Es folgten Gespräche über die Zukunft der Zeitung mit Friedrich Blume, Hans Roerigs Bruder Alexander und Hermann Barz. Hofmann fuhr am 22. Mai zu einem Treffen mit Kurt Neven DuMont nach Köln, der ihm anbot, bei ihm zu wohnen.[405]

Bei diesem Gespräch erläuterte Kurt Neven DuMont Hofmann seine Gedanken zum Wiedererscheinen beider Blätter, die er zuvor mit dem Pressechef des Oberbürgermeisters Konrad Adenauer (1876–1967), Peter Josef Schaeven (1885–1958), abgesprochen hatte, und ging dabei sowohl auf organisatorische als auch inhaltliche Aspekte ein: »Nach meinen Notizen sagte Dr. Kurt Neven an jenem Abend: 1. Es muß möglich sein, die *Kölnische Zeitung* innerlich so umzugestalten und geistig zu erweitern, daß man keine *Kölnische Volkszeitung* mehr braucht. 2. Die *Kölnische Zeitung* kann aber erst erscheinen, wenn volle Verkehrsbeziehungen wieder hergestellt sind. 3. Der *Stadt-Anzeiger* kann erst erscheinen, wenn mindestens gleichzeitig auch ein sozialistisches Blatt erscheint. 4. Für die Zwischenzeit kommt ein Nachrichtenblatt in Frage, das unter neuem Titel möglichst weite Kreise anspricht und zusammenfaßt und im Fortschreiten der Zeit immer mehr politische Farbe gewinnt, d. h. den reinen Nachrichtencharakter abstreift. Von vorneherein müsse aber auch ein solches Nachrichtenblatt den Kölner Heimatgeist pflegen.«[406]

Neven DuMont bot Hofmann die Leitung dieses Nachrichtenblattes in Verbindung mit dem politischen Ressort an. Der Bereich Köln sollte Pettenberg, das Feuilleton Herbert Eimert und die Nachrichten/der Umbruch Franz Berger [Friedrich Berger?, Anm. d. Verf.] unterstehen. Auf die Chefredaktion der *Kölnischen Zeitung* wollte sich der Verleger zu diesem Zeitpunkt noch nicht festlegen.[407]

Beide Verleger, August und Kurt Neven DuMont, waren bereits in der ersten Maihälfte 1945 nach Köln zurückgekehrt. Ihre Wohnhäuser waren allerdings requiriert, und sie durften das Verlagsgelände nicht betreten.[408]

Daher wurde auf dem schnellsten Wege ab dem 14. Mai 1945[409] eine Ausweichniederlassung der *Kölnischen Zeitung* in der ehemaligen Agentur Pohl in der Aachener Straße eingerichtet. Der spätere Abteilungsleiter für Sozialwesen und Geschäftsführer der Versorgungskasse, Herbert Eicher (*1922),[410] der als ehemaliger amerikanischer Kriegsgefangener nicht im Verlag arbeiten durfte, wurde bei seiner Rückkehr aus der Gefangenschaft im Juli 1945 zu dieser Adresse geschickt, wo er sofort wieder einen Arbeitsplatz erhielt. Laut Eicher wurden in diesem Büro die aufgelaufenen Gehalts- und Lohnzahlungen beziehungsweise die Beiträge zur BBK aufgearbeitet:

»Viele Arbeitsvorgänge, die in den Wirren der letzten Kriegsmonate in der Breite Straße liegen geblieben waren, mußten aufgearbeitet werden – besonders im Auszahlungsbereich Lohn und Gehalt, aber auch bei der BBK. Alle Vorgänge wurden korrekt erfaßt und verbucht, es ergaben sich für die Firma große Zahlungen an Steuern und Sozialversicherungsabgaben.«[411]

Schon am 23. Mai 1945 besuchte Hofmann mit Neven DuMont und Hütter das Büro in der Aachener Straße, in dem einige Redaktionsstenografen mit der Aufnahme von Rundfunksendungen befasst waren.[412]

Für Hofmann sollte sich allerdings alles ganz anders entwickeln. Am 13. Juni 1945 erfuhr er in der Breite Straße, daß er von den Amerikanern als Chefredakteur für eine Zeitung in Aachen vorgesehen war. Es handelte sich um die *Aachener Volkszeitung*, für die er dann von 1946 bis 1961 als Lizenzträger und Chefredakteur tätig war.

Von einer eigenen Zeitung im Verlag M. DuMont Schauberg war man jedoch noch weit entfernt. Zunächst sollte der *Kölnische Kurier* erweitert und komplett im Verlag unter der Leitung von Hans Roerig hergestellt werden. Die Setzmaschinen dafür wurden im Bergischen beschlagnahmt![413]

An die Stelle der amerikanischen Besatzungstruppen traten am 21. Juni 1945 britische Besatzungsbehörden.[414] Der Sitz der Provinzialregierung wurde am 22. Juni 1945 von Bonn nach Düsseldorf verlegt.[415]

Bereits im November 1945 wandte sich Kurt Neven DuMont an die Nachrichtenkontrolle in Düsseldorf, die No. 1 Information Control Unit (ICU), um sich frühzeitig gegen rufschädigende Äußerungen zur Wehr zu setzen, die über ihn in Umlauf waren und seine weitere Tätigkeit als Verleger gefährdeten. So wurde ihm beispielsweise ein Einsatz für die Eingliederung des Sudetenlands in das Reich unterstellt – hier vermutete er eine Verwechslung mit seinem Cousin Mark(us) Neven DuMont, der mit Freunden in England eine Lösung der Sudetenkrise diskutiert haben könnte – und wegen seiner Unterstützung Hindenburgs eine militaristische Grundhaltung vorgeworfen. Neven DuMont begründete seinen Eintritt für Hindenburg als Reichspräsidenten 1932 damit, dass eine Wahl Hitlers damit verhindert werden sollte.[416]

Im Dezember 1945 reichte Kurt Neven DuMont umfangreiche Dokumente ein, unter anderem den Fragebogen für die Entnazifizierungskommission und 19 eidesstattliche Erklärungen von Mitarbeitern und weiteren Personen, die seine antinationalsozialistische politische Einstellung, seinen beruflichen und privaten Einsatz für von den Nationalsozialisten verfolgte Personen[417] (wie Erika Vogt und Wilhelm Unger) sowie die Angriffe durch die NSDAP belegen sollten.[418] Darüber hinaus versuchte er, mit diesen Erklärungen beziehungsweise Briefen nachzuweisen, dass er darum bemüht war, nationalsozialistische Tendenzen in der *Kölnischen Zeitung* weitgehend zu vermeiden[419] und der Partei nur beitrat, weil er dazu gezwungen worden war und er darin die einzige Möglichkeit zur Rettung des Verlags sah;[420] er hatte keine andere Wahl. Auch arbeitete er in der Partei nur scheinbar mit. Die Mitgliedschaft in der NSDAP sei lediglich als »Tarnung« gedacht gewesen.[421] Kurt Neven DuMont betonte schließlich, dass er in den Jahren 1943 bis 1944 von der Partei nach wie vor als unzuverlässig eingestuft worden sei und man daher beabsichtigt hatte, ihn zum Wehrdienst abzuschieben.[422]

Einen persönlichen Zustandsbericht des Verlags lieferte Kurt Neven DuMont selbst zu Beginn des Jahres 1946 in einem Brief an Otto Brües. Er bekundete darin auch großes Interesse am Schicksal seiner Mitarbeiter: »Lieber Herr Brües,

Aus Ihrem Brief an Herrn Dr. Pettenberg vom 12. Januar ersehe ich, daß Sie keinen der Briefe bekommen haben, die ich Ihnen im Verlauf des letzten halben Jahres geschrieben habe. Das ist mir unverständlich. Zunächst möchte ich Ihnen daher die Versicherung abgeben, daß ich voll Anteilnahme Ihr Geschick verfolge und daß ich Ihnen und Ihrer Familie alles Gute wünsche.

Von Pettenbergs werden Sie wohl erfahren haben, wie sich die Dinge hier weiter entwickelt haben. Dr. Pettenberg ist ja jetzt meine ›rechte Hand‹. In nicht ferner Zeit hoffen wir ja nun in die Breite Straße zurück zu kehren, wenn nicht als Verleger und Schriftleiter, so doch als Drucker der drei Parteizeitungen, die wahrscheinlich ab 1. März[423] bei uns an Stelle des *Kölnischen Kuriers* hergestellt werden sollen. So sind wir nun einen Schritt weiter gekommen. Der Betrieb ist allerdings arg zerstört. Wenn man die Gegend an der Breite Straße sieht, dann empfindet man es als ein Wunder, daß überhaupt etwas übrig geblieben ist, der Wiederaufbau wird aber mühsam und langwierig sein.

Der Krieg hat unter den Schriftleitern ja nur ein Todesopfer gefordert: Herrn Hochbein,[424] der auf dem Rücktransport aus der russischen Gefangenschaft gestorben ist. Der letzte, von dem ich keine Nachricht hatte, war Dr. Lenhard[425] und der hat nun aus Moskau geschrieben. Herr von Fabeck hat ja auch aus Rußland geschrieben. Von Herrn Dr. Hocke bekam ich dieser Tage einen Brief aus USA, wo er eine Kriegsgefangenen Zeitung *Der Ruf* als Hauptschriftleiter herausgegeben hat. Er wird nun schon bei seiner Frau in England sein. Daß Herr Dr. Roerig Hauptschriftleiter der [sic!] Kurier ist, werden Sie wissen. Sonst sind dort nur Göddert und Blume.

Über Weihnachten war ich drei Wochen bei meiner Familie in Starnberg. Meine Tochter Silvia, die im März vorigen Jahres geheiratet hat, erwartet nun ein Baby, und mein Sohn Alfred schauspielert in München. Meine Mutter ist auch noch dort. Es geht ihr nun recht gut. Die erbetene Bescheinigung finden Sie beiliegend. Die Freigabe Ihres Kontos muß erfolgen.«[426]

Die Bescheinigung lautete wie folgt:

»Hiermit bescheinigen wir, daß unser Verlag zu keiner Zeit der NSDAP gehört hat noch zu den Verlagen gehört hat, an denen die NSDAP finanziell beteiligt war. Infolgedessen unterliegt das Vermögen des Verlages selbst, noch dasjenige seiner Inhaber, Direktoren oder Schriftleiter nicht der Beschlagnahme nach Gesetz 52 der Militär Regierung. Diese Rechtslage ist bisher, so weit uns bekannt ist, von keiner Seite bestritten worden. Das Vermögen keines der ehemaligen Schriftleiter unseres Verlages oder ihre Bankkonten sind von der Militär Regierung gesperrt worden. Eine derartige Sperre ist auch bei Herrn Otto Brües als ehemaligem Schriftleiter der *Kölnischen Zeitung* auf Grund Gesetz 52 rechtlich nicht erforderlich beziehungsweise zulässig.

gez. Kurt Neven DuMont

Expedition der *Kölnischen Zeitung*«[427]

Kurt Neven DuMonts Eingaben zur Entnazifizierung schienen zunächst zu einer positiven Einschätzung seiner Person durch die Militärbehörden zu führen. So wurde ihm am 1. Februar 1946 von der Nachrichtenkontrolle der Militärregierung Deutschlands die Genehmigung erteilt, in seinem Verlag als Drucker für lizenzierte Publizisten tätig zu werden.[428] Solange noch keine eigene Lizenz vorhanden war, wurde die Kölner Ausgabe der *Westdeutschen Zeitung*, einem Krefelder Lizenzblatt, bei M. DuMont Schauberg gedruckt. Lange Zeit wollte man seitens der Militärregierung keine Zeitungen mit altem Namen wieder erscheinen lassen, die unter den Nationalsozialisten Bestand gehabt hatten und nicht verboten waren:

»Den Verlegern der *Kölnischen Zeitung* und des *Kölner Stadt-Anzeigers* blieb, wie allen so genannten ›Altverlegern‹, die Herausgabe ihrer früheren oder sonstiger Blätter untersagt.«[429]

Heinz Pettenberg schilderte in seinem Tagebuch, dass die Genehmigung, den Verlag DuMont Schauberg wieder drucken zu lassen, mit Bedingungen verbunden war: »Die Militärregierung hat sich entschlossen, Dr. Neven als Drucker für die drei Parteizeitungen einzusetzen, wenn es ihm gelingt, sich mit den drei Parteien zu einigen. Sonst Beschlagnahme des Betriebes.«[430]

Am Mittwoch, dem 20. Februar 1946, schrieb Pettenberg in sein Tagebuch:

»Wir übernehmen den Betrieb! Nach fast einem Jahr endlich wieder zurecht in der Breite Straße. Konferenz mit den Vertriebsleitungen der Zeitungen.

23. Februar 1946, Samstag: Konferenz mit den Verlegern. (...) Kurt Neven wird von den Engländern ersucht, die großformatige WB Maschine in Gang zu setzen und darauf zu drucken alle drei Zeitungen.«[431]

Am 1. März 1946 wurde der Verlag von der Militärregierung an die Verleger zurückgegeben, nur um beide am 6. März wieder von der Unternehmensleitung auszuschließen.[432] In einer Verfügung des Hauptquartiers der Militärregierung für Kurt Neven DuMont vom 6. März 1946 hieß es:

»1. Auf Befehl der Militärregierung ist Dr. Kurt Neven Du Mont [sic!] von seinem Posten als Eigentümer der Firma M. Du Mont Schauberg in Köln mit Wirkung vom 6. März 1946 enthoben worden. 2. Es ist Herrn Dr. Kurt Neven Du Mont verboten:

a. irgendeine weitere Tätigkeit in der oben erwähnten Firma auszuüben;

b. in irgendeiner Verbindung mit deren Direktoren, Angestellten oder Kunden zu treten;

c. nach obigem Datum aus irgendwelchem Grunde oder zu irgendeiner Zeit auf dem Grundstück der Firma zu erscheinen.«[433]

Es erfolgte eine treuhänderische Verwaltung des Betriebs. Eine Druckpresse wurde für den Druck des *Kölnischen Kuriers* als Publikation der amerikanischen Besatzungsmacht verwendet. Seit Ende November 1945 entstand der *Kölnische Kurier* vollständig unter einer deutschen Redaktion. Zu deren Mitarbeitern gehörten politisch unbelastete, ehemalige Redakteure der *Kölnischen Zeitung* wie Hans Roerig oder Hermann Barz, der aus der *Kölnischen Volkszeitung* übernommen worden war: »Dagegen beschlossen die Engländer, nun auch dem ›Kölnischen Kurier‹ eine deutsche Redaktion unter ihre Aufsicht zu geben. Es dauerte allerdings bis Ende November, bis Hans Roerig, den sie als früheren Außenpolitiker der *Kölnischen Zeitung* als Chefredakteur ausersehen hatten, aus der Schweiz zurückgekehrt war. Solange führte Frielingsdorf die Redaktion, in der Franz Goeddert, der frühere Hauptsekretär der Redaktion der *Kölnischen Zeitung*, Chef vom Dienst wurde und in die auch Franz Berger von der ehemaligen *Kölnischen Zeitung* eintrat. Der Betriebsleiter Bindewald wurde entlassen und an seiner Stelle Josef Breuer von der früheren *Kölnischen Volkszeitung* als Verlagsdirektor eingesetzt. Den Vertrieb übernahm Hermann Barz.«[434]

Es folgten in der Regel parteiorientierte Blätter. Hierzu zählten am 4. März 1946 die *Volksstimme* (KPD), die *Rheinische Zeitung* (SPD) am 2. März und die *Kölnische Rundschau* (CDU) am 19. März. Diese Zeitungen wurden in der Druckerei des DuMont Schaubergschen Pressehauses hergestellt. Die *Rheinische Zeitung* war keine Neugründung, sondern war bereits im Februar 1933 von den Nationalsozialisten verboten worden. Lizenzträger waren Hans Böckler (1875–1951), später Vorsitzender des DGB, und Robert Görlinger (1888–1954), der Oberbürgermeister von Köln werden sollte. Der Redaktion stand Willi Eichler (1896–1971) vor, der 1949 Bundestagsabgeordneter wurde und das Bad Godesberger Programm der SPD mitgestaltete.

Die *Kölnische Rundschau* wurde von Reinhold Heinen (1894–1969), Fritz Fuchs, Josef Baumhof, Dr. Fritz Wester und Hugo Mönnig geleitet.[435]

Die Zeitungen erschienen zu Beginn wegen chronischen Papiermangels versetzt nur an zwei Wochentagen und besaßen einen Umfang von vier bis sechs Seiten, teils bestanden sie sogar nur aus Titel- und Rückseite.

Aus dem Kreis dieser Zeitungen entwickelte sich 1946 auch das erste

Blatt, das mit dem Anspruch auftrat, Nachfolger der überregionalen *Kölnischen Zeitung* werden zu wollen. Der Geschäftsführer (Treuhänder) der *Rheinischen Zeitung*, Hans Reifferscheidt, führte eine überregionale West-Ausgabe der Zeitung ein, die anfangs mit 7500 Exemplaren aufgelegt wurde. Sie war durch ein hohes Niveau und ihre Parteiunabhängigkeit gekennzeichnet.[436]

Reifferscheidt war kein Unbekannter für den Verlag M. DuMont Schauberg. Er war am 4. Mai 1945[437] nach Köln zurückgekehrt und hatte während des nationalsozialistischen Regimes, obwohl Kurt Neven DuMont von seiner sozialdemokratischen Überzeugung wusste, eine Anstellung im Verlag als Leiter der Werbekolonne des *Stadt-Anzeigers*[438] erhalten:

»Er werde dem Verlag nicht vergessen, daß dieser ihn in schwerer Zeit angestellt habe trotz seiner parteipolitischen Herkunft.«[439]

Mitte April fand auf Einladung der britischen Militärregierung ein Treffen von etwa 20 Zeitungsverlegern in Hannover statt, um den Nordwestdeutschen Zeitungsverleger-Verein zu gründen.[440]

Kurt Neven DuMont musste sich nun also beeilen, das Rennen um die Führung unter den Tageszeitungen nicht zu verlieren, und dies, obwohl er noch immer nicht als Verleger tätig sein durfte. Bei den britischen Behörden erreichte Kurt Neven DuMont zunächst eine vorübergehende Aufhebung der Verfügung und konnte sich wieder seinen Geschäften widmen, bevor er ein zweites Mal ausgeschlossen wurde.[441]

Der Verleger versuchte in der folgenden Zeit, zwischen März 1946 und Januar 1948, immer wieder, seine Entlassung als Verleger und die Requisition seiner Firma rückgängig zu machen. Verbote wechselten sich mit Wiederaufnahmen des Verfahrens ab.

Ein Antrag war im März 1946 zunächst negativ beschieden worden. Bereits am 10. Mai 1946 kam es dementsprechend zu einem Widerruf der erst im Februar erteilten Druckerlaubnis durch die Nachrichtenkontrolle, und Kurt Neven DuMont musste mit sofortiger Wirkung auch seine Tätigkeit als Drucker für lizenzierte Verlage einstellen, da die Beurteilung seines Fragebogens zu einem ungenügenden Ergebnis geführt hatte:

»1. The evaluation of your Fragebogen has stated an insufficient result.

2. The a/m record issued on 13 Feb 46 for your printing office is therefore cancelled and you are requested to return it personally to room No 209 of this HQ not later than Tuesday, 14 May at 16 hrs.

3. You have to cease immediately all activities, which you might have started on account of the a/m registration.«[442]

Im Juli 1946 wurde sein Fall zur Wiedervorlage zugelassen.[443] Sowohl die Industrie- und Handelskammer als auch der Entnazifizierungsausschuss des Stadtkreises Köln hatten sich für die Wiederaufnahme des Entnazifizierungsverfahrens, im Schreiben der Handelskammer »Bereinigungsverfahren« genannt, eingesetzt.[444] Mitglied des Ausschusses war unter anderen der spätere Vorsitzende des Deutschen Gewerkschaftsbundes, Christian Fette (1895–1971), der nach mehreren Verhaftungen durch die NSDAP im Verlag DuMont Schauberg als Maschinensetzer angestellt worden war.[445] Fette erstellte darüber hinaus im Namen des Industrieverbandes Druck und Graphik, deren damaliger Vorsitzender er war, 1946 für Kurt Neven DuMont ein Schreiben, das dessen Einstellung gegenüber Gewerkschaftsmitgliedern darlegte:

»Wir stehen vollinhaltlich zu diesem Schreiben und unterstreichen besonders, daß die 1933 von den Nazis abgebauten Gewerkschaftsbeamten August Bongard und Christian Fette im Betrieb der *Kölnischen Zeitung* Unterkunft fanden. Wir wissen, daß es besonders der Privatinitiative des Herrn Dr. Kurt Neven zu danken war, wenn diese während der Jahre der Naziherrschaft im Betriebe blieben, obwohl Partei und DAF mehrfach die Entlassung dieser ›Bonzen‹ forderte. Diesem Druck hat Herr Dr. Neven nie nachgegeben und darf dies wohl als ein Beweis dafür gewertet werden, daß Dr. Neven im Innern seines Herzens nie nazistisch eingestellt war.«[446]

Die Deutsche Überprüfungsstelle, Berufungsausschuss Köln, berücksichtigte die vorgelegten Entlastungsunterlagen und empfahl am 23. Juli 1946, unter den folgenden Bedingungen die Berufung Kurt Neven DuMonts zu akzeptieren:

»In der Berufungssache des Dr. Kurt Neven DuMont, früher Drucker und Verleger der *Kölnischen Zeitung* und des *Kölner Stadt-Anzeigers*, Inhaber der Fa. M. DuMont Schauberg zu Köln, empfiehlt der Berufungsausschuß, die Berufung des Antragstellers für begründet zu erklären, und zwar mit der Maßgabe, daß der Antragsteller seine Tätigkeit als Drucker der obengenannten Zeitungen sofort wieder ausüben, dagegen seine Tätigkeit als Verleger erst nach Ablauf von zwei Jahren wieder ausüben darf.«[447]

Dennoch erfolgte im September 1946 eine erneute Ablehnung seines Antrags auf Entnazifizierung durch die Public Safety Branch des Hauptquartiers Nordrhein-Westfalen in Düsseldorf.[448]

Der Fall des Verlegers wurde daraufhin zwischen verschiedenen Dienststellen, die mit der Entnazifizierung befasst waren, hin und her gereicht. Der Regional Commissioner [Landeskommissar, Anm. d. Verf.] für North Rhine-Westphalia in Düsseldorf hatte aufgrund der Erkundigungen des Sicherheitsoffiziers des Information Control Unit in Düsseldorf-Benrath am 12. Dezember 1946 nochmals einen Berufungsantrag Kurt Neven DuMonts abgelehnt.[449] Diese Erkundigungen ergaben, dass Kurt Neven DuMont weder als Drucker noch als Verleger erwünscht war. Es wurde allerdings nicht angegeben, worauf diese Erkundigungen beruhten beziehungsweise wo sie eingeholt worden waren.[450]

Über seine Absetzung berichtete Kurt Neven DuMont in einem Brief an Otto Brües scheinbar nur beiläufig, ebenso über die jüdische Verwandtschaft seiner Frau: »Diesen schönen Arbeitsplatz [er sitzt im Garten, Anm. d. Verf.] verdanke ich dem Umstand, daß ich vor 14 Tagen ›entlassen‹ wurde, eine Maßnahme, von der ich allerdings hoffe, daß sie in Kürze rückgängig gemacht werden wird. Von demselben Schicksal sind übrigens Frl. Vogt und Dr. Pettenberg auch betroffen worden, allerdings nur im privatrechtlichen Sinn, aber auch das wird wohl wieder in die Reihe kommen. Was Ihre uk-Stellung angeht, so kann ich mir nicht denken, daß sie für Sie einen belastenden Faktor ergeben wird; sie erfolgte einfach deswegen, weil infolge verschiedener Ausfälle in der Schriftleitung Ihre Arbeitskraft benötigt wurde. (...)

Über den Baron Franchetti[451] kann ich Ihnen eine ganze Menge erzählen, er war ja der Onkel meiner Frau und übrigens nicht, wie es bei Benvenuta hieß aus einem alten venezianischen Geschlecht, sondern Jude reinsten Wassers. Seine Mutter war eine geborene Rothschild und ungeheuer reich. Zunächst wohnte er mit seiner Frau im Palazzo Franchetti in Venedig, dann trennten sich die Ehegatten und die Tante meiner Frau, eine geborene Reichsfreiin von Homstein kaufte sich bei Florenz den Torre di Bellosquardo, einen Schutthaufen, den sie mit unendlicher Mühe und großem Kunstverstand wiederherstellte. (...) Er hatte übrigens zwei Söhne, Luigino, der älteste, ist auch Pianist, der jüngere, Carlo, lebt in Rom. In seinem Hause hatte sich, ohne von der verwandtschaftlichen Beziehung zu wissen, Hocke eingemietet und sich mit ihm später sehr angefreundet. So klein ist die Welt.

(...) In unserem Betrieb wird nun auch die dritte, die CDU-Zeitung *Kölnische Rundschau* gedruckt: Hauptschriftleiter Dr. Hans Roerig, Chef vom Dienst Göddert, Feuilletonleiter Blume. Dr. Schäfer hat versucht die redaktionelle Vertretung der Zeitung *Die Welt*, die für die ganze englische

Zone in Hamburg herauskommen soll, für den Bezirk Köln-Aachen zu bekommen.

(...) Ich habe übrigens mit den Blättern, die an der Breitestr. gedruckt werden, verlegerisch nichts zu tun und bin nicht traurig darüber. Die Zeit ist noch nicht reif.«[452]

Auch die ehemaligen Mitarbeiter des Verlags kümmerten sich um eine Wiederherstellung ihrer Reputation.

Am 29. August 1946 schrieb Gustav René Hocke von der Nymphenburger Verlagshandlung in der Wotanstraße, seine Eltern lebten in Gummersbach, einen vierseitigen Brief an Sarnetzki:[453]

»Hoffentlich geht es Ihnen erträglich. Die Jahre waren furchtbar; wir haben uns, gerade ich, nie Illusionen darüber gemacht, wohin soviele Verbrechen führen mußten. (...) Die Zeitschrift *Der Ruf*, die ich in USA herausgab, erscheint auch hier wieder. (...) Wie geht es Ihrer Frau Gemahlin? Meine Frau läßt Sie alle grüßen. Ich sah sie drüben wieder. Sie ist unverändert und herzlich wie immer. Der Sohn ist allerdings für mich noch neu. Wir haben uns fast 7 Jahre nicht gesehen.

Nun, lieber Herr Sarnetzki, Sie werden aus dem Brief an Herrn Schmitt ersehen, daß ich ein Anliegen habe. Ich besitze das Vertrauen der hiesigen Behörden; es wäre aber gut, wenn ich ein glaubwürdiges Zeugnis über meine aktive Feindschaft gegen den Nazismus von einem und dem anderen Herrn aus Köln habe, die genau so dachten wie ich. Bitte setzen Sie doch für mich ein solches schilderndes Zeugnis aus, in dem Sie wohl mit gutem Gewissen eidesstattlich erklären können, daß jeder Artikel, den ich schrieb, vom Haß gegen die Nazis beseelt war, usw. Es wäre das alles bei dem Ruf, den ich in dieser Hinsicht habe, nicht nötig, wenn es sich nicht um eine Formalität wegen dieser verfluchten Parteianwartschaft [von 1938, Anm. d. Verf.] handelte, in die ich wirklich hineingezogen wurde. Das sagen zwar heute viele Leute, aber Sie wissen, wie wahr es in meinem Falle ist. – Ein Zeugnis von Ihnen wäre also für diesen einzigen unklaren Punkt wertvoll.«[454]

In einem Brief von Gustav René Hocke an Sarnetzki über die sonstigen Lebensumstände und die Zukunftsaussichten hieß es am 3. Januar 1946:

»Sonst läuft hier alles langsam, aber günstig ab. Wir haben – wie alle – große materielle Schwierigkeiten, aber auch Geduld und Optimismus. Man muß heute zäh sein in der Hoffnung, mit dazu beitragen zu können, die letzten Spuren des nazistischen Ungeistes zu überwinden. Es wird viel guter Wille und sehr viel schöpferische anständige Arbeit dazu gehören, die Schande, die diese Verbrecher über Deutschland und Europa gebracht haben, wieder gut zu machen.«[455]

Heinrich Dettmar Sarnetzki wurde auch von anderen Kollegen als Leumund für die Entnazifizierung angefragt. So wandte sich Johann Schäfer beispielsweise ebenfalls an Sarnetzki. In einem Brief vom 21. Februar 1946 schrieb er: »Heute kam Ihr Einschreiben vom 18. II. hier. Ich danke Ihnen nochmals für Ihre Mühen und für die umgehende Erledigung.«[456]

Dies bezog sich auf die Bitte Schäfers einen Tag zuvor: »Ich hätte gern von Ihnen eine kurze Erklärung über meine Redaktionsführung u. insbesondere mein Verhalten Ihnen gegenüber. Diese Erklärung brauche ich eventuell für meine Rehabilitierung.«[457]

Das Schreiben umfasst etwa zwei Schreibmaschinenseiten. Schäfer selbst erwähnte wohl als Hilfe, dass er 1937 Parteigenosse war.

Wie bereits aus den zahlreichen eidesstattlichen Erklärungen der Entnazifizierungsakte hervorging, setzte sich auch Kurt Neven DuMont selbst mit ehemaligen Mitarbeitern in Verbindung. So versuchte er bereits direkt nach Kriegsende über einen englischen Offizier[458] Ernest Saxon-Napier, seinen früheren jüdischen Mitarbeiter in London, zu erreichen. Persönlichen brieflichen Kontakt nahm er Ende 1946 auf. So beschrieb er in einem Brief an Saxon-Napier vom 14. November 1946 unter anderem das Entnazifizierungsverfahren und bat ihn um seine Hilfe:

»Herzlichen Dank für Ihren Brief vom 19. Oktober, der mir hierher nachgeschickt wurde, wo ich mich vorübergehend bei meiner Frau und meinen Kindern aufhalte. Während des Krieges sind diese der Bombengefahr wegen hierher gezogen; sie konnten noch nicht nach Köln zurück, da unser dortiges Haus beschlagnahmt ist und jetzt von einem englischen Oberstleutnant mit seiner Familie bewohnt wird. Es ist eines der wenigen Häuser Kölns, das nur mit geringen Schäden den Krieg überstanden hat.

(...) Nun aber zu Ihrem Brief: Ich hatte schon bei meinem ersten Schreiben daran gedacht, Sie zu fragen, ob Sie nicht helfen könnten, hatte dann aber Hemmungen, das offen zum Ausdruck zu bringen, was Sie wohl verstehen werden. Umso mehr freue ich mich nun, daß Sie von sich aus Ihre Hilfe in so warmherziger und großzügiger Form anbieten. (...)

Die Lage ist jetzt die folgende: In der englischen Zone erfolgt die Entnazifizierung in der Form, daß deutsche Ausschüsse Gutachten darüber geben, ob der betreffende seine Stellung behalten beziehungsweise wiederbekommen kann, wenn er aus ihr schon entlassen wurde. Die Entscheidung darüber liegt bei der englischen Militär-Regierung. In der Regel folgt diese den deutschen Gutachten. In meinem Falle ist dies ausnahmsweise nicht geschehen; warum, weiß ich nicht. Die Unterlage für mein Verfahren bildete der Einspruch, den ich gegen meine Entlassung von der Stellung als Druckereibesitzer eingelegt hatte. Die deutschen Ausschüsse haben, wenn ich richtig unterrichtet bin, sowohl in der ersten Instanz (Hauptausschuß), als auch in der zweiten (Berufungsausschuß) einstimmig bezüglich dieser Stellung – die Verlegertätigkeit stand nicht zur Diskussion – erklärt: No objection. Ein anderes Urteil ist von deutscher Seite einstweilen noch nicht möglich. (...) Ich habe Grund zu der Annahme, daß in meinem Fall eine Einstufung unter die ›Entlasteten‹ erfolgen würde, das günstigste Urteil, das möglich ist.

Im Rheinland weiß ja auch jeder, wie die Einstellung der K.Z. und die meine während der Nazi-Zeit gewesen ist. (...) Was Sie in Ihrem Brief schreiben, entspricht erstaunlich genau den Tatsachen. Die K.Z. galt unter dem Nationalsozialismus als ›unzuverlässig‹ und den geistig Unabhängigen war sie eine Ermutigung. Unser Verlag ist der einzige deutsche Großverlag gewesen, der sich gegenüber der NSDAP wirschaftlich [sic!] vollkommen frei gehalten hat, obschon es an günstigen Angeboten von dieser Seite nicht gefehlt hat, als reines Familienunternehmen war er auch der Industrie gegenüber vollkommen unabhängig.

(...) Ich würde Ihre Hilfe bestimmt nicht in Anspruch nehmen, wenn ich kein gutes Gewissen hätte. Von 1927–1933 hat die K.Z. unter meiner Verantwortung einen betont demokratischen Kurs verfolgt, für die Weimarer Republik, gegen die Extreme von rechts und links. Dabei stand sie nicht nur im Gegensatz zu den Nationalsozialisten, sondern auch den radikal eingestellten Kreisen der Schwerindustrie (...). Nach 1933 hat unser Verlag in einem heftigen Kampf mit der NSDAP gestanden, er erlitt dabei so große geldliche Verluste, daß er 1934/35 am Rand des Konkurses stand. Die Schwierigkeiten, die wir damals Ihretwegen hatten, bildeten nur eine kleine Episode in diesem Kampf.«[459]

Im Verlagsarchiv ist ein Brief an Saxon-Napier von 1948 überliefert, in dem der Verleger seine zukünftigen Pläne schilderte. Kurt Neven DuMont machte sich jedoch nicht nur Gedanken um den eigenen Verlag, sondern setzte sich darüber hinaus mit der europapolitischen Gesamtlage auseinander:

»Zunächst ist es betrüblich (...), welche Hemmungen auf Seiten der britischen Regierung gegenüber einer vollen Unterstützung der Europa-Union bestehen. Daß die britische Regierung im Augenblick, d. h. vor der Konferenz der Empire Premiers sich eine gewisse Zurückhaltung auferlegt, ist durchaus verständlich. Andererseits dürfen Sie nicht verkennen, wie wir hier in Deutschland diesen Plänen gegenüberstehen. Wir empfinden stärker als Sie auf Ihrer Insel den Druck des Ostens und glauben daher, daß die einzige Hoffnung, diesem Druck auf die Dauer standzuhalten, in einer Vereinigung Europas besteht. (...)

Abgesehen davon bedauere ich es auch aus persönlichen Gründen, daß aus einem Zusammentreffen, mit dem ich bestimmt gerechnet hatte, zunächst nichts wird. Es hätte mich wirklich gefreut, Ihnen nach so langer Zeit wieder einmal die Hand schütteln zu können. Ganz plötzlich ist jetzt nämlich eine Möglichkeit entstanden, daß hier in Köln eine Zeitung geschaffen wird, die, wenn auch unter einem anderen Titel, die Tradition der *Kölnischen Zeitung* fortsetzen soll.

Vielleicht wäre es zweckmäßig gewesen, wenn Sie bei der derzeitigen Leiterin der Information Services Division, Miss Lewis, in Düsseldorf einen Besuch gemacht hätten. (...) Ihr Vorgänger, Mr. Greenard wurde von Düsseldorf nach Berlin versetzt und ist jetzt, soviel ich weiß, die rechte Hand von Mr. Pope, dem derzeitigen Leiter der Press-Information-Control-Abteilung der britischen Militärregierung in Berlin. (...)

Wenn ein Blatt erscheinen soll, das als Nachfolgerin der *Kölnischen Zeitung* anzusehen sein wird, so erwartet natürlich alle Welt, daß ich die verlegerische Verantwortung dafür übernehme, eine Verantwortung, die nicht ganz leicht zu tragen ist. Dazu wirkt sich der Umstand noch hemmend aus, daß ehemalige Parteigenossen bisher noch keine Zeitungslizenzen bekommen haben und das auch dann nicht, wenn sie, wie ich, bei ihrer Entnazisierung in Kategorie V gekommen sind, d. h. ein Entlastungszeugnis (Clearance Certificate) bekommen haben. (Ist das nicht ein Widersinn, denn was heißt eigentlich ›Entlastungszeugnis‹, wenn doch eine Belastung zurückbleibt?)

Natürlich steht das nirgendwo geschrieben. Bei der englischen Praxis sind die ungeschriebenen Gesetze manchmal die wirksamsten.«[460]

Die vorher erwähnte Ablehnung der Berufung bedeutete für Kurt Neven DuMont nun, dass er weder als Drucker noch als Verleger in einer führenden Position tätig sein konnte.[461] Er bemühte sich daher mithilfe seiner Anwälte im Juli 1947 bei den Behörden um eine Kategorisierung in Gruppe V, das heißt Entlastete, der Entnazifizierungseinstufungen, um wieder die Leitung seines Verlags übernehmen zu können, aus der er durch die britische Militärregierung entfernt worden war.[462]

Die Entnazifizierung unterschied in Kategorien, überprüft wurde die politische Belastung und die ideologische Grundeinstellung:

Kat. I Hauptschuldige

Kat. II Belastete

Kat. III Minderbelastete

Kat. IV Mitläufer

Kat. V Entlastete

Hierbei griffen die Alliierten unterschiedlich hart durch:

»Im Westen gingen die Amerikaner – im Gegensatz zu den eher zurückhaltenden Briten und den Franzosen – zunächst hart und konsequent vor. 13,4 Millionen Deutsche über 18 Jahre mußten einen Fragebogen mit 131 Positionen ausfüllen. (...)«[463] Im Bereich Nordrhein-Westfalen sollten 75 Prozent der Befragten in die Kategorie V eingestuft werden und 20 Prozent in die Kategorie IV. Als Minderbelastete galten 4 Prozent, in Kategorie I und II wurden Aktivisten zusammengefasst, hier wurden insgesamt 90 Personen eingestuft.[464]

Am Ende der Entnazifizierungsaktion standen folgende Zahlen als Ergebnis fest: »Das Ergebnis der Entnazifizierung in der amerikanischen Zone bis Ende 1949 lautete denn auch: 22122 Belastete, gerade mal 1654 Hauptschuldige.«[465]

Die Bemühungen, die eigene Entlastung zu erreichen, waren hierbei von ganz unterschiedlichen Motiven geprägt.

Dass Kurt Neven seine »Rückkehr in den Beruf« allein schon wegen der Möglichkeit der Wiederherstellung der Druckerei betrieb, wird an einem Brief an Wilhelm Unger deutlich, in dem er seine ersten Ansprüche an eine Tätigkeit darstellte, und auch hierbei durchaus zum Teil bereit war, die Tradition der *Kölnischen Zeitung* nicht fortzuführen: »Mein erstes Ziel muß es sein zu erreichen, daß meine ›Entlassung‹ von meiner Stellung als Inhaber der Druckerei M. DuMont Schauberg rückgängig gemacht wird. Die Wiedererrichtung der *Kölnischen Zeitung* ist eine ganz andere Frage, die nicht nur mit meiner Person, sondern mit vielen andern Problemen zusammenhängt. Vielleicht ist es garnicht [sic!] möglich und richtig, die *Kölnische Zeitung* wieder erstehen zu lassen, vielleicht ist es besser, etwas neues an ihre Stelle treten zu lassen, das kann man heute noch nicht sagen.«[466]

Am 2. August 1947 wandte sich Kurt Neven DuMont in einem Schreiben mit dem Antrag auf Einstufung in Kategorie V an den Hauptausschuss der Entnazifizierungskommission in Köln, da er der Ansicht war, dem

Nationalsozialismus Widerstand geleistet und dadurch Opfer gebracht zu haben:

»Ich beantrage meine Einkategorisierung in Kategorie V. Ich glaube dazu berechtigt zu sein, weil ich dem Nationalsozialismus erheblichen Widerstand geleistet und dabei Opfer gebracht habe.«[467]

Obwohl das Anliegen des Verlegers vom Entnazifizierungs-Hauptausschuss befürwortet und ihm am 2. Oktober 1947 die Einstufung in Kategorie V gemäß Paragraf 5 der CCG (Control Commission for Germany[468]) Dir. 24 als nur nominelles Parteimitglied durch den Hauptausschuss ausgestellt worden war,[469] wurde Kurt Neven DuMont keine Entlastung gewährt.

In einem Brief des Hauptquartiers der britischen Militärregierung in Deutschland an den Vorsitzenden des Deutschen Entnazifizierungs-Hauptausschusses wurde Kurt Neven DuMont mit Bezug auf die Entscheidung des Regional Commissioners lediglich eine Einstufung in Kategorie III b /ll gewährt.[470] Dies bedeutete, dass Kurt Neven DuMont nur als »Minderbelasteter« eingestuft worden wäre, was anhaltend zu starken Einschränkungen seiner beruflichen Tätigkeit geführt hätte. Dem stimmte wiederum der Entnazifizierungs-Hauptausschuss nicht zu, der nicht dazu bereit war, den Verleger nach den ihm vorliegenden Unterlagen in eine höhere Kategorie als IV, das heißt Mitläufer, einzustufen.[471]

Die Zuständigkeit für Entnazifizierungsverfahren wurde Ende 1947 aufgrund einer militärischen Verordnung[472] an die deutschen Behörden übergeben. In einer Antwort des Regional Governmental Office in Düsseldorf auf Kurt Neven DuMonts Antrag auf Wiederaufnahme des Entnazifizierungsverfahrens, welche auch ein Schreiben Wilhelm Ungers erwähnte,[473] wurde der Verleger an das Justizministerium von Nordrhein-Westfalen verwiesen. Der Justizminister musste allerdings wiederum die Militärbehörden um die Genehmigung für die Wiedereröffnung des Verfahrens bitten.[474]

Wilhelm Unger setzte sich nicht nur brieflich für seinen Freund ein, sondern er sprach auch persönlich vor dem Hauptausschuss der Entnazifizierungskommission vor. Dies geht aus einem Brief hervor, den Kurt Neven DuMont an seine Frau Gabriele schrieb. In diesem machte er sich auch Gedanken, welche Vorgehensweise in seinem Fall die günstigste sein könnte:

»Heute war Unger wieder bei mir. Er war über die neue Lage erschrocken und sofort bereit den Kampf aufzunehmen. Morgen geht er schon zu

Goldschmidt, dem Vorsitzenden des Hauptausschusses. Es ist ja wichtig, daß er doch die Mitteilung von ihm bekommt, die ich bisher nur durch Indiskretion bekommen habe + die ich deswegen zunächst an amtlichen Stellen nicht anwenden kann. (...)

Grundsätzlich gibt es zwei Möglichkeiten:

1. zu warten, bis die Entnazifizierung in deutsche Hände kommt, was nicht mehr lange dauern wird, das ist der ›lautlose‹ Weg. Er hat aber den Nachteil, daß auch dann noch das Einspruchsrecht der britischen Mil. Reg. bleibt + möglicherweise in meinem Fall ausgeübt wird.

2. hier den englischen Stellen zu sagen, daß wir entschlossen sind, meinen Fall in London Peckenham vorzutragen und möglicherweise in die englische Presse oder vor das Unterhaus (Stokes) zu bringen. Wenn es nur eine persönliche Intrige ist (Long), dann wird man hier vielleicht aufgeben.

Vielleicht. Schließlich kann ja nicht viel passieren, schlimmer als III [sic!] kann es ja wohl nicht werden.«[475]

Der Verleger stellte umgehend einen Antrag auf Wiederaufnahme des Verfahrens an das Justizministerium mit einer ausführlichen Schilderung seines Falls, wobei er auch seine Mitgliedschaft bei der SA als Folge der Einverleibung des Stahlhelms 1934 und bei der NSDAP 1937 nicht verschwieg und die Begleitumstände dieser Beitritte erläuterte.[476] Im Hintergrund schienen sich nun auch weitere Personen für Kurt Neven DuMont einzusetzen, was ein Vermerk über einen Anruf eines Kontrolloffiziers der Universität Köln auf diesem Papier verdeutlichte. In besagtem Anruf wurde um eine »bestmögliche Erledigung des Falles Dumont [sic!]« ersucht und es wurde mitgeteilt, dass die »örtlichen Stellen von Public Safety mit [einer] Aufnahme einverstanden« seien.[477]

In einem weiteren Brief an das Justizministerium vom 1. Dezember 1947 bat Kurt Neven DuMont um die Rücknahme seiner Entlassung, damit kein Gerichtsverfahren im Rahmen des neuen Entnazifizierungsverfahrens eröffnet werden musste, von dem der Verleger annahm, dass es eine langwierige Angelegenheit werden würde.[478]

Vier Tage später sandte Kurt Neven DuMont ein weiteres Schriftstück an den Oberlandesgerichtsrat Geller, in dem er ihm von der Absicht des Universitäts-Offiziers Mr. Beckhoff berichtete, ihn zu einer Arbeit heranziehen zu wollen, und dessen dementsprechendes Interesse an einer baldigen Wiederaufnahme seines Verfahrens beschrieb. Er bat Geller in diesem Zusammenhang nochmals um eine rasche Antragstellung des Justizministeriums an die Militärregierung:

»Mr. Beckhoff, der Kölner Universitäts-Offizier, nimmt aus bestimmten Gründen lebhaftes Interesse an meiner Entnazifizierungs-Angelegenheit. Es liegt ihm daran, daß die Sache so bald als möglich abgeschlossen wird, da er mich für eine bestimmte Arbeit heranziehen möchte.

(…) Mr. Beckhoff betonte mir gegenüber nochmals, der Antrag bei der Militär Regierung wegen der Wiederaufnahme des Verfahrens sei eine reine Formalität, es werde ihr bestimmt entsprochen werden.

Es ist daher m. E. wirklich nicht notwendig die Einsetzung eines Kommissars abzuwarten. Es ist nur notwendig einen kurzen Brief vom Justizministerium an die Militär Regierung 714 zu schreiben.

(…) Alles hängt nun allein an dem Antrag des Justizministeriums und daher möchte ich Sie nochmals bitten diesen nun bald zu stellen.«[479]

Noch am gleichen Tag sandte das Justizministerium ein Schreiben mit der Bitte um die Genehmigung für die Wiederaufnahme des Verfahrens an die Militärregierung![480] Die Genehmigung für die Wiederaufnahme erfolgte am 19. Dezember 1947 durch das Büro des Regional Commissioners in Düsseldorf.[481]

Es sollte bis ins Jahr 1948 dauern, bis Kurt Neven DuMont eine Entscheidung in Händen hielt:

»Gestern am Abend bekam ich telefonisch die Mitteilung, daß meine Eingruppierung in Kategorie V vormittags unterschrieben worden ist.«[482]

Aus einem Schreiben der britischen Militärregierung vom 13. Februar 1948 geht schließlich hervor, dass das Verfahren in der Tat eröffnet wurde und Kurt Neven DuMont in der Folge die Einstufung in Kategorie V, Entlastete, erhalten hatte.[483]

Das Entnazifizierungsverfahren seines Vetters August Neven DuMont war vermutlich in deutlich kürzerer Zeit abgeschlossen. Es ist für den älteren Verleger lediglich ein einziger Fragebogen des Military Government of Germany vom November 1947 in dessen Entnazifizierungsakte überliefert, dessen Inhalt Grundlage für das anschließende Verfahren war.[484] August Neven DuMont übte seit September 1937 bis zum September 1941 auf Drängen eines Ortsgruppenleiters die Position eines unbestätigten Blockleiters der NSDAP sowie von November 1941 bis November 1944 die Tätigkeit eines stellvertretenden Amtsleiters der NS-Volkswohlfahrt aus, wobei er sich laut eigener Aussage in beiden Ämtern auf die notwendigsten Aufgaben zu beschränken versuchte:

»Etwa drei Monate nach dem Eintritt in die Partei rief mich Ortsgruppenleiter Schoeller telefonisch an, um mir den Posten eines Blockleiters anzutragen. Trotz meiner Einwände, daß ich beruflich zu sehr in Anspruch genommen und eine Mitarbeit in der NS-Volkswohlfahrt vorziehe, um mich der politischen Einflußnahme zu enthalten, blieb er bei seinem Verlangen. Dem Verlangen glaubte ich schließlich nachgeben zu müssen, beschränkte meine Tätigkeit als unbestätigter Blockleiter in den Jahren 1937–41 auf das Dringnotwendigste [sic!] auf die zumachenden [sic!] Feststellungen, Kassieren der Beiträge usw. Nach Einberufung des Amtsleiters der NS-Volkswohlfahrt der Ortsgruppe zur Wehrmacht konnte ich endlich 1941 meine Stellung als Blockleiter mit der eines stellvertretenden Amtsleiters der NS-Volkswohlfahrt tauschen, wonei [sic!] ich die Bedingung stellte, daß meine Stellvertretung mit der Rückkehr des ordentlichen Amtsleiters enden müsse, wodurch ich meinen damaligen Wunsch, die caritativen Bestrebungen der NS-Volkswohlfahrt zu unterstützen, erfüllt sah. Meine Arbeit beschränkte sich auf die Überwachung der Beitragseingänge und der Sammlungen sowie auf die Fürsorge für alle Volkskreise, ehrenamtlich und ohne Rücksicht, ob man in der Partei war oder nicht. Im November 1944 gab ich meine Mitarbeit auf und wurde durch einen andern Herrn ersetzt.«[485]

Als Beleg für seine eigene politische Haltung reichte August Neven DuMont auch Bescheinigungen von Personen zu seiner eigenen Entlastung ein, zu denen unter anderen auch Mitarbeiter und Bekannte zählten.

Von insgesamt neun Bescheinigungen enthalten zwei Hinweise auf August Neven DuMonts persönliches Engagement gegenüber Juden oder mit nichtarischen Personen verheirateten Angestellten.

Ein ehemaliger selbstständiger Vertreter der *Kölnischen Zeitung* und der *Kölnischen Illustrierten Zeitung* in Frankfurt, Reinhold Damerius, bescheinigte August Neven DuMont ein starkes Engagement für den Verbleib von Anzeigen jüdischer Geschäftsleute im Anzeigenteil der Blätter des Verlages:

»Herr August Neven, dem innerhalb des Chef-Kabinetts u. a. auch die Anzeigenabteilungen aller Blätter unterstanden, sträubte sich bis zuletzt, die Anzeigen von jüdischen Einzelhandelsgeschäften abzulehnen, wodurch der *Westdeutsche Beobachter* zu großformatigen Plakaten an Köln's Anschlagsäulen herausgefordert wurde, auf denen der *Stadt-Anzeiger* hämisch angeprangert wurde, weil er noch immer nicht auf die jüdischen Anzeigen verzichten wollte. Dabei kannten Eingeweihte die Ansicht des Herrn August Neven DuMonts, die dahin ging, sich von

Maßnahmen fern zu halten, die in einer illegalen Arisierung der Einzelhandelsgeschäfte in Köln gleich zu achten gewesen wäre. Denn in dem damaligen Köln war ein Einzelhandelsgeschäft ohne Anzeigen im *Stadt-Anzeiger* dem sicheren Ruin ausgesetzt. Herr August Neven DuMont war also den jüdischen Geschäftsleuten gegenüber bis zu dem Grade loyal, daß er massive Anpöbelungen der Nazipresse von damals in Kauf nahm.«[486]

Ein weiterer selbstständiger Vertriebsleiter für die *Kölnische Zeitung* und die *Kölnische Illustrierte Zeitung* in Wien, Anton Honig, erinnerte sich in seiner Bescheinigung an August Neven DuMonts Unterstützung für ihn und seine nichtarische Frau in den Jahren 1935 bis 1943:

»Vollkommen frei und unbeeinflußt erkläre ich hiermit, daß Herr August Neven-Dumont [sic!], Verleger der *Kölnischen Zeitung* in Köln, im Verlauf meiner Tätigkeit für dieses Haus, von 1935 bis 1943, obwohl er meine Familienverhältnisse genauestens gekannt und die nichtarische Abstammung meiner Frau gewußt hat, in jeder Beziehung entgegenkommend und behilflich war.

Als im Jahre 1943 über Einschreiben der Gestapo in Berlin meine sofortige Entlassung aus dem Verband des Verlags und die Einstellung jeder weiteren Tätigkeit meiner Person in Presse und Verlagswesen verlangt wurde, war es Herr August Neven-Dumont [sic!], der mit allen Mitteln versuchte, mir meine Existenz zu sichern und nur dem Druck der Verhältnisse nachgebend meinen Austritt zur Kenntnis nahm.«[487]

Die übrigen Erklärungen sind überwiegend allgemeiner Natur und beschreiben mehr die Position des Verlags insgesamt beziehungsweise den aufrechten Charakter des Verlegers und dessen soziales Engagement, als dass sie konkrete Handlungen gegen das nationalsozialistische Regime darstellten.

Der Entnazifizierungs-Hauptausschuss kam im Falle August Neven DuMonts schließlich am 11. Februar 1948 zu folgendem Ergebnis:

Aufgrund seiner Tätigkeit als Blockleiter von 1937 bis 1944 wurde er nicht vollständig entlastet, sondern unter der Kategorie IV als Mitläufer eingestuft. Möglicherweise spielte auch seine Auszeichnung mit dem Kriegsverdienstkreuz 2. Klasse ohne Schwerter, die er für seinen Einsatz bei Luftangriffen im Jahr 1942 erhalten hatte,[488] bezüglich seiner Einstufung eine Rolle. Vermutlich war diese Auszeichnung im Zusammenhang mit seinem Einsatz bei den Löscharbeiten im Verlag nach dem Bombenangriff der Alliierten am 31. Mai beziehungsweise 1. Juni 1942 [im letzten

Kapitel erwähnt, Anm. d. Verf.] verliehen worden. Eine Konten- oder Vermögenssperre erfolgte bei ihm nicht.[489]

Letzteres war für den Altverleger umso wesentlicher, als es ihm und seiner Familie gesundheitlich und finanziell in den zwölf Monaten zuvor nicht gut ergangen war. In einem Brief vom März 1947 von August Neven DuMont an Otto Brües wird die angespannte Lage deutlich: »Besondern Dank, weil Sie einer der ganz wenigen waren, die von den Schriftleitern mir zu meinem 60sten Geburtstag ihren Glückwunsch aussprachen. Mit diesem Dank verbinde ich aber auch meinen Dank für die in Ihren Zeilen so herzl. und wohltuend zum Ausdruck gekommene Verbundenheit mit meiner Familie u. u. [sic!] mir. – Sie fragen, wie es in meiner Familie aussieht. Meiner Frau geht es gesundheitlich arg schwankend, besonders in den letzten Monaten u. Wochen der Frostperiode, die arg lang u. hart war, litt sie doch erheblich unter der Kälte. Das Anstehen vor den Läden u. das Warten an den Elektrischen hatte sie arg mitgenommen. Gott Lob ging es mir u. meinen Kindern wenigstens soweit gut. (...) Nur die Ernährungsfrage machte uns Sorge. Die besagten 1550 Kalorien sind auf die Dauer zu wenig, selbst wenn man mal etwas geschickt bekommt oder sich besorgt. Es fehlt eben an dem ›Durchfuttern‹, und die Zeit der knappen Ernährung dauert schon zu lange. Von meinem Ältesten haben wir immer noch keine Nachricht aus Rußland, trotzdem ich mich nach allen Seiten bemühe, eine Verbindung mit ihm zu erreichen. Ich weiß nur von einem Pionierfeldwebel, daß er am 7. März bei Tim [?] in russ. Gefangenschaft gekommen ist, also wenigstens lebt. Bis dahin hatten wir nur die Truppenmitteilung, daß er vermißt war. So heißt es geduldig warten, bis er schreibt oder, was noch schöner wäre, plötzlich lebend vor uns steht. Es geht uns halt wie vielen Tausenden, die in der gleichen Lage sind.

Meine Tochter, Brigitte, war auf der Kunstgewerbeschule u. wird ab 1. April in einem Photographengeschäft eine prakt. Lehrzeit durchmachen, mein Sohn Harald geht auf das Gymnasium, direkt unserer Wohnung gegenüber. – In der Breitenstraße ist Alles [sic!] noch, wie es seit Monaten war. Sie werden ja wohl wissen, daß mein Vetter es noch nicht erreicht hat, wieder in den Betrieb zurückzukommen. Ich selbst warte noch ab, weil ich hoffe u. es auch die Ansicht der maßgeblichen Anwälte ist, keine Eile zu haben. (...) Traurig, daß die Welt sich nicht schneller u. vernünftiger zusammenfindet. Ich kann es Ihnen so gut nachfühlen, daß Sie sich in Ihre Arbeit vertiefen u. so über die Zeit hinwegzukommen suchen. Bis zu einem gewissen Grade beneide ich Sie darum. Daß die Verleger noch nicht in dem von Ihnen erhofften u. gewünschten Umfange Ihnen zur Herausgabe Ihrer Arbeiten zur Verfügung stehen, tut mir für Sie leid. Aber Sie werden halt warten müssen, wie wir alle in unserm Berufsleben nur mit 50 Prozent Tempo weiter kommen. Es wird eben höhernorts alles viel langsamer genommen, als wir gern möchten. (...) – Unser gutes Köln ist wirklich ein Colonia destructa. Von der Großzügigkeit u. Tatkraft einer Agrippa, der röm. Schutzherrin, ist leider nichts mehr zu sehen. Im Gegenteil das ganze Leben in Köln ist nur noch ein Schatten von Früher. (...) Wir wohnen in der alten Wohnung von unserem früheren techn. Angestellten Bindewald, zu fünf Personen in drei Zimmern mit einer Küche, durch die wir von der Straße durchgehen müssen, um in unsere Zimmer zu gelangen, auf die Dauer ein unhaltbarer Zustand.«[490]

7. Freie Presse in der Demokratie

7.1 Der *Kölner Stadt-Anzeiger*: überparteilich und unabhängig

Mit der Gründung der Bundesrepublik Deutschland am 23. Mai 1949 auf der Basis der parlamentarischen Demokratie mit Repräsentativvertretung und Gewaltenteilung und den ersten freien Wahlen am 14. August 1949, Theodor Heuss wurde Bundespräsident und Konrad Adenauer Bundeskanzler, stand erstmalig in Deutschland dem Aufbau einer freien Presse nichts mehr im Wege.

Kurt Neven DuMont konnte sich, seit Februar 1948 vollständig entlastet, nun um die Herausgabe einer eigenen Zeitung in seinem eigenen Verlag bemühen. Wie sich herausstellen sollte, kam seine Initiative keinen Moment zu früh. Denn Reinhold Heinen, der Herausgeber der *Kölnischen Rundschau*, gab seit Frühjahr 1948 mit der *Allgemeinen Kölnischen Rundschau* ebenfalls ein überregionales Blatt heraus, das, wie früher die *Kölnische Zeitung*, einen Handels- und Wirtschaftsteil enthielt. Laut Hans Schmitz wählte Heinen für deren äußeres Erscheinungsbild nicht nur die gleichen Farben »Blau-Weiß«, wie der Verlag M. Dumont Schauberg sie verwendet hatte, sondern orientierte sich außerdem bei der Gestaltung des Titels der Kölner Ausgabe am *Kölner Stadt-Anzeiger*: Unter der Titelzeile setzte er den Untertitel »Stadt-Ausgabe«, der grafisch wie der Untertitel des *Stadt-Anzeigers* gestaltet war.[1]

Ein weiterer potenzieller Konkurrent, die West-Ausgabe der *Rheinischen Zeitung*, sollte am 29. September 1948 eingestellt werden. Die Zeitung hatte zuvor einige ehemalige Mitarbeiter der *Kölnischen Zeitung* und des *Kölner Stadt-Anzeigers* angestellt, darunter als Chefredakteur Heinz Pettenberg. Dabei arbeitete die Redaktion in Köln vollständig unabhängig von der Hauptredaktion in Essen.[2]

Pettenberg hatte bereits weiterführende Pläne geschmiedet für den Zeitpunkt, dass die britische Regierung auch nicht an Parteien gebundene Zeitungen zulassen würde. Laut Schmitz dachte Pettenberg dabei an zwei Varianten: Einmal, die nun eingestellte West-Ausgabe selbstständig weiter zu leiten oder sich um die Lizenz für eine überparteiliche Zeitung zu bewerben, die den Namen *Kölnische Post* tragen sollte.[3]

Auch Reinhold Heinen, der Herausgeber der *Kölnischen Rundschau*, trat nun wiederum auf den Plan und versuchte, eine Genehmigung für die *Kölnische Post* zu verhindern.[4] Er agierte beinahe verzweifelt und machte der *Welt* den Vorschlag, deren Kölner Beilage zu unterstützen, die er bisher laut Schmitz bekämpft hatte, falls diese im Lizenzausschuss ebenfalls gegen die *Kölnische Post* stimmte. Dies sollte nicht das letzte Vorgehen Heinens gegen den Verlag M. DuMont Schauberg bleiben.[5]

Zeitgleich entstanden dagegen auch Gremien, in denen Kurt Neven DuMont willkommen war, um die Presselandschaft im Nachkriegsdeutschland mitzugestalten. So wohnte er beispielsweise einer Sitzung der Zeitungslohndrucker in Düsseldorf bei, die seine Teilnahme an einer Sitzung des kulturpolitischen Ausschusses des Zonenbeirats in Hamburg vorbereitete: »Es handelt sich dabei um die Frage, ob dieser Beirat der britischen Militärregierung die Verlängerung der Verordnung empfehlen soll, auf der das Lizenzsystem beruht oder ob diese Verordnung Abänderungen erfahren soll.«[6]

Der Lizenzantrag der *Kölnischen Post* wurde schließlich am 29. November 1948 aus folgenden Gründen vom Landespresserat abgelehnt:[7] »Das Kontingent an überparteilichen Zeitungen in Nordrhein-Westfalen sei ausgeschöpft. Die *Kölnische Post* imitiere in Charakter und Druck die *Kölnische Zeitung*. Alte Titel wiederzubeleben verstoße aber gegen die Lizenzvorschriften. Daß Neven DuMont als Verhandlungsführer auftrat, nährte die Vermutung, daß eine Verbindung zu dem alten Verlag der *Kölnischen Zeitung* bestünde und diese wieder aufleben sollte. Hierfür sprach auch das Finanzierungskonzept der *Kölnischen Post*, an dem maßgeblich solche Kölner Geschäftskreise beteiligt waren, die früher der *Kölnischen Zeitung* nahegestanden hätten.« Vorgesehen als Hauptlizenzträger war Walter Oppenhoff.[8]

Im Verlag M. DuMont Schauberg wurde zunächst an eine Wiederauflage der *Kölnischen Zeitung* gedacht, doch waren die Vorbedingungen für eine überregionale Zeitung zu diesem Zeitpunkt nicht entsprechend und man beschloss daher, den *Kölner Stadt-Anzeiger* als lokale Zeitung wieder auferstehen zu lassen.

1962 erläuterte Kurt Neven DuMont die Gründe, die damals zu dieser Entscheidung führten: »Die Zeit und die finanziellen Verhältnisse waren beim Wiederentstehen eines überregionalen Blattes nicht günstig. Doch der *Kölner Stadt-Anzeiger* blieb vom ersten Tag seines Erscheinens an in den Strom der Tradition eingebettet. Er übernahm die liberale Grundlinie der *Kölnischen Zeitung* (...).«[9]

In der Zwischenzeit wurde Otto Brües vom Verlag aufgefordert, sich um ein weiteres wesentliches Standbein des Verlags zu kümmern. Er sollte etwas zum Wiederaufbau des Archivs beitragen, welches nicht allein wegen historischer Aspekte bedeutend war, sondern sich auch damals für die tägliche Arbeit der Redaktionen als unentbehrlich erwies und bis heute von grundlegender Bedeutung ist. Heinz Pettenberg hatte bereits im März 1945 bei der ersten Unterredung bei Mr. Kn. [Knoll vom Psychological Warfare, Anm. d. Verf.] angefragt, ob er das wertvolle Archiv bergen könne, und »tatsächlich stellte Knoll schon nach wenigen Tagen ein Auto, das er selbst begleitete, zur Verfügung. (...) Das Archiv war zum Teil ins Freie gezerrt, aber doch zu 90 Prozent erhalten, ein ungeahnter Glückszufall.«[10]Ob und inwieweit Brües etwas zu diesem Thema erarbeitet und verfasst hatte, ist nicht bekannt:

»Lieber Herr Brües,

im Zuge der baulichen Wiederherstellung unseres Betriebes sind wir nun soweit gekommen, daß das Archiv der Firma M. DuMont Schauberg seine Not-Unterkunft im Keller verlassen konnte.

Die Archivmappen von 1912 bis heute, die erfreulicherweise bis auf wenige Ausnahmen den Krieg überstanden haben, sind wieder übersichtlich aufgestellt worden und die Herren des Archivs können sich jetzt einer Arbeit zuwenden, die zweifellos sehr wichtig ist. Zu ihr einen Beitrag zu leisten, möchte ich Sie herzlich bitten.

Wir denken an die Zusammenstellung allen Materials im Dienste der Zeitungswissenschaft, das geeignet ist, der Nachwelt den Kampf einer bürgerlichen Zeitung beispielhaft zu machen. Dabei kommen in Frage:

1. die Darstellungen wichtiger Begebenheiten in einer erzählenden Form,

2. die Festlegung von Tatsachen und Terminen, sowie u. U. die Beibringung statistischen Materials.

Es handelt sich einmal um die Zeit vor der ›Machtergreifung‹, etwa von 1930 ab, in der wir schon in einem politischen, geistigen und geschäftlichen Kampf standen, in der sich die K.Z. bemühte, die Kräfte der Mitte zu sammeln und schwere Angriffe von rechts hinnehmen mußte, die auch ihre geschäftlichen Folgen hatten. Weiterhin handelt es sich um die Zeit von 1933–1945, die Angriffe des Nationalsozialismus gegen die letzten bürgerlichen Verteidigungsstellungen in unseren Zeitungen und unseren Widerstand. Sie werden gewiß über Aufzeichnungen und Material verfügen oder aus dem Gedächtnis eine Schilderung geben und so Ihren Beitrag zu dieser Materialsammlung liefern können. Wir sind es, wie ich meine, unserem gemeinsamen Erleben und der Sache schuldig, daß diese historische Fixierung möglichst weitgehend gesichert wird.

Bitte senden Sie Ihren Beitrag an das Archiv der Firma DuMont Schauberg, Köln, Breitest. 70, zu Händen des Herrn Kurt Weinhold.«[11]

Ein halbes Jahr später war in der verlegerischen Angelegenheit immer noch nichts entschieden, wie Kurt Neven DuMont in einem erneuten Brief an Otto Brües schilderte: »Es hat mich außerordentlich gefreut, daß Sie mir ein Exemplar Ihres neuen Romanes haben schicken lassen. Ich sehe darin ein schönes Zeichen dafür, daß Sie sich mit unserem Haus mit mir weiter menschlich verbunden fühlen und Sie können sicher sein, daß das umgekehrt auch der Fall ist. (...) Unsere Zeitungspläne gehen leider nicht so gut vorwärts, als wir es hofften. Ein Rückschlag ist dadurch eingetreten, daß der Lizenz-Ausschuß in Düsseldorf unseren Antrag ablehnte. Das bedeutet zum mindesten einen erheblichen Zeitverlust. Es hat aber keinen Sinn, derartige Dinge tragisch zu nehmen. Unser ganzes Dasein steht ja heute noch auf unsicherem Grund.«[12]

Die Lizenzierung zog sich weiter – wie in diesem Brief angedeutet – hin. Auch die Frage, ob eine überparteiliche Zeitung auf den Markt gebracht werden sollte, fand ziemlich verzögert einen Abschluss: »Kurz vor meiner Rückkehr war eben wieder die Frage des Druckes der überparteilichen Zeitung akut geworden. Und – um es vorweg zu nehmen – gestern habe ich dieser Frage in München-Gladbach [erst 1950 umbenannt, Anm. d. Verf.] ein Begräbnis erster Klasse bereitet. Ich bin nun froh, daß diese Sache abgeschlossen ist. Die Westausgabe hängt nun in der Luft + Pettenberg muß nun das Kunststück fertig bringen, sie unabhängig vom sozialdemokratischen Parteieinfluß zu halten bis – wir sie alleine machen können!«[13]

Heinz Pettenberg war als rechte Hand des Verlegers stark in das Verfahren der Lizenzierung eingebunden: »Pettenberg wird heute mit einem der Lizenzträger der *Rheinischen Zeitung* sprechen, morgen mit dem Lizenzträger der überparteilichen Zeitung in Düsseldorf und am Montag mit Greenard.«[14]

Auch der erfahrene Vertriebsleiter Claudius Belz war wieder mit von der Partie, und allmählich öffneten sich Wege zu einer Neuaufstellung:

»Mit Belz habe ich gestern den Vertrag unterschrieben. Er kann am 30.4. bei uns anfangen. (...) Das ganze Pressewesen ist in Fluß gekommen. Da ergeben sich allerhand Schwierigkeiten + Möglichkeiten. Ich muß da sehr aufpassen.«[15]

Kurzfristig überlegte Kurt Neven DuMont, trotz der Einbindung Pettenbergs, den Journalisten Hans Zehrer (1899–1966) als Chefredakteur anzustellen. Aus einem Briefwechsel in diesem Zusammenhang wurden einige weitere Einzelheiten der Vorgehensweise deutlich: »(...) möchte ich Ihnen doch sagen, daß ich keineswegs vor einer neuartigen journalistischen Lösung zurückschrecke. Mein Herz hängt nicht an dem alten Bild der Kölnischen. Ich bin im Gegenteil überzeugt, daß eine neue Form der journalistischen Gestaltung notwendig ist und wenn ich mich an Sie wandte, so tat ich es in der Überzeugung, daß Sie dazu in der Lage seien.«[16]

Die Lizenzierung verzögerte sich durch weitere ungünstige Entscheidungen des Ausschusses in Düsseldorf, die sowohl wegen inhaltlicher und wirtschaftlicher als auch personeller Gründe getroffen worden waren:

»Ein Rückschlag ist nun dadurch eingetreten, daß der Landes-Lizenz-Ausschuß in Düsseldorf am vergangenen Montag unseren Antrag abgelehnt hat und das mit 13:2 Stimmen zu einer Stimmenthaltung, die aber zu den ablehnenden Stimmen zu rechnen ist. Die offizielle Begründung der Ablehnung liegt uns noch nicht vor. Gerüchtweise [sic!] hörten wir, daß folgende Punkte eine Rolle gespielt haben sollten:

1. wären von vorne herein für die britische Zone nur 4 überparteiliche Zeitungen vorgesehen gewesen und für mehr sei kein Raum und kein Papier.

2. auf Grund der vorgelegten Probenummer und angesichts der Tatsache, daß ich zweifellos hinter dem Projekt stände, könne man annehmen, daß die Wiedererrichtung der alten *Kölnischen Zeitung* [sic!] angestrebt werde; es sei aber nicht im Sinne des Ausschusses, daß alte Zeitungen wiederkämen.

3. sei die Finanzierung undurchsichtig und man wisse nicht, welche wirtschaftlichen Kräfte hinter dem Projekt ständen.

(...)

Wichtiger erscheint mir aber, daß die ›unabhängigen‹ Mitglieder des Ausschusses geäußert haben sollen, aus der Tatsache, daß Ihre Benennung als Chefredakteur zurückgezogen wurde, sei zu schließen, daß nur ein mittelmäßiges Blatt zu erwarten sei. (...)

Das Votum des beratenden Ausschusses wird zweifellos eine Verzögerung in der Durchführung unserer Pläne zur Folge haben, sodaß diese wohl kaum vor dem 1.4. n.Js. verwirklicht werden können. Darin sehe ich, ebenso wie Sie, kein Unglück.«[17]

Der Verlag versuchte, sich mit Druckaufträgen über Wasser zu halten, doch herrschte Mitte 1948 noch große geschäftliche Unsicherheit: »Heute war ein aufregender Tag. Heinen hat seinen Druckauftrag gekündigt, was nach dem Währungsumstellungsgesetz fristlos möglich ist. Wir haben ihm geantwortet, daß wir den Druck der ›Kunstschau‹ einstellen würden, wenn er nicht bis morgen 12 [Uhr] erklärt, einstweilen auf der alten Basis weiterarbeiten zu wollen.«[18]

Der Zeitungsmarkt geriet immer schneller in Bewegung. Einige Blätter wurden bereits wieder verboten oder hatten Probleme, ausreichend Leser zu finden. Dadurch wurden auch die Forderungen nach einem Nachfolger für die *Kölnische Zeitung* lauter: »Heute ist die *Volksstimme* für einen Monat verboten worden. – Pettenberg hat am Freitag mit einem der Lizenzträger der *Rheinischen Zeitung*, gestern mit [Name nicht lesbar] + heute mit Greenard in Düsseldorf verhandelt. Er wird wohl zu der überparteilichen Zeitung nach Düsseldorf gehen. (...) Morgen kommt die Verhandlung wegen des Drucks einer Teilauflage der *Welt*. In der nächsten Woche die wegen des Drucks der neuen Illustrierten. Ich bin jetzt froh, daß wir diese beiden Aufträge bekommen werden, wenn der Druck der Westausgabe fortfällt. (...) Wenn die Westausgabe eingeht, wird in Köln der Schrei nach einer neuen Zeitung stärker werden.«[19]

Der bereits erwähnte Druck der *Westdeutschen Zeitung* wurde zur vorbereitenden Plattform für die Wiederauflage des *Kölner Stadt-Anzeigers*. Am 29. Oktober 1949 wurde die Auflage dieser Zeitung übernommen, inklusive der Verkaufsstellen in Köln und Umgebung, und es erschien an diesem Tag die erste Nummer des neuen *Kölner Stadt-Anzeigers*[20] in einer Auflage von 70 000 Exemplaren.[21] Knapp einen Monat nach dem Wegfall des Lizenzierungszwangs für Tageszeitungen konnte nun auch der *Stadt-Anzeiger* starten. Die Anzahl der Tageszeitungen stieg rasch von 150 bis auf 550 zum Jahresende.[22]

Vorausgegangen war ein vierwöchiger Werbefeldzug für den *Kölner Stadt-Anzeiger* mit Plakaten und Ankündigungen in der *Westdeutschen*

Zeitung. In der abschließenden Ausgabe der *Westdeutschen Zeitung* in Köln nahm der Verlag Abschied von den Lesern und stellte sich gleichzeitig als Verlag des *Kölner Stadt-Anzeigers* vor: »Der Verlag M. DuMont Schauberg verabschiedet sich von seinen Lesern als Generalagentur, um sich morgen früh als Verlag Ihres und unseres *Kölner Stadt-Anzeigers* vorzustellen.«[23]

Dem *Stadt-Anzeiger* lag folgendes Konzept zugrunde:

a. Eine Zeitung zu erstellen, die die lokalen Bedürfnisse der Bewohner von Köln und Umgebung berücksichtigen sollte.

b. Es sollten wirtschaftlich sämtliche Kräfte und Mittel investiert werden, wobei sowohl der Aufbau des redaktionellen und des Anzeigenteils als auch die notwendigen technischen Investitionen Vorrang haben sollten vor dem Streben nach Gewinn und der Repräsentation.[24]

Den Grund für die Entscheidung, den *Stadt-Anzeiger* wiederaufleben zu lassen (und nicht die *Kölnische Zeitung*), benannte Kurt Neven DuMont in einem Leitartikel zehn Jahre später: »Es war uns leider nicht möglich, die *Kölnische Zeitung* aus eigener Kraft wieder aufzubauen. Mit fremder Hilfe wollten wir es nicht.«[25]

Die Verleger Kurt Neven DuMont und August Neven DuMont fingen einerseits völlig neu mit anders verteilten Kompetenzen an, andererseits sahen sie sich aber weiterhin der Tradition der Verlagsgeschichte verbunden: »Es ist uns vollkommen klar, daß der *Stadt-Anzeiger* nicht einfach da fortfahren kann, wo er aufgehört hat. Die Leserschaft ist immer anspruchsvoller geworden und wenn wir jetzt gegen die *Kölnische Rundschau* ankämpfen wollen, muß schon eine beachtliche Leistung gebracht werden. Pettenberg ist mit großer Begeisterung bei dieser Arbeit. Ich bin sehr froh darüber, denn die Leitung des Gesamtbetriebes nimmt mich so stark in Anspruch, daß ich selbst jetzt in der wichtigen Vorbereitungszeit kaum die Hälfte meiner Arbeitszeit dem *Stadt-Anzeiger* widmen kann. Auch bezüglich des Vertriebs und der Anzeigen bin ich beruhigt, daß Herr Belz die Leitung dieser wichtigen Abteilung übernommen hat. Ich glaube, daß wirklich geschehen ist, was geschehen konnte, um dem *Stadt-Anzeiger* einen sicheren Platz zu gestalten. Ein klein wenig Glück müssen wir nun auch noch haben.«[26] Die Kontinuität zum »alten« *Stadt-Anzeiger* wurde dadurch unterstrichen, dass man im Jahr 1949 mit dem »73. Jahrgang« startete.[27]

Der Redakteur Wilhelm Crombach[28] (1907–1982) schrieb in einem Artikel der Jubiläumsausgabe des *Kölner Stadt-Anzeigers* vom 29. Oktober

1969 über die besondere Stimmung und feierliche Spannung aller Anwesenden bis zum Knopfdruck und die Umstände, unter denen das Blatt nach dem Krieg erstmals und endlich wieder gedruckt wurde: »Der *Kölner Stadt-Anzeiger* ist ein Spätheimkehrer. Im Herbst 1944 verfügten Nazi-Behörden die Einstellung, erst fünf Jahre danach war die Zeitung wieder da: am 29. Oktober 1949 (...). Im Rotationssaal des Pressehauses war in der Nacht zum 29. Oktober eine Maschine mit Tannengrün bekränzt. Etwa 100 Menschen hatten sich zur Begrüßung des Spätheimkehrers eingefunden. Um 21.14 Uhr drückten die Verleger – August Neven DuMont und Kurt Neven DuMont – auf die Knöpfe. Langsam begannen sich die Druckzylinder zu drehen. Die Papierbahnen strafften sich, und dann stieß die Maschine das erste Exemplar des *Kölner Stadt-Anzeigers* nach dem Kriege aus.«[29]

Die erste Ausgabe umfasste 56 Seiten. Durch das Alter der Maschinen bedingt, konnten zu diesem Zeitpunkt nicht mehr als 12 000 Exemplare pro Stunde gedruckt werden; die Maschinen mussten zwölf Stunden für diese Ausgabe laufen.[30] Der Umfang des Blattes erfüllte den Verlag mit Stolz, da seit 13 Jahren keine Ausgabe des *Stadt-Anzeigers* in Köln mehr so viele Seiten zählte.[31]

Die erste Auflage war in kürzester Zeit vergriffen. Restexemplare in den Agenturen wurden herbeigeschafft und an den benötigten Orten ausgeliefert. Als auch diese zur Neige gingen und selbst die Belegexemplare verkauft wurden, wurde ein zweiter Andruck ausgeführt.[32] Von dieser ersten Nachkriegsausgabe wurden mehr als 170 000 Exemplare hergestellt, wovon 31 000 auf Abonnenten, 2 700 auf andere feste Bezieher, 17 000 auf den Einzelverkauf und fast 120 000 auf Werbestücke entfielen.[33] Das Abonnement kostete 2,90 DM.[34]

Dessen ungeachtet war der Anfang alles andere als bequem und einfach. Das Papier der ersten Ausgaben war schlecht, holzig und gelblich. In der Regel war lediglich Papier für drei Tage im Rollenlager vorhanden, da es noch lange Zeit kontingentiert war. Die Beschaffung des Papiers war somit eine der größten Herausforderungen, da sich Auflage und Umfang steigerten. Bereits zwei Tage nach der ersten Ausgabe waren 11 000 neue Abonnenten hinzugekommen, und bis Ende 1949 erhöhte sich die Auflage um 13 000. Die Zugänge waren auf den intensiven Einsatz von Mitarbeitern, Boten und Werbern zurückzuführen. Die Zunahme von Kleinanzeigen wurde zu einer weiteren wesentlichen Grundlage für das Überleben des *Kölner Stadt-Anzeigers*.[35]

Gleichlaufend erweiterte sich auch der Mitarbeiterstab. Im Herbst 1949 stieß ein alter Bekannter zum Verlag. Es war Peter aus dem Winckel, der im Frühjahr 1949 die Leitung des Düsseldorfer Büros für die *Neue Zeitung* in Frankfurt am Main übernommen hatte und im September von Kurt Neven DuMont das Angebot erhielt, ab 1. Oktober 1949 wieder als Ressortleiter Innenpolitik in die Redaktion des *Kölner Stadt-Anzeigers* einzutreten. Der Vertrag enthielt eine politische Klausel über die Partei, die aus dem Winckel als »politische Mitte« bezeichnete und die eine Unterordnung unter den Chefredakteur Heinz Pettenberg vorsah.[36]

Der *Stadt-Anzeiger* musste jedoch über Jahre hinweg durch die Einnahmen aus anderen Druckaufträgen bezuschusst werden. In den ersten beiden Jahren stieg die Auflage auf über 100 000. Dennoch mussten die Verleger erst einmal eine nervenaufreibende Durststrecke überstehen. Man bemühte sich um eine ausgewogene Berichterstattung mit liberaler Grundtendenz und deutlich regionalem Bezug und Engagement: »In den folgenden Jahren konsolidierte sich das Blatt inhaltlich und geschäftlich auf der Basis seiner Grundkonzeption. Es verstand sich als Katalysator der politischen, kulturellen und gesellschaftlichen Integration im Kölner Raum. Seine innere und äußere Kraft war abwägend und ausgewogen. Seine innere und äußere Form trug der damals noch keineswegs ausgereiften und formierten politischen und gesellschaftlichen Struktur Rechnung. Sein Profil war von den Grundsätzen einer liberalen und vernunftsbezogenen Geisteshaltung geprägt.«[37]

Im Jahr 1950 stieg die Auflage des *Stadt-Anzeigers* zwar auf 122 000, sie war jedoch noch immer weit von der *Kölnischen Rundschau* entfernt. Auch stellte es offenbar ein Problem dar, die Leser längere Zeit an die Zeitung zu binden. Zwar konnte man verlorene Leser durch neue ersetzen, musste jedoch für die Werbeaktionen erhebliche Zahlungen an hauptberufliche Werber leisten.[38]

Um aus diesem Dilemma herauszukommen, engagierte Kurt Neven DuMont 1952 Hans Dietrich, der durch neue Marketingideen Erfolge erzielte, aber damit auch die alte Garde der Redakteure gegen sich aufbrachte. Der Konflikt zwischen Dietrich und Pettenberg eskalierte. Schließlich forderte die Redaktion die Absetzung Dietrichs.[39] Dazu sollte es allerdings nicht mehr kommen, weil nun auch ein Generationswechsel in der Verlagsleitung bevorstand und dadurch neue Ansätze und Ideen bezüglich der Gestaltung des Blattes vorgenommen wurden.[40]

Zum 25-jährigen Dienstjubiläum Pettenbergs 1952 hielt der Redakteur

Gerhard Dohms eine Ansprache, in der er die Leistungen des Chefredakteurs würdigte. Er stellte heraus, dass mit der Übernahme der *Westdeutschen Zeitung* die Vorbereitung für das Wiedererscheinen des *Stadt-Anzeigers* begann. Und er erwähnte, dass aus der Papiernot des Jahres 1950/1951 der »Blick in die Zeit« geboren wurde.[41]

In einem Typoskript mit dem Titel »Plan für die Gestaltung einer Kölner Tageszeitung«, welches vermutlich von Heinz Pettenberg stammt, werden in den Anfangsjahren des demokratischen Journalismus die Außen- und Innenpolitik als Marginalien dargestellt. Eher sah man den Schwerpunkt in der Kommunalpolitik. Aber auch der Heimatteil sowie der Umgebungsteil sollten starke Pfeiler bilden. Das Feuilleton sollte Beziehungen zur geistigen Welt draußen pflegen und wurde deshalb von Pettenberg als wichtigster Bestandteil erachtet.[42]

7.2 Ein neues Konzept: Alfred Neven DuMont

Der Name war Konzept, Kreativität und Ideenreichtum. Geboren wurde Alfred Neven DuMont junior am 29. März 1927 in Köln, mitten in den »Goldenen Zwanziger Jahren«, als sein Vater Kurt Neven DuMont sich gerade anschickte, die *Kölnische Zeitung* auf eine neue Basis zu stellen, junge Leute einstellte, die liberalen Ideen verpflichtet waren und die neuen Schwung und übergreifende Impulse in die konservative Redaktion bringen sollten.

Eigentlich wollte er Schauspieler werden, eine Profession, die er bis heute perfekt beherrscht. Sein Studium der Literatur, Philosophie und Geschichte in München prädestinierte ihn für beides: Schauspieler und Journalist. Als Schauspieler übte er sich an den Kammerspielen und dem Staatstheater in München. Hier war er auch als Regieassistent bei Hans Schweikart tätig. Frühzeitig war er mit großen Rollen betraut und spielte unter der Regie von Paul Verhoeven. Journalistische Erfahrung sammelte er als Volontär beim *Hamburger Abendblatt*. Hier lernte er eine Zeitung modernen Zuschnitts kennen. Axel Springer, der geniale Verleger, der sich um jedes Detail selbst kümmerte, hatte in Hamburg ein neuartiges Blatt geschaffen, das sich unter dem Motto »Seid nett zueinander« an die ganze Familie richtete.[43]

Springer hatte seine Zeitung mit packenden Bildern ausgestattet, fetten Überschriften, Preisausschreiben und natürlich Klatsch und Tratsch, nicht immer von der feinsten Art, aber äußerst wirksam und erfolgreich. Alfred Neven DuMont lernte »dem Volk aufs Maul« zu schauen, pragmatischen Journalismus zu installieren und beschloss für sich, seine Affinität für die Verantwortung von politischem Journalismus zu pflegen. Danach absolvierte er ein Praktikum bei der *Süddeutschen Zeitung* in München, wobei er die Arbeit der Verlagsabteilungen studieren konnte.[44]

In den Jahren 1952/1953 absolvierte er ein Studium an der Medill School of Journalism der Northwestern University Chicago.[45] Die Zeit als Austauschstudent in den USA zeigte ihm die Geschwindigkeit, die ständige Bewegung, mit der die Amerikaner alles gestalteten. Im mittleren Westen lebten viele Deutsche, und er als Deutscher war willkommen, bekam Einblick in den amerikanischen Journalismus und die amerikanische Gesellschaft.[46] Der Aufenthalt in den USA hatte ihn stark geprägt. Es war klar, dass er seine Erfahrungen bei Springer und in den USA auch in Köln umsetzen wollte. Sein Credo lautete: Die Zeitung hat nur ein Ziel, nämlich dem Leser zu dienen, und gleichzeitig war es geboten, Distanz zu den Mächtigen zu halten. Letzteres war in der Geschichte des Verlages ein absolutes Novum, da alle seine Vorgänger immer mit den Machthabern paktierten oder paktieren mussten.

Mit diesen Erkenntnissen und dem festen Willen, seine Grundsätze zu verwirklichen, kam er 1953 nach Köln.

Aber der Einstieg war nicht leicht. Sein Vater kränkelte und kümmerte sich im Wesentlichen um die finanzielle Seite des Verlages. Die Redaktion und die journalistische Ausrichtung oblag dem Chefredakteur Heinz Pettenberg, den mit Kurt Neven DuMont die schwere Zeit des Krieges und die Durchhaltestrategie verband. Er legte wie dieser großen Wert auf die äußere Form der Zeitung. Pettenberg war der Tradition verpflichtet, und somit herrschte eine konservative Grundhaltung vor.[47] Claudius Belz und Hans Dietrich wusste er hinter sich, ebenso die Leiter im Anzeigenbereich und im Vertrieb. Die Buchhaltung hielt er für zu schwerfällig und unfähig, um neue Ideen zu entwickeln. Ein Gespür für Zahlen führte auch hier zu schnellen Änderungen. Aber sein Hauptproblem war die Redaktion. Sie widerstrebte seinen Ideen, eine neue, lebendige und bürgernahe Zeitung zu realisieren. Sein Wille, zu formen und zu prägen, führte schließlich dazu, dass er seine Vision konsequent zu Ende brachte und diese auch lebte. Als Erstes bedurfte es junger zukunftsorientierter Journalisten seines Zuschnitts, die alle Schaltstellen der Redaktion besetzen sollten. Das erinnert an seinen Vater, der 1928 ebenfalls junge liberale Journalisten um sich scharte, um die Zeitung von einem konservativen in ein liberales Blatt umzuwandeln. Dieses Konzept führte konsequenterweise zum Bruch mit dem Chefredakteur Heinz Pettenberg. Kurt Neven DuMont musste es schwergefallen sein, Pettenberg zu opfern. Aber er entschied sich für den Sohn und seine neue Ausrichtung. Junge, begabte, ehrgeizige, einfallsreiche und lebendig schreibende Journalisten wurden nach und nach eingestellt: Hans Günter Sussenburger, Rudolf Rohlinger, Rolf Becker und Horst Schubert standen für die neue Redaktionsausrichtung. Es folgten Helmut Eickelmann und Karl Zöller, der unter dem Pseudonym »Carolus« schrieb und bei den Kölnern besonders beliebt war. Das Wirtschaftsressort übernahm Martin Dürbaum. Dieter Thoma und Karl Weiss zeichneten sich durch gekonntes Schreiben aus.[48]

Im Jahr zuvor hatte schließlich auch die überregionale Ausgabe von Reifferscheidts *Rheinischer Zeitung* ihr Erscheinen eingestellt. Ihre Abonnenten wurden von der *Neuen Rhein-Zeitung*, der rheinischen Ausgabe der neuen Essener *Ruhr-Zeitung* übernommen. Das Erscheinungsbild war lebhaft mit Fettdruck und Überschriften. Allerdings hielt sie trotz allem lediglich den dritten Rang unter den Zeitungen in Köln, und daher wechselten etliche Redakteure zum *Stadt-Anzeiger*.[49] Es folgten Mitarbeiterzugänge aus den verschiedensten Teilen Deutschlands und von unterschiedlichen Zeitungen, wie beispielsweise auch der *Kölnischen Rundschau*. Die grafische und thematische Umgestaltung wurde nach den Ausführungen von Schmitz zuerst in den Bezirksausgaben durchgeführt, die dem damaligen Ressortleiter Hans Günther Sussenberger unterstanden. Die Redaktion des *Stadt-Anzeigers* erhielt durch diese Neuzugänge eine ausgesprochen inhomogene Zusammensetzung, wodurch Auseinandersetzungen quasi vorprogrammiert waren.[50]

Mit einer neuen Methode, um die Bedürfnisse der Leser in Erfahrung zu bringen und diese anschließend in die Gestaltung des Blattes einfließen zu lassen, wurde nun auch die Leserbefragung,[51] die Alfred Neven DuMont während seines Studiums in Chicago kennen gelernt hatte, eingeführt.[52]

Um andererseits an die lange Tradition des Verlagshauses zu erinnern, wurde dem Zeitungstitel in diesem Jahr die Unterzeile »seit 1876« beigefügt.[53]

Ein langjähriger Begleiter und Mitgestalter dieser Tradition war August Neven DuMont, der 1953 sein 40-jähriges Dienstjubiläum feiern konnte:

»Aus all diesem habe ich eine innere Verbundenheit zwischen Ihnen und mir empfunden, die mich tief bewegt hat. Wenn meinem Bestreben und meiner Arbeit in der Firma manche Erfolge beschieden waren, verdanke ich dies einzig und allein dem Vertrauen meiner Freunde und der Hingabe meiner Mitarbeiter.«

Im Mai 1954 kam die Wochenbeilage »Bunte Blätter« auf den Markt, die anzeigenfreie letzte Seite »Panorama« wurde eingeführt und die Beilage »Blick in die Zeit« mit spannenden Korrespondentenberichten aus dem In- und Ausland wurde integriert; moderne und zeitgemäße Innovationen, die eine neue Ausrichtung andeuteten.

Aber dennoch herrschte in den Redaktionen ein Richtungskampf zwischen alt und jung. Vor allem die Lokalredaktion wollte ihre herausragende Stellung nicht aufgeben.[54]

So gestaltete sich das Jahr 1954 äußerst schwierig. Aber am Horizont war Hoffnung in Sicht, und ein langsamer Erfolg stellte sich ein.

1954 betrug die Auflage des *Stadt-Anzeigers* 160 000 Exemplare. Sie lag damit aber immer noch an zweiter Stelle hinter der *Kölnischen Rundschau*.[55] Mitte der fünfziger Jahre erholte sich der Verlag allmählich wirtschaftlich. Von 1954 auf 1955 verdoppelte sich das Einkommen von M. DuMont Schauberg:

»Unser Einkommen hat betragen in	1954	1955
aus MDS	147 800,00	372 789,00«[56]

Ein Erfolg drückte sich auch in der Gestaltung der Zeitung selbst aus. Bis Mitte der fünfziger Jahre war der *Stadt-Anzeiger* ohne Abbildungen erschienen. Eine Ausnahme stellte die Gestaltung der Titelseite zum Gewinn der Fußball-Weltmeisterschaft 1954 in Bern dar.[57]

1955 war der Machtkampf im Verlag endgültig entschieden. Die neue Ausrichtung hatte sich durchgesetzt, sodass sich die Verantwortungsbereiche deutlich verschoben. Nachdem bereits etwas früher der Schwager Alfred Neven DuMonts, Ernst Brücher[58] (1925–2006), die Leitung des technischen Apparats übernommen hatte, trat nun auch der Sohn Kurt Neven DuMonts, Alfred Neven DuMont, seine neue Position als geschäftsführender Herausgeber an. Parallel hierzu wurde eine inhaltliche, typographische und drucktechnische Modernisierung des *Stadt-Anzeigers* vorgenommen.[59]

Heinz Pettenberg legte am 24. September 1955 im Zuge dieser Ereignisse sein Amt als Chefredakteur nieder.[60]

Ab 1955 war Alfred Neven DuMont auch als publizistischer Leiter des *Kölner Stadt-Anzeigers* verantwortlich tätig.[61]

Das äußere Erscheinungsbild dieses Blattes wurde am 24. Juli 1956 modernisiert, indem das Layout nun nicht mehr vier-, sondern fünfspaltig war und die Anzahl der Abbildungen erhöht wurde.[62] Der Leitartikel mit dem Wappenzeichen der vereinten Familien Neven und DuMont, der gespannte Bogen mit Stern,[63] wurde nun zweispaltig auf Seite zwei abgedruckt und die Kommentare mit dem vollen Namen des Autors oder zumindest mit dessen Kürzel gekennzeichnet.[64]

Mit Bezug auf das abgebildete Wappen beschrieb Alfred Neven DuMont an diesem Tag die Zielsetzung ihrer Arbeit:

»Gespannter Bogen mit Pfeil ist das Hauswappen des *Kölner Stadt-Anzeigers* – Symbol dafür, daß unserer Meinung nach zwischen Tradition und Tagesarbeit kein Widerspruch sein darf, denn beide sollen sich ergänzen zu einer Arbeit, in der das Interesse unserer Leser Einheit wird mit unserem journalistischen Wollen.«[65]

1956 konnte der Verlag mittlerweile 210 000 Abonnenten verzeichnen. Um mehr über die Zusammensetzung der Leserschaft des *Kölner Stadt-Anzeigers* zu erfahren, führte man im gleichen Jahr eine demoskopische Untersuchung durch, die zu den folgenden Ergebnissen kam: So wurde jedes Exemplar im Schnitt von zwei bis drei Personen gelesen, wodurch man über eine halbe Million Leser erreichte. Diese Leser stammten aus allen sozialen Schichten und parteipolitischen Gruppierungen.[66]

Der Verlag M. DuMont Schauberg stand nun auf einer positiven finanziellen Basis, was allerdings weniger auf den zunehmenden Erfolg des *Stadt-Anzeigers* zurückzuführen war als vielmehr auf die zunehmende Anzahl von gut bezahlten Druckaufträgen, wie dem Druck des *Bundesanzeigers* und der *Neuen Illustrierten*. Das Betriebsgelände wurde wieder instand gesetzt und durch den Erwerb zusätzlicher Grundstücke erweitert.[67] Als man im Mai 1956 das 80-jährige Jubiläum des *Kölner Stadt-Anzeigers* feiern konnte, besaß der Verlag mehr als 300 Redakteure und ständige Mitarbeiter. In den Verlagsabteilungen, im kaufmännischen Bereich, im Vertrieb und in der Technik waren viele Hundert Mitarbeiter beschäftigt.[68]

Der Umfang des *Stadt-Anzeigers* selbst hatte sich auf bis zu 68 Seiten erweitert.[69]

Und noch etwas hatte sich verändert: Nicht Kurt, sondern Alfred Neven DuMont junior stellte in diesem Jahr den neuen Chefredakteur ein. Es war

Günther Sawatzki (1906–1978),[70] der zum 1. Februar des Jahres diese Position übernahm und bis 1961 bekleidete.

Klar war jetzt, dass Alfred Neven DuMont in die Fußstapfen seines Vaters getreten war. Darüber hinaus hatte Brigitte, die Tochter von August Neven DuMont, 1950 den Betriebswirt und ausgebildeten Parfümeur Dieter Schütte (geb. 4.6.1923 in Köln) geheiratet. Nach einer Tätigkeit in der Riechstoffindustrie in Holzminden und als persönlich haftender geschäftsführender Teilhaber des Metallwarenbetriebs Dültgen & Schütte, Solingen, wurde er 1960 persönlich haftender geschäftsführender Gesellschafter bei MDS. Sein Sohn Christian DuMont Schütte ist heute Mitglied der Geschäftsführung, ebenso wie Konstantin Neven DuMont, der Sohn von Alfred Neven DuMont.

Die Unabhängigkeit und die überparteiliche Ausrichtung musste im Laufe der Nachkriegsgeschichte des *Kölner Stadt-Anzeigers* mehrmals dokumentiert werden. Im Jahre 1956 erhielt Kurt Neven DuMont das Angebot des ersten Bundeskanzlers der Bundesrepublik Deutschland, Konrad Adenauer, und des Bankiers Robert Pferdmenges von Sal. Oppenheim, mit ihrer Unterstützung die *Kölnische Zeitung* wieder herauszugeben. Da Adenauer jedoch offenbar kein politisch unabhängiges Blatt wünschte, ging der Verleger nicht darauf ein. Kurt Neven DuMont hatte über dieses Gespräch ein Gedächtnisprotokoll verfasst, das den Ablauf der Unterhaltung schildert:

»Als wir [Pferdmenges und Neven DuMont, Anm. d. Verf.] dann zu Adenauer kamen, zeigte sich gleich, daß es diesem nur darum zu tun war, eine überregionale Zeitung für seine politischen Zwecke zur Verfügung zu haben. Pferdmenges sollte das Geld zur Verfügung stellen und wir unseren guten Namen. Es war unter diesen Umständen natürlich klar, daß die Durchführung des Projektes für uns nicht in Frage kommen konnte. Die beiden alten Herren bedrängten mich so sehr, daß mir am Schluß nichts anderes übrig blieb, als kurz und bündig nein zu sagen.«[71]

»Wir sind der Meinung«, schreibt Alfred Neven DuMont im Oktober 1959, »daß eine Zeitung weder Politikum noch Kulturinstitut sein kann, wenn sie nicht zugleich ein unabhängiges kaufmännisches Unternehmen ist. Wenn die Meinungsäußerung sich von Interessensgruppen oder vom Staat abhängig machen läßt, dann – das ist immer wieder bewiesen worden – verkümmert sie. Aber sie ist so lange nicht in Gefahr, solange wir die Kraft und Freude haben, freie Meinung unter uns auszutauschen.«[72]

1969 forderte Alfred Neven DuMont, für einen Herausgeber ungewöhnlich, die Ablösung der CDU-Regierung und die Übernahme der

Regierungsgewalt durch SPD und FDP. Joachim Besser, der Chefredakteur des *Kölner Stadt-Anzeigers*, der sich wiederholt als »Linksliberaler« bekannt hatte, musste Ende 1970 gehen. Dieser Wechsel, normalerweise eine kurze Notiz in anderen Zeitungen, wurde als Richtungswechsel, als Korrektur der liberalen Haltung verstanden. Doch Kurt Becker, sein Nachfolger, vorher *Zeit*-Redakteur, der nach Meinung vieler geholt worden war, um die Zeitung auf »Linie« zu bringen, setzte die liberale Linie fort. Es gab auch keinen Grund, die Linie zu ändern. Der *Kölner Stadt-Anzeiger* unterstützte die Ostpolitik von Willy Brandt und Walter Scheel und später von Hans Dietrich Genscher. Dennoch wollte Alfred Neven DuMont die Distanz zu den Mächtigen halten.

Das liberale Verständnis von Zeitungsmachern, so formulierte Alfred Neven DuMont es zu einem späteren Zeitpunkt, zielte nach 1969 bei aller Sympathie doch darauf ab, »einen journalistischen Abstand zur Regierung zu gewinnen, um nicht in Abhängigkeit und Parteilichkeit zu verfallen«.[73]

Nach über 150 Jahren hatte sich endlich eine freie demokratische Presse installiert.

8. Anhang

8.1 Anmerkungen

1. Prolog

1 Weinhold, Kurt: *Die Geschichte eines Zeitungshauses 1620–1945*. Köln 1969. S. 61.

2 Strohmeier, Gerd: *Politik und Massenmedien. Eine Einführung*. Baden-Baden 2004. S.27–28.

3 Habermas, Jürgen: *Strukturwandel der Öffentlichkeit*. Frankfurt am Main 1990. S. 98.

4 Steinmetz, Rüdiger: »Kommunikation ist nicht nur Sprache«. In: *Kommunikation: die Entwicklung der menschlichen Kommunikation von der Sprache bis zum Computer. Texte zur Filmserie*. Hrsg. v. Rüdiger Steinmetz. München 1987. S. 11.

5 Wilke, Jürgen: »Politikvermittlung durch Printmedien«. In: *Politikvermittlung und Demokratie in der Mediengesellschaft. Beiträge zur politischen Kommunikationsstruktur*. Hrsg. v. Ulrich Sarcinelli. Bonn 1998. S. 150–157.

6 Hildebrand, Klaus: *Das vergangene Reich. Deutsche Außenpolitik von Bismarck bis Hitler 1871–1945*. Stuttgart 1995. S. 563.

7 Sachsse, Rolf: *Die Erziehung zum Wegsehen. Fotografie im NS-Staat. Philo Fine Arts*. Dresden 2003. S. 9.

8 Habermas, Jürgen: »Vom öffentlichen Gebrauch der Historie«. In: *Eine Art Schadensentwicklung. Kleine politische Schriften VI*. Hrsg. v. Jürgen Habermas. Frankfurt am Main 1987. S. 137–148.

9 Wehler, Hans-Ulrich: *Entsorgung der deutschen Vergangenheit? Ein polemischer Essay zum »Historikerstreit«*. München 1988.

10 Adorno, Theodor W.: »Was bedeutet Aufarbeitung der Vergangenheit«. In:

Eingriffe. Neun kritische Modelle. Hrsg. v. Theodor Adorno. Frankfurt am Main 1968. S. 125–146.

11 Sachsse, Rolf: a.a.O., S. 13.

12 Ebenda, S. 14.

13 Möding, Nori: »Die domestizierte Masse«. In: *Geist und Katastrophe. Studien zur Soziologie im Nationalsozialismus.* Hrsg. v. Urs Jaeggi. Berlin 1983. S. 136–173.

2. Die Anfänge des Verlagshauses M. DuMont Schauberg

1 Potschka, Georg: »Kölnische Zeitung (1802–1945)«. In: *Deutsche Zeitungen des 17. bis 20. Jahrhunderts.* Hrsg. v. Heinz-Dietrich Fischer. Pullach bei München 1972. S. 145–158.

2 Von der Nahmer, Ernst (Hrsg.): *Beiträge zur Geschichte der Kölnischen Zeitung, ihrer Besitzer und Mitarbeiter. Bd. 1: Marcus DuMont 1802–1831.* Köln 1920. S. 7.

3 Weinhold, Kurt: (1969), a.a.O., S. 69.

4 Pinkow, Hans: »Die Weltgeltung der Kölnischen Zeitung«. In: *Presse und Wirtschaft. Festgabe der Kölnischen Zeitung zur Pressa.* Köln 1928. S. 26.

5 Weinhold, Kurt: (1969) a.a.O., S. 69.

6 *Kölnische Zeitung* vom 16.1.1814.

7 *Kölnische Zeitung* vom 25.2.1815.

8 Z. B. erschien die *Kölnische Zeitung* am 3. Mai 1817 mit weißen Flecken. In: *Beiträge zur Geschichte der Kölnische Zeitung, ihrer Besitzer und Mitarbeiter.* Hrsg. v. Ernst von der Nahmer: a.a.O., S. 89.

9 Ebenda.

10 Kuczynski, Jürgen: *Darstellung der Lage der Arbeiter in Deutschland von 1789–1849.* Berlin und Leipzig 1947. S. 95 und 382 ff.

11 Vgl. Treue, Wilhelm: *Wirtschaftsgeschichte der Neuzeit.* Stuttgart 1973. S. 562 und Kaufhold, K. H.: »Handwerk und Industrie 1800–1850«. In: *Handbuch der deutschen Wirtschafts- und Sozialgeschichte.* Hrsg. v. Hermann Aubin und Wolfgang Zorn. Stuttgart 1976. S. 321 ff. und Kocka, Jürgen: *Unternehmer in der deutschen Industrialisierung.* Göttingen 1975. S. 10 ff.

12 Potschka, Georg: »Karl Joseph Daniel DuMont (1811–1861)«. In: *Deutsche Presseverleger des 18. bis 20. Jahrhunderts.* Hrsg. v. Heinz-Dietrich Fischer. Pullach bei München 1975. S. 122–129.

13 Buchheim, Karl: *Die Geschichte der Kölnischen Zeitung, ihrer Besitzer und Mitarbeiter. Bd. 2: Von den Anfängen Joseph DuMonts bis zum Ausgang der deutschen bürgerlichen Revolution 1831–1850.* Köln 1930. S. 24.

14 Potschka, Georg: (1975) a.a.O., S. 124.
15 Buchheim, Karl: (1930) a.a.O., S. 255 ff.
16 Ebenda, S. 275.
17 Weinhold, Kurt: (1969) a.a.O., S. 144.
18 Vgl. Artikel von Karl Andree in *Kölnischer Zeitung* vom 19.6.1844 und vgl. Weinhold, S. 115.
19 Vgl. Buchheim, Karl: (1930) a.a.O., S. 37.
20 Ebenda.
21 Potschka, Georg: (1975) a.a.O., S. 123.
22 Pohl, Manfred: *Merger of Equals. Einer ist immer gleicher.* München, Zürich 2004. S. 99.
23 Buchheim, Karl: a.a.O., S. 119.
24 *Kölnische Zeitung* vom 18.2.1849.
25 Ebenda, vom 28.4.1849.
26 Ebenda, vom 8.11.1850 und Buchheim, Karl: *Die Geschichte der Kölnischen Zeitung, Bd. 3: Der Aufstieg zur Weltpresse im Preußen der Reaktion 1850–1858.* Köln 1976. S. 18 ff.
27 Weinhold, Kurt: (1969) a.a.O., S. 140.
28 Pinkow, Hans: a.a.O., S. 26.
29 Buchheim, Karl: *Die Geschichte der Kölnischen Zeitung, Bd. 4: Gegen und mit Bismarck auf dem Weg zur deutschen Einheit 1858–1867.* Köln 1979. S. 223 ff.
30 Weinhold, Kurt: (1969) a.a.O., S. 190 ff.
31 Ebenda, S. 161.
32 Borchardt, Knut: »Wirtschaftliches Wachstum und Wechsellagen 1800–1914«. In: *Handbuch der deutschen Wirtschafts- und Sozialgeschichte.* Bd. 2. Hrsg. v. Herbert Aubin und Wolfgang Zorn. Stuttgart 1976. S. 198 ff.
33 Böhm, Hermann: *Der Stadt-Anzeiger für Köln und Umgebung 1876–1926, Blätter der Chronik aus fünf Jahrzehnten.* Köln 1926. S. 21.
34 Weinhold, Kurt: (1969) a.a.O., S. 159.
35 DuMont Schauberg, M.: *Kölnische Zeitung 1802–1902.* Köln o. J. S. 11.
36 *Kölnische Zeitung* vom 6.9.1862.
37 Ebenda, vom 21.9.1862.
38 Ebenda, vom 10.10.1862.
39 Daun, Johannes: *Die Innenpolitik der Kölnischen Zeitung in der Wilhelminischen Epoche 1890–1914.* Diss. Köln 1964. S. 202.
40 Weinhold, Kurt: (1969) a.a.O., S. 159.
41 Ebenda, S. 158 f.
42 Ebenda, S. 193 ff.

43 Ebenda, S. 200.

44 Hildebrand, Klaus: a.a.O., S. 20.

45 Meinecke, Friedrich: *Die deutsche Katastrophe. Betrachtungen und Erinnerungen.* Wiesbaden 1946. S. 11.

46 Hildebrand, Klaus: a.a.O., S. 23.

47 Keiger, John: *France and the Origins of the First World War.* London 1983. S. 6.

48 Pohl, Manfred: *Konzentration im deutschen Bankwesen. 1848–1980.* Frankfurt am Main 1982. S. 97ff.

49 Böhm, Hermann: a.a.O., S. 22 ff.

50 *Kölnische Zeitung* vom 10.11.1876.

51 Weinhold, Kurt: (1969) a.a.O., S. 169ff.

52 Ebenda, S. 190f.

53 DuMont Schauberg, M: a.a.O., S. 11.

54 Weinhold, Kurt: (1969) a.a.O., S. 233ff.

55 Das Bild ist u. a. wiedergegeben bei Weinhold, ebenda, Abb. 41, S. 192.

56 Ebenda, S. 238.

57 Böhm, Hermann: a.a.O., S. 149ff.

58 Borchardt, Knut: »Währung und Wirtschaft«. In: *Deutsche Bundesbank, Währung und Wirtschaft in Deutschland 1876–1975.* Frankfurt am Main 1976. S. 3–57.

59 Kirschmeier, Thomas: *Die Kölnische Zeitung 1932/33. Ein Medium zur Zeit der Machtergreifung* (unveröffentlichte Magisterarbeit). Münster 1994. S. 10.

3. Die Weimarer Republik

1 Möller, Horst: *Die Weimarer Republik. Eine unvollendete Demokratie.* München 2006. S. 8 und S. 83ff.

2 Pohl, Manfred: *Konzentration im deutschen Bankwesen. 1848–1980.* Frankfurt am Main 1982. S. 288–289.

3 Hildebrand, Klaus: a.a.O., S. 385.

4 *Kölnische Zeitung* vom 21.3.1933, Morgen-Ausgabe, Titelseite.

5 Feldman, Gerald D.: *The Great Disorder. Politics, Economics and Society in the German inflation 1914–1924.* New York and Oxford 1993. S. 25.

6 Hessel, Thomas: »Vom Stresemann-Blatt zum Fürsprecher Hitlers – Die *Kölnische Zeitung* in der Weimarer Republik«. In: *Geschichte in Köln. Zeitschrift für Stadt- und Regionalgeschichte.* Bd. 52/2005. S. 185.

7 *Kölnische Zeitung* vom 13. 6.1919, Mittags-Ausgabe, Titelseite.

8 *Kölnische Zeitung* vom 2.1.1920, Morgen-Ausgabe, Titelseite.
9 *Kölnische Zeitung* vom 4.1.1920, Morgen-Ausgabe, Titelseite.
10 Ebenda.
11 Ebenda.
12 Ebenda.
13 *Kölnische Zeitung* vom 6.1.1920, Abend-Ausgabe, Titelseite.
14 Ebenda.
15 *Kölnische Zeitung* vom 26.2.1920, Abend-Ausgabe, Titelseite.
16 Ebenda.
17 *Kölnische Zeitung* vom 10.1.1920, 1. Morgen-Ausgabe, Titelseite.
18 *Kölnische Zeitung* vom 16.1.1920, 1. Morgen-Ausgabe, Titelseite.
19 Hessel, Thomas: a.a.O., S. 186/187. Vgl. außerdem »Keine Forderung der Gerechtigkeit«, in: *Kölnische Zeitung* vom 14.11.1918, Morgen-Ausgabe, und »Zur Lage«, in: *Kölnische Zeitung* vom 12.11.1918, Abend-Ausgabe.
20 *Kölnische Zeitung* vom 23.1.1921, Sonntags-Ausgabe 1. Blatt, Titelseite.
21 »Karl Liebknecht und Rosa Luxemburg«, in: *Kölnische Zeitung* vom 17.1.1919, Mittags-Ausgabe.
22 »Karl Liebknecht und Rosa Luxemburg«, in: *Kölnische Zeitung* vom 17.1.1919, Mittags-Ausgabe.
23 *Kölnische Zeitung* vom 3.1.1920, Morgen-Ausgabe, Titelseite.
24 Möller, Horst: a.a.O., S. 8.
25 Ebenda, S. 9.
26 Hildebrand, Klaus: a.a.O., S. 405.
27 Hessel, Thomas: a.a.O., S. 186.
28 Fritsch, Bernhard: *Das Problem der Inneren Pressefreiheit aus der Sicht der Berufsverbände*. Magisterarbeit am Institut für Publizistik der Gutenberg-Universität Mainz. Mainz 1994. S. 24.
29 Löffler, Martin: *Presserecht – Kommentar zum Reichsgesetz über die Presse und zum Presserecht der Länder sowie zu den die Presse betreffenden Vorschriften*. München und Berlin 1955. III. E Rdz. 23. S. 25.
30 Fritsch, Bernhard: a.a.O., S. 26, und *Kölnische Zeitung* vom 7.1.1920.
31 Bekanntmachung über Druckpapier vom 27.3.1920. Bundesarchiv Berlin, BArch. R 43 I/2464, Blatt 211.
32 Ebenda.
33 Aus einer Gedenkschrift anlässlich des Todes von Dr. Alfred Neven DuMont geht hervor, dass dieser 1915 in den Vorstand des Vereins Deutscher Zeitschriftenverleger berufen wurde, 1915 und seit 1924 darin die Position des stellvertretenden Vorsitzenden im Hauptverein Berlin und im Kreisverein

Rheinland bekleidete. Vgl. »Abschied von Alfred Neven DuMont«, in: Anzeige *Kölnische Zeitung* Nr. 638 vom 14.12.1940.

34 Verein Deutscher Zeitungsverleger (unterschrieben von Dr. Faber, 1. Vorsitzender, und Direktor Müller, 2. Vorsitzender) an den Herrn Kanzler [Hermann Müller] des Deutschen Reiches. 17.5.1920, Bundesarchiv Berlin, BArch R 43 I / 2464, Blatt 103.

35 *Kölnische Zeitung* vom 19.4.1920, Morgen-Ausgabe.

36 Bracher, Karl Dietrich, u.a. (Hrsg.): *Die Weimarer Republik 1918–1933. Politik – Wirtschaft – Gesellschaft. Bonner Schriften zur Politik und Zeitgeschichte.* Bd. 22., Düsseldorf 1987, S. 645.

37 Winkler, Heinrich August: *Der lange Weg nach Westen. Deutsche Geschichte 1806–1933.* Sonderausgabe für die Bundeszentrale und die Landeszentralen für politische Bildung. Bonn 2006. S. 435.

38 Ebenda, S. 439.

39 Reichsminister des Innern, der Staatssekretär für die besetzten Gebiete, an den Reichsminister der Finanzen. Bundesarchiv Berlin, BArch R 43 I/2467, Fol. 14 f.

40 Begründung zu einem Beschluss des Reichstags in einer Sitzung am 7. April 1922 (205. Sitzung, Drucksachen, S. 6985 ff.). Bundesarchiv Berlin, BArch R 43 I / 2465, Fol. 283.

41 Ebenda.

42 Ernst Posse sprach dann auch persönlich mit den zuständigen Reichsministern in Berlin.

43 Bundesarchiv Berlin, BArch R 43 I / 2465, Fol. 19 und 29.

44 Ernst Posse an den Reichsminister des Auswärtigen. Köln, 10.1.1921. Das Schreiben ist komplett im Bundesarchiv erhalten. Bundesarchiv Berlin BArch R 43 I / 2465, Fol. 35.

45 Wirtschaftsstelle für das deutsche Zeitungsgewerbe in zwei Schreiben an die Reichskanzlei Berlin. Berlin, 18.1.1921 und 8.2.1921. Bundesarchiv Berlin, BArch R 43 I / 2465, Fol. 17 f.

46 Ebenda. Fol. 18 und Bundesarchiv Berlin, BArch R 43 I / 2465, Fol. 56–58. Fol.

47 Alfred Neven DuMont an die Wirtschaftsstelle für das deutsche Zeitungsgewerbe. Köln, 18.1.1921. Bundesarchiv Berlin, BArch R 43 I / 2465, Fol. 30 f.

48 Abschrift IV. 242 A. Papier-Ein- und Verkaufsgesellschaft m.b.H. an den Staatssekretär für die besetzten rheinischen Gebiete im Reichsministerium des Innern. Köln, 14.1.1923. Alfred Neven DuMont war Mitglied der Papier-Ein- und Verkaufsgesellschaft m.b.H in Köln und unterschrieb auch als Mitglied des Vorstands der Rheinischen Zeitungsverleger und als Mitglied des

geschäftsführenden Ausschusses des Deutschen Zeitungsverleger-Vereins. Bundesarchiv Berlin, BArch R 43 I / 2466, Fol. 17 ff.

49 Bundesarchiv Berlin, BArch Berlin R 43 I / 2466, Fol. 17 ff.

50 Telegramm der Bezirksgruppe Niederrhein des Vereins Rheinischer Zeitungsverleger an den Reichskanzler. Bundesarchiv Berlin, BArch R 43 I/ 2466, Fol. 67. Das Wort für »besetzt« war verschlüsselt durch den Nummerncode.

51 *Kölnische Zeitung* vom 5.2.1939, 12.2.1939, 19.2.1939, 16.3.1939.

52 Ebenda.

53 Im Verlagsarchiv sind für 1923 vier Verbote der *Kölnischen Zeitung* in verschiedenen Besatzungszonen dokumentiert. Siehe Karteikarte »Verbote der KZ«, Weinhold-Kartei. Verlagsarchiv MDS, Köln, Köln.

54 Ebenda.

55 Weinhold, Kurt: (1969) a.a.O., S. 242.

56 »38 Jahre *Kölnische Zeitung* – Erinnerungen aus meinem Journalistenleben / Von Ernst Posse.« In: *Kölnische Zeitung* vom 15.4.1933, Sonntagsblatt Nr. 128. Zu dieser Serie gehören drei weitere Artikel, die am 11.3.1933, am 18.3.1933 und 31.3.1933 erschienen sind.

57 »Fahnenweihe im Verlag der *Kölnische Zeitung* – Kommerzienrat Dr. h.c. Alfred Neven DuMont über die geschichtliche Entwicklung des Verlags.« In: *Kölnische Zeitung* vom 12.6.1933, Abend-Ausgabe.

58 Weinhold, Kurt: (1969) a.a.O., S. 242.

59 Ebenda.

60 »Fahnenweihe im Verlag der *Kölnischen Zeitung* – Kommerzienrat Dr. h.c. Alfred Neven DuMont über die geschichtliche Entwicklung des Verlags.« In: *Kölnische Zeitung* vom 12.6.1933, Abend-Ausgabe.

61 Ebenda.

62 Der spätere Korrespondent der *Kölnischen Zeitung* in Paris.

63 Auflistung der teilnehmenden Journalisten an der Pressesitzung beim Reichskanzler in einem Brief an Ministerialdirektor Heilbron. Bundesarchiv Berlin, BArch R 43 I / 2474, S. 145 und 146. Dr. Feihl war um 1930 Korrespondent der *Kölnischen Zeitung* in Paris.

64 Weinhold beschreibt ihn als Anhänger der Monarchie, der mit der Demokratie wenig anfangen konnte. Posse empfand die politischen Vorgänge, lt. Weinhold, als befremdlich, und er gab offen zu, dass ihm die Nerven fehlten, die Redaktion der *Kölnischen Zeitung* weiterhin zu leiten. Weinhold, Kurt: a.a.O., S. 260.

65 DuMont Schauberg, M.: *Das Haus M. DuMont Schauberg – Geschichte in Bildern*. Köln, April 1962, Ohne Seite.

66 *Kölnische Zeitung* vom 1.2.1928, Titelseite.

67 Weinhold, Kurt: (1969) a.a.O., S. 260.

68 *Der Stadt-Anzeiger für Köln und Umgebung. 1876–1926. Blätter der Chronik aus fünf Jahrzehnten.* Köln 1926, S. 181 (mit einer Karte des Verbreitungsgebiets des *Stadt-Anzeigers* nach Regierungsbezirken).

69 Ebenda.

70 *Kölnische Zeitung* vom 13.9.1923.

71 Aufstellung aus: Weinhold, Kurt: (1969) a.a.O., S. 245.

72 Ebenda.

73 Ebenda, S. 244.

74 Friedrich Bartels trat 1906 in die Akzidenzabteilung des Verlags ein, wurde ab August 1933 Leiter der Druckerei und war seit 1940 Prokurist. Vgl. Bartels, Friedrich: *Erinnerungen* (unveröffentlichtes Manuskript). Verlagsarchiv DuMont Schauberg Köln. S. 9.

75 Ebenda.

76 Ebenda.

77 Bartels, Friedrich: a.a.O., S. 9.

78 *Kölnische Zeitung*, September 1922. In: Peter Longerich (Hrsg.): *Die Erste Republik. Dokumente zur Geschichte des Weimarer Staates. München und Zürich 1992.* S. 171–172. Zitiert nach: Ulrich Linse: *Barfüßige Propheten. Erlöser der zwanziger Jahre.* Berlin 1983. S. 32 f.

79 Ebenda.

80 Krieger, Ursula: *Hugo Zöller. Ein deutscher Journalist als Kolonialpionier.* Bd. 1 der Reihe *Führende Männer der Presse aus Vergangenheit und Gegenwart.* Würzburg 1940. Zugl. Univ. Diss. München, S. 35.

81 *Kölnische Zeitung* vom 8.11.1922, S. 2.

82 Kershaw, Ian: *Hitler. 1889–1936.* Stuttgart 1999. S. 156.

83 Broszat, Martin und Frei, Norbert: *Das Dritte Reich. Ursprünge, Ereignisse, Wirkungen.* Würzburg 1983, S. 76.

84 Ebenda, S. 77.

85 Der Beitritt Streichers war ein wesentlicher Schritt, untergrub er doch damit die rivalisierende Partei DSP und verdoppelte wie über Nacht die Mitgliederzahl der NSDAP auf ca. 20 000 Mitglieder. Vgl. Kershaw, Ian: a. a. O., S. 229.

86 Hildebrand, Klaus: a.a.O., S. 436 f.

87 Die *Vossische Zeitung* war – über ihre direkten Vorgänger – das älteste Blatt Berlins, als Gründungsjahr wurde im Untertitel 1704 genannt, seit 1785 lautete ihr Titel *Königlich Privilegierte Berlinische Zeitung von Staats- und ge-*

lehrten Sachen, 1806 kam der Kopfvermerk »Im Verlage Vossischer Erben« hinzu, der sich auf die Nachkommen des Buchhändlers Christian Friedrich Voss bezog – der hatte die Zeitung seit 1751 herausgegeben. Unter den Berlinern hieß das Blatt schon im 19. Jahrhundert nur noch »die Vossische«, im Volksmund auch »Tante Voss«. Erst 1910 wurde die Zeitung offiziell in *Vossische Zeitung* umbenannt, der bisherige Haupttitel blieb in der Unterzeile erhalten. Seit August 1914 befand sich die »Vossische« im Besitz des Ullstein-Verlags. Die Zeitung galt als Stimme des liberalen Bürgertums, sie musste 1934 ihr Erscheinen einstellen. Vgl. Bender, Klaus: »Die *Vossische Zeitung*«. In: Fischer, H.D. (Hrsg.): *Deutsche Zeitungen des 17. bis 20. Jahrhunderts*, Pullach 1972, S. 25–40.

88 *Vossische Zeitung* vom 26.1.1923, Abend-Ausgabe, S. 1.

89 *Vossische Zeitung* vom 27.1.1923, Morgen-Ausgabe, S. 1.

90 *Vossische Zeitung* vom 28.1.1923, Sonntagsausgabe, S. 4.

91 Gegründet wurde die *Frankfurter Zeitung* im Jahre 1856 vom Bankier Leopold Sonnemann, sie hieß zunächst *Frankfurter Geschäftsbericht*, dann *Frankfurter Handelszeitung*, seit 1866 (bis zu ihrem Ende) *Frankfurter Zeitung und Handelsblatt*. Die *Frankfurter Zeitung* war zunächst ein reines Wirtschaftsblatt und setzte sich u. a. für eine Liberalisierung des Kapitalverkehrs und eine Reform des Aktienrechts ein, ein politischer Teil wurde erst 1859 eingerichtet. Nach der Reichsgründung entwickelte sich die *Frankfurter Zeitung* zu einem der wichtigsten Organe der liberal-bürgerlichen Opposition; Sonnemann, einer strenggläubigen jüdischen Familie entstammend, war Mitbegründer der Deutschen Volkspartei und einige Jahre Abgeordneter im Reichstag. In der Zeit der Weimarer Republik galt die *Frankfurter Zeitung*, die seit 1911 von Sonnemanns Enkel Heinrich Simon geleitet wurde, als »demokratisches« Blatt, berühmt war ihr Feuilleton, in dem u. a. Thomas Mann, Berthold Brecht und Feuchtwanger publizierten. Nach der Machtergreifung mussten Heinrich Simon sowie zahlreiche jüdische Redakteure die *Frankfurter Zeitung* verlassen, die Zeitung ging in den Besitz der »Imprimatur GmbH« über (einer Firma, die der Vorstandsvorsitzende der IG Farben, Carl Bosch, 1930 gegründet hatte, um die *Frankfurter Zeitung* verdeckt finanziell zu unterstützen). Hitler selbst verfügte im Mai 1943 das Verbot der *Frankfurter Zeitung*, deren letzte Ausgabe am 31. August 1943 erschien. Vgl. Paupie, Kurt: »Die ›Frankfurter Zeitung‹«. In: *Deutsche Zeitungen des 17. bis 20. Jahrhunderts*. Hrsg. v. H.D. Fischer. Pullach 1972. S. 241–256.

92 *Frankfurter Zeitung* vom 30.1.1923, 2. Morgen-Ausgabe, S. 1.

93 *Frankfurter Zeitung* vom 22.1.1923, Abend-Ausgabe, S. 1.
94 *Kölnische Zeitung* vom 27.1.1923, 2. Morgen-Ausgabe, Titelseite.
95 Ebenda, vom 28.1.1923, Sonntags-Ausgabe, Titelseite.
96 Ebenda.
97 Broszat, Martin und Frei, Norbert: a.a.O., S. 77.
98 Longerich, Peter (Hrsg.): a.a.O., S. 196.
99 *Kölnische Zeitung* vom 9.11.1923, 2. Morgen-Ausgabe, Titelseite.
100 Ebenda.
101 *Kölnische Zeitung* vom 9.11.1923, Abend-Ausgabe, Titelseite.
102 Ebenda, vom 10.11.1923, 2. Morgen-Ausgabe, Titelseite.
103 Ebenda, vom 10.11.1923, Abend-Ausgabe, S. 2.
104 Ebenda, vom 13.11.1923, 2. Morgen-Ausgabe, Titelseite.
105 Ebenda, vom 10.11.1923, Abend-Ausgabe, Titelseite.
106 Ebenda, vom 13.11.1923, 2. Morgen-Ausgabe, Titelseite.
107 *Vossische Zeitung* vom 9.11.1923, Morgen-Ausgabe, Titelseite.
108 Ebenda, vom 9.11.1923, Abend-Ausgabe.
109 Ebenda, vom 22.11.1923, Abend-Ausgabe.
110 *Frankfurter Zeitung* vom 9.11.1923, 2. Morgen-Ausgabe, Titelseite.
111 Ebenda, vom 9.11.1923, Abend-Ausgabe, S. 2.
112 Ebenda, Titelseite.
113 *Frankfurter Zeitung* vom 10.11.1923, 2. Morgen-Ausgabe, Titelseite.
114 Ebenda.
115 *Frankfurter Zeitung* vom 10.11.1923, Abend-Ausgabe, Titelseite.
116 *Kölnische Zeitung* vom 27.2.1924, 2. Morgen-Ausgabe, Titelseite.
117 *Frankfurter Zeitung* vom 27.2.1924, 2. Morgen-Ausgabe, Titelseite.
118 Ebenda, vom 28.3.1924, 2. Morgen-Ausgabe, Titelseite.
119 Ebenda, vom 2.4.1924, 1. Morgen-Ausgabe, Titelseite.
120 *Vossische Zeitung* vom 23.2.1924, Abend-Ausgabe, Titelseite.
121 Ebenda, vom 26.2.1924, Beilage.
122 So etwa am 27.2.1924: »Hitlers Anklagerede gegen Kahr-Lossow«.
123 *Vossische Zeitung* vom 2.3.1924, 1. Sonntags-Ausgabe, Titelseite.
124 Ebenda, vom 18.3.1924, Abend-Ausgabe, Titelseite.
125 Ebenda, vom 19.3.1924, 1. Morgen-Ausgabe, Titelseite.
126 Ebenda, vom 22.3.1924, 1. Morgen-Ausgabe, S. 8.
127 Ebenda, vom 1.4.1924, Abend-Ausgabe, Titelseite.
128 Ebenda, vom 2.4.1924, 1. Morgen-Ausgabe, S. 8.
129 Ebenda, vom 2.4.1924, Abend-Ausgabe, Titelseite.
130 Broszat, Martin und Frei, Norbert: a.a.O., S. 79.

131 Ebenda.

132 Bundeszentrale für politische Bildung/bpd (Hrsg.): *Nationalsozialismus I. Von den Anfängen bis zur Festigung der Macht.* Informationen zur politischen Bildung. Heft 251. Überarbeitete Neuauflage 2003. S. 16.

133 Möller, Hans: a.a.O., S. 125 und S. 166.

134 Lüke, Rolf E.: *Von der Stabilisierung zur Krise*, Zürich 1958. S. 9 ff.

135 Luther, Hans: *Politiker ohne Partei. Erinnerungen.* Stuttgart 1960. S. 115 f.

136 Pohl, Manfred: a.a.O., S. 292 f.

137 Feldmann, Gerald D.: a.a.O, S. 837 ff.

138 »Presse und Wirtschaft. Ein Vortrag Erich v. Salzmanns über China«, in: *Kölnische Zeitung*, 25.11.1924, Abend-Ausgabe.

139 Fritsch, Bernhard: a.a.O., S. 29.

140 § 5 des Referentenentwurfs. Zitiert ebenda.

141 Brief von Albert Neven DuMont an den Reichskanzler Hans Luther. Köln, 27.2.1925. Bundesarchiv Berlin, BArch R 43 I / 2462, Blatt 173/174.

142 Ebenda.

143 Stöber, Rudolf: *Pressefreiheit und Verbandsinteresse. Die Rechtspolitik des »Reichsverbands der deutschen Presse« und des »Vereins Deutscher Zeitungsverleger« während der Weimarer Republik.* Univ. Dissertation, Freie Univ. Berlin 1990. Veröffentlicht als Bd. 14 der Abhandlungen und Materialien zur Publizistik. Berlin 1992, S. 167, Anm. 61.

144 Die Zustimmung des Reichskanzlers zu einem Gespräch folgte in einem persönlichen Brief an Alfred Neven DuMont. Berlin, o. Dat. Bundesarchiv Berlin, BArch R 43 I / 2462. Auf dem Entwurf dieses Briefes befindet sich auch besagter Vermerk.

145 Zitiert nach Fritsch, Bernhard: a.a.O., S. 30 f.

146 Ebenda, S. 31.

147 Ebenda.

148 *Kölnische Zeitung* vom 5.3.1922, Sonntags-Ausgabe, Erstes Blatt, »Um- und Ausschau«.

149 »Fiat Justitia«, in: *Kölnische Zeitung* vom 24.12.1924. Zweite Morgen-Ausgabe.

150 *Kölnische Zeitung* vom 28.2.1925. Zitiert nach: Weinhold, Kurt: (1969) a.a.O., S. 249.

151 Ebenda.

152 Verlagsarchiv MDS, Köln: Kartei Weinhold.

153 Winkler, Heinrich August: a.a.O., S. 469.

154 Hessel, Thomas: a.a.O., S. 192.

155 »Die Verträge von Locarno«. In: *Kölnische Zeitung* vom 20.10.1925. Erste Morgen-Ausgabe.

156 »Stresemann über den Vertrag von Locarno«. In: *Kölnische Zeitung* vom 24.10.1925. Zweite Morgen-Ausgabe.

157 »Der Sicherheitsvertrag«. In: *Kölnische Zeitung* vom 21.10.1925. Abend-Ausgabe.

158 Deilmann Astrid: *Bild und Bildung – Fotografische Wissenschafts- und Technikberichterstattung in populären Illustrierten der Weimarer Republik (1919–1932)*. Osnabrück 2004, S. 52.

159 »Relativität im Alltag«. In: *Kölnische Illustrierte Zeitung* vom 20.10.1928. Zitiert nach Deilmann (2004), S. 57, Anm. 142.

160 Deilmann, Astrid: a.a.O., S. 57.

161 Ebenda.

162 *Kölnische Zeitung* vom 2.9.1926, Abend-Ausgabe.

163 Meldung in den folgenden Ausgaben der *Kölnischen Zeitung*: Nr. 656 vom 3.9.1926 und dort auch Notiz beziehungsweise Nr. 657 vom 4.9.1926. Zitiert nach Deilmann, Astrid: a.a.O., S. 50.

164 Zahlen bei Marckwardt, Wilhelm: *Die Illustrierten der Weimarer Zeit. Publizistische Funktion, ökonomische Entwicklung und inhaltliche Tendenzen (unter Einschluss einer Bibliographie dieses Pressetypus 1918–1932)*. Dissertation Universität Bremen 1981. Minerva-Fachserie, Geisteswissenschaften, Bremen 1982, S. 77.

165 *Kölnische Zeitung* vom 2.9.1926. Zitiert nach: Dellmann, Astrid: a.a.O., S. 53.

166 *Kölnische Zeitung* vom 2.9.1926. Zitiert ebenda, S. 55.

167 Dellmann, Astrid: a.a.O., S. 57.

168 Die Strips waren in den folgenden Ausgaben abgedruckt: Nr. 52 (1930), Nr. 1–6 (1931), Nr. 11 und Nr. 13 (1932). Mickey Mouse soll nach mehreren Angaben im WWW in Deutschland sogar erstmalig in Deutschland bei der *Kölnischen Illustrierten Zeitung* erschienen sein. Vgl. z. B. www.micky-maus-museum.de/Special/zeitalter.htm. Stand: 19.3.2007.

169 *Kölnische Illustrierte Zeitung* vom 17.11.1938.

170 Josef Platen war seit 1917 als Redakteur für den *Kölner Stadt-Anzeiger* tätig und trat 1919 zur Redaktion der *Kölnischen Zeitung* über, wo er für die Bereiche Köln und Westdeutschland zuständig war. 1919–1924 betreute er das Ressort Besetzte Gebiete. Vgl. Nachruf Josef Platen. *Kölnische Zeitung* vom 18.12.1934.

171 Deilmann, Astrid: a.a.O., S. 56.

172 Ebenda, S. 59.

173 »Die Arche Noah«. In: *Kölnische Illustrierte Zeitung* vom 1.4.1933, S. 325–327 und 335 f.

174 *Kölnische Zeitung* vom 1.4.1927.

4. Am Vorabend des Dritten Reichs

1 Brief Kurt Neven DuMonts an seine Frau Gabriele vom 14.7.1926, Verlagsarchiv MDS, Köln.

2 DuMont Schauberg, M.: *Kurt Neven DuMont. Einem Verleger zum Gedenken.* Köln 1973, S. 10.

3 Vgl. Die Beiträge von Mitarbeitern und Freunden in: *Kurt Neven DuMont. Einem Verleger zum Gedenken*. Ebenda.

4 Hessel, Thomas: a.a.O., S. 203.

5 Unger, Wilhelm: »Zeugnis für einen Europäer«. In: Kurt *Neven DuMont. Einem Verleger zum Gedenken*. A.a.O., S. 39 f.

6 Brief Kurt Neven DuMonts an seine Frau Gabriele, Köln, vom 4.7.1931, Verlagsarchiv MDS, Köln.

7 Ebenda, Köln vom 6.7.1931.

8 Brief von Kurt Neven DuMont an seine Frau Gabriele, Köln, 12.7.1928, Verlagsarchiv MDS, Köln.

9 Brief von Kurt Neven DuMont an seine Frau Gabriele, Köln, 29.1.1929, Verlagsarchiv MDS, Köln.

10 Brief Kurt Neven DuMonts an Gabriele, Genf, 17.5.1927, Verlagsarchiv MDS, Köln.

11 Brief Kurt Neven DuMonts an Gabriele, London, 18.7.1927, Verlagsarchiv MDS, Köln.

12 Ebenda.

13 Brief Kurt Neven DuMonts an Gabriele, Capri, 30.11.1929, Verlagsarchiv MDS, Köln.

14 Aufzeichnungen von Kurt Neven DuMont 1930 bis 1935. Hier 11.7.1930, Verlagsarchiv MDS, Köln.

15 Ebenda, vom 9.10.1930.

16 Protokoll der Redaktionskonferenz vom 15.8.1930, Verlagsarchiv MDS, Köln.

17 Ebenda.

18 Aufzeichnungen von Kurt Neven DuMont 1930 bis 1935, hier 11.7.1930, Verlagsarchiv MDS, Köln.

19 Ebenda, vom 9.3.1932.
20 Ebenda, vom 21.3.1932.
21 Ebenda, vom 10.11.1932.
22 Ebenda, vom 18.1.1933.
23 Ebenda, vom 18.2.1933.
24 Ebenda, vom 17.4.1933 (Ostermontag).
25 Ebenda, vom 14.5.1933.
26 Ebenda, vom 19.10.1934.
27 DuMont Schauberg, M.: Kurt *Neven DuMont. Einem Verleger zum Gedenken*, a.a.O., S. 40.
28 Vgl. Redaktionskonferenz vom 19.9.1929, Verlagsarchiv MDS, Köln.
29 Ausführungen von Hans Wilhelm Pinkow, der von Dezember 1930 bis Juni 1931 das innenpolitische Ressort leitete und ab 1. Juli 1931 neuer Chefredakteur wurde. Er bekleidete dieses Amt bis Mitte 1933: Redaktionssitzung vom 25.1.1931. Verlagsarchiv MDS, Köln.
30 Redaktionskonferenz vom 29. April 1932, ebenda.
31 Von einem »finalen Rechtsschwenk«, wie Thomas Hessel dies sieht, bereits im Oktober 1931 kann keine Rede sein. Weder Kurt Neven noch der Chefredakteur Hans Wilhelm Pinkow arbeiteten in diese Richtung. Vgl. Hessel, Thomas: a.a.O., S 198 f. und Labussière, Jean: »Der Aufstieg der nationalsozialistischen Bewegung in Köln im Spiegel der lokalen Presse (1919–1933)«. In: *Geschichte in Köln*. Bd. 11/1982, S. 137.
32 *Kölnische Zeitung* vom 1.2.1928, Titelseite.
33 Aufzeichnungen von Kurt Neven DuMont 1930 bis 1935, hier vom 18.11.1931.
34 Ebenda.
35 Ebenda, vom 23.11.1931.
36 Brües, Otto: *– und immer sang die Lerche. Lebenserinnerungen*. Duisburg 1967. S. 145.
37 Ebenda, S. 146.
38 Ebenda, S. 147.
39 DuMont Schauberg, M.: *125 Jahre DuMont Schauberg*. Köln 1928, S. 15.
40 Aufschlussreich mag hierbei sein, dass sich der Kern der NSDAP-Anhängerschaft in den späten zwanziger Jahren eher aus dem konträren Klientel zusammensetzte; kleinere und mittlere Angestellte 25,6 Prozent, 17, 3 Prozent Kaufleute und Gewerbetreibende, Bauern 14,1 Prozent. Bundeszentrale für politische Bildung/bpb (Hrsg.): *Nationalsozialismus I. Von den Anfängen bis zur Festigung der Macht.* Informationen zur politischen Bildung. Heft 251. Überarbeitete Neuauflage 2003, S. 23.

41 Ebenda.

42 Ausführung von Alfred Neven DuMont anlässlich der Fahnenweihe im Verlag der *Kölnischen Zeitung*. In: *Kölnische Zeitung* vom 12.6.1933, Abend-Ausgabe.

43 Telegramm von Konrad Adenauer an Reichskanzler Wilhelm Marx, 16.20.1928. Bundesarchiv Berlin, BArch R 43 I / 2481, Fol. 253.

44 PRESSA-Heft, Sonderausgabe, S. 20 f.

45 Zusammenfassung des Verlagsarchivs, vermutlich von Kurt Weinhold, zum Thema »MDS und die Gewerkschaften«. Manuskript ohne Jahr, S. 3. Verlagsarchiv MDS, Köln.

46 Protokoll der Redaktionskonferenz vom 19.9.1929, Verlagsarchiv MDS, Köln.

47 Ebenda.

48 *Kölnische Zeitung* vom 10.7.1929, Morgen-Ausgabe, S.2.

49 Ebenda.

50 *Kölnische Zeitung* vom 31.8.1929, Abend-Ausgabe, S. 2.

51 *Kölnische Zeitung* vom 15.9.1929, Erste Ausgabe, Titelseite.

52 *Berliner Lokalanzeiger* vom 10.7.1929.

53 *Frankfurter Zeitung* vom 13.9.1929, Mittagsausgabe, S. 1.

54 Ebenda vom 19.12.1929, Abend-Ausgabe, S. 1.

55 Ebenda vom 23.12.1929, Abend-Ausgabe, S. 1

56 Ebenda vom 24.9.1929, Morgen-Ausgabe, S. 1.

57 Protokoll der Redaktionskonferenz vom 19.9.1929. Verlagsarchiv MDS, Köln.

58 Ebenda.

59 Ebenda.

60 Ebenda.

61 Ebenda.

62 Protokoll der Redaktionssitzung vom 8.10.1929, Verlagsarchiv MDS, Köln.

63 Ebenda.

64 Ebenda.

65 Ebenda.

66 Niederschrift der Redaktionssitzung vom 25.3.1930, Verlagsarchiv MDS, Köln.

67 *Kölnische Zeitung* vom 22.3.1930, Abend-Ausgabe, Titelseite.

68 Protokoll der Redaktionskonferenz vom 15.8.1930, Verlagsarchiv MDS, Köln.

69 Ebenda.

70 Ebenda.

71 Vgl. S. 93 dieser Arbeit.

72 *Kölnische Zeitung* vom 8.8.1930, Morgen-Ausgabe, Titelseite.

73 Ebenda.

74 *Kölnische Zeitung* vom 15.9.1930, Morgen-Ausgabe, Titelseite.

75 *Kölnische Zeitung* vom 15.9.1930, Abend-Ausgabe, Titelseite.

76 Aufzeichnungen von Kurt Neven DuMont von 1930 bis 1935, hier vom 11.7.1930.

77 Protokoll der Redaktionssitzung vom 18.9.1930, Verlagsarchiv MDS, Köln.

78 Ebenda.

79 Vgl. Protokolle der Redaktionssitzungen vom 25.1.1931 und Aufzeichnungen von Kurt Neven DuMont 1930 bis 1935, hier vom 10.1.1931 und 23.11.1931.

80 Brief Kurt Neven DuMonts an seine Frau Gabriele, Köln, 12.7.1928.

81 Die SPD/USPD erhielt im Reichstag 1919 37,7 Prozent der Stimmen, 1933 nur noch 16,1 Prozent. Die liberale Mittelpartei verzeichnete 1919 19,9 Prozent und 1933 nur noch 3,1 Prozent. Die NSDAP steigerte sich von 5 Prozent im Jahr 1919 auf 38,7 Prozent 1933. Zahlen aus: Gatzke, Hans W.: »Europa und der Völkerbund«. In: *Propyläen Weltgeschichte, eine Universalgeschichte.* Hrsg. v. Golo Mann. Bd. 9, Das zwanzigste Jahrhundert, Berlin 1991, S. 345.

82 Gatzke Hans W.: ebenda, S. 343.

83 Holtfrerich, Carl Ludwig: »Amerikanischer Kapitalexport und Wiederaufbau der deutschen Wirtschaft 1919–1923 im Vergleich zu 1924–1929«. In: *VSWG*, Bd. 64, Heft 4. Wiesbaden 1977. S. 497 ff.

84 Zusammengestellt nach *Frankfurter Zeitung* (FZ) vom 8.1.1929; 31.12.1929; 30.12.1930; 1.7.1931.

85 Thamer, Hans Ulrich: »Ursachen des Nationalsozialismus«. In: *Nationalsozialismus I – von den Anfängen bis zur Festigung der Macht.* Hrsg. v. Bundeszentrale für politische Bildung. Informationen zur politischen Bildung, Bd. 251,. Überarbeitete Neuauflage, Bonn 2003, S. 8.

86 Möller, Horst: a.a.O., S. 332 (Tabelle 1919–1933).

87 James, Harold: *Deutschland in der Weltwirtschaftskrise 1924–1936.* Stuttgart 1988. S. 35–38.

88 Nach den Angaben des Statistischen Jahrbuchs von 1937, S. 541, beliefen sich die Verluste an Einlagen der nachstehenden Banken folgendermaßen: Danat 847,8 Mio. RM (40,9 %), Dresdner Bank 218,1 Mio. RM (10,7 %), BHG 35 Mio. RM (8,2 %), Deutsche Bank 321,5 Mio. RM (8,2 %) und Compri 113 Mio. RM (8,1 %). Angaben nach: James 1988, S. 293 und Anm. 45, James, Harold: a.a.O., S. 293 und Anm. 45.

89 Ebenda, S. 277.

90 Ebenda, S. 282.
91 Ebenda, S. 285.
92 Ebenda, S. 400.
93 Ebenda, S. 401.
94 Brief von Kurt Neven DuMont an seine Frau Gabriele, Köln, 7.2.1931.
95 Brief von Kurt Neven DuMont an seine Frau Gabriele, Köln, 16.2.1931.
96 Protokoll der Redaktionssitzung vom 19.2.1931, S. 1–2. Verlagsarchiv MDS, Köln.
97 Biografische Angaben siehe Rychner, Max: *Bei mir laufen Fäden zusammen: literarische Aufsätze, Kritiken, Briefe.* Hrsg. von Roman Bucheli. Göttingen 1998, S. 407.
98 Dr. Kurt Neven DuMont an Dr. Max Rychner. Köln, 15.5.1931. Deutsches Literaturarchiv Marbach, Nachlass Max Rychner, A: Rychner HS. 2004.008.
99 Informationen laut Karteikarte »Streik bei MDS«. Weinhold-Kartei, Verlagsarchiv MDS, Köln, Köln.
100 Angaben siehe Karteikarte Kollegialsystem der *Kölnischen Zeitung*-Redaktion. Weinhold-Kartei und Protokoll der Redaktionssitzung vom 11.7.1931. Verlagsarchiv MDS, Köln, Köln.
101 Aufzeichnungen von Kurt Neven DuMont 1930 bis 1935, 16.2.1931.
102 Ebenda.
103 Broszat, Martin und Frei, Norbert: a.a.O., S. 79.
104 Kershaw, Ian: a.a.O., S. 424.
105 *Berliner Tageblatt* vom 16.9.1930, zitiert nach Broszat, a.a.O., S. 42 ff.
106 Ebenda, vom 21.9.1930, zitiert ebenda.
107 *Vossische Zeitung* vom 2.10.1930.
108 Kellenbenz, Hermann (Hrsg.): *Zwei Jahrtausende Kölner Wirtschaft.* Hrsg. im Auftrag des Rheinisch-Westfälischen Wirtschaftsarchivs zu Köln unter Mitarbeit von Klara van Eyll (Gesamtredaktion). Köln, 1975, S. 361.
109 Zerlet, Rolf: »Josef Grohé (1902–1987)«. In: *Rheinische Lebensbilder.* Bd. 27. Hrsg. von Franz-Josef Heyen. Bonn 1997. S. 247–276.
110 Brües, Otto: (1967) a.a.O., S. 145.
111 Protokoll der Redaktionssitzung vom 2.10.1930.
112 Protokoll der Redaktionssitzung vom 4.12.1930.
113 Ebenda.
114 Protokoll der Redaktionssitzung vom 25.1.1931.
115 Ebenda.
116 Ebenda.
117 Ebenda.

118 Ebenda.
119 Ebenda.
120 *Frankfurter Zeitung* vom 22.2.1931, 1. Morgen-Ausgabe, S. 1.
121 Ebenda, vom 23.2.1931, Morgen-Ausgabe, S. 1.
122 Ebenda, vom 25.2.1931, 1. Morgen-Ausgabe, S. 1.
123 Ebenda, vom 26.2.1931, 1. Morgen-Ausgabe, S. 2.
124 Ebenda, vom 3.3.1931, 1. Morgen-Ausgabe, S. 1f.
125 *Vossische Zeitung* vom 14.3.1931, PA, S. 1.
126 Ebenda, vom 2.4.1931, PA, S. 1.
127 Ebenda, vom 2.4.1931, PA, Beilage.
128 Ebenda, vom 3.4.1931, PA, Beilage.
129 Kurt Neven DuMont auf der Redaktionssitzung vom 11.7.1931.
130 Ebenda.
131 *Kölnische Zeitung* vom 12.10.1931, Abend-Ausgabe, Titelseite.
132 Ebenda.
133 *Vossische Zeitung* vom 11.10.1931, Mittags-Ausgabe, S. 1f.
134 Ebenda vom 12.10.1931, Abend-Ausgabe, S. 1.
135 Ebenda, vom 12.10.1931, Abend-Ausgabe, S. 2.
136 Ebenda, vom 13.10.1931, Morgen-Ausgabe, S. 2.
137 Ebenda, vom 14.10.1932, Morgen-Ausgabe, S. 2.
138 Ebenda, vom 14.10.1931, Morgen-Ausgabe, S. 8.
139 Ebenda, vom 15.10.1931, Abend-Ausgabe, S. 5.
140 *Frankfurter Zeitung* vom 11.10.1931, 2. Morgen-Ausgabe, S. 2.
141 Ebenda, vom 13.10.1931, Abend-Ausgabe und 1. Morgen-Ausgabe, S. 1.
142 Ebenda, vom 14.10.1931, 2. Morgen-Ausgabe, S. 1.
143 Ebenda, vom 16.10.1931, 2. Morgen-Ausgabe, S. 1.
144 Ebenda, vom 17.10.1931, 2. Morgen-Ausgabe, S. 1.
145 Ebenda, vom 18.10.1931, 1. Morgen-Ausgabe, S. 3.
146 *Kölnische Zeitung* vom 18.10.1931, 1. Sonntags-Ausgabe.
147 Ebenda.
148 Ebenda.
149 Ebenda.
150 *Kölnische Zeitung* vom 1.1.1932, Neujahrs-Ausgabe.
151 Ebenda.
152 *Kölnische Zeitung* vom 13.3.1932, Sonntags-Ausgabe, S. 9.
153 Ebenda.
154 Vgl. Broszat, Martin und Frei, Norbert: a.a.O., S. 83 bis 84.
155 Möller, Horst: a.a.O., S. 233.

156 Aufzeichnungen von Kurt Neven DuMont 1930 bis 1935, hier vom 27. Februar 1932.
157 *Kölnische Zeitung* vom 25.2.1932.
158 Ebenda, vom 4.3.1932.
159 Ebenda, vom 6.3.1932.
160 Ebenda, vom 13.3.1932, 1. Sonntags-Ausgabe, Titelseite.
161 Ebenda.
162 Ebenda.
163 *Frankfurter Zeitung* vom 1.3.1932, 2. Morgen-Ausgabe, S. 1 f.
164 Ebenda. vom 10.3.1932, Abend-Ausgabe und 1. Morgen-Ausgabe, S. 1.
165 Ebenda, vom 11.3.1932, Abend-Ausgabe und 1. Morgen-Ausgabe, S. 1.
166 Ebenda, vom 13.3.1932, 2. Morgen-Ausgabe, S. 1.
167 *Vossische Zeitung* vom 8.3.1932, Morgen-Ausgabe, S. 4.
168 Ebenda.
169 Ebenda, vom 9.3.1932, Morgen-Ausgabe, S. 4.
170 *Kölnische Zeitung* vom 14.3.1932, Morgen-Ausgabe, Titelseite.
171 Ebenda.
172 Zitiert in *Kölnische Zeitung* vom 14.3.1932, Abend-Ausgabe.
173 *Kölnische Zeitung* vom 15.3.1932, Abend-Ausgabe, Titelseite.
174 *Vossische Zeitung* vom 14.3.1932, Abend-Ausgabe, S. 4.
175 Ebenda, vom 3.4.1932, Morgen-Ausgabe, S. 1.
176 *Kölnische Zeitung* vom 10.4.1932, Sonntags-Ausgabe, S. 1.
177 Ebenda.
178 *Kölnische Zeitung* vom 12.4.1932, Abend-Ausgabe, Titelseite.
179 *Kölnische Zeitung* vom 12.4.1932, Abend-Ausgabe.
180 Ebenda.
181 Ebenda.
182 Protokoll der Redaktionssitzung vom 29.4.1932.
183 Ebenda.
184 Ebenda.
185 Protokoll der Redaktionskonferenz vom 9.5.1932.
186 Ebenda.
187 Aufzeichnungen von Kurt Neven DuMont 1930 bis 1935, hier vom 16.5.1932.
188 Möller, Horst: a.a.O., S. 203.
189 Ebenda, S. 205.
190 *Kölnische Zeitung* vom 30.5.1932, Abend-Ausgabe, Titelseite.
191 Ebenda.

192 *Kölnische Zeitung* vom 31.5.1932, Morgen-Ausgabe, Titelseite.
193 *Frankfurter Zeitung* vom 31.5.1932, 2. Morgen-Ausgabe, S. 1 ff.
194 Ebenda, vom 1.6.1932, 2. Morgen-Ausgabe, S. 1.
195 *Vossische Zeitung* vom 30.5.1932, Abend-Ausgabe, S. 1 f.
196 *Kölnische Zeitung* vom 5.6.1932, Erste Sontags-Ausgabe.
197 Ebenda.
198 *Kölnische Zeitung* vom 31.7.1932, Erste Sonntags-Ausgabe, Titelseite.
199 Ebenda.
200 *Frankfurter Zeitung* vom 20.7.1932, Abend-Ausgabe und 1. Morgen-Ausgabe.
201 Ebenda, vom 31.7.1932, 2. Morgen-Ausgabe, S. 1.
202 *Vossische Zeitung* vom 17.7.1932, Morgen-Ausgabe, S. 1.
203 *Frankfurter Zeitung* vom 1.8.1932, Morgen-Ausgabe, S. 1.
204 *Vossische Zeitung* vom 13.8.1932, Abend-Ausgabe, S. 1.
205 Ebenda, vom 15.8.1932, Abend-Ausgabe, S. 1.
206 *Kölnische Zeitung* vom 9.11.1932, Abend-Ausgabe, Titelseite.
207 *Vossische Zeitung* vom 17.11.1932, Morgen-Ausgabe, S. 1.
208 Ebenda.
209 *Kölnische Zeitung* vom 18.11.1932, Morgen-Ausgabe, Titelseite.
210 Ebenda.
211 *Vossische Zeitung* vom 20.11.1932, Morgen-Ausgabe, S. 1.
212 *Kölnische Zeitung* vom 24.11.1932, Abend-Ausgabe, Titelseite.
213 *Frankfurter Zeitung* vom 25.11.1932, 2. Morgen-Ausgabe, S. 1.
214 Ebenda, vom 3.12.1932, Morgen-Ausgabe, S. 1.
215 *Vossische Zeitung* vom 2.12.1932, Abend-Ausgabe, S. 1 ff.
216 Ebenda, vom 3.12.1932, Morgen-Ausgabe, S. 1 ff.
217 *Kölnische Zeitung* vom 1.1.1933, Neujahrsausgabe, Titelseite.
218 Ebenda.
219 Ebenda.
220 Vgl. S. 42 dieser Arbeit.
221 Möller, Horst: a.a.O., S. 330 f.
222 Vgl. Bender, Klaus: *Die Vossische Zeitung*, a.a.O., S. 26 f.
223 Vgl. Paupie, Kurt: *Die Frankfurter Zeitung*, a.a.O., S. 243 f.
224 Möller, Hans: a.a.O., S. 201.
225 *Kölnische Zeitung* vom 19.11.1932, Morgen-Ausgabe, S. 2.
226 Ebenda.
227 Ebenda.

5. *Der Kampf um die* Kölnische Zeitung *nach der Machtergreifung*

1 Brief von Alfred Neven DuMont an Kurt Neven DuMont aus Ebenhausen vom 28.4.1934. Verlagsarchiv MDS, Familienarchiv.
2 Ebenda.
3 *Kölnische Zeitung* vom 7.8.1932, 1. Sonntags-Ausgabe, Titelseite.
4 Ebenda.
5 *Kölnische Zeitung* vom 22.1.1933, Erste Sonntags-Ausgabe, Titelseite.
6 Ebenda.
7 *Kölnische Zeitung* vom 29.1.1933, Zweite Sonntags-Ausgabe, Titelseite.
8 Ebenda.
9 *Kölnische Zeitung* vom 31.1.1933, Morgen-Ausgabe, Titelseite.
10 Ebenda.
11 Ebenda.
12 *Vossische Zeitung* vom 31.1.1933, Morgen-Ausgabe, 1. Seite.
13 *Frankfurter Zeitung* vom 31.1.1933, 2. Morgen-Ausgabe, S. 1ff.
14 Ebenda, vom 1.2.1933, 1. Morgen-Ausgabe, S. 1.
15 Ebenda, 2. Morgen-Ausgabe, S. 1ff.
16 Ebenda, vom 3.2.1933, 1. Morgen-Ausgabe, S. 1.
17 *Vossische Zeitung* vom 2.2.1933, Morgen-Ausgabe, S. 1.
18 *Kölnische Zeitung* vom 5.2.1933, 1. Sonntags-Ausgabe, Titelseite.
19 Ebenda.
20 *Vossische Zeitung* vom 27.2.1933, Abend-Ausgabe, S. 1.
21 *Frankfurter Zeitung* vom 28.2.1933, 2. Morgen-Ausgabe.
22 *Frankfurter Zeitung* vom 1.3.1933, 2. Morgen-Ausgabe, S. 1.
23 *Vossische Zeitung* vom 28.2.1933, Abend-Ausgabe, S. 1.
24 Ebenda, vom 1.3.1933, Abend-Ausgabe, S. 1.
25 Ebenda, vom 3.3.1933, Morgen-Ausgabe, S. 1ff.
26 Ebenda, vom 4.3.1933, Morgen-Ausgabe, S. 1ff.
27 Ebenda, vom 4.3.1933, Abend-Ausgabe, S. 1ff.
28 Vgl. Labussière, Jean: »Der Aufstieg der nationalsozialistischen Bewegung in Köln im Spiegel der lokalen Presse«. In: *Geschichte in Köln*. Bd. 11. S. 122ff.
29 Vgl. Koszyk, Kurt: *Deutsche Presse 1914–1945* (Abhandlungen und Materialien zur Publizistik, Bd. 7). Berlin 1972. S. 165f.
30 Ebenda., S. 302.
31 Vgl. Groth, Otto: *Die Zeitung*. Bd. 2. Berlin und Leipzig 1929. S. 454f.
32 Koszyk, Kurt: a.a.O., S. 301.
33 Vgl. Mohl, Renate: »Der Aufbruch. Der Westdeutsche Rundfunk in der

Weimarer Republik«. In: *Am Puls der Zeit. 50 Jahre WDR*. Bd. 1. Köln 2006. S. 29 ff.

34 *Rheinische Zeitung* vom 29.1.1923, S. 1.

35 Vgl. Labussière, Jean: a.a.O., S. 123 f. und S. 126 zusammenfassend: »Insgesamt waren die Reaktionen der Kölner Presse gegenüber dem Nationalsozialismus sehr negativ.«

36 *Kölnische Volkszeitung*, 22.12.1924, S. 1.

37 Ebenda, 29.10.1928, S. 1.

38 Ebenda, 6.8.1932, S. 1.

39 »Die Führer der KPD glaubten anscheinend nie an einen möglichen Sieg der Nationalsozialisten, mehrmals kündigte die *Kölnische Zeitung* (die »Sozialistische Republik«, Anm. d. V.) die Zersetzung der NSDAP an.« Zitiert nach Labussière, Jean: a.a.O., S. 130.

40 *Sozialistische Republik* vom 8.11.1932, S. 1

41 Ebenda, 5.1.1933, S. 1.

42 *Rheinische Zeitung* vom 7.10.1932, S. 1.

43 Ebenda, vom 7.11.1932, S. 1.

44 Ebenda, vom 26.11.1932, S. 1 f.

45 Ebenda, vom 6.12.1932, S. 1.

46 *Kölnische Volkszeitung* vom 9.6.1932, Morgen-Ausgabe, S. 1.

47 Ebenda, vom 13.8.1932, Abend-Ausgabe, S. 1.

48 Ebenda, vom 8.9.1932, Morgen-Ausgabe, S. 1 f.

49 Koszyk, Kurt: a.a.O., S. 302.

50 *Kölner Lokal-Anzeiger* vom 13.12.1932.

51 *Sozialistische Republik* vom 31.1.1933, S. 1.

52 Ebenda, vom 1.2.1933, S. 1.

53 *Rheinische Zeitung* vom 31.1.1933, S. 1 f.

54 Vgl. Fuchs, Peter: »Das Kampfblatt. Die *Rheinische Zeitung* von 1892 bis 1933«. In: *Sozialdemokratie in Köln*. Hrsg. v. Gerhard Brunn. Köln 1986. S. 123.

55 *Kölnische Volkszeitung* vom 31.1.1933, S. 1 f.

56 *Kölner Lokal-Anzeiger* vom 31.1.1933, Abend-Ausgabe, S. 1 f.

57 *Kölner Tageblatt* vom 30.1.1933, Abend-Ausgabe, S. 1.

58 Ebenda, vom 31.1.1933, Morgen-Ausgabe, S. 1.

59 Labussière, Jean: *La Montée du nazisme à Cologne vu à travers la presse locale*. Universität Tours 1981.

60 Labussière, Jean: a.a.O., S. 144.

61 Vgl. Günsche, Karl-Ludwig: *Phasen der Gleichschaltung. Stichtagsanalysen deutscher Zeitungen 1933–1938* (Dialogos, Bd. 5). Osnabrück 1970. S 11 f.

62 Mohl, Renate: a.a.O., S. 58 f. Dort auch S. 60: »Die Berichterstattung über das politische Geschehen hatte aufgrund der Rahmenbedingungen in der Weimarer Republik keine Chance, sich zu entfalten.«

63 Bernard, Birgit: »Die ›Gleichschaltung‹. Der ›Reichssender Köln‹«. In: *Am Puls der Zeit. 50 Jahre WDR*. Bd. 1. Köln 2006, S. 87.

64 Vgl. Bernard, Birgit: »Gleichschaltung im Westdeutschen Rundfunk«. In: *Geschichte im Westen*. Bd. 11 (H. 2) 1996. S. 186 ff.

65 Vgl. Bernard, Birgit: »Die Amtseinführung des ersten NS-Intendanten des Westdeutschen Rundfunks, Heinrich Glasmeier, durch Joseph Goebbels am 24.4.1933«. In: *Geschichte in Köln*. Bd. 48/2001. S. 105 ff.

66 Mohl, Renate: a.a.O., S. 37.

67 *Kölnische Zeitung* vom 6.10.1933, Morgen-Ausgabe, Titelseite.

68 Protokoll der Redaktionskonferenz vom 13.9.1930, S. 4, Verlagsarchiv M. DuMont Schauberg.

69 Ebenda, S. 5.

70 Ebenda.

71 Ebenda, S. 1.

72 Kirschmeier, Thomas: *Die Kölnische Zeitung 1932/33. Ein Medium zur Zeit der Machtergreifung*. Magisterarbeit Münster 1994. S. 28.

73 Ebenda, S. 29.

74 Zu den exakten Zahlen vgl. Hale, Oron: *Presse in der Zwangsjacke 1933–1945*. Düsseldorf 1965. S. 12.

75 Kirschmeier, Thomas: a.a.O., S. 29.

76 Zum Republikschutzgesetz vom 23.7.1922, den Presseverordnungen vom 28.3.1931, 17.7.1931, 6.10.1931 und 14.6.1932, vgl. Hale, Oron: a.a.O., S. 11 ff., und Kirschmeier, Thomas: a.a.O., S. 31.

77 Presseverordnung des Reichspräsidenten vom 17.7.1931. Verlagsarchiv MDS, Köln, A V 1930–1932, Fiche 206/6.

78 Presseverordnung des Reichspräsidenten vom 17.7.1931, Verlagsarchiv A V 1930–1932, Fiche 206/6.

79 *Vossische Zeitung* vom 4.2.1933, Morgen-Ausgabe, S. 1.

80 Ebenda, vom 5.2.1933, Morgen-Ausgabe, S. 1.

81 *Frankfurter Zeitung* vom 25.2.1933, 2. Morgen-Ausgabe, S. 1.

82 Ebenda.

83 *Frankfurter Zeitung* vom 21.2.1933, 2. Morgen-Ausgabe, S. 1.

84 *Vossische Zeitung* vom 7.2.1933, Abend-Ausgabe, S. 1.

85 Ebenda, vom 11.2.1933, Morgen-Ausgabe, S. 2.

86 *Kölnische Zeitung* vom 28.2.1933, Abend-Ausgabe, S. 3.

87 *Kölnische Zeitung* vom 7.3.1933, Morgen-Ausgabe, S. 3.
88 Ebenda.
89 Ebenda.
90 *Vossische Zeitung* vom 7.3.1933, Morgen-Ausgabe, S. 1f.
91 Ebenda, S. 2.
92 Ebenda, vom 8.3.1933, Morgen-Ausgabe, S. 1ff.
93 Ebenda, vom 9.3.1933, Morgen-Ausgabe, S. 3.
94 Ebenda, vom 10.3.1933, Abend-Ausgabe, S. 1ff.
95 Ebenda, vom 11.3.1933, Morgen-Ausgabe, S. 1.
96 *Kölnische Zeitung* vom 14.3.1933, Abend-Ausgabe, Titelseite.
97 Ebenda.
98 *Vossische Zeitung* vom 15.3.1933, Abend-Ausgabe, S. 2.
99 *Frankfurter Zeitung* vom 23.3.3 . Morgen-Ausgabe.
100 Ebenda, vom 2.5.1933, 2. Morgen-Ausgaben, S. 1ff.
101 *Kölnische Zeitung* vom 11. Mai 1933, Morgen-Ausgabe, S. 2.
102 Alfred Neven DuMont war Vorstandsmitglied beim Verein Deutscher Zeitungsverleger. Hale 1964, S. 7. »Die Zeitungsverleger bei Goebbels« WTB, Berlin, 29. März (Telegramm). Verlagsarchiv MDS, Köln, A VI 1933–1945, Fiche 130/2. Kirschmeier Thomas: a.a.O., S. 48, in: *Kölnische Zeitung* vom 30. März 1933.
103 Abschnitt I der Satzung des Reichsverbands der deutschen Presse. Zitiert nach der Veröffentlichung im offiziellen Organ des Reichsverbands, der Zeitschrift *Deutsche Presse*. Jahrgang 24, 1934, o. S. Bundesarchiv Berlin, BArch R 34/415, Film-Nr. 1333.
104 Hale, Oron: a.a.O., S. 80.
105 Schmidt-Leonhardt: Das Schriftleitergesetz vom 4. Oktober 1933. Berlin 1934.
106 Zugleich war es eine versuchte Wiederaufnahme des zurückgewiesenen Journalistengesetzes von 1924.
107 »Eine Tätigkeit als politischer oder feuilletonistischer Schriftleiter wird einem Nichtarier regelmäßig auch dann zu versagen sein, wenn er zum Beispiel als Handelsredakteur zugelassen wird.« Aus der Begründung zum Schriftleitergesetz, veröffentlicht einen Tag nach Inkrafttreten vom WTB (Wolff'sches Telegraphen Büro). Bundesarchiv Berlin, BArch R 43/II/467, Blatt 129. Es wird ersichtlich, welchen Stellenwert man insbesondere den beiden erstgenannten Ressorts zuwies.
108 Das Schriftleitergesetz. Zitiert nach Wulf, Josef: *Presse und Funk im Dritten Reich. Eine Dokumentation*. Gütersloh 1964. S. 72.

109 Der Nationalsozialismus sah einen kulturellen Charakter in der Presse vertreten, weshalb sie der Reichskulturkammer zugeordnet wurde und nicht als Gewerbe betrachtet wurde. Vgl. Meldung des Deutschen Nachrichtenbüros vom 25.4.1935. Bundesarchiv Berlin, R 43 II/467, Blatt 142.

110 Das Schriftleitergesetz. Zitiert nach Wulf, Josef: *Presse und Funk im Dritten Reich*, a.a.O., S. 73.

111 Aus der Begründung zum Schriftleitergesetz, veröffentlicht einen Tag nach Inkrafttreten vom WTB (Wolff'sches Telegraphen Büro). Bundesarchiv Berlin, BArch R 43 II/467, Blatt 128.

112 Goebbels in einer Rede zu Vertretern der deutschen Presse bei der Verkündung des Schriftleitergesetzes am 4. Oktober 1933: »Wenn heute in Journalistenkreisen Klage darüber geführt wird, daß das Bild der deutschen Presse zu uniform geworden ist, so muss ich dem gegenüber halten, daß das nicht im Willen der Regierung gewesen ist. Ich kann doch nichts dafür, wenn Zeitungen, die früher gegen die nationalsozialistische Bewegung Sturm gelaufen sind, heute päpstlicher sein wollen als der Papst. Wir zwingen sie doch nicht zur Charakterlosigkeit! Wir verlangen doch nicht, daß sie Hurra schreien, wenn ihnen nicht zum Hurraschreien zumute ist. Wir verlangen nur, daß sie nichts gegen den Staat unternehmen. Es wäre uns durchaus recht, wenn sie für das jeweils wechselnde Publikum eine jeweils wechselnde Nuance hätten. Der Vielgestaltigkeit der öffentlichen Meinungsäußerung ist durchaus kein Hindernis entgegenzusetzen. Es liegt nur an der Phantasie und Begabung jedes einzelnen Schriftleiters, von diesem Recht Gebrauch zu machen. Wenn er das nicht kann, nicht will, und wenn er sich in den öden Lobeshymnen wohler und sicherer fühlt als in einer aufrichtigen und charaktervollen Haltung, so ist das seine Sache.« Zitiert nach: H. Schmidt-Leonhardt und P. Gast: *Das Schriftleitergesetz vom 4. Oktober 1933*, Kommentar, Tatsachen-Gesetzsammlung 157, S.9.

113 Sänger, Fritz: *Politik als Täuschungsmanöver. Mißbrauch der Presse im Dritten Reich. Informationen, Notizen 1933–1945*. Wien 1975. S. 29.

114 Nach dem Reichsgesetzblatt ging die Zuständigkeit für die Presse (zusammen mit dem Institut für Zeitungswissenschaft) an diesem Tag vom Reichsminister des Innern auf Goebbels über. Bundesarchiv Berlin, BArch, R 43 II 1150, Blatt 13.

115 Sänger, Fritz: a.a.O., S. 383.

116 Von Wedel, Hasso: *Die Propagandatruppen der Deutschen Wehrmacht*. Neckargemünd 1962. S. 143.

117 Gillessen, Günther: *Auf verlorenem Posten. Die Frankfurter Zeitung im Dritten Reich*. Berlin 1986. S. 204/07.

118 Hale, Oron: a.a.O., S. 76–90. Darauf weist auch die kommentierte Begründung vom WTB hin. Bundesarchiv Berlin, BArch, R 43 II / 467, Blatt 129.

119 Aus der Begründung zum Schriftleitergesetz, veröffentlicht einen Tag nach Inkrafttreten vom WTB (Wolff'schen Telegraphen Büro). Bundesarchiv Berlin, BArch, R 43 II / 467, Blatt 130.

120 Schmidt-Leonhardt: *Das Schriftleitergesetz vom 4. Oktober 1933*. Berlin 1934.

121 Verlagsarchiv MDS, Köln.

122 Amtliche Bekanntmachung der Reichspressekammer vom 24.4.1933. Bundesarchiv Berlin, BArch R 43 II / 467, Blatt 140.

123 Bundesarchiv Berlin, BArch R 43 II / 467, Blatt 141.

124 Kirschmeier, Thomas: a.a.O., S. 43.

125 Ebenda, S. 44.

126 Tagebuchaufzeichnungen Kurt Neven DuMonts 1930–1935. Eintrag vom 18.2.1933, S. 22. Verlagsarchiv MDS, Köln.

127 Ebenda, S. 23.

128 Ebenda, S. 24.

129 Ebenda, S. 25.

130 Ebenda, S. 25 f. Zu seinem Eintritt in den Stahlhelm vgl. Fragebogen der Entnazifizierungskommission. Hauptstaatsarchiv Düsseldorf. Entnazifizierungsakte Kurt Neven DuMont, Inv.-Nr. 1048–35 Nr. 181, und Manuskript eines Überblicks der Verlagsgeschichte von Kurt Neven DuMont, Abschnitt »Meine Stellung gegen die NSDAP nach 1933«, Köln, 1.8.1945, S. 3. Verlagsarchiv MDS, Köln.

131 *Kölnische Zeitung* vom 23.9.1933, Morgen-Ausgabe, Titelseite.

132 Ebenda.

133 Ebenda, vom 5.10.1933, Morgen-Ausgabe, Titelseite.

134 Ebenda, vom 5.10.1933, Abend-Ausgabe, Titelseite.

135 Ebenda.

136 Ebenda.

137 *Vossische Zeitung* vom 5.10.1933, Morgen-Ausgabe, S. 1.

138 Ebenda, vom 5.10.1933, Abend-Ausgabe, S. 1 ff.

139 Ebenda, vom 6.10.1933, Morgen-Ausgabe, S. 2.

140 Ebenda, vom 24.3.1934, S. 1.

141 *Frankfurter Zeitung* vom 6.10.1933, Morgen-Ausgabe, S. 1 f.

142 Ebenda, vom 7.10.1933, 2. Morgen-Ausgabe, S. 1 f.

143 Ebenda, vom 9.5.1934, Reichs-Ausgabe. S. 1.

144 Ebenda, vom 1.7.1934, RA. S. 1.

145 Ebenda, vom 3.7.1934, RA. S. 1.

146 Ebenda, vom 1.6.1934, RA. S. 1.

147 Brief von Kurt Neven DuMont an den Reichskanzler (adressiert an Reg. Rat Dr. Meerwald). Köln, 22.9.1933. Bundesarchiv Berlin, BArch, R 43 II/471, Blatt 41. Im gleichen Brief bittet der Verleger um den Vortrag seines Anliegens beim Reichskanzler. Eine Bestätigung erfolgt in einem Schreiben des persönlichen Referenten des Reichskanzlers vom 22.9.1933. Bundesarchiv Berlin, BArch, R 43 II/471, Blatt 41.

148 Die Anzahl von rund 2900 Mitarbeitern wurde auf der Betriebsversammlung vom 5.12.1933 genannt. Historisches Archiv der Stadt Köln: *Widerstand und Verfolgung in Köln 1933–1945*. Ausstellung des Historischen Archivs der Stadt Köln 8.2.–28.4.1974. Zusammenstellung d. Ausstellung: Franz Irsfeld und Bernd Wittschier. Ausstellungskatalog Köln 1974, S. 184.

149 Brües, Otto: (1967) a.a.O., S. 173.

150 *Kölnische Zeitung* vom 12.10.1933.

151 Redaktionsprotokoll vom 11.10.1933. Verlagsarchiv MDS, Köln, S. 1.

152 In der Abschrift eines Protokolls einer Redaktionskonferenz, die zwischen dem 12.10. und dem 24.10. stattfand, wird dieser Tag als Einführungsdatum für die neue Form der Zeitungen genannt. Verlag und Redaktionen 1933–1938.

153 Redaktionsprotokoll vom 11.10.1933, Verlagsarchiv MDS, Köln, S. 2.

154 Brües, Otto: (1967) a.a.O. S. 173.

155 Offener Brief [der Belegschaft, Anm. des Verfassers] an die Herren Verleger der Firma M. DuMont Schauberg, *Kölnische Zeitung* vom 8.7.1933.

156 Redaktionsprotokoll vom 11.8.1933, S. 1. Verlagsarchiv MDS, Köln.

157 Versorgungskasse der Firma M. DuMont Schauberg (Hrsg.): *1889–1989. In erfreulichem Maße lebensfähig und lebenskräftig. 100 Jahre Versorgungskasse der Firma M. DuMont Schauberg*. Text von Dr. Carl Dietmar und Dr. Klaus Heubeck. Köln 1989, S. 51.

158 DuMont Schauberg,M: (1989), a.a.O., S. 51.

159 Brief von Waldemar Freiherr von Oppenheim an das Entnazifizierungskomitee. Köln, 30.11.1945. Hauptstaatsarchiv Düsseldorf. Entnazifizierungsakte Dr. Kurt Neven DuMont, Inv.-Nr. NW 1048–35 Nr. 181, Blatt 133.

160 Brief August und Kurt Neven DuMonts an die Teilhaber des Bankhauses Sal. Oppenheim jr. & Cie. Köln, 13.12.1952. Hausarchiv des Bankhauses Sal. Oppenheim jr. & Cic, Köln, A. Nr. 260b, Bd. 1.

161 Aufzeichnungen des Verlagsdirektors Claudius Belz zum Kampf mit dem *Westdeutschen Beobachter*, S. 1, Verlagsarchiv MDS, Köln.

162 Kölner Bürgermeister vom 3.1.1941–20.6.1944.

163 Zerlett, Rolf Josef (1902–1987). In: *Rheinische Lebensbilder.* Bd. 27. Hrsg. v. Franz-Josef Heyen. Bonn 1997. S. 255.

164 Ebenda, S. 257.

165 *Westdeutscher Beobachter* vom 22.4.1932.

166 Ebenda.

167 Ebenda, vom 19.4.1932.

168 »Wir bitten ums Wort«, in: *Sonntag Morgen* vom 1.5.1932.

169 »Deutsches Familiengut«, in: *Stadt-Anzeiger,* Mai 1933, Verlagsarchiv MDS, Köln.

170 »Konjunkturpolitik im Hause DuMont Schauberg. Die gelbe Gefahr. *Sonntag-Morgen* zwischen zwei Stühlen«. *Kölner Kurier,* 6.5.1932.

171 Ebenda.

172 Ebenda.

173 *Frankfurter Zeitung* vom 16.7.1933, 1. Morgen-Ausgabe, S. 1.

174 Protokoll der Redaktionskonferenz vom 11.10.1933, S. 3 u. 4, Verlagsarchiv MDS, Köln.

175 Tagebuchaufzeichnungen Kurt Neven DuMonts 1930–1935. Eintrag vom 27.6.1933, S. 27. Verlagsarchiv MDS, Köln, Familiennachlass Neven DuMont.

176 Belz, Claudius: a.a.O., Blatt 39, Verlagsarchiv MDS, Köln.

177 Ebenda, Blatt 40.

178 Erstmalige Nennung Foerstners im *Stadt-Anzeiger* vom 27.8.1933. Mansfeld schied zum 30.9.1934 als Redakteur aus, da er nicht nach der Zusammenlegung von *Stadt-Anzeiger* und *Kölnischer Zeitung* unter einem Chefredakteur als Chef vom Dienst weiterarbeiten wollte. Vgl. Abschrift des Protokolls einer Redaktionskonferenz vermutlich zwischen dem 12. und dem 24.10.1933. Verlagsarchiv MDS, Köln. Vgl. auch Blumrath, Fritz: *Notizen zur Auseinandersetzung der Kölnischen Zeitung mit der NSDAP in den Jahren 1931–1945.* S. 2–2. Köln, den 16. Juni 1945. Verlagsarchiv MDS, Köln.

179 In seinen Tagebuchaufzeichnungen schilderte Kurt Neven DuMont den Bruch: »Der Verrat, den Mansfeld mithilfe seines Schwagers Förstner dem Betriebsratsvorsitzenden angezettelt hat und der zum Bruch zwischen uns und ihm führte, hat mich bitter geschmerzt.« Tagebuchaufzeichnungen Kurt Neven DuMonts 1930–1935. Eintrag vom 1.10.1933, Seite 33. Verlagsarchiv MDS, Köln, Familiennachlass Neven DuMont.

180 Aufzeichnungen des Redakteurs und späteren Verlagsarchivars Kurt Weinhold zu den Auseinandersetzungen mit dem *Westdeutschen Beobachter,* S. 2 vom 15.6.1945. Verlagsarchiv MDS, Köln.

181 Roerig, S. 2. Der Autor nennt die folgenden Journalisten: Böhm, Schröteler,

Brües, Dresbach, Blumrath, Weinhold, Pettenberg. An den achten Namen konnte sich der Autor leider nicht mehr erinnern. Verlagsarchiv MDS, Köln. Kurt Weinhold meinte sich an Schäfer zu erinnern. Vgl. Weinhold, Kurt: (1945) a.a.O., S. 3.

182 Ebenda.

183 Brües, Otto: (1967) a.a.O., S. 172.

184 Eidesstattliche Erklärung von Josef Held zu August Neven DuMont an die Entnazifizierungskommission. Köln, 9.12.1945. Hauptstaatsarchiv Düsseldorf, Entnazifizierungsakte August Neven DuMont, Inv.-Nr. NW 1048–35 Nr. 202.

185 Blumrath, Fritz: (1945) a.a.O., S. 2.

186 *Kölnische Zeitung* vom 5.12.1933, Morgenblatt, Titelseite.

187 Werbeaktion vom 15. Dezember 1933 für den *Westdeutschen Beobachter*. Mitteilung der NSDAP Gauleitung Köln-Aachen an diverse nationalsozialistische Organisationen. Gaupresseamt, der Amtsleiter, Abteilung Werbung. Verlagsarchiv MDS, Köln.

188 NSDAP, Ortsgruppe Köln-Kalk-Ost an den PG [=Parteigenossen, Anm. d. Verf.] Ernst Sünner. Köln-Kalk, 20.12.1933. Verlagsarchiv MDS, Köln.

189 Ortsgruppen-Befehl der Ortsgruppe Beuel Ort. 22.12.1933. Verlagsarchiv MDS, Köln.

190 Belz, Claudius: a.a.O., Blatt 39 f. Verlagsarchiv MDS, Köln.

191 Serienbrief der Anzeigen-Abteilung des *Westdeutschen Beobachters* an deutsche Geschäftsleute. Das Blatt zeigt die Darstellung eines deutschen und eines in verunglimpfender Weise dargestellten jüdischen Geschäftsmannes unter einem Regenschirm. Ohne Ort und Datum. Verlagsarchiv MDS, Köln.

192 Westdeutscher Beobachter GmbH in einem Brief an die Annoncen-Expedition Jakob Meyer. Köln, 3.7.1933. Hauptstaatsarchiv Düsseldorf, Beilage zur Entnazifizierungsakte von August Neven DuMont, Inv.-NR. NW 1048–35 Nr. 202.

193 Tagebuchaufzeichnungen Kurt Neven DuMonts 1930–1935. Eintrag vom 2.7.1933, Seite 28–29. Verlagsarchiv MDS, Köln, Familiennachlass Neven DuMont.

194 Tagebuchaufzeichnungen Kurt Neven DuMonts 1930–1935. Eintrag vom 16.7.1933, Seite 29. Verlagsarchiv MDS, Köln, Familiennachlass Neven DuMont.

195 Tagebuchaufzeichnungen Kurt Neven DuMonts 1930–1935. Eintrag vom 16.7.1933, Seite 29. Verlagsarchiv MDS, Köln, Familiennachlass Neven DuMont.

196 *Kölner Stadt-Anzeiger*, Nr. 653 vom 3.12.1933, Sonntagsblatt.

197 *Westdeutscher Beobachter*, Nr. 310 vom 4.12.1933.

198 *Kölnische Zeitung – Stadt-Anzeiger*, Nr. 656 vom 5.12.1933. Siehe Seite 232.

199 Im Original fett gedruckt von »Beschlagnahme« bis einschließlich »Gaupresse«.

200 »Nochmals in eigener Sache«. *Westdeutscher Beobachter*, Nr. 312 vom 6.12.1933.

201 »Die eigene Belegschaft gegen die Verleger DuMont Schauberg«. *Westdeutscher Beobachter*, Nr. 312, vom 6.12.1933.

202 »*Kölnische Zeitung – Stadt-Anzeiger* bleibt selbständig. Der wirkliche Verlauf der Betriebsversammlung«. *Kölnische Zeitung – Stadt-Anzeiger*, Nr. 660 vom 7.12.1933.

203 »Belegschaftsversammlung bei MDS«. *Kölnische Zeitung – Stadt-Anzeiger*, Nr. 662 vom 8.12.1933.

204 Kurt Neven DuMont in einem Brief an seine Frau Gabriele Neven DuMont. Berlin, 5.7.1933. Verlagsarchiv MDS, Köln. Familiennachlass Neven DuMont.

205 Tagebuchaufzeichnungen Kurt Neven DuMonts 1930–1935. Eintrag vom 17.8.1933, Seite 31. Verlagsarchiv MDS, Köln. Familiennachlass Neven DuMont.

206 Tagebuchaufzeichnungen Kurt Neven DuMonts 1930–1935. Eintrag vom 1.10.1933, Seite 32. Verlagsarchiv MDS, Köln, Familiennachlass Neven DuMont.

207 Kurt Neven DuMont in einem Brief an seine Frau Gabriele Neven DuMont. München. 25.11.1933. Verlagsarchiv MDS, Köln, Familiennachlass Neven DuMont.

208 Höchstwahrscheinlich ist hier Rolf Rienhardt, Stabsleiter im Verwaltungsamt der NS-Presse und rechte Hand Max Amanns, gemeint.

209 Kurt Neven DuMont in einem Brief an seine Frau Gabriele Neven DuMont. München, 7.12.1933. Verlagsarchiv MDS, Köln, Familiennachlass Neven DuMont.

210 Tagebuchaufzeichnungen Kurt Neven DuMont 1930–1935. Eintrag vom 10.12.1933, Seite 36. Verlagsarchiv MDS, Köln, Familiennachlass Neven DuMont.

211 DuMont 1945. Abschnitt »Meine Stellung gegen die NSDAP nach 1933«. Köln, 1.8.1945. Seite 3. Verlagsarchiv MDS, Köln.

212 Blumrath, Fritz: (1945) a.a.O., S. 2.

213 »Der Existenzkampf einer deutschen Zeitung«. In: *Neue Zürcher Zeitung*, Nr. 2260 vom 12.12.1933, Morgen-Ausgabe.

214 Ebenda.

215 Brief des Vertriebs des *Kölner Stadt-Anzeigers* ohne Empfänger (Reviergehilfen, Bezirk 6). Köln-Mülheim, 6.1.1934. Verlagsarchiv MDS, Köln.

216 »Die Verhaftung eines Journalisten«. In: *Stadt-Anzeiger* vom 26.9.1933.

217 *Westdeutscher Beobachter*, Nr. 239, 24.9.1933.

218 *Stadt-Anzeiger* vom 26.9.1933.

219 Ebenda.

220 Weinhold, Kurt: (1969) a.a.O., S. 286.

221 Belz, Claudius: a.a.O., S. V, Vorder- und Rückseite.

222 Roerig, Hans: »Riesen und Zwerge werfen Schatten«. In: *Der Journalist*. Bd. 7/1963. S. 269.

223 Gerhard Ludwig in einem Brief an Kurt Neven DuMont. Bebenhausen, 26.11.1945. Beilage der Entnazifizierungsakte von Kurt Neven DuMont. Köln, 22.11.1945. Hauptstaatsarchiv Düsseldorf, Inv.-Nr. NW 1048–35 Nr. 181, Blatt 170. Gerhard Ludwig war am 7. Februar 1942 von den Nationalsozialisten verhaftet worden und wegen kritischer Bemerkungen über NS-Regime, den Militarismus und die Kriegsführung zu einer langjährigen Zuchthausstrafe verurteilt worden (s. Blatt 72 der angegebenen Akte). Ludwig war 1948 Begründer der ersten Bahnhofs- und 1957 der ersten Taschenbuchhandlung.

224 Kurt Neven DuMont in einem Brief an seine Frau Gabriele, München, 8.1.1934, Verlagsarchiv MDS, Köln, Familiennachlass.

225 »Die Auflage der ›Kölnischen‹«. In: *National-Zeitung-Basel* vom 20.4.1934.

226 Z.B. in den folgenden Briefen von Kurt Neven DuMont an seine Frau Gabriele: Berlin, 29.8.1934 beziehungsweise Köln-Marienburg. 31.8.1934 und Köln, 2.9.1934. Verlagsarchiv MDS, Köln. Familiennachlass Neven DuMont.

227 Kurt Neven DuMont an seine Frau Gabriele. Köln, 2.9.1934. Verlagsarchiv MDS, Köln, Familiennachlass.

228 Kurt Neven DuMont an seine Frau Gabriele. Köln, 5.9.1934. Verlagsarchiv MDS, Köln, Familiennachlass.

229 Kurt Neven DuMont an seine Frau Gabriele. Köln, 7.9.1934. Verlagsarchiv MDS, Köln, Familiennachlass.

230 Martha von Gelinck (Vors. Nationalsozialistische Frauenschaft) an Alice Neven DuMont. Köln, 20.4.1934. Verlagsarchiv MDS, Köln.

231 Unterlagen zu Alice Neven DuMont. Verlagsarchiv MDS, Köln.

232 Anzeige gegen Kurt Neven DuMont durch den Standartenführer Crämer nach einem Hinweis durch Josef Siebertz. Köln, 28.8.1934. Hauptstaatsarchiv Düsseldorf, Inv.-Nr. Gerichte Rep. 112, Nr. 5588.

233 Vgl. Abschrift eines Schreibens an die NSBO-Betriebszelle des Verlags von Otto Utsch. Köln, 21.10.1933. S. 4. Verlagsarchiv MDS, Köln.

234 Wahrscheinlich ist hier Dr. Oscar Schmidt (1885–1955) gemeint, der am 1.4.1921 in die Wirtschaftsredaktion eingetreten war, deren Leiter er bis 1930 war. Er war bis 1948 Mitglied der Redaktion und war ab 1.9.1948 im Vorstand der Versorgungskasse. Verlagsarchiv MDS, Köln, Mitarbeiterkartei.

235 Vgl. Abschrift eines Schreibens an die NSBO-Betriebszelle des Verlags von Otto Utsch. Köln, 21.10.1933. S. 4. Verlagsarchiv MDS, Köln.

236 Genannt wurden die Parteiangehörigen Stuart, Joost, Erdmann, van Oterendorp, Arnecke und Rusack. Otto Utsch an die NSBO-Betriebszelle des Verlags. Köln, 21.10.1933, S. 5. Verlagsarchiv MDS, Köln.

237 »Bericht über die Zustände in den Redaktionen des *Stadt-Anzeigers* und der *Kölnischen Zeitung* – Wiedererwachende Demokratie und schwindender Nationalismus«. Manuskript im Hauptstaatsarchiv Düsseldorf. Inv.-Nr. Gerichte Rep. 112, Nr. 5588, S. 1.

238 Ebenda, S. 2.

239 Ebenda, S. 2f.

240 »Bericht über die Zustände in den Redaktionen des *Stadt-Anzeigers* und der *Kölnischen Zeitung* – Wiedererwachende Demokratie und schwindender Nationalismus«. Manuskript im Hauptstaatsarchiv Düsseldorf. Inv.-Nr. Gerichte Rep. 112, Nr. 5588, S. 4.

241 Ebenda, S. 5.

242 Ebenda, S. 7. Es sind dies: Stuart, Joost, Erdmann, van Oterendorp, Warnecke, Rusag, Siebertz, Utsch, Förster, Rasch, Metternich, Nissen, Hancke und Spitzfaden.

243 Protokoll vom 28.8.34, Köln. Hauptstaatsarchiv Düsseldorf, Inv.-Nr. Gerichte Rep. 112, Nr. 5588.

244 Kurt Neven DuMont in einem Brief an Kriminalrat Gustav Pitz. Köln-Marienburg, 6.10.1934. Hauptstaatsarchiv Düsseldorf, Inv.-Nr. Gerichte Rep. 112, Nr. 5588.

245 Kurt Neven DuMont in einem Brief an Kriminalrat Gustav Pitz. Köln-Marienburg, 6.10.1934. Hauptstaatsarchiv Düsseldorf, Inv.-Nr. Gerichte Rep. 112, Nr. 5588.

246 Geschichtlicher Überblick von Dr. Kurt Neven DuMont: Abschnitt »Der Kampf der Partei gegen unseren Verlag«. Köln, 1.8.1945. Seite 6. Verlagsarchiv MDS, Köln.

247 Otto Utsch in einem Brief an Kurt Neven DuMont. Köln, 9.4.1935, S. 1. Verlagsarchiv MDS, Köln.

248 Otto Utsch an Kurt Neven DuMont. Köln, 9.4.1935, S. 1f. Verlagsarchiv MDS, Köln.

249 Otto Utsch in einem Brief an Kurt Neven DuMont. Köln, 9.4.1935, S. 2. Verlagsarchiv MDS, Köln.

250 Otto Utsch in einem Brief an Kurt Neven DuMont. Köln, 9.4.1935, S. 3. Verlagsarchiv MDS, Köln.

251 *Sonntag Morgen*, Nr. 16 vom 22.4.1934.

252 *Sonntag Morgen*, Nr. 17 vom 29.4.1934.

253 Kurt Neven DuMont in einem Brief an Gabriele Neven DuMont. Köln, 8.4.1934. Verlagsarchiv MDS, Köln, Familiennachlass Neven DuMont.

254 *Österreichische Abendzeitung* vom 23.5.1934, S. 3.

255 Kurt Neven DuMont in einem Brief an Gabriele Neven DuMont (unvollständig). Köln, 6.1.1935. Verlagsarchiv MDS, Köln, Familiennachlass.

256 *Die grüne Post* war 1927 erstmals vom Ullstein-Verlag herausgegeben worden. S. *Österreichische Abendzeitung.* Mittwoch, den 23.5.1934, S. 3. Die Familie Ullstein wurde 1934 dazu gezwungen, den Verlag zu verkaufen; er wurde »arisiert«. 1937 wurde der »Ullstein-Verlag« zum »Deutschen Verlag« und dem Zentralverlag der NSDAP angegliedert. *Die grüne Post* erschien bis 1944.

257 Auszug aus der Klageschrift von Donald Stuart gegen den Verlag M. DuMont Schauberg. Handschriftliche Datierung auf den 3.V.34. Ohne Seitenangabe. Verlagsarchiv MDS, Köln.

258 Ebenda.

259 NS-Personenkartei des Bundesarchivs Berlin. Unterlagen zu Donald Stuart. Stuart war zudem Mitglied der SS. Inv. Nr. BArch PK M 0087.

260 Laut Eintrag in der Zeitschriftendatenbank ZDB. Als Verlag wird hier F. Beutner in Berlin angegeben.

261 Roerig, Hans: a.a.O., S. 1f., Verlagsarchiv MDS, Köln. Vgl. auch: »Arbeitsanweisung für die Presse-Propaganda-Aktion März – April 1935« des Gaupropaganda-Amtes, Gau Köln-Aachen, Köln, 10.3.1935, Verlagsarchiv MDS, Köln.

262 Gleichlautendes Schreiben des Verlags M. DuMont Schauberg an das Auswärtige Amt, das Reichsministerium, den Reichsbankpräsidenten Dr. Schacht, das Reichsministerium für Volksaufklärung und Propaganda, das Reichswirtschaftsministerium, den Stellvertreter des Führers, Hess, und an Staatssekretär Lammers. Köln, 15.3.1935. Verlagsarchiv MDS, Köln.

263 Ebenda, »Arbeitsanweisung für die Presse-Propaganda-Aktion März – April 1935«, Gau Köln-Aachen, Köln, 10.3.1935, des Gaupropaganda-Amtes, Punkt A II.

264 Kurt Neven DuMont in einem Brief an Gabriele Neven DuMont. Berlin, 20.3.1935. Verlagsarchiv MDS, Köln, Familiennachlass.

265 Dies geht aus Kurt Neven DuMonts geschichtlichem Rückblick zum Verlag von 1945 hervor. M. DuMont Schauberg 1945, a.a.O., Abschnitt »Der Kampf der Partei gegen unseren Verlag«. Köln, 1.8.1945. S. 4. Verlagsarchiv MDS, Köln.

266 »Die Zeitungswerbung«. In: *Kölnische Zeitung / Stadt-Anzeiger*, 19.3.1935.

267 Ebenda.

268 Ebenda. Zitiert wird der Wortlaut unter Ziffer 5 im Ausweis der Reichspressekammer für Werber.

269 »Eine Feststellung«. In: *Kölnische Zeitung / Stadt-Anzeiger*, 19.3.1935.

270 Anonym: Handschriftliche Überschrift »K. L. Zimmermann, Redakteur d. K. Stadt-Anz«. Ohne Ort und Datum. S. 1.

271 *Kölnische Zeitung*, Nr. 263, und *Stadt-Anzeiger*, Nr. 263 vom 25. Mai 1935.

272 Hocke, Gustav René: a.a.O., S. 103. Gustav René Hocke: *Im Schatten des Leviathan. Lebenserinnerungen 1908–1984*. München und Berlin 2004, S. 103.

273 Ebenda.

274 Brief von J. Schäfer an J. Grohé. Köln, 3.2.1936. Verlagsarchiv MDS, Köln.

275 Gustav René Hocke in seinem Entwurf zu einem »Exposé über die bürgerliche Presse unter dem nationalsozialistischen Regime mit besonderer Berücksichtigung der *Kölnischen Zeitung* aus dem Jahr 1948, S. 14. Verlagsarchiv MDS, Köln.

276 Erwähnung des Vorschlags der Ernennung in einem Brief der Gauleitung Köln-Aachen der NSDAP an das Reichsministerium für Volksaufklärung und Propaganda. Köln, 28.6.1935. Bundesarchiv Berlin, BArch R 55/184, Blatt 72.

277 Brief der Landesstelle Köln-Aachen des Reichsministeriums für Volksaufklärung und Propaganda (Berichterstatter Walter Frielingsdorf) an den Reichsminister für Volksaufklärung und Propaganda (z. Hd. Ministerialrat Rüdiger). Köln, 3.7.1935. Bundesarchiv Berlin, BArch R 55/184, Blatt 76.

278 Entwurf oder Zusammenfassung u. a. für einen Brief des Reichsministeriums für Volksaufklärung und Propaganda (Ministerialrat Rüdiger) an den Präsidenten der Reichspressekammer. Berlin, 5.7.1935. Bundesarchiv Berlin, BArch R 55/184, Blatt 77.

279 Dies geht aus einem Brief des Präsidenten der Reichspressekammer an den Reichsminister für Volksaufklärung und Propaganda hervor. Berlin, 10.7.1935. Bundesarchiv Berlin, BArch R 55/184, Blatt 80–81.

280 Brief des Präsidenten der Reichspressekammer an den Reichsminister für Volksaufklärung und Propaganda, Berlin, 22.7.1935. Bundesarchiv Berlin, BArch R 55/184, Blatt 84.

281 Brief des Präsidenten der Reichspressekammer an den Reichsminister für Volksaufklärung und Propaganda, Berlin, 16.8.1935. Bundesarchiv Berlin, BArch R 55/184, Blatt 97.

282 Ernennung zum Beisitzer am 8. November 1935. Bundesarchiv Berlin, BArch, R 55/184, Blatt 134.

283 Vgl. Abschrift eines Schreibens an die NSBO-Betriebsstelle des Verlags von Otto Utsch, S. 4. Köln, 21.10.1933, Verlagsarchiv MDS, Köln.

284 Abschrift eines Briefs von Alfred Neven DuMont an Ernest Saxon-Napier. Köln, 17.12.1926. Verlagsarchiv MDS, Köln, Akte Saxon-Napier.

285 Ernest Saxon-Napier an M. Neven DuMont. London 7.2.1935. Verlagsarchiv MDS, Köln, Akte Saxon-Napier.

286 Verlagsarchiv MDS, Köln, Akte Saxon-Napier.

287 Abschrift eines Briefs von Hans Roerig an den Hauptschriftleiter Johann Schäfer. London, 22.7.1939. Verlagsarchiv MDS, Köln, Akte Saxon-Napier.

288 Aus einer Abschrift auf Durchschlagpapier vom Finanzamt Köln-Altstadt. Köln, 27.11.1935. Verlagsarchiv MDS, Köln, Akte Saxon-Napier.

289 Angaben aus einer anonymen maschinenschriftlichen Zusammenstellung, Punkt 1. Ohne Ort und Datum. Verlagsarchiv MDS, Köln, Akte jüdischer Mitarbeiter.

290 Liste Punkt 2. Verlagsarchiv MDS, Köln, Akte jüdischer Mitarbeiter.

291 Abschrift eines Briefes von Kurt Neven DuMont an Hans Sonnenschein. Köln, 3.12.1935. Verlagsarchiv MDS, Köln, Akte Saxon-Napier.

292 Abschrift eines Fernschreibens von Kurt Neven DuMont an Sonnenschein. Ohne Ort, 3.12.1935. Verlagsarchiv MDS, Köln.

293 Dies geht aus der Abschrift eines Briefes von Kurt Neven DuMont an Sonnenschein hervor. Köln, 3.12.1935. Verlagsarchiv MDS, Köln.

294 Diese Angaben stammen aus einer maschinenschriftlichen Aufstellung der Entlassungen im Verlagsarchiv MDS, Köln. Ohne Ort, Datum und Autor.

295 Punkt 3 der Liste. Verlagsarchiv MDS, Köln, Akte jüdischer Mitarbeiter.

296 Punkt 4 der Liste. Verlagsarchiv MDS, Köln, Akte jüdischer Mitarbeiter.

297 Punkt 5 der Liste. Verlagsarchiv MDS, Köln, Akte jüdischer Mitarbeiter.

298 Punkt 6 der Liste. Verlagsarchiv MDS, Köln, Akte jüdischer Mitarbeiter.

299 Verlagsleitung (Unterzeichnender Hildebrand) an Saxon-Napier. Köln, 30.4.1936. Verlagsarchiv MDS, Köln, Akte Saxon-Napier.

300 Vertraulicher Brief von Ernest Saxon-Napier an die Verlagsleitung. London, 22.3.1938. Verlagsarchiv MDS, Köln, Akte Saxon-Napier.

301 Abschrift eines Briefes vom Hauptgeschäftsführer des Reichsverbands der deutschen Presse, Henningsen, an die Hauptschriftleitung der *Kölnischen Zeitung*. Berlin, 29.3.1938, Akte Saxon-Napier.

302 Brief der Hauptschriftleitung der *Kölnischen Zeitung* an den Hauptgeschäftsführer des Reichsverbands der deutschen Presse, Henningsen. Köln, 12.4.1938. Verlagsarchiv MDS, Köln, Akte Saxon-Napier.

303 Brief von Ernest Saxon-Napier an den Hauptschriftleiter der *Kölnischen Zeitung*, Dr. J. Schäfer. London, 23.4.1938. Verlagsarchiv MDS, Köln, Akte Saxon-Napier.

304 Brief vom Hauptgeschäftsführer des Reichsverbands der deutschen Presse, Henningsen, an die Hauptschriftleitung der *Kölnischen Zeitung*. Berlin, 21.4.1938. Verlagsarchiv MDS, Köln, Akte Saxon-Napier.

305 Brief vom Geschäftsführer des Landesverbands Mittelrhein, Tönnies, im Reichsverband der deutschen Presse, an den Hauptschriftleiter der *Kölnischen Zeitung*, Dr. J. Schäfer. Berlin, 2.6.1938. Verlagsarchiv MDS, Köln, Akte Saxon-Napier.

306 Brief vom Hauptschriftleiter der *Kölnischen Zeitung*, Dr. J. Schäfer an den Geschäftsführer des Landesverbands Mittelrhein, Tönnies, im Reichsverband der deutschen Presse. Köln, 10.6.1938. Verlagsarchiv MDS, Köln, Akte Saxon-Napier.

307 Es war eben dieser Dr. Roerig, den Saxon-Napier während der Sommermonate kostenlos vertrat.

308 Abschrift eines Briefs von Hans Roerig an die *Kölnische Zeitung*. London, 18.6.1938. Verlagsarchiv MDS, Köln, Akte Saxon-Napier.

309 Abschrift eines Briefs von Hans Roerig an Dr. Neven, London, 18.6.1938. Verlagsarchiv MDS, Köln, Akte Saxon-Napier.

310 Abschrift der Urteilsschrift vom 24.7.1939. Akte bezeichnet mit »pr.V. 16/39«. Verlagsarchiv MDS, Köln, Akte Saxon-Napier.

311 Anonym: Handschriftliche Überschrift »K.L. Zimmermann, Redakteur d. K. Stadt-Anz«. Ohne Ort und Datum, Seite 3.

312 Abschrift eines Briefes vom Reichsverband der deutschen Zeitungsverleger an die *Kölnische Zeitung*. [o.O.], 20.7.1939. Verlagsarchiv MDS, Köln, Akte Saxon-Napier.

313 Stellungnahme des Ministerialrats Fritzsche in der Angelegenheit S.N. am 28.7.1939. Niederschrift, [o.O.]. Verlagsarchiv MDS, Köln, Akte Saxon-Napier.

314 Brief von der Kanzlei von der Gegolten/Paatsch an Johann Schäfer. Berlin, 16.11.1940. Verlagsarchiv MDS, Köln, Akte Saxon-Napier.
315 Angaben bei: Hocke, Gustav René: (2004) a.a.O., S. 655 und Anm. 117 zu Kap. XXIV.
316 Der Präsident der Reichsschrifttumskammer (gez. Suchenwirth) an Wilhelm Unger. Berlin, 16.39.1935. Historisches Archiv der Stadt Köln, Bestand 1346 (Wilhelm Unger), Kasten 35.
317 Auszug aus einem Vortrag des Architekten Peter Busman am 22.4.2004 in der Alten Synagoge in Wuppertal. Veröffentlicht unter: http://www.exil-archiv.de/html/biografien/unger.htm.
318 Meyer Merit (Hrsg.): *Wilhelm Unger: »Wofür ist dies ein Zeichen?«*, a.a.O., S. 215.
319 Ebenda, S. 328.
320 Auszug aus einem Vortrag des Architekten Peter Busman am 22.4.2004 in der Alten Synagoge in Wuppertal. Veröffentlicht unter: http://www.exil-archiv.de/html/biografien/unger.htm.
321 DuMont Schauberg, M.: (1973) a.a.O., S. 39.
322 Schreiben Wilhelm Ungers an Herrn Rechtsanwalt Rhee. London, 23.8.1947. Historisches Archiv der Stadt Köln, Bestand Unger, Wilhelm: Inv.-Nr. 1346/29.
323 Schreiben Wilhelm Ungers an Herrn Rechtsanwalt Rhee. London, 23.8.1947. Historisches Archiv der Stadt Köln, Bestand Unger, Wilhelm: Inv.-Nr. 1346/29.
324 Schreiben Wilhelm Ungers an Herrn Rechtsanwalt Rhee. London, 23.8.1947. Historisches Archiv der Stadt Köln, Bestand Unger, Wilhelm: Inv.-Nr. 1346/29.
325 Meyer, Merit: (1994) a.a.O., S. 13. Der dort abgedruckte Artikel erschien unter dem Titel »Ein Augenzeuge der Bücherverbrennung berichtet« in: *Rheinischer Merkur* vom 6.5.1983.
326 DuMont Schauberg, M.: (1973) a.a.O., S. 41.
327 Kirschmeier, Thomas: (1994) a.a.O., S. 44.
328 Abschrift eines Amtswalterappells vom 12.2.1936 und ein Protokoll vom 9.2.1936. Internes Rundschreiben des Bundes nationalsozialistischer Juristen e.V., Gau Köln-Aachen, Bezirksgruppe Köln. Verlagsarchiv MDS, Köln.
329 *Westdeutscher Beobachter.* 15.11.1936. Verlagsarchiv MDS, Köln, A VI 1933–1945, Mikrofiche 132/2.
330 Dies geht aus einer Eidesstattlichen Erklärung von Erika Vogt für Kurt Neven DuMont an die Entnazifizierungskommission hervor. Köln,

22.11.1945. Hauptstaatsarchiv Düsseldorf, Entnazifizierungsakte Kurt Neven DuMont, Inv.-Nr. NW 1048–35, Nr. 181, Blatt 137.

331 Zeitweise Mitglied der »Bekennenden Kirche«. Mitbegründerin und Vorstand der Christlich-Demokratischen Partei CDU.

332 Eidesstattliche Erklärung von Erika Vogt für Kurt Neven DuMont an die Entnazifizierungskommission. Köln, 22.11.1945. Hauptstaatsarchiv Düsseldorf, Entnazifizierungsakte Kurt Neven DuMont, Inv.-Nr. NW 10371048–35, Nr. 181, Blatt 139.

333 Eidesstattliche Erklärung von Ewald Schmidt für Kurt Neven DuMont an die Entnazifizierungskommission. Köln, 22.11.1945. Hauptstaatsarchiv Düsseldorf, Entnazifizierungsakte Kurt Neven DuMont, Inv.-Nr. NW 1048–35, Nr. 181, Blatt 128.

334 Eidesstattliche Erklärung von Ewald Schmidt für Kurt Neven DuMont an die Entnazifizierungskommission. Köln, 22.11.1945. Hauptstaatsarchiv Düsseldorf, Entnazifizierungsakte Kurt Neven DuMont, Inv.-Nr. NW 1048–35, Nr. 181, Blatt 128.

335 Eidesstattliche Erklärung von Erika Vogt für Kurt Neven DuMont an die Entnazifizierungskommission. Köln, 22.11.1945. Hauptstaatsarchiv Düsseldorf, Entnazifizierungsakte Kurt Neven DuMont, Inv.-Nr. NW 1048–35, Nr. 181, Blatt 137.

336 Ebenda.

337 Ebenda, Blatt 139.

338 Abschrift der Postkarte vom 25.1.1947 von Gustav René Hocke an Dettmar Heinrich Sarnetzki, Heinrich-Heine-Institut Düsseldorf (zukünftig: HHI Düsseldorf), Nachlass Dettmar Heinrich Sarnetzki, Inv.-Nr. 76.5068.

339 Johann, Ernst W.: Erinnerungen an die *Kölnische Zeitung*, Manuskript für einen Vortrag für die Bibliophile Gesellschaft am 9.3.1974 im Dom-Hotel Köln, S. 2.

340 Roerig, Hans: »Unser Kampf mit dem *Westdeutschen Beobachter* und der Partei«, ohne Ort und Datum, S. 1. Dieser Text ist sowohl im Verlagsarchiv als auch im Historischen Archiv der Stadt Köln vorhanden. Bei Letzterem ist er dem Bestand von Hans Roerig zugeordnet, was auf dessen Autorenschaft hinweisen könnte. Sigismund Schroeteler (1892–1936) trat 1919 in die Redaktion des *Stadt-Anzeiger*s ein. Seit 1929 war er Chef vom Dienst. Günther Erdmann trat im Juni 1926 als Volontär der *Kölnischen Zeitung* in die Firma ein. Ab November 1926 war er dort Vollredakteur. 1931 bis mindestens 1932 war Erdmann Wiener Korrespondent der *Kölnischen Zeitung*. Zum Chef vom Dienst wurde er am 27.4.1933 ernannt.

341 Rychner, Max: *Bei mir laufen Fäden zusammen: literarische Aufsätze, Kritiken, Briefe*. Hrsg. von Roman Bucheli. Göttingen 1998, S. 407.

342 Stellenausschreibung für einen Feuilleton-Redakteur in der *Kölnischen Zeitung* vom 5.4.1931. Abgebildet bei: »Max Rychner und Zürich zum Beispiel«. Katalog für die Ausstellung »Max Rychner und Zürich zum Beispiel« von Januar bis April 1987 im Schiller-Nationalmuseum Marbach u. von April bis Mai im Stadthaus Zürich, bearbeitet von Gerhard Schuster, *Marbacher Magazin*, 41/1987, S. 35.

343 Mai- und Juni-Heft der *Neuen Schweizer Rundschau*. Angaben bei: »Max Rychner und Zürich zum Beispiel«, *Marbacher Magazin*, 41/1987, S. 34.

344 Dr. Kurt Neven DuMont an Dr. Max Rychner. Köln, 15.5.1931. Deutsches Literaturarchiv Marbach, Nachlass Max Rychner, A: Rychner HS. 2004.008.

345 Ebenda.

346 Max Rychner in einem Brief an Carl J. Burckhardt. Zürich, 28.8.1931. Zitiert nach: Mertz-Rychner, Claudia (Hrsg.): *Carl J. Burckhardt – Max Rychner: Briefe 1926–1965*. Mit einem Vorwort von Carl J. Burckhardt. Frankfurt am Main 1970, S. 36 und 37.

347 Dienstvertrag der Firma M. DuMont Schauberg, Expedition der *Kölnischen Zeitung* mit Dr. Max Rychner als Redakteur im Feuilleton. 1. Januar 1932. Zitiert nach: »Max Rychner und Zürich zum Beispiel«, *Marbacher Magazin*, 41/1987, S. 36.

348 Max Rychner in einem Brief an Carl J. Burckhardt. Zürich, 28.8.1931. Zitiert nach: Mertz-Rychner, Claudia (Hrsg.): *Carl J. Burckhardt – Max Rychner: Briefe 1926–1965*. Frankfurt am Main 1970, S. 36 und 37.

349 Das Datum geht aus dem bereits erwähnten Dienstvertrag Rychners hervor. Siehe »Max Rychner und Zürich zum Beispiel«, *Marbacher Magazin*, 41/1987, S. 36.

350 Der Schriftwechsel zwischen Kurt Neven DuMont und Max Rychner befindet sich zum größten Teil im Deutschen Literaturarchiv in Marbach.

351 Brief von Kurt Neven DuMont an Max Rychner. Köln, 29.3.1933. DLA Marbach, Nachlass Max Rychner, HS. 2004.008.

352 Brief von Max Rychner an Kurt Neven DuMont vom 31.3.1933. DLA Marbach, Nachlass Max Rychner, HS. 2004.008.

353 Zitiert nach: Max Rychner: *Bei mir laufen Fäden zusammen*. Göttingen 1998, S. 386.

354 Publiziert in: *Reichsgesetzblatt*, Teil 1, Nr. 5 vom 26.1.1933, S. 26.

355 Ab Anfang August 1933 war Max Rychner für die *Neue Zürcher Zeitung* als Sonderkorrespondent für Deutschland in Köln tätig. Siehe: »Max Rychner und Zürich zum Beispiel«, *Marbacher Magazin*, 41/1987, S. 39.

356 *NZZ*, Nr. 1154 vom 2.7.1935. Information aus einem Brief Max Rychners an eine Schweizer Behörde. Köln-Klettenberg, 4.9.1935. Auszüge abgedruckt bei: »Max Rychner und Zürich zum Beispiel«, *Marbacher Magazin*, 41/1987, S. 42.

357 Max Rychner in einem Brief an Carl Burckhardt. Köln, 15.6.1937. Zitiert nach: Mertz-Rychner, Claudia (Hrsg.): *Carl J. Burckhardt – Max Rychner: Briefe 1926–1965*. Frankfurt am Main 1970, S. 67.

358 1939–1962 leitete Max Rychner das Feuilleton der Tageszeitung *Die Tat* in Zürich. Rychner war darüber hinaus unter anderem als Lyriker, Essayist, Übersetzer und Herausgeber tätig. Siehe Biographie in Rychner, Max: *Bei mir laufen Fäden zusammen*. Göttingen 1998, S. 407.

359 Hans Pinkow in einem Brief an Max Rychner. Wien, 13.7.1933. DLA Marbach, Nachlass Max Rychner, HS. 2004.008. Pinkow nahm sich am 9.9.1934 das Leben.

360 Karl-Heinz Ruppel an Max Rychner. Berlin, 24.7.1933. DLA Marbach, Nachlass Max Rychner. HS. 2004.008.

361 Ruppel, Karl-Heinz: »So konnte man nur in der ›Kölnischen‹ schreiben«. In: DuMont Schauberg M.: *Kurt Neven DuMont – Einem Verleger zum Gedenken*. Köln 1973, S. 44.

362 Karl-Heinz Ruppel an Max Rychner. Berlin, 24.7.1933. DLA Marbach, Nachlass Max Rychner, HS. 2004.008.

363 Brief Romain Rollands an den Chefredakteur der *Kölnischen Zeitung*. Abgedruckt in: *Kölnische Zeitung* vom 21.5.1933.

364 Oelze, Klaus-Dieter: *Das Feuilleton der Kölnischen Zeitung im Dritten Reich*. Regensburger Beiträge zur deutschen Sprach- und Literaturwissenschaft. Hrsg. v. Bernhard Gajek. Reihe B/Untersuchungen, Bd. 45. Frankfurt am Main, Bern, New York, Paris 1990. Zugleich Regensburg, Univ. Diss. 1989, S. 47.

365 Die Antworten wurden auch nochmals in Buchform veröffentlicht. Vgl. *Sechs Bekenntnisse zum neuen Deutschland. Rudolf G. Binding, E.G. Kolbenheyer, die Kölnische Zeitung, Wilhelm von Scholz, Otto Wirz, Robert Fabre-Luce antworten Romain Rolland*. Hrsg. v. Rudolf G. Binding und Erwin G. Kolbenheyer. Hamburg 1933, S. 10. Hier auch Wiederabdruck des Briefes von Rolland.

366 Binding und Kolbenheyer, (1933) a.a.O., S. 12. Zitiert nach Oelze, Klaus-Dieter: (1990) a.a.O., , S. 48.

367 Oelze, Klaus Dieter: a.a.O., S. 49.

368 Ebenda., S. 49 f.

369 Der Aufsatz erschien am 31.10.1934 als Leitartikel unter dem Titel »Der Kampf um die Grundsätze. Karl der Große als Gründer des Reichs oder Widukind? In: *Kölnische Zeitung mit Handelsblatt*, Nr. 553 (Abendblatt) vom 31.10.1934, S. 1.

370 Vgl. Hocke, Gustav René: (2004), a.a.O., Seite 101 und Anm. 16.

371 Ebenda.

372 Brües, Otto: (1967) a.a.O., S. 187.

373 Brües, Otto: »Deutscher Stil. Gegen den Missbrauch des Superlativs«. Essay. In: *Die Literatur, Stuttgart, Das literarische Echo*, 37 (1934), S. 450/451. Zitiert nach Janssen 1991, S. 236.

374 Brües, Otto: (1967) a.a.O., S. 187.

375 Theunissen, Gert Heinz: »Deutsche Malerei heute und gestern«. In: *Kölnische Zeitung*, Nr. 144, 1935. Zitiert nach: Oelze, Klaus-Dieter: a.a.O., S. 230.

376 *Westdeutscher Beobachter* vom 19.11.1935, Verlagsarchiv MDS, Köln, Mikrofiche A VI, 1933–1945.

377 Hocke, Gustav René: (1948) a.a.O., Verlagsarchiv MDS, Köln.

378 Hocke, Gustav René: (2004) a.a.O., S. 102.

379 Ebenda, S. 103.

380 Ebenda.

381 Ebenda.

382 Ebenda.

383 Reichsführer-SS, Chef-Adjudantur an das »Deutsche Ahnenerbe« (SS-Untersturmführer Sievers). Berlin 5.11.1936. Bundesarchiv Berlin, BArch (ehem. BDC) RK B 0078, Gustav René Hocke.

384 Hocke, Gustav René: (1948) a.a.O., S. 14.

385 DuMont Schauberg, M.: (1973) a.a.O., S. 117.

386 1958–1969 Direktor der Stadtbücherei Köln.

387 Witsch wurde laut Christine Koch 1933 als Kommunist denunziert und aus dem Bibliotheksdienst entlassen. Er trat 1933 in die SA ein und wurde 1935 Bibliothekar und Hilfsarchivar in Stralsund. 1936 wurde er Leiter der Ernst-Abbe-Bibliothek in Jena, die er zu einem Ausbildungszentrum für junge Bibliothekare ausbaute. Über Witsch wurden diverse Arbeiten veröffentlicht, die dessen ambivalente Haltung den nationalsozialistischen Machthabern gegenüber thematisieren. Einerseits arbeitete er mit ihnen zusammen beziehungsweise unterstützte später deren Kriegsziele, andererseits bewahrte er Bücher vor der Vernichtung und setzte sich nicht ausdrücklich für den Nationalsozialismus ein. Eine ausführliche Erläuterung der verschiedenen Positionen findet sich bei Christine Koch.
Vgl. Koch, Christine: *Das Bibliothekswesen im Nationalsozialismus. Eine*

Forschungsstandanalyse anhand der Fachliteratur. Diplomarbeit im Fach Bibliotheksgeschichte, Studiengang Bibliotheks- und Medienmanagement. Fachhochschule Stuttgart – Hochschule der Medien, 2002. S. 24 und S. 54–56. Hocke erläutert in seinen Erinnerungen, dass auf Rat eines Freundes Troost und Witsch zur Tarnung der SA beziehungsweise Hocke der SA-Marine beitraten, da ihr Kreis bereits unter Beobachtung durch die Nationalsozialisten stand. Vgl. Hocke, Gustav René: (2004) a.a.O., S. 90. Laut der Angabe in einer Nachricht Hockes an den Reichsverband Deutscher Schriftsteller vom 7.6.1934 war Hocke im November 1933 in die SA-Marine eingetreten. Postkarte im Bundesarchiv Berlin, BArch (ehem. BDC) RK B0078, Gustav René Hocke.

388 Hocke, Gustav René: (2004) a.a.O., S. 89 f.

389 Vgl. Haacke, Wilmont: *Handbuch des Feuilletons.* Bd. II, S. 112. Und darauf aufbauend: Oelze, Klaus-Dieter: a.a.O., S. 85.

390 Haake, Wilmont: a.a.O., S. 116.

391 Oelze, Klaus Dieter: a.a.O., S. 89.

392 Zitiert nach Haacke, Wilmont: a.a.O., S. 116.

393 Oelze, Klaus-Dieter: a.a.O., S. 89 f.

394 Zitiert nach Strothmann, Dietrich: »Die ›Neuordnung‹ des Buchbesprechungswesens im III: Reich und das Verbot der Kunstkritik.« In: *Publizistik*, 5. Jg. 1960. S. 140–158.

395 Haacke, Wilmont: a.a.O., S. 121.

396 *Kölnische Zeitung* vom 8.10.1936.

397 Ebenda.

398 Ebenda.

399 Ebenda.

400 *Kölnische Zeitung* vom 6.12.1936.

401 *Kölnische Zeitung* vom 8.10.1936.

402 Brües, Otto: »Ein sehr kleines ABC«. *Kölnische Zeitung*, Nr. 612, 1.12.1936. Angaben bei: Oelze, Klaus Dieter: a.a.O., S. 232.

403 Oelze, Klaus-Dieter: a.a.O., S. 195.

404 Bense arbeitete als Philosoph, Schriftsteller, Wissenschaftler und Publizist.

405 Bense, Max: »Rezension zu Bd. 3 von Philipp Lenards ›Deutsche Physik in vier Bänden‹«. 1. Auflage. München 1936–37. In: *Kölnische Zeitung*, Nr. 32, 18.1.1937. Zitiert nach: Oelze, Klaus Dieter: a.a.O., S. 193.

406 Vgl. Oelze, Klaus Dieter: a.a.O., S. 193.

407 Rede von Bade, Wilfrid während der »Ersten Konferenz des deutschen

Feuilletons« am 18.7.1933. Wilfrid Bade: *Kulturpolitische Aufgaben der Deutschen Presse.* Berlin 1933. Seite 29 f. Zitiert nach: Strothmann, Dietrich: a.a.O. S. 141.

408 Berichterstatter für Frankreich. Korrespondent Paris. In der Weimarer Republik: Korrespondent in Genf. Verhaftung durch die Gestapo am 24.6.1934. Emigration Brüssel, Paris, Vichy sowie Lissabon. Nach WKII Schriftsteller in Köln. Angaben aus der Mitarbeiterkartei des Verlags. Verlagsarchiv MDS, Köln.

409 »Ein Zipfelchen vom Olymp«, in: *Kölner Stadt-Anzeiger* vom 11.8.1936.

410 Brief der Landesstelle Köln-Aachen des Reichsministeriums für Volksaufklärung und Propaganda (gez. Frielingsdorf) an die Hauptschriftleitung der *Kölnischen Zeitung* und des *Kölner Stadt-Anzeigers.* Köln, vom 11.8.1936. Verlagsarchiv MDS, Köln, 5/15: Memoranden.

411 Der Sportschriftleiter der *Kölnischen Zeitung* an den Landesverband Mittelrhein im Reichsverband der Deutschen Presse. Köln, 30.9.1936. Verlagsarchiv MDS, Köln, 5/15: Memoranden.

412 Brief der Landesstelle Köln-Aachen des Reichsministers für Volksaufklärung und Propaganda (gez. Frielingsdorf) an die Hauptschriftleitung der Kölnischen Zeitung und des *Kölner Stadt-Anzeigers.* Köln, 22.8.1936. Verlagsarchiv MDS, Köln, 5/15: Memoranden.

413 Vgl. Schwabach-Albrecht, Susanne: »Hermann Hesse und die *Kölnischen Zeitung*«, in: *Beiden Rheinufern angehörig.* Hrsg. v. Brenner, Sabine u. a. Düsseldorf 2002.

414 Trost, Karl: »Rasse und Konstitution«, in: *Kölnische Zeitung,* Nr. 133, 14.3.1937. Zitiert nach: Oelze, Klaus Dieter: a.a.O., S. 220.

415 Theunissen, Gert Heinz: »Große Deutsche Kunstausstellung im Haus der Deutschen Kunst in München«. In: *Kölnische Zeitung,* Nr. 370, 25.7.1937. Zitiert nach Oelze, Klaus-Dieter: a.a.O., S. 231.

416 Theunissen, Gert Heinz: »Entartete Volkskunst? Versuch einer Klärung«. *Kölnische Zeitung,* Nr. 31, 1938. Zitiert nach Oelze, Klaus Dieter: a.a.O., S. 232.

417 Theunissen, Gert Heinz: »Entartete Volkskunst? Versuch einer Klärung«. *Kölnische Zeitung,* Nr. 31, 1938. Zitiert nach Oelze, Klaus Dieter: a.a.O., S. 232 f.

418 Theunissen, Gert Heinz: »Entartete Volkskunst? Versuch einer Klärung«. *Kölnischen Zeitung,* Nr. 31, 1938. Zitiert nach Oelze, Klaus Dieter: a.a.O., S. 234.

419 Bericht von Gert Heinz Theunissen zur Großen Kunstausstellung in München 1938. In: Thomae Otto: *Die Propaganda-Maschinerie* (zukünftig Tho-

mae 1978). *Bildende Kunst und Öffentlichkeitsarbeit im Dritten Reich*. Berlin 1978. Zitiert nach Oelze, Klaus Dieter: a.a.O., S. 230.

420 S. Thomae: (1978) a.a.O., S. 344. Zitiert nach Oelze, Klaus Dieter: a.a.O., S. 230.

421 Brief von Dr. Hans Roerig vom 5. Februar 1945 an die Fremdenpolizei der Stadt Bern mit der Bitte um eine Verlängerung der Aufenthaltserlaubnis für seine Frau Elisabeth und ihn. Historisches Archiv der Stadt Köln, Bestand Roerig, Inv.-Nr. 1290/1–45.

422 Roerig, Hans: »Riesen und Zwerge werfen Schatten. Erinnerungen aus dreißigjähriger Tätigkeit für die *Kölnische Zeitung*«. In: *Der Journalist*, Bd. 10/1963. S. 392.

423 Brief von Alfred Neven DuMont an seinen Sohn Kurt Neven DuMont. Ohne Ort, 7. auf 8. November 1936. Der Brief wurde 1 ¼ Jahre vor dem 70. Geburtstag des Kommerzienrats geschrieben. Verlagsarchiv MDS, Köln, Familiennachlass Neven DuMont.

424 Weinhold, Kurt: (1969) a.a.O., S. 291.

425 »Die *Kölnische Zeitung* wieder im Großformat. Die Gemeinschaftsleistung eines Betriebes«. Der zweiseitige Artikel ist mit dem zweizeiligen Vermerk »streng vertraulich. Nur zur persönlichen Orientierung« bedruckt und trägt außerdem eine handschriftliche Widmung von Kurt Neven DuMont an Kurt Weinhold: Herrn Weinhold. Zur Erinnerung an die gemeinsame Arbeit von Kurt Neven DuMont. 10.XI.56 [?].

426 Janssen, Franz: (1991) a.a.O., S. 279.

427 DuMont 1945. Abschnitt »Meine Stellung gegen die NSDAP nach 1933«. Köln, 1.8.1945. Seite 4. Verlagsarchiv MDS, Köln.

428 Ebenda.

429 Hierzu fehlen leider die genauen Zahlen zu der Häufigkeit der Tätigkeit als Kassenwart, die im Kalender aufgelistet sind, zumindest für die Jahre 1941–1943.

430 DuMont Schauberg, M.: (1945) a.a.O., Abschnitt »Meine Stellung gegen die NSDAP nach 1933«. Köln, 1.8.1945. Seite 4. Verlagsarchiv MDS, Köln.

431 Kurt Neven DuMont an seine Frau Gabriele. Köln, 20.8.1938. Verlagsarchiv MDS, Köln, Familiennachlass Neven DuMont.

432 August Neven DuMont: »Wie wirkte sich der Druck der Partei auf mein persönliches und mein Berufsleben in den Jahren 1933–45 aus?« Anlage B zu Frage 116 des Fragebogens des Military Government of Germany, S. 3. Hauptstaatsarchiv Düsseldorf, Entnazifizierungsakte August Neven DuMont, Inv.-Nr. NW 1048–35 Nr. 202.

433 Brües, Otto: (1967) a.a.O., S. 193f.
434 Roerig, Hans: *Unser Kampf mit dem Westdeutschen Beobachter und der Partei.* O.O., o.D., S. 2f.
435 Ebenda, S. 48.
436 Brües, Otto: (1967), a.a.O., S. 176.
437 Belz, Claudius: a.a.O., S. III, Rückseite.
438 DuMont 1945. Abschnitt »Meine Stellung gegen die NSDAP nach 1933«. Köln, 1.8.1945. Seite 4. Verlagsarchiv MDS, Köln.
439 Ebenda.

6. Bis zum bitteren Ende

1 August Neven DuMont: »Vermögen und Einkommen«. Anlage D zu Frage 119 des Fragebogens des Military Government of Germany, S. 1–2, Hauptstaatsarchiv Düsseldorf, Entnazifizierungsakte August Neven DuMont, Inv.-Nr. NW 1048–35 Nr. 202.
2 Manuskript von Friedrich Bartels, Seite 13, Verlagsarchiv MDS, Köln.
3 Manuskript eines Überblicks der Verlagsgeschichte von Kurt Neven DuMont. Abschnitt: »Der Kampf der Partei gegen unseren Verlag«. Köln, 1.8.1945, Seite 4. Verlagsarchiv MDS, Köln.
4 Weinhold, Kurt: *Die Geschichte eines Zeitungshauses 1620–1945. Eine Chronik 1945–1970.* Köln 1969. S. 291.
5 Aus dem Winckel, Peter: »Betrifft: Wehrmacht und Presse (1935–1945)«, S. 1. Maschinenschriftliche Aufzeichnung. Verlagsarchiv MDS, Köln
6 Aus dem Winckels Angabe zu dieser Tätigkeit wird u. a. in einem Geschäftsverteilungsplan der Abteilung für Wehrmacht-Propaganda vom Januar 1940 bestätigt. Vgl. dort in den Anlagen. Bundesarchiv-Militärarchiv Freiburg, Inv.-Nr. RW 4–149 / 18, Blatt 16.
7 Aus dem Winckel, Peter: a.a.O., S. 1.
8 Ebenda.
9 Ebenda.
10 Bundesarchiv-Militärarchiv Freiburg, Inv.-Nr. RH 26–384/50.
11 Aus dem Winckel, Peter: a.a.O., S. 2.
12 Manuskript von Friedrich Bartels, S. 13. Verlagsarchiv MDS, Köln.
13 Johann, Ernst W.: »Erinnerungen an die *Kölnische Zeitung*«, Manuskript für einen Vortrag für die Bibliophile Gesellschaft am 9.3.1974 im Dom-Hotel Köln. Köln 1974, S. 5, Verlagsarchiv MDS, Köln.
14 Wehrkreiskommando VI (der Chef des Generalstabes) an das OKW, Abt.

W PR. III. Münster, den 29.12.1939. Bundesarchiv-Militärarchiv Freiburg, Inv.-Nr. RW 4–420, Blatt 175.

15 Aufstellung der Verkaufszahlen von deutschen Zeitungen und Zeitschriften im neutralen Ausland von August und September 1939. Bundesarchiv Berlin, BArch NS 18 / 157, Blatt 9–16.

16 »Notiz über das Ferngespräch zwischen Herrn Bredow und mir [gez. Anders, Anm. d. Verf.] aus Amsterdam am 16.9.1939«. Bundesarchiv Berlin, BArch NS 18 / 157, Blatt 30.

17 »Export deutscher Zeitungen nach dem Stand vom 16.9.1939 nach Mitteilungen des Geschäftsführers Anders des Reichsverbandes der deutschen Zeitungsverleger«. ORR [evtl. Oberregierungsrat? Anm. d. Verf.] Dr. Brauweiler an Pg. Schmidt/Stellv. D. Führers. Berlin, 16.9.1939. Bundesarchiv Berlin, BArch NS 18 / 157, Blatt 35.

18 Abschrift eines Briefes des Reichsministeriums für Volksaufklärung und Propaganda [gez. Greiner, Anm. d. Verf.] an das Allgemeine Luftamt, Reichsluftfahrtministerium in Berlin. Ohne Ort, 10.9.1939. Bundesarchiv Berlin, BArch NS 18 / 157, Blatt 32 f.

19 Abschrift eines Briefes des Reichsministeriums für Volksaufklärung und Propaganda [gez. Greiner, Anm. d. Verf.] an das Allgemeine Luftamt, Reichsluftfahrtministerium in Berlin, Ohne Ort, 10.9.1939. Bundesarchiv Berlin. BArch NS 18 / 157, Blatt 33.

20 Abschrift der »Liste der Zeitungen, die für den Auslandsvertrieb zugelassen werden und die daher den Zuschuss für den Auslandsvertrieb weiter erhalten«. Ohne Ort, 16.9.1939. Bundesarchiv Berlin, BArch NS 18 / 157, Blatt 40.

21 Abschrift eines Serienbriefes des Reichsverbands der deutschen Zeitungsverleger an die Verlagsleitung [der zugelassenen Zeitungen, Anm. d. Verf.] mit dem Betreff »Zuschuss zum Auslandsvertrieb«, Berlin, 15.9.1939 [Original 9.9.1939, Anm. d. Verf.]. Bundesarchiv Berlin, BArch NS 18 / 157, Blatt 37.

22 Ebenda, Blatt 38.

23 Abschrift eines Serienbriefes des Reichsverbands der deutschen Zeitungsverleger an die Verlagsleitung [der zugelassenen Zeitungen, Anm. d. Verf.] mit dem Betreff »Zuschuss zum Auslandsvertrieb«. Berlin, 15.9.1939 [Original 9.9.1939, Anm. d. Verf.]. Bundesarchiv Berlin, BArch NS 18 / 157, Blatt 39.

24 Abschrift der »Liste der Zeitungen, die für den Auslandsvertrieb zugelassen werden und die daher den Zuschuss für den Auslandsvertrieb weiter erhalten«. Ohne Ort, 16.9.1939. Bundesarchiv Berlin, BArch NS 18 / 157, Blatt 40.

25 Aufstellung der Verkaufszahlen von deutschen Zeitungen und Zeitschriften im neutralen Ausland von August und September 1939. Bundesarchiv Berlin, BArch NS 18 / 157, Blatt 9–16.

26 Brües, Otto: (1967) a.a.O., S. 220.

27 Ebenda, S. 223.

28 Oelze, Klaus-Dieter: a.a.O., S. 136.

29 Koszyk, Kurt: a.a.O., S. 432.

30 Oelze, Klaus-Dieter: a.a.O., S. 137.

31 Am 6.9. (Nr. 1), 10.9. (Nr. 2), 12.9. (Nr. 3), 31.10 (Nr. 26), am 7.11. (Nr. 32) und am 17.11.1939 wurde der »Wachtmeister Brües« nachweislich im Impressum der »Wacht im Westen« als Schriftleiter genannt. Vgl. genannte Ausgaben im Bundesarchiv-Militärarchiv Freiburg i. Br., Bestand Nr. RHD 53 / 10.

32 Brües, Otto: (1967) a.a.O., S. 223.

33 Ebenda.

34 Oelze, Klaus-Dieter: a.a.O., S. 135.

35 Brües, Otto: (1967) a.a.O., S. 249.

36 Ebenda, S. 248 f.

37 Ebenda, S. 275.

38 Schempps Ressort geht aus einer Eintragung im »Handbuch der Deutschen Tagespresse« für das Jahr 1937 hervor. Er ist dort als Schriftleiter für Außenpolitik verzeichnet. Hrsg. vom Institut für Zeitungswissenschaft an der Universität Berlin, 6. Aufl., Leipzig und Frankfurt 1937. Vgl. Verweis bei Oelze, Klaus-Dieter: a.a.O., S. 21.

39 Brief an den Fachprüfer für Wortberichterstattung [Major Krause] im Oberkommando der Wehrmacht [gez. Stephan]. Berlin, 22.1.1940. Bundesarchiv-Militärarchiv Freiburg, BArch RW 4 / 160, Blatt 90.

40 Brief an den Landesleiter für Schrifttum, Köln, 17.12.1940. BArch (ehem. BDC), RK B0184, Sarnetzki, Dettmar Heinrich, 17.12.1940.

41 Brief an den Landesleiter für Schrifttum, Köln, 17.12.1940. BArch (ehem. BDC), RK B0184, Sarnetzki, Dettmar Heinrich, 17.12.1940.

42 Brief des Landeskulturverwalters Gau Köln-Aachen, Landesleiter für Schrifttum, an den Präsidenten der Reichsschrifttumskammer, Köln, 8.4.1940. BArch (ehem. BDC), RK B0184, Sarnetzki, Dettmar Heinrich, 8.4.1940.

43 Hocke, Gustav René: (1948) a.a.O., S. 30, Verlagsarchiv MDS, Köln.

44 Ebenda, S. 16.

45 Reichsminister des Inneren an den Reichsminister der Finanzen. Berlin, 24.11.1939. Bundesarchiv Berlin, BArch R 2 / 4899, Blatt 208.

46 Rundschreiben des Reichsverbands der deutschen Zeitungsverleger vom 22.12.1939. Bundesarchiv Berlin, BArch R 2 / 4899, Blatt 228.

47 Wehrkreiskommando V, Abt. Ic/W.Pr./III. Für die Hauptschriftleiter und Anzeigenleiter der Zeitungen. Zensurbestimmungen über Gefallenen- und Todesanzeigen nach dem Stande vom 20. Juni 1940, Anlage 1 zu Wkdo.V Ic/W.

Pr.Z Nr. 144/41 g. v. 28.10.41. Bundesarchiv-Militärarchiv Freiburg, BArch RW 4/ 431, Blatt 142.

48 Wehrkreiskommando V, Abt. Ic/W.Pr./III. Für die Hauptschriftleiter und Anzeigenleiter der Zeitungen. Zensurbestimmungen über Gefallenen- und Todesanzeigen nach dem Stande vom 20. Juni 1940, Anlage 1 zu Wkdo.V Ic/W.Pr.Z Nr. 144/41 g. v. 28.10.41. Bundesarchiv-Militärarchiv Freiburg, BArch RW 4/ 431, Blatt 144.

49 *Erika – die frohe Zeitung für Front und Heimat; mit Bildern, Rätseln, Denksport und Humor.* Erschienen im Deutschen Verlag in Berlin, vermutlich 1940–1943.

50 Schreiben der WFA (Wehrmachtführungsamt)/WPr (Wehrmachtpropaganda) V an WPr I mit dem Betreff »Vorschläge zu Bild- und Wortreportagen [handschriftl. Korrektur »-berichte« anstelle von »-reportagen«, Anm. d. Verf.]. Berlin, 31.1.1940. Bundesarchiv-Militärarchiv Freiburg, BArch RW 4/ 420, Blatt 331.

51 »Vorschläge der *Kölnischen Illustrierten Zeitung* für PK-Fronterlebnisberichte«, geändert zu »Themen für Wortberichte für die *Kölnische Illustrierte Zeitung*«. Anlage 1 zum vorherigen Schreiben. Bundesarchiv-Militärarchiv Freiburg, BArch RW 4 / 420, Blatt 332.

52 »Themen für Wortberichte für die *Kölnische Illustrierte Zeitung*«. Anlage 1 zu einem Rundschreiben des Chefs des OKW, hier die Abt. WFA/WPr Ib, an alle Armeeoberkommandos und Oberst für die Prop.-Kompn. und Propagandastaffel Ost. Bundesarchiv-Militärarchiv Freiburg, BArch RW 4/420, Blatt 284.

53 Rundschreiben des Chefs des OKW, hier die Abt. WFA/WPr Ib, an alle Armeeoberkommandos und Oberst für die Prop.-Kompn. und Propagandastaffel Ost. Bundesarchiv-Militärarchiv Freiburg, BArch RW 4 / 420, Blatt 283.

54 Schreiben des WFA (Wehrmachtführungsamt)/WPr (Wehrmachtpropaganda) V an WPr I mit dem Betreff »Vorschläge zu Bild- und Wortreportagen [handschriftl. Korrektur »-berichte« anstelle von »-reportagen«, Anm. d. Verf.]. Berlin, 31.1.1940. Bundesarchiv-Militärarchiv Freiburg, BArch RW 4/ 420, Blatt 331.

55 Heeresgruppe A Ic/Pr (gez. Chef des Generalstabes) an das OKW W/Pr. H.Qu., 31.3.1940. Bundesarchiv-Militärarchiv Freiburg, BArch RW 4 / 425, Blatt 146.

56 Der Chef des OKW an das Reichsministerium für Volksaufklärung und Propaganda, z. Hd. von Herrn Ministerialrat Dr. Fritzsche. Vermutlich handelt es sich hier um August Franz Anton Fritzsche (1900–1953), den damaligen Leiter der Abt. Deutsche Presse und späteren Kopf der Abteilung Rundfunk

im Propagandaministerium (ab 1942). Bundesarchiv – Militärarchiv Freiburg, BArch RW 4 / 425, Blatt 147.

57 Wehrkreiskommando VI an das Oberkommando der Wehrmacht, Münster, 6.7.1940. Bundesarchiv-Militärarchiv Freiburg, BArch RW 4 / 434, Blatt 497.

58 Wehrkreiskommando VI an das Oberkommando der Wehrmacht. Münster, 13.7.1940. Bundesarchiv-Militärarchiv Freiburg, BArch RW 4 / 434, Blatt 119 und 99.

59 Wehrkreiskommando VI an das Oberkommando der Wehrmacht. Münster, 17.12.1940. Bundesarchiv-Militärarchiv Freiburg, BArch RW 4 / 438, Blatt 202 und 216.

60 Hagemann, Walter: *Publizistik im Dritten Reich. Ein Beitrag zur Methodik der Massenführung*. Hamburg 1948. Siehe Übersicht der Inhaltsangabe.

61 Hocke, Gustav René: *Exposé über die bürgerliche Presse*, (1948) a.a.O., S. 8.

62 Ebenda.

63 Ebenda.

64 Ebenda, S. 11.

65 Brief von Kurt Neven DuMont an Gabriele Neven DuMont, Köln, 19.8.1940. Familiennachlass, Verlagsarchiv.

66 Brief von Kurt Neven DuMont an Mama [Charlotte Lenbach, die Mutter Gabriele Neven DuMonts, Anm. d. Verf.]. Ohne Ort, 9.11.1940, Familiennachlass, Verlagsarchiv.

67 Vgl. z. B. die »Zusammenstellung der in den Tagesreporten der Staatspolizei(leit)stellen im Monat Oktober 1941 gemeldeten Festnahmen«. In diesem Zeitraum kam es in Köln zu insgesamt 45 Festnahmen, was im Vergleich zu anderen deutschen Städten, wie Hamburg mit 610 oder Berlin mit 582 Verhaftungen, ausgesprochen wenig ist. Von insgesamt 10 776 (!) Festnahmen im alten Reichsgebiet und in der Ostmark im Oktober 1941 entfielen im Übrigen allein 7 279 auf Arbeitsniederlegungen. Siehe Bundesarchiv Berlin, BArch R 58 / 198, Blatt 68–72.

68 Diese Berichte befinden sich im Bestand des Reichssicherheitshauptamtes im Bundesarchiv Berlin. BArch R 58. Zur Information: Die erwähnten Einzelheiten finden sich bspw. unter den Signaturen R 58 / 197–199 und R 58 / 202–203.

69 Eidesstattliche Erklärung von Margarete Thomer für Kurt Neven DuMont an die Entnazifizierungskommission. Köln, 26.11.1945. Hauptstaatsarchiv Düsseldorf, Entnazifizierungsakte Kurt Neven DuMont, Inv. Nr. NW 1048–35 A/REG Nr. 181, Blatt 150.

70 Ebenda.

71 Eidesstattliche Erklärung von Margarete Thomer für Kurt Neven DuMont an die Entnazifizierungskommission. Köln, 26.11.1945. Hauptstaatsarchiv Düsseldorf, Entnazifizierungsakte Kurt Neven DuMont, Inv. Nr. NW 1037-A/REG Nr. 154, Blatt 150.

72 Gerhard Ludwig in einem Brief an Kurt Neven DuMont. Bebenhausen b. Tübingen/Wttg, 26.11.1945. Beilage der Entnazifizierungsakte von Kurt Neven DuMont. Köln, 22.11.1945. Hauptstaatsarchiv Düsseldorf, Inv.-Nr. NW 1048–35A/REG Nr. 181, Blatt 170 und Blatt 72.

73 Ebenda.

74 *Kölnische Illustrierte Zeitung* vom 13.8.1942.

75 »Vorlage für den Herrn Minister, betrifft: Titelbild der *Kölnischen Illustrierten Zeitung* Nr. 33 vom 13.8.1942«. Beilage zu einem Aktenvermerk für Pg. Tiessler des Führerhauptquartiers vom 15.8.1942. Bundesarchiv Berlin, BArch NS 18 / 783, Film-Nr. 1055 zu 1054.

76 »Die tote Stadt«, bezeichnet im September 1943 und »Die Festung Europa hat kein Dach«. Beide Flugblätter wurden im Original dem Verlagsarchiv dauerhaft von einem ehemaligen Mitarbeiter zur Verfügung gestellt.

77 Brües; Otto: (1967) a.a.O., S. 265.

78 Hocke, Gustav René: (1948) a.a.O., S. 25.

79 Ebenda.

80 Ebenda, S. 26.

81 Ebenda.

82 Ebenda.

83 Ebenda., S. 32.

84 Eidesstattliche Erklärung von Erika Vogt für Kurt Neven DuMont an die Entnazifizierungskommission. Köln, 22.11.1945. Hauptstaatsarchiv Düsseldorf, Entnazifizierungsakte Kurt Neven DuMont, Inv.-Nr. NW 1048–35 Nr. 181, Blatt 137–138.

85 Hocke, Gustav René: »Wahrheit zwischen den Zeilen. Aus den Lebenserinnerungen von Gustav René Hocke«. In: M. DuMont Schauberg: *Kurt Neven DuMont – Einem Verleger zum Gedenken*. Köln, 1973, Seite 116. Auch Hocke, Gustav René: (1948) a.a.O., S. 16.

86 Hocke, Gustav René: (1948) Exposé a.a.O., S. 17.

87 Ebenda.

88 Ebenda, S. 17 f.

89 Ebenda, S. 18 f.

90 Ebenda, S. 19.

91 Ebenda, S. 20.

92 Ebenda, S. 21.

93 Kurt Neven DuMont in einem Brief an seine Frau Gabriele Neven DuMont. Berlin, 12.10.1940. Verlagsarchiv MDS, Köln, Familiennachlass Neven DuMont.

94 Aufzeichnungen des Verlagsdirektors Claudius Belz zum Kampf mit dem *Westdeutschen Beobachter.* Seite IV. Verlagsarchiv MDS, Köln.

95 Ebenda.

96 Pettenberg, Heinz: *Starke Verbände im Anflug auf Köln.* Eine Kriegschronik. Eintrag vom 4.2.1943, S. 137–138.

97 Hocke, Gustav René: (1948) a.a.O., S. 26.

98 Beglaubigte Abschrift der Eidesstattlichen Erklärung von Dr. Gerhard Hering für Kurt Neven DuMont an die Entnazifizierungskommission. Köln, 30.11.1945. Hauptstaatsarchiv Düsseldorf. Entnazifizierungsakte Kurt Neven DuMont, Inv.-Nr. NW 1048–35 Nr. 181, Blatt 142.

99 Ebenda.

100 Ebenda.

101 Beglaubigte Abschrift der Eidesstattlichen Erklärung von Dr. Gerhard Hering für Kurt Neven DuMont an die Entnazifizierungskommission. Köln, 30.11.1945. Hauptstaatsarchiv Düsseldorf, Entnazifizierungsakte Kurt Neven DuMont., Inv.-Nr. NW 1048–35 Nr. 181, Blatt 143.

102 Der Chef der Sicherheitspolizei und des SD an die Reichsschrifttumskammer. Berlin, 28.10.1940. Bundesarchiv Berlin, BArch RK I0234, Film-Nr. 0818.

103 Nette war von 1941–1943 bei der *Kölnischen Zeitung.* Vgl. Verlagsarchiv MDS, Köln, Mitarbeiterkartei.

104 Gerhard F. Hering in einem Brief an Herbert Nette, Köln, 12.3.1943. Deutsches Literaturarchiv Marbach, Nachlass Hermann Nette, A: Nette, HS.2001.0023.00024.

105 Beglaubigte Abschrift der Eidesstattlichen Erklärung von Dr. Gerhard Hering für Kurt Neven DuMont an die Entnazifizierungskommission. Köln, 30.11.1945. Hauptstaatsarchiv Düsseldorf, Entnazifizierungsakte Kurt Neven DuMont., Inv.-Nr. NW 1048–35 Nr. 181, Blatt 143.

106 Die Quellen nennen hier unterschiedliche Jahreszahlen, einmal 1941 und einmal Ende 1942/1943. Da Hering Letzteres angegeben hat, soll hier seiner Datierung Folge geleistet werden.

107 Vgl. »Der Kritiker und Theaterregisseur Gerhard F. Hering wird 75. Nüchterner Kopf in schwierigen Zeiten«, in: *Kölner Stadt-Anzeiger,* Nr. 250, 27.10.1983.

108 Ebenfalls 1943 erhielten die Schriften von Schneider Veröffentlichungsverbot. Schneider war Träger des Friedenspreises des Deutschen Buchhandels 1956 und christlicher Widerstandskämpfer.
109 »Der Kritiker und Theaterregisseur Gerhard F. Hering wird 75. Nüchterner Kopf in schwierigen Zeiten«, in: *Stadt-Anzeiger* vom 27.10.1983.
110 Ebenda.
111 Gerhard F. Hering in einem Brief an Herbert Nette. Köln, 23.3.1943. Deutsches Literaturarchiv Marbach, Nachlass Hermann Nette, A: Nette, HS.2001.0023.00024.
112 Beglaubigte Abschrift der Eidesstattlichen Erklärung von Dr. Gerhard Hering für Kurt Neven DuMont an die Entnazifizierungskommission. Köln, 30.11.1945. Hauptstaatsarchiv Düsseldorf, Entnazifizierungsakte Kurt Neven DuMont., Inv.-Nr. NW 1048–35 Nr. 181, Blatt 144.
113 Gerhard F. Hering in einem Brief an Herbert Nette. Köln, 1.5.1943. Deutsches Literaturarchiv Marbach, Nachlass Hermann Nette, A: Nette, HS.2001.0023.00024.
114 Oelze, Klaus-Dieter: (1990) a.a.O., S. 219. Vgl. auch Weinhold, Kurt: (1969) a.a.O., S. 289.
115 Landesleiter der Reichsschrifttumskammer seit 1934.
116 Blumrath, Fritz: Notizen zur Auseinandersetzung der *Kölnischen Zeitung* mit der NSDAP in den Jahren 1934–1945. Köln, den 16. Juni 1945, S. 3–4, Verlagsarchiv MDS, Köln.
117 *Kölnische Zeitung* vom 21. Juli 1940, Rubrik: Die Literatur.
118 Ebenda.
119 BArch (Ehem. BDC), RK B0184, Sarnetzki, Dettmar Heinrich, Karteikarte der Reichsschifttumskammer zu Mitglied Nr. 9909.
120 Dettmar Heinrich Sarnetzki in einem Brief an Alfons Paquet. Köln, 25. Juli 1943. Universitätsbiliothek Frankfurt Johann-Christian-Senckenberg, Handschriftensammlung. Nachlass Alfons Paquet.
121 Dettmar Heinrich Sarnetzki in einem Brief an Alfons Paquet. Köln, 25. Juli 1943. Universitätsbibliothek Frankfurt Johann-Christian-Senckenberg, Handschriftensammlung. Nachlass Alfons Paquet.
122 Beglaubigte Abschrift der Eidesstattlichen Erklärung von Dettmar Heinrich Sarnetzki für Kurt Neven DuMont an die Entnazifizierungskommission. Köln, 1.12.1945. Hauptstaatsarchiv Düsseldorf. Entnazifizierungsakte Kurt Neven DuMont, Inv.-Nr. NW 1048–35 Nr. 181, Blatt 130.
123 Sarnetzki, Dettmar Heinrich, Personal-Fragebogen Nachrichtenkontrolle der Alliierten Militärregierung. Bundesarchiv Berlin, BArch (ehem. BDC),

RK D0078. Sarnetzki erwähnt in diesem Dokument auch seinen Sonderausweis für politisch Verfolgte des rhein. Berg. Kreises mit der Nr. 178.

124 Sarnetzki, Dettmar Heinrich, Antrag auf Entlastung durch die Alliierte Militärregierung vom 15.7.1947. Bundesarchiv Berlin, BArch (ehem. BDC), RK D0078.

125 Sarnetzki, Dettmar Heinrich, 24.7.1947. Bundesarchiv Berlin, BArch (ehem. BDC), RK D0078.

126 Rübsam, Dagmar und Schadek, Hans: Der »Freiburger Kreis«. Widerstand und Nachkriegsplanung 1933–1945. Katalog einer Ausstellung. Mit einer Einführung von Ernst Schulin. Verlags Stadtarchiv Freiburg i. Br. 1990, S. 8.

127 Ebenda, S. 13.

128 Johann, Ernst W.: (1974) a.a.O., S. 2.

129 Brües, Otto: (1967) a.a.O., S. 261.

130 Otto Brües in einem Brief an Dr. Wilhelm Lehmann. Bonn, 6.9.1943. Deutsches Literaturarchiv Marbach. Nachlass Wilhelm Lehmann, A: Lehmann, Inv.-Nr. 68.3125/1.

131 Brües, Otto: (1967) a.a.O., S. 264.

132 Ebenda.

133 Eidesstattliche Erklärung von Theodor Geyr für Kurt Neven DuMont an die Entnazifizierungskommission, Starnberg, 23.11.1945. Hauptstaatsarchiv Düsseldorf, Entnazifizierungsakte Kurt Neven DuMont, Inv.-Nr. NW1048–35 Nr. 181, Blatt 155.

134 Ebenda.

135 Ebenda.

136 *Kölnische Zeitung* vom 21. Juli 1940, Rubrik: Die Literatur.

137 Ebenda.

136 Ebenda.

138 Janssen, Franz: *Schreiben als moralische Verpflichtung. Der rheinische Dichter, Feuilletonist und Theaterkritiker Otto Brües.* Magisterarbeit der Heinrich-Heine-Universität Düsseldorf 1990. S. 232.

139 Professor Heinrich Scholz war ein deutscher Philosoph.

140 Brües, Otto: (1967) a.a.O., S. 268–270.

142 Ernst Reden war der Freund Inge Scholls. Inge Scholl war die ältere Schwester von Hans und Sophie Scholl, den Gründern der Widerstandsbewegung »Weiße Rose«.

143 Brües, Otto: (1967) a.a.O., S. 274.

144 Roerig, Hans: (1963) a.a.O., S. 393.

145 Ebenda.

146 Brief von Hans Roerig vom 5.2.1945 an die Fremdenpolizei der Stadt Bern mit der Bitte um eine Verlängerung der Aufenthaltserlaubnis für seine Frau Elisabeth und ihn. Stadtarchiv Köln, Bestand Roerig, Inv.-Nr. 1290/1–45.

147 Brües, Otto: (1967) a.a.O., S. 266.

148 Oelze, Klaus-Dieter: (1990) a.a.O., S. 185.

149 Vgl. Originalzitat Fritz Brühl: »Schriften und Reden Alfred Rosenbergs«, in: *Kölnische Zeitung*, Nr. 28, 29.1.1944, S. 4.

150 Brües, Otto: (1967) a.a.O., S. 181.

151 Ebenda.

152 Reichsgesetzblatt I 1938, S. 414 f. Siehe Britta Bopf: *»Arisierung« in Köln. Die wirtschaftliche Existenzvernichtung der Juden in Köln*. Schriften des NS-Dokumentationszentrums der Stadt Köln, Band 10. Köln 2004. S. 194.

153 Reichsgesetzblatt I 1938, S. 579. Zitiert nach: Suchy, Barbara: »Vom ›Güldenen Opferpfennig‹ bis zur ›Judenvermögensabgabe‹. Tausend Jahre Judensteuern«. In: Uwe Schultz (Hrsg.): *Mit dem Zehnten fing es an. Eine Kulturgeschichte der Steuer*. München 1986. S. 128.

154 Durchführungsverordnung zur »Verordnung über eine Sühneleistung der Juden deutscher Staatsangehörigkeit« vom 21.11.1938. Reichsgesetzblatt I 1938, S. 1638–1640. Siehe Bopf 2004, S. 208 und Anm. 180, S. 255.

155 Vgl. Suchy, Barbara: a.a.O., S. 129.

156 »Erste Verordnung zur Ausschaltung der Juden aus dem Deutschen Wirtschaftsleben« vom 12. November 1938 (Reichsgesetzblatt I 1938, S. 1580).

157 Verordnung über den Einsatz des jüdischen Vermögens. Vom 3. Dezember 1938 (Abschrift). Artikel II (Land- und forstwirtschaftliche Betriebe. Grundeigentum und sonstiges Vermögen), § 7. Bundesarchiv Berlin, BArch 3101/33.153, Fol. 19. Die Verordnung war von Wirtschaftsminister Walter Funk und dem Reichsminister des Innern Frick herausgegeben worden.

158 Verordnung über den Einsatz des jüdischen Vermögens. Vom 3. Dezember 1938 (Abschrift). Artikel II (Land- und forstwirtschaftliche Betriebe. Grundeigentum und sonstiges Vermögen), § 8. Bundesarchiv Berlin, BArch 3101/33.153, Fol. 20.

159 Ebenda.

160 Verordnung über den Einsatz des jüdischen Vermögens. Vom 3. Dezember 1938 (Abschrift). Artikel III (Depotzwang für Wertpapiere) und Artikel IV (Juwelen, Schmuck- und Kunstgegenstände). Bundesarchiv Berlin, BArch 3101/33.153, Fol. 21 f. Lediglich zur Begleichung von Forderungen von nicht

jüdischen Pfandgläubigern war die Verwertung von Schmuck- oder Kunstgegenständen noch erlaubt.

161 Verordnung über den Einsatz des jüdischen Vermögens. Vom 3. Dezember 1938 (Abschrift). Artikel I (Gewerbliche Betriebe), § 1. Bundesarchiv Berlin, BArch 3101/33.153, Fol. 18. § 2 regelt den Einsatz eines Treuhänders.

162 Suchy, Barbara: a.a.O., S. 129.

163 Ebenda.

164 Ebenda.

165 Ebenda. Bopf, Britta: *»Arisierung« in Köln. Die wirtschaftliche Existenzvernichtung der Juden in Köln.* Schriften des NS-Dokumentationszentrums der Stadt Köln, Bd. 10. Köln 2004. S. 208.

166 Ebenda, S. 211.

167 Ebenda, S. 211 f.

168 Ebenda, S. 344.

169 Ebenda.

170 Ebenda.

171 Ebenda, S. 348.

172 Historisches Archiv der Stadt Köln. Best. 495 »Preisbehörde für Grundstückspreise«. Aus der Einleitung S. III–VIII von Kleinert, 14. August 1986.

173 Ebenda.

174 Bopf, Britta: a.a.O., S. 367.

175 Ebenda.

176 Ebenda.

177 Historisches Archiv der Stadt Köln. Best. 495, Nr. 412.

178 Best. 495 Preisbehörde für Grundstückspreise. Historisches Archiv der Stadt Köln.

179 Bopf, Britta: a.a.O., S. 356.

180 Die Namen und Hinweise auf Straßen etc. wurden anonymisiert.

181 Historisches Archiv der Stadt Köln. Best. 495, Nr. 404 »Preisbehörde für Grundstückspreise«.

182 Dr. Heinen war bei der IHK Köln; über seinen Schreibtisch liefen alle Anträge.

183 Historisches Archiv der Stadt Köln. Best. 495, Nr. 404 »Preisbehörde für Grundstückspreise«.

184 Historisches Archiv der Stadt Köln. Best. 495, Nr. 404 »Preisbehörde für Grundstückspreise«.

185 Historisches Archiv der Stadt Köln. Best. 495, Nr. 404 »Preisbehörde für Grundstückspreise«.

186 Die notarielle Beurkundung war am 7.6.1939, das Datum des Kaufs am 14.9.1939. Die Verwaltungsgebühr betrug üblicherweise – durch Vergleichsfälle offenbar geworden – in etwa ein Promille des Verkaufspreises.

187 Else Lippmann wurde laut den Angaben des Bundesarchivs Berlin im Dezember 1943 nach Auschwitz deportiert. Bundesarchiv Berlin, BArch R 1207.

188 Die Katasterverwaltung bestätigt 1907 die Größe des Grundstücks. Historisches Archiv der Stadt Köln, Best. 485, Nr. 613.

189 Rückerstattungsakte 27 AR 63/51, Blatt 3. Anlage zum Protokoll vom 15.11.1951. Düsseldorf, Hauptstaatsarchiv, Gerichte Rep. 266. Nr. 18935.

190 Best. 495 Preisbehörde für Grundstückspreise. Historisches Archiv der Stadt Köln.

191 Historisches Archiv der Stadt Köln. Best. 495, Nr. 214.

192 Historisches Archiv der Stadt Köln. Best. 495, Nr. 213. »Preisbehörde für Grundstückspreise«.

193 Hauptstaatsarchiv Düsseldorf. BR 1411, Nr. 251, früher O 5210, Blatt 7.

194 Hauptstaatsarchiv Düsseldorf. BR 1411, Nr. 251, früher O 5210, Blatt 17a.

195 Hauptstaatsarchiv Düsseldorf. BR 1411, Nr. 251, früher O 5210, Blatt 10.

196 »Für die Durchführung der vom Führer und Reichskanzler angeordneten baulichen Maßnahmen in der Hansestadt Köln wird in absehbarer Zeit auch Ihr Grundstück Hosengasse 15 benötigt.« Schreiben vom 3.2.1942 vom an die Eigentümerin. Best. 26, Nr. 1146. Historisches Archiv der Stadt Köln. Blatt 18.

197 Alle Best. 26, Nr. 1146. Historisches Archiv der Stadt Köln.

198 Historisches Archiv der Stadt Köln. Acc. 1023, Nr. 1023.

199 Rückerstattungsakte 27 AR 63/51. Düsseldorf, Hauptstaatsarchiv, Gerichte Rep. 266, Nr. 18935, Blatt 4a.

200 Eine der Töchter lebte 1949 noch im Kreis Starnberg (in Kempfenhausen).

201 Rückerstattungsakte 27 AR 63/51. Köln, 15.11.1951. Düsseldorf, Hauptstaatsarchiv, Gerichte Rep. 266, Nr. 18935, Blatt 4a.

202 Dem Zentralamt für Vermögensverwaltung in Bad Nenndorf war auch kein Antrag auf Rückerstattung bekannt. Rückerstattungsakte 27 AR 63/51, Blatt 16. Bad Nenndorf, 26.1.1952. Düsseldorf, Hauptstaatsarchiv.

203 Hauptstaatsarchiv Düsseldorf, Rückerstattungsakte A 2063, vormals 27 Rü 304/50, Gerichte Rep. 266, Nr. 753.

204 Historisches Archiv der Stadt Köln, Best. 495 Preisbehörde für Grundstückspreise.

205 Historisches Archiv der Stadt Köln. Best. 495 Preisbehörde für Grundstückspreise.

206 Bopf 2004, S. 331.

207 Hauptstaatsarchiv Düsseldorf, Rückerstattungsakte A 2063, vormals 27 Rü 304/50, Gerichte Rep. 266, Nr. 753, Blatt 10.

208 Hauptstaatsarchiv Düsseldorf, Rückerstattungsakte A 2063, vormals 27 Rü 304/50, Gerichte Rep. 266, Nr. 753, Blatt 10.

209 Hauptstaatsarchiv Düsseldorf, Rückerstattungsakte A 2063, vormals 27 Rü 304/50, Gerichte Rep. 266, Nr. 753, Blatt 3.

210 Vgl. Adressbuch Köln 1929. Köln, Verlagsarchiv.

211 Vgl. Grevens Adressbuch, Köln 1938. Köln, Verlagsarchiv.

212 Hauptstaatsarchiv Düsseldorf, Gerichte Rep. 115, Nr. 2831, Blatt 74.

213 Hauptstaatsarchiv Düsseldorf, Gerichte Rep. 115, Nr. 2831, Blatt 73.

214 Hauptstaatsarchiv Düsseldorf, Rückerstattungsakte A 2063, vormals 27 Rü 304/50, Gerichte Rep. 266, Nr. 753. Blatt 12. Auszug aus HRA A 3330.

215 Hauptstaatsarchiv Düsseldorf, Gerichte Rep.115, Nr. 2831.

216 Hauptstaatsarchiv Düsseldorf, Gerichte Rep.115, Nr. 2831, Blatt 79. Handschriftlich geschrieben und unterschrieben mit Brandenstein, Brief vom 7.1.1931.

217 Hauptstaatsarchiv Düsseldorf, Gerichte Rep.115, Nr. 2831. Alle Schreiben sind an die Abt. 24 des AG Köln gerichtet.
- Brief vom 16.1.1932 an das AG Köln, Blatt 81.
- Brief vom 28.1.1933 an das AG Köln, eingegangen am 30.1.1933, Blatt 83.
- Brief vom 21.2.1934 an das AG Köln, Blatt 86.
- Brief vom 12.3.1935 an das AG Köln, Blatt 89.
- Brief vom 23.3.1936 an das AG Köln, Blatt 91.
- Brief vom 20.4.1937 an das AG Köln, Blatt 92.
- Postkarte vom 27.4.1938 an das AG Köln, Blatt 98.

218 Hauptstaatsarchiv Düsseldorf, Gerichte Rep. 115, Nr. 2831, Blatt 86. Brief vom 9.2.1934 an das AG Köln.

219 Hauptstaatsarchiv Düsseldorf, Gerichte Rep. 115, Nr. 2831, Blatt 99. Brief vom 5.5.1938 an das AG Köln.

220 Hauptstaatsarchiv Düsseldorf, Gerichte Rep. 115, Nr. 2831, Blatt 101.

221 Auszug aus dem Grundbuch Köln, Abt. 10. Band 10, Blatt 30738 vom 24.11.1950.

222 Hauptstaatsarchiv Düsseldorf, Rückerstattungsakte A 2063, vormals 27 Rü 304/50, Gerichte Rep. 266, Nr. 753. Blatt 10.

223 Die Angabe des Kaufpreises entstammt der Rückerstattungsakte A 2063, vormals 27 Rü 304/50, Gerichte Rep. 266, Nr. 753. Blatt 3. Hauptstaatsarchiv Düsseldorf.

224 Hauptstaatsarchiv Düsseldorf, Rückerstattungsakte A 2063, vormals 27 Rü 304/50, Gerichte Rep. 266, Nr. 753, Blatt 3.

225 Hauptstaatsarchiv Düsseldorf, Rückerstattungsakte A 2063, vormals 27 Rü 304/50, Gerichte Rep. 266, Nr. 753, Blatt 7.

226 Hauptstaatsarchiv Düsseldorf, Rückerstattungsakte A 2063, vormals 27 Rü 304/50, Gerichte Rep. 266, Nr. 753, Blatt 7.

227 Hauptstaatsarchiv Düsseldorf, Rückerstattungsakte A 2063 , vormals 27 Rü 304/50, Gerichte Rep. 266, Nr. 753, Blatt 11.

228 Hauptstaatsarchiv Düsseldorf, Rückerstattungsakte A 2063, vormals 27 Rü 304/50, Gerichte Rep. 266, Nr. 753, Blatt 23.

229 Hauptstaatsarchiv Düsseldorf, Gerichte Rep. 263. Nr. 1156.

230 Historisches Archiv der Stadt Köln, Best. 34/1356.

231 Historisches Archiv der Stadt Köln, Best. 721/1356. Baupolizei – abgebrochene Häuser. Abrissangelegenheiten des Hauses Leyboldstraße 19.

232 Historisches Archiv der Stadt Köln, Best. 721/1356. Baupolizei – abgebrochene Häuser. Abrissangelegenheiten des Hauses Leyboldstraße 19.

233 Historisches Archiv der Stadt Köln, Best. 34/1356.

234 Hauptstaatsarchiv Düsseldorf, Rückerstattungsakte H 410a, 72 Rü. 692/50, Gerichte Rep. 263, Nr. 1156, Blatt 7.

235 Er wurde am 19. Januar 1886 in Bonfeld/Württemberg geboren.

236 Wolfram Hagspiel: *Stadtspuren. Denkmäler in Köln*. Herausgegeben von der Stadt Köln. Band 8. Köln: Marienburg. Bauten und Architekten eines Villenvorortes – einschließlich der Villengebiete von Bayenthal. Band I. Köln 1996, S. 330.

237 Historisches Archiv der Stadt Köln, Best. 485/254.

238 Grundbuch von Rondorf, Bd. 127, Blatt 4577.

239 Historisches Archiv der Stadt Köln, Best. 495/174.

240 Hauptstaatsarchiv Düsseldorf, Rückerstattungsakte H 410a, 72 Rü. 692/50, Gerichte Rep. 263, Nr. 1156, Blatt 8 und 10.

241 Historisches Archiv der Stadt Köln, Bestand Acc. 287/ 33.

242 Historisches Archiv der Stadt Köln, Best. 495/1 (»Tagebuch genehmigungspflichtiger Verkäufe jüdischen Grundbesitzes«), laufende Nummer 666.

243 Die Nummern wurden im Verlauf des Verfahrens mehrfach geändert.

244 Hauptstaatsarchiv Düsseldorf, H 410 a, 72 Rü. 692/50, Gerichte Rep. 263, Nr. 1156, Blatt 2.

245 Hauptstaatsarchiv Düsseldorf, Anlage zur Rückerstattungsakte H 410a, 72 Rü. 692/50, Gerichte Rep. 263, Nr. 1156, Blatt 14.

246 Hauptstaatsarchiv Düsseldorf, Rückerstattungsakte H 410a, 72 Rü. 692/50,

Gerichte Rep. 263, Nr. 1156, Abschrift Blatt 7. Die Auswanderung erfolgte 1937; die Grundstücksverkäufe z.T. Jahre später.

247 Hauptstaatsarchiv Düsseldorf, Gerichte Rep. 115, Nr. 2722. Beglaubigte Abschrift aus dem Handelsregister, ohne Blattangabe.

248 Historisches Archiv der Stadt Köln, Best. 495/301.

249 Hauptstaatsarchiv Düsseldorf, Rückerstattungsakte H 410a, 72 Rü. 692/50, Gerichte Rep. 263, Nr. 1156, Blatt 7.

250 Hauptstaatsarchiv Düsseldorf, Rückerstattungsakte H 410a, 72 Rü. 692/50, Gerichte Rep. 263, Nr. 1156, Blatt 21–22.

251 Bundesarchiv Berlin, BArch R 8150 / 14, Blatt 112/113. Abschrift aus der Zeitschrift *Der Rechtspfleger* aus dem Jahr 1939. Heft 9 und 10 enthalten einen Aufsatz von Kammergerichtsrat Dr. Höver, der den Titel »Grundsätzliches zur Entjudung des Deutschen Grundbesitzes« trägt. Bezeichnet mit Dr. Bd/W.

252 Hauptstaatsarchiv Düsseldorf, Rückerstattungsakte H 410a, 72 Rü. 692/50, Gerichte Rep. 263, Nr. 1156, Abschrift Blatt 5 und 9.

253 Hauptstaatsarchiv Düsseldorf, Rückerstattungsakte H 410a, 72 Rü. 692/50, Gerichte Rep. 263, Nr. 1156, Abschrift Blatt 6 und 10.

254 Hauptstaatsarchiv Düsseldorf, Rückerstattungsakte H 410a, 72 Rü. 692/50, Gerichte Rep. 263, Nr. 1156, Blatt 11.

255 Hauptstaatsarchiv Düsseldorf, Rückerstattungsakte H 410a, 72 Rü. 692/50, Gerichte Rep. 263, Nr. 1156, Blatt 5.

256 Hauptstaatsarchiv Düsseldorf, Rückerstattungsakte H 410a, 72 Rü. 692/50, Gerichte Rep. 263, Nr. 1156, Blatt 17.

257 Hauptstaatsarchiv Düsseldorf, Rückerstattungsakte H 410a, 72 Rü. 692/50, Gerichte Rep. 263, Nr. 1156. Handschriftlich mit »I« bezeichnet.

258 Hauptstaatsarchiv Düsseldorf, Rückerstattungsakte H 410a, 72 Rü. 692/50, Gerichte Rep. 263, Nr. 1156, Blatt 12 f.

259 Hauptstaatsarchiv Düsseldorf, Rückerstattungsakte H 410a, 72 Rü. 692/50, Gerichte Rep. 263, Nr. 1156, Blatt 10.

260 Die Zwangsversteigerung ist demzufolge weder von Frau Gabriele Neven DuMont aufgenommen noch weiter betrieben worden.

261 Diese Zwangsversteigerung ist tatsächlich für diese zwei Grundstücke am 7. März 1941 angeordnet gewesen. Hauptstaatsarchiv Düsseldorf, Rückerstattungsakte H 410a, 72 Rü. 692/50, Gerichte Rep. 263, Nr. 1156.

262 Abkommen zwischen Herrn Albert Otten und Gabriele Neven DuMont vom 5.9.1949. Anlage zum Protokoll vom 29.4.1950. Hauptstaatsarchiv Düsseldorf, Rückerstattungsakte H 410a, 72 Rü. 692/50, Gerichte Rep. 263, Nr. 1156, Blatt 14–15.

263 Abkommen zwischen Herrn Albert Otten und Gabriele Neven DuMont vom 5.9.1949. Anlage zum Protokoll vom 29.4.1950. Hauptstaatsarchiv Düsseldorf, Rückerstattungsakte H 410a, 72 Rü. 692/50, Gerichte Rep. 263, Nr. 1156, Blatt 15.

264 Ahrens, Ralf: *Die Dresdner Bank 1945–1957. Konsequenzen und Kontinuitäten nach dem Ende des NS-Regimes.* München 2007, S. 403.

265 *Otto Wolff. Ein Unternehmen zwischen Wirtschaft und Politik.* Hrsg. von Peter Danylow und Ulrich S. Soénius. München 2005, S. 169.

266 Pettenberg, Heinz: *Starke Verbände im Anflug auf Köln.* Eine Kriegschronik. 1985, S. 43. Eintrag vom 19/20.3.1941.

267 Ebenda, S. 58. Eintrag vom 7./8.7.1941.

268 Ebenda, S. 62. Eintrag vom 12.8.1941.

269 Hans von Chamier war kaiserlicher Offizier, Politiker der Deutschen Zentrumspartei und Autor.

270 Hofmann, Josef: *Journalist in Republik, Diktatur und Besatzungszeit. Erinnerungen 1916–1947. Bearbeitet und eingeleitet von Rudolf Morsey.* Mainz 1977. S. 99.

271 »An unsere Leser und Freunde!«, in: *Kölnische Volkszeitung* und *Handelsblatt.* Im Mai 1941. Verlagsarchiv MDS, Köln.

272 Hofmann, Josef: a.a.O., S. 100.

273 »An unsere Leser und Freunde!«, in: *Kölnische Volkszeitung* und *Handelsblatt.* Im Mai 1941. Verlagsarchiv MDS, Köln.

274 Vgl. auch Verlagsarchiv MDS, Köln, Mitarbeiterkartei.

275 Hofmann, Josef: (1977) a.a.O., S. 103.

276 Ebenda.

277 Ebenda.

278 Ebenda, S. 104.

279 Die ausländischen Zeitungen wurden zunächst an das Berliner Büro geliefert und kamen nach Durchsicht durch die Berliner Kollegen mit einigen Tagen Verspätung in der Kölner Redaktion an. Vgl. ebenda, S. 106.

280 Ebenda, S. 107.

281 Ebenda, S. 104.

282 Ebenda.

283 Ebenda, S. 106.

284 Ebenda, S. 104 f.

285 Ebenda, S. 106.

286 Ebenda, S. 108.

287 Ebenda.

288 Ebenda, S. 109.

289 Pettenberg, Heinz: a.a.O., S. 83.

290 »Köln im Luftkrieg 1939–1945 – Ein Tatsachenbericht über Fliegeralarme und Fliegerangriffe – Bearbeitet von Dr. P. Simon, Städt. Verwaltungsrat im Statistischen Amt.« Mit zwei Tabellen und 2 Schaubildern. In: *Statistische Mitteilungen der Stadt Köln*. Im Auftrag des Oberstadtdirektors hrsg. von Dr. oec. publ. Lorenz Fischer, Dir. des Statistischen Amtes. 9. Jahrgang (1954), Heft 2, S. 118.

291 Ebenda, S. 115.

292 Sepp Wundshammer war ursprünglich als Schriftsetzer zu M. DuMont Schauberg gekommen. Nach Ende des Zweiten Weltkriegs ging Wundshammer nach Rottach-Egern, seinen Heimatort, zurück und wurde dort im Alter von 72 Jahren zum Ersten Bürgermeister gewählt. Siehe Nachruf des *Kölner Stadt-Anzeigers* zum Tod von Sepp Wundshammer: »In harten Jahren Betrieb geleitet. MDS Prokurist Sepp Wundshammer gestorben.« *Kölner Stadt-Anzeiger* vom 25.1.1969.

293 »30., 31.5.1942«. Köln, 4.6.1942. Unterzeichnet von S. Wundshammer, Werkschutzleiter. Der gedruckte Text trägt auf dem Deckblatt den Vermerk »Herrn Dr. Kurt Neven!«. Verlagsarchiv MDS, Köln.

294 Wundshammer, Sepp: a.a.O., S. 1.

295 Weinhold, Kurt: *Das Ende der Kölnischen Zeitung*. Abgeschlossen im Januar 1968. S. 3.

296 Ebenda, S. 4.

297 Wundshammer, Sepp: a.a.O., S. 2.

298 Weinhold, Kurt: (1969) a.a.O., S. 292 f.

299 Wundshammer, Sepp: a.a.O., S. 3.

300 Ebenda, S. 4.

301 Pettenberg, Heinz: (1985) a.a.O., S. 325.

302 Wundshammer, Sepp: a.a.O., S. 4.

303 Ebenda, S. 5.

304 Ebenda, S. 1.

305 Ebenda, S. 7.

306 Pettenberg, Heinz: (1965) a.a.O., S. 96.

307 Wundshammer, Sepp: a.a.O., S. 7.

308 Brief von Silvia Neven DuMont an ihre Eltern. München, 12.6.1924. Der Brief ist offensichtlich falsch datiert. Gemeint ist der 12.6.1942, da sich Silvia Neven DuMont in ihrem Brief auf Wundshammers Schadensbericht vom 4.6.1942 bezieht. Familiennachlass, Verlagsarchiv MDS, Köln.

309 Brief von Alfred Neven DuMont an Kurt Neven DuMont. Menzing, 2.3.1942. Die Verteilung auf die Batterien in München erfolgte am 14. März. Familiennachlass, Verlagsarchiv MDS, Köln.
310 Brief von Alfred Neven DuMont an Kurt Neven DuMont. Starnberg, 22.9.1942. Familiennachlass, Verlagsarchiv MDS, Köln.
311 Brief von Alfred Neven DuMont an Kurt Neven DuMont. Menzing, 2.3.1943. Familiennachlass, Verlagsarchiv MDS, Köln.
312 Brief von Alfred Neven DuMont an Kurt Neven DuMont, Menzing, 10.8.1944, Familiennachlass, Verlagsarchiv MDS, Köln.
313 Auch der Feldpostbrief vom 3.9.1944 ist erhalten. Alfred an Kurt Neven DuMont, abgestempelt in Augsburg am 3.9.1944. Familiennachlass, Verlagsarchiv MDS, Köln.
314 Brief von Alfred Neven DuMont an Kurt Neven DuMont. Starnberg, 8.9.1944. Familiennachlass, Verlagsarchiv MDS, Köln.
315 Brief von Alfred Neven DuMont an Kurt Neven DuMont. Starnberg, 19.10.1944. Familiennachlass, Verlagsarchiv MDS, Köln.
316 Brief von Alfred Neven DuMont an Kurt Neven DuMont. Starnberg, 7.12..1944. Familiennachlass, Verlagsarchiv MDS, Köln.
317 Hofmann, Josef: (1977) a.a.O., S. 110 f.
318 Ebenda.
319 Getipptes Manuskript mit handschriftlichen Ergänzungen von Kurt Neven DuMont. Ohne Datum. Familiennachlass, Verlagsarchiv MDS, Köln.
320 Pettenberg, Heinz: (1985) a.a.O., Eintrag vom 4.2.1943, S. 137–139.
321 Dettmar Heinrich Sarnetzki in einem Brief an Alfons Paquet. Köln, 11.6.1942. Universitätsbibliothek Frankfurt Johann-Christian-Senckenberg. Handschriftensammlung. Nachlass Alfons Paquet.
322 Simon, P.: (1954) a.a.O. S. 119.
323 Pettenberg, Heinz: (1985) a.a.O., S. 158.
324 Bartels, Friedrich: a.a.O., S. 14.
325 Pettenberg, Heinz: a.a.O., S 166. Eintrag vom 30.6.1942.
326 Ebenda, S.167.
327 Weinhold, Kurt: (1968) a.a.O., S. 7.
328 Verlag M. DuMont Schauberg [Absenderkürzel DrKN/Fl: Also wohl Kurt Neven DuMont, Anm. d. Verf.] an den Reichsverband der Deutschen Zeitungsverleger, z. Hd. Herrn Schween. Köln, 2.7.1943. S. 1.
329 Verlag M. DuMont Schauberg [Absenderkürzel DrKN/Fl: Also wohl Kurt Neven DuMont, Anm. d. Verf.] an den Reichsverband der Deutschen Zeitungsverleger, z. Hd. Herrn Schween. Köln, 2.7.1943. Seite 2.

330 Verlag M. DuMont Schauberg [Absenderkürzel DrKN/Fl: Also wohl Kurt Neven DuMont, Anm. d. Verf.] an den Reichsverband der Deutschen Zeitungsverleger, z. Hd. Herrn Schween. Köln, 2.7.1943. Seite 3.

331 Verlag M. DuMont Schauberg [Absenderkürzel DrKN/Fl: Also wohl Kurt Neven DuMont, Anm. d. Verf.] an den Reichsverband der Deutschen Zeitungsverleger, z. Hd. Herrn Schween. Köln, 27.1943. Seite 4f.

332 Pettenberg, Heinz: (1985) a.a.O., S. 171, Eintrag vom 9.7.1943.

333 Brief von Silvia Neven DuMont an ihren Vater. Starnberg, 6.7.1943. Familiennachlass, Verlagsarchiv MDS, Köln.

334 Pettenberg, Heinz: (1985): a.a.O., S. 178.

335 Ebenda, S. 179.

336 Weinhold, Kurt: (1968) a.a.O., S. 9.

337 Pettenberg, Heinz: (1985) a.a.O., S. 190.

338 Eine Seite einer Zusammenfassung oder eines Protokolls der Besprechung beim Reichsverband der Deutschen Zeitungsverleger. Undatiert und ohne Unterschrift. Frühling oder Sommer 1944. Verlagsarchiv MDS, Köln.

339 *Kölner Stadt-Anzeiger* vom 19.8.1944.

340 Maschinenschriftliche Zusammenstellung zu Dr. Hans Koch für den heutigen Verlagschef Alfred Neven DuMont. Undatiert und unbezeichnet. Verlagsarchiv MDS, Köln.

341 *Kölner Stadt-Anzeiger* vom 19.8.1944.

342 Weinhold, Kurt: (1969)a.a.O., S. 293.

343 *Kölnische Zeitung* Nr. 250 vom 9.9.1944.

344 Brües, Otto: (1967) a.a.O., S. 271.

345 Weinhold, Kurt: a.a.O., S. 12. Vermutlich sprach Weinhold hier bereits vom Zustand des Verlags nach den schweren Bombenangriffen im Oktober 1944.

346 Kalender Kurt Neven DuMonts von 1942–1944. Familiennachlass Neven DuMont, Verlagsarchiv MDS, Köln.

347 Fragebogen der Entnazifizierungskommission. Hauptstaatsarchiv Düsseldorf, Entnazifizierungsakte Kurt Neven DuMont, Inv.-Nr. NW 1048–35 Nr. 181, Angaben zu Punkt 103 des Fragebogens.

348 Eidesstattliche Erklärung von Th. Milles für Kurt Neven DuMont an die Entnazifizierungskommission. Köln-Sülz, 9.10.1945. Hauptstaatsarchiv Düsseldorf, Entnazifizierungsakte Kurt Neven DuMont, Inv.-Nr. NW 1048–35 Nr. 181, Blatt 83.

349 Brief von Fritz Feickert an Kurt Neven DuMont. Köln, 26.11.1945. Hauptstaatsarchiv Düsseldorf, Entnazifizierungsakte Kurt Neven DuMont,

Inv.-Nr. NW 1048–35 Nr. 181, Blatt 162. Vgl. dort auch Blatt 2 zu den Angaben zur Person.

350 Bartels, Friedrich: a.a.O., S. 14 f.

351 Simon, P.: a.a.O., S. 81.

352 Ebenda, S. 121 f.

353 Weinhold, Kurt: (1968) a.a.O., S. 12.

354 Ebenda, S. 13.

355 Ebenda, S. 13–14.

356 Pettenberg, Heinz: (1985) a.a.O., S. 325. Eintrag vom 5.11.1944.

357 Weinhold, Kurt: (1968) a.a.O., S. 15.

358 Funk, Eugen: *Die letzten Tage von Koeln. Erlebt … und geschrieben für seine Familie bei Eugen Funk.* Ohne Datum.

359 Weinhold, Kurt: »1. März–11. April 1945«. In: *Kurt Neven DuMont. Einem Verleger zum Gedenken*. Köln 1973. S. 68.

360 Ebenda, S. 68.

361 Funk, Eugen: a.a.O., S. 3–5.

362 Weinhold, Kurt: (1968) a.a.O., S. 19.

363 Hofmann, Josef: a.a.O., S. 136.

364 Weinhold, Kurt: (1968) a.a.O., S. 16.

365 Ebenda, S. 19.

366 Weinhold, Kurt: (1969) a.a.O., S. 295.

367 Der Gauleiter und Reichsverteidigungskommissar des Gaues Westfalen-Süd, der Beauftragte für die Sofortmaßnahmen der Volksaufklärung (gez. Kranzlein) an die Verlagsleitung des Lüdenscheider General-Anzeiger Lüdenscheid. Wetter/Ruhr, 7.4.1945. Verlagsarchiv MDS, Köln.

368 Weinhold, Kurt: (1968) a.a.O., S. 21.

369 Weinhold, Kurt: (1973) a.a.O., S. 66.

370 Weinhold, Kurt: (1969) a.a.O., S. 295.

371 Weinhold, Kurt: (1973) a.a.O., S. 68.

372 Weinhold, Kurt: (1968) a.a.O., S. 10.

373 Funk, Eugen: a.a.O., S. 3.

374 Das Haus M. DuMont Schauberg. Geschichte in Bildern. Köln 1962. Ohne Seite.

375 Ebenda.

376 Der *Kölner Stadt-Anzeiger* erschien erstmals wieder am 29.10.1949.

377 Eidesstattliche Erklärung von Theo Geyr für Kurt Neven DuMont an die Entnazifizierungskommission vom 23.11.1945, Starnberg. Hauptstaatsarchiv Düsseldorf, Entnazifizierungsakte Kurt Neven DuMont, Nr. 1048–35 Nr. 181, Blatt 135.

378 Ebenda.

379 Hocke, Gustav René: (1948) a.a.O., S. 16.

380 *Kölnische Zeitung* vom 1.9.1944, S. 2.

381 Ebenda.

382 Unger, Wilhelm: a.a.O., S. 40.

383 Funk, Eugen: a.a.O.

384 Dietmar, Carl: »Vor 50 Jahren. Als Köln in Trümmern lag. Ausweichquartier in der Aachener Straße«, in: *MDS-Magazin*, Nr. 31, April 1995, S. 6.

385 Eugen Funk erwähnte Friedrich Berger in seinen Erinnerungen mit »B«. Vgl. Funk, Eugen: a.a.O., S. 7.

386 Ebenda, S. 8.

387 Billstein, Reinhold und Illner, Eberhard: *You are now in Cologne. Compliments. Köln 1945 in den Augen der Sieger, hundert Tage unter amerikanischer Kontrolle*. Köln 1995, S. 61 f.

388 Funk, Eugen: a.a.O., S. 9.

389 Ebenda.

390 Ebenda, S. 10.

391 Ebenda.

392 Ebenda, S. 11.

393 Ebenda.

394 Ebenda, S. 17.

395 Sowohl über den Betriebsleiter Bindewald als auch dessen Stellvertreter Grieblinger liegen im Verlagsarchiv in Köln keine weiteren Informationen vor. Grieblinger war der Stiefbruder des früheren Betriebsleiters Sepp Wundshammer. Vgl. ebenda, S. 32 f.

396 Ebenda, S. 18.

397 Ebenda, S. 19.

398 Ebenda, S. 20.

399 Ebenda, S. 21.

400 Ebenda.

401 Tagebuch Heinz Pettenbergs vom 5. März 1945 – 25. Februar 1946, Eintrag vom 13.4.1945. Typoskript, S. 9. Brief von Heinz Pettenberg an Samson B. Knoll vom P.W.C.T. [Psychological Warfare. Fortsetzung der Abkürzung unbekannt. Anm. d. Verf.]. Köln 15.4.1945, Privatbesitz.

402 Geschichtlicher Überblick Kurt Neven DuMonts für die Entnazifizierungskommission, Abschnitt Schlussbemerkungen, S. 7. Köln, 1.8.1945. Verlagsarchiv MDS, Köln.

403 Brief von Kurt Neven DuMont an Dr. Hans Roerig, Bonn, 8.5.1945. Historisches Archiv der Stadt Köln, Bestand Roerig, Inv.-Nr. 1290/1–45.

404 Zu Hütter liegen im Verlagsarchiv in Köln keine weiteren Informationen vor.

405 Hofmann, Josef: (1977) a.a.O., S. 142.

406 Ebenda, S. 142 f.

407 Hofmann, Josef: a.a.O., S. 143.

408 Dietmar, Carl: a.a.O., S. 6.

409 Pettenberg, Heinz: a.a.O, S. 40. Privatbesitz.

410 Eicher wurde 1937 bei M. DuMont Schauberg eingestellt.

411 Dietmar, Carl: a.a.O., S. 7. Die Aussagen Eichers stammen aus einem Gespräch, welches der Redakteur Dr. Carl Dietmar mit Eicher geführt hatte.

412 Hofmann, Josef: a.a.O., S. 143.

413 Ebenda, S. 149.

414 Fuchs, Peter: »Kölnischer Kurier«. In: *Jahrbuch des Kölnischen Geschichtsvereins.* Band 66 1995. Die Zeitung der Besatzungsmächte und Adenauers Alternativprojekt. Köln, S. 179.

415 Pettenberg, Heinz: a.a.O., Eintrag vom 22.6.1945 S. 62. Privatbesitz.

416 Brief Kurt Neven DuMonts an die Nr. 1 Information Control Unit, Press Sub-Section in Düsseldorf (Abschrift in deutscher Sprache). Köln, 8.11.1945. Hauptstaatsarchiv Düsseldorf, Entnazifizierungsakte Kurt Neven DuMont, Inv.-Nr. NW 1048–35–181, S. 80.

417 Aufstellung vom 4. Dez. 1945, Punkt 4. Hauptstaatsarchiv Düsseldorf, Entnazifizierungsakte Kurt Neven DuMont, Inv.-Nr. NW 1048–35–181, S. 67.

418 Siehe z. B. die Aufstellung vom 4. Dez. 1945 sowie Anlage I (Frage 115) zum Fragebogen des Military Government of Germany. Hauptstaatsarchiv Düsseldorf, Entnazifizierungsakte Kurt Neven DuMont, Inv.-Nr. NW 1048–35–181, S. 67 und 87.

419 Aufstellung vom 4. Dez. 1945, Punkt 3. Hauptstaatsarchiv Düsseldorf, Entnazifizierungsakte Kurt Neven DuMont, Inv.-Nr. NW 1048–35–181, S. 67.

420 Aufstellung vom 4. Dez. 1945, Punkt 5. Hauptstaatsarchiv Düsseldorf, Entnazifizierungsakte Kurt Neven DuMont, Inv.-Nr. NW 1048–35–181, S. 67.

421 Aufstellung vom 4. Dez. 1945, Punkt 6. Hauptstaatsarchiv Düsseldorf, Entnazifizierungsakte Kurt Neven DuMont, Inv.-Nr. NW 1048–35–181, S. 67.

422 Aufstellung vom 4. Dez. 1945, Punkt 7. Hauptstaatsarchiv Düsseldorf, Entnazifizierungsakte Kurt Neven DuMont, Inv.-Nr. NW 1048–35–181, S. 67.

423 Ab diesem Datum war DuMont Schauberg wieder in der Breite Straße. Aus dem Interview mit Herrn Eicher am 5.5.2007. Verlagsarchiv MDS, Köln.

424 Nicht in der Weinhold-Kartei als Personalakte im Verlagsarchiv.

425 Nicht in der Weinhold-Kartei als Personalakte im Verlagsarchiv.

426 Brief von Kurt Neven DuMont an Otto Brües. Köln, 28.1.1946. Stadtarchiv Krefeld.

427 Dem Brief von Kurt Neven DuMont an Otto Brües vom 28.1.1946 beiliegend. Stadtarchiv Krefeld.

428 Urkunde der Registrierung für den Druck für lizenzierte Publizisten durch die Nachrichtenkontrolle der Militärregierung-Deutschland. Köln, 1.2.1946. Hauptstaatsarchiv Düsseldorf, Entnazifizierungsakte Kurt Neven DuMont, Inv.-Nr. NW 1048–35–181, S. 84.

429 Vgl. Dietmar, Carl und Förster, Thomas: »Zeitungen und Rundfunk«. In: Dülffer, Jost: *Köln in den 50er Jahren. Zwischen Tradition und Modernisierung*. Köln 2001. S. 379.

430 Pettenberg, Heinz: a.a.O., Eintrag 3. 1. 1946, Mittwoch, S. 155. Verlagsarchiv MDS, Köln (1945/46).

431 Pettenberg, Heinz: a.a.O., Eintrag 20. und 23. 2. 1946, Mittwoch und Samstag, S. 161. Verlagsarchiv MDS, Köln (1945/46).

432 Dietmar, Carl: (1995) a.a.O., S. 7.

433 Headquarters Military Government. Regierungsbezirk Cologne, an Dr. Kurt Neven DuMont. Cologne, 6.3.1946. Die Entlassung erfolgte in englischer Sprache mit einer deutschen Übersetzung im Anschluss. Hauptstaatsarchiv Düsseldorf, Entnazifizierungsakte Kurt Neven DuMont. Inv.-Nr. NW 1048–35–181, S. 51.

434 Hofmann, Josef: a.a.O., S. 170.

435 Schmitz, Hans: *Der Kölner Stadt-Anzeiger: Das Comeback einer Zeitung. Mit Beiträgen von Horst Schubert und Marie Hüllenkremer.* Köln 1989. S. 28.

436 Ebenda, S. 28.

437 Pettenberg, Heinz: a.a.O., Eintrag vom 4.5.1945, S. 30. Privatbesitz.

438 Hofmann, Josef: a.a.O., S. 170.

439 Pettenberg, Heinz: a.a.O., Eintrag vom 7.5.1945, S. 34. Privatbesitz

440 Moltmann, Rainer: *Reinhold Heinen (1894–1969). Ein christlicher Politiker, Journalist und Verleger.* (Forschungen und Quellen zur Zeitgeschichte, d. 48) Im Auftrag der Konrad Adenauer Stiftung herausgegeben von Günter Buchstab, Klaus Gotto, Hans Günther Hockerst, Rudolf Morsey und Hans-Peter Schwarz. Düsseldorf 2005, S. 274.

441 Vogel, Karl: »In den Strom der Tradition eingebettet. Die Zeitung im Spiegel der Erinnerung.« Jubiläumsausgabe des *Kölner Stadt-Anzeigers*, 29.10.1969. Ohne Seitenangabe.

442 Record No. 144 of Information Control Registration. Bescheid an Kurt Neven DuMont, 10.5.1946. Hauptstaatsarchiv Düsseldorf, Entnazifizierungsakte Kurt Neven DuMont, Inv.-Nr. NW 1048–35–181, S. 57.

443 Form of Appeal, Antrag vom 6.3.1946 mit Vermerk der Ablehnung vom 8.7.1946. Hauptstaatsarchiv Düsseldorf. Entnazifizierungsakte Kurt Neven DuMont, Inv.-Nr. NW 1048–35–181, S. 39.

444 Bescheinigung der Industrie- und Handelskammer vom 15.3.1946 sowie Schreiben des Entnazisierungsausschusses der SK Köln vom 8.7.1946. Hauptstaatsarchiv Düsseldorf, Entnazifizierungsakte Kurt Neven DuMont, Inv.-Nr. NW 1048–35–181, S. 52 und o. S.

445 Vgl. Eintrag des Munzinger-Archivs zu Christian Fette.

446 Schreiben des Industrie-Verbands Druck und Graphik für die Nord-Rheinprovinz an den Betriebsrat der Firma M. DuMont Schauberg. Köln, 19.3.1946. Hauptstaatsarchiv Düsseldorf, Entnazifizierungsakte Kurt Neven DuMont, Inv.-Nr. NW 1048–35–181, S. 64.

447 Deutsche Überprüfungsstelle, Berufungsausschuss Köln. Aktenzeichen QA/1599. Unterzeichnet vom Vorsitzenden des Berufungsausschusses, Dr. Rhée, Köln, den 23.7.1946. Hauptstaatsarchiv Düsseldorf, Entnazifizierungsakte Kurt Neven DuMont, Inv.-Nr. NW 1048-g35–181, S. 46–49.

448 Public Safety Branch, H.Q. Land North Rhine-Westfalia. Düsseldorf, den 13.9.1946. Hauptstaatsarchiv Düsseldorf, Entnazifizierungsakte Kurt Neven DuMont, Inv.-Nr. NW 1048-g35–181, S. 33.

449 Vgl. Schreiben des HQ CCG (BE), Stadtkreis Cologne an Regional Headquarters, Land North Rhine Westphalia (dar. »gez. S. H. Radcliffe etc.«), 7.7.1947. Hauptstaatsarchiv Düsseldorf, Entnazifizierungsakte Kurt Neven DuMont, Inv.-Nr. NW 1048–35–181, S. 37.

450 Vgl. Schreiben des HQ CCG (BE), Stadtkreis Cologne an Regional Headquarters, Land North Rhine Westphalia (dar. »gez. S. H. Radcliffe etc.«), 7.7.1947. Hauptstaatsarchiv Düsseldorf, Entnazifizierungsakte Kurt Neven DuMont, Inv.-Nr. NW 1048–35–181, S. 37.

451 Ergänzung im Brief selbst, wahrscheinlich von Eva Brües: Hauptgestalt des Schauspiels »Ca d'oro oder: Das goldene Haus in ›Sturm und Stille‹« von Otto Brües. Stadtarchiv Krefeld.

452 Brief von Kurt Neven DuMont an Otto Brües. Köln, 20.3.1946. Stadtarchiv Krefeld.

453 Die beiden, Hocke und Sarnetzki, standen bereits sei 1936 in Brief- und Postkartenkontakt, wie Funde im Heinrich-Heine-Institut Düsseldorf, Nachlass Sarnetzki, Inv.-Nr. 76.5068 belegen.

454 Heinrich-Heine-Institut Düsseldorf, Nachlass Sarnetzki, Inv.-Nr. 76.5068.

455 Brief von Hocke an Sarnetzki vom 3.1.1946. Heinrich-Heine-Institut Düsseldorf, Nachlass Sarnetzki, Inv.-Nr. 76.5068.

456 Brief von Dr. Johann Schäfer an Dettmar Heinrich Sarnetzki, Köln, 21.2.1946. Heinrich-Heine Institut Düsseldorf. Nachlass Sarnetzki, Inv.-Nr. 76.5068.

457 Brief von Dr. Johann Schäfer an Dettmar Heinrich Sarnetzki, Köln, 21.2.1946. Heinrich-Heine-Institut Düsseldorf. Nachlass Sarnetzki, Inv.-Nr. 76.5068.

458 Im Tagebucheintrag vom 25. Juli 1945 berichtete Heinz Pettenberg von einem Gespräch Dr. Nevens mit einem jüdischen englischen Dolmetscher, der für den Verlag evt. eine Verbindung zu dem Handelsmitarbeiter Saxon-Napier herstellen sollte. Pettenberg, Heinz: a.a.O., Eintrag vom 25.7.1945, S. 83. Privatbesitz.

459 Brief von Kurt Neven an Ernest Saxon-Napier. Köln-Marienburg 14.11.1946. Historisches Archiv der Stadt Köln, Bestand Roerig, Inv.-Nr. 1290/1–45.

460 Brief von Kurt Neven DuMont an Ernest Saxon-Napier. Ohne Ort, 21.9.1948. Familiennachlass, Verlagsarchiv MDS, Köln.

461 Brief der Public Safety Branch, H.Q. Land North Rhine-Westfalia, an H.Q. Mil. Gov. [Hauptquartier der Militärregung, Anm. Verf.] S/K Cologne, 15.7.1947. Hauptstaatsarchiv Düsseldorf, Entnazifizierungsakte Kurt Neven DuMont, Inv.-Nr. NW 1048–35–181, S. 35.

462 Schreiben der Rechtsanwaltskanzlei Becker/Boden/Oppenhoff an den Entnazisierungsausschuss für den Stadtkreis Köln, z. H. von Herrn Rechtsanwalt Rhée. Köln, 19.7.1947. Hauptstaatsarchiv Düsseldorf, Entnazifizierungsakte Kurt Neven DuMont, Inv.-Nr. NW 1048–35–181, S. 28.

463 Bönisch, Georg: »Amnesie und Amnestie«. In: *DER SPIEGEL*, 2/2006 vom 9.1.2006, S. 51.

464 Vgl. *1946. Politik und Alltag im Gründungsjahr des Landes Nordrhein-Westfalen.* Eine Ausstellung des Landesarchivs und des Landtags Nordrhein-Westfalen. Siehe www.archive.nrw.de/dok/1946/entnazifizerung.html (Stand: 21.3.2008).

465 Bönisch, Georg: a.a.O., S. 51.

466 Brief von Kurt Neven DuMont an Wilhelm Unger. Starnberg, 15.3.1947. Historisches Archiv der Stadt Köln, Bestand 1346 (Wilhelm Unger).

467 Kurt Neven DuMont an die Geschäftsstelle der Entnazisierungsausschüsse des Stadtkreises Köln, Hauptausschuss. Köln, 2.8.1947. Hauptstaatsarchiv Düsseldorf, Entnazifizierungsakte Kurt Neven DuMont, Inv.-Nr. NW 1048–35–181, S. 24.

468 Dies ist die britische Militärregierung in Deutschland nach dem 2. Weltkrieg.

469 Einstufung in Kategorie V für Kurt Neven DuMont. Köln, 2.10.1947. Hauptstaatsarchiv Düsseldorf, Entnazifizierungsakte Kurt Neven DuMont, Inv.-Nr. NW 1048–35–181, S. 20.

470 622 HQ CCG (BE), Stadtkreis Cologne, an den Vorsitzenden des Deutschen Entnazisierungs-Hauptausschusses. Köln, 2.10.1947. Hauptstaatsarchiv

Düsseldorf, Entnazifizierungsakte Kurt Neven DuMont, Inv.-Nr. NW 1048–35–181, S. 15.

471 Brief des 622 GQ CCG (BE), Stadtkreis Cologne an HQ CCG 8BE, Land North Rhine Westphalia, Special Branch. Köln, 6.11.1947. Hauptstaatsarchiv Düsseldorf, Entnazifizierungsakte Kurt Neven DuMont, Inv.-Nr. NW 1048–35–181, S. 13.

472 British Military Government Ordinance No. 110.

473 Vgl. Schreiben des Regional Governmental Office, HG Land North Rhine-Westphalia an Kurt Neven DuMont. Düsseldorf, 15.11.1947. Hauptstaatsarchiv Düsseldorf, Entnazifizierungsakte Kurt Neven DuMont, Inv.-Nr. NW 1037-A/REG Nr. 154, o.S. Vermutlich handelt es sich um das Schreiben Wilhelm Ungers an Mr. Swallow, Special Branch, vom 29.9.1947, in dem er sich für Kurt Neven DuMont und dessen Wiedereinsetzung als Verleger einsetzt und das ebenfalls den Entnazifizierungsakten beiliegt. Hauptstaatsarchiv Düsseldorf, Entnazifizierungsakte Kurt Neven DuMont, Inv.-Nr. NW 1048–35–181, S. 17.

474 Schreiben des Regional Governmental Office, HG Land North Rhine Westphalia an Kurt Neven DuMont. Düsseldorf, 15.11.1947. Hauptstaatsarchiv Düsseldorf, Entnazifizierungsakte Kurt Neven DuMont, Inv.-Nr. NW 1037-A/REG Nr. 154, o. S.

475 Brief von Kurt Neven DuMont an Gabriele Neven DuMont. Köln, 24.10.1947. Familiennachlass, Verlagsarchiv MDS, Köln.

476 Kurt Neven DuMont an den Herrn Justizminister des Landes Nordrhein-Westfalen, z. Hd. Oberlandesgerichtsrat Geller. Köln-Marienburg, 28.11.1947. Hauptstaatsarchiv Düsseldorf, Entnazifizierungsakte Kurt Neven DuMont, Inv.-Nr. NW 1037-A/REG Nr. 154, o. S.

477 Handschriftlicher Vermerk auf dem Schreiben von Kurt Neven DuMont an den Herrn Justizminister des Landes Nordrhein-Westfalen, z. Hd. Oberlandesgerichtsrat Geller. Köln-Marienburg, 28.11.1947. Hauptstaatsarchiv Düsseldorf, Entnazifizierungsakte Kurt Neven DuMont, Inv.-Nr. NW 1037-A/REG Nr. 154. o.S.

478 Kurt Neven DuMont an Herrn Geller. Düsseldorf, 1.12.1947. Hauptstaatsarchiv Düsseldorf, Entnazifizierungsakte Kurt Neven DuMont, Inv.-Nr. NW 1037-A/REG Nr. 154, o. S.

479 Kurt Neven DuMont an Herrn Geller. Köln-Marienburg, 5.12.1947. Hauptstaatsarchiv Düsseldorf, Entnazifizierungsakte Kurt Neven DuMont, Inv.-Nr. NW 1037-A/REG Nr. 154, o. S.

480 Der Justizminister des Landes Nordrhein-Westfalen (gez. Dr. Franke) an Public Safety (SB), HQ Land North Rhine Westphalia. Düsseldorf, 5.12.1947.

Hauptstaatsarchiv Düsseldorf, Entnazifizierungsakte Kurt Neven DuMont, Inv.-Nr. NW 1037-A/REG Nr. 154, o. S.

481 Schreiben des Regional Commissioner's Office H.Q. Land Nord-Rhein-Westfalen Düsseldorf an den Herrn Ministerpräsidenten des Landes Nordrhein-Westfalen (beglaubigte Abschrift). Düsseldorf, 19.12.1947. Hauptstaatsarchiv Düsseldorf, Entnazifizierungsakte Kurt Neven DuMont, Inv.-Nr. NW 1048–35–181, Blatt 26.

482 Brief von Kurt an Gabriele Neven DuMont. Köln, 18.1.1948. Familiennachlass, Verlagsarchiv MDS, Köln.

483 622 HQ CCG (BE), Stadtkreis Cologne, an 714 HQ CCG (BE), Land North Rhine Westphalia. (Special Branch). Köln, 13.2.1948. Hauptstaatsarchiv Düsseldorf, Entnazifizierungsakte Kurt Neven DuMont, Inv.-Nr. NW 1048–35–181, S. 7. Der eigentliche Entnazifizierungsbescheid liegt den Unterlagen nicht bei.

484 Fragebogen des Military Government of Germany. Hauptstaatsarchiv Düsseldorf, Entnazifizierungsakte August Neven DuMont, Inv.-Nr. NW 1048–35 Nr. 202.

485 Anlage A zu Frage 41/55 des Fragebogens des Military Government of Germany, S. 1. Hauptstaatsarchiv Düsseldorf, Entnazifizierungsakte August Neven DuMont, Inv.-Nr. NW 1048–35 Nr. 202.

486 Erklärung von Reinhold Damerius für August Neven DuMont. Frankfurt, 15.6.1946. Hauptstaatsarchiv Düsseldorf, Entnazifizierungsakte August Neven DuMont, Inv.-Nr. NW 1048–35 Nr. 202.

487 Erklärung von Anton Hönig für August Neven DuMont. Wien, 14.4.1947. Hauptstaatsarchiv Düsseldorf, Entnazifizierungsakte August Neven DuMont, Inv.-Nr. NW 1048–35 Nr. 202.

488 Fragebogen des Military Government of Germany. Hauptstaatsarchiv Düsseldorf, Entnazifizierungsakte August Neven DuMont, Inv.-Nr. NW 1038–35 Nr. 202.

489 Einstufung des Deutschen Entnazisierungs-Hauptausschusses für August Neven DuMont. Köln, 11.2.1948. Hauptstaatsarchiv Düsseldorf, Entnazifizierungsakte August Neven DuMont, Inv.-Nr. NW 1048–35 Nr. 202.

490 Brief August Neven DuMont an Otto Brües vom 30.3.1947, Verlagsarchiv MDS, Köln.

7. Freie Presse in der Demokratie

1 Schmitz, Hans: a.a.O., S. 29.

2 Ebenda.

3 Ebenda.

4 Ebenda.

5 Ebenda.

6 Brief von Kurt Neven DuMont an Gabriele Neven DuMont. Köln, 26.10.1948. Familiennachlass, Verlagsarchiv MDS, Köln.

7 Moltmann, Reiner: a.a.O., S. 281. Die Argumente erinnern in ihrer Auflistung stark an die Ablehnung der *Kölnischen Zeitung* selbst, wie von Kurt Neven DuMont Anfang Dezember 1948 geschildert (siehe S. 452).

8 Vgl. Moltmann, Rainer: a.a.O., S. 281 f.

9 Vogel, Karl: a.a.O., o. S.

10 Pettenberg, Heinz: a.a.O., Eintrag vom 9.3.1945, S. 4. Privatbesitz.

11 Brief des Verlags an Otto Brües. Köln, 4.6.1948. Stadtarchiv Krefeld. Mit eigenhändiger Unterschrift von Kurt Neven DuMont.

12 Kurzbrief von Kurt Neven DuMont an Otto Brües. Köln, 2.12.1948. Stadtarchiv Krefeld.

13 Brief von Kurt an Gabriele Neven DuMont. Köln, 10.4.1948. Familiennachlass, Verlagsarchiv MDS, Köln.

14 Brief von Kurt Neven DuMont an Gabriele Neven DuMont. Köln, 30.4.1948. Familiennachlass, Verlagsarchiv MDS, Köln.

15 Brief von Kurt Neven DuMont an Gabriele Neven DuMont. Köln, 9.4.1949. Familiennachlass, Verlagsarchiv MDS, Köln.

16 Brief von Kurt Neven DuMont an Hans Zehrer. Ohne Ort, 1.12.1948. Familiennachlass, Verlagsarchiv MDS, Köln.

17 Ebenda.

18 Brief von Kurt Neven DuMont an Gabriele Neven DuMont. Köln, 8.7.1948. Familiennachlass, Verlagsarchiv MDS, Köln.

19 Brief von Kurt Neven DuMont an Gabriele Neven DuMont. Köln, 3.5.1948. Familiennachlass, Verlagsarchiv MDS, Köln.

20 Vogel, Karl: a.a.O., o. Seite.

21 Dietmar, Carl: (1995) a.a.O., S. 7.

22 Dietmar, Carl: (2001) a.a.O., S. 385.

23 Crombach, Wilhelm: a.a.O.

24 Vogel, Karl: a.a.O., o. Seite.

25 Dietmar, Carl: (2001) a.a.O., S. 385.

26 Kurzbrief von Kurt Neven DuMont an Otto Brües, 18.10.1949. Stadtarchiv Krefeld.

27 Dietmar, Carl: (2001) a.a.O., S. 385.

28 Wilhelm Crombach war 1933 als Volontär zum *Kölner Stadt-Anzeiger* gekommen und nach einer Unterbrechung seiner Tätigkeit durch Kriegsdienst und Gefangenschaft 1949 zum Verlag zurückgekehrt. Nach der Leitung verschie-

dener Ressorts ab Mitte der fünfziger Jahre wurde er 1959 Chef vom Dienst und Mitglied der Chefredaktion. 1973 ging Crombach in den Ruhestand.

29 Crombach, Wilhelm: »Um 21.14 Uhr drückten die Verleger auf die ... So war es in der Nacht zum 29.Oktober 1949.« In: *Kölner Stadt-Anzeiger* Nr. 251, Jubiläumsausgabe vom 29.10.1969.

30 Ebenda.

31 Crombach bezieht sich auf den *Kölner Stadt-Anzeiger* vom 2.11.1949.

32 Ebenda.

33 Crombach, Wilhelm: a.a.O.

34 Schmitz, Hans: a.a.O., S. 30.

35 Crombach, Wilhelm: a.a.O.

36 Brief von Dr. Peter aus dem Winckel an Kurt Weinhold. Rahden i. W., 23.4.1971. Verlagsarchiv MDS, Köln.

37 Vogel, Karl: .a.a.O., o. S.

38 Schmitz, Hans: a.a.O., S. 30.

39 Ebenda, S. 32.

40 Ebenda, S. 33.

41 Rede Gerhard Dohms anlässlich des 25-jährigen Dienstjubiläums von Heinz Pettenberg bei M. DuMont Schauberg. Ohne Datum. Verlagsarchiv MDS, Köln.

42 [Vermutlich] Heinz Pettenberg: »Plan für die Gestaltung einer Kölner Tageszeitung«. Typoskript. Verlagsarchiv MDS, Köln.

43 Brücher, Ernst: »Der Wiederaufstieg der Breite Straße 70. Die Fünfziger Jahre.« In: M.DuMont Schauberg: *Alfred Neven DuMont. 50-jähriges Verlagsjubiläum 2003*, S. 28–40, Konzipiert und zusammengestellt von Reinhard Münhes und Klaus Josef Maus unter Mitarbeit von Peter Pauls, Beatrix Lampe und Dieter Martens. Köln 2003. S. 32 f.

44 Ebenda, S. 33.

45 Sandmann, Wilhelm: *Zeitung in ihrer Zeit. Alfred Neven DuMont.* (Beiträge zur Medienpolitik in Deutschland 1962 bis 1996) Bonn 1997, S. 153.

46 Interview mit Alfred Neven DuMont vom 29.2.2008.

47 Brücher, Ernst: a.a.O., S. 33.

48 Ebenda, S. 35.

49 Vgl. Schmitz, Hans: a.a.O., S. 36.

50 Weinhold, Kurt: (1969) a.a.O., S. 301.

51 Schmitz, Hans: a.a.O., S. 36.

52 Weinhold, Kurt: (1969) a.a.O., , S. 301.

53 Auf einer gedruckten Karte vom Januar 1953 bedankte sich August Neven

DuMont für die Glückwünsche zum 40-jährigen Geschäftsjubiläum. So auch hier Sarnetzki. Heinrich-Heine-Institut Düsseldorf, Nachlass Sarnetzki, Inv.-Nr. 76.5068.

54 Brücher, Ernst: a.a.O., S 36.

55 Schmitz, Hans: a.a.O., S. 36.

56 Brief von Kurt Neven DuMont an Gabriele Neven DuMont, Köln, 23.7.1956. Familiennachlass, Verlagsarchiv MDS, Köln.

57 Dietmar, Carl: a.a.O., S. 387.

58 Brücher war mit der Schwester Alfred Neven DuMonts, Majella Neven DuMont (1930–2007), verheiratet. Er war als Mitarbeiter des *Stadt-Anzeigers* in München tätig und seit 1.1.1960 Mitglied der Geschäftsführung. Seit 1.8.1967 war Brücher persönlich haftender Gesellschafter.

59 Vogel, Karl: a.a.O., o. S.

60 Weinhold, Kurt: (1969) a.a.O., S. 302.

61 Sandmann, Wilhelm: a.a.O., S. 153.

62 Weinhold, Kurt: (1969) a.a.O., S. 302.

63 Ebenda.

64 Schmitz, Hans: a.a.O., S. 38.

65 Weinhold, Kurt: (1969) a.a.O., S. 302f.

66 Vogel, Karl: a.a.O., o. S.

67 Schmitz, Hans: a.a.O., S. 40.

68 Weinhold, Kurt: (1969) a.a.O., S. 302.

69 Ebenda.

70 Sawatzki hatte Philosophie studiert und promovierte mit einer Dissertation zu Kierkegaard. Von 1933 bis 1938 war er zunächst Redakteur, später Chefredakteur des *Mannheimer Tageblatts*. 1946 wurde Sawatzki mit der Leitung des Ressorts Außenpolitik der Zeitung *Die Welt* betraut. 1949 wechselte Sawatzki zum Nord-Westdeutschen Rundfunk, wo er Chefredakteur der Abteilung Hörspiel wurde. 1961 verließ Sawatzki den *Kölner Stadt-Anzeiger* und wurde Chefdramaturg der Intertel in München. Vgl. Vogel, Karl: a.a.O., o. S.

71 Schmitz, Hans: a.a.O., S. 27.

72 Zitiert bei Brücher, Ernst: .a.O., S. 36.

73 Verführt, Heinz: »Ein Jahrzehnt mit Doppelgesicht. Die siebziger Jahre«. In: M. DuMont Schauberg: *Alfred Neven DuMont, 50-jähriges Verlagsjubiläum 2003*. Köln 2003. S. 92.

8.2 Quellenverzeichnis

1. Bundesarchiv Berlin

a. Personenkarteien

BArch (ehem. BDC) PK M 0087, Donald Stuart (Verweis):
NS-Personenkartei des Bundesarchivs Berlin. Unterlagen zu Donald Stuart.

BArch (ehem. BDC) RK B0078, Gustav René Hocke (Beleg):
Postkarte von Gustav René Hocke an den Reichsverband Deutscher Schriftsteller. Köln, 7.6.1934.

BArch (ehem. BDC) RK B0078, Gustav René Hocke (Zitat):
Reichsführer-SS, Chef-Adjudantur an das »Deutsche Ahnenerbe« (SS-Untersturmführer Sievers). Berlin, 5.11.1936.

BArch (ehem. BDC) RK B0184, Sarnetzki, Dettmar Heinrich (Beleg):
Karteikarte der Reichsschrifttumskammer zu Mitglied Nr. 9909, Dettmar Heinrich Sarnetzki.

BArch (ehem. BDC) RK B0184, Sarnetzki, Dettmar Heinrich, 17.12.1940 (Zitat):
Brief an den Landesleiter für Schrifttum. Köln, 17.12.1940.

BArch (ehem. BDC) RK B0184, Sarnetzki, Dettmar Heinrich, 8.4.1940 (Beleg ohne Zitat):
Brief des Landeskulturverwalters Gau Köln-Aachen, Landesleiter für Schrifttum, an den Präsidenten der Reichsschrifttumskammer. Köln, 8.4.1940.

BArch (ehem. BDC) RK I0234, Film-Nr. 0818, Hering, Gerhard F. 28.10.1940 (Zitat):
Der Chef der Sicherheitspolizei und des SD an die Reichsschrifttumskammer. Berlin, 28.10.1940.

BArch (ehem. BDC) RK D0078, Sarnetzki, Dettmar Heinrich (Zitat):
Personal-Fragebogen Nachrichtenkontrolle der Alliierten Militärregierung.

BArch (ehem. BDC) RK D0078, Sarnetzki, Dettmar Heinrich (Beleg ohne Zitat):
Sarnetzki, Dettmar Heinrich, Antrag auf Entlastung durch die Alliierte Militärregierung vom 15.7.1947.

BArch (ehem. BDC) RK D0078, Sarnetzki, Dettmar Heinrich (Beleg ohne Zitat):
Entlastung Dettmar Heinrich Sarnetzkis durch die Alliierten am 24.7.1947.

b. R 2 Reichsfinanzministerium

BArch R 2 / 4899, Bl. 208 (Zitat):
Reichsminister des Inneren an den Reichsminister der Finanzen. Berlin, 24.11.1939.

BArch R 2 / 4899, Bl. 228 (Zitat):
Reichsminister des Inneren an den Reichsminister der Finanzen. Berlin, 22.12.1939.

c. R 34 Deutsches Nachrichtenbüro

BArch R 34 / 415, Film-Nr. 1333 (Zitat):
Abschnitt I der Satzung des Reichsverbands der deutschen Presse. Zitiert nach der Veröffentlichung im offiziellen Organ des Reichsverbands, der Zeitschrift *Deutsche Presse*. Jahrgang 24, 1934.

d. R 43 I Reichskanzlei

BArch R 43 I / 2462 (Zitat):
Entwurf eines Briefes von Hans Luther an Herrn Kommerzienrat Alfred Neven DuMont. Berlin, ohne Datum.

BArch R 43 I / 2462, Fol. 173–174 (Zitat):
Brief von Alfred Neven DuMont an den Reichskanzler Hans Luther (1879–1960). Köln, 27.2.1925.

BArch R 43 I / 2464, Fol. 103 (Zitat):
Verein Deutscher Zeitungsverleger (unterschrieben von Dr. Faber, 1. Vorsitzender, und Direktor Müller, 2. Vorsitzender) an den Herrn Kanzler (Hermann Müller) des Deutschen Reiches. 17.5.1920.

BArch, R 43 I / 2464, Fol. 211 (Zusammenfassung und Beleg):
Bekanntmachung über Druckpapier vom 27.3.1920.

BArch R 43 I / 2465, Fol. 17–18 (Zitat): und Fol. 56–58:
Wirtschaftsstelle für das deutsche Zeitungsgewerbe in einem Schreiben an die Reichskanzlei. Berlin, 18.1.1921 und 8.2.1921.

BArch R 43 I / 2465, Fol. Fol. 56–58 (Inhaltliche Zusammenfassung und Verweis):
Wirtschaftsstelle für das deutsche Zeitungsgewerbe in einem Schreiben an die Reichskanzlei. Berlin, 8.2.1921.

BArch R 43 I / 2465, Fol. 19 und 29 (Zitat):
Alfred Neven DuMont an die Mitglieder des Vorstands des Deutschen Zeitungsverlegervereins, soweit sie Mitglieder des Beirats der Wirtschaftsstelle sind, und an Herrn Direktor Reiss, Vorsteher der Wirtschaftsstelle für das Deutsche Zeitungsgewerbe. Köln, 4.1.1921.

BArch R 43 I / 2465, Fol. 30f (Zitat):
Alfred Neven DuMont an die Wirtschaftsstelle für das deutsche Zeitungsgewerbe. Köln, 18.1.1921.

BArch R 43 I / 2465, Fol. 35 (Zitat):
Ernst Posse an den Reichsminister des Auswärtigen. Köln, 10.1.1921.

BArch R 43 I / 2465, Fol. 283 (Zusammenfassung und Verweis):
Begründung zu einem Beschluss des Reichstags in seiner Sitzung am 7. April 1922 (205. Sitzung, Drucksachen S. 6985 ff.).

BArch R 43 I / 2466, Fol. 17 ff. (Zitat):
Abschrift IV 242 A., Papier- Ein- und Verkaufsgesellschaft m.b.H an den Staatssekretär für die besetzten rheinischen Gebiete im Reichsministerium des Innern. Köln, 14.1.1923.

BArch R 43 I / 2466, Fol. 67 (Zitat):
Telegramm der Bezirksgruppe Niederrhein des Vereins Rheinischer Zeitungsverleger an den Reichskanzler Gustav Stresemann. Köln, 28.8.1923.

BArch R 43 I / 2467, Fol. 14 f. (Zusammenfassung und Beleg):
Reichsministerium des Innern, der Staatssekretär für die besetzten Gebiete, an den Herrn Reichsminister der Finanzen. Berlin, 18. Januar 1923.

BArch R 43 I / 2474, Fol. 145 und 146 (Beleg ohne Zitat):
Auflistung von an der Pressekonferenz des Reichskanzlers teilnehmenden Journalisten als Beilage eines Briefes an den Ministerialdirektor Heilbron vom 29. März 1923.

BArch R 43 I / 2481, Fol. 253 (Zitat):
Kurt Adenauer in einem Telegramm an den Reichskanzler Wilhelm Marx. 16.2.1928.

e. R 43 II Reichskanzlei

BArch R 43 II / 467, Fol. 128 (Zitat):
Begründung zum Schriftleitergesetz, veröffentlicht von WTB (Wolff'sches Telegraphisches Bureau) einen Tag nach Inkrafttreten.

BArch, R 43 II / 467, Fol. 129 (Zitat):
Kommentierende Begründung des Schriftleitergesetzes von WTB.

BArch, R 43/II/467, Fol. 130 (Zitat):
Begründung zum Schriftleitergesetz, veröffentlicht von WTB einen Tag nach Inkrafttreten.

BArch R 43 II / 467, Fol. 140 und 141 (Kurzzitate):
Amtliche Bekanntmachungen der Reichspressekammer vom 24. und 25.4.1933.

BArch R 43 II / 467, Fol. 142 (Inhaltlicher Verweis):
Meldung des Deutschen Nachrichtenbüros vom 25. April 1935.

BArch, R 43 II / 471, Fol. 41 (Zitat):
Brief von Kurt Neven DuMont an den Reichskanzler (adressiert an Reg. Rat Dr. Meerwald). Köln, 22.9.1933.

BArch, R 43 II / 471, Fol. 42 (Verweis):
Vortragsbestätigung für Kurt Neven DuMont in einem Schreiben des persönlichen Referenten des Reichskanzlers vom 27.9.1933.

BArch R 43 II / 1150, Fol. 13 (Inhaltlicher Verweis):
Laut Reichsgesetzblatt ging die Zuständigkeit für die Presse (zusammen mit dem Institut für Zeitungswissenschaft) an diesem Tag vom Reichsminister des Innern auf Goebbels über.

f. R 55 Reichsministerium für Volksaufklärung und Propagandawesen

BArch R 55 / 184, Fol. 72 (Zitat):
Brief der Gauleitung Köln-Aachen der NSDAP an das Reichsministerium für Volksaufklärung und Propaganda. Köln, 28.6.1935. Darin: Vorschlag der Ernennung von August Neven DuMont zum Beisitzer des Kölner Bezirksgerichts der Presse in Köln.

BArch R 55 / 184, Fol. 76 (Inhaltliche Zusammenfassung, Verweis):
Brief der Landesstelle Köln-Aachen des Reichsministeriums für Volksaufklärung und Propaganda (Berichterstatter Walter Frielingsdorf) an den Reichsminister für Volksaufklärung und Propaganda (z. Hd. Ministerialrat Rüdiger). Köln, 3.7.1935.

BArch R 55 / 184, Fol. 77 (Zitat):
Entwurf oder Zusammenfassung u. a. für einen Brief des Reichsministeriums für Volksaufklärung und Propaganda (Ministerialrat Rüdiger) an den Präsidenten der Reichspressekammer. Berlin, 5.7.1935.

BArch R 55 / 84, Fol. 80–81 (Beleg):
Brief des Präsidenten der Reichspressekammer an den Reichsminister für Volksaufklärung und Propaganda. Berlin, 10.7.1935.

BArch R 55 / 184, Fol. 84 (Zitat):
Brief des Präsidenten der Reichspressekammer an den Reichsminister für Volksaufklärung und Propaganda. Berlin, 22.7.1035.

BArch R 55 / 184, Fol. 97 (Beleg):
Brief des Präsidenten der Reichspressekammer an den Reichsminister für Volksaufklärung und Propaganda. Berlin, 16.8.1935.

BArch, R 55 / 184, Fol. 134 (Beleg):
Ernennung August Neven DuMonts zum Beisitzer des Bezirksgerichts der Presse in Köln am 8. November 1935.

g. R 58 Reichssicherheitshauptamt

BArch R 58 / 198, Fol. 68–72 (Inhaltliche Zusammenfassung ohne Zitat):
»Zusammenstellung der in den Tagesreporten der Staatspolizei(leit)stellen im Monat Oktober 1941 gemeldeten Festnahmen«.

BArch R 58 / 197–199 und R 58 / 202–203 (nur Verweis):
Meldungen aus dem Reich und den besetzten Gebieten.

h. R 3101 Reichswirtschaftsministerium

BArch R 3101 / 33153, Fol. 18 (Zitat):
Verordnung über den Einsatz des jüdischen Vermögens. Vom 3. Dezember 1938 (Abschrift). Artikel I (Gewerbliche Betriebe), § 1.

BArch R 3101 / 33153, Fol. 19 (Zitat):
Verordnung über den Einsatz des jüdischen Vermögens. Vom 3. Dezember 1938 (Abschrift). Artikel II (Land- und forstwirtschaftliche Betriebe. Grundeigentum und sonstiges Vermögen), § 7.

BArch R 3101 / 33153, Fol. 20 (Zitat):
Verordnung über den Einsatz des jüdischen Vermögens. Vom 3. Dezember 1938 (Abschrift). Artikel II (Land- und forstwirtschaftliche Betriebe. Grundeigentum und sonstiges Vermögen), § 8.

BArch R 3101 / 33153, Fol. 21–22 (Beleg):
Verordnung über den Einsatz des jüdischen Vermögens. Vom 3. Dezember 1938 (Abschrift). Artikel III (Depotzwang für Wertpapiere) und Artikel IV (Juwelen, Schmuck- und Kunstgegenstände).

i. R 8150 Reichsvereinigung der Juden in Deutschland

BArch R 8150 / 14, Bl. 112/113:
Abschrift aus der Zeitschrift *Der Rechtspfleger* aus dem Jahr 1939. Heft 9 und 10 enthält einen Aufsatz von Kammergerichtsrat Dr. Höver, der den Titel »Grundsätzliches zur Entjudung des Deutschen Grundbesitzes« trägt. Bezeichnet mit Dr. Bd/W.

j. NS 18 Reichspropagandaleiter der NSDAP

BArch NS 18 / 157, Fol. 9–16 (Zusammenfassung und Beleg):
Aufstellung der Verkaufszahlen von deutschen Zeitungen und Zeitschriften im neutralen Ausland von August und September 1939.

BArch NS 18 / 157, Fol. 30 (Beleg ohne Zitat):
»Notiz über das Ferngespräch zwischen Herrn Bredow und mir [gez. Anders, Anm. d. Verf.] aus Amsterdam am 16.9.1939«.

BArch NS 18 / 157, Fol. 32–33 (Zitat):
Abschrift eines Briefes des Reichsministeriums für Volksaufklärung und Propaganda [gez. Greiner, Anm. d. Verf.] an das Allgemeine Luftamt, Reichsluftfahrtministerium in Berlin. Ohne Ort, 10.9.1939.

BArch NS 18 / 157, Fol. 35 (Beleg ohne Zitat):
»Export deutscher Zeitungen nach dem Stand vom 16.9.1939 nach Mitteilungen des Geschäftsführers Anders des Reichsverbandes der deutschen Zeitungsverleger.« ORR [evtl. Oberregierungsrat? Anm. d. Verf.] Dr. Brauweiler an Pg. Schmidt / Stellv. d. Führers. Berlin. 16.9.1939.

BArch NS 18 / 157, Fol. 37–38 (Beleg ohne Zitat) und Fol. 39 (Zitat):
Abschrift eines Serienbriefes des Reichsverbands der deutschen Zeitungsverleger an die Verlagsleitung [der zugelassenen Zeitungen, Anm. d. Verf.] mit dem Betreff »Zuschuss zum Auslandsvertrieb«. Berlin, 15.9.1939 [Original 9.9.1939, Anm. d. Verf.].

BArch NS 18 / 157, Fol. 40 (Beleg ohne Zitat):
Abschrift der »Liste der Zeitungen, die für den Auslandsvertrieb zugelassen werden und die daher den Zuschuss für den Auslandsvertrieb weiter erhalten«. Ohne Ort, 16.9.1939.

BArch NS 18 / 783, Film-Nr. 1055 zu 1054 (Zitat):
Vorlage für den Herrn Minister, betrifft: Titelbild der *Kölnischen Illustrierten Zeitung* Nr. 33 vom 13.8.1942. Beilage zu einem Aktenvermerk für Pg. Tiessler des Führerhauptquartiers vom 15.8.1942.

2. Landesarchiv NRW Hauptstaatsarchiv Düsseldorf

a. Entnazifizierungsakte Kurt Neven DuMont NW 1037-A/REG Nr. 154

NW 1037-A/REG Nr. 154, ohne Seite (Beleg):
Schreiben des Regional Governmental Office, HG Land North Rhine Westphalia an Kurt Neven DuMont. Düsseldorf, 15.11.1947.

NW 1037-A/REG Nr. 154, ohne Seitenangabe (Beleg und Zitat aus handschriftlichem Vermerk des Empfängers):
Kurt Neven DuMont an den Herrn Justizminister des Landes Nordrhein-Westfalen, z. Hd. Oberlandesgerichtsrat Geller. Köln-Marienburg, 28.11.1947.

NW 1037-A/REG Nr. 154, ohne Seitenangabe (Beleg):
Kurt Neven DuMont an Herrn Geller. Düsseldorf, 1.12.1947.

NW 1037-A/REG Nr. 154, ohne Seitenangabe (Zitat):
Kurt Neven DuMont an Herrn Geller. Köln-Marienburg, 5.12.1947.

NW 1037-A/REG Nr. 154, ohne Seitenangabe (Beleg):
Der Justizminister des Landes Nordrhein-Westfalen (gez. Dr. Franke) an Public Safety (SB), HQ Land North Rhine Westphalia. Düsseldorf, 5.12.1947.

b. Entnazifizierungsakte Kurt Neven DuMont NW 1048–35 Nr. 181

NW 1048–35 Nr. 181, ohne Seitenangabe (Zusammenfassung):
Angaben Kurt Neven DuMonts zu Punkt 103 des Fragebogens der Entnazifizierungskommission.

NW 1048–35 Nr. 181, S. 7 (Beleg):
622 HQ CCG (BE), Stadtkreis Cologne, an 714 HQ CCG (BE), Land North Rhine Westphalia, (Special Branch). Köln, 13.2.1948.

NW 1048–35 Nr. 181, S. 13 (Beleg):
Brief des 622 GQ CCG (BE), Stadtkreis Cologne an HQ CCG (BE), Land North Rhine Westphalia, Special Branch. Köln, 6.11.1947.

NW 1048–35 Nr. 181, S. 15 (Beleg):
622 HQ CCG (BE), Stadtkreis Cologne, an den Vorsitzenden des Deutschen Entnazisierungs-Hauptausschusses. Köln, 2.10.1947.

NW 1048–35 Nr. 181, S. 17 (Beleg):
Wilhelm Unger an Mr. Swallow, Special Branch. O.O., 29.9.1947.

NW 1048–35 Nr. 181, S. 20 (Beleg):
Einstufung in Kategorie V für Kurt Neven DuMont. Köln, 2.10.1947.

NW 1048–35 Nr. 181, S. 24 (Zitat):
Kurt Neven DuMont an die Geschäftsstelle der Entnazisierungsausschüsse des Stadtkreises Köln, Hauptausschuss. Köln, 2.8.1947.

NW 1048–35 Nr. 181, Blatt 26 (Beleg):
Schreiben des Regional Commissioner's Office H.Q. Land Nord-Rhein-Westfalen Düsseldorf an den Herrn Ministerpräsidenten des Landes Nordrhein-Westfalen (Beglaubigte Abschrift). Düsseldorf, 19.12.1947.

NW 1048–35 Nr. 181, S. 28 (Beleg):
Schreiben der Rechtsanwaltskanzlei Becker/Boden/Oppenhoff an den Entnazisierungsausschuss für den Stadtkreis Köln, z.H. von Herrn Rechtsanwalt Rhée. Köln, 19.7.1947.

NW 1048–35 Nr. 181, S. 33 (Beleg):
Public Safety Branch, H. Q. Land North Rhine Westfalia. Düsseldorf, 13.9.1946.

NW 1048–35 Nr. 181, S. 35 (Beleg):
Brief der Public Safety Branch, H.Q. Land North Rhine Westfalia, an H. Q, Mil. Gov. [Hauptquartier der Militärregierung, Anm. d. Verf.] S/K Cologne. 15.7.1947.
NW 1048–35 Nr. 181, S. 37 (Beleg):

Schreiben des HQ CCG (BE), Stadtkreis Cologne an Regional Headquarters, Land North Rhine Westphalia (dar. »gez. S. H. Radcliffe etc.«). 7.7.1947.

NW 1048–35 Nr. 181, S. 39 (Beleg):
Form of Appeal. Antrag vom 6.3.1946 auf Wiederaufnahme des Entnazifizierungsverfahrens mit Vermerk der Ablehnung vom 8.7.1946.

NW 1048–35 Nr. 181, S. 46–49 (Zitat):
Deutsche Überprüfungsstelle, Berufungsausschuss Köln. Aktenzeichen QA/1599. Unterzeichnet vom Vorsitzenden des Berufungsausschusses, Dr. Rhée. Köln, 23.7.1946.

NW 1048–35 Nr. 181, S. 51 (Zitat):
Headquarters Military Government, Regierungsbezirk Cologne, an Dr. Kurt Neven DuMont. Cologne, 6.3.1946.

NW 1048–35 Nr. 181, S. 52 und o. S (Beleg):
Bescheinigung der Industrie- und Handelskammer vom 15.3.1946 sowie Schreiben des Entnazisierungsausschusses SK Köln vom 8.7.1946.

NW 1048–35 Nr. 181, S. 57 (Zitat):
Record No. 144 of Information Control Registration. Bescheid an Kurt Neven DuMont vom 10.5.1946.

NW 1048–35 Nr. 181, S. 64 (Zitat):
Schreiben des Industrie-Verbands Druck und Graphik für die Nord-Rheinprovinz an den Betriebsrat der Firma M. DuMont Schauberg. Köln, 19.3.1946.

NW 1048–35 Nr. 181, S. 67 (Belege):
Aufstellung vom 4. Dez. 1945.

NW 1048–35 Nr. 181, Blatt 71–72 (Belege):
»Kurze Charakterisierung der Persönlichkeiten, von denen die beiliegenden Erklärungen stammen«. Ergänzung zu den eidesstattlichen Erklärungen in der Entnazifizierungsakte von Kurt Neven DuMont.

NW 1048–35 Nr. 181, Blatt 80 (Beleg):
Brief Kurt Neven DuMonts an die Nr. 1 Information Control Unit, Press Sub-Section in Düsseldorf (Abschrift in deutscher Sprache). Köln, 8.11.1945.

NW 1048–35 Nr. 181, Blatt 83 (Zitat):
Eidesstattliche Erklärung von Th. Milles für Kurt Neven DuMont an die Entnazifizierungskommission. Köln-Sülz, 9.10.1945.

NW 1048–35 Nr. 181, S. 84 (Beleg):
Urkunde der Registrierung für den Druck für lizenzierte Publizisten durch die Nachrichtenkontrolle der Militärregierung-Deutschland. Köln, 1.2.1946.

NW 1048–35 Nr. 181, S. 87 (Beleg):
Anlage I (Frage 115) zum Fragebogen des Military Government of Germany.

NW 1048–35 Nr. 181, Blatt 128 (Zitat):
Eidesstattliche Erklärung von Ewald Schmidt für Kurt Neven DuMont an die Entnazifizierungskommission.

NW 1048–35 Nr. 181, Blatt 130 (Zitat):
Beglaubigte Abschrift der Eidesstattlichen Erklärung von Dettmar Heinrich Sarnetzki für Kurt Neven DuMont an die Entnazifizierungskommission. Köln, 1.12.1945.

NW 1048–35 Nr. 181, Blatt 133 (Zitat):
Brief von Waldemar Freiherr von Oppenheim an das Entnazifizierungskomitee. Köln, 30.11.1945.

NW 1048–35 Nr. 181, Blatt 137+139 (Zitat):
Eidesstattliche Erklärung von Erika Vogt für Kurt Neven DuMont. Köln, 22.11.1945.

NW 1048–35 Nr. 181, Blatt 142–144 (Zitat):
Beglaubigte Abschrift der Eidesstattlichen Erklärung von Dr. Gerhard Hering für Kurt Neven DuMont an die Entnazifizierungskommission. Köln, 30.11.1945.

NW 1048–35 Nr. 181, Blatt 150 (Zitat):
Eidesstattliche Erklärung von Margarete Thomer für Kurt Neven DuMont an die Entnazifizierungskommission. Köln, 26.11.1945.

NW 1048–35 Nr. 181, Blatt 155 (Zitat):
Eidesstattliche Erklärung von Theodor Geyr für Kurt Neven DuMont an die Entnazifizierungskommission. Starnberg, 23.11.1945. Entnazifizierungsakte Kurt Neven DuMont.

NW 1048–35 Nr. 181, Blatt 162 (Zitat):
Brief von Fritz Feickert an Kurt Neven DuMont. Köln, 26.11.1945.

NW 1048–35 Nr. 181, Blatt 170 (Zitat):
Gerhard Ludwig in einem Brief an Kurt Neven DuMont. Bebenhausen b. Tübingen/Wttg., 26.11.1945.

c. Entnazifizierungsakte August Neven DuMont NW 1048–35 Nr. 202

NW 1048–35 Nr. 202 (Zitat):
Eidesstattliche Erklärung von Josef Held zu August Neven DuMont an die Entnazifizierungskommission. Köln, 9.12.1945.

NW 1048–35 Nr. 202 (Zitat):
Westdeutscher Beobachter GmbH in einem Brief an die Annoncen-Expedition Jakob Meyer. Köln, 3.7.1933. Beilage zur Entnazifizierungsakte von August Neven DuMont.

NW 1048–35 Nr. 202 (Beleg):
Fragebogen des Military Government of Germany.

NW 1048–35 Nr. 202 (Zitat):
Anlage A zu Frage 41/55 des Fragebogens des Military Government of Germany, S. 1.

NW 1048–35 Nr. 202 (Zitat):
Anlage B zu Frage 116 des Fragebogens des Military Government of Germany, S. 3.
August Neven DuMont: »Wie wirkte sich der Druck der Partei auf mein persönliches und mein Berufsleben in den Jahren 1933–45 aus?«

NW 1048–35 Nr. 202 (Zitat):
Anlage D zu Frage 119 des Fragebogens des Military Government of Germany. August Neven DuMont: Vermögen und Einkommen.

NW 1048–35 Nr. 202 (Zitat):
Erklärung von Reinhold Damerius für August Neven DuMont. Frankfurt, 15.6.1946.

NW 1048–35 Nr. 202 (Zitat):
Erklärung von Anton Hönig für August Neven DuMont. Wien, 14.4.1947.

NW 1048–35 Nr. 202 (Beleg):
Einstufung des Deutschen Entnazisierungs-Hauptausschusses für August Neven DuMont. Köln, 11.2.1948.

d. *Gerichte Rep. 112, Nr. 5588*

Gerichte Rep. 112, Nr. 5588, S. 1 (Zitat):
Anzeige gegen Dr. Kurt Neven DuMont durch den Standartenführer Crämer nach einem Hinweis durch Josef Siebertz. Köln, 28.8.1934.

Gerichte Rep. 112, Nr. 5588, ohne Seitenangabe (Zitat):
»Bericht über die Zustände in den Redaktionen des Stadt-Anzeigers und der Kölnischen Zeitung – Wiedererwachende Demokratie und schwindender Nationalismus«.

Gerichte Rep. 112, Nr. 5588, S. 2 (Zitat):
Protokoll der Befragung von Josef Siebertz vom 28.8.1934.

Gerichte Rep. 112, Nr. 5588, S. 3 (Zitat):
Brief von Kurt Neven DuMont an Kriminalrat Gustav Pitz. Köln-Marienburg, 6.10.1934.

e. *Gerichte Rep. 115, Nr. 2722*

Gerichte Rep. 115, Nr. 2722 (Beleg):
Firma Brandenstein & Rose ist am 12.11.1937 erloschen. Beglaubigte Abschrift aus dem Handelsregister, ohne Blattangabe.

f. *Gerichte Rep. 115, Nr. 2831*

Gerichte Rep. 115, Nr. 2831, Blatt 74 (Beleg):
Niederlassung von Brandenstein und Rose in Berlin.

Gerichte Rep. 115, Nr. 2831, Blatt 73 (Beleg):
Änderung zur Kommanditgesellschaft.

Gerichte Rep. 115, Nr. 2831, Blatt 79 (Zitat):
Handschriftlicher Brief von Brandenstein an das Amtsgericht Köln vom 7.1.1931.

Gerichte Rep. 115, Nr. 2831, Blatt 81 (Beleg):
Brief von Brandenstein an das Amtsgericht Köln (Abt. 24) vom 16.1.1932 an das AG Köln.

Gerichte Rep. 115, Nr. 2831, Blatt 83 (Beleg):
Brief von Brandenstein vom 28.1.1933 an das AG Köln (Abt. 24), eingegangen am 30.1.1933.

Gerichte Rep. 115, Nr. 2831, Blatt 86 (Zitat):
Brief von Brandenstein an das AG Köln (Abt. 24) vom 9.2.1934, Blatt 86.

Gerichte Rep. 115, Nr. 2831, Blatt 86 (Beleg):
Brief von Brandenstein an das AG Köln (Abt. 24) vom 21.2.1934, Blatt 86.

Gerichte Rep. 115, Nr. 2831, Blatt 89 (Beleg):
Brief von Brandenstein an das AG Köln (Abt. 24) vom 12.3.1935.

Gerichte Rep. 115, Nr. 2831, Blatt 91 (Beleg):
Brief von Brandenstein an das AG Köln (Abt. 24) vom 23.3.1936.

Gerichte Rep. 115, Nr. 2831, Blatt 92 (Beleg):
Brief von Brandenstein an das AG Köln (Abt. 24) vom 20.4.1937.

Gerichte Rep. 115, Nr. 2831, Blatt 92 (Beleg):
Postkarte von Brandenstein an das AG Köln vom 27.4.1938.

Gerichte Rep. 115, Nr. 2831, Blatt 99 (Zitat):
Brief von Brandenstein an das AG Köln (Abt. 24) vom 5.5.1938 an das AG Köln. Bitte um Löschung der zwangsversteigerten Grundstücke von Amts wegen.

Gerichte Rep. 115, Nr. 2831, Blatt 101 (Beleg):
Anzeige der Löschung des Grundstücks Breite Straße in der *Kölnischen Zeitung* und im *Westdeutschen Beobachter*.

Gerichte Rep. 115, Nr. 2831, Blatt 103f (Beleg):
Anfrage des Jewish Trust vom 14. August 1952.

g. Rückerstattungsakte Albert Otten (ehem. Ottenheimer), Gerichte Rep. 263, Nr. 1156

H 410a, 72 Rü. 692/50, Gerichte Rep. 263, Nr. 1156, Abschrift Blatt 5 (Beleg):
Angaben zum zeitlichen Ablauf des Wiedergutmachungsverfahrens.

H 410a, 72 Rü. 692/50, Gerichte Rep. 263, Nr. 1156, Abschrift Blatt 5 und 6 (Beleg):
Angaben Ottenheimers zum Wert des Grundstücks Leyboldstraße 19 im Wiedergutmachungsantrag vom 16.12.1948.

H 410a, 72 Rü. 692/50, Gerichte Rep. 263, Nr. 1156, Abschrift Blatt 6 (Beleg):
Geschätzter Wert des Grundstücks Leyboldstraße 19.

H 410a, 72 Rü. 692/50, Gerichte Rep. 263, Nr. 1156, Blatt 7 (Zitat und Nachweis): Otten wurde 1937 zur Auswanderung gezwungen. Angaben zu den Kaufpreisen für das Grundstück Leyboldstraße 19.

H 410a, 72 Rü. 692/50, Gerichte Rep. 263, Nr. 1156, Blatt 8 und 10 (Beleg): Parzellierung des Grundstücks Leyboldstraße.

H 410a, 72 Rü. 692/50, Gerichte Rep. 263, Nr. 1156, Blatt 10 (Beleg): Brief des Anwalts Bruno Potthast an die Geschäftsstelle des Wiedergutmachungsamts, Landgericht Köln. Köln, 19.4.1950.

H 410a, 72 Rü. 692/50, Gerichte Rep. 263, Nr. 1156, Blatt 12–13 (Beleg): Vergleich zur Rückerstattung am 5. September 1949. Verzicht auf weitere Rückerstattungsansprüche durch Ottenheimer.

H 410a, 72 Rü. 692/50, Gerichte Rep. 263, Nr. 1156, Blatt 14–15 (Zitat): Abkommen zwischen Herrn Albert Otten und Gabriele Neven DuMont vom 5.9.1949.
Anlage zum Protokoll vom 29.4.1950.

H 410a, 72 Rü. 692/50, Gerichte Rep. 263, Nr. 1156, Blatt 17 (Beleg): Art. 53, Abs. IV des Gesetzes Nr. 59 der Militärregierung regelte die Rückerstattung.

H 410a, 72 Rü. 692/50, Gerichte Rep. 263, Nr. 1156, Blatt 21–22 (Beleg): Grundstück Leyboldstraße vermutlich durch Hypothek belastet.

h. Rückerstattungsakte Fritz Brandenstein, Gerichte Rep. 266, Nr. 753

Rückerstattungsakte A 2063, vormals 27 Rü 304/50, Gerichte Rep. 266, Nr. 753, Blatt 2 (Beleg):
Antrag Sophie Brandensteins auf Wiedergutmachung beim Zentralamt für Vermögensverwaltung in Bad Nenndorf am 28.1.1950.

Rückerstattungsakte A 2063, vormals 27 Rü 304/50, Gerichte Rep. 266, Nr. 753, Blatt 3 (Beleg):
Veräußerung des Grundstücks Breite Straße 82, 86 und 88 auf Grund von Verfolgung. Hier auch Kaufpreis und Veräußerung von Nachbargrundstück.

Rückerstattungsakte A 2063, vormals 27 Rü 304/50, Gerichte Rep. 266, Nr. 753, Blatt 7 (Beleg):
Nummern der Grundstücke im Grundbuch.

Rückerstattungsakte A 2063, vormals 27 Rü 304/50, Gerichte Rep. 266, Nr. 753, Blatt 10 (Beleg):
Hinweis auf Zwangsversteigerung, aber keine Zwangsversteigerungsakten erhalten.

Rückerstattungsakte A 2063 , vormals 27 Rü 304/50, Gerichte Rep. 266, Nr. 753, Blatt 11 (Beleg):
Erben lassen am 27. Dezember 1950 über die Rechtsanwälte Weimann und Potthast verlauten, dass sie auf Rückerstattungsansprüche verzichten.

Rückerstattungsakte A 2063, vormals 27 Rü 304/50. Gerichte Rep. 266, Nr. 753, Blatt 12 (Beleg):
Auszug aus HRA 1330. Auflistung der Gesellschafter der Firma Brandenstein und Rose.

Rückerstattungsakte A 2063, vormals 27 Rü 304/50, Gerichte Rep. 266, Nr. 753, Blatt 23 (Beleg):
Verzicht auf Rückerstattungsanspruch der Erben des Grundstückes Breite Straße.

Rückerstattungsakte A 2063, vormals 27 Rü 304/50, Gerichte Rep. 266, Nr. 753, Blatt 26 (Beleg).
Prozessvollmacht an Rechtsanwälte Becker, Boden, Klonz und Oppenhoff von Gabriele Neven DuMont vom 19.8.1952.

i. Rückerstattungsakte Emil Lippmann, Gerichte Rep. 266, Nr.18935

Rückerstattungsakte 27 AR 63/51, Gerichte Rep. 266, Nr. 18935, Blatt 3 (Beleg):
Anlage zum Protokoll vom 15.11.1951.

Rückerstattungsakte 27 AR 63/51, Gerichte Rep. 266, Nr. 18935, Blatt 4a (Beleg und Zitat):
Wiedergutmachungsamt beim LG Köln – 27 AR 63/51 -
Anwesende beim Rückerstattungsverfahren am 15. November 1951 in Köln.

Rückerstattungsakte 27 AR 63/51, Gerichte Rep. 266, Nr. 18935, Blatt 4a (Zitat):
Wiedergutmachungsamt beim LG Köln – 27 AR 63/51 -
Schriftliche Verzichterklärung auf Rückerstattungsansprüche durch die Erben.

Rückerstattungsakte 27 AR 63/51, Gerichte Rep. 266, Nr. 18935, Blatt 16 (Zitat und Beleg):
Das Zentralamt für Vermögensverwaltung (Britische Zone) in einem Brief an das Wiedergutmachungsamt beim Landgericht Köln. Bad Nenndorf, 26.1.1952.

j. Vermögensteuerakte BR 1411, Nr. 251, früher O 5210

BR 1411, Nr. 251, früher O 5210, Blatt 7 (Beleg):
Nachweis für Besitzverhältnisse in der Luxemburger Straße.

BR 1411, Nr. 251, früher O 5210, Blatt 17a (Beleg):
Nachweis für Besitzverhältnisse in der Luxemburger Straße.

BR 1411, Nr. 251, früher O 5210, Blatt 10 (Beleg):
Nachweis für Besitzverhältnisse und Grundstückspreise.

BR 1411, Nr. 251, früher O 5210, Blatt 18 (Zitat):
Vergleich von Grundstückspreisen.

3. Heinrich-Heine-Institut Düsseldorf

Nachlass Dettmar Heinrich Sarnetzki, Inv.-Nr. 76.5068.

Brief von Gustav René Hocke an Sarnetzki vom 3.1.1946 (Zitat).

Brief von Dr. Johann Schäfer an Dettmar Heinrich Sarnetzki. Köln, 21.2.1946 (Zitat).

Brief von Gustav René Hocke an Dettmar Heinrich Sarnetzki. Nymphenburger Verlagshandlung, Wotanstr., 29.8.1946 (Zitat).

Postkarte vom 25. Januar 1947 von Gustav René Hocke an Dettmar Heinrich Sarnetzki (Zitat).

Dank von August Neven DuMont an Dettmar Heinrich Sarnetzki auf einer gedruckten Karte für die Glückwünsche zum 40-jährigen Geschäftsjubiläum (Zitat).

4. Universitätsbibliothek Johann-Christian-Senckenberg Frankfurt am Main

Handschriftensammlung, Nachlass Alfons Paquet, A 8 III.

Brief von Dettmar Heinrich Sarnetzki an Alfons Paquet. Köln, 7.6.1942 (Zitat).
Brief von Dettmar Heinrich Sarnetzki an Alfons Paquet. Köln, 25.7.1943 (Zitat).

5. Bundesarchiv-Militärarchiv Freiburg im Breisgau

a. RH 26–384 Zentrale Dienststellen des Oberkommandos des Heeres: 384. Infanterie-Division

BArch RH 26–384 / 50 (Zitat):
Divisions-Tagesbefehl vom 22.1.1942.

b. RHD 53 Armeeoberkommendos

BArch RHD 53 / 10 (Beleg):
Am 6.9. (Nr. 1) 10.9. (Nr. 2), 12.9. (Nr. 3), 31.10. (Nr. 26), am 7.11. (Nr. 32) und am 17.11.1939 wurde der »Wachtmeister Brües« nachweislich im Impressum der *Wacht im Westen* als Schriftleiter genannt.

c. RW 4 OKW / Wehrmacht Führungsstab

BArch RW 4–149 / 18, Blatt 16 (Beleg ohne Zitat):
Geschäftsverteilungsplan der Abteilung für Wehrmacht-Propaganda vom Januar 1940, Anlagen.

BArch RW 4 / 160, Blatt 90 (Beleg ohne Zitat):
Brief an den Fachprüfer für Wortberichterstattung [Major Krause] im Oberkommando der Wehrmacht [gez. Stephan]. Berlin, 22.1.1940.

BArch RW 4 / 420, Blatt 175 (Zitat):
Wehrkreiskommando VI (der Chef des Generalstabes) an das OKW, Abt. W PR. III. Münster, den 29.12.1939.

BArch RW 4 / 420, Blatt 283 (Beleg):
Rundschreiben des Chefs des OKW, hier die Abt. WFA/WPr Ib, an alle Armeeoberkommandos und Oberst für die Prop.Kompn. und Propagandastaffel Ost.

BArch RW 4 / 420, Blatt 284 (Zitat):
»Themen für Wortberichte für die *Kölnische Illustrierte Zeitung*«. Anlage 1 zu einem Rundschreiben des Chefs des OKW, hier die Abt. WFA/WPr Ib, an alle Armeeoberkommandos und Oberst für die Prop.Kompn. und Propagandastaffel Ost.

BArch RW 4 / 420, Blatt 331 (Zitat und Beleg):
Schreiben des WFA (Wehrmachtführungsamt)/WPr (Wehrmachtpropaganda) V an WPr I mit dem Betreff »Vorschläge zu Bild- und Wortreportagen [handschriftl. Korrektur »-berichte« anstelle von »-reportagen«, Anm. d. Verf.]. Berlin, 31.1.1940.

BArch RW 4 / 420, Blatt 332 (Beleg):
»Vorschläge der *Kölnischen Illustrierten* Zeitung für PK-Fronterlebnisberichte«, geändert zu »Themen für Wortberichte für die *Kölnische Illustrierte Zeitung*«. Anlage 1 zum vorherigen Schreiben (Blatt 331).

BArch RW 4 / 425, Blatt 146 (Zitat):
Heeresgruppe A Ic/Pr (gez. Chef des Generalstabes) an das O.K.W. W/Pr. H.Qu., 31.3.1940.

BArch RW 4 / 425, Blatt 147 (Zitat):
Der Chef des OKW an das Reichsministerium für Volksaufklärung und Propaganda, z. Hd. von Herrn Ministerialrat Dr. Fritzsche.

BArch RW4 / 431, Blatt 142 (Zitat) und 144 (Beleg): 31.1.1940
Wehrkreiskommando V, Abt. Ic/W.Pr./III. Für die Hauptschriftleiter und Anzeigenleiter der Zeitungen. Zensurbestimmungen über Gefallenen- und Todesanzeigen nach dem Stande vom 20. Juni 1940. Anlage 1 zu Wkdo.V Ic/W.Pr.Z Nr. 144/41 g. v. 28.10.41.

BArch RW 4 / 434, Blatt 119 und 99 (Beleg):
Wehrkreiskommando VI an das Oberkommando der Wehrmacht. Münster, 13.7.1940.

BArch RW 4 / 434, Blatt 497 (Zitat):
Wehrkreiskommando VI an das Oberkommando der Wehrmacht. Münster, 6.7.1940.

BArch RW 4 / 438, Blatt 202 und 216 (Beleg):
Wehrkreiskommando VI an das Oberkommando der Wehrmacht. Münster, 17.12.1940.

6. Grundbuchamt Köln

Auszug aus dem Grundbuch Köln, Abt. 10. Band 10, Blatt 30738 vom 24.11.1950 (Beleg).

7. Hausarchiv des Bankhauses Sal. Oppenheim jr. & Cie. KGaA Köln

HBO, A, Nr. 260b, Bd. 1 (Zitat):
Brief August und Kurt Neven DuMonts an die Teilhaber des Bankhauses Sal. Oppenheim jr. & Cie. Köln, 13.12.1952.

8. Historisches Archiv der Stadt Köln

a. Bestand Acc. 287

Acc. 287/33 (Beleg):
Zusammenlegung von Parzellen Leyboldstraße.

b. Bestand Acc. 1023

Acc. 1023 (Beleg):
Kein Antrag auf Enttrümmerung.

c. Bestand 26/1146

Best. 26/1146, Blatt 1 (Zitat):
»Für die Durchführung der vom Führer und Reichskanzler angeordneten baulichen Maßnahmen in der Hansestadt Köln wird in absehbarer Zeit auch ihr Grundstück Hosengasse 15 benötigt.« Schreiben vom 3.2.1942 an die Eigentümerin.

d. Bestand 34/1356

Best. 34/1356 (Beleg):
Antrag auf Abriss des auf dem Grundstück Leyboldstr. 19 stehenden Wohnhauses durch Theodor Merrill, 27.11.1936. Grundstück noch nicht parzelliert.

e. Bestand 485

Best. 485/254 (Beleg):
Bauantrag des Eigentümers Rudolf Schiller für das Grundstück Eugen-Langen-Straße 28 laut Katasterverwaltung, Katasteramt Köln II, bereits im Dezember 1938.

Best. 485/613 (Beleg):
Bestätigung der Grundstücksgröße durch die Katasterverwaltung 1907.

f. Bestand 495 »Preisbehörde für Grundstückspreise«

Best. 495 (Zitat):
Aus der Einleitung S. III–VIII von Kleinert, 14. August 1986.

Best. 495/1 (Beleg):
»Tagebuch genehmigungspflichtiger Verkäufe jüdischen Grundbesitzes«, laufende Nummer 666. Genehmigung des Verkaufs Leyboldstr. 19.

Best. 495/174 (Beleg):
Brief von Richard Wirtz an den Kölner Oberbürgermeister bzw. an die Preisbehörde vom 6. Januar 1941 mit der Angabe, der Makler Ernst Leybold habe ihm »ein Grundstück in der Leyboldstraße« für einen Preis von 18 RM zum Kauf angeboten.

Best. 495/213 (Beleg):
Nachweis für Grundstückspreise und Folgekosten.

Best. 495/214 (Beleg):
Vergleich von Grundstückspreisen.

Best. 495/301 (Zitat):
Schreiben des Notars Walter Ilges an den Regierungspräsidenten Köln vom 14. Dezember 1938.

g. Bestand 721/1356 Baupolizei – abgebrochene Häuser

Best. 721/1356 (Beleg):
Abrissangelegenheiten des Hauses Leyboldstraße 19.

h. Bestand 1290/1–45 (Hans Roerig)

Brief von Dr. Hans Roerig vom 5.2.1945 an die Fremdenpolizei der Stadt Bern (Zitat).

Brief von Kurt Neven DuMont an Dr. Hans Roerig. Bonn, 8.5.1945 (Zitat).
Brief von Kurt Neven an Ernest Saxon-Napier. Köln-Marienburg 14.11.1946 (Zitat).

i. Bestand 1346 (Wilhelm Unger)

Brief des Präsidenten der Reichsschrifttumskammer (gez. Suchenwirth) an Wilhelm Unger. Berlin, 16.3.1935. Kasten 35 (Zitat).

Brief von Kurt Neven DuMont an Wilhelm Unger. Starnberg, 15.3.1947. Kasten 28 (Zitat).

Schreiben Wilhelm Ungers an Herrn Rechtsanwalt Rhee. London, 23.8.1947. Inv.-Nr. 1346/29 (Zitat).

9. Verlagsarchiv M. DuMont Schauberg, Köln

a. Quellen aus dem Familiennachlass (chronologisch)

Brief von Kurt Neven DuMont an seine Frau Gabriele Neven DuMont. [Ohne Ort] 14.7.1926.
Brief von Kurt Neven DuMont an seine Frau Gabriele. Genf, 17.5.1927.
Brief von Kurt Neven DuMont an seine Frau Gabriele. London, 18.7.1927.
Brief von Kurt Neven DuMont an seine Frau Gabriele. Köln, 12.7.1928.
Brief von Kurt Neven DuMont an seine Frau Gabriele. Köln, 29.1.1929.
Brief von Kurt Neven DuMont an seine Frau Gabriele. Capri, 30.1.1929.
Brief von Kurt Neven DuMont an seine Frau Gabriele. Köln, 7.2.1931.
Brief von Kurt Neven DuMont an seine Frau Gabriele. Köln, 16.2.1931.
Brief von Kurt Neven DuMont an seine Frau Gabriele. Köln, 4.7.1931.
Brief von Kurt Neven DuMont an seine Frau Gabriele. Köln, 6.7.1931.
Brief von Kurt Neven DuMont an seine Frau Gabriele. Berlin, 5.7.1933.
Brief von Kurt Neven DuMont an seine Frau Gabriele. München, 25.11.1933.
Brief von Kurt Neven DuMont an seine Frau Gabriele. München, 7.12.1933.
Brief von Kurt Neven DuMont an seine Frau Gabriele. München, 8.1.1934.
Brief von Kurt Neven DuMont an seine Frau Gabriele. Köln, 8.4.1934.
Brief von Alfred Neven DuMont an seinen Sohn Kurt Neven DuMont. Ebenhausen, 28.4.1934.
Brief von Kurt Neven DuMont an seine Frau Gabriele. Berlin, 29.8.1934.
Brief von Kurt Neven DuMont an seine Frau Gabriele. Köln-Marienburg 31.8.1934.
Brief von Kurt Neven DuMont an seine Frau Gabriele. Köln, 2.9.1934.
Brief von Kurt Neven DuMont an seine Frau Gabriele. Köln, 5.9.1934.
Brief von Kurt Neven DuMont an seine Frau Gabriele. Köln, 7.9.1934.

Brief von Kurt Neven DuMont an seine Frau Gabriele [unvollständig]. Köln, 6.1.1935.
Brief von Kurt Neven DuMont an seine Frau Gabriele. Berlin, 20.3.1935.
Brief von Alfred Neven DuMont an seinen Sohn Kurt Neven DuMont. [Ohne Ort] 7. auf 8. November 1936.
Brief von Kurt Neven DuMont an seine Frau Gabriele. Köln, 20.8.1938.
Brief von Kurt Neven DuMont an seine Frau Gabriele. Köln, 19.8.1940.
Brief von Kurt Neven DuMont an seine Frau Gabriele. Berlin, 12.10.1940.
Brief von Kurt Neven DuMont an Mama [Charlotte Lenbach, die Mutter Gabriele Neven DuMonts, Anm. d. Verf.]. [Ohne Ort] 9.11.1940.
Brief von Alfred Neven DuMont an seinen Vater Kurt Neven DuMont. Menzing, 2.3.1942.
Brief von Silvia Neven DuMont an ihre Eltern Kurt und Gabriele Neven DuMont. München, 12.6.1924 [gemeint ist der 12.6.1942, Anm. d. Verf.].
Brief von Alfred Neven DuMont an seinen Vater Kurt. Starnberg, 22.9.1942.
Brief von Alfred Neven DuMont an seinen Vater Kurt. Menzing, 2.3.1943.
Brief von Silvia Neven DuMont an ihren Vater Kurt. Starnberg, 6.7.1943.
Brief von Alfred Neven DuMont an seinen Vater Kurt. [Ort nicht lesbar] 10.8.1944.
Feldpostbrief von Alfred Neven DuMont an seinen Vater Kurt. Augsburg, 3.9.1944.
Brief von Alfred Neven DuMont an seinen Vater Kurt. Starnberg, 8.9.1944.
Brief von Alfred Neven DuMont an seinen Vater Kurt. Starnberg, 19.10.1944.
Brief von Alfred Neven DuMont an seinen Vater Kurt. Starnberg, 7.12.1944.
Brief von Kurt Neven DuMont an seine Frau Gabriele. Köln, 24.10.1947.
Brief von Kurt Neven DuMont an seine Frau Gabriele. Köln, 18.1.1948.
Brief von Kurt Neven DuMont an seine Frau Gabriele. Köln, 10.4.1948.
Brief von Kurt Neven DuMont an seine Frau Gabriele. Köln, 30.4.1948.
Brief von Kurt Neven DuMont an seine Frau Gabriele. Köln, 3.5.1948.
Brief von Kurt Neven DuMont an seine Frau Gabriele. Köln, 8.7.1948.
Brief von Kurt Neven DuMont an Ernest Saxon-Napier. [Ohne Ort] 21.9.1948.
Brief von Kurt Neven DuMont an seine Frau Gabriele. Köln, 26.10.1948.
Brief von Kurt Neven DuMont an Herrn Zehrer. Ohne Ort, 1.12.1948.
Brief von Kurt Neven DuMont an seine Frau Gabriele. Köln, 9.4.1949.
Brief von Kurt Neven DuMont an seine Frau Gabriele. Köln, 23.7.1956.
Zusammenfassende Aufzeichnungen von Kurt Neven DuMont von 1930 bis 1935: Einträge vom 11.7.1930, 9.10.1930, 10.1.1931, 16.2.1931, 18.11.1931, 23.11.1931, 27.2.1932, 9.3.1932, 21.3.1932, 10.11.1932, 18.1.1933, 18.2.1933, 17.4.1933 (Ostermontag), 14.5.1933, 27.6.1933, 2.7.1933, 16.7.1933, 17.8.1933, 1.10.1933, 10.12.1933, 19.10.1934.

Maschinenschriftliche Zusammenfassung von Zahlungen an Mitarbeiter in den Jahren 1942 und 1943 mit handschriftlichen Ergänzungen von Kurt Neven DuMont. Ohne Datum.

Terminkalender Kurt Neven DuMonts von 1942–1944.

b. Unterlagen von und zur Verlegerfamilie (chronologisch)

Materialien zu Alice Neven DuMont.
Martha von Gelinck (Vorsitzende der Nationalsozialistischen Frauenschaft) an Alice Neven DuMont. Köln, 20.4.1934.

Geschichtlicher Überblick von Dr. Kurt Neven DuMont. Abschnitt »Meine Stellung gegen die NSDAP nach 1933«. Köln, 1.8.1945.
Geschichtlicher Überblick von Dr. Kurt Neven DuMont. Abschnitt »Der Kampf der Partei gegen unseren Verlag«. Köln, 1.8.1945.
Geschichtlicher Überblick von Dr. Kurt Neven DuMont. Abschnitt »Schlussbemerkungen«. Köln, 1.8.1945.

c. Unveröffentlichte Manuskripte und Zusammenfassungen von Mitarbeitern (in alphabetischer Reihenfolge)

Anonym [Hans Roerig?]: *Unser Kampf mit dem Westdeutschen Beobachter und der Partei*. Ohne Ort und Datum.

Anonym: Handschriftliche Überschrift *»K. L. Zimmermann, Redakteur d. K. Stadt-Anz«*. Ohne Ort und Datum.

Bartels, Friedrich: *Erinnerungen*. Unveröffentlichtes Manuskript.

Funk, Eugen: *Die letzten Tage von Koeln. Erlebt ... und geschrieben für seine Familie bei Eugen Funk*. Ohne Datum.

Belz, Claudius: *Aufzeichnungen des Verlagsdirektors Claudius Belz zum Kampf mit dem Westdeutschen Beobachter*. Manuskript.
Blumrath, Dr. Fritz: *Notizen zur Auseinandersetzung der Kölnischen Zeitung mit der NSDAP in den Jahren 1931–1945*. Köln, den 16. 6.1945.

Dohms, Gerd: *Rede Gerhard Dohms anlässlich des 25-jährigen Dienstjubiläums von Heinz Pettenberg bei M. DuMont Schauberg*. Ohne Datum.

Hocke, Gustav René: *Entwurf zu einem »Exposé über die bürgerliche Presse unter dem nationalsozialistischen Regime mit besonderer Berücksichtigung der Kölnischen Zeitung« aus dem Jahr 1948.*

Johann, Ernst W.: *Ernst W. Johann: Erinnerungen an die Kölnische Zeitung.* Manuskript für einen Vortrag für die Bibliophile Gesellschaft am 9.3.1974 im Dom-Hotel Köln.

Pettenberg, Heinz: 1945/1946: Tagebuch Heinz Pettenbergs vom 5. März 1945 – 25. Februar 1946. Typoskript. Manuskript im Besitz von Dr. Hella Reuter-Pettenberg, Köln, der Tochter von Heinz Pettenberg.
Eintrag vom 9.3.1945, S. 4 (Zitat): Anfrage Pettenbergs bei Mr. Knoll nach der Möglichkeit der Bergung des Verlagsarchivs.
Eintrag vom 13.4.1945, S. 9 (Beleg): Erwähnung eines Briefes an Samson B. Knoll vom 15.4.1945,S. 9. Zitat aus beigelegtem Brief.
Eintrag vom 4.5.1945, S. 30 (Beleg): Rückkehr Reifferscheidts.
Eintrag vom 7.5.1945, S. 34 (Zitat): Anstellung Reifferscheidts beim Verlag.
Eintrag vom 14.5.1945, S. 40 (Beleg): Eröffnung eines Büros in der Agentur Pohl.
Eintrag vom 22.6.1945, S. 62 (Beleg): Verlegung der Provinzialregierung.
Eintrag vom 25.7.1945, S. 83 (Beleg): Kurt Neven DuMont versucht über einen britischen Offizier, Saxon-Napier zu erreichen.
Eintrag 3.1.1946, Mittwoch, S. 155 (Zitat): Genehmigung für den Druck von Provinzzeitungen.
Eintrag 20. und 23.2.1946, Mittwoch und Samstag, S. 161 (Zitat): Rückkehr in den Betrieb.

Pettenberg, Heinz [? vermutlich]: *Plan für die Gestaltung einer Kölner Tageszeitung.* Typoskript. Ohne Datum.

Weinhold-Kartei: Karteikarten Kurt Weinholds zu diversen Themen und Mitarbeitern des Verlags.

Weinhold, Kurt: Zusammenfassung des Verlagsarchivs, vermutlich von Kurt Weinhold, zum Thema »MDS und die Gewerkschaften«. Typoskript ohne Jahr.
Weinhold, Kurt 1945: Aufzeichnungen des Redakteurs und späteren Verlagsarchivars Kurt Weinhold zu den Auseinandersetzungen mit dem *Westdeutschen Beobachter.* 15.6.1945.
Weinhold, Kurt 1949: *»Alles legal«! Kampf und Irrtum der Weimarer Republik. Zur Geschichte der Kölnischen Zeitung.* Gebundenes Manuskript.

Weinhold, Kurt 1968: *Das Ende der Kölnischen Zeitung.* Abgeschlossen im Januar 1968.

Winckel, Peter aus dem: *Betrifft: Wehrmacht und Presse (1935–1945)*. Maschinenschriftliche Aufzeichnung.

Wundshammer, Sepp: »30., 31.5.1942«. Köln, 4.6.1942. Unterzeichnet von S. Wundshammer, Werkschutzleiter.

d. *Protokolle der Redaktionskonferenzen (chronologisch)*

Protokoll der Redaktionskonferenz vom 19.9.1929.
Protokoll der Redaktionskonferenz vom 8.10.1929.
Protokoll der Redaktionskonferenz vom 25.3.1930.
Protokoll der Redaktionskonferenz vom 15.8.1930.
Protokoll der Redaktionskonferenz vom 13.9.1930.
Protokoll der Redaktionskonferenz vom 18.9.1930.
Protokoll der Redaktionskonferenz vom 2.10.1930.
Protokoll der Redaktionskonferenz vom 4.12.1930.
Protokoll der Redaktionskonferenz vom 25.1.1931.
Protokoll der Redaktionskonferenz vom 19.2.1931.
Protokoll der Redaktionskonferenz vom 11.7.1931.
Protokoll der Redaktionskonferenz vom 29.4.1932.
Protokoll der Redaktionskonferenz vom 9.5.1932.
Protokoll der Redaktionskonferenz vom 11.8.1933.
Protokoll der Redaktionskonferenz vom 11.10.1933.

e. *Weitere Materialien (chronologisch)*

Brief (Abschrift) von Alfred Neven DuMont an Ernest Saxon-Napier. Köln, 17.12.1926. Akte Saxon-Napier.

Presseverordnung des Reichspräsidenten vom 17. Juli 1931. A V 1930–1932, Fiche 206/6.

Offener Brief [der Belegschaft, Anm. der Verf.] an die Herren Verleger d. Firma M. DuMont Schauberg, *Kölnische Zeitung*, Köln. Köln, 8.7.1933.

Schreiben (Abschrift) von Dr. Otto Utsch an die NSBO-Betriebszelle des Verlags. Köln, 21.10.1933.

»Werbeaktion vom 15. Dezember 1933 für den *Westdeutschen Beobachter*«. Mitteilung der NSDAP Gauleitung Köln-Aachen an diverse nationalsozialistische Organisationen. Gaupresseamt, der Amtsleiter, Abteilung Werbung.

NSDAP, Ortsgruppe Köln-Kalk-Ost an den PG [=Parteigenossen, Anm. d. Verf.] Ernst Sünner. Köln-Kalk, 20.12.1933.

Ortsgruppen-Befehl der Ortsgruppe Beuel Ort. 22.12.1933.

Serienbrief der Anzeigen-Abteilung des *Westdeutschen Beobachters* an deutsche Geschäftsleute. Das Blatt zeigt die Darstellung eines deutschen und eines in verunglimpfender Weise dargestellten jüdischen Geschäftsmannes unter einem Regenschirm. Ohne Ort und Datum.

Brief des Vertriebs des *Kölner Stadt-Anzeigers* ohne Empfänger (Reviergehilfen, Bezirk 6). Köln-Mülheim, 6.1.1934.

Brief von Ernest Saxon-Napier an M. DuMont Schauberg. London, 7.2.1935. Akte Saxon-Napier.

»Arbeitsanweisung für die Presse-Propaganda-Aktion März-April 1935« des Gaupropaganda-Amtes, Gau Köln-Aachen. Köln, 10.3.1935.

Gleichlautendes Schreiben des Verlags M. DuMont Schauberg gegen die neue »Arbeitsanweisung für die Presse-Propaganda-Aktion des Gaupropaganda-Amtes« an das Auswärtige Amt, das Reichsministerium, den Reichsbankpräsidenten Dr. Schacht, das Reichsministerium für Volksaufklärung und Propaganda, das Reichswirtschaftsministerium, den Stellvertreter des Führers, Hess, und an Staatssekretär Lammers. Köln, 15.3.1935.

Brief von Dr. Otto Utsch an Dr. Kurt Neven DuMont. Köln, 9.4.1935.

Auszug aus der Klageschrift von Dr. Donald Stuart gegen den Verlag M. DuMont Schauberg. Handschriftliche Datierung auf den 3.V.34. Ohne Seitenangabe.

Abschrift auf Durchschlagpapier vom Finanzamt Köln-Altstadt. Köln, 27.11.1935. Akte Saxon-Napier.

Anonyme maschinenschriftliche Zusammenstellung mit einer Aufzählung von Dokumenten, die zwischen November 1935 und März 1936 die Begleitumstände der Entlassung von jüdischen Mitarbeitern schildern. Punkte 1–6. Akte jüdischer Mitarbeiter.

Abschrift eines Fernschreibens von Kurt Neven DuMont an Sonnenschein. Ohne Ort, 3.12.1935.

Brief (Abschrift) von Kurt Neven DuMont an Hans Sonnenschein. Köln, 3.12.1935. Akte Saxon-Napier.

Maschinenschriftliche Aufstellung der Entlassungen von jüdischen Mitarbeitern von M. DuMont Schauberg. Ohne Ort, Datum und Autor.

Brief von Dr. J. Schäfer an J. Grohé. Köln, 3.2.1936.

Abschrift eines Amtswalterappells vom 12.2.1936 und eines Protokolls vom 9.2.1936. Internes Rundschreiben des Bundes nationalsozialistischer Juristen e. V., Gau Köln-Aachen, Bezirksgruppe Köln.

Brief der Verlagsleitung (Unterzeichnender Hildebrand) an Saxon-Napier. Köln, 30.4.1936. Akte Saxon-Napier.

Brief der Landesstelle Köln-Aachen des Reichsministeriums für Volksaufklärung und Propaganda (gez. Frielingsdorf) an die Hauptschriftleitung der *Kölnischen Zeitung* und des *Kölner Stadt-Anzeigers*. Köln, 11.8.1936. Bd. 5/15: Memoranden.

Brief der Landesstelle Köln-Aachen des Reichsministeriums für Volksaufklärung und Propaganda (gez. Frielingsdorf) an die Hauptschriftleitung der *Kölnischen Zeitung* und des *Kölner Stadt-Anzeigers*. Köln, 22.8.1936. Bd. 5/15: Memoranden.

Der Sportschriftleiter der *Kölnischen Zeitung* an den Landesverband Mittelrhein im Reichsverband der Deutschen Presse. Köln, 30.9.1936. Bd. 5/15: Memoranden.

Vertraulicher Brief von Ernest Saxon-Napier an die Verlagsleitung M. DuMont Schauberg. London, 22.3.1938. Akte Saxon-Napier.

Brief (Abschrift) vom Hauptgeschäftsführer des Reichsverbands der deutschen Presse, Henningsen, an die Hauptschriftleitung der *Kölnischen Zeitung*. Berlin, 29.3.1938. Akte Saxon-Napier.

Brief der Hauptschriftleitung der *Kölnischen Zeitung* an den Hauptgeschäftsführer des Reichsverbands der deutschen Presse, Henningsen. Köln, 12.4.1938. Akte Saxon-Napier.

Brief von Ernest Saxon-Napier an den Hauptschriftleiter der *Kölnischen Zeitung*, Dr. J. Schäfer. London, 23.4.1938. Akte Saxon-Napier.
Brief vom Hauptgeschäftsführer des Reichsverbands der deutschen Presse, Henningsen, an die Hauptschriftleitung der *Kölnischen Zeitung*. Berlin, 21.4.1938. Akte Saxon-Napier.

Brief vom Geschäftsführer des Landesverbands Mittelrhein im Reichsverband der Deutschen Presse, Tönnies, an den Hauptschriftleiter der *Kölnischen Zeitung*, Dr. J. Schäfer. Berlin, 2.6.1938. Akte Saxon-Napier.

Brief vom Hauptschriftleiter der *Kölnischen Zeitung*, Dr. J. Schäfer, an den Geschäftsführer des Landesverbands Mittelrhein im Reichsverband der Deutschen Presse, Tönnies. Köln, 10.6.1938. Akte Saxon-Napier.

Brief von Hans Roerig an Dr. Neven. London, 18.6.1938. Akte Saxon-Napier.

Brief (Abschrift) vom Reichsverband der deutschen Zeitungsverleger an die *Kölnische Zeitung*. Ohne.Ort, 20. 7.1939. Akte Saxon-Napier.

Brief (Abschrift) von Hans Roerig an den Hauptschriftleiter Dr. Johann Schäfer. London, 22.7.1939. Akte Saxon-Napier.

Abschrift der Urteilsschrift zum ehrengerichtlichen Verfahren gegen den Hauptschriftleiter Dr. Johann Schäfer vom 24.7.1939. Akte bezeichnet mit »pr.V. 16/39«. Akte Saxon-Napier.

Stellungnahme des Ministerialrats Fritzsche in der Angelegenheit S.N. am 28.7.1939. Niederschrift, [o.O.].

Brief der Kanzlei von der Gegolten/Paatsch an Dr. Johann Schäfer. Berlin, 16.11.1940. Akte Saxon-Napier.

»An unsere Leser und Freunde!« *Kölnische Volkszeitung und Handelsblatt*. Im Mai 1941.

Verlag M. DuMont Schauberg [Absenderkürzel DrKN/Fl: also wohl Kurt Neven DuMont, Anm. d. Verf.] an den Reichsverband der Deutschen Zeitungsverleger, z. Hd. Herrn Schween. Köln, 2.7.1943.

Flugblätter »Die tote Stadt«, bezeichnet im September 1943, und »Die Festung Europa hat kein Dach«.

Seite einer Zusammenfassung oder eines Protokolls der Besprechung beim Reichsverband der Deutschen. Undatiert und ohne Unterschrift. Frühling oder Sommer 1944.

Der Gauleiter und Reichsverteidigungskommissar des Gaues Westfalen-Süd, der Beauftragte für die Sofortmaßnahmen der Volksaufklärung (gez. Kränzlein) an die Verlagsleitung des *Lüdenscheider General-Anzeigers*, Lüdenscheid. Wetter/Ruhr, 7.4.1945.

Brief von August Neven DuMont an Otto Brües. 30.3.1947.

Maschinenschriftliche Zusammenstellung zu Dr. Hans Koch für den heutigen Verlagschef Alfred Neven DuMont. Undatiert und unbezeichnet. Verlagsarchiv MDS, Köln.

Neven DuMont, Kurt: »Die *Kölnische Zeitung* wieder im Großformat. Die Gemeinschaftsleistung eines Betriebes«. Der zweiseitige Artikel ist mit dem zweizeiligen Vermerk »Streng vertraulich. Nur zur persönlichen Orientierung« bedruckt und trägt außerdem eine handschriftliche Widmung von Kurt Neven DuMont an Kurt Weinhold: »Herrn Weinhold. Zur Erinnerung an die gemeinsame Arbeit von Kurt Neven. 10.XI.56.[?].«

Brief von Dr. Peter aus dem Winckel an Kurt Weinhold. Rahden i. W., 23.4.1971.

10. Stadtarchiv Krefeld

Brief von Kurt Neven DuMont an Otto Brües mit beiliegender Bescheinigung für Otto Brües. Köln, 28.1.1946 (Zitat).

Brief von Kurt Neven DuMont an Otto Brües. Köln, 20.3.1946 (Zitat).

Brief des Verlags M. DuMont Schauberg an Otto Brües. Köln, 4.6.1948 (Zitat): Anfrage um Mitarbeit beim Wiederaufbau des Verlagsarchivs.

Kurzbrief von Kurt Neven DuMont an Otto Brües. Köln, 2.12.1948 (Zitat).

11. Deutsches Literaturarchiv Marbach

a. Nachlass Max Rychner, A:Rychner, HS.2004.0008

Brief von Kurt Neven DuMont an Max Rychner. Köln, 29.3.1933 (Zitat).

Brief von Max Rychner an Kurt Neven DuMont am 31.3.1933 (Zitat).

Brief von Hans Pinkow an Max Rychner. Wien, 13.7.1933 (Zitat).

Brief von Karl-Heinz Ruppel an Max Rychner. Berlin, 24.7.1933 (Zitat).

b. Nachlass Hermann Nette, A:Nette, HS.2001.0023.00024

Brief von Gerhard F. Hering an Herbert Nette. Köln, 12.3.1943 (Zitat).

Brief von Gerhard F. Hering an Herbert Nette. Köln, 23.3.1943 (Zitat).

Brief von Gerhard F. Hering an Herbert Nette. Köln, 1.5.1943 (Zitat).

c. Nachlass Wilhelm Lehmann, A:Lehmann, Inv.-Nr. 68.3125/1

Brief von Otto Brües an Dr. Wilhelm Lehmann. Bonn, 6.9.1943 (Beleg ohne Zitat).

12. Internetquellen

www.micky-maus-museum.de/Special/zeitalter.htm (Stand: 19.3.2007).

Vortrag des Architekten Peter Busman am 22.4.2004 in der Alten Synagoge in Wuppertal zu Wilhelm Unger.
Veröffentlicht unter www.exil-archiv.de/html/biografien/unger.htm (Stand 20.11.2008).

Politik und Alltag im Gründungsjahr des Landes Nordrhein-Westfalen. Eine Ausstellung des Landesarchivs und des Landtags Nordrhein-Westfalen.
Siehe www.archive.nrw.de/dok/1946/entnazifizierung.html. (Stand: 21.3.2008).

Bildnachweise

Bild S. IV: Privatbesitz Dr. Huber-Hering. Mit freundlicher Genehmigung.
Alle übrigen Bilder: Verlagsarchiv M. DuMont Schauberg.

8.3 Literaturverzeichnis

Adorno, Theodor W.: »Was bedeutet Aufarbeitung der Vergangenheit?«. In: ders.: *Eingriffe. Neun kritische Modelle.* Frankfurt am Main 1968. S. 125–146.

Bade, Wilfrid: *Kulturpolitische Aufgaben der deutschen Presse: Eine Rede.* Berlin 1933.

Bender, Klaus: »Die *Vossische Zeitung*«. In: Heinz-Dietrich Fischer (Hrsg.): *Deutsche Zeitungen des 17. bis 20. Jahrhunderts.* Pullach bei München 1972, S. 25–40.

Bense, Max: »Rezension zu Band 3 von Philipp Lenards ›Deutsche Physik in vier Bänden‹«. 1. Auflage, München 1936–37. In: *Kölnische Zeitung* Nr. 32 vom 18.1.1937.

Bernard, Birgit: »Die ›Gleichschaltung‹. Der ›Reichssender Köln‹«. In: *Am Puls der Zeit. 50 Jahre WDR.* Bd. 1. Köln 2006.

Bernard, Birgit: »Gleichschaltung im Westdeutschen Rundfunk«. In: *Geschichte im Westen.* Bd. 11, Heft 2/1996, S. 186ff.

Bernard, Birgit: »Die Amtseinführung des ersten NS-Intendanten des Westdeutschen Rundfunks, Heinrich Glasmeier, durch Joseph Goebbels am 24.4.1933«. In: *Geschichte in Köln.* Bd. 48/2001, S. 105ff.

Billstein, Reinhold und Eberhard Illner: *You are now in Cologne. Compliments. Köln 1945 in den Augen der Sieger; hundert Tage unter amerikanischer Kontrolle.* Köln 1995.

Binding, Rudolf G. u. a. (Hrsg.): *Sechs Bekenntnisse zum neuen Deutschland. Rudolf G. Binding, E. G. Kolbenheyer, die Kölnische Zeitung, Wilhelm von Scholz, Otto Wirz und Robert Fabre-Luce antworten Romain Rolland.* Hamburg 1933.

Böhm, Hermann: *Der Stadt-Anzeiger für Köln und Umgebung 1876–1926. Blätter der Chronik aus fünf Jahrzehnten.* Köln 1926.

Bönisch, Georg: »Amnesie und Amnestie«. In: *Der Spiegel* 2/2006 vom 9.1.2006, S. 48–57.

Bopf, Britta: *»Arisierung« in Köln. Die wirtschaftliche Existenzvernichtung der Juden in Köln.* Schriften des NS-Dokumentationszentrums der Stadt Köln. Bd. 10. Köln 2004.

Borchardt, Knut: »Wirtschaftliches Wachstum und Wechsellagen 1800–1914«. In: Hermann Aubin und Wolfgang Zorn (Hrsg.): *Handbuch der deutschen Wirtschafts- und Sozialgeschichte.* Bd. 2. Stuttgart 1976.

Borchardt, Knut: »Währung und Wirtschaft«. In: *Deutsche Bundesbank, Währung und Wirtschaft in Deutschland 1876–1975*. Frankfurt am Main 1976. S. 3–57.

Bracher, Karl Dietrich u. a. (Hrsg.): *Die Weimarer Republik: 1918–1933. Politik, Wirtschaft, Gesellschaft*. Bonner Schriften zur Politik und Zeitgeschichte. Bd. 22. Düsseldorf 1987.

Broszat, Martin und Norbert Frei: *Das Dritte Reich. Ursprünge, Ereignisse, Wirkungen*. Würzburg 1983.

Brücher, Ernst: »Der Wiederaufstieg der Breite Straße 70. Die Fünfziger Jahre«. In: M. DuMont Schauberg: *Alfred Neven DuMont. 50-jähriges Verlagsjubiläum 2003*. Konzipiert und zusammengestellt von Reinhard Munkes und Klaus Josef Maus unter Mitarbeit von Peter Pauls, Beatrix Lampe und Dieter Martens. Köln 2003.

Brües, Otto: »Deutscher Stil. Gegen den Mißbrauch des Superlativs«. Essay. In: *Die Literatur, Stuttgart, Das literarische Echo*, 37 (1934), 1934.

Brües, Otto: »Ein sehr kleines ABC«. In: *Kölnische Zeitung* Nr. 612 vom 1.12.1936.

Brües, Otto: ... *und immer sang die Lerche*. Duisburg 1967.

Brühl, Fritz: »Schriften und Reden Alfred Rosenbergs«. In: *Kölnische Zeitung* Nr. 28 vom 29.1.1944.

Buchheim, Karl: *Die Geschichte der Kölnischen Zeitung. Bd. 2: Von den Anfängen Joseph DuMonts bis zum Ausgang der deutschen bürgerlichen Revolution 1831–1850*. Bearbeitet von Karl Buchheim im Auftrag des Hauses M. DuMont Schauberg. Köln 1930.

Buchheim, Karl: *Die Geschichte der Kölnischen Zeitung. Bd. 3: Der Aufstieg zur Weltpresse im Preußen der Reaktion 1850–1858*. Bearbeitet von Karl Buchheim im Auftrag des Hauses M. DuMont Schauberg. Köln 1976.

Buchheim, Karl: *Die Geschichte der Kölnischen Zeitung. Bd. 4: Gegen und mit Bismarck auf dem Weg zur deutschen Einheit. 1858–1867*. Bearbeitet von Karl Buchheim im Auftrag des Hauses M. DuMont Schauberg. Köln 1979.

Bundeszentrale für politische Bildung (Hrsg.): *Nationalsozialismus I. Von den Anfängen bis zur Festigung der Macht. Informationen zur politischen Bildung*. Heft 251. Bonn, überarbeitete Neuauflage 2003.

Crombach, Wilhelm: »Um 21.14 Uhr drückten die Verleger auf die Knöpfe. So war es in der Nacht zum 29. Oktober 1949«. In: *Kölner Stadt-Anzeiger* Nr. 251, Jubiläumsausgabe vom 29.10.1969.

Daun, Johannes: *Die Innenpolitik der Kölnischen Zeitung in der Wilhelminischen Epoche 1890 bis 1914*. Dissertation Köln 1964.

Dietmar, Carl: »Vor 50 Jahren. Als Köln in Trümmern lag. Ausweichquartier in der Aachener Straße«. In: *MDS-Magazin*, Nr. 31, April 1995.

Dietmar, Carl und Thomas Förster: »Zeitungen und Rundfunk«. In: Jost Dülffer: *Köln in den 50er Jahren. Zwischen Tradition und Modernisierung*. Köln 2001.

DuMont Schauberg, M.: *Kölnische Zeitung. 1802–1902*. Köln, unveränderter Neudruck 1917 [2. Fassung 1925].

DuMont Schauberg, M.: *Presse und Wirtschaft. Festgabe der Kölnischen Zeitung zur Pressa*. Köln, Mai bis Oktober 1928.

DuMont Schauberg, M.: *125 Jahre DuMont Schauberg*. Köln 1928.

DuMont Schauberg, M.: *Das Haus M. DuMont Schauberg. Geschichte in Bildern*. Redaktion: Kurt Weinhold. Köln 1962.

DuMont Schauberg, M.: *Kurt Neven DuMont. Einem Verleger zum Gedenken*. Köln 1973.

DuMont Schauberg, M.: *Alfred Neven DuMont. 50-jähriges Verlagsjubiläum 2003*. Konzipiert und zusammengestellt von Reinhard Munkes und Klaus Josef Maus unter Mitarbeit von Peter Pauls, Beatrix Lampe und Dieter Martens. Köln 2003.

Feldman, Gerald D.: *The Great Disorder. Politics, Economics, and Society in the German Inflation, 1914–1924*. New York und Oxford 1993.

Fritsch, Bernhard: *Das Problem der Inneren Pressefreiheit aus der Sicht der Berufsverbände*. Magisterarbeit am Institut für Publizistik der Gutenberg-Universität Mainz 1994.

Fuchs, Peter: »Das Kampfblatt. Die *Rheinische Zeitung* von 1892 bis 1933«. In: Gerhard Brunn (Hrsg.): *Sozialdemokratie in Köln*. Köln 1986, S. 123.

Fuchs, Peter: »*Kölnischer Kurier*. Die Zeitung der Besatzungsmächte und Adenauers Alternativprojekt«. In: *Jahrbuch des Kölnischen Geschichtsvereins*. Bd. 66. Köln 1995.

Gatzke, Hans W.: »Europa und der Völkerbund«. In: Golo Mann (Hrsg.): *Propyläen Weltgeschichte, eine Universalgeschichte. Bd. 9: Das zwanzigste Jahrhundert*. Berlin 1991, S. 311–350.

Gillessen, Günther: *Auf verlorenem Posten. Die Frankfurter Zeitung im Dritten Reich*. Berlin 1986.

Groth, Otto: *Die Zeitung. Ein System der Zeitungskunde (Journalistik)*. Bd. 2. Berlin und Leipzig 1929.

Günsche, Karl-Ludwig: »Phasen der Gleichschaltung. Stichtagsanalysen deutscher Zeitungen 1933–1938«. In: *Dialogos. Zeitung und Leben*, Neue Folge. Bd. 5. Hrsg. von Prof. Dr. Otto B. Roegele. Osnabrück 1970.

Haacke, Wilmont: *Handbuch des Feuilletons*. Bd. 1–3. Emsdetten 1951–1953.

Habermas, Jürgen: »Vom öffentlichen Gebrauch der Historie«. In: *Eine Art Schadensabwicklung*. Kleine politische Schriften VI. Frankfurt am Main 1987. S. 137–148.

Habermas, Jürgen: *Strukturwandel der Öffentlichkeit*. Frankfurt am Main 1990.

Hagemann, Walter: *Publizistik im Dritten Reich. Ein Beitrag zur Methodik der Massenführung*. Hamburg 1948.

Hagspiel, Wolfram: *Stadtspuren. Denkmäler in Köln*. Herausgegeben von der Stadt Köln. Bd. 8. Köln: Marienburg. Bauten und Architekten eines Villenvorortes – einschließlich der Villengebiete von Bayenthal. Bd. I. Köln 1996.

Hale, Oron J.: *Presse in der Zwangsjacke 1933–1945*. Düsseldorf 1965.

Hessel, Thomas: »Vom Stresemann-Blatt zum Fürsprecher Hitlers. Die *Kölnische Zeitung* in der Weimarer Republik«. In: *Geschichte in Köln* Bd. 52/2005. S. 183–206.

Hildebrand, Klaus: *Das vergangene Reich. Deutsche Außenpolitik von Bismarck bis Hitler 1871–1945*. Stuttgart 1995.

Historisches Archiv der Stadt Köln (Hrsg.): *Widerstand und Verfolgung in Köln 1933–1945. Ausstellung des Historischen Archivs der Stadt Köln vom 8.2.-28.4.1974. Zusammenstellung d. Ausstellung: Franz Irsfeld und Bernd Wittschier*. Katalog. Köln 1974.

Hocke, Gustav René: »Der Kampf um die Grundsätze. Karl der Große als Gründer des Reichs oder Widukind?« In: *Kölnische Zeitung mit Handelsblatt* Nr. 553 (Abendblatt) vom 31.10.1934.

Hocke, Gustav René: »Wahrheit zwischen den Zeilen. Aus den Lebenserinnerungen von Gustav René Hocke«. In: M. DuMont Schauberg: *Kurt Neven DuMont – Einem Verleger zum Gedenken*. Köln 1973.

Hocke, Gustav René: *Im Schatten des Leviathan. Lebenserinnerungen 1908–1984*. Hrsg. und kommentiert von Detlef Haberland. München 2004.

Hofmann, *Josef: Journalist in Republik, Diktatur und Besatzungszeit. Erinnerungen 1916–1947*. Bearbeitet und eingeleitet von Rudolf Morsey. Mainz 1977.

Holtfrerich, Carl Ludwig: »Amerikanischer Kapitalexport und Wiederaufbau der deutschen Wirtschaft 1919–1923 im Vergleich zu 1924–1929«. In: *VSWG* Bd. 64, Heft 4. Wiesbaden 1977, S. 497 ff.

Institut für Zeitungswissenschaft an der Universität Berlin (Hrsg.): *Handbuch der Deutschen Tagespresse für das Jahr 1937*. Leipzig und Frankfurt 1937.

James, Harold: *Deutschland in der Weltwirtschaftskrise 1924–1936*. Stuttgart 1988.

Janssen, Franz: *Schreiben als moralische Verpflichtung. Der rheinische Dichter, Feuilletonist und Theaterkritiker Otto Brües*. Magisterarbeit Düsseldorf 1990.

Janssen, Franz: *Bewahrendes und progressives Wertebewußtsein. Der rheinische Feuilletonist und Erzähler Otto Brües*. Dissertation Düsseldorf 1991.

Kaufhold, K. H.: »Handwerk und Industrie 1800–1850«. In: Hermann Aubin und Wolfgang Zorn (Hrsg.): *Handbuch der deutschen Wirtschafts- und Sozialgeschichte*. Stuttgart 1976.

Keiger, John: *France and the Origins of the First World War*. London 1983.

Kellenbenz, Hermann (Hrsg.): *Zwei Jahrtausende Kölner Wirtschaft*. Bd. 2. Köln 1975.

Kershaw, Ian: *Hitler. 1889–1936*. Stuttgart 1999.

Kirschmeier, Thomas: *Die Kölnische Zeitung 1932/33. Ein Medium zur Zeit der Machtergreifung*. Magisterarbeit Münster 1994.

Koch, Christine: *Das Bibliothekswesen im Nationalsozialismus. Eine Forschungsstandanalyse anhand der Fachliteratur*. Diplomarbeit Stuttgart 2002.

Kocka, Jürgen: *Unternehmer in der deutschen Industrialisierung*. Göttingen 1975.

Koszyk, Kurt: *Deutsche Presse 1941–1945. Geschichte der Deutschen Presse. Bd. 3* (Abhandlungen und Materialien zur Publizistik. Bd. 7). Berlin 1972.

Krieger, Ursula: *Hugo Zoller: Ein dt. Journalist als Kolonialpionier*. Bd. 1 der Reihe »Führende Männer der Presse aus Vergangenheit und Gegenwart«. Würzburg 1940. Zugl. Dissertation Universität München.

Kuczynski, Jürgen: *Darstellung der Lage der Arbeiter in Deutschland von 1789–1849*. Berlin und Leipzig 1947.

Labussière, Jean: *La montée du nazisme à Cologne vue à travers la presse locale*. Universität Tours, 1981.

Labussière, Jean: »Der Aufstieg der nationalsozialistischen Bewegung in Köln im Spiegel der lokalen Presse (1919–1933)«. In: *Geschichte in Köln* Bd. 11/1982.

Linse, Ulrich: *Barfüßige Propheten. Erlöser der zwanziger Jahre*. Berlin 1983.

Longerich, Peter (Hrsg.): *Die Erste Republik. Dokumente zur Geschichte des Weimarer Staates.* München und Zürich 1992.

Löffler, Martin: *Presserecht: Kommentar zum Reichsgesetz über die Presse und zum Presserecht d. Länder sowie zu d. Presse betreffenden Vorschriften.* München und Berlin 1955.

Lüke, Rolf E.: *Von der Stabilisierung zur Krise.* Zürich 1958.

Luther, Hans: *Politiker ohne Partei. Erinnerungen.* Stuttgart 1960.

Marckwardt, Wilhelm: *Die Illustrierten der Weimarer Zeit. Publizistische Funktion, ökonomische Entwicklung und inhaltliche Tendenzen (unter Einschluss einer Bibliographie dieses Pressetypus 1918–1932).* Dissertation Universität Bremen 1981. (Minerva-Fachserie Geisteswissenschaften, Bremen 1982.)

Mariaux, Franz: »Ein Zipfelchen vom Olymp«. In: *Kölner Stadt-Anzeiger*, Nr. 404 vom 11.8.1936.

Meineke, Friedrich: *Die deutsche Katastrophe. Betrachtungen und Erinnerungen.* Wiesbaden 1946.

Meyer, Meret (Hrsg.): *Wilhelm Unger. »Wofür ist das ein Zeichen?« Auswahl aus veröffentlichten und unveröffentlichten Werken des Kritikers und Autors. Mit einem Vorwort von Alfred Neven DuMont.* Köln 1984.

Möding, Nori: »Die domestizierte Masse«. In: *Geist und Katastrophe. Studien zur Soziologie im Nationalsozialismus.* Hrsg. von Urs Jaeggi. Berlin 1983. S. 136–173.

Möller, Horst: *Die Weimarer Republik. Eine unvollendete Demokratie.* München 2006.

Mohl, Renate: »Der Aufbruch. Der Westdeutsche Rundfunk in der Weimarer Republik«. In: *Am Puls der Zeit. 50 Jahre WDR.* Bd. 1. Köln 2006.

Moltmann, Rainer: *Reinhold Heinen (1894–1969). Ein christlicher Politiker, Journalist und Verleger.* (Forschungen und Quellen zur Zeitgeschichte. Bd. 48) Im Auftrag der Konrad-Adenauer-Stiftung herausgegeben von Günter Buchstab, Klaus Gotto, Hans Günther Hockerts, Rudolf Morsey und Hans-Peter Schwarz. Düsseldorf 2005.

Nahmer, Ernst von der: *Beiträge zur Geschichte der Kölnischen Zeitung, ihrer Besitzer und Mitarbeiter. Bd. 1: Marcus DuMont 1802–1831.* Bearbeitet von Ernst von der Nahmer im Auftrag des Hauses M. DuMont Schauberg. Köln 1920.

Neven DuMont, Kommerzienrat Alfred: »Fahnenweihe im Verlag der *Kölnischen Zeitung* – Kommerzienrat Dr. h. c. Alfred Neven DuMont über die geschichtliche Entwicklung des Verlags.« in: *Kölnische Zeitung* vom 12.6.1933, Abend-Ausgabe.

Oelze, Klaus-Dieter: *Das Feuilleton der Kölnischen Zeitung im Dritten Reich.* Regensburger Beiträge zur deutschen Sprach- und Literaturwissenschaft. Hrsg. von Bernhard Gajek. Reihe B/Untersuchungen. Bd. 45. Frankfurt am Main, Bern, New York, Paris 1990. Zugleich Dissertation Universität Regensburg 1989.

Paupie, Kurt: »Die *Frankfurter Zeitung*«. In: Heinz-Dietrich Fischer (Hrsg.): *Deutsche Zeitungen des 17. bis 20. Jahrhunderts.* Pullach bei München 1972. S. 241–256.

Pettenberg, Heinz: *Starke Verbände im Anflug auf Köln. Eine Kriegschronik.* Köln 1985.

Pinkow, Hans: »Die Weltgeltung der *Kölnischen Zeitung*«. In: *Presse und Wirtschaft. Festgabe der Kölnischen Zeitung zur Pressa.* Köln 1928.

Pohl, Manfred: *Konzentration im deutschen Bankenwesen 1848–1980.* Frankfurt am Main 1982.

Pohl, Manfred: *Merger of Equals. Einer ist immer gleicher.* München und Zürich 2004.

Posse, Ernst H.: »38 Jahre *Kölnische Zeitung* – Erinnerungen aus meinem Journalistenleben / Von Ernst Posse.« In: *Kölnische Zeitung,* Nr. 128 vom 15.4.1933 (Sonntagsblatt). Zu dieser Serie gehören drei weitere Artikel, die am 11.3.1933, am 18.3.1933 und 31.3.1933 erschienen sind.

Potschka, Georg: »*Kölnische Zeitung* (1802–1945)«. In: Heinz-Dietrich Fischer (Hrsg.): *Deutsche Zeitungen des 17. bis 20. Jahrhunderts.* Publizistik-historische Beiträge. Bd. 2. Pullach bei München 1972. S. 145–158.

Potschka, Georg: *Karl Josef Daniel DuMont (1811–1861).* In: Heinz-Dietrich Fischer (Hrsg.): *Deutsche Presseverleger des 18. bis 20. Jahrhunderts.* Publizistik-historische Beiträge. Bd. 4. Pullach bei München 1975. S. 122–129.

Roerig, Hans: »Riesen und Zwerge werfen Schatten«. In: *Der Journalist.* Bd. 5/1963, S. 185–188. Bd. 6/1963, S. 226–230. Bd. 7/1963, S. 267–269. Bd. 8/1963, S. 308–310. Bd. 9/1963, S. 350–353 und Bd. 10, S. 390–393.

Rübsam, Dagmar und Hans Schadek: *Der »Freiburger Kreis«. Widerstand und Nachkriegsplanung 1933–1945.* Katalog einer Ausstellung. Mit einer Einführung von Ernst Schulin. Verlag Stadtarchiv Freiburg i. Br. 1990.

Rychner, Max: *Bei mir laufen Fäden zusammen – literarische Aufsätze, Kritiken, Briefe.* Hrsg. von Roman Bucheli. Göttingen 1998.

Sachsse, Rolf: *Die Erziehung zum Wegsehen. Fotografie im NS-Staat*. Philo Fine Arts [Dresden] 2003.

Sänger, Fritz: *Politik der Täuschungen. Mißbrauch der Presse im Dritten Reich. Weisungen, Informationen, Notizen 1933–1939*. Wien 1975.

Salzmann, Erich von: »›Presse und Wirtschaft‹. Ein Vortrag Erich v. Salzmanns über China«. In: *Kölnische Zeitung* vom 25.11.1924, Abend-Ausgabe.

Sandmann, Wilhelm (Hrsg.): *Zeitung in ihrer Zeit: Alfred Neven DuMont*. (Beiträge zur Medienpolitik in Deutschland 1962 bis 1996.) Bonn 1997.

Schmidt-Leonhardt: *Das Schriftleitergesetz vom 4. Oktober 1933*. Berlin 1934.

Schmitz, Hans: *Der Kölner Stadt-Anzeiger: das Comeback einer Zeitung 1949–1989*. Köln 1989.

Schwabach-Albrecht, Susanne: »Hermann Hesse und die *Kölnische Zeitung*«. In: Sabine Brenner u. a. (Hrsg.): *Beiden Rheinufern angehörig*. Düsseldorf 2002.

Simon, P.: »Köln im Luftkrieg 1939–1945 – Ein Tatsachenbericht über Fliegeralarme und Fliegerangriffe – Bearbeitet von Dr. P. Simon, Städt. Verwaltungsrat im Statistischen Amt.« Mit zwei Tabellen und 2 Schaubildern. In: *Statistische Mitteilungen der Stadt Köln*. Im Auftrag des Oberstadtdirektors hrsg. von Dr. oec. publ. Lorenz Fischer, Dir. des Statistischen Amtes. 9. Jahrgang (1954), Heft 2.

Steinmetz, Rüdiger: »Kommunikation ist nicht nur Sprache«. In: *Kommunikation: die Entwicklung der menschlichen Kommunikation von der Sprache bis zum Computer. Texte zur Filmserie*. Hrsg. von Rüdiger Steinmetz. München 1987.

Stöber, Rudolf: *Pressefreiheit und Verbandsinteresse. Die Rechtspolitik des »Reichsverbands der deutschen Presse« und des »Vereins Deutscher Zeitungsverleger« während der Weimarer Republik*. Dissertation Freie Universität Berlin 1990. (Veröffentlicht als Bd. 14 der Abhandlungen und Materialien zur Publizistik. Berlin 1992.)

Strohmeier, Gerd: *Politik und Massenmedien. Eine Einführung*. Baden-Baden 2004.

Strothmann, Dietrich: »Die ›Neuordnung‹ des Buchbesprechungswesens im III. Reich und das Verbot der Kunstkritik«. In: *Publizistik*, 5. Jg. 1960, S. 140–158.

Suchy, Barbara: »Vom ›Güldenen Opferpfennig‹ bis zur ›Judenvermögensabgabe‹. Tausend Jahre Judensteuern«. In: Uwe Schultz (Hrsg.): *Mit dem Zehnten fing es an. Eine Kulturgeschichte der Steuer*. München 1986, S. 128.

Thamer, Hans-Ulrich: »Ursachen des Nationalsozialismus«. In: Bundeszentrale für politische Bildung (Hrsg.): *Informationen zur politischen Bildung*. Bd. 251, Nationalsozialismus I – Von den Anfängen bis zur Festigung der Macht. Überarbeitete Neuauflage, Bonn 2003.

Theunissen, Gert Heinz: »Deutsche Malerei heute und gestern«. In: *Kölnische Zeitung*, Nr. 144, 1935.

Theunissen, Gert Heinz: »Große Deutsche Kunstausstellung im Haus der Deutschen Kunst in München.« in: *Kölnische Zeitung*, Nr. 370 vom 25.7.1937.

Theunissen, Gert Heinz: »Entartete Volkskunst? Versuch einer Klärung«. In: *Kölnische Zeitung*, Nr. 31, 1938.

Theunissen, Gert Heinz: »Bericht von Gert Heinz Theunissen zur Großen Kunstausstellung in München 1938«. In: Otto Thomae: *Die Propaganda-Maschinerie. Bildende Kunst und Öffentlichkeitsarbeit im Dritten Reich*. Berlin 1978.

Thomae, Otto: *Die Propaganda-Maschinerie. Bildende Kunst und Öffentlichkeitsarbeit im Dritten Reich*. Berlin 1978.

Treue, Wilhelm: *Wirtschaftsgeschichte der Neuzeit*. Stuttgart 1973.

Troost, Karl: »Rasse und Konstitution«. In: *Kölnische Zeitung*, Nr. 133 vom 14.3.1937.

Unger, Wilhelm: »Zeugnis für einen Europäer«. In: *M. DuMont Schauberg: Kurt Neven DuMont. Einem Verleger zum Gedenken*. Köln 1973.

Verführt, Heinz: »Ein Jahrzehnt mit Doppelgesicht. Die siebziger Jahre«. In: M. DuMont Schauberg: *Alfred Neven DuMont. 50-jähriges Verlagsjubiläum 2003*. Konzipiert und zusammengestellt von Reinhard Munkes und Klaus Josef Maus unter Mitarbeit von Peter Pauls, Beatrix Lampe und Dieter Martens. Köln 2003.

Versorgungskasse der Firma M. DuMont Schauberg (Hrsg.): *1889–1989. In erfreulichem Maße lebensfähig und lebenskräftig. 100 Jahre Versorgungskasse der Firma M. DuMont Schauberg*. Text von Dr. Carl Dietmar und Dr. Klaus Heubeck. Köln 1989.

Vogel, Karl: »In den Strom der Tradition eingebettet. Die Zeitung im Spiegel der Erinnerung«. In: *Jubiläumsausgabe des Kölner Stadt-Anzeigers* vom 29.10.1969.

Wedel, Hasso von: *Die Propagandatruppen der Deutschen Wehrmacht*. Neckargemünd 1962.

Wehler, Hans-Ulrich: *Entsorgung der deutschen Vergangenheit? Ein polemischer Essay zum »Historikerstreit«*. München 1988.

Weinhold, Kurt: *Die Geschichte eines Zeitungshauses 1620–1945. Eine Chronik 1945–1970*. Köln 1969.

Weinhold, Kurt: 1. März–11. April 1945. In: M. DuMont Schauberg: *Kurt Neven DuMont. Einem Verleger zum Gedenken*. Köln 1973.

Wilke, Jürgen: »Politikvermittlung durch Printmedien«. In: *Politikvermittlung und Demokratie in der Mediengesellschaft. Beiträge zur politischen Kommunikationsstruktur*. Hrsg. von Ulrich Sarcinelli. Bonn 1989, S. 150–157.

Winkler, Heinrich August: *Der lange Weg nach Westen. Deutsche Geschichte 1806–1933*. Sonderausgabe für die Bundeszentrale und die Landeszentralen für politische Bildung. Bonn 2006.

Wulf, Joseph: *Presse und Funk im Dritten Reich. Eine Dokumentation*. Gütersloh 1964.

Zerlett, Rolf: »Josef Grohé (1902–1987)«. In: *Rheinische Lebensbilder*. Bd. 27. Hrsg. von Franz-Josef Heyen. Bonn 1997, S. 247–276.

Danksagungen

Für die Unterstützung bei diesem Projekt möchte ich mich bei folgenden Institutionen besonders bedanken:

Redaktionsarchiv des Verlags M. DuMont Schauberg, Köln
International Tracing Service (ITS), Bad Arolsen
Stiftung Zanders e. V. im Kulturhaus Zanders, Bergisch Gladbach
Literaturarchiv und Archiv Bildende Kunst der Akademie der Künste, Berlin
Bundesarchiv, Berlin
Bundesarchiv-Filmarchiv, Berlin
Deutsche Dienststelle, Berlin
Staatsbibliothek zu Berlin, Handschriftenabteilung, Berlin
Zentrum für Antisemitismusforschung, Berlin
Archiv des Deutschen Gewerkschaftsbundes (DGB) im Archiv der sozialen Demokratie der Friedrich-Ebert-Stiftung, Bonn
Stadtarchiv Bonn, Bonn
Universitäts- und Landesbibliothek Bonn, Bonn
Archiv der KZ-Gedenkstätte Dachau, Dachau
Heinrich Heine-Institut, Düsseldorf
Landesarchiv Nordrhein-Westfalen – Hauptstaatsarchiv, Düsseldorf
Deutsches Exilarchiv 1933–1945, Frankfurt
Universitätsbibliothek Johann Christian Senckenberg, Handschriftenabteilung, Frankfurt am Main
Militärarchiv-Bundesarchiv Freiburg
Stiftung Archiv der Deutschen Frauenbewegung, Kassel
GEDOK, Köln
Germania Judaica, Köln
Grundbuchamt Köln

Historisches Archiv der Stadt Köln, Köln
Das Lädchen, Köln
NS-Dokumentationszentrum, EL-DE-Haus, Köln
Nyland-Stiftung, Köln
Hausarchiv Sal. Oppenheim jr. & Cie. KGaA Köln
Institut für Theater-, Film- und Fernsehwissenschaft an der Universität Köln, Köln
Theaterwissenschaftliche Sammlung Schloss Wahn, Köln
Archiv des WDR, Köln
Otto-Brües-Haus, Krefeld
Stadtarchiv Krefeld, Krefeld
Deutsches Literaturarchiv Marbach, Marbach am Neckar
Bayerische Staatsbibliothek, München
Münchner Stadtbibliothek, München
Archiv für Christlich-Demokratische Politik, Konrad-Adenauer-Stiftung e. V., St. Augustin

Mein besonderer Dank gilt auch Dr. Eva Brües, Roman Hocke, Dr. Vita Huber-Hering, Anna Maria Linder, Meret Meyer Graber, Dr. Claudia Mertz-Rychner, sowie den ehemaligen Mitarbeitern des Verlags M. DuMont Schauberg und deren Angehörigen, die sich freundlicherweise für Interviews zur Verfügung gestellt haben, und allen weiteren an diesem Buch Beteiligten.